孟子文獻集成編纂委員會　編纂

# 孟子文獻集成

山東人民出版社

**圖書在版編目（CIP）數據**

孟子文獻集成. 第一五〇卷 / 《孟子文獻集成》編纂委員會編. --濟南：山東人民出版社, 2020.1
ISBN 978-7-209-12361-7

Ⅰ. ①孟… Ⅱ. ①孟… Ⅲ. ①儒家 ②《孟子》-研究資料-匯編 Ⅳ. ①B222.55

中國版本圖書館CIP數據核字(2019)第227522號

項目統籌: 胡長青
責任編輯: 趙　菲
裝幀設計: 武　斌
項目完成: 文化藝術編輯室

**孟子文獻集成（第一五〇卷）**
《孟子文獻集成》編纂委員會 編

主管單位　山東出版傳媒股份有限公司
出版發行　山東人民出版社
社　　址　濟南市英雄山路165號
郵　　編　250002
電　　話　總編室（0531）82098914
　　　　　市場部（0531）82098027
網　　址　http://www.sd-book.com.cn
印　　裝　山東新華印務有限責任公司
經　　銷　新華書店

規　　格　16開（210mm×285mm）
印　　張　61
字　　數　490千字
版　　次　2020年1月第1版
印　　次　2020年1月第1次
印　　數　1-200
ISBN 978-7-209-12361-7
定　　價　900.00圓

# 《孟子文獻集成》編纂委員會

編務　劉晨　楊雲雲　孫姣　李濤　劉嬌嬌　張艷艷
趙菲　吕士遠

**組織實施**
中國孟子研究院
山東人民出版社

# 序

《孟子文獻集成》是在孟子故里鄒城市委市政府鼎力支持下，由中國孟子研究院、山東人民出版社協同合作，共同致力完成的一項大型儒家文獻的搜集、整理、出版學術工程。

## 一

孟子是中國歷史上偉大的思想家、政治家、教育家，是僅次於孔子的儒家學派重要代表人物。戰國時期，戰爭頻仍，『角戰英雄，六經泥蟠，百家飆駭』（《文心雕龍·時序》），孔學既黜，儒道中衰。孟子遵夫子之道，批邪説，正人心，發揚光大孔子學説，復興儒學，成爲孔子之後最重要的儒家傳人和先秦原始儒學理論體系的主要奠基人。韓愈論儒家道統由堯、舜、禹、湯、文、武、周公代代相傳，言及『文、武、周公傳之孔子，孔子傳之孟軻。軻之死，不得其傳焉』（《原道》），又説『自孔子没，群弟子莫不有書，獨孟軻氏之傳得其宗』（《送王塤秀才序》）。可見，後世尊孟子爲『亞聖』，稱儒學爲『孔孟之道』，實爲孟子歷史地位使然！

《孟子》一書，是孟子及其弟子編著的全面反映孟子思想的儒家經典著作。漢文帝時，即曾設立《孟子》學博士，全國推闡。六朝時期，玄學、佛學興盛，儒學式微，《孟子》亦受冷落，但唐宋以後，隨着孟子地位的大幅提昇，《孟子》一書越來越受到統治者和學者文人的廣泛重視。唐代大儒韓愈倡論中國文化道統，其《原道》之説，影響甚大，已掀『孟子熱』；北宋時期，《孟子》與《論語》俱列入『十三經』之數；南宋朱熹作《四書章句集注》，將《孟子》列『四書』之中。南宋統治者更將其正式列入官方之學，設爲科舉考試科目，欽定爲必讀經典，學孟子、讀《孟子》，蔚然而成社會風氣。此後，孟子地位進一步提昇：元文宗封孟子爲『亞聖公』，尊其爲『百世之師』；明清兩朝更大推『四書』，地位儼然超越『五經』。《孟子》與《論語》並行，上自帝王，下至百姓，家有之，户誦之，『所研究者惟「四書」，所辨訂者亦惟「四書」』（《四庫全書總目·四書大全提要》語）。孟子思想，深入人心；《孟子》之學，遍佈各地；《孟子》

文獻，汗牛充棟。

根據我們的初步調查，歷代《孟子》文獻有兩千種之多。這些文獻，依孟子學史的發展，大致形成了以下幾点較鮮明的時代特徵：宋元文獻多義理闡發，以朱熹《孟子章句集注》爲代表；明代以王夫之《讀四書大全説》爲代表，多從心性之學挖掘孟子豐富的思想内涵；清代孟子學最盛，不僅産生了以乾嘉學者戴震《孟子字義疏證》、崔述《孟子事實録》爲代表的大量考據、辨僞著作，還出現了集前人研究成果之大成的焦循《孟子正義》。大致可以説，以東漢趙岐《孟子章句》爲發端，歷代學者多所闡釋研究。尤其宋元以來，孟學實爲千年『顯學』。《孟子》文獻内容所涉注釋訓詁、義理闡發、思想挖掘、考證辨僞等所有方面，其對孟子及《孟子》文本的研究廣度、深度可謂前無古人，後難爲繼。尤爲重要的是，歷代學者秉持儒家人生理念，一生所繫，立德立言，以『爲往聖繼絶學』爲生命追求之本，往往傾一生之力終注一經。孟子文獻不僅真實地展示了孟學及儒學發展的歷史，也留下了代代學者治學的心路，實在是應該认真进行挖掘整理的傳統文化瑰寶。

然而，毋庸諱言，孟子文獻的收集整理向未受到應有的重視。這固然與二十世紀以來，儒學命運多舛有關：批孔之時，孟子亦受其累；近數十年來，『孔子熱』不斷升温，孟子受冷落的現象却未有大的改觀，歷代孟子文獻迄未收集整理即是一例。據我們不完全統計，包括臺灣在内的中國圖書館，現存宋元至清代的刻本與鈔本計有一千二百餘種之多。由於各種原因，百分之九十餘未曾整理出版，而百分之七十以上仍處於人所罕见的塵封狀態。歷史的責任，現實的需要，未來的期盼，都在呼唤能有一套《孟子文献集成》的編纂出版。

## 二

二〇一三年四月底，孟子研究院在孟子故里山東省鄒城市正式成立。時值一年一度的『孟母文化節』，同時進行的還有由鄒城市、《光明日報》國學版、山東師範大學山東省齊魯文化研究院共同策劃主辦的『孟子公開課』開講儀式。來自國内各著名高校的部分主講學者和與會專家對孟子研究院成立後的學術規劃提出了許多建設性意見，多位專家提出了編纂《孟子文獻集成》的建議。

同年十月二十九日至三十日，孟子研究院學術委員會第二次會議在主任陳來先生主持下於鄒城召開。會議就《集成》的立項和編纂事宜進行了認真深入地討論，參閱審查了初選孟子文獻書目，形成了以下四點共識：一是孟子文獻的搜集、整理向稱薄弱，絶大多數迄未面世，影響了孟學研究的深度和廣度。編纂《集成》，填補空白，意義重大。二是要在廣泛搜集、精心選編的基礎上，力求將《集成》做成收羅全、質量高、權威性强的精品學術工程。三是应制定具体工作規劃，選編文献时代可由遠及近；文獻收集範圍，宜先國内後國外，分段完成，穩步推進，確保質量。四是在孟子研究院學術委員會基礎上，应增加部分孟子研究專家，充實到《集成》學術委員會；選聘孟學研究、版本目録、館藏出版等方面專家，組建高層次、有效率的編纂部和工作班子，扎實有效開展工作。

在經過編纂部四次召開籌備會議和系列籌備工作基礎上，二〇一四年五月，在濟南召開了特邀專家選目審查論證會。來自北京大學、中國人民大學、山東大學等全國各地的十餘位孟子和孟學史專家就編纂部提供的《集成》選編總目（國内）進行了認真研析、讨论審查。這次會議的召開更堅定了大家对編纂《集成》的信心和認識，許多專家從長期孟學研究的切身感受中充分肯定編纂《集成》的重大意義，一致認爲：這是一項立足當前又澤被後世的重大學術工程；目前国内編成的經典文獻集成中唯獨没有孟子文獻集成，这不僅是文化建設的一种缺憾，也从多个方面影響了孟子研究的深入和拓展，从这个意義上説，該項目的实施确是一項填補空白、意義深遠的學術工程。專家們特別指出，這項重大學術工程，由山東，特別是孟子故里鄒城市支持，由孟子研究院、山東省齊魯文化研究院牽頭承擔，正是歷史責任與當前文化建設的最佳選擇。相信《集成》的出版，對於提昇孟學研究、促進孟子研究院發展、推动山東文化强省建設，贡献巨大，意義深遠。會議還就選目原則形成以下共識：一是《集成》應當是一套研究孟子文獻的集大成之作，所收以獨立成書的研究《孟子》專書爲主，兼顧其他，儘量收全。對孟子文獻的含義可以放得寬一些，對書名没有『孟子』的，例如以『四書』『諸子』爲書名的，也要注意在考察辨析基礎上做好，要高標準、高質量。二是《集成》應兼顧古籍的重要性與稀見性，做到常見書精選善本，重要文獻不遺漏。三是海外孟子文獻應作爲一個工作目標，與海外學者合作，广匯博收，規劃編纂。四是時代大致截止到清末，現代部分可作爲『附編』或單獨列編收集出版，部分難以收入文獻應附列存目。這次專家會議的意見，得到二〇一四年六月五日召開的孟子研究院第二次學術委員會的重視和確認。

在籌備、啓動《集成》的整個過程中，得到鄒城市主要領導及社會各界鼎力支持。山東人民出版社主動、積極地參與了各項工作。二〇一四年八月二十八日，在山東省第五届文博會上，省有關領導和衆多媒體記者見證了孟子研究院與山東人民出版社共同簽訂《〈孟子文獻集成〉編纂出版協議書》的过程。

經過編纂委員會及有關方面的共同努力和各相關圖書館的大力支持，宋元時期傳世文獻已基本全部收録，共四十八種，分裝十四册，已於二〇一六年初首批出版發行。其中，收録宋元刻本十四種，海外善本四種，第一次影印的即有十六種，屬於披沙揀金的珍本，將爲孟子文獻及思想研究提供寶貴資料。

第二輯精選明代孟子文獻八十一種，分裝爲三十二册影印，已經於二〇一七年三月出版。

第三輯爲明代文獻的第二批，共收入著作四十五種，分裝爲二十册影印，其中五種來自日本，三種來自美國；其他部分也多爲稀見的珍本和善本，已經於二〇一八年三月出版。

第四輯，共收録著作六十二種。其中，明代著作四十八種，分裝爲二十四册；清代著作十四種，分裝爲十册。共出版三十四册。底本皆爲精選珍本善本，其中，明代刻本四十種，清代刻本二十二種。又有二十三種來自日本，多爲國内未見，彌足珍貴。

本次出版爲《孟子文獻集成》第五輯，清代文獻之第二部分，也是《集成》編纂以來，收録文獻最多的一輯。共收入著作三百六十八種，分裝爲一百册；至此，自康熙朝至清末絶大部分與《孟子》相關文獻已基本囊括。其中：來自日本的珍稀文獻八種；稿抄本二十六種；孤本二十二種，國内未出版者達三分之二以上。

編纂出版《孟子文獻集成》，既有利於深入挖掘孟子思想精髓，洞見《孟子》世代傳承的歷史場景，又有利於珍貴文獻的保護、傳承和共享、共用，是惠及當代、澤被後世的文化善舉。值此共出版二百册之際，我們對國内外各有關圖書館和學界同仁的鼎力支持與真誠合作表達崇高的敬意和誠摯的感謝！

讓我們黽勉同心，共同努力，以期這一重大學術工程的圓滿完成。

王志民

二〇一五年四月十二日第一稿
二〇一八年三月八日修改第二稿
二〇一八年十二月十二日修改第三稿
二〇一九年十月六日修改第四稿

# 凡例

一、《孟子文獻集成》匯聚歷代關於《孟子》之著述，要其旨歸，不外經學之考證、義理之推闡、文章之批點，故舉凡注釋、析義、批點等書皆酌加收録，大致以著者時代先後爲次，俾經學之大，義理之善與夫文章之美，庶幾由此而知。

二、《孟子文獻集成》選用底本多未經整理，或孤傳海外，或秘庋深閣，學者既不能徧歷中外而窺其概貌，又不能盡探二酉而知其大略，不能無憾焉。今集爲一編，則學者循覽而知《孟子》一經之本末，歷代著述之昇沉。

三、各書或得自日本、美國，或攝自國家圖書館、天津圖書館、上海圖書館、浙江圖書館、山東大學圖書館等。底本皆經選擇，其存世孤秘，列爲首選，而後出佳槧，流佈稀少，亦資採摭。

四、諸書著録書名、卷數、著者時代、姓名、撰著方式及版本，覽者便焉。

五、著者真僞，學者所重，凡有歧異，均於著者前加『題』字，略示區别。

六、諸家解《孟》之作，或爲獨立成書者，或爲總集内别裁而出者，或以『四書』著述總題者，今所匯集，以能獨立析出者爲斷。其單篇零什，概所不收。

七、裁出之書，凡原有題名者，概依原題，而於版本項注其從來；凡無獨立題名者，則仍用大題，而括注『孟子』二字；其不能析離者，則全書收録。

八、是編博訪廣蒐，固難周徧，續有所得，拟輯《補編》，庶免遺珠之憾。伏望博雅君子，匡其不逮，補其未備，是所幸焉。

# 目録

# 四書解細論（孟子）一卷

清 李榮陛撰

清嘉慶二十年亙古齊刻《李厚岡集》本

孟子解細論

萬載李榮陛奠基甫　煥遠辛　煒
柳浦唐錫純　挍鐫

孟子序說三條

序說引程子之言曰孟子未敢便道他是聖人然學已到至處尊解駁之云至極也無以復加之謂孔子亦只稱至聖豈有學到至處尚不得爲聖者愚按朱子自注至字恐當作聖字然聖處至處均不失爲聖人之稱心予之而口吝之抑所見尚未眞耶孟子書序道統儕伊尹萊朱太公望散宜生於禹皋陶之列其論孔門首冉牛閔子顏淵而宰我子貢有若子夏子張子游亦明其與聖相類於前代則推伯夷柳下惠爲聖人百世師以上配伊尹曰古聖又列其目爲清聖任聖和聖聖累累相望苟非眞知灼見其不易

及烏能不少斬之乎至有宋諸君子乃銖稱而寸計之以先覺早復之伊尹顏淵尚降爲大賢其他更何道且亞聖大才本趙邠卿題辭對孔子六經言則謂之大賢擬聖尊言則謂之亞聖謂爲孔子至聖亞非泛亞於羣聖也程子一襲其說而變文云孟子大賢亞聖之次以孟子爲次不知奪亞聖以誰乎朱子忘邠卿確評惟程子謬悠之說是取豈尚論古人必從其嚴刻始足以顯己之精鑒乎又謂孟子有英氣甚害事而不言所害何事不知孟子貴多少工夫乃養成害事之氣昔嚴松錄陸子評次云晦翁但在氣象上理會此其所以錙銖聖人之言往往不可得而同也先生曰使堯舜禹湯文武周公孔子七八聖人合堂同席而居其氣象豈能盡同觀此可見當時持衡之跡不揉以冠篇首可也

序說引程子之言曰孟子有功聖門不可勝言仲尼只說一箇仁字孟子開口便說仁義又曰性善養氣之論皆前聖所未發尊解引夫子易傳立人之道曰仁與義子思中庸天命之謂性率性之謂道易象傳大者壯也及夫子大勇之言証夫子言之在先矣愚按孟子乃孔子晳人孔子集前聖之成孟子又集孔門之成明羣聖之眞一後學之向而一以孔子爲歸其理益明辭益暢有之矣謂前聖本無至孟子乃剏發之則無其事也昔夫子隨方酬應不立宗指惟其當不惟其多且彊而義遵王之義典厥義前聖言之不一而夫子時尚仁故多以仁垂訓如必以說義爲有加於仁則論語所載見義不爲質直好義義以爲質之類亦多矣如必以仁義對舉則說卦固已言之此外中庸亦引仁者人也親親爲大義

者宜也尊賢爲大其下又分出禮如勇美德尤多究亦豈能加於言仁之旨乎繫辭傳云一陰一陽之謂道繼之者善也成之者性也此爲孟子道性善之所本自荀況揚雄下至司馬光蘇軾莫不與孟子爲難而忘其義之出於孔子攻孟即以攻孔孟子幸而立於不敗之地耳文王坤卦六二爻辭云直方大方者剛也夫子文言釋其義曰敬以直內義以方外敬義立而德不孤則不疑其所行也孟子言浩然之氣至大至剛以直又謂爲集義所生蓋全用文王孔子之言而於養氣發之者所以藥告子也告子病不得於言勿求於氣以義爲外則發知言養氣集義之訓如夷之病愛無差等則發一本之訓許行病並耕則發勞心勞力之訓皆美言也然此外不復再舉者病痊藥已無[illegible][illegible][illegible][illegible]藥[illegible]藥凡孟子美言

皆前聖之所藴特善於調劑而已有宋諸君子則不然謂凡大儒所著必有一二爲前聖之所未發然後爲有功聖門無如經義統包不得已别採百氏變化而出之以明己之宗指如大極圖皇極經世之類皆是也其初出震[眩]觀聽平心熟復亦惟依傍經訓者可遵稍見背馳即難首肯以此開示來學亦恐方味未醇因藥發病則亦浮慕孟子之多功而失之者耳

不日成之

不日成之朱子集註云不終日也辨疑云非督責嚴急不至此不可謂之勿亟也况實無不終日可成之理尊解牖與之合且引鄭氏詩箋不設期日而成之韋氏註國語不課程以期日俱近之但按邠卿註云不與之相期日限衆民自來成之趙在鄭韋前又係

本註宜引以冠於首辨疑又謂不日字人所常言如唐大宗謂眞珠可汗不日瓜剖之李德裕謂上藁不日有變皆言其日限不遠也不日猶言不多日意尤近

天降下民節

天降下民節尊解云書語今見泰誓中泰誓武王伐紂時作其時君臣之分猶存而遽自稱曰作之君惟我在武王必不出此必是克商後四方有未靖者故作此以曉之下文一人衡行於天下是孟子體武王伐紂時心事爲言舊泰誓久亡後人妄撰孟子所引書僞爲之而不知其傷理害道也此論極確愚按邠卿本註云尚書逸篇也言天生下民爲作君師以助天光寵之也四方善惡皆在已所謂在予一人天下何敢有越其志者也註本論語引湯告

天之文分句明晰僞書與傳改易其字句云寵綏四方言當能助寵安天下已志欲爲民除惡是與否不敢違其志按以四方上屬則有罪無罪反無所屬原文言四方有罪無罪惟我在天下何敢貪亂以明己君師之責重今去惟我在而添改爲是與否已莫敢則是武王毫無恥怒之意與上下文全不貫而亦不能顯其爲伐紂之事作僞者之窒如此又按湯伐桀後七年旱禱告天墨子及呂氏春秋有明文孔安國謨以爲伐桀告天出於臆說且萬方同旱故可以有罪言若伐桀止罪獨夫何至波及萬方耶此書與湯辭正相類若伐紂卽不得波及四方不但作君之辭不類而已邪鄭既謨信安國伐桀之解見此條下稱一人衡行遂亦意爲指紂不知彼乃孟子形容之語與論語引湯自稱予一人者字同

義別孟子嘗形容湯之心不忍匹夫婦納諸溝匹夫婦亦只是一人一人橫行以譬匹夫倡亂者若紂君天下無道豈得以此自擬之耶安國既以伐桀釋論語僞湯誥及書疏集註下至閻百詩疏証皆仍之幸墨子呂覽及帝王世紀記載瞭如故近日朱君鑑作考辨得據以明其謬至邠卿踵安國之謬以伐紂釋孟子僞泰誓及書疏集註亦一切仍之而別書無証朱君考辨亦未之及予舊在東菴與曉堂細讀所引書辭決其爲武王滅薄姑後誥四方之民而作上距克商五年葢文王伐密武王伐薄姑不如伐崇與紂之武功而孟子所引止此者蒙詩書王赫斯怒惟我在天下曷敢之文而言也恥怒之施以君師臨亂民則正以侯服對暴主則無謂武王未嘗施恥怒於紂而孟子顧肯強加之乎是此書不爲紂

作彰[illegible]明矣舊日詩論如此積今三十餘年無異用備述之知異日必有用吾二八之見解者乙卯正月初十

告子不動心節

陸子無極之辨追論朱子所解不得於言勿求於心一章非是今觀此節註云告子謂於言有所不達則當舍置其言而不必反求其理於心於心有所不安則當力制其心而不必更求其助於氣此所以固守其心而不動之速也只依經文本分斟酌出之而告子之得失自見必係朱子改本近日李厚菴衍其說云告子亦自謂精於性命之說者大指以爲言非心也觀吾學問思辨之汲汲是支離於言語之末而已矣氣非心也觀吾綱常名教之拳拳曰是激發於意氣之粗而已矣是故心有不安以心明之無所藉於

言也心有不定以心定之無所倚著氣也此告子心學之病如此釋經固非他儒可及彼辨疑紛紛苛駁至引言字歸已乖理殊甚尊解云告子恃才勇故易又云恃血氣以橫決且自暴其氣如此則是一無賴小人曾北宮黝之不如其心安能不動又云此氣非浩然之氣乃沈靜之氣無論顯與經異且沈靜正告子所長何庸代爲附益之

至大至剛節

至大至剛以直已具序說條內趙氏註云言此至大至剛正直之氣也集註引程子云天人一也更不分別浩然之氣乃吾氣也養而無害則塞乎天地又引謝氏二條謂是心無虧欠時本註亦云天地之正氣人得以生者其體段本如是也可謂語語精到惟是

章合自反而縮之文割以直二字下屬與秦觀浩氣傳離句同誤尊解駁之云因直而成剛大去直則剛大無來路矣極是觀坤爻以直領方大自可見且三德備纔見所養之純若單割以直反似欠二德如必以直爲養豈更有不直之養乎從趙氏程子諸家之讀卽無諸弊彼自反之縮不縮指當下一事爲言非善養本義不當曲引也

頭闕翟氏孟子條考引伊川遺書云大剛直三者闕一不可如坤所謂直方大方卽剛也至大至剛以直文勢如治世之音安以樂之類又張栻孟子說亦引坤爻爲証而朱子或問程子從趙氏以直爲句朱子不從何也曰程子前固有以至大至剛爲句者疑有所自來不獨出於俗師也語類李端伯錄明道言以至大至剛爲

句楊遵道錄伊川言則謂先生無此語伊川嫌其以一物養一物然聖賢立言首尾必相應如云自反而縮便見有直養意思端伯親記明道語恐伊川又自主張得別今只從明道之說也又云伊川以直字斷句則養字全無筋骨云云愚按直方大之義程張已先得我心一物養一物亦即愚上條所云捨剛大而舉以直爲養之弊此氣本自直剛大惟善養之而已無害即是善養養字上此可加善字前後文義分明而遺書引證尤備朱子乃至不動心條下孟子自反之辠辭以爲孟子養氣條下之正應滯矣且明道本無此讀乃必借端伯之誤錄以奪伊川何爲也言苟得當俗師不可棄不然即使果出於明道亦豈容徇之丙正二十五

配義與道

配義與道義者人心之裁制道者天理之自然穆堂作解以難之謂天理是在物之理何用吾氣配之道當就人身心言如伊川答尹彥明行處是道云云愚謂天理原無分物我性即理也道猶路也中庸章句已言之必以理屬物孟子何與義連言爲悅我心者乎道言之循理即道道穆堂此駁乃似騎牛覓牛至後文牽引無極之辨則有意尋瑕益於本解無當然有應考而未之及者蓋唐虞之中三代之義道均屬彼時常語如禹範敷言已以義道對舉伊尹之小大不取予亦以非道非義爲衡孟子告宋句踐曰士窮不失義達不離道然其上下文或專言義或專言道或變文言德者其趣一致不拘字面也穆堂此解可以不作集註亦衹是大概之言未爲切當又言人能養成此氣則其氣合乎道義而爲之助

使其行之勇決無所疑憚愚按人能以道義主此氣才可名爲養成註乃次合道義於養成之後似添出一層明辨錄因以平素與臨成分貼然總是一養成之氣何可分耶愚别有解見後

必有事焉四句

必有事焉四句尊解引陸象山曰古讀而勿正心爲句程氏伊川亦如此讀愚按集註云必有事焉而勿正趙氏程子以七字爲句近世或并下文心字讀之者亦通考程子原有兩讀遺書載呂與叔東見二先生曰論心術無如孟子也只謂必有事焉而勿正心又謝顯道記語云鳶飛魚躍與必有事焉而勿正心之意同又伊川集載周孚先問曰若正心若助長便是忙也此固以正心爲句然侯世與述明道先生之言云二哥以必有事焉而勿正心爲句

又楊時南都語錄謂及見正叔先生如此讀又朱子偶讀漫記云東坡手書表内法引孟子曰必勿忘勿助長皆依古註勿正爲句絶非獨程先生也此等處仍以勿正爲句矣若趙氏註實無正心之讀象山此言何出尊解或未致審也按陸子學譜引姑蘇筆記云象山天資高明說孟子必有事焉而勿正心是一句勿忘勿助長也是一句孟子中兩正字同義此與言語必信非以正行是也勿正下有心字則辭不斷勿忘上無心字則辭不贅此說謫當程子亦偶未及此何止一通而已晦翁若明載此說作陸氏曰豈不佳哉愚按孫奭疏云不可但正心於爲福然後行仁義又一說云不可待有事而後正其心以應之又秦觀傳云人於事之至必欲正其心以應之各說雖未當然皆不從趙氏必有福在其中而勿

正爲句然考朱子漫記惟云作正心者其始於王氏乎文勢亦或有之集註所稱近世謂此是孫奭諸家之分句朱子尚未致審歟子說固未及見耳此外若元人辨疑謂心字乃亦字之訛日知錄引倪文節思謂正心字當作忘字爲叠句皆以勿正心非聖賢語與龜山同疑蓋未能深究象山之確解相率而蹈於疑經者也

包顯道錄陸子語問養氣一段先生云此尤當求血脈蓋當時與告子語說告子之意不得於言勿求於心是外面硬把捉的孟子是涵養成就者故曰是集義所生集義只是積善行有不慊於心則餒矣如何得浩然此言皆所以闢告子據陸子所云積善所云闢告子不得於言勿求於心與朱子同然此條似專闢告子不得於心勿求於氣之非是告子曰不得於言勿求於心是絕身外

事而知言爲贅也不得於心勿求於氣併絶當身事而養氣不必也此所以得不動心之速就兩勿求較不養氣祇是不能有事不知言乃至害事故曰不可就志氣一路較持其志而暴其氣反以動其心故亦爲可中之不可此段指告子不動心之受病至爲明晰

其爲氣也至大至剛以直一節程子遺書及集註大概得之　遺書及集註等已摘於前　氣體之充也常人之氣猶爾而况此氣塞乎天地故特著之爲浩然養而無害養字含下有事勿忘無害字含下勿正勿助然此句尚未説及工夫因大剛直是天地自然之氣必併善養言之然後見得天人一也更不分别　其爲氣也配義與道二節逐事看爲義道看爲道義云集即道在其中矣常人之

氣尙藉志爲帥此浩氣非道義爲主何由配之義能帥氣必集之以爲主而氣乃生焉若假義而行必終不慊何也其義在外不在中也此二節只當爲一節　必有事焉節纔說工夫有事勿正者所持之純勿忘勿助者過暴之豫此孟子集義養氣之微言所以直承前聖道脈者學至此非可以心稽循是之謂善養加於是則爲害也正心斷句程子遺書陸子說輔氏楊慈湖等皆得之遺書及陸子之說前條已具輔氏答問云勿正心謂勿以其心預期之也若大學所謂正心則心體得其正耳語意不同慈湖遺書云勿正心謂人心未始不正無俟乎復正之其解少異絕句則同　趙氏譌讀事字爲福　言人行仁義之事必有福在其中而勿正但以爲福但心勿忘其爲福亦勿汲汲助長其福又云言告子外義常恐

其行義欲急得福於告子受病及發藥處均無影響且謂告子恐欲急得福助何勞揠苗一喻爲告子作疏耶漢人昧道固不可以此章深旨責臺卿近日晴江翟氏反張其詭字之說謂人不當高閣古註是徒知漢註古於宋而不知本文更古於漢漢人久悖古義至宋儒始復之也丙正二十九日

宰我子貢節

此節公孫丑得聞知言養氣之義而引孔子能兼德行說辭爲側以轉贊孟子語脈自應如此厚菴剳記泥於善言字面謂只說知言事則公孫丑豈肯懃置養氣之長者依集註爲是又此節舊解誤入孟子語中集註引林氏說正之亦不可謂無功矣復何議

夫道一而已矣

夫道一而已尊解引沈氏謂人不當惑於集註古今聖愚本同一性之說因言聖人明天察地即愛敬之極其至弟子之愛敬即明察未發之蘊性言本道言用也此義亦不能離集註而語尚未瑩入室操戈何爲乎愚謂世子疑吾言疑上文必稱堯舜之言也堯舜之道自修身以至治平用不同而道同此蓋指治道而言故下文勉其法堯舜以善爲國其後章若居喪務農分田制祿教學諸大政俱統此道字中

春秋天子之事也

聖人傳六經或全或闕各有案據古文書既亡中間人矜作僞然其跡宛然自宋至今攻者如蝟惡其亂眞也春秋一經夫子晩年之筆孟子去孔子僅百年與莊子等引以次詩書同時諸賢傳之

□作□□書其授受數千年一字無改莫不徹其爲真全經也人
之識不能兼通足下講經多不解不強所未學而爲之説如朱子
可矣何所據而鹵莽立論至斷爲非夫子所作欲令不列學官乎
自子夏公肩子親受以來左子公羊子穀梁子造滕作傳漢以後
亦同列於經尊聖如此其至也董子何范杜氏各有發明迄今數
百家多聰明絕特之士温故知新大義日明足下率以一言蔽之
曰皆欺人耳足下亦嘗間取一家而究明其説矣乎如其未也豈
不先蹈自欺之咎乎以愚之鈍拙熟復尊解四書凡其能中傳註
之病者無不相與致力以冀少補於經其或議論過當瑣碎牽合
欲攻人而先自蹟焉則亦未敢從同也譏諸儒且如此而況於聖
經乎反復此條實爲尊解中最謬之作應塗去之儻濡忍不捨世

之人必有併其全解而恝置者矣

既竭目力節

既竭心思焉繼之以不忍人之政而仁覆天下矣尊解云承上遵法句原所以無過之意因竭心思而成也當歸到既竭句不當歸到繼之句免與首節不以句複愚按此與首節語勢一反一正竭目力耳力節是明聰繼之以節是正說不以不可勝用節是正說不能末語亦然反正俱趨重下層無庸別異

存乎人者章

存乎人者節集註云人與物接之時其神在目故胸中正則神精而明不正則神散而昏其義精至尊解云如謂目之明昧由胸中之邪正則盲者耄昏者無良人矣愚按此直是駁經文非駁註也

然經豈爲無目者立法乎下解云云仍與註意無異不亦反復無定哉要之經此條亦止論大槩其實不正之人目光射人者有之

王使人瞯二章

尊解謂王使人瞯夫子與齊人有一妻一妾本屬一章上言齊人瞯孟子中言齊婦瞯夫末言君子觀齊人又云堯舜無利天下之心齊人極求富貴之術取義取利貌同而心異小人不知君子毋用瞯君子深知小人但用觀彼此相形處倚串中肯愚按趙岐註有異於人句云王言賢者身貌必當有異故使人視夫子下句云堯舜貌與凡人同耳其所異乃仁義之道此意與後文不貫故斷爲二章而朱子因之且謂章首當有孟子曰字也舊晤畹堂時亦嘗議及當爲一章而前節趙註迂曲不可從蓋戰國重游說士爲

齊客卿者不止孟子一人獨其陳堯舜之道與諸客異趣王雖敬禮於延見時疑其就館亦不能無勢交而下同諸客故使人微瞯之時儲子爲相深敬孟子其以異於人爲問者正指淳于髡鄒衍諸人行爲非謂身貌有異也身貌王自見之何必致瞯哉孟子既答言雖堯舜一切行爲瞯之無不與人同何況於我惟是今之求富貴利達者雖驕人於白日至其昏夜乞哀之行爲正不堪使人瞯知耳以此悟儲子兼以悟王與以妾婦之道羞儀衍事正相類雖取況毋下要其昭千古之戒實深也

頃閔翟氏孟子篇章考引王柏通旨云因儲子有瞯夫子之語遂發瞯良人一段言求富貴利達者則作僞以欺人君子言行如一何必竊觀之與愚意畧同又條考引李贄疑耀謂中間儲子當更

有問答不獨闕孟子曰三字此則贅矣

卻之卻之二節

卻之卻之節尊解云此是辭卻非心卻也集註謂心竊計其所以得此物者合義與否則預占下文以心二字愚按趙氏註節中曰字正作問尊者解但此兩節中並有曰字皆是心先圖度度其不義而直辭之是謂辭卻度其不義而以他辭之是謂心卻依集註一律解之亦未占下

仕非爲貧章

仕非爲貧章尊解云全爲立乎人之本朝者發不可以視位作主位愚按趙氏註末節云立本朝大道不行爲已之恥是以君子祿仕者不處大位已得經意而集註本之如果重末句即從位卑言

高起義亦無不足何必曲曲爲貧仕打算且牽引孔子之事爲証耶作八股或可開別徑經旨則有一定

誦其詩讀其書

誦其詩讀其書尊解錄穆堂鄭聲淫解當係論語經文下文辨古文尚書之僞當歸之雜著與本章經文均無與也所辨亦祗惟有懋德及爾有嘉謀嘉猷數句不患理之不長然作僞者於此等處根據甚牢苟未悉其顛末四面把截即直授彼以柄而反攻不難矣愚別有說此不贅

性無善章

告子曰性無善無不善章集註已得大槩近世李文貞公說尤詳尊解有意求奇謂孟子曰性善荀卿曰性惡論者莫不是孟而非

荀夫孟子據理言之也理無不善則性善情善心亦善荀卿據氣質之濁者言之也氣質惡則性惡情惡心亦惡各執一偏之見以論性又何必是孟而非荀乎此說在北宋以前深知孟子者猶少無足論旣久經王文公及程朱大儒以來發明性善之蘊而猶擬以爲說不可駭怪乎先儒程子有言孟子所以獨出諸儒者以其明性故也又曰孟子有大功於世以其言性善也荀子極偏駁只一句性惡大本已失是孟荀之大功大罪判於性善性惡之一言聖廟之祀孟升而荀黜進孟子於經又進爲四書而荀終不得離子凡以此也今乃云孟言性善何必是荀言性惡何必非是孟子非宜無大功荀子非宜無大罪而適得平衡也且云孟荀各執一偏尊解四書屢明中德之美而以偏爲戒言孟子偏執是咎孟子

也孟子以言性善坐告而其說實本於有物必有則之訓及繫辭傳則不得不并累孔子是足下一伸性惡之幟其弊不至此不止自孟子別於情以言才程子因有氣稟之論止以清濁賢愚爲言而不及于性張子之論氣質辨疑伸之亦言君子有弗性者焉集註氣質所稟雖有不善而不害性之本善先儒皆不肯以氣質與性相混亦本之孟子也性之善固不容復贅即以氣質言之雖昏濁下愚亦無有不善者其不善乃動於惡也動於惡者固非性與氣質之所司形於偶爾之頃所謂弗思耳矣雖聖罔念亦狂才豈任咎哉使生即不善則自其能食能言時即應以嗜殺爲事而人之類窮矣虎豹豺狼與人異趣其甘人猶人之甘芻豢然彼其視同類猶之仁愛也使誠不善即應以相咬爲事而物之類亦窮矣

然而昏愚之縱殺犲虎之嗜羣亦不數數然故曰動於惡也天地之大德曰生繼之者善也萬物並育而不相害成之者性也帝王以之持世聖賢以之立教經書千萬言得以其善之說勉人者其所受於天之本固如是也使受於天者本惡則世無可持教無庸立經書亦不能以善相勸何也彼謂吾固復天之本惡也悖莫大焉故曰性之本善實孔孟代天之敷言豈可與偏駁之荀卿並論哉

論語性相近集註此言氣質之性非言性之本也毛西河駁之謂宋儒以孔孟言性爲未備孔子只言氣質孟子只言本性皆須補救不知此正言善與善相近引舜予何人爲證又引求得舍失倍蓰無算爲習相遠證有爲若是則習之善者下文上智下愚不移

始指氣質之性言王制所云五方之民各有性不可推移是也孔孟言性一轍何須後人補救又云孟子言性亦不一但以君子不謂性概之祇存一本性而諸凡性字則就其所見而各予以名如生與食色雖曰性之欲然不謂性如有性善不善此正氣質之性可爲善不善直是求舍之習均不謂性也其說皆是惟中間釋孟子以善屬情不善屬才尚未當情才皆性之用本亦無不善其不善者人之爲耳又謂氣質之說朱子以爲起於程張實不然因引左傳子大叔述子產語六情生於天之六氣必哀樂不失乃能協天地之性又董仲舒對策云性者生之質言氣極有根據

學問之道節

學問之道無他求其放心而已矣尊解引語類云論語不說心只

說實學孟子說心後來遂有求心之病據斯言聖賢有心外之學矣云云心者載理之區也求無不善試問求心何病乎愚按此節集註云學問之事固非一端然其道則在求其放心而已蓋能如是則志氣清明義理昭著而可以上達不然則昏昧放逸雖從事於學而終不能有所發明矣蓋用程子聖賢欲人將已放之心約之使反復入身來自能尋向上去下學而上達也云云其說如此固不可誣爲學在心外語類中亦多與註發明者此一條謂因孟子說心開後來之病固無當然亦未嘗以求心之病坐實孟子也尊意則又力爲求心兩字曲伸其解不知放心可以言求心則不須求如騎牛何須覓牛空言求心覗心已在外矣豈不爲病然程朱以求放心爲上達之階理雖可通於經旨微未愜也

動心忍性

集註忍性指氣稟食色而言尊解非之謂舜說何須忍食色之性別引吳氏謂堅忍性善之性凝定不使放失則忍字中無此義愚按上文苦其心志四語皆以所遭之逆境言心以不動爲美而此恐其昏也性不可以忍言而此憂其縱也曰動曰忍皆從處逆境上用工集註不深看心性最是且孟子以管仲舜說同稱特取其忍困相似耳豈謂管孫諸人之性能班舜說哉

盡心章三條

盡其心者章孟子一生學修歸結處朱子總註以首節爲造其理次節爲履其事末節之句以分頁首次節一爲智之盡一爲仁之至又註首節云知性則物格之謂盡心則知至之謂皆以已意

紛紜牽配而經並無其旨尊解則以窮理盡性至命之成語分配其類亦然而理尤不足前於分配論語吾十有五章已畧言之矣此語出易說卦明聖人之能事原就一時言之盡性而益以至於命者言盡性之極耳命爲性所從出至於命亦止是盡性至乃虛字不是用工字如謂盡性外別有至命工夫則中庸專言至誠之盡性至於與天地參而更不言至命豈猶有漏義乎窮理理字非可泛言卽性命之理是後文言順性命之理三者總於一句中其義可見矣此理不可虛窮必盡之而後可名爲窮之理也性也命也雖有三名而窮盡則無二致故明道程子云只窮理便盡性至命此眞見透之言尊解反以爲其語未瑩亦習見爲之蔽耳知此解卽知的不可以此句分配三節只盡其心三字已括此句之義

矣心統性情未有盡其心而不能盡性者心盡即心所統之性與性所從出之天無不通徹矣知字極深乃行足之知楊子云非苟知之亦允蹈之此與中庸兩言知天論語五十而知天命之知一例非聖人不能具此知也盡其心三字工夫已了重言知其性以明知天之詣蓋學修之極則後二節所以事天所以立命工雖有層次要皆准此爲歸蓋天猶君也立命者去天猶遠只得依其所予之命建立之猶外官之戴印勑然事天者與天爲一家猶朝官之切瞻覲然知天者與天爲一體猶股肱之承元首然愚此解歸重首節大致與陽明先生相同得手御在兩所以字看得透故知修身祇是大槩進而存心養性比修身已密緻又進而盡心比存養乃完全此爲大而化之之聖功孔子自三十而立至五十而知

致命也雖然如此孟子曰我四十不動心是特立不貳事又曰必有事焉而勿正心善養吾浩然之氣是存養事天事積久功深至於心無不盡以達於知天其學實臻於此故言之切而詳過此以往或非所知故其示浩生不害云聖而不可知之之謂神古人言行相顧所言者必其所得韓子曰軻之死不得其傳後儒之言知天者探測而已如孟子之歷歷紀實如數家珍者何有焉

陽明先生與顧東橋聶文蔚兩書俱析此章三節以配生安學利困勉其義尚未愜尊解駁之云首節何以不言行次節何以不言知末節何甫事知行便可俟死耶愚按知行雖曰並用然行可以該知首節之盡心次節之存養末節之修身皆行也則知何待言俟死非近死極言志之不貳耳非具此志量豈能入學修之門所

駁皆不中肯按生安三者之別本於中庸中庸云及其知之其成功一也是生安之所得學利困勉之所修生安學利亦必始事之今以之截然分配三節彼此不相通無是理也其後別設一譬云首節如壯夫行路能奔走千百里次節如童稚步趨庭除末節如襁抱之孩扶墻傍壁此極有理然亦不可以生安學利困勉分配蓋生安言其禀壯穉言其年如所禀厚即襁抱之扶墻傍壁亦出生安如所禀薄即壯年之奔走千里亦不過勉強故知此三節中生安學利困勉均有之如登高之需階級行遠之需站遞無分聖凡也若其分別三節所造之淺深次第起手歸結兩書中反復詳盡雖云與朱子相反而得失較然令朱子及見之亦必法大舜之舍己從人引重其說後學不可不留意焉彼紛紛附

桀者挾勝氣以相爭不足與窺經義之深矣

先生答支蔚云吾儕用功須專心致志在殀壽不貳修身以俟上做便是做盡心知天工夫之始此語最得經意夫子常言士志於道而恥惡衣惡食者未足與議又言不志於穀不易得也而孟子必期其殀壽不貳皆因時而垂教也春秋時趨祿利者多士大夫少爲己之學故夫子以志道勉之孟子時孔門經再三傳士多高明不屑與遊說家爭利而間喜述素隱之行老莊著書出入生死之說後世道釋之端緒已見動以生死事大一語刼制天下人無智愚皆云吾盡一生所學至死不能將去則安得不入其門此其所以爲儒修之害有甚於食色利祿者吾稍分心於彼即於聖域絕入門之路矣故必具知吾之命本於天非生死之可限必實其

所修以全受全歸視生死直如尸之有開闔而吾所受於天者出入自如然後命自我立而得以坐進此道既不爲殀壽之所貳卽其他食色利祿亦不足言矣苟未具此識卽修非實修而命無由立以後節次工夫俱不過外貌爲之何如天之可望哉然當夫子時季路已問及於死子亦云夕死可矣又於易繫辭究其說至孟子懼異學之滋乃特爲初修言之而惜乎去聖愈遠宋以前儒家能曉知此旨者鮮也

毛氏四書賸言卷四謂此章盡心之量而無所闕便知心所自來與性之所從出如中庸知天論語知天命不是知識行後而有契之謂也二義已先我徵引其謂盡心節是見成第一等人存心節次之殀壽節又次之孔孟論學多作此層次如或生而知之三層

云云然下文所舉博施章萬物皆備章卻祇是兩層又云第二等是學問人第三等則困勉終身大抵主陽明先生之說而諱之耳然中庸言及其知之成功一也困勉豈可決定終身前辨明矣

伊尹放太甲章

伊尹之放太甲萬章章述其事公孫丑章述其言皆本於商書而爲秦火所焚者也襄公二十一年左傳亦云伊尹放太甲而相之國語同又太甲書序云太甲既立不明伊尹放諸桐史記殷本紀亦本孟子而尤著明孟子曰有伊尹之志則可無則篡也趙氏註云人臣秉忠志若伊尹欲寧殷國則可放惡而不即立君宿留冀改而復之如無伊尹之志見間乘利篡心乃生何可放也伊尹之放不賢事不可諱亦無庸諱尊辯乃與桃應之問瞽瞍殺人者同

指爲設辭誤矣

君子引而不發節

君子引而不發四句尊解云此節屬君子誨人說正對上文使彼意不可作射說註作射說非是愚按集註引弓發矢踴躍而出只是釋字義其下云因上文彀率而言君子教人云云尊解與之全同蓋註本只借射爲說耳

浩生不害章

浩生不害章尊解云善字通章之要善人非不踐迹之人言好善之人也與信人均不屬姿稟言可欲言樂正子之欲善如志於道之謂有諸已如據德之謂或問存疑皆作人欲樂正子則有諸己句無起手工夫矣張子志仁二字極是以上各條皆細繳集註於

充實句下亦只云力行其善卽不以信字平衡可知惟末節下註云蓋在善信之間觀其從於子敖則有諸己者或未實也此未免深文子敖之從在孟子仕齊時至息鄒游魯曾魯欲使樂正子爲政聞時久矣從志道至據德日加充實所詣益高而猶摘往時之微疵爲說豈非聞善而疑者乎集註於孔孟高第弟子多苛論觀者惜之

# 四書質疑五卷

清 陳梓撰

清嘉慶二十年刻本

序

乙丑春聞高沙客晨起治裝還越棹未開徙倚門左觀往來市人意甚適忽腦暈厥作咳口喎旁一奴扶之已絕矣時年三十八耳人生死呼吸間後生可畏若此況吾輩老人間隔千里外耶生平一二紀述不蚤出質良友一旦爲高沙客遺恨何窮因撿篋得癸丑以來四書質疑經義質疑數卷錄寄吾鄉謝子雪漁及吾未死親見故人辨駁訂定不使爲聖門之罪人溘死奚憾哉清和望客星川人書於素心黃梅樹下

# 四書質疑目錄

# 四書質疑卷之二

容星山人陳梓古銘

## 論語上

### 學而

四書唯孟子易看次之大學次之中庸唯論語極難看聖人之言渾淪極平淡處極精深極嚴密處極從容者久久體會見得意味可以變化氣質朱子云孔子大概使人優游饜飫涵泳諷味孟子大概是要人探索力討反己自求

論語亦說心如從心所欲其心三月不違仁是明說三畏九思克復敬恕等是暗說但不似孟子單提直指頻頻喚醒耳後來有求心之病亦是天地間自然流弊在孟子時不得不說與孟子無罪孔子不說心教人低頭切實去做自然悟得然後來便成行不著習不察的流弊孟子說心教人察識擴充從源及流後來又成了遺棄事物單求本心的流弊程子所謂扶醉漢真是無可如何總之聖道不行世教不修孔孟窮而在下空言補救安能轉移氣數爲之浩嘆

論著書先有論語而後有大學論讀書先看大學而後看論語其實傳十章則成於曾子之門人而經一章則夫子十五志學之後身體力踐早已得諸心而筆諸書矣後來凡弟子來學者便以此一篇教之故學而一篇爲入道之門諸弟子便將時習一章冠首開口但說學而不詳爲學之方盖大家曉得是明德新民之學不必詳說只要時時格致誠正修而已故此學字與吾十有五而志於學之學同

學而一章冒二十篇孝弟一章是法巧言一章是戒三

省一章總論學第五章卽入道國由體及用內聖外王之學也然亦止論存心不脫務本意至爲政則政刑德禮便擴充說去此記者之次序

學而時習之一句不特貫一章直可該二十篇直可包括天下萬事然仙家導氣和尚打坐亦是無間斷故總註標一正字此朱子之防微杜漸也不然清淨無爲明心見性亦自以爲先覺自以爲復初何嘗不說不樂不儼然君子乎

此說從苦難中得來故其滋味厚而永若稍稍窮究稍

稍踐履便欣然自謂有得此失之淺躁味薄不久也

說字須看得切實平淡異端亦有說處却矜張作弄一向空去藊不從致知力行得來說其所說而已

爲天下得人者謂之仁人性皆善君子之於天下也無不欲其入於道信從者衆或爲之一鄉得人或爲一國得人或爲天下得人雖樂之淺深因所來之朋以爲淺深其爲樂則一也樂字源頭從萬物一體生來

異端亦有朋來而樂者亦有不知而不慍者其分界只在第一節故總註歸到正熟深不已上

陽園先生講人不知不必外人只一家父子兄弟夫婦間有多少氣悶處此是經歷過來深知不慍之難故能見到此

不慍非泰然置之也蓋不以是動其心而少間其時習之功也若說因此倍加修省是始學之事非成德之境

第二章便接有子第四章便接曾子程子說論語成於有曾二子門人即此可証巧言章特因上章論仁故列於曾子之前

兩孝弟微有不同上孝弟稍淺下孝弟方盡得章句善

事二字不得因若上文句看做一樣講義說完全二字最好

和順對忤逆看今人在父母前一種自主自張乖戾氣象早把愛之理的根斬斷了更從何處推起古人小學先要養得他氣象好耳

爲仁之本本字作始看故註不曰根曰猶根猶字洗誠庵先生加雙圈極有意仁爲孝弟之本本字如核中之仁孝弟是行仁之本本字如出核之芽漸漸長出已生枝幹者

犯上不必見之聲色如在書齋師長命他誦習一味嬾散早眠宴起便是犯上一類章句和順二字妙極一舉一動體貼父兄意思唯恐一不當意所謂和順也

前章講大學冠二十篇之首不得不包始終言之然無小學根基大學何處習起故即接有子孝弟一章言人必先有小學工夫而後親親仁民愛物自身心而推之家國天下始無虧欠耳此或記者之微意

朱子嘗作一圖示陳敬之中寫仁字外一重寫孝弟字又外一重寫仁民愛物字此即一坎二坎三坎之說因

本朱子意别爲二圖如左

仁圖

理一分殊圖

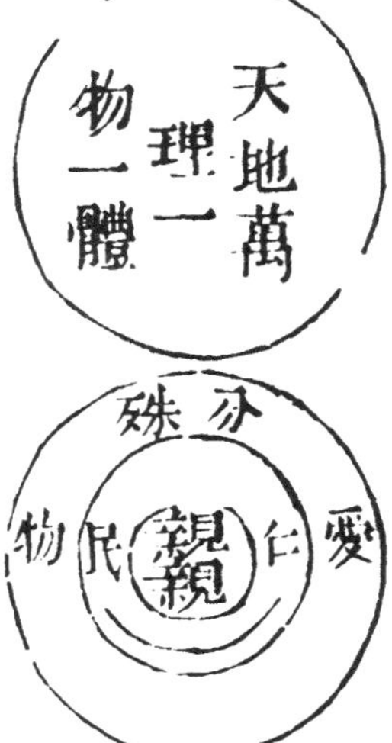


四端圖

心統性情圖

右三圖在孟子質疑中因本章論仁附於此

朱子説仁如水之源孝弟是水流底第一坎穪謂親親

所包甚廣孝弟其一端也故圖以親親爲第一坎而孝弟書於親親之首於本字尤覺切當猶所謂泉之始達也

爲仁是行仁就發用上說故註愛之理在前孟子第一章兼體用言故註心之德在前愛之理一句須倒看是出流遡源嘗作一圖示門人附後

仁圖二

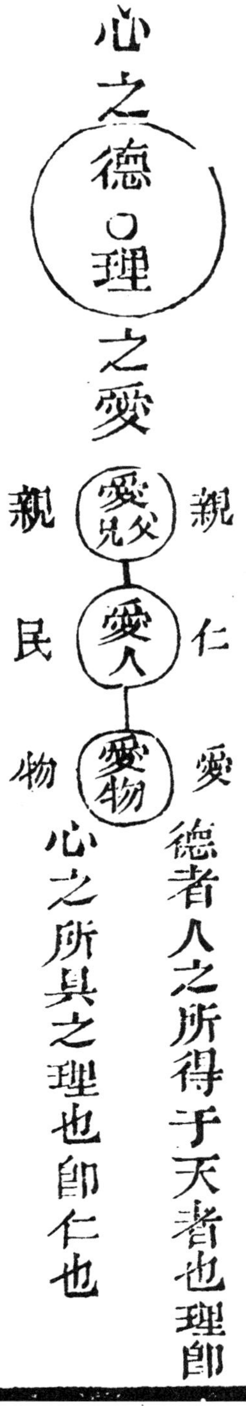

四端圖二

此專言之仁也故未發則兼統四者已發則兼統四端前圖以信居中東南西北配五行而言之則偏言之仁也

巧不特是琱琢令不特是柔媚如談仁論義極正大極切實亦是巧正衣冠尊瞻視極方正極嚴肅亦是令何也其心蓋有所爲而爲也此即夫子所嘆鮮矣仁也即朱子所謂巧令之尤者也

巧言令色不專指低聲媚語只是一箇入面討好要人喜他如王莽率羣臣哭南郊臣下便放聲大哭莽大喜夫子說與其易也寧戚易則節文習熟而無哀痛惻怛

之實即巧言令色也故註中不說凡人曰學者所當深戒也學者二字不是容易承當得

又如經義歷代設科取士非不可以羽翼經傳然言忠者未必忠言孝者未必孝喜怒哀樂聲口逼肖不過優孟衣冠充類至義之盡亦巧令之類也程子知巧言令色之非仁則知仁矣對照法指點極妙

或曰如子言則賢父兄不可以入股訓子弟乎曰非也夫子望人爲第一等人耳若中人以下不是入股并四書置之高閣矣豈非因咽而廢食乎要之爵禄者所以

厲世摩鈍八股取士雖非古法較之唐詩元曲却甚有益使四海九州埋頭四書五經萬一其間有上等資質從流遡源將聖賢言語反躬體認知行並進仍可為聖為賢如當湖陸稼書先生何嘗不從科第出身何嘗不從祀孔廟

上章之仁偏言此章之仁專言夫子此語必是有為而發極寬緩卻極嚴切不在外面約略直從心竊推勘記者以其詞不迫切而意已獨至故附之孝弟為仁之後以為徇欲忘理戒使其準此為例而克治之也故朱子

曰其意深矣

三省朱子說是曾子晚年進德工夫不特不忠不信不習要看得細郎爲人謀是曾子之爲人謀與朋友交是曾子之與朋友交傳是孔子所傳於曾子是何等眞切何等地位就諸同門看來郑似忠極信極熟極的了不知曾子自家只覺義理無窮工夫無盡有則改之無則加勉年年要䟦歲歲要勉此晚年之德之所以日進也聖賢工夫無內無外謝氏專用心於內句大有病黃氏日鈔極辨之謂開後來與學偏內之弊良不誣也

劉山陰重忠信說做二省盡是陽明一家於傳習上看得輕耳愚竊謂傳習一句大上兩項都包在內曾三省亦是習中一端習不專是講誦兼致知力行而言曾子覺得不忠不信處自家倘有病痛故拈出在前言之以忠信為傳習之本論道理該如此然曾子意中却三樣平列也

道千乘一章反復相因語類最詳宜熟看識得王道草創規模致治根本方好

天為民立君君惟有念念不忘民而已事出乎身而加

乎民豈可不敬不信用不節必加賦困民不愛人則必不能使臣以禮養民以惠使不以時則輕用民力而民生不遂何以爲道國之本乎

弟子一章只統讀幾徧兩而三則一以貫無時無處不用心去防閑開導他何等完密數句不分輕重然包含一切尤在謹而信一句謹則有恒信則不欺仁者淺看只少年中誠實豈弟者況愛即在醜夷不爭也或曰仁者是先生長者非也此當尊爲師範下不得親字矣

天子意中行爲重文爲輕章句後一段特借洪氏廣其

意以警異學之厭格物爲支離者耳非本章意也

賢賢五句只說得誠意不曾有致知工夫便說已學其流弊爲文成之致良乀　或曰有語病倘不辨爲何等賢人何等竭力何等君上何等朋友竟有自信爲誠而所行或出於私意者矣可不學乎子路結纓非致身乎不知食輒之食爲非義不學故也

言而有信不必有意打誑語只等常應對閒支吾忽畧處便是不信章句誠字要體會

曾子下箇愼字極重須分竭力盡禮無歉必誠必信勿

之有悔所謂愼也有君大夫之愼有士庶人之愼禮不同而愼同也知此則雖斂手足形還葬而無椁亦何嘗不是盡禮曾子之言一則警以天下儉親者一則警踰分越禮而不盡其誠敬者
富貴家不患物不備患其僭越故註下箇禮字亦不患儀不具患其惰忽故註下箇誠字
愼終愼字有一毫虧欠便是不愼范蜀山先生葬青不可不讀也葬固愼中之一端然擇地又葬中之一端不講葬法而惑於風水以致久久暴露或已入土而屢遷

乃不慎之大者唯五患則不可不避耳

總穴日光全身畢現溫良五字只就接人一端言故雖中幾箇亦字極有味子貢說求善賈夫子以一待字暗易之子禽說求之與子貢也說一箇得字對針他本不必再破求字只為他是愚暗人故又掉轉二語朗曉之

世有父賢子不肖者以尊臨卑此易見也若父不肖而子賢其中正不同在有一等當父在而顯然行事故與父違以自見其賢者故曰父在觀其志有一等自謂賢於父及父沒而仍然不見諸行事者故曰父沒觀其行

有一等刻欲自見或不問其緩急未及三年而遽改者

故曰三年無改於父之道可謂孝矣

或問父在觀其志可說得泰伯否曰聖人之言徹上徹下本章只說不賢之父充其極太王翦商應天順人非不賢也而與泰伯不合故曰不從然事最難處所謂父在觀志極看得好

父沒觀其行已該人子一生行事三年無改却倒縮轉去看他父初沒時用心如何耳

禮之爲體爲用猶言道之體用時解作人之用禮非也

上節是嚴而泰和而節下節是泰而不嚴和而不節如此分看便明白

先王之道二句是有子有會於心贊嘆其美下節見得不遵先王之道便不可行益徵禮之和之所以爲貴此蓋得力於禮故知之深而言之從容不迫也有若之言似夫子於此亦可見

信近於義一章兩家講義相反陸太看煞了却與三省于祿兩章參看誤矣呂却降一步說極得有子語意因不失其親二句尤看得確○就易忽處檢點降一步正

是緊一步非以僅可之念自恕也
亦可宗也亦字圓不失可親仍有一等不足宗的在內
或謂有子信近於義二句是對過於踐言而不近義者發如必信必果硜硜一種人及然諾不苟豪俠之一種人若不能踐言者又何足道此說似是而非有子本意蓋爲輕於期約後來自悔欲踐不可不踐不能勢處兩難者發若硜硜豪俠兩種徑情直行何嘗知悔如或言當曰信近於義言不徒復也不容下一可字矣可字輕讀也字朱子作矣字看反言之如云信苟不近義後雖欲

復之而不能矣非謂不近義則寧失信而不可復也朱

子或問辨范楊周氏以爲大意皆得之而皆不免於小

失葢徒憂復言之害義而不察乎有子之言意之所重

乃在乎不復之害信也學者當平心體玩切勿主張已

見

圈外尹氏一條是發明夫子言外之義在夫子當時正

學術明故只講好不好而不憂其學之好非所好就正

有道亦是從正學中更正其是非耳諸解似專重就正

一句胸中横著闢異端三字却不管聖人當時語意亦

不知自反果能無求安飽敏事慎言與否此最是講學家通病

富而好仁好義也說得必說好禮何也天下有財者樂施予近於仁急人之難近於義以言好禮則無過不及適協於中此地位不易到得故夫子特下箇禮字註中更釋以安樂二字精矣

爲政

以理言之仁者天之心也以方位言之北辰者天之心也以氣之精靈言之日者天之心也故天行日周天過

一度而日則終古如是未嘗少差也故日爲君象日食應君猶心爲物欲所蔽也古人君躬行必得以風化天下有以哉

道德齊禮三代以上之規模也道政齊刑三代以下之治畧也上下千古被夫子一言斷定

新安以有恥貭德且格頂禮不可從下句總承上二語來與民免句例看但道德之時格淺而恥深齊禮之後格深而恥不足言矣

道德如與仁興讓齊禮如絜矩不惟化之又有以處之

而使之各遂其所欲也
十五志學只就大概又大學時說起其實夫子未十五時早已志學矣蓋聖人生知之質小學中便有大學工夫也
志學中有格物工夫事物當然之理早已洞然至四十更無毫髮之疑愈覺精明耳非到此纔是物格知至也曾子一唯亦是知天命隨事精察而力行之則由志學而立而不惑也顏子喟然一嘆亦是知天命而幾於耳順其博約克復則志學與立不惑之功也惟顏曾善學

夫子人能學顔曾之學可與言聖人之進德矣

聖人生知亦只見得物物一太極若見得萬物一太極

一以貫之亦須到五十時方眞切此知天命不要講到

糸妙於一事一物之中處處是這箇根柢極淺顯極平

實纔是眞知有不覺足之蹈之手之舞之者

註中獨覺其進因近似以自名非朱子亞聖未易體認

到此

不惑到耳順三十年工夫不在行上說得力蓋義理無

窮晚年工夫知更難於行孟子說中非爾力正如此

知行並進十年一換如何分得夫子只是大概說要知

志學起兼知行直到從心總是爲之不厭中間得力處

節節不同耳

曾子借忠恕明一貫夫子亦借學者進德之序明自家

功效次第章句近似二字體貼得有味

失其身便不能事其親自始至終一於禮而不苟可謂

能守身矣故謂之尊親

以父母之心爲心固孝矣然使爲父母者不欲子之貧

賤而欲其干非義之富貴不欲子之殺身成仁而欲其

偷生而保祿將藉口於繼述乎故從親之令非孝也
過高之人往往簡畧細微自謂愛親而不知其已入於
狎恩恃愛矣其流之極至於登木而歌只是不敬聖人
甚言其罪爲異端防其獘也其旨深哉
章句僞字非有心作僞也或知之不眞行之不力或一
時意氣進鋭退速不到得中心喜悦自不能已地位總
不是安總算是僞僞則久而必變何以爲君子此際須
自察而後能察人
君子起手不從器上下功夫所以由體達用才全德備

程子寧學聖人而未至不欲以一善成名正是此意
愼思愼字極有味思而不學便不愼了不愼則危殆所
必然朱子集近思錄能近便是愼也
有謂異端雖害道然上策莫如自治自家不做便罷何
必辨論此說即楊氏爲我也有謂天地之大何所不容
異端亦是賢知之過何必攘闢此說即墨氏兼愛也譬
如飲食有毒自家雖不喫也要明白與家人說使人人
知而避之
俗學之害只害得庸愚異端之害却揀那項聰明極眞

實人都收拾去所以害了一人這一人的氣魄便能害
天下萬世人如患尸疰往往子孫相傳吁可畏也
是知也人多說入異端把本來良知不涉聞見者喚醒
他大誤矣須靠實無自欺之徵看蓋曉得自欺不得便
是知處不肯自欺便會求知故曰是知也使子路於強
不知時默自省察豈肯安於不知耶
兩爲字合並看方見得是知單重下何不是
多聞多見兩多字是我有意去多他兼古今在內非聞
古見今也古人行事之迹亦是見今人議論之是非亦

是閒

子張雖務外決不如後世求富貴者熱中之態只是以仕爲急如延平發洩藴蓄之說耳然不能定其心專於爲已便是干了

三綱綱字最要玩味綱舉則目張君不君則臣不臣父不父則子不子夫不夫則婦不婦故春秋重首惡之義然扶綱者尤在於紀君雖不君臣不可以不臣父雖不父子不可以不子夫雖不夫婦不可以不婦故春秋嚴亂賊之誅

非其鬼不必淫祀只繼祖之子而祭高曾便是非其鬼

非其鬼一章 夫子有爲而發如旅泰山弗能救之類但不明言耳

八佾上

推其原有成王伯禽之非禮而後有魯君之僭有魯君而後有季氏夫子非不知上行下效責有攸歸而臣子之道可以自盡爲季氏者能正身以正君方將使魯君不僭禮樂而乃身蹈之可乎此春秋之所以作也○此季氏是季平子名意如三家孟僖子貜叔孫昭子婼及意如也

說到無知妄作見夫子作春秋純是一片惻隱之心周公制禮作樂爲法天下可傳後世却被一箇天子門生一箇受業兒子首壞了家法豈不可惜盈廷諸臣震於周公之功而不敢一言其非遂至終周之世亂臣賊子接踵而起是誰之過歟

落一救字最痛切是夫子一片惻隱心季氏僭竊猶病之將死溺之將沒火之將燎也爲之臣者何忍坐視而不一援手乎范氏圈外一說不入夫子意中夫子一心要救冉有使冉有去救季氏耳林放一嘆尙無絕望之

意若以爲非不知其不可告非不知其不能救不可諫
而姑盡已之心則非聖人之所以爲聖人矣
泰山不如林放正於僭非其倫慮與醒季氏冉有蓋大
林放之問冉有所熟聞也故借此警之
揖讓而升揖從讓生二字相連第一揖讓出次也第二
揖讓左右也第三揖讓登階先後也射畢而揖讓下堂
先後也將飲而揖讓升堂也此揖如今深拱與揖所與
立之揖同○豐酒器鄉飲豐形似豆而卑海錄碎事射
禮置豐於西階古豐國之君以酒亡國故以爲罰爵圖

其人形於下寓戒也○豐所以承觶木爲之觶飲器之最小者

時解每三人爲一耦非也三則奇而非耦矣二人爲耦如天子八二八十六人畿內諸侯四二四八人畿外諸侯六二六十二人大夫三二三六人故揖者兩人自相讓而揖也如大夫三耦作三次升堂作三次下堂至飲時勝者不勝者始同升堂也○及物揖射時所立處謂之物

夏禮一章與無徵不信語頭不同此夫子自惜但能言

其大畧而杞宋無徵不能盡考其詳得見夏商先王制作之精意耳故曰足則吾能徵之矣有無限感慨在時說竟似夫子已知其詳但恨無證佐怕人不信淺淡無味極矣

記曰吾欲觀夏道云云亦是夫子自恨語於夏僅得夏時而夏時之外無聞焉於商僅得坤乾而坤乾之外無聞焉豈不可嘆與此章意同蓋夫子欲盡取前代制作損益盡善以立百王之大法每到無考據處便不覺慨然與嘆讀行夏之時一章可見

徵證也吾所言已合者徵諸文獻而益信其未合者徵諸文獻而可改其未詳者徵諸文獻而可補有多少心事在則字矣字令人至今遺恨三代之禮得夫子定爲一書秦火之餘幸不泯滅豈非盛事

古人廟制南向而主則東向何也蒙引以古人室之戶從東入而以西爲上祭者以東爲下向上而祭據愚見恐更有不忍死其祖之意東面所以受生氣也

治國治天下亦是偶然如此說夫子非有意分別也不王不禘亦不必就天下二字上寓意只就禘之難知本

意上說而言外不王不禘之旨自見蓋禘之重大如此要知其說尙不可得況可目昧行之乎聖人之言多少含蓄在

夫子意中不但有魯禘在卽周天子之禘亦是具文所謂仁孝誠敬與先王制禘初意相關會者何在乎於此可想見指掌時上下千古一種神精

魯之禘本是借用法周公與文王本是父子豈有子孫之誠可以格周公而不足以格周公之父者只是諸侯小宗分有所不得祭耳若天子之禘自高曾以上不知

歷幾何世而始及於始祖又推始祖所自出而祭之故曰報本之中又溯本追遠之中又追遠也夫子所論烝已掉開嘗禘說了而後人猶黏煞嘗講誤矣章句又字可味朱子原將此一層作餘意也○嘗禘本叫不得禘如伯禽祭文王只是孫祭其祖極是平常卻把周公假做始祖又把文王假做所自出之帝自欺欺人說這便算做禘了直如小兒作爲成王叫他作此行逕極不通試想禘字作何解始祖是帝始祖所自出亦帝祭始祖所自出者亦帝故曰禘今周公帝乎伯禽帝乎而謂之

禘可乎其爲無知僭竊不待問矣故不王不禘自然之理亦自然之勢雖欲僭而不得也夫子說三家奚取雍詩最有味即謂之諷魯禘可也

升菴楊氏力辨成王賜伯禽一說謂魯惠公請郊廟之禮於平王王使史角往報之平王猶未許況成王乎故雩之僭始于桓公禘之僭始於閔公郊之僭始於僖公而非始於成王伯禽也其論似正然明堂位祭統明言成王賜魯天子禮樂程朱考據極詳豈不知以春秋魯頌爲斷而漫以非禮誣成王哉蓋當時風雷之變金縢

之啓成王心服周公之功若無可以報之故於其歿也賜以重祭以寵榮之而不自知其敬畏之辟徒陷公於非禮也楊氏回護成王欲與程朱翻案純是私意

在家亦祭外神在官亦祭先祖不必分

四書質疑卷之一終

四書質疑卷之二

客星山人陳梓古銘

論語中

八佾下

鬼神一說朱子答廖子晦書已詳辨之今人猶以爲人死而心不死異端之說也看記者下兩箇如字是從夫子孝敬中看出一種洋洋景象卽所謂有其誠有其神也

或曰庸人死則氣散惡人死則餘氣能爲厲若正人死

則清明之氣常在宇宙而不散也故享則來格此說大謬夫氣聚則生氣散則死天地之常理也既是正人則生順死安魂升魄降更何留滯其享而來格或一氣相感因子孫之精神而聚或有功於地方因官司百姓之精神而聚或有功於經術因學士之精神而聚皆是生人自致其誠敬焄蒿悽愴洋洋如在耳非正人既死之神日遊於兩間遇享則來格也故雖庸人其子孫誠于祭亦有來格之理雖正人其子孫不誠亦無來格之理總是理為主而氣之聚散因之朱子答廖子晦有云氣

有聚散理無聚散但有是理則有是氣苟氣聚乎此則
其理亦命乎此耳數語最精當詳考全篇見文集四十
五卷
伯有爲厲是變祭祀來格是常論其變天地之大何所
不有然皆謂之妖孽君子道其常而已○北谿字義論
鬼神處不可不看
天地之間只有一箇理與氣而已生者自生消者自消
總無形既消而氣猶存之理朱子所謂無子孫的他血
氣雖不流傳他那箇亦自浩然日生無窮如太公封于

齊便用祭爽鳩氏季萴逢伯陵蒲姑氏之屬蓋他先主此國來禮合祭他道理合如此便有此氣觀此段可見氣隨理轉理當祭則氣即因祭而聚於一時祭之前祭之後氣未嘗聚也然非天地之氣浩然日生則一時之氣亦何由而聚哉

孔廟天下同祭往往同日同時却無一處不饗孔子豈能化億千身哉只是功在天下萬世道理合如此氣便各隨人之誠敬而聚非實有堯顙皐項峩冠博帶月坐廟堂之上也故語類說祭孔子不當以塑像只當用木

生○凡祭皆嘗用木主古人止用尸象教起於異端

朱子謂祭竈之尸或以膳夫為之極有理葢祖孫一氣故以子弟為尸竈是外神惟膳夫日相親近便有氣類感通之理

文王在上於昭于天文王陟降在帝左右是周公對成王神道設教耳若一看然便似眞有上帝文王日在上帝之旁往來升降矣章句言文王沒而其神在上三后在天亦言旣沒而其精神上與天合不過解釋本文耳若一看然便謂聖賢雖死而精神不死何異於釋氏之

邪說耶其神在上猶言洋洋如在精神上合猶言魂升
於天只論其理非實有其迹也故可與言詩最難高叟
以辭害志者多矣
嘗引父祖已散之氣終無復聚之理此句又矯枉過正
矣子孫之氣聚則祖考之精神亦聚但此聚字不可說
得著相記所謂如將見之僾然必有聞乎其容聲可謂
善形容矣之生而致死之不仁而不可爲也虛齋未免
此病
每事問中兼不知而問雖知亦問二意正是敬謹之意

陽明云如聖人自以爲敬便是自矜問即心中天理之節文故曰是禮也不知敬謹方是天理若聖人自說吾胸中純是天理故發出來便是禮其爲矜也甚矣

玩古之道也何言外有爲國以禮道理在即一射而時事之變可知矣周衰禮廢禮字所包甚廣非僅禮射之禮也

胡氏蔡氏以子貢去羊猶是貨殖餘意固粗芭山張氏又謂子貢有激而言非專惜費又說得太高蓋子貢一時見小不曾想到復禮上亦不足爲賢者病夫子明說

爾愛羊而後人代爲之出脫何也

定公問君使臣臣事君子曰君使臣以禮臣事君以忠

景公問政子曰君君臣臣父父子子將兩間五倫大道理數語包括非聖人不能盡五倫是兩間公共道理不可自我一人壞却各欲自盡不可相學已施之而已故父雖不父子不可以不子子雖不子父不可以不父推之君臣兄弟夫婦朋友莫不皆然而所以自盡之道非格致誠正則見理不明克已不淨往往自以爲盡而不由乎中道者正多矣故曰不學無術經世以學術爲本

信哉

關雎詩須識得他哀處便曉得他樂處葢文王之宮人非凡人也深知文王是箇聖人以爲如此亂世那得有一箇女聖人來作配便求得箇賢妃總不是聖人的匹耦所以輾轉反側自不能已幸而得之其樂爲何如哉

章句不能無從上宜字生來宜其有從上不能無來兩雖字從寤寐反側琴瑟鍾鼓二句看出哀樂純是一團天理所以爲性情之正

先言樂者由其樂之盛而知前日之憂之深非無故也

詩是順說夫子却用逆遡由既得想到未得無限深情
令人神往○方其既得也在文王止是若固有之在宫
人不啻得之意外方其未得也在文王不過居易俟命
在宫人惟恐配非其偶皆性情之正也
夫子責宰我對社不復自言立社之本意者葢引而不
發也哀公宰我俱不能問難矣
仁山以三歸爲算法鑿矣虚齋以坫爲瓦器非也坫木
爲之置之地故從土此等總當闕疑
人各有器器本大氣拘物蔽不致知力行以充之則自

臨耳成已成物斯爲大器讀大學衍義一書思過半矣

儀封人知天與夫子平日天生德于予天何言哉知我者其天乎天厭之歟天乎天之將喪斯文也諸天字皆合離說不久將得位其實該天下萬世總是以夫子爲木鐸蓋一時之木鐸在行道萬世之木鐸在傳道封人一語至今愈驗也

儀封人請見時必通姓名記者畧之成其爲隱也與荷蕢丈人不同

天將以爲木鐸主理言吾已矣夫主數言世亂理不勝

數猶病劇氣昏則心憒也

武王伐紂亦是不得已如病人邪實負隂將涸不得不下下之所以救負隂也紂毒痡四海民命將竭伐之所以救殘生也然氣禀不及舜之清明工夫不如舜之純粹故其見諸措施未免發揚蹈厲所以未盡善

里仁

謝氏存就存心說理就處事說仁者體立而用行無私心而當於理知者靜存而動察克去己私以復乎禮及其成功一也

利字是字法借人欲以喻天理深知內有窮理工夫在篤好必欲得則省察克治之功也○淫濫有分數漸而壞久處則潰極矣而其源則在乎本心之喪也

輔氏理是事理非也理經理也大全○吳氏知主知仁主行非也仁知各有知行程氏分子文不當理文子不能無私亦誤二人俱是當理而不能無私者

說無私則可無好惡則不可說不以私參之則可不以我參之則入禪矣饒氏非是

富與貴一節是藩籬無終食一節是堂奧藩籬既破安

能入堂奥哉夫子首説不處不去要入從發軔之初便立定脚根纔好進步耳此節須分治亂看有道之世既爲君子自有得富貴之理其貧賤皆是不以其道無道之世既爲君子必無得富貴之理其貧賤便是以其道然有道時雖當得富貴而其中稍有不義便是非道故審而不處若貧賤則遂來順受而已此夫子本章正意也若就無道論之則並無不以道得之貧賤並無以道得之富貴故遯世不見知而不悔雖至窮困患難安之若素所以爲君子知此然後可以論存養

孔孟不過於春秋戰國一生窮約皆是不道之貧賤小言之則勉齋所謂水火盜賊誤陷刑戮之類是也其字卽指道不指人

三代下唯恐不好名此爲下等人說法惟恐渠連名也不好便扯破面皮無所不至耳若就學者看則惟恐其好名矣然亦當原其心不可疑其迹故楊園有云人君避好名之嫌則無爲善之路此又不可不知

天下有明於取舍而不容於存養者未有存養既密而猶昧於取舍者也卽使自問無貪厭之心而於非道之

貧賤迫於不得已而去之則窮理不精不過朱子狂狷
章句中謹厚之士言乎入道則未也
但用力而不至者今亦未見其人焉人多誤看此二句
是正解蓋有之矣一節故紛紛辨論迄無定說耳不知
此二句是朱子體會末節言下一種嘆惜意思謂世或
有力不足者我却未見蓋必等他用力然後顯得足不
足既無用力之人亦何由見其不足哉
反覆二字說得夫子意思無限淒涼無窮指望末節當
反看猶云世上果有用力而力不足者我也情願見他

只恐不肯用力都推諉在力不足耳妙在不說煞惜之望之兩邊都到

朝聞夕死若不聞道死也死不得活也活不得天所賦的道理完完全全我爲物欲所蔽不去做工夫不曾明善復初如何死得人爲萬物之靈自顧平生直如草木禽獸越長壽越可恥如何活得聞道則從此向上工夫無窮活也活得即不幸而死而此中自反亦可無愧死也死得故曰可矣可豈易言哉○道字聞字須看得切實是致知力行積累來實見得倫常日用道理親切耳

不然道其所道聞其所聞其不流於釋氏之一超直入者幾希矣

無適無莫義之與比是就現成君子說勉齋云不可先懷適莫講義云必先無適莫而後能比義皆誤不逆億先覺無適莫比義工夫俱由平時窮理集義來非先覺由於不逆億比義由於無適莫也○蒙引解比作倚不妥

天下亦有適莫而偶合於義者但不是君子之比義亦有無適莫而仍無當於義者如謝氏之說是也但此就

道理說如此在夫子却是一直說下三句作一句看中
間用不得轉折講義云只有義之與比方能無適莫要
做義之與比先從無適莫起皆是節外生枝
義之與比與比二字指心則義字專指事之宜爲是與
字不是語助猶言合而爲一也就現成說而工夫在其
中
君子懷德章註懷思念也總解四懷字其實小人兩懷
當改留戀尤切蓋不止於思念而已余偶愛一硯潤澤
時時撫摩自謂雅好不嫌其癖不知却入於小人之懷

土也士而懷居註謂意所便安處因其便安而留戀不舍卽小人之懷土也何以爲士乎

以禮讓不是空空一箇辭讓之心有多少實事在以實心行實政粲然有文藹然可親所謂禮之實也以是爲國何難乎

隨事精察而力行之緊要在精字力字上察之不精將認欲爲理行之不力將始勤終怠察之益精則行之愈力行之愈力則察之益精精義利用常相資也

印板一喻最切忠恕許魯齋人心如印板本此學者所

以要做工夫正爲此印板糊塗難得清潔耳陽儒陰釋者只一空格子口耳之學又純是煤墨不見一字天下那得眞儒

公冶

夏璉商瑚朱子偶誤註耳或傳寫之訛亦未可知然夫子何不曰璉瑚也益璉字上聲順文則上平下仄爲便無他意也

聖人至誠如神使漆雕開者非眞使之仕也明知他別有見頭姑叩之使自白耳他果說出未信夫子乃自信

賞鑒之不誤而恍開之方進而未艾也

山東俗以驢糞和土築牆故門糞土之牆不可汚也

剛之難所學未正所見未的所造未深所養未熟總不足以與此如來達摩貨色名勢亦不能屈非聖人之所謂剛也未見之嘆其在顏子未問爲邦曾子未聞一貫之時乎

子路有聞一章門人是傚夫子學如不及一章筆法夫子是虛想像一種勤學者以爲門人榜樣門人都從此悟出即以摹寫子路之勇於行遂成妙文

是非是太極利害便雜陰陽再斯可矣但論是非三思而行只論利害耳

夷齊不念舊惡此惡竊疑非善惡之惡卽周鄭交惡之惡故下曰怨是用希何則過之大者爲惡過可改而惡無可改也如人平昔曾詬詈父母此惡也後雖自悔無及矣卽夷齊亦安得不念之惟向日與巳不合有閒言後乃自悔相好如初必不因前隙而終棄之此怨之所以希也嘗告門人曰過如磁器垢膩洗滌便復本來惡如磁器缺損雖修補終有痕迹少年當自珍惜不可稍

擊一絲敗露也雖有惡人齋戒沐浴可以事上帝謂貌
寢者耳若使楚商臣齊襄衛宣一念痛悔從事於聖賢
正心誠意之學亦何益乎
聖人周流四方只要行道以起斯民於塗炭道不行而
思傳之來世亦望其能行此所傳之道耳不知裁則或
失之過不及一旦見用於時必貽害於蒼生此所以欲
歸而裁之也傳道與行道豈有二心哉
一目十行非美質也有一種樸𪫍敦篤氣象纔算美博
極羣書非好學也有多少致知格物躬行實踐工夫纔

算好故夫子特下兩某字做箇榜樣

雍也

子夏篤信謹守何至流爲小人儒而夫子戒之此有深意蓋文學之流弊卽爲訓詁詞章夫子已料知百世下必有專爲典制名物而不體諸身心甚至標虛聲以講學而不本諸力行者故至誠之道可以前知○君子儒爲已亦有爲已而仍不免爲小人儒者學者不可不知金仁山許白雲其醇然無疵者乎

不可以語上不可二字是教者深悉躐等流弊必至於

襲爲高論猖狂無忌將終流爲汚下此不是學者不足化誨而在致者不善啓發有以致之有一種至誠惻怛意思在此章當歸重下二句上二句不過不得錯過時候致使走入異端耳

人身氣血流通著不得一物稍有一毫竹木之刺入於肌肉便須竹膿潰出乃已可知吾身纔有一事不合天理處虧欠多矣可不謹哉○欲使天下無一物不得其所當使吾身無一事不當於理

能近取譬集註中有三轉近取諸身以己譬人一轉也

知其亦猶二轉也然後推以及人三轉也第三轉是朱子有意補出恕字工夫較重於上二轉夫子何以只說譬不說推蓋承上節來仁者以已及人並無轉折汝今曰只消以已譬人知他也欲立達而推已之欲立達以立達之耳是省筆法非鈌也若只講譬不補推大謬矣

述而

門人問夫子夢周公何不夢皐夔夢召公太公曰夢皐夔代遠夫子與周公近而神契若召公太公安能及夫子耶又問周孔孰勝曰周自遜孔一籌

子行三軍一問子路心中以爲相業不得不讓之顏若將畧恐非其所長夫子不容不見屬耳大抵好勇之人多尙氣夫子唯我與爾有是夫二句竟似一堂之上天壤之間了無知已他道夫子語氣未免稱許太過故著箇子字誰字與字對着上我字爾字有字仍是行行氣象故夫子下暴虎二語直抑之而以臨事二語陶鎔之其愛子路也至矣

從吾所好吾字是公其之吾好是人心之所同好盡吾職分之所當爲義也完吾性分之所固有理也故曰安

於義理而已矣
如不可求自今人觀之以爲聖人誘人爲善故說不可
二字不知此中有命在不知命何以爲君子等而上之
固有命可得富而君子不爲者況求之耶初學只在信
命
齋者齊也齊其思慮之不齊也然必素行孚於神明中
心純一不雜當齋之日方能一其思慮感格鬼神若平
日功夫不齊其心顛倒繆亂臨事如何能專一故所謂
思慮之不齊者是好思慮但交於神明時雖當思當慮

者亦不可思慮耳不然君子之思慮豈有不齊者乎不圖爲樂一句贊嘆情形大畧似顔淵喟然一嘆子貢可得而聞不可得而聞語頭門入親炙而聞道夫子親炙而聞韶千載一堂其味爲何如哉故曰理義之悅我心猶芻豢之悅我口

冉有問子貢夫子爲衛君乎子貢何不偕之入問第曰吾將問之却使冉外坐而已獨入何也冉有不敢入問而先私質之子貢者亦度子貢智足以知聖必能釋我之疑也不知子貢亦一時決斷不下正在躊躕因冉有

一言遂决意入問夷齊一語蓋蚤已想定借問法懲乎一駁亦蚤已打點再問法其所以不借冉求入者軍旅倥偬之際難恐夫子嫌疑置之不答一人偶入泛論古人若出於無意耳及聞求仁得仁乃恍然有會出而與冉有其釋之當時記者寫出兩賢虛心誠服處如白描高手處處傳神非偶然也

君子居是邦不非其大夫而孔子作春秋不諱魯事何也學者要思得之於此見並行不悖之道

或云聖人非不欲并釣弋而無之但仁有輕重大小耳

非也如其說則佛氏戒殺反在聖人上一層矣天地生物以養人是道理上該釣該弋食以時用以禮是道理上該不綱不射宿聖人只還他本分恰好耳南軒先生最說得好梁武之以麪爲犧牲與商紂之暴殄天物事雖不同然所以違天理而致亂亡則一而已知此可以定佛氏之罪

泰伯

泰伯逃荆蠻必偕仲雍者蓋度文王聖德必與己同心不忍翦商使太王絕望於我兩人必立王季而及文王

耳其後三分有二以服事殷非善體泰伯之心者哉故夫子各以至德稱之主讓周者誤也

此章可不可非由後而決之當由前而定之曾子是要人主於太平無事之日預鑿別此等君子人任師傅丞敎諭以防主少國危之不測與字也字語氣言外若云此等人不用錯過到得不幸天步艱難都是小人上場便無及矣若就事後說可托可寄不可奪疇不知是君子說他何益循其語意亦有窮理知人一層在不知其爲君子人而交臂失之與不知其爲非君子人而腹心

任之其失均也註設爲問答所以深著其必然特引而不發耳

曾子易簀呼小子傳以保身心法以全父母之遺體是道其常平日又有言曰事君不忠非孝也戰陳無勇非孝也是兼言其變故楊園先生有云比干曾子一而已矣然君字要重看且審戰陳對壘是何人否則流弊反是不孝

對敬子必先下謙詞四句便見曾子工夫縝密處動容貌六句極細敬子必可與言者故與之言爲政之要修

身之本或言敬子大概是不知大體留心瑣屑之人此說大抵果爾何足與論操存省察乎他平日亦嘗聞曾子之學精察力行未免只在零碎小節上小心加意便自以爲道在是矣故曾子以道之所貴詔之

宏毅一章亦是曾子疾革時訓門人語死而後已以身爲教也

仁是全體不息曾子仁以爲已任全體也死而後已不息也非宏毅不可以爲仁○養德者必養身養身者不必養德戰戰兢兢蓋欲其有以盡乎天理之極而無一

毫人欲之私也故曰一息尚存此志不容少懈
善者好不善者惡非特可以觀人亦可以自省善者之好我固可相觀而善即不善者之惡我或訐我之短暴我之過皆修省之助當感不當怨也
善者好之而惡者不惡則必其有苟合之行此恐就一鄉之善士言耳若天下歸仁邦家無怨狡僞者獻誠暴慢者致恭則惡亦未嘗惡也
貧且賤焉富且貴焉兩焉字活寫出一箇無學無守有醜面目的形狀不待說出恥字聖人已代爲之沮喪矣

兩恥字不同下恥字更甚又有一種似有道而仍無道者號爲君子往往不能辨其可恥學者當推廣之

論語多成於有子曾子之門人固已然如舜有臣一章是神化手筆必更夫子親自改定方有此照應孟子七篇孟子自定亦祖此耳

禹地平天成治水之功極大而夫子稱之只言盡力溝洫重農事也此章因贊禹者只就大處說而不知精一執中之妙無隙可議三而字是所以無間之故何等完密

罕言

吾誰欺欺天乎與獲罪於天無所禱也俱是詞嚴義正語頭聖人行事適與天合有分毫欠缺處便是欺天獲罪故門人厚葬顏淵夫子深嘆其不得宜也

不爲酒困與上三句不倫何也曰此章是夫子偶然病愈酒後自慨從來不困此日似乎精神不及持故并上三句斂來言理無大小精粗盡道極難也何有自負自是哉

日往月來寒往暑來水流不息物生不窮人不得而知

也惟聖人知之不怨天不尤人下學而上達人不得而知也惟天知之天道周流不息聖心純亦不已有嘿相契合之妙

未見好德如好色夫子兩言之一是引好色者反而之好德一則警好德者致好色之誠此德字與賤貨貴德貴德尊士例看即所謂賢賢易色也

不忮不求何用不臧臧善也忮是剛惡求是柔惡反看則不忮是剛善不求是柔善矣此雖指資質都有功夫在

可與共學註云可與共爲此事也此事何事初學試一思之否第一此事是大學之學第二此事卽是立於禮三十而立之立第三此事則達權通變大而化之之謂聖矣可與共爲豈易言哉

鄉黨

長一身有半長去聲猶餘也有又也身衣之身也自領至膝爲一身古人上衣下裳也又半者臥時蓋至足卽當身之一半也此寢衣雖齋時之寢用之若依俗解自足以下又加一半臥起皆不便矣聖心化裁豈有此拘

執耶

割不正不食席不正不坐自與端觀之必曰此便是學問不濟澀不緇磨不磷雖日坐不正之席日啖不正之肉何足累吾心耶不知不磷不緇者體道之權不食不坐者守常之經聖人心體有正無不正見不正者自不相入如水流溼火就燥不特無心去坐并未嘗起一不可坐的念頭而動容周旋中禮所謂從心所欲不踰矩也一篇鄉黨都如此看

凡飲食無論膏粱藜藿但多食即能爲病所以不多食

爲節飲食之至要此非畏病而然葢天理合如此故養德自兼養身

瓜祭瓜作必然據玉藻瓜祭上環食中棄所操則瓜句絕祭句絕亦可言食羹瓜三物之薄亦必祭而齋如未始不通也

四書質疑卷之二終

四書質疑卷之三

客星山人陳　梓古銘

論語下

先進

人不間於其父母昆弟之言夫子爲子騫有繼母而發也故註特加友字弟爲繼母之子必與繼母爲黨而能見化於其兄與其母共稱之而無間於人言豈易得哉貧而厚葬不循理也此一種道理夫子在顔路哀痛時一時難說故但與之論情才不才五句就自家曲折慰

譬末二語亦只說命車不可齎而於顏路買椁之理則不及論也然言外亦可悟所以有棺無椁之故不僅在不可徒行矣顏路不知此故復聽門人厚葬夫子以不得視猶子責門人所以警顏路者深矣

貧而厚葬不循理也有兩層父之待子弟之事師一層使吾子吾師不獲循理一層予不得視猶子也是前一層夫子自居於不循理也夫二三子也是後一層言使顏淵不得善其終也

夫子既明曰不可何不當請車之時明告所以不可之

故曰父母愛子之心無所不至當初喪哀痛之始不忍遽使之割愛第示以已所待子之式樣使之憬然有會而已猶拇子爲赤母請粟一片愛友之誠夫子亦不明言粟之不當請也但與少益少使之默然自悟而已於

此可覩聖人氣象

見有子了子路不悅不是道夫子錯了正是不捨得夫子如白璧一般把此不正的人一過手大可惜耳門人厚葬顏子夫子自歉不得視猶子亦是不捨得顏淵他一生全無虧欠乃以門人之故使之不得正其終豈不可

惜回也四句當一篇哀詞冀寘寘之回默鑒我心作哭聲讀之自見

季氏富於周公一節當云冉有不當稱求也此句筆法是夫子代門人記事以見下文直斥非吾徒有爲而發故直書其名蓋齊論中之春秋也孟子七篇出已手論語如此章亦出自夫子手筆不然何不說冉有而曰求也明是夫子口氣

夫子謂由不得其死非謂死於刀鋸鼎鑊也蓋當死而死刀鋸鼎鑊何嘗非得死乎所患者勇於義而昧於擇

君如孔悝之難徒死而不足以善其道耳

子曰柴也愚至屢中爲一章此說極是當子貢貨殖時正曾子魯鈍時可証而文法章法亦長短間雜變化入神得舉回以厲羣弟子之意

回何敢死朱註解敢作必與他處何敢文法不同故沈誠菴先生於敢字旁特標一果字有以夫

子路曾皙一章講章云此章記載是史記敘事法誤矣或云史記敘事是學此章筆法則可耳

或言曾皙地位高何以有三問如此呆鈍曰此正是他

高處他若自覺氣象好覺得子路不好其言不讓他便理會了他這從容氣象一則天資一則涵養習焉若忘不但率爾卽求赤之遜詞他也相忘竟道哂他不能而自任太過了及子說出小字乃恍然爲國以禮道理并子所以與巳一齊貫徹

顔淵

巳克則禮自復詩曰荼蓼朽止黍稷茂止克巳又須復禮詩曰茀厥豐草種之黃茂

子貢問政兩不得巳是居常慮變之道以子貢之才何

難使兵食恒足民心永戴使不至不得已地位而預爲杞憂直窮到底者蓋窮理之功不遇盤錯無以別利器忠孝大端生死大關何可不一參究也

民無信不立立字極重人之所以參天兩地獨立於天地之間者信而已矣無信則臣背其君子背其父如横倒了身子與禽獸伍何以挺然自立於兩間乎故註曰雖生而無以自立不若死之爲安死則心安德全卽爲鬼爲厲亦有以自立於穹壤矣

慮以下人是推向心裏實有匹夫勝予之意是爲已細

密盡頭莫以一謙字了之

攻其惡攻字如攻城墉須是勇猛奮發舍死不退不可有頃刻之懈怠如攻玉石須是仔細琢磨纖垢必除不使有毫忽之瑕玷

樊遲未達註中故疑二者之相悖耳玩上句而字一側大意只重知悖於仁非仁悖於知只作故疑知之有悖於仁耳看下二者不惟不相悖反相爲用句只作二者不惟不悖仁而知且成仁矣看朱子之意渾融學者當善會不得泥三相字平看也

子貢問友當時必有一事感觸或代人籌處友之道或自家欲規友過而慮其不從故問之夫子夫子亦知他心中有此一事故單就規過一邊說玩毋字焉字語氣可見是隱寓相戒之意記者所以續記曾子一章論交友之全知行互資不特規過一端而已是兩章連記之微意也

不可則止是道理上該止故註曰以義合者也並非畏辱而止也下句又爲不肯止者轉討之自字妙言非友之辱我卻是嘗止不止自取辱耳

子路

先勞請益卽如斯而已乎語氣若焉知賢才一問亦未必不類請益之意郄與子路不同者彼自謂好賢之切欲盡舉之並非私心不妨進而商之而不知其已入于私且狹也迨夫子說出三句天空海濶造化同遊仲弓於此當長一格

必也正名乎此語似太顯非居是邦不非其大夫況其君乎一段道理諸門下請下一轉語何如愕然莫能對余曰此章是子路結纓前與師商權衛事最是[illegible]論

頭夫子不得不一言覺悟之胡傳所謂衛之臣子舍爵祿而去之可也子路不悟反以爲迂故夫子又痛切論名不正之弊以開導之其實始終不露衛事仍不失爲居是邦不非其大夫也

註中補出胡氏食輒之食爲非義朱子明知流弊必有一等眞實人已造正大高明之域猶有不自知其誤而誤者故特表之所以暗補夫子之未言作縮筆若曰君子於其言無所苟而已矣而況大於言者乎

憲問

先發後聞或問主魯而言蒙引主孔子言而以主魯爲太委曲且疑其不必附入集註竊謂魯發即孔子發也魯欲討陳恒必用孔子孔子承魯君之命先發而後聞於天子也若謂孔子先發而後聞於魯非特勢有不能抑且有害於義胡氏必不若是之迂也蓋胡氏此說承程子上告天子之語而言也朱子附入集註者爲時勢不得已者言也但或問又云魯之微弱告於天子亦理勢有當然者則此說亦未爲定論其詞氣閒亦未明暢此楊園所以刪之歟

凡子曰是曾論加孔子是齊論君曰告夫三子者是孔子退有後言雖是大義所激不得不說終非聖人之事君而齊人傳聞而記載之豈聖心所欲哉夫子若見齊論必删此語

君子循天理故日進乎高明循字進字有階級其功難而緩小人徇人欲故日究乎污下徇字究字無窮極其勢易而速其界分所爭只此趨向之間故下章即以爲人爲己言之

今之學者爲人與古者之所學其迹則同其心則殊耳

若詞章訓詁刑名錢穀并不入今學者内不必問其心

也孔子即指修天爵以要人爵一流耳

微生畝爲佞之譏可謂儗人非倫不知郯有因頭此從

子貢必聞其政一問及夾谷一會來畝亦非尋常人也

不怨天非不敢怨也天本無可怨順受其正而已不尤

人非不敢尤也人本無可尤反求諸已而已故曰在理

當如此

是爲賊承上三句並重總是敗常亂俗老不死則長在

世間敗綱常亂風俗其爲賊也久故聖人尤惡之不然

老者安之而於故人獨視其速死乎譬如村中一老人七十外忽責祭田後生小子看他榜樣人人藉口其害無窮使他七十以前幸而早死非鄉里所共視乎○夫子既責壤又叩以杖仍是愛故人之深望其改過并望其忽省母死歌時子何以不見絕而獨於夷俟小過出此重語安知不恍然大悔一變至道耶

讀闕黨童子一章知吾人爲學若不曾抑心下首做一番小學工夫終無入德之階也因思聖人教人如此切實後世教者動說無聲無臭將使學者何所據守乎

衛靈

窮而濫未窮猶不濫此猶古之小人也若今之小人濫而後窮窮而益濫無論通塞盡無時不放溢爲非者也烏乎可

雖蠻貊之邦行矣如蘇武在雪窖初欲殺之後來敬服不敢強之爲馴馬特節而歸所謂忠信篤敬也

子張書諸紳人多謂將夫子所說九句都寫在紳上非也子張堂堂習容止的人質頗高無此拖沓裝飾不過盤黑綫古篆言忠信行篤敬六字分作兩行即以此紳

肯參前倚衡以示不忘而已卽夫子二句亦是現身說法子張方侍立門外卽所乘車故指點說一立也一輿也不是沒著落底猶之與子路說堅白時適有匏瓜繫壁遂指了說吾豈云云不比孟子譬喻類戰國海大魚也凡看書要自立新解往往失之鑿然亦不可隨衆附和失之膚

殺身成仁須平時每事討箇是處方能臨難不變譬如婦人偷盗多言甚至不順舅姑不敬夫主欲其遇變守節豈可得哉

樂則韶舞有以則爲法則者大誤一章板書全在一則字神情夫子有上下今古不知肉味一段相契謂非爾回不足以語此也

躬自厚而薄責於人只在躬自厚三字上着工夫天下苛於責人者必自治不嚴者也果其厚於責已亦何暇責人乎

兩如之何說事下一如之何說人言無如此無如何之人也是決詞深痛之也

禮以行之之字指義遜以出之之字指義禮信以成之

之字合義禮遜言之此說最完密
吾之於人也章與西銘並讀見聖人老安少懷氣象亦
嘗與春秋並讀

季氏

天下有道須本天子躬行心得來若專講權不下移三
代下有能之者矣求庶人不議得乎○余嘗謂上一天
子下一縣令權最重天子體天爲治縣令親民之官天
子賢任令得人天下治矣上一天子下庶人權亦極重
天子有道庶人不議是公是公非公好公惡秉彜好德

之良郎所謂斯民也三代之所以直道而行也章內四則字三矣字下章三矣字言外神情不禁帝力何有神遊往代思古傷今寄慨深矣

天下有道則禮樂征伐之權出於天子天下無道則褒誅賞罰之權存於史官故崔杼弒其君太史書而殺之其弟嗣書而死者二人其弟又書乃舍之南史氏聞太史盡死執簡以往聞既書乃還噫此天理所以常存人心所以不死也孟子敘道統而繼孔子獨舉作春秋有以夫無道之君欲以嚴刑酷法滅天下之口其可得乎

益者三友多聞居一非不直不諒而博物洽聞之謂也必其文理密察見道親切者故友之則進於明不然彼便佞之習於口語聞見豈不廣乎

損友中佚遊一種文人最易犯即所謂士而懷居也即所謂小人懷土也嘗見詩文之士或留意魚鳥花木以爲高致却不知是玩物喪志溺情喪德而已

戰戰兢兢非禮勿視聽言動畏天命之實也尊賢好德虛心從善畏大人之實也言語行事必準之經傳不敢少悖畏聖言之實也

讀書草畧不能一一見諸躬行與夫過於深求流爲穿鑿者皆爲侮聖人之言借時文以講學又無論已

行義以達其道行義二字不重對上隱居猶言出仕耳一說仕所以行君臣之義誤矣果爾則隱居二字亦有當隱則隱不當隱則不隱之義乎所謂節外生枝也要知此節只對隱居而無志之可求行義而無道之可達者講與丈人一章不相涉也

九思是省察工夫然存養亦以是窮理亦以是

陽貨

陽貨欲見孔子孔子不見以孟子陽貨欲見孔子而惡無禮例之則其下亦當註欲見之見去聲六字朱子原本必有之後人偶遺耳欲見者欲令孔子來見已也故孔子不往見瞰亡而歸之豚則不得不來矣此貨之巧也

吾豈匏瓜也哉此時子路問時適有匏瓜繫於座側故夫子指而示之是即景譬喻以見天之生我必非無謂

三年期月其所感者深矣

譬諸小人其猶穿窬之盜作兩層猶之小人而無忌憚

也此不必槩指有位者言即吾輩列衣冠號爲士人而欺世盜名便是穿窬夫子此語最下得激切有似孟子口角必有爲而發歟

飽食終日一章夫子爲心而發也心是至靈至有用的如何生在飽食終日無所用心的身上豈不大可惜哉故揍云不有博奕者乎爲之猶賢乎已使此人翻然悔恥夫子何至說我不如博奕而奮然善用其心焉固夫子所拭目而待者也

微子

三仁平看本無重輕然據愚見夫子此章爲微子發也故第一節雖斷非夫子無此手筆三人三樣叙法言外見得當日微子竟飄然去之即箕子亦不得已而爲奴若比干則率其常道直諫而死比干之仁無容議箕子之仁猶可諒若微子之仁在俗見頗說不去故特斷之曰殷有三仁焉

何德之衰當看註中時將適楚四字故衰字有兩層意無道而見一層至不得已而將適楚又一層浮海居夷不應實見諸行事故爲夫子惜之

孰爲夫子一說作丈人此語極傲言當今時安得有所爲夫子者此有意穿鑿也不可從

道之不行已知之矣此二句滿腔子是惻隱之心春秋天下譬如人患一死症丈人接輿望而却走不肯下藥夫子明知不起一心要挽回他轉來君臣之義是將道理源頭上喚醒他蓋丈人資質甚高眞可與言者故使之反見也

子張

曾子說民散可傷子思說經綸二字有味天生仲尼不

使之展其經綸則九州之人離心離德父子兄弟之間乖舛極矣經屬分理綸是聯合散由於亂故必經乃各得其分散不可合故必綸乃共篤其情然非至誠於人倫間各盡其當然之實何以彌綸天地之道輔相天地之宜哉前者驩虞民無散之形而有散之實如以膠爲舟入水便化故治功必本於王道王道必本於天德

大學

曾子子思淵源一派大學傳首二三章九章三引詩末章引詩書筆法與中庸同

吾人今日極力做工夫只到得誠意章第二節葢不到好好色惡惡臭地位其勢何難無所不至勿謂小人二字容易撇得下也○隱微幽獨鬆一分大庭廣衆嚴一分便是見君子而後厭然

必欲一家之人同心同德而後可以行吾之志則於義所當爲因循苟且不知錯過多少且委靡如此又何以倡率家人而使之同心同德乎古未有家齊而后修身者何弗思之甚也

中庸全圖

偶爲童子說中庸因思朱子云中庸一書枝枝相對葉葉相當遂本大全諸家作總圖一分圖五使初學稍識間架爾紕繆處明者教之

己丑冬陳梓識

中庸第一支圖

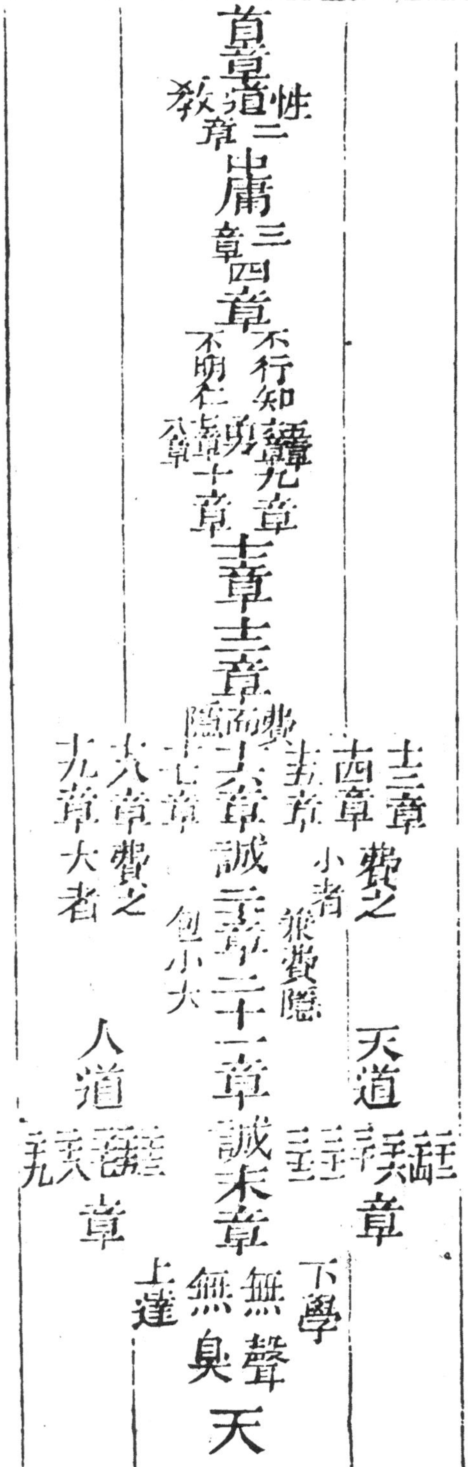

首章性道教道不可離 二章中庸 三章 四章 — 勇 子路 九章 十章 十一章依中庸君子

本 戒慎 致中 位天地

末 謹獨 慎 致和 育萬物

知過 不行 愚不及

知 舜 五章 六章 不及 知無過 道所以行

賢過 不明 不肖不及

回 八章 七章 不及 道所以明 行無過

南而強無過 北不及

索隱行怪 過 弗為之 盡 知

半塗而廢 不及 弗已 至之仁

不賴勇裕如

# 中庸第二支圖

十三章 道不遠人 責人 愛人 十四章 居易俟命 十五章 行遠自邇 登高自卑 費之小者

擇善 博學 審問 慎思 明辨

已百 已千

十二章庸 隱 費 造端夫婦 察乎天地 道不可離 十六章鬼神誠 二十章人存政舉 九經 誠修身 困勉

鳶飛 魚躍

兼費隱 包大小 包費隱 兼大小 五達道 三達德

十七章舜大孝 十八章文王 武王 周公 十九章武王 周公 達孝 費之大者

罔

第十三章時解忠恕作質大謬依註張子以衆人望人則易從以愛己之心愛人則盡仁以責人之心責己則盡道三平爲是十八章時說重無憂以子述作質亦非常從註文王武王周公之事三平爲是十七章從講義以大孝致下德爲聖人五者是若從時解則與中庸行之常推之以極其至不合矣

中庸第三支圖

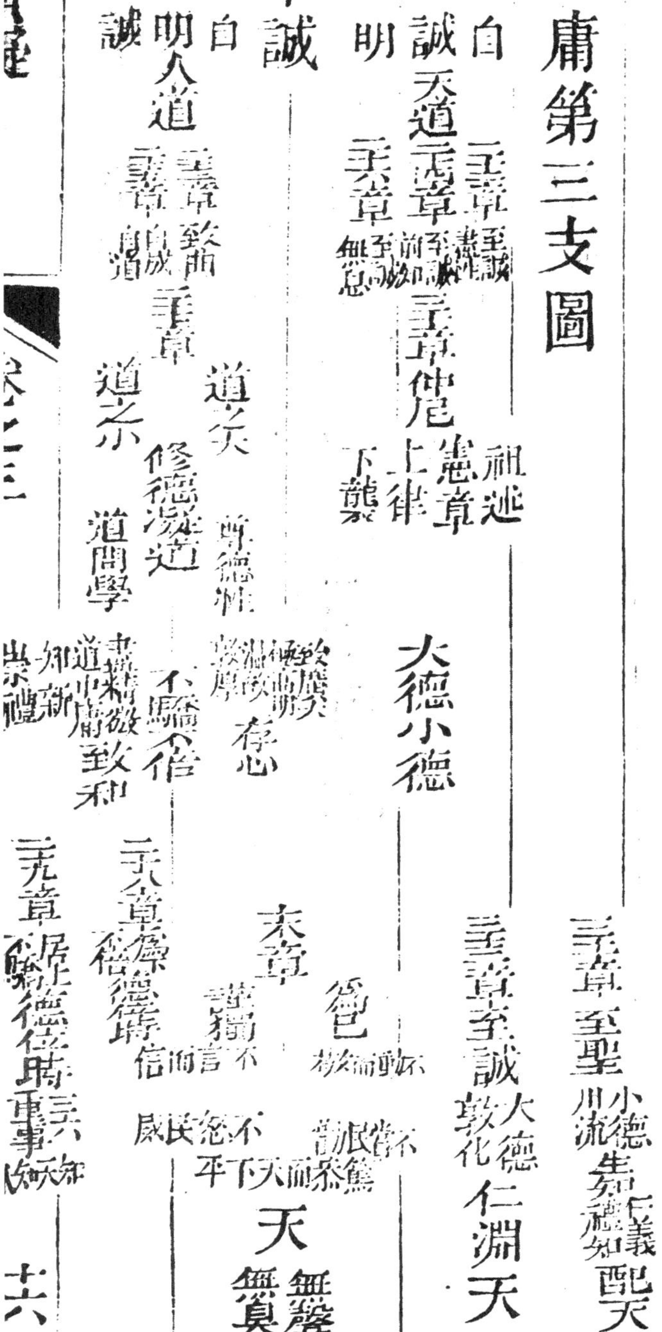

第十二章圖

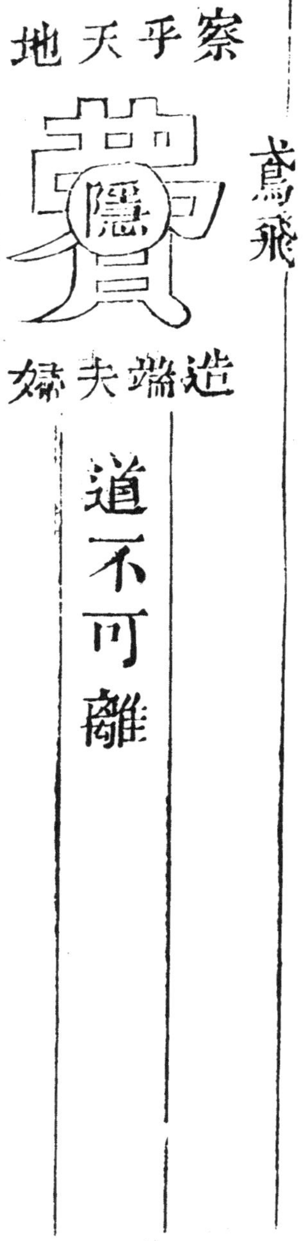


第二十章圖

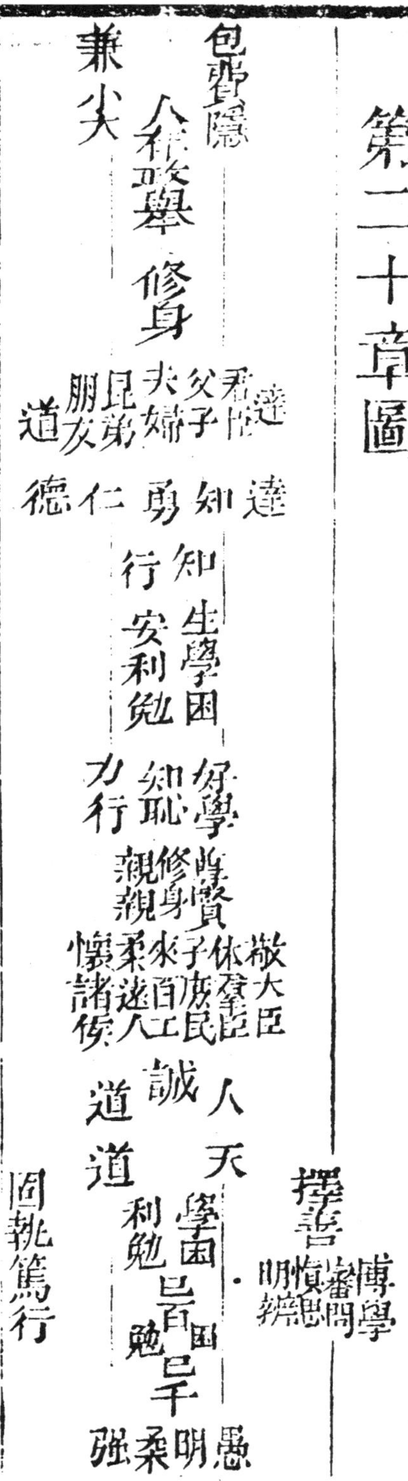


一部中庸大半是贊嘆語顏子學既有得喟然而嘆高

聖前後形容不盡子思學旣有得見得上律下襲川流敦化亦形容不盡中間君子之道聖人之道至誠之道唯天下至誠唯天下至聖等皆是瞻對夫子形容贊嘆是親知灼見得其精蘊不覺手舞足蹈一唱三嘆津津有味蓋子思之學已到聖處苟不固聰明聖知達天德者其孰能知之是總結自誠明以下十二章言外見得至誠之妙今日便說與人有誰曉得而惟子思能知孔子於此亦可見矣

中庸不可能惟聖者能之子思看自古聖人未有盛于

孔子中庸爲孔子作也故次章以尼仲起三十章以仲尼結說到祖述憲章上律下襲大局已完下二章不過就川流敦化贊嘆其妙末章又示人下學上達之方約舉其要以應首章總結全部

只看聲名洋溢一節自春秋到今自中國至蠻貊婦人童豎狂且暴客誰不敬服孔子彼日本外國亦聞廟貌如新子思之言豈不久而益驗

中庸是論語底像贊孟子是中庸底註腳子思家學淵源見而知之說得廣大精微却是庸近平實孟子親受

業子思故一生行事變化不測又却大中至正七篇中如任八桃應楊子獵較等章皆是闡發中庸如處齊宋之餽答季任儲子之幣等皆是踐履中庸程子謂孟子才高學之無可依據實是如此

李氏謂六言六蔽五美四惡與前後文體大不相似竊謂中庸文體亦與論語大不相似整齊之中馳騁游泳具有行文之樂與孟子筆法相近蓋亦時然而已

古今文字之妙至中庸止矣如末章七引詩只當自家說話毎節止下故字而末節夾敘夾解讀至聲色之于

以化民末也毛猶有倫至矣直令人手舞足蹈的是子
思自得後會悟神理程子其味無窮皆實學也豈欺我
哉
或疑中庸只言戒懼慎獨不及致知力行何也曰博學
一節及擇善固執尊德性道問學等何嘗不及知行但
中庸在論語大學後故只就大學論語所未詳者發之
曰性道教曰戒慎恐懼曰中和曰大本達道曰中庸曰
費隱曰鬼神曰誠曰達道達德九經曰至誠曰誠之曰
致曲曰尊德性道問學曰三重曰小德大德曰大經大

本曰篤恭曰無聲無臭不曾復引大學論語一語而廣大精微有非大學論語之所及者子思之學之所自得也後來孟子說性善及浩然之氣知言集義盡心知性等又即中庸所未言者發之古聖賢著書大畧如此蓋爲世道人心不得已而有言也○博學尊德性兩節言致知亦詳矣故首尾兩章只說存養省察而不及知行本難於知也

偶與童子論讀書法只有一箇零碎逐漸自然貫通因思天道人道也只是此四字惟零碎乃成一箇圖圖物

事惟逐漸乃成一箇長久天地此天道也惟零碎方造到一箇全體功夫惟逐漸方造到一箇無息地位此人道也不講零碎只說囫圇不肯逐漸只求頓悟所以爲異端

天命之謂性句看周子太極圖說天便是無極而太極故章句曰天以若天地之天即是兩儀之一安能以哉惟太極爲陰陽五行之主故能以之化生萬物猶人君之出命施令故曰天命及其既生人物則太極即在人物之中故曰氣成形而理亦賦焉到末章說到無聲無

臭仍歸天上所謂太極本無極也
孔子罕言性子思開口説性葢自孔子沒性道教各有
所謂近理亂眞之説故下三箇之謂喚醒天下誤認者
註中知不知六句正解三之謂以是爲防八猶有以爲
惡以爲無善無惡者
天以陰陽五行四句不從天地初開講來則氣成形理
亦賦之意畢竟不明自此是大源頭學者須細體會過
來
朱子語類云虎狼之仁螻蟻之義卽五常之性但只稟

得來少不似人稟得全耳此恐記錄之誤理無大小亦無多少物所受之性卽人所受之性但物氣質偏駁之極只有一路明亮耳非人稟得多物稟得少也若有多少之分則語小天下能破矣

道也者三句是冒全部中庸在內不特引起下兩節可離非道也卽孟子四非人也筆法繳足上不可意字思惟恐人錯認作不當離耳註中則豈率性之謂哉最明白無物不有橫說無時不然豎說二句見得透卽悟道矣然異端亦假竊得去謂運水搬柴頭頭是道故朱

子必加日用事物當然之理皆性之德而具於心纔是吾儒實踐之道

無物不有故須零碎剖别無時不然故須逐漸揩磨此窮理之功也無物不有故須逐事踐履無時不然故須常切操持此力行之功也一息尚存不容少懈故自不可須臾離也

存天理遏人欲是功夫節目存所以爲遏之本遏所以密存之功交養互發方能不離道

莫見莫顯兩莫字信不及無以爲君子蓋自小人視之

方以爲莫幽乎隱莫顯乎微耳而不知隱微中一點自
知之明昭著甚矣可以自欺乎

致中致和工夫一片做來循環不已即在人之動靜無端陰陽無始也故天地位萬物育效驗亦一并徵應不分界限豈何兩兩分承註釋之體當如是耳若一看煞便似天地位絕與致和無干萬物育絕與致中無涉又似某時致中天地上有如何感召某時致和萬物上有如何變化豈非膠柱鼓瑟失之拘泥不通乎

四書質疑卷之三終

四書質疑卷之四

客星山人陳　梓古銘

中庸下

因食粥與門下言中庸其至矣乎至字只就食粥可見不可太薄不可太厚食不可太早早則熱不可太遲遲則冷冬則宜熱夏則宜冷只在日用倫常之間見得隨時變通無過不及所以謂之至

後世有述玩註或字從時解代遠言湮是不然當下猶字

天地亦萬物中一物耳道包乎天地之外故天地不能盡道纔見道之費時說世豈有天外之道非特不知道并不識天字天命之謂性道之大原出於天二天字同天地之大也天字則蒼蒼之天也

夫婦與知與能史氏指交感說極是存疑駁之以爲不問當理與不當理而但指交感是指氣爲道然夫子說逝者如斯亦指日月寒暑流行顯著於天地間者則男女搆精何異鳶飛魚躍謂非道中之一事乎且不言匹夫衆人而必曰夫婦且以造端夫婦結之意可見矣嘗

主或問及章句居室之間爲正如以鄙褻爲嫌而必以耒耜井臼當之多見其不知道耳

道不遠人道者衆人之所能知能行者也故第二節註引張子以衆人望人則易從語此衆人不常作庸俗人看若預度其不能盡道姑以世間凡陋不堪之事望之則君子之治人已外道矣不過就子臣弟友日用常行衆人曉得衆人做得的道理教他腳踏實地去做工夫所謂以衆人望人也

忠恕兩字本大即包全部中庸未始不可況一章乎然

此章夫子本意却只說道不遠人子思引來亦只爲上章說得道理大恐人求之高遠故要人就第二節識得箇各在當人之身就第三節識得推己及人就第四節識得箇箇子臣弟友庸德庸言不至遠人以爲道耳何必强以忠恕作貫自生枝節耶

足字餘字總無盡量無盡頭即到從心不踰夫子意中猶自以爲不足有餘也如論語中何有於我我無能焉是吾憂也等語皆是不敢盡即是不敢不勉如此看責已張子盡道二字纔見得雖不可一蹴而至須從日用

倫常上積累將去庶幾盡道于萬一工夫至此何等切實

素位素字訓見在極有味人各有見在如何不盡見在道理就一人看有多少不同的見在能盡於此而不能盡於彼者多矣唯君子無地不自盡故無入不自得蔡氏訓爲本質對增飾看穿鑿甚矣好異之獘一至此耶吉凶悔吝吉一而已富貴貧賤夷狄患難富貴一而已可見天地間人處境憂患多而安樂少君子素位而行則富貴貧賤夷狄患難皆吉也

易險就理欲上看不在境遇上說君子雖憂困殺戮一生逆境亦是居易小人雖崇高富貴一生順運亦是行險

子思引夫子射有似乎君子一節以証素位不願見得陵援怨尤皆忌人之勝己而不知己之志有未正體有未直也能反求諸身則必能爲其位之所當爲而不怨不尤矣是總結上三節

春秋二節王氏分時祭祫祭不如陸氏仇氏不分一節事神下節待下何等直截然時祫及廟制不可不考或

問詳載此等零碎處正是費之大者因時制宜事事恰當乃中庸也

五其字太王王季文王都在内此禮樂即商先王之制度聲容亡於天子而猶存於侯服者到武周損益得宜更覺廣大精詳耳此一節正講繼志述事所以爲達孝處

孝庸行也推到郊社禘甞非極其至乎與大孝章同論語單是禘是直說此郤兼天地祖宗橫說直說都在内要見武周盡倫盡制盡善盡美所以爲善繼善述治國

亦不在達孝之外若云不惟善體先王又可通於治道
則治國反大郊禘反小誤矣
制禮亦是治國內事下章恰好接出文武之政子思引
夫子之言仍當自家文章故中庸一書一綫穿成
親親爲大親親對仁民愛物看故曰爲天下事親纔是
父母人多誤看
小學明倫先君臣本中庸五達道對哀公言也倘書契
五教則有父子然後有君臣至繫辭則又首先夫婦三
說中易爲道之原矣

知仁勇既是達德則生安學利亦兼勇說而章句分等兩說及有弗學一節皆以勇屬困勉何也

哀公懦弱是愚柔一種人夫子兩及其兩一也三近五弗措明是欲他用力故朱子推明其意如此蓋生安不賴勇學利自能勇唯困勉所難在此耳

說九經之效不是歆勸哀公蓋效驗上有欠都是工夫上有虧使以自考也故效在前而事在後然有意思

哀公諸侯而以九經告之猶孟子對齊梁陳王道也故開口便說文武之政夫子三年朞月必世東周平生志

業皆於此章發之惜乎哀公之不能用也

天下畏之指諸侯言猶言大畏民志大邦畏其力也講義守禮奉法一道同風說得好○勸親親當引作各親其親是若作親我則隘矣

楊園以事行重複疑事前定則不困六字是衍文愚以凡事是總說此就一事而言孟子天不言以行與事示之而已矣亦合行事說下簡困字疚字的是措之天下行之一身分看不嫌其複也若去此句文氣反不足矣

順親信友微上微下可大可小然中庸哀公章首提文

武人存地位極高位是何等位上是何等上使朱溫篡竊此位亦可居耶民是文武之民不以文武之所以治民治民賊其民者也如齊桓任管仲僅致伯功謂之獲上治民可乎友是何等友觀是何等觀意氣相投非信也父曰左則左父曰右則右此從觀之令非順也父攘羊子亦攘羊此同惡相濟非順也必如岳牧咸薦方是信必克諧以孝諭親於道方是順由此推之則誠身非陽明之誠意明善亦非講義之穿鑿矣

同是明善誠身孟子章句止云爲善之心不實不能即

事窮理與此不同者何也此章子思引來講道之費夫子口中亦說得大故朱子以所存所發眞實無妄合體用而言之以人心天命至善所在就源頭而言之理同而地不同也

凡事二節只作一過文引出誠身歸到擇執要他已百已千耳不可看緊故註下所推推言之意等字極有味

誠者天之道也當兼看孟子註理之在我者何更明此一節體註范氏最看得淸楚上誠者說賦畀之理下誠者說成德之人上天道通聖凡言下以聖人當天道後

每章天道皆貫章句天道不易之論也

上自字是即誠即明下自字方是由字上明字當不得

知字下明字都是明善看註無不照先明善最有斟酌

此章承上生安學利困勉說來體下意側要人明善以

誠身何等眞切今人好高欲速有贊陽明爲自誠明者

難矣哉

至誠盡性參天地不必遠而在上也孔子可以當之故

愚謂此下天道六章子思意中皆有箇孔子在故言之

確切如此如登泰山遊峨嵋非竟親歷過來纔形容得

出贊嘆不盡觀仲尼祖述章可見

察之由之是盡已之性知明處當是盡人物之性贊化育就上文嘆美其功用耳蒙引誤解

至誠而在上位則化妖孽爲徵祥保持禳邦猶其後焉者也此一章是就亂世之至誠看出明明就孔子平日料事先覺上指點出至誠前知道理人都看煞謂非徒曉得有許多召致之道禳邦之方說成一箇善徵祥怕妖孽的人如何算得至誠就可以將必故等字只是虛論前知之理嘆其如神見得誠則明即禍福一端可驗

耳

不貳所以誠也所以二字不是推說猶言便是誠也與前註可參看至誠無虛假所以誠天地不貳所以誠不貳便是无妄

五嶽獨言華者西北地厚華是一塊全石入地最深與他山不同故言

日月華嶽三句便說生物下萬物兩句是找足日月華嶽三句蓋日月星辰華嶽河海皆能生物而天地能生生物之物其不測爲何如故下又因華嶽推及於凡爲

山因河海推及於凡爲水而山水之所生又皆日月星
辰之所生總爲天地之所生也天地間物非日月星辰
則陰陽不和故地非天不能生物所謂獨陰不成也日
月星辰天之所生以生地之所生者也時解以日月華
嶽三句足上無窮廣厚大誤矣
天之所以爲天也即是太極與天命之謂性上天之載
同與今夫天天字不同
禮儀是道之目威儀又目中之目於此看得無物不有
無時不然則道問學工夫自不能已註中析理處事理

義節文四句零碎周密無非在三百三千中察之由之惟恐有遺漏耳故曰致知之屬下之屬二字見得知中有行也

尊德性節四而字一以學知行並進巨細兼該工夫一片渾融章句分講恐人不解耳然不免有痕迹矣人當善會三十章小德屬不害不悖大德屬並育並行亦有痕迹

默容兼巳仕未仕說伯玉卷懷亦是默容然則緘默取容可乎曰有修德凝道之功決不入小人一路

孔子之爲下不倍天道也君子修德凝道亦能不倍人

道而幾於天道矣末節寓此意

議禮制度考文非有聖人之德而居天子之位者其創始必不盡善不可措之當時垂之後世也三代以下漢唐宋明之禮度文雖有可稽然僅有位而無德非制作之善者君子於此爲勢分所壓故亦爲下不倍

中庸章句有三節當渾融看致中和尊德性萬物並育是也兩兩分疏是朱子教人不得已苦心其實本文只當合看不得拘泥章句反失了思本意也所以不害四句尤不可泥猶云其並育並行不害不悖者小德之川

流所以並育並行不害不悖者大德之敦化如此看下全體萬殊脈絡根本四句一氣融洽矣尊德性註亦不可泥猶云不以一毫私意自蔽而析理又不使有毫釐之差不以一毫私欲自累而處事又不使有過不及之謬涵泳乎其所已知而又日知其所未知敦篤乎其所已能而又日謹其所未謹此存心致知交致之功也如此看便無痕迹四而字一以字不待分疏矣

章句中兼用一毫二字極宜體認大學至善無一毫人欲之私中庸不以一毫私意自蔽不以一毫私欲自累

析理則不使有毫釐之差又無一毫私僞留於心目之間無一毫人欲之僞以雜之一毫極少然此一毫不去理非至極誠非至極聖人所以異於大賢者所爭只在此一毫耳大賢於此一毫皆打不過故曰未達一間是以聲名一節苟不固一節有一種形容不出贊嘆不盡的意思全部神理結穴在此見得中庸不可能唯聖人能之舍仲尼吾誰與歸讀至此須瞑目想子思下筆時光景方有得處○此天地之所以爲大也故曰配天其孰能知之至矣四章結句一并體會其味無窮

費隱小大說至三十二章包括盡矣然中庸一書專要學者看聖人榜樣去做工夫惟恐人認作廣大精深或生疑畏而不爲或好高而遠人以爲道故末章切切實實說下學上達的次序工夫子思之心苦矣通章只用引証指點法言下要人省悟去辨一片眞實爲己心做存養省察功夫以求造乎中庸耳世之學者或索之杳冥或寄之口耳非子思子之罪人哉

其惟人之所不見乎不是贊君子是說人不見處正己所獨見處與曾子其嚴乎同一警策

上天之載應首章天命無疑但此處却是形容不顯之德乃人中之天也天命之謂性天而人也無聲無臭至矣人而天也

子思壽最長百餘歲中庸一書想是九十以外編成的此書將孔子平日言論就合到孔子身上去寫一箇中庸的孔子行樂圖極平實極精微見得孔子一生致中和不過知仁勇以一誠字盡道之費包費隱兼小大以人道合天道而爲至聖至誠也故末章仍從夫子不怨不尤下學上達謹獨存養說到篤恭天下平是天地位

萬物育與天之無聲無臭適相合焉此所謂道不可離中庸不可能唯聖者能之苟不固聰明聖知達天德者其孰能知之子思亞聖爲至聖之的孫親炙於祖久而天復錫之以壽使日進於精微純粹之域以成此闡揚家學道統的傳之成書嗚呼是豈偶然者哉

孟子

梁惠王

作俑無後況用人乎明國制典故云我朝高廟文廟仁廟宣廟皆用人殉葬至英宗始戒憲宗曰此事宜自我

止後遂遵爲定制蓋漸染餘習高祖性忍不及改耳○周太祖戒晉王曰我死當用紙衣瓦棺儉德固可師然宋張耆遺言厚葬盜發壙得金玉大慰不近其棺列拜而去晏殊遺言薄葬盜恨其皆瓦器破棺取金帶帶亦木也遂斧碎其骨是又厚葬免災薄葬致禍矣人情之不可測如此然使盜疑棺外有金棺中更何如而更破之亦未可知也事貴論是非而已利害何足憑哉

按摩去疾摩去聲孟子爲長者折枝註云折枝案摩折手節解罷枝也此或是趙岐註亦適然據趙見此必扶

杖二字之訛盖篆文折枝與扶杖杖適相類亦猶卒以學易誤分爲五十耳

不推恩無以保妻子不必說到妻被人誘子爲人害即使一家乎不平不如故而妻有以窺其隱微而不敬其夫子有以持其短長而不服其父便是衆叛親離無以保妻子矣世可欺名可盜而暗室衾影郗瞞不得妻子此齊家所以必本於修身也

二三子何患乎無君我將去之當從蒙引說我將率爾去之爲是盖太王仁人何忍使赤子爲狄人所塗毒乎

父母愛子不忍令其子女爲娼優僧尼民之父母豈有異哉

公孫

養氣固以知言爲先集義爲本然不居敬何以窮理不直內何以方外故緊要功夫又在持志上

志士不忘在溝壑先儒云不忘二字須向只裏參取大抵學者立志先須打穿後壁商量究竟一着拚得一溝壑安往而不得溝壑哉若饑餓而死乃分內事疾病而死無論已洪波烈焰而死猶之溝壑耳至於君父之難

刀鋸鼎鑊甘之如飴如歸而已允若是寧有讓千乘而簞豆見於色者乎亦寧有嘑蹴不屑而受無禮義之萬鍾者乎

故齊人莫如我敬王此莫如二字連與惡之莫如貴德恥之莫如爲仁文法一般因景丑言未見所以敬王故孟子將自己統入齊人中而言莫如我敬王耳俗解齊人敬王莫有如我者謬矣要知此句是孟子歸到自己敬王不是要顯齊人之不如我也上已有不敬莫大乎是安得復衍此意耶

孟子自齊章註董治棺疑當作椁蓋六十歲制孟子大賢必無毋歿而治棺者臨葬作椁於義無害

天地間只有一箇感與應而已人徒知彼感此應不得不然不知彼應我先爲感有以致之也如孟子去齊一章客不悅而有言但知孟子臥而不應爲不是却不思已之代爲留行蚤已絕長者矣吾人凡事當以此自反應酬之際庶乎鮮失夫子云躬自厚而薄責於人則遠怨矣

## 滕文

此其大畧也一節章句載張子井田一段原是有王者起必來取法意思重在推先生之遺法明當今之可行二句若論其極非天子不議禮不制度君上不能行井田而處士與同志私正疆界於草野豈爲下不倍之義乎學者亦不可不知

天下猶未平朱子章句作生民之害多矣竊謂此當從程子專指洪水說自有天地以來便有洪水只堯以前人少就高而居如今人看江海不覺其害至堯時生齒日蘩漸就平曠而居則泛濫之害君切膚矣所謂堯有

九年之水者卽二十八載中之九年禹治水未平之時也非前此無洪水至堯時水乃逆行也

人將相食或疑語太過自周歷秦雖赧王之亂始皇之暴何嘗見有人相食之慘此不善讀書也孟子時已人相食矣將字是孟子寬詞人相食不必易子而食析骸而炊也父虐其子子逆其父君臣猜忌兄弟鬩牆夫妻反目朋友欺賣天地間一團乖戾酷烈之氣便是人相食矣若荒歲食盡而食人反是有形之粗迹不如無形之人相食禍更慘也究其源只是出生心害政發政害事

然則異端之罪可逃哉○卽以迹論戰國兵革相尋肝腦塗地白起坑卒四十萬項羽坑卒二十萬非人相食乎祖龍之焚書坑儒又有甚於人相食者孟子之言非實徵乎

離婁

小子鳴鼓而攻論孟不同在論語使門人攻之是不絕絕見爱人之無已在孟子則一氣滾來歸到况於爲之强戰一句當作非吾徒故遣小子聲罪致討注到棄於孔子棄字讀此可見聖門高弟急於建白而所仕非人

徒爲後世口實以罪例之特輕於善戰者耳求而可作何顏列於聖門哉

言不必信三句一氣讀與無適也三句同兩不即兩無必訓期必即適莫之與比即唯所在也但孟子說得直截夫子却說得細膩

養生者不足以當大事一章是孟子旣葬母後追思後喪踰前喪一語而深抱痛於其父也雖曰貧富不同想到必誠必信四字不能纖毫無悔也○與孔子吾不與祭如不祭參看聖人亦有事後之悔此等似不暫其爲

聖也
惡旨酒四節是孟子撮來下乃接思兼三王以施四事
盡孟子深知周公之心不過如此故約畧言之七篇中
此類甚多如我竭力耕田不得乎親不可以爲人天之
生此民也知我者其惟春秋乎其義則某竊取之矣皆
不必實有其語約畧敘來確是聖人心中口中所欲言
故曰孟子已到聖處
或曰周子曰凡天下疲癃殘疾皆吾兄弟之顛連而無
告者也孟子則曰於禽獸奚擇哉於禽獸又何難焉由

此觀之孟子不如周子余曰惡是何言也此一段書正是西銘道理須善讀耳嘗三自反後橫逆由是君子惻焉心傷若曰天下惟禽獸氣拘物蔽不可化誨耳此妄人寧遂化爲物類耶於禽獸乃不足校此人豈眞禽獸亦不足校乎正是不忍以禽獸目之作心口商量語自慨自痛不知三自反外更有何法可以挽獸門而登之人域也如此反覆正見藹然滿腔惻隱雖欲不下淚不得矣其傳處神處在此亦也已矣如此則奚哉於又何焉十四字上非濟體黙會何由見君子之存心哉

孟子曰憂之如何如舜而已矣而已矣即所謂死而已也一息尚存此求舜之志不容少懈也曾子孟子豈有二哉或疑孟子立志如此何以終不如舜曰所謂取法乎上僅得乎中也功之所造有淺深遇之所遭有常變其爲法天下可傳後世則一而已矣

萬章

人言永言孝思孝思維則重思字不重則字若重則字使天下人人欲爲天子矣余意不然凡看書當問聖賢立言本意此對北面臣父說正要重在則字故註中有

既爲則當豈有文法言舜只是一箇隨分盡道人子事親心無窮而分有限得爲而不爲不得爲而爲均於不孝若舜不以天下養便是得爲而不爲何以爲萬世則乎正要淺淺指點借詩咏嘆便得孟子本旨若說舜得親悅親孝思無窮所以可則則大謬矣聖人無出位之思亦無歉於位之思爲匹夫則思以菽水娛其親爲天子則思以天下養其親即所謂則也使舜終身匹夫亦是永言孝思孝思維則但對咸邱蒙則微重得爲不爲一邊耳

一介與天下千駟事有大小道義無大小自伊尹看來總是一樣此便是自任以天下之重處不到後來囂囂應聘纔見他自任也

或問予將以斯道覺斯民與孔子民不可使知之何矛盾也曰彼是說凡民此是大概說該中人以上在內故以後知屬中人以下後覺屬中人以上而以先覺自居註中當然所以然正是睛用民可使由之不可使知之何嘗矛盾乎

孟子聖之任者也故說到伊尹處更覺精采

知人則哲是知今人孟子不知其人可乎是知古人發出論世二字示窮理之要使古人不得蒙混過去便自家取法古人亦一毫假借不得朱子云非止為一世之士矣壁立千仞何等氣象

告子

熊掌與魚不可得兼非偶舉二物也蓋味性相反熊掌羹中投魚則臭不可食虎林司庖者云正與下文生義不可得兼緊對

盡性

萬物皆備於我不可看得我字狹小人人有我物物有我即一物之中亦是萬物皆備何則理無大小也譬如太陽照下隨物所受淺深大小不同即皆此公共之太陽也聖人泛應曲當亦然事有精粗而聖人一以實心實理應之無大小也故曰無物不有無時不然天地聖人一而已矣

行之而不著焉一章是孟子大有功於孔子處孔子之時學者大概見得到只患其不行到孟子時非但不行並不曾知聞有一二直躬行的却都不曾窮理孟子特

發此一章有以夫

夫有所受之也此句道理極精微舜爲天子而不能禁臯陶之執法法者天理之當然是受之於天天子不過天之所立使之司法以治天下而已舜竊負而逃海濱猶之縣令挂冠而去官不足爲輕重也

道理極嚴通融不得又極圓就滯不得熟讀孟子桃應任人諸章方識得君子之中庸

或問孟子善信美大一章何以缺却知的工夫曰凡看書先看發端此章問樂正子起故卽就他善人信人推

而極之非統學問之全而著之爲功候也不然朱子何用補出張子樂正子志仁無惡而不致於學顏子好學不倦一段正爲樂正質美未學所欠正在窮理從子敖亦是理上見不到小人不可與作緣耳

說大人一章是孟子移下一等設身處地就說士身上說章內數我字非孟子自指即說大人者自我也若曰公等只爲在我者未嘗有古之制在彼者皆我所欲爲故視其巍巍而生畏心耳若使我得志一切皆不爲在我者惟古之制吾何畏彼哉曾子彼以其富我以吾仁

數句三吾字亦非曾子自謂也蓋有爲而言就初學者激發其志氣耳不然孟子何必抑揚其辭加夫豈不義是或一道二語乎

萬章問狂猖忽轉出過我門而不入我室極有關於世道人心所以孟子不以闢楊墨結七篇而特取夫鄉愿也章意以爲中行不可得而人情狡猾却有一等似中行而非中行者故舉鄉愿爲問孟子因與推孔子所以深惡痛絕之故爲萬世懸一辨鄉愿的秦鏡亦須知楊墨外有此一等人亦是彌近理而大亂眞的儒者故

曰至誠如神

四書質疑卷之四終

# 四書質疑卷之五

客星山人陳　梓古銘

## 附讀書記疑

### 語類

論語要冷看孟子要熟讀二語固好然緊要尤在不可先立意見且虛心只管看一段孟子以意逆志看書之妙法也大約先立意見便是不敬聖賢何等學問容汝淺見膚識先作主張耶故曰不篤信則不能好學

仁是箇生底物事生生之理是愛交接之際便是有箇恭

敬意思語類此條與本章親仁無涉弟子自當親近仁者非以仁本足以致人之親而後不得不親之也疑記錄有誤

事父之敬與事母之愛雖不同然常情於父不患其不敬而患其不愛於母不患其不愛而患其不敬此又不可不知

敬和不可以中和爲比敬和就禮上說中和都大故此條楊園不錄

朱子曰橫渠說日月皆是左旋說得好蓋天行甚健一

日夜周三百六十五度四分度之一又進過一度日健次于天一日夜周天正恰好比天退一度積至三百六十五日四分日之一則天與日會而成一年月行遲比天退十三度有奇進數爲順天而左退數爲逆天而右歷家以進數難算以退數算之故謂之右行橫渠云天左旋處其中者順之少遲則反右矣

便親厚也只親厚得一箇此語有弊君子小人親厚同而所以親厚不同君子便親厚一箇也是周小人雖親厚萬箇也是比

是人無不周旋便是鄉愿之比與周相似故孔子惡其似是而非

易字解到歡喜去做手輕足快蓋有不忍言者矣然文過之獘必至於此於此可想見夫子與其寧三字不得已之苦心而林放於此亦可以識禮之本矣

獲罪于天天字合理氣而言之天是氣所以爲天是理理爲氣之主故曰天者理而已矣于此可悟郊社之禮所以事上帝也上帝非道家之三淸大帝實有形象衣冠也只是萬物統體之太極爲氣之主宰其尊無對不

得不稱爲帝耳太極上帝總是理之徽號但太極專説理上帝兼理氣説而理爲主故曰其體謂之天其主宰謂之帝

朱子謂明道語他也只是一時閒憑地説被人寫放册上便有碍一部語類其間亦有朱子未定之説而門人遂私記之傳于後者即楊圍所摘亦有一段全好而有數語未純者亦有全段不取而有數語可採者皆當分別觀之

説所求乎子以事父未能也則可説欲子之孝于我必

當先孝于親便有弊此條記錄有誤

江西之學斷斷然是異端斷斷然是曲學斷斷然非聖人之道

三斷然何等嚴切與孟子是無父也是無君也是禽獸

也同一警策後人紛紛猶論朱陸同異可笑

未發時戒慎恐懼只是有箇主宰不可著力矜持朱子

云只不要昏了他便是戒懼此與文集答潘子善著箇

戒慎恐懼四字已是壓得重了只是畧綽提撕之意同

唯畧綽提撕故不昏了他惟不昏了他故靜中有物有

物即有主宰也語類廣錄一條不睹不聞時固當持守

然不可不察此記錄之誤精一工夫在未發有一無精
察字便是已發矣
衆人亦有未發時只是他不曾向静看不曾知得朱子
此語須善看盖言衆人懵懵無定疊時候縱暫有之
也不會自反曉得有未發時節非謂不曾向未發中體
認窺見未發氣象也
舜之知無過不及道所以行人所易曉同之行無過不
及道所以明人所未解盖他人明道只說得出寫得來
眞知灼見明曉通暢即到格物致知也只得半截工夫

回之拳拳服膺是實從人倫事物上身體力踐將此中
庸道理總在身上發揮呈露出來爲法天下可傳後世
豈不明之至乎
素隱節不能擇半塗節不能執依中庸能擇不見知不
悔能執此配得不妥素隱者不能擇不能執而失之過
半塗者不能擇不能執而失之不及依乎中庸則能擇
能執而非過不見知不悔則能擇能執而非不及矣如
此看較穩○此條楊園入選可疑
存養中便有窮理工夫窮理中便有存養工夫窮理便

是窮那存得底存養便是養那窮得底四語最精然人不能無疑謂窮理有存養工夫即子夏博學一章意即程子未有致知而不在敬話頭若存養中有窮理工夫毋乃近于知行合一之說乎曰非也存養本兼動靜靜存動察明誠並進矣

以人治人內並不兼自家說及我自治其身以下是因治人而推說治已非本義也

人自方生而天地之氣只管增添在身上漸漸長成竊謂增添一句有語病人得天地之氣以生既成形以後

則漸大漸長人力居多不待增添天地之氣始能長成也天地能生物以養人而不能使人無待於養而自長此聖人之財成輔相所以與天地參也

中庸之爲德鬼神之爲德兩句本不同不可以此喻彼文蔚錄一條楊園講義俱不選刪本補之無謂可刪前條固言鬼神主乎氣而言只是形而下者但專說氣不得是氣之靈處大全吳氏一說最好理形而上氣形而下鬼神則形而上下之間雖朱子復起不易斯言

必得其名如樂亦在其中相似身不失天下之顯名如

不改其樂相似聖人下字斟酌精細

或問

百畝之田上農夫食九人車一乘甲士三人步卒七十五人八九七十二須八百餘畝方養活得許多人八十家田共八千畝出車一乘是十中抽一也民得無困乎依馬氏則八萬畝之中而省八百畝之食以食七十人八百中抽一衆擎易舉矣故朱子從馬說程子中說及尹氏語雖簡而意已盡朱子謂程不可解尹不明何耶

伯兄云儉戚爲禮之本章句從此或問蓋未定之說辭讓之心則禮意之實而人所憚爲人所憚爲四字不妥或對上易行作難盡爲穩

利仁地位亦高季文子晏平仲只是質美暗合未嘗知仁安能篤好筭不得利仁

或問不可不讀輯畧及集說不可不看

喜怒哀樂一節復從天命之性說起但天命之性兼人物說此却就人身指出性情之德大本天命之性也達道率性之道也致中和即上文戒懼慎獨而推其極修

道之教也故註補云而修道之教亦在其中矣
致中和致字煞有層次蓋人身應事接物時時有未發已發事事有未發已發初間戒懼工夫不能不忘助愼獨工夫亦不能不間斷即不間斷不忘助亦覺得不純熟不周密造到無少偏倚無少差謬其守不失無適不然不知費多少功力多少時日故章句自字而字之字約字精字以至於三字由疎而密由生而熟說得所以位天地育萬物源頭親切精實朱子蓋身有之故言之有味如此知此知此則松陽講義致中易而致和難之說不

待辨而自明矣

十七十八十九三章言費之大二十章兼費隱小大似乎頭緒繁瑣初學心胸包羅不下遂謂致和工夫極多極難豈知聖人應一事亦如此應萬事亦如此即所謂無少差謬無適不然也而其原則由于無少偏倚而其守不失即所謂體立而後用有以行也知此則知用行更難于體立之說誤矣

至死不變與不變塞焉不同陳幾亭以堯舜君民訓不變塞稼書亦以堯舜君民百折不磨訓至死不變非也

國無道則已仕者當見幾而作未仕者當藏器待時即至遺佚阨窮簞瓢屢空朝不保夕而平生所守一毫不變即所謂遯世不見知而不悔也如是方謂之强若不待時而出不擇君而事而曰吾欲堯舜其君民百折而不磨其爲儒弱甚矣何强之有朱子或問云國無道而貧約或不能久處乎窮約以久處窮約訓不變旨哉言乎○夫子此章對症子路之藥特提箇國有道國無道二句不是閒言語分明以出處去就大關點醒他蓋子路之勇所難不在不變而在窮理不精誤認有道與無

道也有道無道若一認錯連不變塞至死不變一齊差
却即是北方之强不當强而强矣惜乎子路之不察而
死于孔悝之難也○死孔悝之難而結纓正命何嘗不
是至死不變却不算作而强不算作中庸
夫婦之際隱微之間或問中諄諄言之蓋因論道之費
而示人以親切之功非以此章夫婦之微指專在居室
上著意如[redacted]全史氏所論也講義靠著或問主張太過
只是不善體貼朱子之言耳
物是費則是隱氣是費理是隱故註中兩所以然是指

其不離不雜者而指以示人耳若曰無適非道則手不必恭手之持卽隱也足不必重足之行卽隱也儒釋之辨在此

其則不遠卽道不遠人凌先生云重提其則不遠是極力喚醒人處竊謂引詩之意又重猶以爲遠逼出道不遠人猶以爲亦是喚醒處

齊明盛服戒懼也非禮不動謹獨也言修身而致中和一句已包在內或問以一內齊外靜存動察言之葢推其極篤恭而天下平不外乎此

唯天理得誠之名若所謂天之道鬼神之德是也此與
鬼神之爲德不同蓋去一爲字則德字便當理字看
則凡所謂私欲者出而無所施于外入而無所藏于中
此二語是反面托出一綫密　工夫底景象較仲弓問
仁章私意無所容一句更覺警切吾人今日自問倫常
日用所施於外藏于中者果是何物可不猛省
經綸爲致和此句須善看語類云此章說存主處較長
卒章以淡而不厭至知微之顯對首章而言于此可見
其成功下文又接云然其所以入乎此者無他焉似以

淡而不厭六句乃爲學之全功而非爲己之始事此必朱子未定之說而未及改者

程子云中庸一書是雜記更不分精粗一滾說了可見此書若不經朱子分章斷句貫絲聯脈如何見得枝枝相對葉葉相當可惜一片苦功後人但將去作時文自以爲尊朱子朱子九原憂方深耳

大全

賢賢易色章章句以子夏言本有流弊故爲之斡旋若此章則又不同子夏之言本無弊章句然字亦字及謝

說三亦字是補夫子的氣象恐後人只曉得溫良恭儉讓而不知有溫而厲威而不猛恭而安耳非爲子貢不善形容致有遺漏而補其闕也故鄉黨一篇於此則恂恂于彼則便便于前則踧踖于後則怡怡隨舉一端無非中和雲峯譏饒氏自相矛盾而不自知其淺滯不足以知聖人也

伯兄云三年無改雖重不忍之心却離不得事即事可以觀心耳故朱子深取游氏說若云不必主事言非定論也

有子道箇禮之用禮字內章句爲體二語已包籠得朱子特申言之若以爲補又把禮與和看成兩橛矣

章句凡言道者三何疑當在禮之用一章下此處有道二字拆開不得註無所屬雲峯以先王所由非人所共由故不繫于彼誤矣道豈有二耶

父之道父之所由亦誤朱子云道者尊父之辭說得好嘗改而可以未改道有未盡也

老聃自是異端新安以問禮故欲回護之誤已于禮則問之于學術則辨之並行不悖所以爲聖人

朔蘇也初三哉生明初一晦方死而明巳復蘇矣猶復之一畫巳生于坤中也

朱子晚年改削章句止于此章使天假之年以後集註必更有斟酌盡善處惜哉

此章決是爲人自以爲知而不能擇居者發必要說到爲仁之不可無輔與事賢友仁同看卽朱子所譏本淺而說深也勉齋巳不免此病况象山乎

好仁者之力畢竟大于惡不仁者只是天理一邊熟于人欲上較省方耳蔡氏言工夫好仁不如惡不仁有力

誤矣
西山說顏子簞瓢不改是不恥惡食恐看顏子太低看
不恥惡食太高此倘是粗迹
游氏謂小人竊中庸之名而實背之是中庸之賊也賊
字最說得反字出是似是而非彌近理而大亂眞也此
一種肆欲妄行與無知小人不同彼且謂從心所欲無
適非道也故曰無忌憚
觀輯略集說非特游楊卽橫渠二程亦多疵語非朱子
折衷論何由定故自孔子以後朱子謂之集大成

精義

游氏言招憂行招辱貌招淫好招辠出楊子法言修身篇但法言作言輕則招憂行輕則招辠貌輕則招辱好輕則招淫恐傳刻之誤行屬辠貌屬辱好屬淫方膠黏

松陽講義

聖人之言極自然鼓舞二字太著迹不愠推到浮海居夷三月無君是聖人非君子矣此與遯世不見知不悔不同觀或問以范説爲過高可見

俗學異學後世話頭夫子當時只説人之爲學當如是

耳不是對已掃去者言故未之及也

第一學字便是徹始徹終之學統三節在內第工夫有淺深耳不得說是起初頭之學

不愠只論考驗自家未論應事待人不屑教誨息邪距淫未免夾雜犯朱子假借釋經之禁矣

受之于師師郎夫子鄉中專門之學一偏之見須是所傳者天下之正道天下之正學等語文理俱欠通伯兄云當改作受之於師而止爲口耳之學雖夙興夜寐叫不得習須是體之身心造到純熟實能尊所聞而行所

知方纔是習○補存養一段說得好
致中外面實事便是致和天地位萬物育非截然分作
兩事也豈有致中工夫一總做畢而後起手另做致和
者亦豈有天地既位而萬物猶未育者章句欲人易曉
故兩兩分承不是致中之設施只是大綱好必待致和
之設施然後精細也章句當活看猶云自戒懼而約之
無少偏倚其守不失自謹獨而精之無少差謬無適不
然則極其中極其和而天地位萬物育矣工夫雖有兩
種設施只是一事效驗亦一衮徵見執泥不得一執泥

則用行難于體立之說牢不可拔矣

內面有致中工夫則外面必有致中設施實事夫旣曰致中則全是未發前存養工夫安得復有外面設施實事乎設施實事非致和而何先生意欲于致中中分體用誤矣泥註中存心未及爲政而幷以此五者爲近于致中說中之誤矣

顯親揚名一句仍近利祿矣蓋離却立身行道便是世俗所謂顯揚四字當易

第一節便是無過不及的道理下節因天下事嚴而不

和者常少和而不節者常多故對流蕩者言其弊耳總註是朱子自發明禮之全體非推有子本意以嚴而泰配上節和而節配下節也或以兩節俱對放蕩者說尤誤

七十子于孔子宗字說得太高七十子初來學時不是因

凡看書須隨聖賢說話淺深高下虛心體會如松陽講義看此章先立一意見足無時不戰戰兢兢說得三者是爲學全功道理何嘗不通然却是陸子曰不是有子

曰

安卽在勉中看出能心肯意肯去勉强力行便是安非由安而能勉也

主張太過亦有兩種一是見理不明無心之主張一是自欺欺人有心之主張子路非有心欺人但氣質未化窮理不精不自知其爲自欺耳强不知以爲知便是無臣而爲有臣的病根夫子呼而敎之其意深矣

無爭分出謹厚鄉愿老莊三項人大有補于世道此卽孔子之惡似而非也然三項中惟托于萬物一體謂在

已在人初無所異無所容爭一等人的是異端邪道所謂彌近理而大亂眞也夫學術是非民生利病君子何嘗不爭然却是和而不同仍是無爭也

干求躁急較量急迫是求富貴之小人何足以語君子不以其道得之是無意去求而自然就我者如季氏使閔子爲費宰等類若後世科第是我去求人并不是得

○文章好不應貧賤說至此陋矣設文如韓柳學如程朱遂可去貧賤乎此一段粗淺恐是先生未學道時語晚年何以不刪

講天命之謂性節專指人不及物恐偏註中一萬物三人物俱兼言語類講修道謂敎云就物上亦有品節但于人較詳于物較畧于人較多于物較少如此說便無獘註蓋人以下似專就人說然事之有道事即兼物聖人有敎亦不專言人吾所固有即萬物皆備于我特物不能盡性而人能盡物之性故人爲重耳

又云雖曰體立而後用行然用行更難于體立竊謂朱子恐人看中和截然兩事故下此數語見得功夫本是一串未嘗分難易也周子仁義中正歸于主靜體立起

易言哉

以戒謹恐懼屬有君子之德以不知戒懼屬有小人之心亦未然據語類爲害者君子之德爲惡者小人之心君子而處不得中者有之小人而不至于無忌憚者有之只就君子小人行事上看故此節第一箇君子小人卽上節君子小人第二箇君子小人當照註作平等君子小人看而又兩字方明白下隨時處中正是戒愼恐懼工夫時中是統動靜言亦非專指動也

智愚賢不肖皆所謂衆人智賢兩種儘有美質恐不可

槩以衆人
和而不流中立不倚不從時解分處衆持已極是道不遠人章照註治人愛人責已三平不從時說忠恕貫上下亦是

第十六章引幾亭說大德無聲臭而長存謂長存其自然之驗此句欠明自陰陽合散無非實者人死則氣散雖大德安能長存譬如子孫誠于祭祀即遠祖亦能感格豈其祖必大德耶只是自家精神聚則祖考之精神亦聚在天地不過一實理在人身不過一實心所謂誠

也若謂聖人雖死常在虛空往來何異于二氏之荒誕乎三魚文集中說鬼神處大概粘滯余嘗辨之

大孝一章不從講義以首句爲綱五句爲目蓋本之許氏與章句由庸行之常推之以極其至不合講義辨之甚明

春秋二節上節是事神之謹下節是待下之周不分時祭祫祭亦是一說可免諸家之聚訟子思當日概舉祭祀之禮必不屑屑分配若此但註中通于上下講義苐辨通上爲敬所尊通下爲愛所親之非而不明言上下

之所指何也據愚見章句釋祖廟因天子而兼及諸侯大夫適士官師則通于上下或是上下皆得通用之義

雲峯胡氏曰郊社之禮先言郊者唯天子得郊社則自侯國至庶人上下可通行也禘嘗之義先言禘者唯天子得禘嘗則宗廟之秋祭上下可通行也意亦與愚見合時解通于上指春秋節通于下指宗廟節恐誤

孝子孝孫總是一孝其指先王也則不專屬文王可知講義引第二節註爲証合太王王季文武極是

致曲朱子兼氣質說如仁者見之謂之仁何嘗不是好

的曲蓋氣質亦有美惡之不同夷惠未嘗不造極只是
于悉字各字上有欠遂成一偏耳曲一偏也悉推各造
則偏者全矣故曰能有誠
誠者自成而道自道恐不必牽合首章性道次節只說
自道工夫誠之正是行道蓋自成兩字無工夫工夫全
在自道自道所以自成也今乃云自道工夫全在自成
毋乃倒說乎講義此節亦云自道工夫在誠上不在道
岐道與誠而二之誤矣
合外內之道道字即指性說非也此道字輕蒙引作理

字看是
故至誠無息劈頭一故字恍然神悟遠脉則總承全部
近脉則承至誠盡性至誠前知兩章來謂承上致曲自
成二章而以知仁勇强配之失之遠矣
末節德之純却少了無息故添出不已補之以湊成至
誠無息之意少添補湊四字太著痕迹純自不已本未
嘗少此節子思將天地至誠合來咏嘆與首句故字自
然照應無限神情豈有意補湊如後世作文者首尾挽
合耶○要人認出勇來亦無此意到此久已離却知仁

勇說了

天地二句就對待處說四時二句就流行處說不必分

配博厚高明悠久

中是未發安得有作用發見于外此章合併至誠無妄自然之功用形容大德敦化或就倫常上見其精詳膠固或就德性上見其渾淪含蓄或就知識上見其融洽周流無非極誠無妄無非大德敦化也故接云夫焉有所倚有贊嘆不盡之妙讀至肫肫其仁淵淵其淵浩浩其天不知手之舞之足之蹈之想見子思當日亦自有

默契處非特聞見之知而已

講義

講義云人只要于父母兄弟意思使之極厚根本既厚以下便自推廣得去亦不必更事講求此段最有益于學者但便自不必語氣太快仁民愛物有多少條目在如何不講求

行仁是行不仁勸善是勸惡說得痛快即論利害明捨不見暗來卹睦則家澤綿遠義未嘗不利也

學文非小事聖賢豪傑將終身焉此數語先生平生志

行盡于此矣終身學文未始不可自托于聖賢豪傑則不可

游藝是成德後功夫博問思辨是大學工夫餘力學文是小學工夫各不可混。若只講做時文無論醜惡即做到極處與所以要讀書事毫無干涉此一段却極正大切實可以砭俗

重威看作涵養精細工夫似不非以蔽之語頭與此章不合

入廟而敬過墟而哀并特夫子無心即邦君見之亦不

知不覺自以政來問耳五者是子貢形容出來推明必
聞之由就聖人接人處說只得就和易謙退一邊形容
是即過化存神之一端也子貢豈不知夫子中和氣象
遺失一半有待後人之斡補耶仁山晚村紛紛之說皆
講章之流弊也
朱子未嘗不足于子貢以得之三字亦不見滲漏德盛
盛德子貢所說五者已包在內章句特申明之耳總不
是補
子貢說求正是說不求故章句加不願乎外四字亦是

子貢意中所有非補也

夫子許可子貢正是許他知義理之無窮謂不著詩上則可謂并不著義理上則亦入于禪矣

以北辰之動不動喻黄老之勢逸似黄老與吾儒無異矣只當論漢用黄老之失不當惜漢得黄老之粗

聖人心即是矩方説得吾心自有天則然猶下箇不踰字于此可見太極不離不雜處。主敬二字不是聖人分上工夫

爲人師只説講書辨難仍是記問之學章句所學在我

最重非知行並進未易到此説約嘗存固爲淺陋然看

或問語類而不本諸躬行五十步百步而已

先行其言而後從之語意自重行上既曰見之實事曰

行其言又曰行其言非專指行也説得支吾鶻突私意

只重在言一邊故凡遇四書中説言處説知處便要主

張回護此心病也

其父報仇其子必且行劫有季氏而後有莽操正不得

以騃蠢無知怨之一部春秋從此二章發根孟子説孔

子懼懼字便從是可二句看出

講禮後處講義可謂透闢謂子貢言詩本領過于子夏焚坑以後獨卜氏一宗不絕皆發前人所未發但謂此禮字指三百三千美盛處而言未免有語病夫三千三百美盛處便是小德川流物物一太極如何說得後此禮字說得小對忠信講猶云儀文耳若合三千三百又著箇美盛事卽是忠信之所流露貫注矣而可後之乎

報功亦不是事君若周公可也然周公之心猶未以爲可也而用天子禮樂公之心安乎陳氏說未是

看王者揆文教處能得幾許地其餘皆奮武衛者也先

生特因杯酒釋兵有激而不自知其論之偏也王者學校宗廟之禮揆文教處畢竟十居其七奮武衛十居其三使宋能用程朱安有此禍不然不釋兵安保不亡哉好惡本自仁出此句鶻突當云公好公惡本是天理○

能必兼知勇本章無此意不必牽合

不當得是道義上不當得此條云非道義之道大謬

我未之見也註偶字最有味與上亦容或有相應世間或有力不足者想是我偶然未見耳口中說有意中仍是無口中說有力不足者意中却是未見用力者若竟

說未見用力之人則偶字當改并字矣與註恐未合
觀過斯知仁矣與三年無改只觀會一邊同尹氏不仁
及圈外薄字否字俱是陪說饒氏說是
第十四章素位只重爲其所當爲五字如富而好禮貴
而不驕貧賤不能移貧無諂無怨賤不自專言忠信行
篤敬致命遂志動心忍性增益其所不能所謂因見在
所居之位爲所當爲故無入不自得也然不去願外之
心則必不能盡其分內所當爲之事如士人讀書全不
自反所以致君澤民者有何具而汲汲應試干祿皆願

外一念誤之即下文所戒行險僥倖也
第十二章首何居室之間四字是指零碎粗淺道理愚
夫愚婦可知可能底固不專指事親敬長亦不專指房
帷衽席如史氏及講義說則子思何不云禽獸之蠢而
曰夫婦之愚可以悟矣
夫婦二字是通章微旨一陰一陽至天地而極故對舉
結窮謂末節止是撮舉大小兩頭總結上文並非著意
夫婦講義欲主張居室一說强子思以從已鑿矣并謂
鳶飛魚躍亦指陰陽妙合下章又說妻子好合脈絡分

明不更謬乎

以人治人兼人已說不合想誤看語類僩錄一條得病也

大孝一章是定論白雲先生只從孟子孝子之至一節誤來不知彼是對北面而朝故言尊養之至此是論道之費費之大故由庸行推極其至言各有當也

命德是泛言謂專指孝非也

大德必受命理之常也大德不受命非大德而受命理之變也三代以前氣運極盛故常理得伸周末氣運衰

孔子便不得位舜與孔子易地則皆然不得謂天所以命孔子者又別復蹈侯氏之失也

十九章所謂通上下即上文兩達字亦即此達字之所以然此二語與饒氏達孝承上章三達字同誤

人到罪大惡極雖能悔過自新天亦不與之廣平謂武王觀政時使紂一日有悛心武王必與天下共尊之此只就聖人心事上言其光明正大耳究其極無論紂不悛即有悛心不足贖其毒痛之罪也天命畢竟歸周耳

取人以身身字兼修不修身爲何等身則所取者爲何

等人此數條似是而非人字頂上句人字是賢臣可知若此句儱侗說則爲政在人一句亦可兼王霸言人爲何等人則政何等政矣有是理乎

上知人單指尊賢此知人兼事親在內兩句分得不妥二知人總指尊賢下知天是兼親賢兩不相悖不須周旋

自誠明一段今之儒者有懲象山陽明之學過于高明以爲寧取質魯一路人儒者似指楊園先生楊園此言非特懲陸王之過高正爲主人虛浮下一頂門鍼耳乃

不自省而以村豎白丁狙公厠鬼爲諷難矣哉

二十五章終始句解自成不誠句已是說自道此本朱子一定之論然不誠不字雖說入去不他只說得不自道的反面下句誠之二字極重是自道正面章句能無不實正是自道工夫乃爲有以自成而道之在我者亦無不行矣是指自道之成功而言此一節自盡已之性下節又就盡物之性言之亦是自道工夫在上節内已盡故註云既有以自成則自然及物而道亦行于彼矣亦指自道之成功而言蓋自成是說理工夫全在自道

註中有以自成兩有以即自道也講義解書極明快惟此章不合朱子不可從

道並行一句所包甚廣註中四時日月舉其大者耳作運行度舍黃道白道看是專指日月矣此說不可從

凡有血氣指人類是禽獸草木不尊親如何說得去

凌渝安先生大全評

釋氏亦言無適非道亦窺見道不可須臾離之意但不肯用戒懼之功故心中無主大本不立又舍事物求之空虛故違道不行竊疑釋氏所謂無適非道是說氣不

説理安能窺見把捉收斂未嘗不肯用功但所見已誤
即使存養亦存得昭昭靈靈之氣而已非吾儒之戒慎
恐懼也

世教衰民不興行似責在主持教化者不如説民囿于
氣質之偏以起下章過不及之病竊謂民所以囿于氣
質之偏者皆由主持教化者失其職耳下過不及亦不
專指庶民本節民字亦不專指凡民註無可議

依乎中庸只説得知仁遯世無悶悔方是知盡仁至處
勇即在其中此沿饒氏及蒙引淺説之誤依乎中庸至

不悔本是一氣直下知仁勇都在內註中對上二節不得已分應耳猶云依乎中庸則不爲索隱行怪可知遯世不見知而不悔則不能半途而廢可知不可以淺深難易分也

庸德之行下數語該在夫子身上講此恐未然註中明言言君子之言行如此豈有夫子自覺慥慥之理

君子素位一章兩節註中兩分恐有可議竊謂首節本是一串次節四段說素說行自應分屬素位而行第三節說不陵不援不求不怨自應分屬不願乎外

故大德一節以下不括大孝竟以德爲聖人句作頭領
又因舜而泛言必得之理竊疑此承上舜言必得之理
非泛言也大德依南陽作大孝是
明乎郊社三句只是理無不明誠無不格意竊疑此處
與論語微有不同當就武周制作上會出天人合一幽
明貫通之理方切本旨泛括理明誠格不得
俗解時措之宜云措之已則已得其宜措之物則物得
其宜大謬首句非自成已而已也將成已略過側到成
物一邊故章句既得于已則見于事者亦是側注解者

因成已仁也兩句平對故有此謬不知句雖平而理實側由成已之仁發爲成物之知便時措得宜此說極是松陽講義兼人已恐誤

天地之道可一言節對首節博也節對第三節今夫天節對第四節末節合至誠天地言之此最看得融洽南陽以第八節對四節非是

温故故字是良知德性裏的不是學力來註中温訓學習勿泥愚謂此當從當湖說兼天資學力是若晚村艮知艮能不可以故厚名之則又因闢王學而失之偏矣

本諸身有其德也徵諸庶民又有時位也皆指已然者言下四句方說制作之善諸家重本諸身句大謬此說固是但看得二句太輕六事並列各有本義若僅說時位則首句君子註已明言王天下者矣德固不易有庶民之信從亦未易言也此本字徵字不對考建等字對下不謬不悖無疑不惑故六句統言制作之善

所以不害不悖者下所以二字可疑竊謂並育並行二句是說氣化本然大德小德是說造化之理不得不用所以二字松陽講義下自其二字與先生意同

四書質疑卷之五終

# 孟子時事年表一卷
# 後説一卷

清　林春溥撰

清嘉慶二十一年竹柏山房刻本

孟子時事年表

讀論語者不可不知春秋讀孟子者不可不知戰國史傳既畧舛誤尤多敘歷聘則先齊於梁紀伐燕則以宣爲湣通鑑正之而未盡竹書紀焉而不詳學者往往惑焉顧竹書逸文尚見索隱推齊世次與孟同符葢與梁惠改元均屬可信由是考時事之遠近證遊歷之後先論世知人思過半矣閩中林春溥謹述

史記是年齊威王七年今從紀年

| 周 | 秦 | 楚 | 齊 | 趙 | 魏 | 韓 | 燕 | 宋 | 魯 | 孟子 |
|---|---|---|---|---|---|---|---|---|---|---|
| 烈王四年己酉 | 獻公師隰十三年 | 肅王臧九年 | 桓公午四年 | 成侯種二年 | 武侯擊十五年 | 哀侯五年 | 桓公元年 | 桓公辟兵元年 | 共公奮五年 | 以是年四月二日生於鄒 |
| 五年 | 十四年 | 十年 | 五年 | 四年 | 十六年卒子罃與公中緩爭立 | 六年韓嚴弑哀侯子懿侯若山立 | 二年 | 二年 | 六年 | 二歲 |
| 六年 | 十五年 | 十一年 | 六年 | 五年與韓伐魏欲殺罃立公中緩以求割地懿侯不聽師還與韓遷晉桓公于屯留 | 惠王罃元年韓趙伐我圍安邑以謀不和去王殺公中緩而立 | 懿侯若山元年與趙伐魏欲分魏爲兩成侯不聽師還與趙遷晉桓公于屯留 | 三年 | 三年 | 七年 | 三歲父激字公宜卒母仉氏鞠之 |
| 七年 | 十六年 | 宣王良夫元年 | 七年 | 六年魏敗我師于懷 | 二年敗趙于懷韓馬陵 | 二年魏敗我馬陵 | 四年 | 剔成元年 | 八年 | 四歲有三遷等事 |
| 顯王扁元年趙韓入寇 | 十七年命子向爲藍君 | 二年 | 八年伐魏取觀 | 七年與韓攻周 | 三年齊伐我取觀 | 三年與趙攻周 | 五年 | 二年 | 九年 | 五歲 |

| | | | | | | | | | | |
|---|---|---|---|---|---|---|---|---|---|---|
| 二年甲寅西周威公竈卒子惠公立封公子班于鞏爲東周惠公周始分爲兩 | 十八年 | 三年 | 九年 | 八年與韓分周爲兩 | 四年 | 四年與趙分周爲兩 | 六年 | 三年 | 十年 | 六歲 |
| 三年 | 十九年敗魏韓于洛陽 | 四年 | 十年 | 九年 | 五年與韓會宅陽秦敗我洛陽城武都 | 五年秦敗我洛陽 | 七年 | 四年 | 十一年 | 七歲 |
| 四年 | 二十年 | 五年 | 十一年弒其君毋 | 十年 | 六年伐宋取儀臺發逢忌之藪賜民 | 六年 | 八年 | 五年魏伐我 | 十二年 | 八歲 |
| 五年賀秦以黼黻之服 | 二十一年敗三晉于石門天子賀 | 六年 | 十二年 | 十一年救魏敗于石門 | 七年秦攻我趙救我石門爲秦所敗 | 七年 | 九年 | 六年 | 十三年 | 九歲 |
| 六年 | 二十二年伐魏少梁 | 七年 | 十三年 | 十二年救魏 | 八年秦攻我少梁趙救我 | 八年 | 十年 | 七年 | 十四年 | 十歲 |

| | | | | | |
|---|---|---|---|---|---|
| 周顯王 | 七年 | 八年彗星見西方 | 九年致胙于秦 東周惠公卒子文君傑立 | 十年 | 十一年 |
| 秦獻公 | 二十三年庶長國伐魏虜其將公孫痤取龐 | 孝公渠梁元年衛鞅來與議國事 | 二年 | 三年以鞅爲左庶長定變法之令 | 四年 |
| 楚宣王 | 八年 | 九年 | 十年 | 十一年 | 十二年 |
| 齊桓公 | 十四年 | 十五年 | 十六年魏伐我 | 十七年 | 十八年 |
| 趙成侯 | 十三年魏敗我澮取皮牢 與韓遇上黨 | 十四年 | 十五年助魏攻齊 | 十六年 | 十七年與 |
| 魏惠王 | 九年公叔痤敗韓趙 與之師于澮 取趙皮牢 秦伐我少梁虜公孫痤取龐 | 十年入河水于圃田又爲大溝引圃水 公叔痤薦衛鞅不聽鞅入秦 | 十一年與趙攻齊 城殷 | 十二年龍賈帥師築長城于西邊 | 十三年與 |
| 韓懿侯 | 九年魏敗我 與趙遇上黨 | 十年 | 十一年 | 十二年取屯留尙子 | 昭侯武元 |
| 燕桓公 | 十一年 | 文公元年 | 二年 | 三年 | 四年 |
| 宋剔成 | 八年 | 九年 | 十年 | 十一年 | 十二年 |
| 魯共公 | 十五年 | 十六年 | 十七年 | 十八年 | 十九年 |
| | 十一歲 | 十二歲 | 十三歲 | 十四歲 | 十五歲就學于魯歸 |

魏遇葛孽趙遇葛孽年及魏盟
韓許息來巫沙
致地我取
枳道與韓
鹿及韓侯
盟巫沙歸
鼇子韓
家毋斷機以教

十二年甲子
五年
十三年
十九年
十八年與
魏會鄗
十四年與
趙會鄗
取韓宋
我宋宋取
我黃池
二年魏取五年
十三年取二十年
韓黃池
十六歲

十三年
六年
十四年
威王因齊十九年與
元年與趙齊宋會平
宋會平陸陸
十五年魯三年朝魏六年
衛宋韓來
朝觴之范
臺　遣龍
賈築陽池
以備秦
十四年朝二十一年
魏與齊趙朝魏避席
會平陸　擇言
十七歲

十四年
七年
十五年
二年與魏二十年
惠王會田
于郊論齊
寶　與燕
戰泃水我
師遁
十六年與四年
齊威王會
田于郊問
齊寶　與
秦會杜平
獻榮櫟
于趙　侵
宋黃池
七年與齊十五年魏二十二年十八歲
戰泃水却使我黃池
之　我復取之

| 周顯王 | 秦孝公 | 楚宣王 | 齊威王 | 趙成侯 | 魏惠王 | 韓昭侯 | 燕文公 | 宋剔成 | 魯康公 | |
|---|---|---|---|---|---|---|---|---|---|---|
| 十五年 | 八年敗魏元里斬首七千取少梁 | 十六年使景舍救趙 | 三年 | 二十一年魏圍我邯鄲楚景舍來救 | 十七年伐趙圍邯鄲韓侯來朝中陽秦取我少梁 | 五年朝魏中陽 | 八年 | 十六年魏來徵師我兵入趙圍一城 | 康公屯元年 | 十九歲 |
| 十六年韓伐東周取陵觀廩丘 | 九年 | 十七年魏拔邯鄲我取魏睢濊之間昭奚恤相 | 四年使孫臏田忌救趙破魏于桂陵始稱王 | 二十二年魏拔我邯鄲齊救我敗之桂陵 | 十八年克邯鄲齊孫臏田忌敗我師于桂陵 | 六年伐東周取陵觀廩丘 | 九年 | 十七年 | 二年 | 二十歲 |
| 十七年 | 十年衛鞅與韓趙圍魏襄陵伐安邑降之 | 十八年 | 五年 | 二十三年與秦韓圍魏襄陵 | 十九年秦韓趙圍我襄陵伐降我安邑築長城塞固陽 | 七年與秦趙圍魏襄陵 | 十年 | 十八年 | 三年 | 二十一歲 |
| 十八年 | 十一年鞅圍魏固陽降之攻趙藺城商塞 | 十九年 | 六年築房為長城 | 二十四年魏歸我邯鄲與魏盟漳水上秦攻我藺 | 二十年秦圍降我固陽歸趙邯鄲與趙盟漳水上 | 八年申不害相 | 十一年 | 十九年 | 四年 | 二十二歲 |
| 十九年 | 十二年徙都咸陽發 | 二十年 | 七年 | 二十五年 | 二十一年與秦遇彤 | 九年 | 十二年 | 二十年 | 五年 | 二十三歲 |

陳士元謂是年
孟子至梁

孟子時事年表

二十年
井出開阡
陌與魏遇
彤
十三年初
爲縣有秩
史
二十一年
八年
肅侯語元
年
王如衛
命公子南
爲侯
二十二年
十年韓姬
弑晉悼君
十三年
二十一年
六年
二十四歲

二十一年
十四年更
賦稅法
韓侯來朝
二十二年
九年
二年與魏
遇陰晉公與趙遇陰泰
孫袞與魏晉殺臣
伐燕
趙公孫袞
伐燕還取
夏屋城曲
逆
二十三年
十一年朝
十四年
二十二年
七年
二十五歲

二十二年
甲戌
十五年蜀
人來朝
二十三年
魏孫何侵
我三戶
伐徐州
十年
三年公子
范襲邯鄲孫何侵楚
不勝死
入三戶郛
二十四年
十二年
十五年
二十三年
八年
二十六歲

二十三年
趙侯來朝
十六年
二十四年
魏韓伐我大夫牟辛號侯服屬魏章與韓魏伐楚
取上蔡瀍
陽
十一年殺
四年衛貶
于我
朝師伐楚取衛服屬于
天子
上蔡孫何我
取瀍陽
衛服屬于
我
二十五年
十三年與
十六年
二十四年
九年
二十七歲

四

史記是年齊宣王元年

| 周顯王 | 秦孝公 | 楚宣王 | 齊威王 | 趙肅侯 | 魏惠王 | 韓昭侯 | 燕文公 | 宋剔成 | 魯景公 | |
|---|---|---|---|---|---|---|---|---|---|---|
| 二十四年 | 十七年 | 二十五年 | 十二年 | 五年 | 三十六年 | 十四年 | 十七年 | 二十五年 | 景公偃元年 | 二十八歲 |
| 二十五年秦會諸侯來朝 | 十八年會諸侯于京師 | 二十六年 | 十三年趙攻我拔高唐 | 六年攻齊拔高唐 | 二十七年封丹名會丹魏大臣 | 十五年 | 十八年 | 二十六年 | 二年 | 二十九歲 |
| 二十六年致伯于秦 | 十九年天子致伯城武城 | 二十七年 | 十四年 | 七年公子刻攻魏首垣 | 二十八年趙攻我首垣 | 十六年 | 十九年 | 二十七年 | 三年 | 三十歲既娶見其婦田氏袒而在內不悅婦求去以母言留之當在此時 |
| 二十七年秦公子少官會諸侯來朝魏王為御韓王為右 | 二十年諸侯畢賀公使公子少官會諸侯于逢澤朝天子 | 二十八年 | 十五年 | 八年 | 二十九年會逢澤朝天子王為御中山君相 | 十七年會逢澤朝天子王為右 | 二十年 | 二十八年 | 四年 | 三十一歲 |
| 二十八年 | 二十一年 | 二十九年齊田忌來奔封之江南 | 十六年田忌孫臏伐魏以救韓破之馬陵殺龐涓虜其太子申田忌奔楚 | 九年 | 三十年龐涓伐韓齊田忌孫臏救之破我馬陵殺龐涓虜太子申城濟陽 | 十八年魏伐我齊救我破之馬陵 | 二十一年 | 二十九年 | 五年 | 三十二歲 |
| 二十九年 | 二十二年 | 三十年秦 | 十七年與 | 十年與齊 | 三十一年 | 十九年 | 二十二年 | 三十年 | 六年 | 三十三歲 |

史記是年孟子至梁

# 孟子時事年表

| | | | | | | | | | | |
|---|---|---|---|---|---|---|---|---|---|---|
| | 衛鞅伐魏誘執其將公子卬大敗之魏獻河西以和封鞅爲商君侵楚 | 侵我 | 趙會博望伐魏 | 伐魏 | 秦伐我虜公子卬我獻河西于秦徙都大梁爲大溝于北郛以行圃田之水齊趙伐我 | | | | | |
| 三十年 | 二十三年與魏戰岸門虜其將魏錯 | 威王商元年 | 十八年 | 十一年 | 三十二年與秦戰岸門虜我將魏錯 | 二十年 | 二十三年 | 三十一年 | 七年 | 二十四歲 |
| 三十一年 | 二十四年卒國人誅商鞅滅其家 | 二年 | 十九年 | 十二年 | 三十三年商鞅來奔不受復內之秦 | 二十一年 | 二十四年 | 三十二年 | 八年 | 二十五歲 |
| 三十二年甲申 | 惠文王駟元年楚韓趙蜀人來朝 | 三年朝秦 | 二十年 | 十三年朝秦 | 三十四年 | 二十二年朝秦申不害卒 | 二十五年 | 三十三年 | 九年 | 二十六歲 |
| 三十三年賀秦 | 二年初行錢 | 四年 | 二十一年田嬰使于韓魏與二 | 十四年與韓圍魏襄陵 | 三十五年會齊王東阿南 | 二十三年會齊王東韓阿南與 | 二十六年 | 三十四年太上社亡 | 十年 | 三十七歲 |

五

| | | | |
|---|---|---|---|
| | 四書釋地謂至齊在是年 | 史記是年魏襄王元年今從紀年　任兆麟孟子時事畧謂是年孟子至齊爲卿奉母居平陸 | |
| 周顯王 | 三十四年 | 三十五年致胙于秦 | 三十六年蘇秦過洛陽王使人郊勞 |
| 秦惠文 | 三年 | 四年天子致胙 | 五年以犀首公孫衍爲大良造伐魏禽龍賈取雕陰　蘇秦激怒張儀來王以爲客卿 |
| 楚威王 | 五年越無彊伐我 | 六年 | 七年圍齊于徐州遂滅越殺無彊　蘇秦來約合從許之 |
| 齊威王 | 二十二年君來會王于東阿南盟而去　與魏會甄　越伐我　王使人說之伐楚 | 二十三年田嬰相　與魏會徐州相王 | 二十四年楚敗我徐州使人逐田嬰　嬰使張丑說楚王乃止　蘇秦來約合從許之 |
| 趙肅侯 | 十五年 | 十六年公遊大陵出鹿門大戊午諫公下車謝 | 十七年築長城圍魏黃不克　使蘇秦約從六國以擯秦會天下將相盟于洹水之上封蘇秦爲武安 |
| 魏惠王 | 改元年與齊會甄　趙圍我襄陵 | 二年與齊會徐州相王　惠施相 | 三年趙圍我黃不克　秦使公孫衍伐我禽龍賈取我雕陰　蘇秦來約合從許之 |
| 韓昭侯 | 二十四年　趙圍魏襄陵 | 二十五年旱作高門 | 二十六年卒子宣惠王立　蘇秦來約合從許之 |
| 燕文公 | 二十七年 | 二十八年蘇秦始來合從 | 二十九年以秦王女爲太子婦　蘇秦說與趙從親從之 |
| 宋剔成 | 三十五年 | 三十六年 | 三十七年 |
| 魯景公 | 十一年 | 十二年 | 十三年 |
| | 三十八歲 | 三十九歲 | 四十歲 |

通鑑是年齊宣
王元年
曹之升孟子年
譜是年客鄒

曹年譜是年由
鄒之任見季子
乃由任之平陸

曹年譜是年由
平陸之齊王館
之雪宮

曹年譜是年齊

君

三十七年六年公孫八年二十五年十八年秦四年與齊宣惠王元易王元年三十八年十四年四十一歲
衍欺齊魏　與魏伐趙使公孫衍伐趙　以年　齊伐我取
與共伐趙　因喪伐以齊魏之陰晉爲和　十城王讓
從約遂敗　燕取十城師伐我我子秦　蘇秦秦說
魏納陰晉　蘇秦來說決河水灌　齊王齊乃
以和　乃歸燕十之乃退公　歸我十城
城　讓蘇秦蘇
秦適燕從
約皆解

三十八年七年　九年　二十六年十九年　五年與韓二年與魏二年　三十九年十五年　四十二歲
會巫沙　會巫沙

三十九年八年圍魏十年　二十七年二十年　六年秦圍三年　三年　四十年　十六年　四十三歲
焦曲沃魏　我焦曲沃
獻河西以　獻秦河西
和　地

四十年　九年伐魏十一年卒二十八年二十一年七年秦伐四年　四年　四十一年十七年　四十四歲
取汾陰皮魏因喪伐宋君剔成　我取汾陰　弟偃逐公
氏拔焦曲我取陘山來奔　皮氏拔焦　自立公奔
沃　與魏　曲沃　與　齊
會應　陳　秦會應
軫自楚來　因喪伐楚
張儀讓之　取陘山

四十一年十年張儀懷王槐元二十九年二十二年八年秦取五年　五年　康王偃元十八年　四十五歲

王以賓師禮孟子

皇極經世是年孟子爲齊卿
陳士元從之

皇極經世是年孟子去齊
時事畧云去齊退居平陸
陳士元云反魯居鄒

周顯王秦惠文楚懷王齊威王趙肅侯魏惠王韓宣惠燕易王宋王偃魯景公

伐魏取蒲年陳軫來
陽既而歸奔
之魏盡入
上郡十五
縣以謝儀
歸以爲相
陳軫奔
楚　敗趙
師河西殺
趙疵取藺
離石

秦敗我河我蒲陽既
西殺趙疵而歸我公
取藺離石子繇來質
我獻上郡
十五縣以
謝秦○案
喪地七百
里即此

年

四十二年　甲午
十一年歸二年
魏焦曲沃
三十年
二十三年九年秦歸六年
韓舉與齊
我焦曲沃
魏戰死系
丘
六年
二年
十九年
四十六歲

四十三年
十二年初三年
臘
三十一年
二十四年十年
七年
七年
三年
二十年
四十七歲

四十四年
十三年稱四年
王
三十二年武靈王雍十一年王八年王與八年
元年趙豹與太子嗣太子倉朝
相　置博朝趙信宮趙信宮
聞師三人　敗韓將魏敗我韓
左右司過韓舉　敗舉
三人　梁趙將趙護
四年
二十一年
四十八歲

韓之王率其太子來朝信宮魏敗我趙護

曹年譜是年去齊居休反魯省母遂之宋滕世子來見

四十五年
更元年張儀伐魏取陝築上郡塞
五年
三十三年蘇秦來奔王以爲客卿秦說王高宮室大苑囿以明得意欲敝齊以爲燕
二年城鄗
十二年秦張儀伐我取陝出其人
九年
九年蘇秦通子文夫人僞得罪奔齊
五年
二十二年四十九歲

史記是年齊湣王元年
曹年譜是年去宋之薛受問餽

四十六年
二年張儀及齊楚魏相會齧桑還免相出相魏
六年柱國昭陽破魏襄陵取八邑又移兵攻齊陳軫說乃還
三十四年楚昭陽攻我陳軫說之乃去
三年
十三年楚昭陽破我襄陵取八邑○案南辱於楚卽此會齊威王於鄄張儀來相公孫衍弟利
七年稱王
十年稱王
六年
二十三年五十歲

王懋竑曰孟子

四十七年
三年伐魏
七年
三十五年
四年與韓
十四年張
十一年使
十一年
七年
二十四年五十一歲至梁○案

| | 周顯王 | 秦惠文 | 楚懷王 | 齊威王 | 趙武靈 | 魏惠王 | 韓宣惠 | 燕易王 | 宋王偃 | 魯景公 | |
|---|---|---|---|---|---|---|---|---|---|---|---|
| | | | | | | | | | | | 至梁當在惠王之後十四五年曹年譜是年自薛反鄒滕文公問喪禮遂聘問爲國館于上宮 任啓運孟子考畧云此時在滕先是已如宋歸鄒而後至梁至齊　時事畧是年至魏　皇王大紀是年齊使白圭治水作堤江永羣經補義云是年至梁 |
| | | 取曲沃平周陰厚張儀　韓魏使其太子來朝 | | | 會區鼠 | 儀欲令我太子朝秦先事秦而　與趙會諸侯效之區鼠王不聽秦伐我取曲沃平周太子朝秦　王數敗于軍旅厚幣招賢鄒衍淳于髡孟軻皆來 | | | | | 新論載秦攻梁惠王謂孟軻曰先生不遠千里幸辱敝邑今秦攻梁先生何以禦乎考是年秦伐魏取曲沃平周去年楚昭陽破魏襄陵取八邑故有南辱于楚之言又公孫衍張儀俱在魏二人互相傾軋故有論大丈夫語史云惠王數敗軍旅亦惟此時爲甚則孟子至梁當在是年 |
| | 四十八年 | 四年 | 八年聞田嬰封薛將伐齊公孫閈說乃止 | 三十六年封田嬰于薛號靖郭君君欲城薛以客海大魚之諫乃止 | 五年 | 十五年 | 十二年 | 十二年 | 八年 | 二十五年 | 五十二歲在梁 |
| | 慎靚王定元年 | 五年齊來迎婦 | 九年 | 宣王辟疆元年迎婦 | 六年 | 十六年 | 十三年 | 王噲元年 | 九年 | 二十六年 | 五十三歲在梁 |

陳士元云是年
梁襄王立孟子
自任往見復適
齊　曹年譜是
年去滕歸魯奉
母之梁
時事畧是年去
魏之宋
考畧謂孟子由
鄒之任見季子
在去梁後　曹
年譜云去梁自
范之齊
譚貞默孟子編
年是年受宋餽
滕世子來見反
鄒適薛受餽復
適齊　時事畧
从之又云是年
孟母卒歸葬于
魯　曹年譜云
爲卿弔滕文公
之喪
皇王大紀是年

于秦

二年　六年伐韓十年城廣二年立稷七年　十七年卒十四年秦二年　十年　二十七年五十四歲見梁襄王
取鄢　陵　下宮招致　年八十二伐我取鄢　遂去梁反鄒由鄒之
賢人孟軻　子赫立孟　任至平陸因由平陸
來遊　軻行　之齊

三年　七年蘇秦十一年爲二年攻秦八年攻秦襄王赫元十五年攻三年攻秦十一年稱二十八年五十五歲在齊迎母
約從山東從長攻秦函谷不克函谷不克年攻秦函秦函谷不函谷不克王　仇氏
六國共攻函谷不克　谷不克　克
我至函谷
關我出兵
擊之六國
敗走　樂
池相

四年甲辰八年敗韓十二年　四年敗趙九年秦敗二年張儀十六年秦四年　十二年與二十九年五十六歲母仇氏卒

孟子時事年表　八

| | | | | |
|---|---|---|---|---|
| | 孟子見齊宣王曹年譜是年喪母歸葬于魯 | | 季本孟子圖譜謂千崇見王在免喪再見時曹年譜云免喪反齊爲客卿 | 通鑑綱目是年 |
| 周慎靚王 | | 五年 | 六年 | 赧王延元 |
| 秦惠文 | 修魚虜其將鰒申差又敗趙師斬首八萬又伐敗魏師魏使張儀來請成張儀復相 | 九年司馬錯滅蜀伐趙取西都中陽 | 十年敗趙將英伐韓取石章 | 十一年侵 |
| 楚懷王 | | 十三年 | 十四年 | 十五年救 |
| 齊宣王 | 魏之師于觀澤大夫與蘇秦爭寵使人刺殺蘇秦 | 五年 | 六年 | 七年秦魏 |
| 趙武靈 | 我師斬首八萬齊敗我師于觀澤 | 十年秦伐我取西都中陽 | 十一年秦敗我將英稱王 | 十二年救 |
| 魏襄王 | 陰合秦伐敗我師齊敗我觀澤我使張儀請成于秦 | 三年 | 四年韓歸我晉陽及向二月城陽向 | 五年秦樗 |
| 韓宣惠 | 敗我修魚虜我將鰒申差 | 十七年 | 十八年使韓辰歸魏晉陽及向秦伐我取石章 | 十九年秦 |
| 燕王噲 | | 五年讓國子相子之 | 六年 | 七年國大 |
| 宋王偃 | 齊攻魏敗之觀澤 | 十三年 | 十四年 | 十五年 |
| 魯平公 | 于齊孟子自齊葬于魯 | 平公旅元年○案魯欲使樂正子爲政當在此時<br>五十七歲在魯居喪 | 二年與齊宣王會鳧繹山下克道孟子於平公將見孟子以臧倉沮不果<br>五十八歲終喪魯平公將來見嬖人臧倉樂沮之不果遂反于齊○案臧倉毀孟子後喪踰前喪蓋指近事而言則平公將見當在孟子居魯喪畢之後廣文選所謂魯平公與齊宣王會鳧繹是其事也 | 三年<br>五十九歲在齊爲客 |

孟子去齊大事
記云自齊之宋
自宋適滕皇王
大紀云去齊居
于宋陳士元从
大事記

通鑑是年齊湣
王元年

年時東西義渠取二韓　齊破伐韓王將韓　王召里疾攻我敗我岸門亂將軍市
周分治王十五城　燕王許魏救之田臣燕公子職焦焦降　斬首萬將被太子平
徙都西周樗里疾攻六城與之思曰秦伐於韓立以張儀以我犀首走太攻子之不
從西周武魏焦降之伐齊而存韓楚趙必爲燕王使師伐韓　子倉入質克齊宣王
公居焉武敗韓岸門燕張儀汎救之是天樂池送之齊破燕楚于秦　王令章子伐
公惠公子其將犀首魏不果　以燕賜我　齊破燕許我六城朝于魏　我士卒不
也　走韓太子　也及楚趙王欲存之欲與伐齊　戰城門不
倉來質　救韓王令乃以河東而存燕張　閉遂大敗
封公子通　章子將五諸易燕地儀以計沮　噲與子之
于蜀以陳　都兵伐燕於齊楚魏王遂不果　皆死
非相之　三十日舉噲之令淖韓王來朝
之臨子之滑惠施來
殺王噲　請伐齊而
存燕

二年
十二年右十六年秦八年楚絕十三年秦六年與秦二十年
更疾伐趙欺我絕齊我我合於樗里疾伐會臨晉立
拔藺虜其我使屈匄秦　我拔藺虜公子政爲
將莊豹　伐秦　王　我將莊豹太子　王
會魏臨晉如邯鄲　楚王魏王如邯鄲
立魏公子　來過邯鄲
政爲魏太
子　張儀
欺楚絕齊
楚屈匄伐

十六年

四年

卿有答沈同燕可伐
及與宣王論勿取置
君而後去等語時趙
與楚魏俱欲伐齊而
存燕宣王所謂多謀
伐寡人者也

六十歲在齊○案樂
正子從子敖之齊及
出弔于滕公行子之
後孟子不與王驩言
當在此時

孟子時事年表　九

皇王大紀是年魯欲使慎子爲將軍魯平公將見孟子
時事畧是年去齊居休反鄒至魯不能用滕侯以禮聘之至滕反鄒作孟子七篇
曹年譜是年致爲臣而歸
集註考證云去齊歸鄒卽如宋
皇王大紀是年滕世子宏過宋見孟子定公薨甍文公聘問爲國北宫錡問周室班爵祿
曹年譜是年由晝之宋

周赧王秦惠文楚懷王齊宣王趙武靈魏襄王韓宣惠燕昭王宋王偃魯平公

我

三年
十三年庶長魏章大敗楚師于丹陽虜屈匄取漢中又敗之藍田楚割兩城請平○案秦楚搆兵卽此
十七年秦破我丹陽虜屈匄取漢中我悉兵襲秦又敗于藍田韓魏襲我我割兩城以和秦
九年與宋圍魏煮棗魏敗我虜聲子于濮　燕人畔　孟軻行
十四年趙何攻魏
七年襲楚至鄧　敗齊于濮
二十一年襲楚至鄧
燕人畔齊立太子平爲王王厚幣招賢爲郭隗築宮師事之士爭趨焉
十七年與齊圍魏煮棗　孟軻來遇宋牼于石丘
五年
六十一歲在齊燕人畔王慙陳賈爲之文過孟子致爲臣而去適宋○案陳臻問前日於齊王餽兼金一百而不受於宋餽七十鎰而受於薛餽五十鎰而受而燕人之畔秦楚之搆兵皆在是年且石丘宋地見孟子疏是直去齊之宋之確証也又孟子去齊居休路史曰休在潁川屬宋境殆亦一証云

四年
十四年伐楚取召陵張儀如楚遂說五國連橫封儀武信君　王卒　臣多讒儀
十八年秦伐我取召陵　張儀來說連橫事秦許之
十年張儀爲秦連橫許之
十五年張儀爲秦連橫許之
八年翟章伐衞拔列城二
襄王倉元年張儀爲秦連橫許之
昭王平元年張儀爲秦連橫許之
十八年○案宋策齊攻宋宋使臧子索救于荆荆王許救而卒不至齊因反宋五城
六年
六十二歲○案滕世子過宋來見當在此時又有與萬章論宋不行王政及戴盈之戴不勝宋勾踐問答語滕世子之楚往返兩見則孟子在宋必有數月之淹鹽鐵論

| | | | |
|---|---|---|---|
| | 皇王大紀是年孟子與景春論公孫衍張儀　曹年譜是年歸魯樂正子爲政平公將見孟子不果 | 曹年譜是年魯欲使愼子爲將軍 | 皇王大紀是年孟子與弟子講明道義作七篇 |
| | 五年洛入成周山水大出 | 六年 | 七年 |
| 公孫衍罷之諸侯皆畔衡復合從 | 武王蕩元年張儀復出相魏　王與魏會臨晉　伐義渠丹犂 | 二年以甘茂爲左丞相樗里疾爲右丞相 | 三年與魏會應　渭水赤三日　甘茂伐 |
| | 十九年 | 二十年與齊韓合從 | 二十一年 |
| | 十一年 | 十二年與楚韓合從 | 十三年 |
| | 十六年王出九門爲野臺以望齊中山之境 | 十七年 | 十八年 |
| | 九年相田需死張儀自秦入相　王與秦會臨晉 | 十年張儀死　十月大霖雨疾風河水溢酸棗郭 | 十一年秦甘茂來約伐韓 |
| | 二年 | 三年與齊楚合從 | 四年秦甘茂伐我宜陽 |
| | 二年 | 三年 | 四年 |
| 其卽萬章所謂齊楚惡而伐之者歟孟子是時在宋則此事疑在此年也 | 十九年 | 二十年 | 二十一年 |
| | 七年 | 八年 | 九年 |
| 曰孟子困於梁宋此遠行受贐之說也風俗通曰孟子去齊又絕糧於鄒薛困殆甚此聞戒受贐之說也以陳臻之問推之意必由宋之薛由薛返鄒想皆此年事也 | 六十三歲 | 六十四歲 | 六十五歲 |

周赧王秦武王楚懷王齊宣王趙武靈魏襄王韓襄王燕昭王宋王偃魯平公

韓宜陽
八年甲寅四年拔宜二十二年十四年十九年始十二年使五年秦拔五年二十二年十年六十六歲
秦拔韓宜陽涉河城圍韓雍氏 胡服招騎太子朝秦我宜陽斬
陽使樗里武遂韓公不克 射 首六萬城
疾以車百仲傜入謝 武遂公仲
乘入我以 使樗里 傜入秦請
卒迎之楚疾以車百 平 楚圍
怒使游騰乘入周 我雍氏我
說之楚王魏太子來 微甲與粟
乃悅 韓朝 王與 於東周蘇
與東周高孟說舉鼎 代來說乃
都 絕脈卒異 正且與周
母弟稷立 高都會秦
毋芊氏治 來救楚兵
國事以𨛦 去
魏冉為將
軍 救韓
雍氏

九年昭王稷元二十三年十五年二十年王十三年秦六年秦歸六年二十三年十一年六十七歲
年樗里疾 略中山及伐我皮氏我武遂
圍衛蒲不 胡地林胡不克我城
克還與甘 王獻馬 皮氏
茂伐魏皮
氏甘茂言

| | | | |
|---|---|---|---|
| | 十年彗星見 | 十一年 | 十二年彗星見 |
| 于王歸韓武遂向壽公孫衍讒茂茂奔齊樗里疾與魏講而罷兵 | 二年庶長壯與大臣諸公子爲逆魏冉誅之及惠文后皆不得良死出悼武后歸魏王兄弟不善者冉皆滅之 | 三年與楚盟黃棘復與楚上庸 | 四年取魏蒲阪晉陽 |
| | 二十四年秦厚賂我我往迎婦 | 二十五年與秦盟黃棘秦與我上庸 | 二十六年齊韓魏伐 |
| | 十六年 | 十七年 | 十八年與韓魏伐楚 |
| | 二十一年伐中山取丹丘爽陽鴻之塞及鄗石邑封龍東垣中山獻四邑以和 | 二十二年 | 二十三年攻中山 |
| | 十四年 | 十五年 | 十六年秦取我蒲阪 |
| | 七年 | 八年 | 九年秦取我武遂 |
| | 七年 | 八年 | 九年 |
| | 二十四年 | 二十五年 | 二十六年 |
| | 十二年 | 十三年 | 十四年 |
| | 六十八歲 | 六十九歲 | 七十歲 |

曹年譜引紀年
謂齊宣王在位
二十五年始辛
丑終乙丑未知
所據

周赧王秦昭王楚懷王齊宣王趙武靈魏襄王韓襄王燕昭王宋王偃魯平公

封陵取韓我我使太　晉陽封陵與齊魏伐
武遂　齊子橫質于　與齊韓楚
韓魏攻楚秦請救秦　伐楚
我救却之救却之

十三年　五年與魏二十七年十九年卒二十四年十七年與十年與秦十年　二十七年十五年　七十一歲
韓會臨晉太子橫自湣王立惡　秦韓會臨魏會臨晉
歸魏蒲阪秦亡歸　靖郭君齊　晉秦歸我
貌辯解之　蒲阪
乃老于薛

十四年　六年伐韓二十八年湣王地元二十五年十八年與十一年秦十一年　二十八年十六年　七十二歲○案滕文
取穰　庶秦齊韓魏年使章子伐中山中秦齊韓伐伐我取穰　公使然友問喪禮已
長與會齊伐我殺唐將與秦韓山君奔齊楚　與秦齊　而聘問爲國當在此
韓魏之師昧取重丘魏攻楚殺我攘地北　魏伐楚　時
伐楚敗之　唐昧　靖至燕代西
重丘殺唐　郭君卒孟至雲出九
昧取重丘　嘗君文嗣原　以周
祕傅王子
何

十五年　七年使涇二十九年二年秦使二十六年十九年　十二年　十二年　二十九年十七年　七十三歲○文公有
陽君悝質秦卒我伐涇陽君入　齊人築薛之恐事齊
于齊以求我斬首三質求見孟　事楚之間
見孟嘗君萬殺景缺嘗君君不
使芊戎取襄城我果往　楚
伐楚殺景缺質太子橫太子橫入

十六年

鈌取襄城于齊以請質請平
樓緩相平
八年伐楚三十年秦三年與魏二十七年二十年與十三年齊十三年 三十年 十八年 七十四歲
取八城遂伐我取八會韓 歸廢太子章齊會韓 魏來會立
誘楚王于城誘王入涇陽君使傳國于少 公子咎爲
武關執之秦要割地孟嘗君入子何自號 太子
以歸要割不得歸我秦秦以爲主父
巫黔中郡迎太子横相
楚王不許于齊立之
遂留之
孟嘗君來
相

十七年孟九年魏孟頃襄王横四年孟嘗惠文王何二十一年十四年助十四年 三十一年十九年 七十五歲
嘗君伐秦嘗君因之元年秦伐君自秦逃元年封公助齊攻秦齊攻秦
欲來借兵孟嘗君逃我取析十歸爲相與子勝爲平
食蘇代說歸相齊與六城 韓魏攻秦原君 攻
之乃止 韓魏伐我 入函谷關中山取扶
入函谷關 秦割河東柳
我割河東 三城以和
三城以和
代楚取
十六城

十八年甲十年楚懷二年 五年 二年楚懷二十二年十五年 十五年 三十二年二十年 七十六歲
子 王逃我追 王來奔不

| 周赧王秦昭王楚頃襄齊湣王趙惠文魏襄王韓襄王燕昭王宋王偃魯湣公 | | | |
|---|---|---|---|
| 周赧王 | 十九年彗星見秦取我九鼎一飛入泗水餘八入秦 | 二十年 | 二十一年 |
| 秦昭王 | 及之以歸　十一年懷王死歸其喪齊韓魏趙宋同擊我至鹽氏我與韓武遂與魏封陵以和取九鼎 | 十二年尉錯伐魏襄城魏冉相封穰侯與楚粟五萬石 | 十三年敗魏于解向壽伐韓取武始 |
| 楚頃襄 | 三年懷王死于秦 | 四年秦與我粟五萬石 | 五年 |
| 齊湣王 | 六年擊秦至鹽氏而還 | 七年與趙滅中山 | 八年田甲刼王王疑孟嘗君君出奔其客 |
| 趙惠文 | 受　三年擊秦至鹽氏而還主父出代西遇樓煩王于西河而致其兵 | 四年主父與齊燕滅中山遷其君于膚施故太子章作亂公子成李兌誅之遂弒主父于沙丘 | 五年與燕鄭易 |
| 魏襄王 | 二十三年擊秦至鹽氏而還秦與我封陵以和 | 昭王遬元年秦伐我襄城 | 二年秦敗我師于解 |
| 韓襄王 | 十六年擊秦至鹽氏而還秦與我武遂以和 | 釐王咎元年 | 二年秦向壽伐我取武始白起攻我新城 |
| 燕昭王 | 十六年 | 十七年與趙滅中山 | 十八年趙與我鄭易 |
| 宋王偃 | 三十三年擊秦至鹽氏而還 | 三十四年 | 三十五年 |
| 魯湣公 | 湣公賈元年 | 二年 | 三年 |
| | 七十七歲與萬章之徒序詩書述仲尼之意作孟子七篇○案時魯平公魏襄王皆卒七篇中稱其謚則著書當在此時 | 七十八歲 | 七十九歲 |

| | | | |
|---|---|---|---|
| | 二十二年秦敗東周魏戍周 | 二十三年 | 二十四年 |
| 白起攻韓新城呂禮奔齊 | 十四年韓魏伐我白起敗之伊闕斬首二十四萬虜韓公孫喜拔五城進兵攻周魏戍之 | 十五年攻楚取宛葉楚請和來迎婦起攻魏取垣復予之 | 十六年左更錯取魏軹及鄧伐韓拔宛 |
| | 六年 | 七年秦攻我取宛葉我迎婦于白秦以和 | 八年 |
| 以死明孟嘗君不反乃召之君謝病歸老于薛 | 九年 | 十年 | 十一年 |
| | 六年 | 七年 | 八年城南行唐 |
| | 三年與韓伐秦秦敗我伊闕我使公孫衍講于秦秦攻東周我戍之 | 四年秦白起攻我取垣復歸我 | 五年秦取我軹及鄧拔垣城 |
| | 三年與魏伐秦秦白起敗我伊闕虜我公孫喜取安邑以東至乾河 | 四年 | 五年秦拔我宛 |
| | 十九年 | 二十年 | 二十一年破東胡山戎 |
| | 三十六年 | 三十七年 | 三十八年 |
| | 四年 | 五年 | 六年 |
| | 八十歲 | 八十一歲 | 八十二歲 |

周赧王秦昭王楚頃襄齊湣王趙惠文魏昭王韓釐王燕昭王宋王偃魯湣公

| | | |
|---|---|---|
| | 二十五年東周君如秦 | 二十六年壬申 |
| 穰侯益封陶封公子市爲宛侯公子悝爲鄧侯 | 十七年東周君城陽君來朝穰侯伐魏魏入河東地四百里韓入武遂地二百里 | 十八年白起司馬錯伐魏至軹取六十一城　又攻垣河雍決橋取之 |
| | 九年 | 十年 |
| | 十二年與趙攻韓至魯關下 | 十三年 |
| | 九年與齊攻韓至魯關下 | 十年 |
| | 六年秦伐我我獻河東地四百里于秦秦以垣易我蒲阪皮氏　芒卯始以詐重 | 七年秦取我垣河雍決橋大小六十一城 |
| | 六年獻武遂地二百里于秦　趙齊攻我至魯關下 | 七年 |
| | 二十二年 | 二十三年 |
| | 三十九年 | 四十年 |
| | 七年 | 八年 |
| | 八十三歲 | 八十四歲以正月十五日卒生仲子睪嘗從公孫丑受詩於李克○案古碑云孟子卒於冬至之日鄒人因毀孟子而廢賀冬至之禮遂以成俗蓋周正月今十一月也 |

# 孟子時事年表後說

孟子本魯公族孟孫之後（趙岐說）後徙於鄒遂爲鄒人其葬母於魯者蓋孟孫世爲魯卿則祖墓自當在魯太公子孫五世反葬於周孟子亦猶行古之道也吳程乃據此以爲孟子魯人之證譚貞默編年更修其說謂鄒爲魯下邑即孔子鄉叔梁紇所治近曹之升孟子年譜力主之其文繁不及詳辨今但以孟子兩處證之如吾之不遇魯侯豈有本國之臣民而敢斥言其國與爵哉（此閻若璩孟子生卒年月考之說）又交得見於鄒君可以假館願留而受業於門如謂鄒即魯邑則祇有魯君而鄒君何爲者（此周廣業孟子四考之說）舉此則其他附會之說不待繁言而破矣

孟子生卒年月史傳無明文元張須孟母墓碑記據鄒公墳廟碑云孟子後孔子三十五年生時周定王三十七年雜記載孟

氏譜云周定王三十七年己酉四月二日孟子生赧王二十六年壬申正月十五日卒壽八十四今考貞定王在位只二十八年無己酉己酉在考王九年下距赧王二十六年已一百四十三年不得云壽八十四也陳士元疑定爲安之訛然安王在位亦只二十六年無己酉己酉在烈王四年故孟衍泰三遷志所載年表據黃梅瞿九思說定爲烈王四年己酉生赧王二十六年壬申卒既與八十四之數符亦與孟子言由孔子而來至於今百有餘歲合萬斯同孟子生卒年月辨引孟氏世譜亦然故今從之至闕里志謂孟子生於周安王十七年潘彥登孟子生日考亦謂疑是安王十七年譜訛安爲定訛王爲三周廣業孟子四考從之謂孟子當卒於赧王十三年或十二年譜倒爲二十又衍六字也按如其說則孟子先魯平公梁襄王卒七篇中

何以皆稱其謚殊不可從史記本傳趙岐題辭風俗通並云七篇孟子自作惟韓昌黎謂爲萬章公孫丑所記朱子嘗云七篇筆勢如鎔鑄而成非綴緝所就其爲自著明甚至方履中謂諸侯之謚安知非後人所加閻若璩謂卒後書爲門人所敘定故諸侯王皆加謚焉並臆說也

本傳謂孟子受業於子思之門人此爲實錄自漢藝文志本注云子思弟子王劭遂謂史文衍一人字孟子實親承子思之教趙岐亦云長師孔子之孫子思而子思孔叢等書更附會爲思孟問答之語並誤案孔子卒於周敬王四十一年時伯魚卒已五年而子思爲喪主知其年已長矣孟子之生距伯魚卒蓋百十一年安得與子思相及耶

魏世家稱惠王三十五年孟子至梁今以七篇證之殊誤孟子時年三十七而惠王稱之曰叟不合一也惠王時未稱王而孟子稱之曰王不合二也時梁未南辱於楚卽喪地於秦亦未至

七百里之多不合三也案竹書紀年惠成王三十六年改元稱一年自是又十七年乃薨據此則襄王九年獻上郡十五縣以謝秦者實惠王之後元八年所謂喪地七百里是也襄王十四年楚破魏襄陵得八邑實惠王之後元十三年所謂南辱於楚是也其明年秦復伐魏取曲沃平周而新論載秦攻梁惠王謂孟軻曰先生不遠千里幸辱敝邑今秦攻梁先生何以禦乎則孟子至梁當在是年時公孫衍張儀俱在魏二人互相傾軋故有對景春大丈夫語亦一證也又二年惠王卒襄王立而孟子去梁此其確然可證者也史公未考惠王有改元之事故不得不繫孟子至梁於三十五年致種種不合通鑑既從竹書以正其失而仍從史至魏之年直至襄王即位載孟子見魏襄王語竟似孟子在梁歷十八年之久則猶未免襲誤耳顧炎武曰孟子適梁乃惠王之末而襄王立即行故七篇中梁事不多是也

本傳孟子道旣通游事齊宣王宣王不能用適梁趙岐章句從之云建篇先梁者欲以仁義爲首篇也今考世家旣云惠王三十五年孟子至梁計其年只三十七若果先至齊則年更少何以有四十不動心之語且曰惡得有其一以慢其二乎又時距燕噲子之事絶遠中隔二十一年蘇氏古史因謂孟子先事齊宣王後乃見梁惠王襄王齊湣王譚貞默謂孟子所見諸侯先孟子卒者齊宣梁惠梁襄鄒穆魯平滕文書中皆稱謚後孟子卒者齊湣宋偃故止稱王說似有據然以伐燕一事證之前問取燕稱宣王後燕畔止稱王慙不得謂取者宣王而慙者湣王也林希元曰宣王以不用孟子言而致燕畔所以慙於孟子若湣王何慙之有不曰宣王而曰王亦偶然致辭不同耳說是也然則槪指王即湣王者誤矣蓋孟子仕齊中以葬魯去位喪畢反齊此爲再至而皆在宣王時故其去也王有今又棄寡人而歸之

語萬斯同乃據此爲再仕湣王之證愈失之矣大抵孟子生平以道自重遲久未有所遇故當時有不見諸侯之疑其見惠宣滕文皆在中年以後爲其有禮賢下士之雅欲以行道也然一見魏襄命駕遂行崇之見退有去志難進易退未嘗久淹故曰久於齊非我志也齊湣素非賢主孟子豈有既去復來之理乎今據竹書梁襄王三年當齊宣王五年魯平公初立即燕噲讓國子之之歲又二年而齊取燕又二年而燕太子平立證之孟子之書先梁後齊其事皆合故通鑑綱目於愼靚王二年魏襄王初立書孟軻去魏適齊蓋得之矣

孟子居鄒季任以幣交受之而不報處於平陸儲子以幣交受之而不報他日由鄒之任見季子由平陸之齊不見儲子此事其在去梁適齊之間乎蓋由魏之齊中可過鄒時孟母尚在無

不歸省之理而任與鄒相距僅百二十里許今濟南府東任城廢縣西北距古鄒城一百二十里許一宿即至平陸在任城之北今汶上縣去臨淄六百里此固中間適齊之道也又孟子自范之齊據後魏書地形志范平陸俱屬東平郡四書釋地曰范今東昌府濮州范縣春秋半屬衛孟子時屬齊去齊都百七八十里二地相近當是由平陸而范而齊故創見王子而歎異之耳

孟子自齊葬於魯則孟母之卒於齊可知列女傳孟子居齊有憂色擁楹而歎孟母問之云云此其證也其歸葬之年任兆麟謂在愼靚王三年曹之升謂在愼靚王四年疑曹說得之至反齊止嬴諸說不一惟閻潛丘謂終三年喪復至齊爲卿之說爲得郝京山謂三月歸葬後反齊而拜君賜顧亭林謂爲改葬毛西河謂反於齊者反哭之反季彭山謂在齊居憂者三年任釣臺謂居嬴地以終喪周柄中謂卒哭之後反而致爲卿之事於齊王並屬臆說孟子葬母於魯自宜廬於魯以終喪周廣業謂古無廬墓之說然孔子之喪子貢廬於冢上三年則古有行之者孟子斷無棄母墓

歸鄒之理時魯平公初立而臧倉毀孟子後喪踰前喪當必指近事人人共見者而言則平公將見孟子即在孟子喪畢之後可知蓋魯平初政頗有穆公之風故樂正子見用其欲使爲政亦當在此時惜皆慕其名而無其實自是而孟子反齊之志決矣後樂正子從子敖之齊則反齊後事也

史孟不合莫甚於伐燕一事後人爲兩至齊之說皆史宣湣之年誤之案伐燕之役七篇明繫之宣王國策正同惟史記謂在湣王十年遂爲千古疑案通鑑則下減湣王十年上增威王十年以合孟子考異不載其說朱子已疑其無據又燕人畔集註引立太子平爲證依通鑑則在湣王二年仍與孟子不合黃氏日抄載蔣曉之說謂齊之伐燕有二齊宣因喪伐燕取十城即梁惠篇所載問答是也孟子作於宣王既沒之後故以謚稱後

湣王因子之之亂伐燕取七十城是卽公孫丑篇所載是也作孟子時湣王尙在故不稱謚欲以合史孟爲一不知梁惠王篇明云今又倍地云毀其宗廟遷其重器云置君而後去之則猶可及止此豈區區取十城而已耶且十城之取以蘇秦說而復歸之何以諸侯將謀救燕乎至閻氏生卒考欲移燕之年數以就齊周廣業四考謂齊威宣乃係一人而復謚曹之升年譜旣從通鑑增威王十年又從大事記增宣王十年以合燕畔之歲愈臆說無據今考史記索隱引紀年以爲齊宣公十五年田莊子卒明年立悼子悼子卒今本紀年在齊宣公四十七年乃次立和是莊子後有悼子一世又云紀年齊康公二十二年田侯剡立後十年齊田午弒其君及孺子喜而爲公春秋後傳亦云田午弒田侯及其孺子喜是爲桓侯是田和之後有田剡一世而史皆遺之又

云紀年梁惠王十三年當齊桓公田午也十八年後威王始見則桓公十九年而卒又云紀年齊幽公之十八年史記齊康公卒無子田氏遂并齊而紀年又有幽公均足補史之缺而威王立是史記威王之二十三年乃紀年威王之元年也又云紀年梁惠王後元十五年齊威王薨史記威王在位三十六年紀年正同但先後異耳是史記湣王之四年乃紀年宣王之元年也而由是而推之湣王十年伐燕實宣王之七年通鑑在宣十九年湣王十二年燕人立太子平實宣王之九年通鑑在湣二年一一與孟子合此其確然可據者也史記於威王以前脫悼子田剡兩世於是威王之立移前二十餘年而伐燕之事不得不屬之湣王矣通鑑但據孟子以正其誤而殊無他據其意只疑威王在位三十六年三當作四湣王在位四十年四當作三大事記威王之年仍史記但增宣王十九年爲二十九年亦無據而以孟子燕人畔一段統附於伐燕之年下

卽繫以宣王虖痕跡顯然而朱子綱目更書孟軻去齊於是年則後燕人之畔孟子何以有與陳賈問答之語與集註自相刺謬安得起二賢於九原而以紀年之說質之

季彭山謂於崇見王在免喪再見時今以退有去志之語推之良然其云繼而有師命不可以請考此數年齊無被兵之事且卽被兵與孟子之去何涉當從孟子疏命以賓師之位者爲得緣孟子不受祿不敢臣之尊以師禮故難固辭耳

孟子所以去齊七篇無明文朱子疑王驩以積憾去之然其故却不止此郝仲輿曰取燕一事猶不改與兵搆怨之習燕人已畔而邪臣猶爲文飾孟子知齊禍始此故致臣去閻潛丘曰繫致爲臣章於燕畔王慙之後恐指燕人事所云王庶幾改之卽前章過則改之之改殊得之矣事在赧王三年

孟子去齊有由周而來七百有餘歲之語案漢書律歷志周三十六王八百六十七歲由赧王三年己酉逆數之當得八百十一年閻氏謂孟子方欲言其多豈肯少言之也然考周本紀自武王至夷王本無年數班氏徒據劉歆魯歷爲說而魯歷煬公六十年獻公五十年證之魯世家則煬公止六年獻公止三十二年江永羣經補義據世家謂歆誤衍七十二年經世諸書承之其實武王克殷至赧王己酉止七百三十九年正與孟子合也竹書紀年以武王十二年辛卯周有天下至隱王三年亦七百三十九年皇王大紀大事記並於赧王元年書孟子去齊之宋其年固誤而謂去齊之宋則確有明證據陳臻問前日於齊王餽兼金一百而不受於宋餽七十鎰而受於薛餽五十鎰而受證一也又赧王三年燕人立太子平是時秦大敗楚師於丹陽藍田通鑑載此

（事在燕平立之前然史表不著日月通鑑特以意次之未能定其孰先孰後）宋牼所云秦楚搆兵卽此而孟子與宋牼遇於石丘孟子疏石丘宋地證二也又孟子去齊居休路史謂休在潁川屬宋境證三也（閻氏謂故休城在今兖州府滕縣北一十五里距孟子家約百里然未知所據）時宋偃稱王七年矣故孟子與戴不勝語稱宋王而任啓運考畧乃據通鑑顯王四十八年齊封田嬰於薛靖郭君將城薛之文謂孟子是時在滕（蓋以齊人將築薛之語推之）先是已如宋歸鄒（蓋以滕世子過宋來見及然友之鄒推之）而後至梁至齊不知其時宋未稱王（李彭山謂孟子前後兩至宋亦附會無據）而靖郭君將城薛之文本於國策未嘗指定何年通鑑特類附於封薛之下又是時以客海大魚之諫而止則後日復城未始不可刻舟之見吾無取焉

皇王大紀赧王四年書滕世子宏過宋見孟子定公麋薨（宏麋二名）

（本趙岐註）文公聘問爲國案前年孟子至宋則過宋之見當在此時

孟子時事年表後說　七

益孟子爲齊卿時嘗出弔於滕故世子傾慕之如此後文公使然友問喪禮而孟子在鄒今以陳臻之問推之意必由宋之薛由薛反鄒故風俗通曰孟子去齊又絕糧於鄒薛困殆甚益與孔子陳蔡之厄相類此其所以聞戒而設備也歟又是時奚仲之薛已滅於齊因封田嬰（靖郭君）於此其子文（孟嘗君）說嬰以散財養士嬰因使文主家待賓客所以有五十鎰之餽歟若孟子至滕其去歸鄒時違近不可知大紀謂卽在過宋之年無據（以齊人築薛推之後漢志薛河北有大城田文所築也文嗣立大事記繫之齊湣王元年於紀年爲周赧王十四年則至滕在此後可知）

魯欲使慎子爲將軍皇王大紀載在赧王三年曹之升年譜謂在赧王六年均無所據是時齊方强盛魯豈敢無端啓釁尤於事勢不類今考赧王三十一年燕昭王用樂毅破齊下七十餘城惟莒卽墨未下齊湣王亡之衞走鄒魯遂走莒爲其相淖齒

所殺田單堅守即墨明年齊亡臣求得太子法章立之是爲襄王襄王五年赧王三十六年燕昭王薨子惠王立單縱反閒燕使騎劫代將毅奔趙單破燕殺騎劫燕將保守聊城單攻之歲餘不下魯連遺燕將書曰楚攻齊之南陽索隱曰南陽即齊淮北泗上地魏攻平陸而齊無南面之心以爲亡南陽之害小不如得濟北之利大齊棄南陽斷右壤定濟北計猶且爲之今秦人下兵楚魏交退於齊以全齊之兵與聊城共據期年之敝則臣見公之不能得也案書中有引燕將栗腹之敗事在燕王喜四年故通鑑載在秦孝文王元年然田單已於前十五年相趙安得此時尚在齊乎然則聊城之攻實在單復齊時也案齊是時志在報燕專意北鄉攻聊城無暇南顧邊境此楚所以乘閒而攻之也然下云秦人下兵楚魏交退於齊是此時秦與齊和楚魏畏秦而退終不能得南陽也魯與南陽密邇其欲取當在楚未攻南陽之前而湣王走莒之日故

呂氏春秋曰齊以東帝困於天下而魯取徐州是已又趙人慎到以齊宣王喜文學與騶衍淳于髡田駢接子環淵之徒至齊皆賜列第爲上大夫見田世家後湣王滅宋矜功不休而慎到去齊見鹽鐵論此慎子即慎到其去齊至魯亦適在此時於事勢爲合但如孟譜則此事非孟子所及見姑識之以待知者

從前考孟子者言人人殊大抵互有得失甚者鑿空臆說强附以年此類尤不足辨今雜採各家之說列之上方使覽者考證時事而得失自見庶幾考異之意云

孟子時事通鑑尙多缺畧今取史記各世家表傳並國策紀年諸子補之表隘不能各著所出詳見余所輯戰國紀年中

# 四書釋地補一卷續補一卷
# 又續補一卷三續補一卷

清 樊廷枚撰

清嘉慶二十一年梅陽海涵堂刻本

汪瑟庵大宗師鑒定

# 四書釋地補

嘉慶丙子秋梅陽海涵堂梓板

# 四書釋地序

釋地之名見於爾雅然考爾雅所釋僅僅九州十藪之大至於八陵惟北陵西隃郭景純註即鴈門山也餘陵無注而所謂陵莫大於加陵者直註曰今所在未聞蓋闕疑也地理之可考者禹貢職方見於經前後漢地理志見於史【補註】前漢地理志後漢郡國志其他太平寰宇記【補註】一百九十三卷宋樂史撰地理之書至是記録詳而體例大變括地志【補註】五百五十篇序畧五卷唐魏王泰等撰其藏六朝時地理書甚多以此長於元和郡縣圖志元和郡國志【補註】元和郡縣志四十卷唐李吉甫撰古輿記中存於今者惟此書爲最古九域志【補註】元豐九域志十卷宋王存等奉敕撰體例詳於元和太平興國二志三輔黃圖【補註】六卷不著撰人名氏所記皆漢代三輔古跡而於宮殿苑囿之制條分縷析尤爲詳備諸書猶稍近古然以今郡縣按之不合者多酈道元注水經【補註】四十卷舊題漢桑欽撰然證以書中地理實三國時人其注則後魏酈道元作故稱吳門而其間自相抵梧往往而有何則自三代迄今陵谷變遷城郭隤陛加之地名沿革變易不常刻舟而求未免殽譌亦勢使之然也朱子大儒其註四書傳詩每云地名邑名不詳其所在或云未知是否豈僅斤斤然眘重傳疑或亦以吾儒窮經應用之學有更大且亟於是者耶吾友閻百詩氏積學書古於漢唐



諸儒注疏類能貫穿鉤穴口誦如瀾翻所著四書釋地一書考索詳博辨據明晳毅然易朱子之所難可謂卓識其間如釋止嬴而證孟子行三年之喪【補註】桂是庵大中云反齊止嬴解者謂除哀未忘固屬臆說近太原閻氏引列女傳以爲孟子仕齊歸葬于魯三年免喪然後復至齊據此則止嬴句爲贅設充虞之問不應在三年後且三年前亦不得云前日也嶌山公景云孟子止于嬴閻氏證孝子居喪不言諸義某謂曲禮居喪不言樂謂不言作樂之事他事可言也儀禮既夕及喪大記非喪事不言則喪事必言也雜記言而不語對而不問傳與喪服四制唯而不對對而不言亦謂不告語他事幷不對他事也按此雖好與閻氏辨難然謂孟子行三年喪自是確不可易明許竹匡仁曰夫以葬魯未幾而即反于齊止嬴方暇而始可以問則其未嘗終喪于家也可知否則何自齊以至于葬魯之後更無餘隙乃至在途止嬴而可問耶郎仁寶瑛遂謂此說誠獨見然亦萬章之徒文有未善故爲孟子之病耳竊謂二說皆非是釋墦間而證墓祭爲古禮實可補先儒傳註所未及然則是書豈可廢哉百詩請予序至六七而益勤予簿領倥卒未暇以爲也會以公事將于役海壖篷窗小暇乃弁數語卷端而還之知未必有當百詩意也康熙戊寅九月既望商邱宋犖【補註】朱竹垞商邱宋氏家乘序云宋之先殷王元子名列三恪詩所云有客有客亦白其馬者也其都商邱本閼伯火正閼伯之墟是曰大辰之墟厥後望在西河虞千燉煌扶風利人而商邱之族至今猶保閼伯之故[illegible]姓源之遠莫之與京又云都察院右副都御史宋公頊撫大江左右一十七年公府無事恒與賓客參考典籍揚扢風雅審定圖書題於毘陵舟次

漢儒註疏羽翼經傳然非博極羣書而又具尚論卓識者其孰能發千古之蒙而定千秋之是乎太原閻百詩先生生平讀書積苦等身〔補註〕宋史賈黃中傳每旦令正立展書卷比之謂之等身書按此言其多其四書釋地四書釋地續商邱宋公序而行之久爲海內博物君子〔補註〕昭元年傳所珍重今年春予留眞州舊館閻子信藏時相過從得復見四書釋地又續三續二篇半屬草藁〔補註〕史記屈原列傳草藁未定索隱曰崔浩謂發始造端信藏慫然揮涕而請曰先祖徵君一生心血具在於是林不肖不克仰成先志夙夜抱咎倘藉先生力倡引同志用佽剞

序　二

劂感且不朽予因慫慂〔補註〕方言慫慂勸也南楚凡己不欲喜而旁人說之不欲怒而旁人怒之謂之慫慂而贊襄之閱數月工竣嗟夫人生未竟之事賴後人繼述而成者多矣況已經手定之書子若孫苟目爲不急因循時日以致湮沒而矯語人曰藏之名山傳之其人〔補註〕史馬遷報任少卿書其人固不可知之人也不亦危乎信藏眞不愧徵君之哲孫也已至其書之更有功於註疏天下後世好古者自知之予小子何容贊一辭焉〔補註〕史記孔子世家爰誌其書成歲月而標之簡端時乾隆癸亥嘉平月旦日歙州程崟謹識

功令以四書集註範天下士所以一道德同風俗俾師無異教人無異學意至善也然集註一書詳於義理而畧于土地人物訓詁典制吾鄉閻潛邱徵君以爲未盡乃作四書釋地書凡三續始釋地繼釋人物繼及訓詁典制其於集註或申其義或禆其缺或匡其失識者以爲紫陽功臣信哉山陰樊生讀其書而善之又以爲未盡也乃上裒聖制旁采羣書益以已見作釋地補於閻氏書或申之或禆之或匡之其中如謂覲禮之宮即明堂孥戮當爲

四書釋地補序　一

奴戮五畝之宅無在田在邑之分五十七十百畝由尺度之不一以及書畫之非一地鼓瑟之不必倚歌耕莘非神降之莘孟子之白圭與魏文侯時之白圭非一人類皆精確不可易蓋亦閻氏之功臣矣且夫聖人之道至大而其世之去今甚遠大而且遠則非一人一時之力所能盡是以四子之書至今日而益明非以治之愈衆而研之愈精歟善夫閻氏之言曰書猶天也天無窮聖人之書亦無窮故雖合古今之賢哲各竭其學識才力以求聖人之書而終不足以盡其崖界然明知其無

窮而必俛焉孶孶各竭其學識才力以求萬一之是者則以無窮者天昭昭者亦天儒者之一得有時能使聖人之奥旨數千年莫之喻者一朝若發矇焉然則生之爲此其亦足尚也哉抑考徵君之作釋地也初僅五十七則而已既而續之至於再至於三蓋先民積學之勤覺世之篤至老不倦也如是今生年甚盛志甚銳由是以往讀書愈博友士愈衆閲天下義理愈多而論古也愈精以確其所以闡繹古訓啓迪後賢者且將倍蓰於今之所補而未有已焉僕雖老矣尚能爲生序之嘉慶



二十有一年歲在柔兆困敦二月初吉浙江督學使者

山陽汪廷珍

定四庫全書總目

四書釋地一卷四書釋地續一卷（江蘇巡撫採進本）四書釋地又續二卷四書釋地三續二卷（編修勵守謙家藏本）

國朝閻若璩撰若璩有尚書古文疏證已著錄是編因解四書者昧于地理往往致乖經義遂撰釋地一卷凡五十七條復撫所未盡爲釋地續一卷因牽連而及人名凡八十條後因地理人名而及物類訓詁典制得一百六十三條謂之又續其他解釋經義者又得一百二十六條謂之三續總以釋



地爲名從其朔也大抵事必求其根柢言必求其依據旁參互證多所貫通雖其中過執己意如以鄒君假館謂曹國爲復封以南蠻鴃舌指許行爲永州人者亦閒有之然四百二十一條之中可據者十之七八蓋若璩博極羣書又精于考證百年以來自顧炎武以外罕能與之抗衡者觀是書與尚書古文疏證可以見其大槩矣

四書釋地

宋王尚書應麟作詩地理考蓋補紫陽夫子之不備也然詩序而不斷甚至兩說並存〔補註〕詩地理考六卷全錄鄭氏詩譜又旁採爾雅說文地志水經以及先儒傳註凡有涉于詩中地名者薈萃成編然皆採錄遺文聯綴成編案而不斷故得失往往並存竟加一辯以折衷其與每僅云邑名地名不詳其所在者何以遠過余故竊之作四書地理考得若干條〔補註〕禮記曲禮疏古者謂數爲若干故儀禮鄉射大射數射算云若干純若干奇若如也干求也言事本不定常如此求之也故曰若干也以示里中諸子祇以爲善遂開雕吳門憶爾雅篇目有釋地杜氏有春秋釋地〔補註〕此即釋例十五卷土地名篇也地名本之泰始郡國圖起于宋衛過于垂攱土地名篇稱孫氏僭號于吳故江表所記特畧則其屬稿實在平吳以前故所列多兩漢三國之郡縣與晉時不盡合爰易地理考曰釋地云太原閻若璩〔補註〕按啟君閻氏若璩字百詩號潛邱祖居山西太原縣之西寨村五世祖始僑淮安毛西河題谷西草堂詩云久爲淮海客仍是太原人是也祖世科萬曆甲辰進士歷寧前兵備道參議父修齡字再彭號牛叟郡學生母丁孺人名仙窈字少姿亦知書有頗讀書甚什兒閻閻氏自六歲入小學讀書至千百過字字著意猶未熟十五歲冬夜讀書闇四下堅坐沈思心忽開如門牖洞闢屏障驚落一時盡撤自是穎悟異常是年補學官爲弟子名流康熙元年始遊京師十七年應詞科不第二十一年從徐尚書乾學歸里山考索討究不遺餘力十餘年中著書八種

世宗在潛邸手書延請復至京師呼先生而不名執手賜坐日索觀所著書每進一篇未嘗不稱善遂以疾沒于康熙甲申六月八日

世宗製詩四章挽之有三千里路爲余來之句舊史曰若璩沒後

世宗爲文以祭有云讀書等身一字無假孔思周情旨深言大一字之褒榮於華袞身雖不顯而道則亨也



目

四書釋地目錄

# 四書釋地補

太原閻若璩原本　山陰後學樊廷枚校補

## 蓋

(原)予少時習孟子疑蓋大夫王驩與兄戴蓋祿之蓋同音集註卻於前云齊下邑(補註)(趙註蓋齊下邑也)後云陳氏食采邑(補註)(趙註食采於蓋)當是二邑宋王伯厚謂漢泰山郡蓋縣故城在沂州沂水縣西北(補註)(困學紀聞)僅一處無二地頗不可解後讀左氏春秋傳趙衰爲原大夫於時先軫亦稱原軫子趙同爲原同於時先縠亦稱原縠唐孔氏曰蓋分



原邑而共食之(補註)(宣十二年正義)僖二十五年狐溱爲溫大夫文六年陽處父至自溫故成十一年劉子單子曰襄王勞文公而賜之溫狐氏陽氏先處之亦共食一邑者因悟蓋一也以半爲王朝之下邑王驩治之以半爲卿族之私邑陳氏世有之然則當時蓋亦大矣

(補)漢地理志泰山郡蓋縣註臨樂山洙水所出西北至蓋入池水(池一作沭字之誤)後漢郡國志泰山郡蓋沂水出註左傳會於防杜預曰在縣東南有防城(春秋隱九年公會齊侯於防莊七年文姜會齊侯於防)水經注沂水出泰山蓋縣艾山(隱六年公及齊侯盟於艾)

因思一蓋也而洙之入沂之出防之會艾之盟皆於其地則當時蓋洵大矣故以牛為王馴下邑王驩治之其稱蓋大夫也侯國上卿多以邑冠如楚司馬沈諸梁以食采於葉名葉公宋左師向戌以食采於合名合左師之類只牛為卿族私邑陳氏世有之雖水經注引孟子見戴祿萬鍾無蓋字要以王陳之共食於蓋無異趙先狐陽之共食於溫原但驩非孟子所與言戴亦仲子所不義縱不若趙同先穀陽處父之見殺於晉然儕比狐溱之食采於溫而已則二子固不能如衰之文尤難比



烈於原軫也

御製味餘書室全集定本晉文公問守原詩云趙衰有功者斯任自可當又原軫論曰報施救患仁也取威定霸義也分田界宋智也中軍横擊勇也若軫者其猶不愧古之名將也歟

原　余嘗愛京山郝氏解孟子為行三年之喪但以誤認邑名遂不合禮制以知地理益宜究既成辨一篇越二年覺其不安復成一篇幸學問之日新也並存之今錄於此　補註　以下第一篇主往齊拜賜言猶沿郝氏之誤　日或問孟子歸葬於魯時未幾也充虞治木言前日耳輒反於齊豈不終喪而遂復為齊卿乎按喪禮三日成服杖拜君命及衆賓不拜棺中之賜禮凡尊者有賜則明日往拜喪則孝子不忍遽死其親故贈襚之賜拜於葬後孟子奉母仕於齊母卒王以卿禮含襚及歸魯三月而葬反於齊拜君賜也其止於嬴何也禮衰絰不入公門大夫去國踰竟為壇位鄉國而哭此喪禮也故自魯越國至齊境上為壇位成禮於嬴畢將遂反也解者不悉謂孟子勸人行三



年喪而身違之又罪萬章之徒修文不善可謂逐臭李覯左袒臧倉者矣余考或問及解者二段俱出郎瑛七修類稾亦能疑人所未疑者而特不能辨釋郝氏從而辨釋之可為精矣少錯解止於嬴句嬴齊南邑春秋桓三年公會齊侯於嬴杜註云嬴今泰山嬴縣案嬴縣故城在萊蕪縣西北四十里　補註　哀十一年公會吳子伐齊至於嬴十五年公孫宿以其兵甲入於嬴隸魯嬴縣故城今在山東泰安州東南五十里　北汶水之北去齊都臨淄尚三百餘里安有拜君賜於三百餘里之外者乎且衰絰不入公門未聞不入國門也為壇位而哭乃出亡

禮非喪者所用蓋孟子母沒於齊及奉喪來歸皆哀戚匆遽無暇可語惟至往齊拜賜舍於逆旅始得以一論匠事耳以論匠事於止嬴日故繫止於嬴亦猶與公孫丑論不受祿於居休日故繫以居休豈必別有義在乎禮斬衰唯而不對齊衰對而不言孟子居母喪正齊衰故猶答充虞以言而但不先發言於人耳夫一唯一對猶致謹不失如此曾謂孟子奪喪復仕若當時莫之行者一輩所爲哉亦太誣矣郝氏之亟正也固宜【補註】以第二篇主終喪仕齊言益見閻氏之精　又曰或問子以孟子奉母仕於齊其說亦有徵乎余曰徵之劉向列女傳傳云孟子處齊有憂色擁楹而歎孟母見之云云則知母蓋同在齊自齊葬於魯則知母即沒於齊也然則既沒而葬宜終喪於家曷爲而遽反於齊余曰此蓋終三年喪復至齊而爲卿耳非遽也【補註】三遷志周愼靚王二年壬寅孟子五十四歲去魏適齊三年癸卯五十五歲在齊逆母仉氏就養四年甲辰五十六歲母仉氏卒於齊扶其喪歸葬魯五年乙巳五十七歲在鄒居喪六年丙午五十八歲返齊齊王以爲客卿　果爾何以爲前日解余曰孟子之書有以昔與今對言昔似在所遠而亦有指昨日者昔者辭以疾是也以前日與今日對言前日似在所近而亦



有指最遠者前日顯見而不可得是也夫孟子久於齊而後去去齊之日上溯其未游齊之日猶目之爲前日安在僅三年者而不可目以前日邪或詬曰充虞晉一疑於心至三年始發之與余曰此尤足以見孟門弟子之好問也陳臻從於齊於宋於薛辭受之後而問屋廬子從居鄒處平陸以至見季任不見儲子之後而問其事之相距誠非止一二年而歷歷記憶反覆以究其師之用心者猶一日也夫充虞亦猶是爾且尤可證者孝子之喪親言不文今也援古論今幾於文矣三年之喪言而不語語爲人論說也後魏孝文帝以與公卿往復追用慟絕【補註】按魏書高祖文帝紀及文成文明皇后馮氏傳可謂居喪盡善矣　曰朕在不言之地不應如此喋喋然則孟子反喋喋邪見顧出孝文下邪故充虞問答斷自於免喪之後者爲得其實也或又詰曰向所稱郝氏之解非與曰非也曷徵乎爾曰徵之於儀禮士喪禮云三日成服杖拜君命及衆賓不拜棺中之賜註謂既殯之明日全三日始歠粥矣禮尊者加惠明日必往拜謝之棺中之賜不施已也既夕記云主人乘惡車註謂拜君命拜衆賓及有故行所乘

也然則當孟子毋沒於齊必赴於王王使人弔與成服後往謝之所謂乘惡車者是王使人襚與則所謂棺中之賜不施已者禮明云不拜況葬後耶鄒氏之誤解可足據耶總之孟子拜君命非拜君賜拜亦於殯後非葬後皆不出齊都城之事耶文莊濬家禮儀節有云世俗親友來弔其孝子必具衰絰躬造其門謂之謝孝使居喪者纍然衰絰奔走道塗信宿旅次甚至浹旬彌月考之古禮無有也夫文莊謂無有而孟子反有之耶嗚呼喪禮至近代廢闕不講甚矣宜鄒氏之說紛紛也



雪宮

原 齊宣王見孟子於雪宮解者謂雪宮孟子之館宣王就見於此因誇其禮遇之隆賢者指孟子與上文梁惠王賢者指人君言不同果爾孟子當正色而對以明不屑安得含胡曰有而即引之與民同也觀子思聞繆公友士之言不悅漢章帝祀闕里大會孔氏男子六十二人謂孔僖曰今日之會寧於卿宗有光榮乎對曰臣聞明王聖主莫不尊師貴道今陛下親屈萬乘辱臨敝里此乃崇禮先師增輝聖德至於光榮非所敢承補註以上見僖本傳僖尚能為斯言況巖巖之孟子耶賢者仍指人君言元和郡縣圖志齊雪宮故址在青州臨淄縣縣即齊故郡東北六里晏子春秋所謂齊侯見晏子於雪宮今晏子春秋無此語然則先孟子雪宮又為晏嬰館舍耶蓋齊離宮之名游觀勝迹宜延見孟子於其地非就見之謂益信地理宜究又思管晏孟子羞稱茲以與民樂忽詳及晏子對景公一段故實蓋亦以此地曾為先齊君臣共游觀以近事為鑒則言易入此又須會於言外非拘儒所知

補 文選謝惠連雪賦臣聞雪宮建於東國注引劉熙注



曰雪宮離宮名也與趙注同明一統志雪宮在青州府城內城隍廟西遺址存焉齊宣王見孟子於雪宮即此

石門

原 地志之書宋人漸多傅會不似唐所以朱子註四書傳詩舜僅云邑名地名不詳其所在即有庳已云今道州鼻亭又云未知是否蓋其慎也然亦畢竟屬討便宜其實地有鑿然指實有助於經學不小者子路宿於石門是也或曰石門齊地隱公三年齊鄭會處即此補註水經濟水注水有石門以石為之京相璠曰石門齊地今濟北盧縣故城西南六十里有故石門去水三百步非

也讀太平寰宇記古魯城凡有七門次南第二門名石門桑論語子路宿於石門註云魯城外門【補註】見章懷蔡邕傳註蓋郭門也因悟孔子轍環四方久使子路歸魯視其家【補註】按潛邱劄記子路歸魯視家此說本之石企齋而閻氏始悟爲孔子使云甫抵城而門已闔只得宿於外之郭門次日晨興伺門入掌啟門者訝其太蚤曰汝何從來乎若城門既大啟後往來如織焉得盡執人而問之此可想見一　旨孔氏言自孔氏處來也夫不曰孔某而曰孔氏以孔子爲魯城中人舉其氏輒可識不必如答長沮之問爲孔某此可想見二是知



其不可而爲之者與分明是孔子正栖栖皇皇歷聘於外若已息駕乎洙泗之上不必作是語此可想見三總從魯郭門三字悟出情蹤誰謂地理不有助於經學與

【補】水經注洙水西北流逕孔里又西南枝津出焉又南逕瑕邱城東而南入石門門石宋本石作又結石爲水門跨於水上據此則孔里在北石門在南子路自外歸孔里必由石門而入

闕里

【原】家語顏繇字季路少孔子六歲孔子始教於闕里而受學焉朱子引入集註作孔子始教而受學焉削去闕里字面問讀集註者何以削去闕里字而人都不知余曰此朱子所以爲精於地理也孔子時無闕里之名闕里首僅見漢書梅福傳【補註】杭堇浦馮山公傳云某謂梅福傳王莽傳皆有闕里字按萬歷刊本王莽傳無此字東漢後方盛稱之【補註】見魏志文帝紀及南史劉瑜傳舊唐書孔頴達傳蓋緣魯恭王徙魯於孔子所居之里造宮室有雙闕焉人因名孔子居曰闕里或曰有徵乎余曰一徵於水經注【補註】泗水注孔廟東南五百步有雙石闕即靈光之南闕一徵於史晨饗孔廟後碑【補註】見隸釋以令日拜闕孔



子望見闕觀式路虔跽既至升堂爾時闕尚存尚可得其名里之由若後代迹既湮撰闕里志者有一能知者否曾告之朱彝尊錫鬯錫鬯爲躍然顧氏肇域記於曲阜縣則引魯世家煬公築茅闕門謂已有闕之名不知此自魯兩觀魯象魏在雉門之旁者春秋所謂雉門及兩觀災是也豈孔子士庶而敢居於外朝之地哉比而同之誤矣讀集註者要須心知其意於此益悟家語果王肅私定以難鄭元而非朱子所恨不見之古文家語何則古文家語那得有闕里字而有之應出王肅手豈

非知其意者由於論其世也哉朱子删而存之有以夫

【補】朱竹垞答閻徵君書云記亡友顧寧人撰肇域志引史記魯世家煬公築茅闕門之文足下證以春秋雉門兩觀外朝之地士庶所不敢居遂指寧人之誤足下之持論斷斷不可奪矣僕考之世本煬公徙魯又考之竹書煬公築茅闕門實康王二十一年之事自煬公至定哀五百歲矣春秋二百四十二年事耳御廪災矣西宮新宮桓宮僖宮亦災矣雉門兩觀災而復作矣中城西郛城之者再矣鮮有久而不毁者獨茅闕門之作歷五



百歲不改且闕以茅名其取材也未必固其爲地也未必密邇公宮雉門兩觀未必卽其遺址竊疑魯之春秋內事必書其不見於經傳者由其歲久遠而廢置故也然闕雖廢而里則以爲名故孔子得居之論語闕黨劉向新序謂是孔子所居越絕書本事篇曰聖人教授六藝删定五經七十二子養徒三千講習學問魯之闕門是則由寧人所引推之亦未爲誤矣夫煬公恭王先後並有闕門名里之始則不能臆定足下之書與寧人肇域志可兩存而引伸其義未可因朱子於今本家語删

夫闕里字遂執古之家語不得有闕里字也

武城

【原】曾子居武城卽仲尼弟子列傳之南武城魯邊邑也在今費縣西南八十里石門山下吳未滅與吳鄰吳既滅與越鄰越王句踐嘗徙治琅邪起館臺又嘗與魯泗東地方百里此豈待浮海入寇而後至武城邪講義爲是說者總緣朱子集註不詳及地理耳然考魯哀十三年吳會於黃池越亦曾遣舟師浮海入淮以邀之由吳之壤隔絕也今越既并吳商魯之間【補註】吳語夫差闕深溝於商魯之間



北屬之沂西屬之濟可以惟兵橫行寇之與也何嘗之有余因又悟春秋四書穀【補註】莊二十三年公及齊侯遇於穀僖二十六年公以楚師伐齊取穀文十七年公及齊侯盟於穀成三年叔孫僑如會晉荀首於穀而一書小穀者別於穀也明其爲管仲之邑也【補註】莊三十二年城小穀左氏傳曰爲管仲也春秋發微曰曲阜西北有小穀城史記加南於武城上者別於魯之北有東武城也明曾子之爲費邑人也古人於地理無所苟而已矣

【補】左傳稱武城者一晉地文八年秦人伐晉取武城是一楚地僖六年蔡穆侯將許僖公以見楚子於武城成十六年鄭子駟從楚子盟於武城襄九年秦伐晉楚子

師於武城以爲蔡援是一邑地包注魯下邑吳氏程曰魯下邑附郭之邑猶今言城下邑也襄十九年城武城昭二十三年公孫鉏欲自武城還哀八年拘者道之以伐武城十二年冉有以武城人三百爲己徒卒是按此與論孟所稱並南武城即後漢志泰山郡南城

高宗聖製詩三集望南城山志傳曾子侍父處云古鄪城南聳碧峋卜居養志樂闇闇

御製味餘書室全集定本君子學道則愛人論曰惟君子本仁義之心行禮樂之政雖□胥□邑以聖門之徒治之隨所用而輒效故弦歌之聲不絕於武城括地志武城在兗州即南城也後漢志南城故屬東海注襄十九年城武城杜預曰南城縣按元和郡國志南城縣城在瑯邪郡沂州費縣南九十里史記齊威王使檀子守南城則楚人不敢爲寇是也



泰山北海

原 禹貢海岱惟青州補註書孔傳齊地東北據海西南距岱故蘇秦說齊宣王齊南有泰山北有渤海補註史記蘇秦列傳司馬遷言吾適齊自泰山屬之琅邪北被於海補註齊太公世家降至漢景帝猶置北海郡於營陵營陵舊營邱地補註漢地理志左傳云君處北海是也補註僖四年高帝置泰山郡領博縣縣有泰山廟岱在其西北補註後漢郡國志禮記云齊人將有事泰山是也補註禮器以知挾太山以超北海皆取齊境內之地設譬耳

淇河西

原 王豹處淇河西善謳集註略不及趙氏註之詳明當采入註曰王豹衛之善謳者淇水名衛詩竹竿之篇泉源在左淇水在右碩人之篇河水洋洋北流活活衛地濱於淇水在北流河之西故曰處淇水而河西善謳所謂鄭衛之聲也



補 史記衛康叔世家封康叔爲衛君居河淇間故商墟按商墟即古朝歌城淇水逕其西即所謂淇水在右矣河水逕其東即北流河矣是爲河淇之間自河以西至淇已盡衛地水經注晉書地道記朝歌城本沬邑武丁始遷居之爲殷都有新聲靡樂闕氏以善謳謂鄭衛之聲其即樂記桑間濮上之音所謂新聲靡樂者乎

漯滄浿

原 集註漯水名亦不核當云漯者河之枝流也出東郡東武陽補註今山東東昌府朝城縣東北至千乘補註青州府高苑縣入海不

然止云水名安知非漢地理志高唐補註濟南府禹城縣之漯水乎集註滄浪水名殊非蓋地名也當云武當縣補註毛晃禹貢指南武當今均州西北四十里漢水中有洲名曰滄浪補註水經沔水注漢水流經此地遂得名滄浪之水云補註括地志漢水至均州為滄浪水按今湖廣襄陽府均州北四十里善乎朱葉夢得言大抵禹貢水之正名可以單舉者若漢若濟之類是不可單舉者則以水足之若黑水弱水之類是非水之正名而因以為名則以水別之若滄浪之水者是滄浪之水四字成文未可直曰滄浪似須為朱子正其譌誤者補註程是庵四書逸箋亦引葉夢得語以正之





補按地理今釋漯水本出高唐至千乘入海自禹導河至大伾始分河之一支史記禹厮二渠以引其河注其一則漯川東北流首經東武陽至高唐合漯水自合漯水則高唐以南武陽以北之河皆被以漯名矣故漢志於平原郡高唐注則云漯水所出於東郡東武陽則云禹治漯水東北至千乘入海疏解漯水源流固自瞭然閻氏不以漯屬高唐何與又按滄浪水即漢水下流自禹貢及離騷孟子皆以四字成文金仁山曰滄浪之歌乃在荊楚間風謠之舊故屈原漁父辭亦有此歌但我字作吾圖經謂夫子自棄之漢而聞孺子之歌今鼎州又自有滄浪水乃屈原答漁父處其地不同歌辭則一而取義又各不同夫子言水之清濁則有濯纓濯足貴賤之異此其自取也屈原所引則謂清者自清濁者自濁故各有所用而不相通

南陽

原左傳晉於是始啟南陽杜註在晉山南河北故曰南陽余謂即今太行山之南河內濟源修武溫縣地孟子遂有南陽趙註山南曰陽岱山之南謂之南陽也余謂史稱泰山之陽則魯其陰則齊南陽屬齊必齊之地深插入魯界中者魯故欲一戰有之二南陽所指各不同公羊傳齊桓使高子將南陽之甲立僖公而城魯註南陽齊下邑補註孫疏亦云在齊之南





補全謝山云晉之南陽易曉而齊之南陽僅一見於公羊傳所云高子將南陽之甲以城魯一見於國策所云楚攻南陽閻百詩以為泰山之陽本是魯地特久為齊奪者似得之然南陽即汶陽蓋山南曰陽是南陽所以得名也水北曰陽是汶陽所以得名也按齊魯之界據

泰山則陽爲陰齊據汶水則齊南魯北全氏謂南陽即汶陽說正與閻氏合程是庵曰四書備考引南陽府之南陽縣誤

華嶽

原 中庸華山名嶽亦山名益舉二山下故對以二水在禹貢名晰在國語名西岳管子書作西虞在前漢志名岳山後漢志名岳嶽山實一山也周禮豫州山鎮曰華雍州山鎮曰嶽補註華山在今陝西西安府華陰縣南十里嶽山在今鳳翔府隴州南八十里爾雅釋山河南曰華河西曰嶽補註邵氏正義周營成周宅於土中四方所和會華山在成周境內故首舉之嶽嶽在岐周境內故次及之中庸云載華嶽而不重舉華嶽可以該五岳邦畿喬嶽四方所仰止東岱北恒南衡所謂三面環拱也皆並配對舉則中庸可知矣





海濱

原 孟子濱字未註濱水涯也古者海之濱便爲政令所不及故舜竊父處於此伯夷太公辟紂居於此因悟執之而已矣即尚書盡執拘以歸于周之執非指法言下文竊字原從執字出補註趙云皋陶爲士官主執罪人又使有司執其父即書執拘之執

補 書禹貢青州海濱廣斥孔傳濱涯也孔疏舜爲十二州分青州爲營州營州即遼東周禮地官調人父之讎辟諸海外賈疏近則青州遠東按皋陶欲執其父是即父之讎也然則舜竊負而逃遵海濱而處也固宜

水滸

原 孟子太王去邠踰梁山邑於岐山之下居焉云山而不及水詩詠古公辟狄率西水滸至于岐下云水而不及山太史公生當後合而作周本紀曰遂去豳渡漆沮補註詩鄭箋水字亦本史記指沮漆踰梁山止於岐下將自邠抵岐東南二百五十餘里登山涉水敘次如畫然程大昌雍錄謂渭水實在梁山下之南循渭西上可以達岐補註金仁山孟子集註考證亦述雍錄指渭水則詩水字又與漆沮無干似益精確矣





莘

原 耕於有莘之野集註莘國名未指其所在余謂元和郡縣志故莘城在汴州陳留縣東北三十五里古莘國地計其去湯都南亳今商邱縣穀熟鎮不過四百里所以湯使可三往聘若大姒所產之莘國則在今西安府郃陽縣南二十里道遥遠矣

補 有莘與莘不同春秋左氏傳以莘名者四以有莘名者一如桓十年使盜待諸莘衛地莊十年荊敗蔡師於莘蔡地三十二年有神降於莘虢地成二年師從齊師

於莘齊地惟僖二十八年晉侯登有莘之虛彙纂云有莘之虛杜注故國名括地志陳留縣東五里有莘城即古莘國今河南開封府陳留縣有莘城山東兗州府曹縣有莘仲集其地接二縣界也趙岐孟子注有莘國名集注則云莘國名阮儀徵浙江解經錄曰孟子疏引神降于莘解伊尹之有莘元和郡縣志汴州陳留縣故莘城在縣東北三十五里古莘國地閻氏四書釋地據此定爲伊尹所耕之莘字又作㜪列女傳湯妃有莘是也左傳神降于莘乃號地今陝縣硤石鎮西十五里莘原



是也與有莘之莘相去遠矣按莘字作㜪見列女傳母儀篇與路史同呂氏春秋孝行覽作有侁距太姒國漢郃陽更遠

匡

原 禮記檀弓疏曰陽虎補註邢疏陽貨名虎字貨嘗侵暴於匡時又孔子弟子顏刻爲陽虎御車後孔子亦使刻御車從匡過孔子與陽虎相似補註荀子非相篇仲尼之狀面如蒙倛楊倞註倛方相也其首蒙茸然故曰蒙倛韓侍郎云四目爲方相兩目爲倛七修類藁夫子如蒙倛虎亦如蒙倛故匡人謂孔子爲陽虎因圍欲殺之與漢包咸註同足解孔子世家

顏刻爲僕以策指匡曰昔吾入此由彼缺也一段不明處匡地名今大名府長垣縣西南一十五里有匡城補註僖十五年經遂次於匡杜註衛地在陳留長垣縣西南後漢志長垣縣有匡城今屬直隸大名府補註左氏定六年傳陽虎使季孟自南門入出自東門史記正義引琴操作穿垣因悟往不假道於衞還復穿城過之斯時虎實帥師令由虎出故嘗暴匡其後孔子過匡顏刻爲僕於是匡人因狀與虎類遂拘孔子

汶沂

原 會氏曰汶有徐州之汶有青州之汶余謂沂亦有徐



州之沂有青州之沂周禮青州其浸沂此用周禮論語在汶浴沂皆指徐州言以魯事也汶出泰山萊蕪縣原山西南入泲與出琅邪朱虛縣東泰山即今東鎮沂山至安邱入濰者別補註曾氏粹中曰汶有二許氏以爲出琅邪朱虛縣東泰山東至安邱入濰桑欽以爲出泰山萊蕪縣西南入濟說者主欽義爲在齊南魯北沂出魯魯縣尼邱山西北逕魯之雩門注於泗水補註此水水經注金仁山謂曾點浴沂之沂與出泰山蓋縣艾山南至下邳入泗杜預所謂大沂水者別補註此本地志金仁山謂禹貢之沂

晝

原 晝當作畫不待言齊西南近邑集註本趙氏及劉熙

來但括地志以晝即戟里城在臨淄城西北三十里【補註】史記田單列傳正義一南一北殊判然余謂孟子去齊歸鄒鄒實在齊之西南上云南者是又因悟樂毅初入齊聞晝邑人王蠋賢令軍中環晝邑三十里無入則爾時齊都城西南隅無敢有闕出者矣

【補】金仁山曰語錄謂齊有晝邑又有畫邑路史云晝邑在西安城晝邑在臨淄按佩文韻府二十六宥晝字下引孟子去齊宿於晝二沃蠋字下引史記田單傳至立爲襄王云云康熙字典日部晝字下引孟子三宿而後



出晝田部畫字下引史記田單傳至因澅水爲名也云云晝邑晝邑判然不同毛西河謂齊有晝夜邑孟子宿晝邑國策齊襄王封田單以夜邑萬戶一晝一夜不錯也且晝爲齊西南近邑正孟子去齊還鄒之路若晝邑在臨淄西北三十里即戟里城燕將破齊時將以其地封王蠋者以燕在西北故也孟子不之燕何由宿晝此說正與閻氏南北判然相證但云晝當作晝不待言然集注本曰晝如字或曰當作晝音獲原未定晝爲晝也齊東野語引高郵黃彥利謂孟子去齊宿晝讀如晝夜之晝非是而引史記田單傳晝邑注爲證邢凱坦齋通編謂孟子宿晝之晝當是晝字之誤又引後漢耿弇進軍晝中遂攻臨淄爲證此皆晝晝不分妄生異議者矣

封疆之界

【原】漢地理志言齊初封地舄鹵寡人民迺勸業通商而人物始輻湊先發端曰古者有分土亡分民顏注無分民者謂通往來不常厥居也最是所以碩鼠之詩逝將去女論語之書襁負而至若至七國便不然域民不以封疆之界則當時封疆之界固以域其民矣君子於此



亦可以觀世變云

【補】趙注域民居民也不以封疆之界禁之使懷德也後漢竇融傳帝賜融璽書亦云王者有分土無分民晉地理志古者有分土而無分民若乃大者跨州連郡小則十有餘城以戶口爲差降略封疆之遠近所謂分民自漢始也

東山

【原】集註東山蓋魯城東之高山蓋疑辭朱子生平足未至曲阜故作此言其實曲阜縣東二十里【補註】括地志作二十五里

有防山孔子父母合葬處世家所謂防山在魯東絕不高也或曰費縣西北蒙山正居魯四境之東一名東山孟子云孔子登東山而小魯指此疑近是【補註】何氏楷曰蒙山一名東山孟子所謂登東山而小魯是也

任

【原】任國名大皞之後風姓漢爲任城縣後漢爲任城國今濟寧州東任城廢縣是去古鄒城僅百二三十里【補註】金仁山曰任今濟州任城縣至今襲慶府鄒縣一百八十里任城縣今爲濟寧州屬山東兗州府古鄒城在今鄒縣東南六十二里宜屋廬子明日卽可往問禮稱宰我無宿問【補註】程是菴曰人知子路無宿諾不知宰我無宿問見塾戸錄連不誠有孚之風哉




宋滅滕

【原】漢地理志滕封三十一世爲齊所滅杜氏釋例文王子錯叔繡之後十七世至宣公始見春秋隱公以下春秋後六世而齊滅之水經注竝同竹書紀年於越滅滕惟戰國策作宋滅而通鑑繫之赧王二十九年乙亥上距孟子勸行仁政甚遠集註於宋初王時卽曰嘗滅滕無乃騄與只當曰宋君偃立十一年自稱王敗齊楚魏之兵欲霸天下疑卽此時云

【補】史記六國表周顯王四十一年宋君偃元年宋世家偃十一年自立爲王東敗齊取五城南敗楚取地三百里西敗魏軍乃與齊魏爲敵國諸侯皆曰桀宋宋策康王滅滕伐薛取淮北之地乃愈自信欲霸之速成金仁山曰案大事記敗齊楚魏之兵在滅滕之前案通鑑敗齊楚魏取地之事在滅滕之後蓋事之前後已難詳考季彭山孟子事蹟圖譜論曰呂氏必以戰國策於偃稱王時載滅滕伐薛之事而信其然不知薛先爲齊所并封田嬰見於史記滕後亦爲齊所滅見於杜氏世族譜及陸氏纂例皆非偃事也然則合之地志水經注稱齊滅者多矣宋世家既無滅滕伐薛之言恐史記是而國策或不足憑



齊滅薛

【原】余向主孟子之滕與文公言當在赧王元二年閒丁未戊申爾時薛滅已久非至是齊始取其地而城之也或訝曰曷徵乎爾余曰六國表田齊世家孟嘗君傳竝云湣王三年庚子封田嬰於薛資通鑑顯王四十八年事薛不滅無由以薛封靖郭君嬰不封無由薛城中有

靖郭君冢【補註】括地志孟嘗君冢在徐州滕縣五十二里卒在齊襄王之時也此事理至易明者或曰奈滕文公恐何余曰薛滅已八九年齊方於此築城戰國策載靖郭君將城薛矣以客海大魚之諫乃輟城薛何妨至是復欲城且將之爲辭事未定也孟獻城虎牢而鄭人懼晏弱城東陽而萊子服【補註】二語見晉書羊祜列傳首句城作營文公焉得而不恐哉余獨考薛之祖奚仲爲夏禹掌車服大夫自兹受封歷商及周享國千九百年傳世六十四葉三代諸侯莫之與比而忽作庭堅之不祀先卜正而胥亡哀哉



【補】趙順孫孟子纂疏滕國在漢沛郡公邱縣東南薛國卽漢魯國薛縣與滕相密邇按春秋隱七年滕侯卒十一年滕侯薛侯來朝彙纂今山東兗州府滕縣西南十五里有古滕城卽滕國也薛城在山東兗州府滕縣南四十里汪氏瑟庵曰薛入於齊久矣自是而始築之非甫謀滅之也

轉附朝儛

【原】趙註琅邪齊東南境上邑【補註】按今監本毛本竝無南字集註因之漢郊祀志作在齊東北非也今諸城縣東南一百五十里有琅邪山【補註】括地志琅邪山在密州諸城縣東南百四十里諸城縣今屬青州此山三面環海惟西南通陸山下有城卽其處余曾徧考轉附朝儛二山杳不知所在惟趙氏德南宋人有轉附附作鮒屬萊州之說殊無依據妄意此二山當在海之東盡頭如成山召石山之類登之可以觀海惟至海盡頭然後回轍循海之濱西行以南至琅邪亦可觀海焉【補註】史記秦始皇本紀正義越王勾踐二十五年徙都琅邪立觀臺以望東海故閻云至琅邪亦可觀海計其自齊都臨淄一千三百里抵於海復自海一千一百餘里至琅邪凡二千四五百里以春秋之侯封而騁其雄心肆其遠略如



此眞從前所未有後惟秦始皇二十八年竝【讀曰傍】勃海以東【往東也】過黃【今黃縣蓬萊縣】【補註】括地志黃縣故城在萊州城以東南二十五里古萊子國也腄【今福山縣棲霞縣】【補註】括地志牟平縣城在黃縣南百三十里十三州志云牟平縣古腄縣也窮成山【在文登縣封禪書成山斗入海】【補註】括地志成山在萊州文登縣西北百九十里登之罘【在福山縣蓋罘也】【補註】括地志之罘山在萊州文登縣東北百八十里又云在海中文登縣古腄縣也南登琅邪三月三十七年自琅邪北至榮成山【正義曰卽成山】射巨魚之罘遂竝海西至平原津【今平原縣】漢武帝太始三年行幸琅邪禮日成山登之罘浮大海司馬相如賦曰齊東陼鉅海南有琅邪觀乎成山射乎之罘正斯川秦皇

之事或曰今青州爲齊地若萊州則萊子國登州則牟子國皆非齊有景公何可以任其車轍馬跡所之乎余曰萊子城在黃縣東南二十五里國已滅襄公十五年所以晏子對景公言聊今聊城縣攝今博平縣以東姑尤以西【補圖】昭二十姑大沽河尤小沽河一出黃縣一出掖縣實齊之東界也指畫明析如是惟今寧海州文登縣尚屬牟子國要亦不過叢爾附庸素服役於彊大者晏子所謂爲諸侯憂正指此等何難登其山而臨其海乎當東行也雖陸路亦可謂之從流上西旋也雖陸路又可謂之從流



下景公之志不幾荒乎晏子是以諷而止焉前惟周穆王欲周行天下祭公謀父爲作祈招之詩故獲歿祇宮【補註】昭十二年傳正義祇宮圻內遊觀之宮按祈招以止王心徵招角招亦曰畜君何尤蓋同以畜止遊觀爲義然僅保其身耳未聞有見之惠政播之聲詩如此其盛也雖季世之君臣烏可以不述而志哉

【補】史記蘇秦傳漢地理志皆云齊地東有琅邪惟子虛賦作南有琅邪蓋實在東南境上矣或曰山名其狀如臺或曰臺名句踐所起即景公循海而南放乎琅邪見秦始皇本紀正義及司馬彪郡國志注程是菴曰景公傳云轉附乃太公之墓朝儛乃桓公之墓二公皆齊之先正欲觀已隱有法二公意按太公反葬于周檀弓正義云葬鎬陪文武則武陵非轉附也魏王泰謂桓公墓在牛山酈道元謂牛山在臨菑縣南十里則陵非朝儛也毛西河云轉附係轉附之爲管子戒篇桓公問于管仲曰我游猶軸轉斛南至琅邪是也趙注云朝水名孫疏據梁顧野王釋云儛水名出南陽恐誤濰爲儛金仁山則謂朝儛海旁之山潮至如舞陳士元孟子雜記朝如朝夕之朝衞有朝歌齊有朝儛皆以俗好嬉游故名其地諸說又各不



同按閻氏於轉附朝儛雖無確證但意其在海之東盡頭登以觀海然後回轍循海濱西行以南至琅邪亦可觀海景公此舉但欲極觀海之樂也似爲近之

地方

【原】蘇秦說齊宣王曰齊地方二千里趙肅侯曰趙地方三千里楚威王曰地方五千里魏襄王曰地方千里韓昭侯曰地方千里燕文侯曰地方二千里【補註】史記蘇秦列傳說燕文侯曰地方二千餘里趙肅侯曰趙地方二千餘里韓宣惠王曰地方九百餘里魏襄王曰地方千里齊宣王曰地方二千餘里楚威王曰地方五千餘里雖未言秦然當惠王時地方自二

三千里加以范雎曰中山之地方五百里秦昭王曰孟嘗君之地方百里墨子曰宋方五百里共一萬八千里尚有二周魯衛鄒滕等未數中國之地不應如許其大則所謂方者非眞方也若論語方六七十孟子地方百里而可以王海內之地方千里者九文王猶方百里起天子之制地方千里公侯皆方百里大國地方百里次國地方七十里小國地方五十里周公封于魯爲方百里太公封於齊亦爲方百里今魯方百里者五則所謂方者乃眞方雖然亦不必其形方以周初雒邑與鎬京



補註 地理志宗周 師古注作鎬京 通封畿東西長而南北短短長相覆爲千里第取實有此方數耳

補 禮記義疏王制凡言方非正方也以開方法計之有此數耳如臣瓚謂周西都方八百里每方爲百里者八八八六百四十里東都方六百里每方爲百里者六六六三百六十里合之則方千里也其餘侯國亦大約因山川之形勢大國方百里所謂一同也方七十里有百里之半方五十里有方七十里之半皆舉其大略之辭何屺瞻曰凡言方者皆四方齊一之數當開方計算方千里者千倍一百萬里也方百里者百倍一萬里也七十里者七十倍四千九百里也五十里者五十倍二千五百里也附庸四十里者四十倍一千六百里也三十里者三十倍九百里也二十里者二十倍四百里也十五里者十五倍二百二十五里也按此說最明確

棠

原 春秋三棠邑一宋魯之界上隱公五年春矢魚于棠公羊稱爲邑是也今魚臺縣一楚邑伍奢長子尚爲棠君是也補註 昭二十今六合縣一齊邑齊棠公之妻補註 襄二十五杜註



棠公齊棠邑大夫不言所在余謂棠萊邑也後漢志北海即墨縣有棠鄉齊靈公十五年滅萊邑故爲齊有後孟子爲發棠即此是也今即墨縣甘棠鄉

補 杜不言棠邑所在者因襄六年齊侯滅萊傳註云棠萊邑也北海即墨縣有棠鄉彙纂今縣南八十里有甘棠社即古棠鄉也屬山東萊州府顧寧人山東考古錄當時即墨爲齊大都倉廩在焉故云發棠即杜註萊邑

溫泉

原 曲阜亦有溫泉但在縣南七里流入於沂非沂水有

溫泉也【補註】金仁山曰此沂乃出尼邱山東源經魯城南而入泗者也沂岸深而水淺中有逵泉冬煖夏冷地志據冬而言故曰溫泉朱子祇緣足未親至傅會爲一然果其言信尤與上浴盥濯也今上巳祓除是之文相矛盾何則朱子蓋以韓昌黎李翺疑裸身川浴之非禮【補註】浴乎沂解當作沿見論語筆解朱子或問已辨其非誠以魯國無川浴之俗莫春非水浴之時曾點又非川浴之人也方註浴爲盥濯祓除義較長忽又接曰有溫泉焉是仍以爲浴將靑天之下白日之中點與童冠十餘人羣而浴乎抑將狂者獨浴也竊以時有伯子尚譏其同人道於牛馬【補註】說苑修文後如阮籍至愴之比裸袒於被髮聖門高弟豈宜至此何讀集註者竟未聞一致疑耶大全辯載一說曰浴沂如後世上巳月迎流盥手略潔衣以除垢非裸浴也莫春卽莫春卽豳風春日載陽時蓋夏正也【補註】巴川陽氏曰莫春建辰之月豳風春日載陽蠶桑之時也說堪羽翼朱子或問曰子於此亦有微乎余曰沈約引祭邕月令章句曰論語莫春浴沂古有斯禮今三月上巳祓於水濱蓋出此【補註】見宋書禮志按後漢禮儀志祓禊注引文同亦以浴爲祓濯賈公彥疏周禮歲時祓除曰見今三月三日水上戒浴是也【補註】女巫正義何嘗定以浴爲澡身朱子之註殆莫可易云



莊嶽

【原】炳燭齋隨筆曰引而置之莊嶽之閒註云莊嶽齊街里名疏別無一語按左傳襄二十八年得慶氏之木百車於莊昭十年又敗諸莊哀六年戰于莊卽此莊也襄二十八年慶封反陳于嶽卽此嶽也蓋皆齊城內街里之名此槩經典正文疏家全不引之足見其疏余謂朱子言疏乃邵武士人作不解名物制度書不似疏【補註】孟子正義舊題宋孫奭撰然語錄指爲邵武士人作而蔡元定猶見其人是以疏文淺陋附驥以行而已益爲信然近刻日知錄亟同

【補】爾雅六達謂之莊杜註左同惠氏補註莊在鹿門之外東南門曰鹿門獄在宮門之外北門之內按與城內街里名合邵氏謂莊嶽今在青州府臨淄縣北按史記曹相國世家曹參爲齊相屬後相曰以齊獄市爲寄愼勿擾也費袞梁溪漫志獄字合從獄言獄市卽孟子所云莊嶽之閒

墦閒之祭

【原】余每讀東郭墦閒之祭者趙註墦閒郭外冢閒也以爲此古墓祭之切證不知何緣至東漢建寧五年蔡邕從車駕上陵謂同坐者曰聞古不墓祭【補註】劉昭禮儀志上陵注魏

文帝黄初三年詔曰古不墓祭【補註】按魏志文帝紀無古不墓祭語而日知錄引之自作終制曰禮不墓祭此言既與下到今紛紛撰述皆以墓祭爲非古雖高明如顧炎武寧人亦惑於其説余謂孟子且勿論請博徵之成陽靈臺碑慶都僊歿蓋葬于茲名曰靈臺【補註】水經注城陽西二里有堯陵陵南一里有堯母慶都陵於城爲西南稱曰靈臺後漢堯母碑曰慶都僊歿蓋葬于茲欲人莫知名曰靈臺上立黄屋堯所奉祠非墓祭之見于集乎韓詩外傳曾子曰椎牛而祭墓不如雞豚逮親存非墓祭之見於子乎周本紀武王上祭于畢畢文王墓地也非墓祭之見于史乎周禮冢人凡祭墓爲尸非墓祭之見于經乎朱子曰墓祭周禮上已自有了指此更有可言者孟子之前孔子卒葬魯城北泗上魯世世相傳以歲時奉祠孔子冢【補註】孔子世家豈有非禮之祭而敢輒上聖人之冢者哉

【補】周官義疏冢人凡祭墓爲尸賈氏公彦曰上文爲尸謂始穿壙時此文據成墓爲尸檀弓有司舍奠於墓左亦成墓之祭案以是知古無墓祭也凡祭祖考無以異姓爲尸者以其氣不相屬也以冢人爲尸則外祀可知矣然則孟子稱墦閒其祭爲市義成墓俱未可定原不必如唐開元二十年敕寒食上墓也閻氏必謂此墓祭之見於經者何與又按宋元刊本以卒之東郭墦間句之祭者乞其餘句不足句又顧而之他句與上文瞯良人之所之之字緊相貫注亦不當讀東郭墦間之祭者

平陸

【原】讀史記商君列傳持矛而操闟戟者旁車而趨聶政列傳韓相俠累方坐府上持兵戟而衛侍者甚衆因悟孟子持戟之士亦然蓋爲大夫守衛者非指戰士伍亦非行間七國時尚武備多姦變生于不測而平陸又屬齊邊邑故雖治邑大夫亦日日陳兵自衛孟子即所見以爲喻郝京山曰伍班次也失伍不在班也去之罷去也【補註】金仁山謂持戟止是階前庭下執戟之人庶人之在官者去之只是廢棄之按郝氏説應本此亦指守衛者言或問平陸之爲齊邊邑者何也余曰六國表田齊世家康公貸十五年魯敗我平陸徐廣曰東平陸縣余謂漢屬東平國爲古厥國孔子時爲魯中都邑地爾時屬齊即今汶上縣是又有陶平陸則梁門不開張守節曰平陸唐兖州縣即中都在大梁東界故曰平陸齊邊邑也

補 平陸屬齊西竟史記封禪書漢書郊祀志並云蚩尤在東平陸監鄉齊之西竟是但平陸爲古厥國中都屬須昌故須句國非卽平陸郡國志東平國須昌故屬東郡有致密城古中都有陽穀城水經注汶水又西南逕東平陸縣故城北應劭曰古厥國也今有厥亭又西南逕致密城南郡國志曰須昌縣有致密城古中都也卽夫子所宰之邑矣據此則東平陸爲厥國須昌爲中都其地相近後省平陸入須昌始合爲一爾故禮記檀弓曰夫子制於中都鄭注中都魯邑名義疏案中都地後入於齊名平陸遂爲定論



靈邱

原 靈邱亦屬齊邊邑趙世家敬侯二年敗齊於靈邱六國表敬侯九年魏武侯九年韓文侯九年因齊喪共代之至靈邱又趙世家惠文王十四年樂毅將趙秦韓魏燕攻齊取靈邱明年燕獨深入取臨菑加以蚳鼃去王遠無以箴王闕特辭靈邱請士師足徵爲邊邑但實不知其所在爾時趙別有靈邱以葬武靈王得名卽今靈邱縣補註括地志趙武靈王墓在蔚州靈邱縣東三十里孝成王以靈邱封黃歇

補註趙世家絳侯擊破陳豨於靈邱補註周勃世家絳侯皆其地註史記者以此之靈邱爲齊之靈邱無論齊境不得至代北而敬侯時安得國有靈邱胡三省註齊靈邱又以漢清河郡之靈縣當之抑出臆度毋寧闕疑

補 七國時靈邱有二一屬趙以葬武靈王得名地志代郡靈邱縣是孫疏謂卽齊靈邱誤矣一屬齊趙世家敬侯敗齊於靈邱是裴駰集解引代郡靈邱縣抑疏矣按趙敬侯二年周安王十七年齊康公二十年也敬侯九年安王二十四年齊威王元年也敬侯敗齊靈邱又伐齊至靈邱時孟子未生惠文取靈邱時孟子已卒武靈王葬靈邱亦在齊宣後但靈邱亦是要地蚳鼃特以去王遠而辭焉爾楊椬六書統引石經孟子作靈鼃按此蜀石經也晁公武作石經考異言孟子文不同者二十七科今惟頫顯一科見讀書志餘皆不傳此靈鼃字可以備補一闕



駢邑三百

原 集註引荀子與之書社三百而富人莫之敢距補註仲尼篇以證駢邑三百而三百字爲數方明蓋孔子世家索隱曰古者二十五家爲里里各立社書社者書其社之人名於籍楚以七百里書社之人封孔子也則書社三

百乃七千五百家駢邑今臨朐縣是【補註】括地志郱城在青州臨朐縣東三十里 管仲所食之邑不止於此此特其一爾余因悟昭王將以書社地七百里封孔子朱子疑七百里恐無此封理不知里也社也一也二十五家耳七百二十五家【補註】猶云七百二十五家 乃萬七千五百家非如古者路程以三百步爲里之里然孔子得之即足以王故子西以爲不可今論語序說節其文爲以書社地封孔子去七百字書社將何所著然則哀十五年齊與衛地書社五百晏子昔先君桓公以書社五百封管仲呂氏春秋越以書社三百封墨子苟去卻五百三百字其可得通乎讀史不熟雖大儒亦不能無遺誤矣



【補】春秋莊元年齊師遷紀郱鄑郚彙纂郱杜註在東莞臨朐縣東南今屬山東青州府地理志齊郡臨朐注應劭曰臨朐山有伯氏駢邑郡國志齊國臨朐古郱邑注左傳莊元年齊所徙水經巨洋水注臨朐縣故城古伯氏駢邑是也按蜀志李嚴傳注習鑿齒曰昔管仲奪伯氏駢邑三百沒齒無怨言聖人以爲難金仁山謂玩本文似伯氏駢爲人姓名邑三百是食邑之數陳士元又謂昔其邑之人名使相駢連易於稽察故謂之駢邑二者似失之

畢郢

【原】卒於畢郢卒即葬也括地志周文王墓在雍州萬年縣西南二十八里畢原上【補註】史記周本紀魏世家正義在唐名畢原在殷則名畢郢孫疏竟以郢爲楚故都在南郡大非宋太祖詔祭文王於咸陽縣西北畢陌中大冢亦非此奈悖武王陵【補註】據上詔祭文王疑即秦惠文王 皇甫謐所謂葬畢者是

【補】畢郢逸周書作畢程宋敏求長安志及路史皆引孟



子文王卒於畢程呂氏春秋具備篇武王窮於畢程高註畢程畢豐盧抱經云按畢豐不得爲一地高註非疑畢程即畢郢

明堂靈臺

【原】封禪書初天子封太山太山東北阯古時有明堂處是古明堂至漢武帝時猶有遺蹤括地志辟雍靈沼【補註】水經注豐水北經靈臺西文王引水爲辟雍靈沼 今悉無復處惟靈臺孤立高二丈周回一百二十步【補註】見長安志及金仁山引程泰之雍錄 是周靈臺至唐太宗時猶存然則巋然獨存者莫前魯靈光殿而

已哉【補註】王逸魯靈光殿賦序自西京未央建章之殿皆見隳壞而靈光巋然獨存

【補】何屺瞻曰明堂只是擬當據覲禮公玉帶以下紛紜之說皆非是程是菴曰五經異義天子有三臺靈臺以觀天文時臺以觀四時施化囿臺以觀鳥獸魚鼈諸侯卑不得觀天文無靈臺但有時臺囿臺管子云武王有靈臺之復而賢者進也文王服事何得僭天子制或孟子托以諷梁也按詩靈臺正義據禮記盧植注謂明堂靈臺同一處隋書牛宏傳謂明堂靈臺同實異名此當與孟子所述異



高宗聖製詩三集漢明堂遺址云廢蹟遺蹤辨有無誰云公玉帶曾圖設非麟趾關雎意便建明堂意亦徒二集古泮池雜詠其五云魯僖基兆猶然在不見靈光巋獨存魯靈光殿云與此相近遺址今無可考王逸蔡邕還輟翰荒邱一過更何言則靈光不復存矣

虞虢

【原】虞虢二國杜註虞國在河東大陽縣余謂山西之平陸縣也虢西虢國宏農陝縣東南有虢城余謂河南之陝州也名雖二省而界相連莫紗於裴駰引賈逵註曰

虞在晉南虢在虞南【補註】晉世家注一言之下而形勢瞭然爾時爲晉獻公十九年正都於絳絳在太平縣之南絳州之北土人至今呼故晉城遺址宛然余嘗往觀因怪杜長於地志之學者於莊二十六年士蔿城絳註絳今平陽絳邑縣成六年不如新田又註新田今平陽絳邑縣竟爲一地乎果爲一地不應將遷新田之時名獻公所都曰故絳矣新田括地志在絳州曲沃縣南二里【補註】玉海作二十里余亦往土呼王官城距故晉城五十里【補註】括地志王官故城在同州澄城縣西北九十里曾告之黃儀子鴻子鴻曰於書亦有徵乎余曰明一統志平陽府古蹟載晉城在太平縣南二十五里晉士蔿所築獻公都焉者余益不獨以目驗而知之矣



【補】按虞在晉南虢在虞南假令晉欲伐虞可以徑至虢豈能屏障於虞者

高宗聖製文二集三傳晉假道伐虢辨曰蓋所謂道者經由之路也晉在北而虢在南虞在其間晉欲滅虢假道於虞似矣然左氏稱宮之奇之言則曰虢虞之表公穀則皆曰脣亡則齒寒夫虢既在虞南則虞實表與晉非

所謂號也此實於集解兩語形勢更覺瞭然矣

溱洧

【原】溱洧二水名說文引詩溱與洧作𣶒【補注】水經注鄶水從西北來注之鄶宋本作潧即鄭詩溱字曰潧水出鄭國洧水出潁川陽城山東南入潁史記注【補注】鄭世家正義引括地志以爲古新鄭城南洧與溱合水經亦云【補注】毛西河詩札溱洧二水而合流於鄭溱水出鄶城西北經鄶城入洧洧水出陽城山與溱水合然後同自西北入新鄭城邐迤入潁則溱洧雖二水而已合爲一矣故前可並稱曰溱與洧其下即可曰洧之外余讀酈道元注於洧水相鄰者若丹水汝水潁水濮水渠水沙水皆不載有橋梁獨洧水一則曰又東逕陰阪北水有梁焉再則曰又屈而南流其水上有梁謂之桐門橋則洧水之宜設有梁孟子言殊非無因竊以諸葛武侯相蜀好治官府次舍橋梁道路所至井竈藩溷皆應繩墨子產治鄭何獨不然此亦不過偶於橋有未修以車濟人而孟子遂即其事以深論之云【補注】金仁山曰子產相鄭使都鄙有章上下有服田有封洫廬井有伍不可爲無政但於橋道一節偶有未修舉處見有病涉者因以乘輿濟之小人無知喧傳慈惠故孟子因此一事以明爲政之體夏令曰九月除道十月成梁先王之道至春秋戰國皆成廢墮讀此章當知先王之制與爲政之體諸葛武侯治國橋道傳舍無不修治此足爲法矣集註既音乘去聲又解乘輿爲所乘之車【補注】趙註以其乘車渡之也音義都相反何與

陽城箕山之陰

【原】陽城山名漢潁川有陽城縣以山得名洧水所出【補注】水經洧水注唐武后改曰告成後又曰陽邑五代周省入登封故此山在今登封縣北三十八里去嵩山幾隔三十里安得即云嵩山下之深谷與箕山爲嵩高之北而張守節云箕山一名許由山在洛州陽城縣南十三里【補注】伯夷列傳正義括地志遂云陽城縣在箕山北十三里守節又云陽城縣在嵩山南二十三里括地志遂云嵩山一名外方山在洛州陽城縣西北二十三里【補注】夏本紀正義以上俱足互相證明斷斷其非一山也集註誤由趙氏只觀酈道元注先叙太室山次五渡水並屬崇高縣又叙禹避商均於此及周公測日景處次箕山及上有許由冢並屬陽城縣雖同見潁水條內而山固區以別矣趙氏所以誤者註書在藏於複壁時【補注】按後漢書本傳孫嵩藏岐複壁中數年祇云作戹屯歌二十二章至所著孟子章句三輔決錄傳於時未知即此時否想無多書冊可討尋又無交游以質問而慮理或可意會實跡豈容臆度地理多譌正坐是術善乎顧寧人言古人經史皆係寫本

久客四方未必能攜一時用事之誤自所不免後人不必曲爲諱如杜子美諸生老伏虔補註寄岳州賈司馬六丈巴州嚴八使君兩閣老五十韻全唐詩注伏一作服仇滄柱詳註伏當作服本用濟南伏生事何顒好不忘補註上兜率寺全唐詩注何當作周周好佛詳註周蔡作周儁作何按後漢書本傳字伯求本用南齊周顒事補註按南史本傳字彥倫曾驚閩佩胡奴異補註示猱奴阿段忘却胡奴爲佩之子小字胡雛白題斜補註秦州雜詩第三忘却白題爲西北邊國名雖然此猶文人也若鄭康成千載儒宗朱子稱其多精力事事都理會得者其解經誤且勿論而漢有徐州刺史荀文若問鄭周禮父䱹辟



海外當問時鄭已年老昏耄不復憶九夷八蠻六戎五狄謂之四海之文非忘却乎雖然此猶儒者也若孟子命世亞聖之大才其所著七篇於諸侯禮則未學於禹貢文則不合而獻子之友五猶且忘其三焉非彊記之難乎嗚呼吾於趙氏亦復何譏

補夏本紀禹辭辟舜之子於陽城劉熙曰今潁川陽城是也益讓帝禹之子啟而辟居箕山之陽裴駰曰孟子陽作陰劉熙曰嵩高之北按趙云陽城箕山之陰皆嵩山下深谷之中似不如劉註之確

文王囿七十里

原從來說者皆以文王七十里之囿爲疑曰那得有如許地大余亦疑者久之近考得其說蓋三輔黃圖云靈囿在長安縣西四十二里王伯厚以文王之囿方七十里註於下補註詩地理考余謂在今鄠縣東三十里正漢地理志所謂文王作酆注今長安西北界靈臺鄉豐水上是杜氏左傳註酆在鄠縣東有靈臺有鄠杜竹林南山檀柘號稱陸海爲九州膏腴者文王當日弛以與民恣其芻獵以往但有物以蕃界之遂名之曰囿云爾此實作邑於豐時事非初岐山事也豐去



岐三百餘里善乎穀梁傳云補註莊二十八山林藪澤之利所以與民共也虞之非正也註虞典禽獸之官言規固而築之又置官司以守之是不與民共同利曾謂文王當日而如是乎後漢武帝建元中舉籍盩厔鄠杜除以爲上林苑屬之南山卽其處但武帝爲已之禽荒較文王以利民者異一武帝爲已之行幸更衣較文王以講武者異二武帝周袤三百里中容千乘萬騎且較文王三倍而贏矣異三武帝時盡化爲腴產其賈畝一金規以爲囿殊可惜故東方朔之諫若文王則初闢土亦猶

天作高山大王荒之者縱民芻獵而不禁豈不適相宜異四說者不察乎囿之所在又不通古今情事之異徒執以岐山國僅百里不知文王出方百里起耳豈終於是者哉或曰以穀梁傳所云里數計今之六十二里遂當古之百里故左傳黃人謂自郢及我九百里今自江陵至光州僅七百里邾子謂吳二千里不三月不至今自蘇州至鄒縣僅一千五百里則周時七十里之囿今僅四十三里參以毛詩傳囿所以域養禽獸諸侯四十里恰合此四十里又與今合古書籍所云里數原具有兩說此又一說云【補註】後漢楊賜傳樂崧曰文王之囿百里人以爲小齊宣囿五里人以爲大此與孟子異或別有所本

【補】閻氏謂靈囿即七十里之囿在豐不在岐按周禮囿人掌囿游之禁注囿游囿之離宮小苑觀處也疏孟子文王之囿方七十里是田獵之處今此云禁故知非大囿是小苑觀處也東陽許氏曰文王本都岐在位四十六年遷郢又三年遷豐作靈臺七十里之囿在岐山舊都何屺瞻曰周都岐山之下大約七十里之內皆岡嶺林麓爲多故四時之田在其中因而名之曰囿非規其地以養禽獸恣游觀也若靈囿在辟雍之旁不過一射




囿耳據此則靈囿是游觀小苑七十里囿乃四時田獵之所與三靈不同處趙注亦以爲在岐疑許何之說爲是三輔黃圖云靈囿在長安縣西四十二里靈沼在長安西三十里靈臺在長安西北四十里按鄭康成謂囿沼同言靈即於臺下爲囿沼據黃圖則三靈相去甚遠王厚齋因以爲即七十里之囿恐未然

## 幽州

【原】書孔疏云流四凶在治水前於時未作十二州則無幽州之名而云幽州者史據後定言之非也當流共工時此地已名幽州即今密雲縣是括地志故龔城在檀州燕樂縣界故老傳云舜流共工幽州居此城【補註】五帝本紀正義幽州其地狹及後肇十有二州取顓頊北至於幽陵帝堯北方曰幽都之幽以名所分冀州東北地即今順天府遼東廣寧衛以西是幽州其地廣大抵帝王廢置理必相沿舜立州名合因於古曾謂幽州而出於鑿空哉穎達殆過矣

【補】爾雅釋地燕曰幽州以昭余祁爲藪而北據易水是殷之幽兼周之并也周官職方氏東北曰幽州以醫無

閼爲鎮而南至淄水是周之幽兼殷之營也惟禹貢因冀爲帝都復省幽入冀舜典因冀之地廣始分冀爲幽按史記堯本紀作流共工於幽陵莊子在宥篇作流共工於幽都大戴禮五帝德篇亦以爲堯事

崇山

【原】書孔疏云禹貢無崇山不知其處蓋在衡嶺之南也亦非通典澧州澧陽郡理澧陽縣本漢零陽縣地有崇山即放驩兜之所宋則在慈利縣路史以爲今有驩兜墓是然又引嶺外驩州圖經合之寰宇記並以驩州爲



放所頗疑其去崇山遠後楊升庵【補註】丹鉛總錄詩話類引沈佺期長流驩州時嘗按九眞圖崇山至越裳四十里杉谷起古崇山竹谿從道明國來於崇山北二十五里合故詩云朝發崇山下暮坐越裳陰西從杉谷度北上竹谿深竹谿道明水杉谷古崇岑越裳古國名重九譯者在秦爲象郡兩漢爲九眞郡吳分置九德郡梁曰德州隋開皇十八年改驩州煬帝改日南郡唐兩因之理九德縣佺期又有移驩州廨詩云古來堯禪舜何必罪驩兜是眞以州得名由驩兜也者不知漢九眞郡治胥浦縣

莽曰驩成又領有咸驩縣開皇十八年改州名實本此合之唐武德曾于咸歡縣置驩州則驩與歡同乃驩喜之驩于驩兜了不相涉佺期文人多不契勘然孔疏已微肇其端書經三寫烏焉成馬豈不信哉

【補】書舜典放驩兜于崇山彙纂崇山南裔之山在今澧州朱子曰或云在澧州慈利縣皇輿表澧州今岳州府地理今釋崇山在今湖廣永定衛西大庸所東按全唐詩沈佺期坐交張易之流驩州其初達驩州云搔首向南荒又初達驩州云不知林邑地猶隔道明天又嶺表



逢寒食注驩州風土不作寒食又驩州南亭夜望又三日獨坐驩州思憶舊遊又從驩州廨宅移住山間水亭贈蘇使君又答魑魅代書寄家人云崇山壓古棠又渡安海入龍編云北斗崇山挂又從崇山向越裳序云崇山至越裳四十里詩云朝發崇山下暮坐越裳陰此實佺期身歷故于地理最詳但係被彈在縶竟至驩兜放所因有古來堯禪舜何必罪驩兜之語厥後喜赦詩云去歲投荒客今春肆告歸則同一驩州崇山也而驩兜長作南裔之鬼矣

屈產之乘

【原】通典慈州文城郡理吉昌縣春秋時晉之屈邑獻公子夷吾所居漢河東北屈縣左傳云晉有屈產之乘此有駿馬【補註】穀梁范注屈邑產駿馬 與劉昭注後漢志同余謂今山西吉州是樂史傳會為石樓縣明一統志本之但石樓乃漢西河土軍縣非北屈地自非至垂棘又見成五年杜但註云晉地【補註】穀梁僖二年疏周有監川楚有和氏宋有結綠晉有垂棘各是國之寶物

【補】晉有二屈一南屈即漢志臣瓚注汲郡古文翟章救鄭次於南屈是一北屈即左傳莊二十八年使夷吾居屈僖四年夷吾奔屈五年晉侯使士蔿築屈六年晉侯使賈華伐屈是今山西平陽府吉州東北二十一里有北屈廢縣何休公羊注屈產出名馬之地疏謂屈產為地名不似服氏謂產為產生按寰宇記屈產泉名馬飲此泉者良春秋大事表亦謂今汾州府石樓縣東南四里有屈產泉牧馬川上多產名駒接隰州界

傅巖

【原】集註說築傅巖傅氏之巖在虞虢之間今平陸縣東三十五里是【補註】地理今釋傅巖在今山西平陽府平陸縣東北二十五里俗名聖人窟為說所傭隱止息處非於此築也巖東北十餘里即左傳之顛軨阪有東西絕澗左右幽空窮深地壑中則築以成道指南北之路謂之為軨橋也【補註】水經河水注節文 說身負版築為人所執役正於此地至今澗猶呼沙澗水去傅巖一十五里墨子尸子並以傅巖在北海之洲者大非說操築於傅巖分為騷辭則可

【補】書孔傳傅說隱於虞虢之間酈道元云傭隱止息於此高宗求夢得之是矣

高宗聖製詩二集詠版築圖云無論一藝未曾試且是三篇尚待陳效彼徵圖旋命相寧無浮議動今人汪氏瑟庵曰按蔡傳卜築之說陋甚豈孟子亦未讀乎

孫叔敖海濱

【原】趙氏註孫叔敖隱處耕於海濱楚莊王舉之以為令尹此亦是隨文解之事實無所徵莊王時楚南境東境去海尚遠而史記稱孫叔敖楚之處士【補註】循吏列傳荀子非相篇 呂氏春秋並以為期思之鄙人期思故城在今固始縣西北七十里固始本寢邱即莊王感優孟之言以封其子者傳十世不絕【補註】滑稽列傳 其得為令尹也或曰進自虞邱子史記說苑列女傳 或曰沈尹莖力呂氏春秋 或曰楚有善

相人者招聘之新序皆無甚家海濱說葢孟子所據之書籍今不可考矣

余又考孫叔敖卽宣十一年楚莊王十六年令尹蔿艾獵艾獵乃蔿賈之子賈字伯嬴宣四年楚莊王九年官司馬爲子越椒所惡因而殺之意者子遂式微竄處海濱不七八年莊知其賢擢爲令尹與但蔿賈乃薳呂臣之子呂臣繼子玉官令尹出自公族自應爲楚郢人何得遠在期思之鄙意者叔敖子實不才襄十五年蔿子馮杜註叔敖從子徙世守封土莫顯於朝後人遂以其子孫之占籍上繫諸先人與



雖兩屬臆見要理有可原識質之世之君子

補左僖四年傳楚人處南海杜註稱所近宣十二年以實海濱林註實南海之濱毛西河云孫叔敖居寢邱一名期思荀子呂覽所云期思之鄙人者安得伏處海濱其稱界于海以期思當淮西之地水經淮水逕期思之北而東注于海禹貢稱淮海地志稱淮康海康以淮通海故也此與魯頌來淮夷而曰至于海邦江漢伐淮夷而曰至于南海正同按此則以期思屬海濱似無可疑者又叔敖卽蔿敖左氏尤爲確證宣十二年傳隨武子

云蔿敖爲宰註宰令尹蔿敖孫叔敖也又云沈尹將中軍註沈或作寢寢縣也今汝陰固始縣疑沈尹卽令尹孫叔敖葢以所封地名之曰寢尹又曰沈尹不然何以下文一曰令尹孫叔敖弗欲再曰令尹南轅反旆三曰令尹改乘轅而北之並不及中軍一語乎盧抱經亦謂明是一人高誘註呂氏春秋情欲篇知分篇皆云叔敖薳賈之子薳卽蔿也

莒父中牟

原黃儀子鴻自京師回告余論語地名有必不可考者莒父也中牟也余謂中牟誠不可考當如司馬貞註史



記約畧言之曰此趙中牟在河北非鄭之中牟補註趙世家註爲得莒父鄭康成謂舊說云莒父魯下邑補註何晏集解明明見春秋定公十有四年秋經文城莒父及霄何得但云舊說杜氏註公懼而城二邑者以叛晉助范氏故是時荀寅士吉射據朝歌晉人圍之魯與齊衛謀救之朝歌在魯正西將八百里則莒父屬魯之西鄙子夏爲宰邑去其家密邇要亦約畧言之爾

補左定九年傳晉車千乘在中牟衛侯將如五氏卜過之杜註滎陽有中牟縣迴遠疑非也按卽鄭中牟今屬河南開封府者

索隱此中牟當在河北非鄭之中牟也按即閻氏所據正義湯陰縣西有牟山中牟蓋在其山之側今河南彰德府湯縣西有中牟城在牟山下正當衛走邯鄲之道是其地也全謝山謂左傳所云中牟屬晉即史記趙氏所都漢志所云中牟屬鄭班氏誤以趙都當之臣瓚以爲趙都當在漯水上小司馬但言當在河北按趙鞅伐衛圍中牟是正佛肸據邑以叛之時則晉中牟與衛接其地當在夷儀五鹿左右又按莒係以父魯人語音如梁父亢父剛父是也今莒州地



南山

原詩詠南山不必盡有指實而可指實者二焉一曹南之山郡縣志在曹州濟陰縣東二十里南山朝隮是也今曹縣補註詩地理考引括地志云曹有曹南因名曹一終南之山郡縣志在京兆府萬年縣南五十里補註夏本紀正義引括地志同如南山之壽幽幽南山節彼南山信彼南山是也今長安咸寧藍田盩厔四縣補註通志終南山連亘藍田咸寧長安鄠盩厔五縣之境然同一南山也天保則以祝君節南山則以刺師尹山亦有幸不幸哉

補詩凡三南山陟彼南山言采其蕨傳周南山也南山崔崔傳齊南山也南山朝隮傳曹南山也詩維周都豐鎬而對終南故天保祝君斯干考室節南山刺師尹皆指此山按南山在晉禹貢詩秦風爲終南左傳爲中南地理今釋終南山在今陝西西安府長安縣南五十里東至藍田縣西至鳳翔府郿縣綿亘八百餘里

淇竹

原詩集傳淇奧篇淇上多竹漢世猶然此自謂漢武帝下淇園之竹以塞決河寇恂伐淇園之竹爲矢以給軍耳酈道元云今通望淇川無復此物補註水經淇水注又可證



朱子止及漢之故然未遡其所由始惟晉戴凱之言淇園衛地殷紂竹箭園也見班彪志今無此文毛詩所詠瞻彼淇奧綠竹猗猗是北土寒冰至冬地凍竹根類淺故不能植唯䉛音決竹根深故能晚生故曰根深耐寒茂被淇苑然則毛詩之所謂綠竹者乃䉛竹非常竹也亦可以備異聞補註爾雅釋草既分釋綠竹又兼釋簜竹及篠箭按淵鑑類函引菉王芻予草部簜竹及篠予木部又引戴凱之竹譜曰箘簬載籍貢名荊鄙箘亦箭徒概節而短江漢之間謂之䉛竹根深耐寒茂被淇苑注箭竹謂之箭竿一尺數節江漢之間謂之䉛據此則䉛竹即箭竹與箘爲徒可以作箭淮南兵畧訓淇衛箘簬高誘注淇衛箘簬箭之所出正與水經注所引淇園之竹合閻氏據此以釋菉王芻竹篇蓄異乎吾所聞

邦畿千里

【原】余嘗讀貨殖列傳至唐人都河東殷人都河內周人都河南夫三河在天下之中若鼎足王者所更居也不覺歎曰異哉三河皆不出殷家邦畿之內而世或未知蓋自湯居南亳以後紂居朝歌以前凡六百四十五年都河南者三焉都河北者四焉三者何一括地志云南亳故城在宋州穀熟縣西南三十五里即湯所都是一滎陽故城在鄭州滎澤縣西南十七里殷時敖地也即仲丁所遷是一亳邑故城在洛州偃師縣西十四里即盤庚所遷是四者何一故殷城在相州內黃縣東南十三里即河亶甲所築而都者是【補注】以上四條俱見殷本紀正義 一耿城故耿國在絳州龍門縣東南十二里祖乙時圮是【補注】殷本紀正義秦本紀正義 又自祖乙前已爲都矣一邢國故城在邢州外城內西南角即祖乙所遷是一朝歌故城在衛州東北七十三里本妹邑或曰武乙遷焉或曰武丁始都者是【補注】以上二條見玉海通鑑地理通釋 計南亳在極東耿城在極西相距雖未二千里要實不止千餘里則殷家之邦畿若是其遼廓乎余曰以周家鎬京方八百里顏師古云八八六十四爲方百里者六十四也雒邑方六百里顏師古云六六三十六爲方百里者三十六也二都共得方百里者百故詩云邦畿千里【補注】漢地理志注 然則周所謂千里乃指國言若如今路程之里數乎竊以周既然殷何獨不爾【補注】程是菴曰王制四海之內九州州方千里而畿居其一致漢書地理志及孔疏西周畿內止八百里東周畿內止六百里言千里舉成數也蔡昭曰通二封之地共千里也宗周得百里者六十四成周得百里者三十六共得百里者方千里按殷都河南河北不出冀州之域爾雅兩河間曰冀州正義禹貢首冀州者尊帝都也殷邦畿在冀州域內故亦首冀州

【補】詩義折中元鳥邦畿千里景員維河告先王以定都也商人屢遷不常厥居自契至湯凡八遷湯始居亳自湯以後仲丁遷于隞即囂河亶甲居相祖乙遷于邢即耿書蔡傳以祖乙兩遷分邢耿爲二非也祖乙以後復徙河北至于盤庚乃涉河而南都于殷即西亳從上甲微之故居然辭難衆慼未大定也武丁修德行政四海來假乃始定都于此而不遷書盤庚于今五邦按五邦亳囂相耿殷也

周舊邦

【原】周雖舊邦鄭箋云大王聿來胥宇而國于周周字貼大王不若詩集傳以周受封始自后稷爲真【補注】括地志故

周城一名美陽城在雍州武功縣西北二十五里卽太王城也故斄城一名武功城在雍州縣西南二十二里故邰國后稷所封也左傳我自夏以后稷魏駘芮岐畢吾西土也言受此五國世爲西土之長釋例土地名曰魏河東河北縣也芮馮翊臨晉縣芮鄉是畢在京兆長安縣西北駘在武功岐在美陽孔潁達曰今案其地芮在魏之西南百餘里耳岐在駘之西北無百里也詩稱后稷封邰與岐畢相近爲之長可矣計魏在邰東六百餘里而合邰國與魏爲長道路太遙公劉居豳又在岐西北四百餘里此傳極言遠竟而辭不及豳竝不解其故[補註]以上昭九



年傳正義余謂潁達每好依阿康成元凱莫敢是正茲獨上攻及傳之正文殊可喜也竝亟標出之但云豳距岐四百餘里四當作二[補註]雍錄邠在岐西北二百五十里則正義餘字又當作五十

垤澤之門

[原]三衢毛氏曰呼喚也凡歎息招呼則平聲小爾雅烏呼吁嗟嗟書一呼一吸爲一息杜甫詩呼兒問煮魚之類也叫號而呼則去聲詩式號式呼左傳倉葛呼之類也[補註]以上見正韻果爾魯君於垤澤之門自應如趙註云以城門不自肯夜開故君自發聲之呼爲平聲不應如集註音去聲[補註]孟子音義呼丁火故切集註所音蓋因於丁氏也爲叫號之呼明矣近講義又云有作魯君自呼之聲者陋甚試看呼於門於字是呵護傳呼來於垤澤之門尤非人之聲音闕乎貴賤呵護傳呼乃賤者之役聲可習之而能若魯君與宋君聲爲居高養優所移豈他人能似仍屬倉卒自呼故爲監門者所疑垤澤即襄十七年築者謳曰之澤門杜氏註宋東城南門是也或曰得毋以禹貢盟諸澤名其門乎案盟諸澤在故宋國微子所封之東北此自爲南門耳睢陽故城在今商邱縣南東南門曰垤澤門括地志所謂宋東城南門曰澤門是王納



諫曰聲卽氣之宜於體中者故可見移氣體

[補]詩式號式呼佩文韻府既引於七虞又引於七遇則號呼洵平去兼收當與趙註君自發聲之呼通朱竹垞西陂記曰宋之故城其門名見於載記者陽也見禮記檀弓亦作楊正東門左昭二十一年傳註盧也東南城門桓十四年傳蒙也襄二十七年傳桐也北門襄二十六年傳註橫也桑林也外城門昭二十一年傳垤澤也垤澤云者垤以言閼伯之邱澤睢水也按此解垤澤最確又西門無名襄九年傳但稱西門而已又曾門見成十八年傳其關門曰耏門見文十一年傳補註澤門之皙詩正

義引云臯門之晳按諸侯本有臯門何獨宋不然也

范

【原】今東昌府濮州范縣本春秋晉大夫士會邑國語𨑳以受隨范是又半屬齊後漢志東郡范縣有秦亭即莊三十一年築臺于秦地道記在縣西北是也孟子時則屬齊趙註云范齊邑王庶子所封食也【補註】程是庵云蓋王子食邑在范故自范望見王子今集註刪王庶子句頗妙蓋齊王之子生長于深宮賜第于康衢貴仕于朝內豈容遠在七八百里之下邑而爲孟子所見其在范者殆猶靖郭君孟嘗君之于薛乎既思孟子書法不曰之齊見王子于范而曰自范之齊望見齊王子下一望字意者當時最多交質此以王子出質敵國路經于范遂與孟子適相值乎亦未可定要之集註於此等處畧矣

許行章自楚之滕自宋之滕與此自范之齊又少不同兩之滕皆重在滕上然必先書曰自楚以許行楚人先書自宋以陳相辛宋人字無虛設如是豈獨曰自范而虛設乎蓋孟子本往齊都實從范邑起程未至齊都而於范邑望見齊王之子乃倒裝文法不然至齊方見齊



王子自范字而無著落他如孟子之滕孟子之平陸皆不先書自某者以不必書也

【補】左氏襄二十四年傳注殷末豕韋國於唐周成王滅唐遷之於杜爲杜伯杜伯之子隰叔奔晉四世及士會食邑於范

御製味餘書室全集定本士會論曰士會者士蔿之孫士縠之子豕韋唐杜之後在晉爲范氏按彙纂范晉邑戰國時爲齊地孟子自范之齊是也漢置范縣屬東郡唐改屬濮州宋以後因之今范縣東南二十五里有古范城周理衷曰范在禹貢爲兗州之域在春秋爲齊西鄙聊攝地在戰國爲魏齊趙三國之境是蓋孟子去梁之所經也大梁臨淄相距千里若由鄒以往僅得半耳季氏謂王子疑即指墊郝氏謂爲湣王譚氏謂即湣王子法章余謂總不若趙注泛指王庶子爲合閻百詩又謂王子出質敵國路經於范與孟子適相值不知經文明曰自范之齊望見齊王之子是見王子於齊非見王子於范也曰自范者直書其所自至故曰此孟子自梁至齊之明證也

魯昌平鄉陬邑

原太史公生平所最宗尚者老子最尊服者孔子而於本朝開天之聖亦不敢略皆於其書址貫見之曰老子者楚苦縣厲鄉曲仁里人也是以國統縣以縣統鄉以鄉統里曰孔子生魯昌平鄉陬邑補註孔安國曰陬孔子父叔梁紇所治邑金仁山曰在今兗州仙源縣叔梁父爲陬邑大夫故生于陬是以國統鄉以鄉統邑曰高祖沛豐邑中陽里人是以縣統鄉以鄉統里他不必如是備書補註按史記樗里子渭南陰鄉樗里聶政軹深井里皆是縱備書而人非其屬意矣昌平本山鄉蓋以山得名補註以下俱見孔子世家正義



括地志云在兗州泗水縣南六十里故郕城在泗水縣東南六十里故闕里又在縣南五十里此則以曲阜之闕里名其地非眞闕里也眞闕里伍緝之曰背洙面泗

至河而反

原孔子既不用于衛將西見趙簡子至河而反補註史記孔子世家詮足見詩集傳河廣篇衛在河北之說蓋衛本都河北懿爲狄滅戴廬于曹通典漕邑滑州白馬縣也文選楚邱通典楚邱滑州衛南縣也補註括地志白馬故城在滑州衛南縣西南二十四里戴延之西征記云白馬城故衛之漕邑楚邱滑州衛南縣並在河南去宋都睢陽雖遠而無復河阻孔穎達疏曰此假有渡者之辭非喻夫人之嚮宋渡河也衛文公時國已在河南自衛適宋不渡河近劉日珩曰詩作於宋襄公初立衛在河南已十二年不必渡河而仍以故國之山川爲言者其有深情欸抑大歸爲婦人所諱也眞可謂解頤新語

補孔子世家孔子既不得用於衛將西見趙簡子至於河而聞竇鳴犢舜華之死也臨河而歎曰美哉水洋洋乎吾之不濟此命也夫

高宗聖製詩二集河間道中雜詠其三鳴犢河云洋洋濟水播亭濱地豈名傳傳以人尼父迴車鳴犢殞趙邦漸亦入強秦三集詠鳴犢河云夢帝埋符胥怪誕豈堪王道輔宣尼臨河不濟原天命鳴犢名因藉以垂皆據孔子至河而反言之宋氏公遷曰襄公即位則衛國在河南此恐當作與體不必以渡河爲說正與孔穎達漕在河南楚邱與漕不甚相遠亦河南合汪氏瑟庵曰始封之衛屬冀渡河之衛屬豫



長府

原左傳昭二十五年公居于長府杜註長府官府名九

月戊戌伐季氏遂入其門長府今不知所在意其與季氏家實近公居焉出不意而攻之論語鄭註長府藏名也藏財貨曰府【補註】邢疏云布帛曰財金玉曰貨　又意公微弱將攻權臣必先據藏財貨之府庶可結士心亦一解後反覆詩究始得之蓋應劭曰曲阜在魯城中委曲長七八里【補註】禮記明堂位正義臣瓚註漢書云魯城內有曲阜逶迤長八九里　酈道元曰阜上有季氏宅宅有武子臺臺西北二里為周公臺周公臺南四里許為孔廟即夫子之故宅也【補註】水經泗水注　然則今知得孔廟所在則可以知季氏宮由季氏宮又可想像而得長府地信夫楊泉物理論引語云能理亂絲乃可讀詩竊以地理之書亦然

【補】閻意長府與季氏家實近昭二十五年傳公居予長府九月戊戌伐季氏殺公之于門遂入之平子登臺而請此即水經注宅有武子臺之確証也又意將攻權臣必先據藏財貨之府哀三年傳司鐸火火踰公宮桓僖災救火者皆曰顧府季桓子至御公立于象魏之外命救火者傷人則止財可為也此即論語註藏財貨曰府之確證也羅泌曰方昭公之出也平子禱于煬公故九



月立煬宮繇此觀之則其欲改為長府意可知矣翟晴江曰長府蓋魯君別館稍有蓄積扞禦可備騷警之所季氏惡公恃此伐已故于已事後率魯人毀其門闕俾後此之為魯君者不復有所憑恃其居心寧可問乎閔子無諫諍之責能為婉言諷之則自與聖人強公弱私之心深有契矣

鄰里鄉黨

【原】鄭康成註論語五家為鄰五鄰為里萬二千五百家為鄉五百家為黨朱子非不知五鄰為里乃周禮遂人之文但欲與上下文一例以家紀數故易曰二十五家為里此集註妙處至鄰里鄉黨有相周之義亦即大司徒比（五家）使之相保閭（二十五家）使之相受黨使之相救鄉使之相賓義耳

【補】孔子為魯司寇以原思為家邑宰與粟九百斗凡士辭位不辭祿思辭其多故夫子告以與鄰里鄉黨集註有餘自可推之以周貧乏按有餘對九百以周貧之應周急此大司徒振窮恤貧之義與相保相受相救相賓不同

羿有窮之君

【原】金仁山前編晉魏絳曰昔有夏方衰后羿自鉏遷于窮石註云鉏在今滑州衛南縣即元和郡縣志故鉏城在滑州衛南縣東十五里【補註】括地志故鉏城在滑州衛城縣東十里按衛城當作帝城非衛南也左氏后羿本國是也又云窮石不知所在闕疑最是葢時夏都安邑鉏去夏都僅千里計窮石又近于安邑方能因夏民以代夏政若如朱子註騷經夕歸次于窮石兮云窮石山名在張掖【補註】括地志淮南子云弱水源出窮石山又云合黎一名羌谷水一名鮮水一名覆表水今名副投河亦名張掖河南自吐谷渾界流入甘州張掖縣即



后羿之國則去夏都三千里遠在西北天一隅縱恃其射【補註】邢疏帝嚳時有羿堯時亦有羿則羿是善射之號非復人之名字鄭漁仲云羿字從羽從廾廾即拱字拱羽為羿與伊尹之伊相類伊從人從尹以其人能尹正天下伊與羿皆因其人制字也豈能及夏朱子葢見王逸引淮南言弱水出于窮石入于流沙遂傅會此窮石為后羿所遷不知當別有窮石為國名者但不可考論語集註羿有窮之君與孔安國註同只渾同言之得之矣窮石即羿國洪輿祖已然晉地記云河南有窮石葢本有窮氏所遷【補註】見史記夏本紀正義據岱南閣叢書本河南作河東

【補】左氏襄四年傳有窮后羿彙纂有窮杜註國名水經注窮水出于安豐昭二十七年楚與吳師遇于窮即此也今在英山縣境又昭二十七年彙纂窮水經注窮水出安豐縣窮谷即楚與吳師遇處在今江南鳳陽府霍邱縣西

微箕

【原】微箕二國名鄭康成以為俱在圻內今潞安府潞城縣東北一十五里有微子城【補註】寰宇記微子城在潞東北三十里遼州榆社縣東南三十里有古箕城【補註】路史遼之榆社東南三十里古箕城在遼山皆其所封地疑近是余獨慨有周御世文物一新微



子國于宋箕子封于朝鮮【補註】括地志高驪都平壤城本漢樂浪郡王險城古云朝鮮地也雖各待以不臣而迥首故封頓成墟里此他日微箕二子咸有麥秀之悲也

【補】孔穎達曰鄭康成以為微箕俱在圻內孔雖不言箕亦當在圻內也比干不言封爵或本無爵或有而不言也按羅泌以箕為有虞氏後國微比為商氏後國又孟子雜記王子干封于比故曰比干

河河內

【原】大師摯適齊章集註河河內漢漢中海海島也並本

邢疏緊貼入字作解以爲妙矣而河内之解則大不可蓋古所謂河内者在冀州三面距河之内非若漢郡之但以懷汲爲河内史記正義曰【補注】魏世家古帝王之都多在河東河北故呼河北爲河内河南爲河外又曰河從龍門南至華陰東至衛州東北入海曲繞冀州故言河内豈此鼓方叔當日去魯眞入冀州河之北乎抑不過居河之濱即曰入乎且認煞入字勢必如關關雎鳩在河之洲水中可居者曰洲又必如汎彼柏舟在彼中河河中也然後可此豈人所居處者哉疏義至此繫



矣拘矣或來詰曰國語昔殷武丁能聳其德至于神明以入于河自河徂亳韋昭解入于河曰遷于河内入字不嘗作如是解邪余獨以爲否否蓋盤庚自河北而河南都亳殷皇甫謐以爲今偃師是三傳至于武丁仍都亳殷白公所謂以入于河自河徂亳者乃武丁爲王子時其父小乙欲其知民之艱苦使居民間遷徙不常故自河外入河内復自河内往河外此入于河卻確指河内言非同魯論孟子謂讀其書者當論其世余則謂并當論其地苟地之不知而謂能知其人身之所處心志之所寄焉者吾不信也

【補】太師摯以下八人謂殷紂時人者顏師古也見漢書古今人表及禮樂志注謂周平王時人者鄭康成也見古今人表注謂魯哀時人者孔安國也見何晏論語集解謂仲尼受業之徒者張守節也見史記禮書正義禮書曰或適齊楚或入河海禮樂志曰或適諸侯或入河海皆本論語爲文然觀子語魯太師章則夫子與之面命也師摯之始章則夫子爲之耳聞也當以孔安國注爲正但包氏以入河爲河内而閻云河濱疑集註只是



河濱意非繫指地名然或有誤會者潛邱之論自不可少

首陽

【原】史記正義【補注】伯夷列傳首陽山凡五所王伯厚【補注】困學紀聞攷曾子書以爲在蒲坂舜都者得之余謂莫徵信于酈注然已兩說互存既云河北縣雷首山今在蒲州有夷齊廟闞駰十三州志曰山一名獨頭山夷齊所隱也山南有古冢陵栢蔚然攢茂邱阜俗謂之夷齊墓【補注】酈注河水四按韓非儲說云伯夷以將軍葬于首陽山之下然後爲千古死義者快而歎周之厚也又云平縣故城有

首陽山今在偃師縣春秋所謂首戴也夷齊之歌所矣曰登
彼西山補註宋本作夷齊之歌所以日登彼西山矣上有夷齊之廟補註酈註河水
五蒞莫能定爾總之認餓爲失國而餓兩地皆可遯迹
認餓爲恥食周粟則寧死乎虞虞揖遜匾不知恥食周
粟者必無之事也
補首陽嘗稱首山宣二年左傳趙宣子田於首山是也
書大禹謨歷山禹貢雷首春秋首戴史記西山路史贇
山合之地理今釋所云薄山襄山甘棗山中條山渠豬
山獨頭山皆爲首陽別名要之夷齊餓處斷無二地石



曼卿詩云恥生湯武干戈日寧死唐虞揖遜匾正與論
語集解合也
高宗聖製詩二集詠夷齊廟云得聖之清孰與齊首山途
便此遯跡爲傳公信及公達底較遼西復隴西則專指
河東蒲坂言之文二集讀伯夷列傳云夷齊不食周粟
蓋謂義不仕周受祿貧餓以終其身而死耳按此更與
漢書王貢兩龔鮑傳序餓于首陽不食其祿伊川程氏
亦謂止是不食其祿非餓不食符合眞聖言皦日矣

梅陽海涵堂雕本

孔子憂學之不講講非徒滕口說必學問思辨四者悉
至引據確而析義明始可羽經翼傳釋疑而解惑吾友
閻百詩氏曩著四書釋地一書予既序以版行今復續
之得八十條其援證之確如山立其義精理明如日星
昭回於天光遠而有燿也今使儒者受書必徧履九州
之地若大章豎亥步自東極至于西垂南極盡于北垂
考其億萬千百之數詳山海經亦誠有所不能若夫童習四
子之書其疆域形勢邑里沿革雖舉問華顛老生鮮不
蒙然張口者甚矣釋地之難也百詩學問博且審而又



思之必愼辨之必明續成是書靡有闕遺或猶疑其抵
梧集註是殆不然東漢魯叔陵有言說經者傳先師之
言非從己出不得相讓難者必明其據說者務立其義
補註見後漢書丕本傳斯言得之雖然四書地名百詩續釋益詳
乃猶闕者二如周南召南不詳其國淇澳二水不著其
名是也南之爲國見於逸周書云南國名南氏有二臣力鈞勢敵用分爲二南
之國補註按周書史記解南氏以分孔晁注云二臣所
以分國惟酈道元江水注引周書始云南氏用分爲二
南國也及韓嬰序詩之補註云其地在南郡南陽之間水經注引酈道元引韓嬰序詩下即云
呂氏春秋所謂禹自塗山巡省南土者也按呂覽云塗
山氏之女候禹於塗山之陽乃作歌曰候人兮猗實始

作爲南音周公召公取風焉以爲周南召南詩地理考
引程氏云鼓鐘之詩曰以雅以南季札觀樂有舞南籥
者二南之籥也文王世子有胥鼓南則南之爲樂信矣
據此則南音出於南國實周南召南所出故閻氏又纘
據程氏說爲樂名此據鄭氏說爲因名二而一者也淇澳之爲二水也見博物記
後漢郡國志注引之云有奧水流入淇水補注見河內郡共本國淇水出注又見
水經注云肥水謂之澳補注詩地理考水經注美溝水東南注淇水博物志謂之奧水流入於淇按酈
道元淇水注云東南注淇水爲肥泉故衛詩曰我思肥泉已注云同出異歸爲肥泉爾雅曰歸異出同曰肥然
斯水即詩所謂泉源之水也故衛詩云泉源在左淇水在右又見正義引陸璣說云璣
以淇隩作二水補注按陸氏毛詩草木疏淇澳二水名但以淇澳傍生菉竹爲一草名非是百詩博
極羣書其說是非亦宜折衷乃絕不之及何也豈以羣

四書釋地續序　二　四百十一

言殽亂不足信抑或謂書缺有閒其軼見於他說姑舍
是而不錄耶予既序其端并問百詩云刻是編者故人
子邱迴遹求年少好學從百詩游以講求經義庶幾志
於道者康熙庚辰秋八月綿津山人宋犖序

## 四書釋地續補

余既成釋地五十七條中丞公爲作序開雕吳門歸
而意不能盡忽忽時有所觸復成若干條回憶年九
歲時讀孟子疑滕定公薨父兄百官皆不欲兩使然
友往鄒問孟子何緩不及事及長大親歷山東方知
故滕國城在今縣西南十五里故邾城在今鄒縣東
南二十六里則兩國相去僅百里宜然友朝發滕而
暮至鄒朝見孟子而暮復命文公也古鄒城西北去
曲阜七十六里孟子云近聖人之居若此其甚較上

四書釋地續補目錄　一　二百七十九

文去聖人之世百有餘歲尤爲逼緊蓋只兩舍有半
地耳歎窮經者宜通地理補注此段見尚書古文疏證第八十六韓昌
黎言古之人未有不通此而能爲大賢君子者豈欺
我哉太原閻若璩

目

目終

四書釋地續補目錄



廿二

# 四書釋地續補

太原閻若璩原本　山陰後學樊廷枚校補

## 河注海

原　禹於帝堯八十載癸亥告成功河自右碣石入于海碣石山名在今永平府昌黎縣補注韓恭簡邦奇曰大海至永平府南發出一洋東西百餘里河從此洋之西北流注之此洋正迎河也碣石在其右轉屈之間碣石在海洋北洋闊五百餘里自洋南遠望如在海中實未淪入于海也按程氏謂碣石淪入海已去岸五百餘里審如是當自昌黎縣南黑津河泛海雖至六七百里無所謂此山則此語尤不足信後一千六百七十六年爲周定王五年己未周譜曰河徙補注按溝洫志王横引周譜曰定王五年河徙歲在己未上距禹河功之成凡一千六百七十七年而河始變而患始生水經註釋云自禹告成之年下逮周齊桓之世九河已亡其入後數十歲爲定王五年己未當魯宣之七年而河遂東徙水經注曰河徙故瀆茲不言所在補注水經漯水注周定王五年河徙故瀆故班固曰商竭周移也按酈道元亦不能詳其地惟程大昌謂河徙砱礫致漢書有滎陽漕渠如淳曰砱礫溪口是也砱礫溪即水經之礫石溪正在滎陽縣界杜君卿亦但言河自定王五年徙流是漢訖唐不詳也而謂程大昌能詳之乎惟漢地理志魏郡鄴縣下注云故大河在東補注此爲禹之故河至定王五年始不復從此行故曰河徙北入海此河入海之一變也鄴縣城在今彰德府臨彰縣西逮漢武帝元封二年壬申既塞宣房後宣帝地節元年壬子前此四十一年間河復



五百三

北決於館陶分爲屯氏河東北至章武入海【補注】漢書地理志金城郡河關縣積石山在西南羌中河水行塞外東入塞內至章武入海一清按河自章武入海之道水經則敘于濁漳水篇胡朏明以濁漳即古徙駭河所行河去而漳得擅其流漢人指此爲禹河章武城在今河間府鹽山縣西北此河入海又一變也宋史河渠志神宗熙寧十年丁巳七月乙丑河大決於澶州曹村澶淵北流斷絕河道南徙東匯于梁山張澤濼分爲二派一合南清河入于淮一合北清河入于海北清河濟水故道南清河即今泗水淮安府清河縣之清口是此又一變矣洪武二十四年辛未河全入於淮而故道遂



淤雖永樂九年辛卯復疏入故道而正統十三年戊辰終合并于淮爲河入海之又一變於是天壤間所謂四瀆者僅有二瀆耳殆氣運使然恐亦非人力之所能爲矣顧祖禹景范曰大抵河決而北則掩漳衛決而東則侵清濟決而南則奪淮泗昔人謂河不兩行某謂自漢以來河殆未嘗獨行矣【補注】按此說本其鄉人耕石先生山居贅論

【補】邱瓊山大學衍義補云周以前河之勢自西而東而北漢以後河之勢自西而北而東宋以後迄於今則自西而東而又之南矣

淮注江

【原】淮水入江自孟子一時誤記【補注】郭景純江賦總括漢泗兼包淮湘淮泗竝不入江豈因孟子而誤耶朱子所謂不必曲爲解說最是然鄭夾漈已曲爲之說曰按左傳哀九年吳城邗溝通江淮自是江淮始相通孟子蓋據哀公後吳王夫差所掘之道以爲禹迹而忘卻禹貢不知亦非然也杜註明謂於邗江築城穿溝東北通射陽湖西北至末口【補注】末口今山陽縣北五里之北神堰也入淮乃引江達淮與孟子排淮入江者不合【補注】酈道元淮水注昔吳將伐齊北霸中國自廣陵城東南築邗城城下掘深溝謂之韓江亦曰邗溟溝自江東北通射陽湖地理志所謂渠水也而北至末口淮按左傳通江淮王厚齋謂自江入淮之道邱瓊山謂即開渠以通糧道之始本與孟子排淮注江不同直至隋文帝開皇七年丁未開山陽



瀆煬帝大業元年乙丑開邗溝皆自山陽至揚子入江水流與前相反蓋至是孟子之言始驗余嘗謂孟子說錯了淮入江後九百餘歲隋果引淮南入江若孟子預爲之兆者亦屬異事【補注】疏證嘗謂孟子說錯了淮水入江後九百餘歲隋開皇大業間果引淮南入江若孟子預爲之兆者今又得一事魏晉間古文書錯認孟津爲在河之南後九百餘歲金果改河南之河清縣曰孟津若爲古文蓋其失者抑所謂物必有對哉憶顧景范說禹貢九水黑弱二水自荒裔之川渭水止在雍洛水止在豫濟水則滅沒難明當在闕疑之列迄今其條貫猶存而經

緯可見者惟江淮河漢四水而已矣【補註】顧氏川瀆異同曰九水之中黑弱則荒裔之川也河流自塞外經中國迴環半於天下在禹貢九州則雍豫冀兗皆其所經今且折而入徐青侵揚州北境矣江流縈紆廣衍其在禹貢則梁荆揚三州之地其所經也究其源流與河大抵相埒南江北河實所以統紀群川故於天象亦以南河北河分界而中原形勝皆萃於此爲漢水出梁州之北經荆州之半而合於江淮水出豫州之南縣徐州之境以注於海比之江河源流未逮其半濟出於冀州之南雖經豫兗二州之境尚有青州然大都于淮漢比肩不能與江河竝駕也今且湮沒難明在闕疑之列矣渭洛在雍豫中足爲羣川之長然皆以河爲宗如大國之有附庸然故更次於淮濟之後也或曰言渭水以雍州爲天下險言洛水以豫州爲天下中然其爲川也僅及於境內恐未足以該天下矣是九川之中其條貫猶存而經緯可見者惟江淮河漢四水而巳矣余戲語景范孟子當日言水由地中行不證以四瀆而曰江淮河漢者是得毋亦預爲今日之水之地也耶景范不覺笑

九河

【原】九河之名見爾雅曰簡曰絜集註偶譌作潔書蔡傳遂認爲簡潔河【補註】蔡傳合簡潔爲一河據曾彥和之說林少穎嘗極辨之殊可笑甚且信程大昌程大昌信王橫一家之言未詳考驗者謂九河苞淪於海【補註】禹貢錐指曰九河之地爲海所漸王橫之言誠謬若程大昌云酈道元亦謂九河淪苞于海則善長實未之有也按酈氏三言碣石淪于海中而九河不從橫說第五卷河水注云自鬲般東光河間樂城以東城地竝存川瀆名亡第十卷淖水注云九河既播八枝代絕遺跡故稱往往時存此與許商鄭康成所言如出一口而程氏與碣石連類遂使酈亭負此長寃吁可怪也不知今濟南河間府界禹迹固可尋也嘗正其譌惟取孔穎達書疏元于欽齊乘二條補于九河既道下茲復栽于此書疏曰漢書溝洫志成帝時河隄都尉許商上書言古說九河之名有徒駭胡蘇鬲津今見在成平東光鬲縣界中自鬲津以北至徒駭其間相去二百餘里是知九河所在徒駭最北鬲津最南蓋徒駭是河之本道東出分爲八枝也許商上言三河下言三縣則徒駭在成平胡蘇在東光鬲津在鬲縣【補註】漢志鬲縣注同其餘不復知也爾雅九河之次從北而南既知三河之處則其餘六者太史馬頰覆釜在東光之北成平之南簡絜鉤盤在東光之南鬲縣之北也其河填塞時有故道齊乘曰漢世去古未遠河隄都尉許商言九河故道謂徒駭在成平胡蘇在東光鬲津在鬲縣曰太史曰馬頰曰覆釜在東光之北成平之南曰簡曰絜曰鉤盤在東光之南鬲縣之北斯言簡而近實後世圖志雖詳反見淆亂某嘗往來燕齊西道河間東履清滄熟訪九河故道蓋昔北流衡漳注之河既東徙漳自入海安知北流之漳非古徒駭河

瞰踰漳而南清滄二州之間有古河隄岸數重地皆沮洳沙鹵太史等河當在其地滄州之南有大連澱西踰東光東至海此非胡蘇河歟澱南至西無棣縣百餘里間有曰大河曰沙河皆瀕古隄縣北地名八會口縣城南枕無棣溝兹非簡絜等河歟東無棣縣北有陷河窩數里西通德棣東至海兹非所謂鉤盤河歟濱州北有土傷河西踰德棣東至海兹非鬲津河歟土傷河最南比他河差狹是爲鬲津無疑也蔡氏集傳乃曰自漢以來講求九河皆無依據祖王橫之言引碣石爲證謂九



河已淪於海某案禹貢文北過洚水至于大陸又北播爲九河同爲逆河入于海大陸在邢趙深三州之地爾雅之廣河澤也去海岸已數百里又東至海中始敘九河則大陸與九河相離千里如是之遠而絕無表志不合禹貢之文其不可信一也王橫謂海溢出浸數百里而青兗營平郡邑不聞有漂沒之處而獨浸九河其不可信二也今平原迤北清滄之間雖爲樹藝城邑相望而地形河勢高隱曲折往往可尋但禹初爲九厥後或三或五遷變多寡不同必欲按名而索故致後儒紛紛

之論不得不辨

少特疑潘季馴司空言河不兩行自古記之出何古後讀宋史河渠志載蘇轍疏黃河之性急則通流緩則淤澱既無東西皆急之勢安有兩河並行之理乃知出此河不兩行眞千古名言而禹卻疏之爲九或曰禹第穿成九道聽河自行其一耳此妄談豈有禹輕百姓力一至此者惟禹貢合註【補註】禹貢古今合註夏允彝撰所引桓譚新論至禁民勿復引河據大司馬張仲議云云頗得其解夏氏引桓譚新論曰河水濁一石水六斗泥而民競引河溉田令河不通利至三月桃花



水至則決以其噎不泄也可禁民勿復引河夫引河且不可況分爲九乎然則禹之導爲九河也何居蓋河不可分謂其上流耳若入海之處泄之愈速則河愈通利又何害哉今九河之下卽爲逆河殆謂自此而下卽海潮逆入矣蓋名雖爲河其實卽海也海水內吞九河外灌不惟藉水力以刷沙而海之潮汐亦藉河力以敵之禹之以水治水所爲不可及也又曰要以入海之所固宜分疏之使速泄下流速泄則上流不壅河之利也若未及于海則流分力弱無以刷沙適壅之矣故曰河不

兩行兩行且不可況九河歟

顧景范嘗告余夫黃河自塞外而來盤曲萬山之中滙合百川之水自鞏洛以東已出險就平大伾以北地勢益復廣衍大陸則又鍾水之區也乘建瓴之勢注沮洳之鄉奔騰橫溢必不能免禹因而疏之順其性之所便從其地之所近而九河以名此在洚洞之時最爲當機而扼要禹平成之烈亦莫著于此也自禹治河之後河遂得其所歸計初時汎濫乍平九河自必勢均力敵既而橫流益殺更復冬春消減九河之或盈或涸或通或



湮亦理所必有歷時既久後人但見安瀾之效而忘其弭患之功遂置九河于度外而任其升沈遷過逾遠淫潦乘之河于是起而發大難之端矣凡九河之壞也非一朝一夕之故則九河之興也抑豈僅一手一足之烈哉故曰神禹也

補 禹貢導河積石至于龍門南至于華陰（西河南流）東至于底柱又東至于孟津東過洛汭至于大伾（南河東流）北過洚水至于大陸又北播爲九河同爲逆河入于海（東河北流）釋水云河千里一曲一直河從積石北行又東乃折而南計應三千里然後至龍門而爲西河龍門地勢險河率破山以行禹功于此最難自龍門南流至華陰而極始折而東至于底柱又東至孟津東過洛汭而爲南河至大伾而極始折而北流爲東河至兗州而分爲九復合爲一而入海河流于是終矣案華陰已上屬雍州大陸已上屬冀州逆河已上屬兗州此導北條之大河也

高宗聖製詩二集詠徒駭河云徒駭極北鬲津南其閒大都九河在相去乃至二百里同爲逆河方入海詠鬲津馬頰河云聞之治河方利合不利分合則挾沙行分則



其沙屯沙行流乃安沙屯泛溢頻其言如誠當智乃過禹人九河非分何何以免漲淪而今豈非合徒見淤河身我來過大陸馬頰與鬲津今古勢既異空歎其蹟存更張豈易言而況見未眞利不十不變莫如流俗循地理今釋云今考直隸河閒府滄州（自唐迄元滄州治清池縣）之西交河縣（漢成平縣）之東北六十里有徒駭河漢書地理志所謂滹沱河民曰徒駭河是也山東濟南府平原縣北有篤馬河東北經陵縣德平商河（隋唐爲滴河縣）樂陵諸縣界其流或斷或續相傳卽馬頰河也濟南府德州有覆釜河東

北至海豐縣入海河間府東光縣東南有胡蘇河東經寧津縣唐臨津縣滄州漢饒安縣在州東南慶雲縣隋唐為無棣縣界至海豐縣入海河間府南皮縣城外有簡河絜河二河相去最近濟南府樂陵縣東南有鉤盤河自平原德平二縣界流入至海豐縣東入海德州西南有鬲津河東經吳橋寧津德平樂陵慶雲諸縣界至海豐縣大沽口入海其太史河據齊乘在清滄二州之間明一統志亦云在南皮縣北今其地雖無顯跡然以孔疏參之明一統志亦非無據



## 汝

原 或謂漢賈讓言大禹治水辟伊闕補註括地志伊闕在洛州南十九里水經云昔大禹疏龍門以通水兩山相對望之若闕伊水歷其間故謂之伊闕與鑿龍門析底柱破碣石同而伊闕之山禹貢不見余曰伊洛瀍澗既入于河伊水能順流非辟闕之功而何此禹貢之簡處

或又謂禹廝二渠以引其河於禹貢亦不見余曰其一出貝邱卽河之經流其一漯川漯卽兗州之貢道也補說禹厮二渠載河渠書一卽河之經流與太史公謂北載之高地過降水以入于勃海者一卽漯川漯者河之枝流兗之貢道著于經文見于孟子復何可疑或又謂補註王橫說禹之行河水本隨西山下東北去又河西薄大山東薄金隄補說本賈讓策二語按金隄在漢白馬黎陽縣則金隄者乃禹作不謂禹復爾爾余曰九澤既陂陂亦隄也方當泛濫時鯀務多為隄防以堙之水性逆故其患不息禹導水由地中行向鯀所為隄防以障水者皆可用之以輔水事固有因敗以為功者存乎其人之善用耳故曰禹能修鯀之功惟汝水絕跡于禹貢而孟子言決汝得毋近鑿空余曰觀爾雅從釋地已下至九河皆禹所制名中有曰水自汝出為濆又曰汝有濆此豈禹一無所事于汝而被以是名與又豈汝



自天然入于淮補註括地志汝水源出汝州魯山縣西伏牛山亦名猛山至豫州郾城縣名濆水爾雅云汝有濆地理志高陵山汝出東南至新蔡縣入淮而無須禹力與故決汝二字正可補經文之不備善乎太史公言書缺有間矣其軼乃時時見於他說洵有味哉第難得會心人于千載之下耳

補 汝水絕跡於禹貢然非竟無事於汝者豫州藪波既豬蔡傳於波水兼引職方爾雅全謝山謂職方之波是也波水出霍陽入汝水詳見水經禹貢無治汝之文而孟子有之若明乎波為霍陽之水是卽禹之治汝也漢

人所謂治一經必合五經而訓詁之者此也

有庳

【原】有庳之在今永州府零陵縣已成千古定所而集註云未知是否此最朱子玅處蓋一以經文爲槖也經文欲常常而見之故源源而來不及待一年之貢期五年之朝期以伸吾親愛情豈有兄居蒲坂弟居零陵陸阻太行水絶洞庭較諸驩兜放處尤遠千里之理【補註】崇山今澧之慈利即岳州境幽州在密雲其地有共城亦比零陵爲近且果零陵之是國也比歲一至則往返幾將萬里其勞已甚數歲而數至勢必



日奔走於道路風霜之中而不少寧息親愛弟者固如是乎蓋有庳之封必近在帝都而今不可考爾或曰然則今零陵曷爲傳有是名也按括地志云鼻亭神在營道縣北六十里故老傳言舜葬九疑象來至此後人立祠名爲鼻亭神【補註】史記五帝本紀正義此爲得之宋類苑云道永二州之間有地名鼻亭窮崖絶徼非人跡可歷舜封象於有庳蓋此地蓋者疑辭亦與集註或曰同

【補】姜西溟宸英鼻亭辨與此大略相似明王文成作靈博山象祠記以象爲已化於舜故其民至今廟祀之西溟以爲其識似勝於柳子厚然靈博山在今貴州非象所封也駢字類編象城下引路史云漢縣屬鉅鹿今趙之臨城昭慶鎮西北古象城舜弟象居按漢鉅鹿即禹貢大陸屬冀州實近舜都蒲坂尤與經文欲常常而見之故源源而來合

歷山河濱雷澤

【原】舜耕于歷山【補註】括地志蒲州河東縣雷首山名歷山歷山所在多有吾終以宋河東縣今蒲州者爲是陶于河濱陶之所在何必定陶且定陶以邱名吾故以括地志陶城在河東縣



北三十里【補註】史記五帝本紀正義爲是漁于雷澤雷澤與禹貢合自朱雷澤縣在今濮州之東南是【補註】括地志雷夏澤在濮州雷澤縣郭外西北尚書疏證雷澤縣本漢成陽縣故城在今濮州東南一百十里澤里數如之酈氏稱其陂東西二十餘里南北一十五里即舜所漁處近志謂古雷澤應大倣于今然已跨入曹州東北境獨怪書蔡傳於鳥鼠同穴曾不信而引山海經澤中有雷神龍身人頭鼓其腹則雷因名夏澤曰雷夏以實之豈非語怪之尤者然直至明萬歷間李之藻【補註】仁和人言澤底有巉石深邃冬至前水吸而入如巨雷鳴故名雷澤其怪始息

【補】程是庵曰舜耕於歷山陶于河濱漁于雷澤人習知

之按路史舜牧羊於潢陽灰於常羊什器於壽邱就時於負夏按本紀亦云就時于負夏鄭元曰負夏衛地索隱曰就時猶逐時若言乘時射利也尚書大傳曰販於頓邱就時負夏孟子曰遷于負夏是也路史注引世紀作遷于負黍販於頓邱債於傳虛未嘗懸息此數事可補耕稼節之遺

汶水泰山

原汶水在齊之南魯之北二國之境以汶分諸汶水惟此爲最大泰山之陽則魯其陰則齊二國之境以岱分東方之山惟岱爲宗長此註汶水本邢疏得之前註泰山不本詩孔疏失其半

補詩齊風汶水湯湯集傳在齊南魯北二國之竟魯頌泰山巖巖孔疏在齊魯之界二國皆以爲望

高宗聖製詩二集渡汶河云山川千里互齊魯一渠分三集過汶河云靈源遥溯出萊蕪行地橫陳齊魯都過泰山云瞻魯象會詩襄想青齊邑忽路前浮又過泰山云嶺別陰陽分作郡星明角亢照爲州

御製味餘書室全集定本渡汶水詩云齊魯昔分疆千年人陳迹緬懷德行賢古蹟憑詳覈則皆指齊南魯北與陽魯陰齊言之



葉

原葉楚縣名故城距今南陽府葉縣治二十里中有沈諸梁祠有方城山屈完曰楚國方城以爲城即此補註漢地理志後漢郡國志南陽郡葉縣註越王無彊曰夏路以左劉氏注楚適諸夏路出方城人向北行以西爲左故云夏路以左括地志楚嘗爭霸中國連山累石於此以爲固號曰方城一謂之長城補註史記越王勾踐世家正義蓋春秋時楚第一重地也宜以沈諸梁塡撫焉

補孔子世家孔子自蔡如葉葉公問政徐廣謂在哀五年汪氏瑟庵曰前在贛州以葉公問政命題諸卷多以縣尹爲邑宰不知縣邑之大小懸殊尹宰之尊卑迥異皆不通古今之故也

川上

原子在川上相傳即泗水發源處今之泉林寺在泗水縣東五十里陪尾山下四源並發寺之左右大泉十數泓渟澄澈互相灌輸會而成溪是爲泗水茂樹深樾巖巇嶙余曾往遊惟有詠郭景純詩林無靜樹川無停流覺神超形越猶未足以況爾時矣

【補】書禹貢徐州浮于淮泗周官職方青州其川淮泗周之青即禹之徐故以淮泗爲青州川按川上今泉林寺

高宗聖製詩二集至泉林二首其二云泗源疊出似之矣正義謂泗水出濟陰乘氏縣水經注則謂出魯卞縣故城東南桃墟北蓋即指此陪尾傳訛久矣哉括地志云泗水源在兖州泗水縣陪尾山史記正義引以注浮于淮泗而禹貢熊耳外方桐柏至于陪尾史記作負尾漢志作横尾孔傳謂淮出桐柏經陪尾鄭氏謂在江夏安陸東北與汝青纂言則云安陸横山非淮所經當即泗水縣陪尾山其以横尾爲陪尾者非是蓋安陸之陪尾別爲一山導淮自桐柏東會泗沂安得至江夏安陸唐志甚明可據也三集至泉林二首再疊舊作韻其一云五十望穡猶未見東西歸鑿又逐晴泉林即陪尾山東西各有泉出



穡則合一川爲泗水矣二集泉林行宮八景在川處亭云川爲泗水之源舊傳即子在川上處原泉混混默喻化機想見至人會心不遠詩云既稱夫子在川處安藉釋迦別教傳右有招提曰泉林寺名與地跡不相副故戲及之再題在川處云石罅淙淙清且漣如斯不舍向長川名依夫子垂終古理註魯論在目前三集三題在川處云泛海猶然來往續即心何異鏡開奩千秋川上徘徊者誰解宣尼道體括四題在川處云靈淙乳竇泗之源川上宣尼昔有言逝者如斯恒不舍如斯不逝亦恒存五題在川處云成誦髫年讀魯論逮今川趣那能言至人道教垂千古不舍同斯爲上諦有源

御製味餘書室全集定本題泉林八景在川處詩云夫子當年在川處滔波終古不停流千秋歲月多塵跡山自青青水自流又題泉林八景疊甲辰舊作韻在川處詩云有本盈科爲學譬在川聖蹟喜長留鑿驅彌切分陰志逝者如斯晝夜流又泗源詩云浮磬濱誰見臨川蹟尚存又至泉林作詩云靈鍾陪尾著名泉映帶平林景最妍境開幽靜聖停蹕蹟著文明子在川



青兖冀屬紂

【原】天下歸文王者六州荆梁雍豫徐揚惟青兖冀尚屬紂此本邢昺疏余謂奄東方之國助紂爲虐者奄在曲阜正徐州之域虞芮質厥成以所爭田爲閒原今在平陽府平陸縣西五十里正冀州之域只此分屬已不甚確要須大概言之耳所以鄭氏詩譜曰紂命文王典治南國江漢汝旁之諸侯於時三分天下有其二以服事

【補註】叢說云禹貢五服之內所封諸侯朝貢皆有時各依服數以事天子故曰服事殷故雍梁荆

豫徐揚之人咸被其德而從之活潑潑地矣

補 左氏襄四年傳文王帥殷之叛國以事紂補註周書程典曰維三月既生魄文王合六州之侯奉勤于商孔晁曰三分天下有其二以服事殷也按紂都在豫州之地如奄國之屬皆在東方則云青兗豫近之

河圖

原 鳳鳥河圖皆為帝王盛世之應故禮以天之膏露地之醴泉山之器車與馬圖並言書與兌之戈和之弓垂之竹矢一時而並陳原不必定伏羲時出祇緣集註如是加以世多歐公之徒不信祥異一似夫子思此不再見之物也者不知河圖黃帝時亦出堯舜禹時疊出成王周公時又出載諸史志補註宋書符瑞志燧人氏沒宓犧代之受龍圖畫八卦所謂河出圖者也又黃帝軒轅氏龍圖出河又帝堯遵河渚乃有龍馬銜甲赤文綠色臨壇而止吐甲圖而去又帝舜設壇于河依堯故事黃龍負圖出于壇畔又帝禹觀于河有河精呼禹曰文命治淫言訖授禹河圖又周公與成王觀于河洛青龍臨壇銜元甲之圖坐之而去禮于洛亦如之卽下至晚宋朱子表章四書有龍駒生於九峯山下龍首馬身狀若負河圖者父老來致賀於元晦以為與麟至同符誰謂天人相與之際不有冥通者耶



補 王嘉拾遺記孔子相魯之時有神鳳游集至哀公之末不復來故曰鳳鳥不至按文選注引論語讖云河授圖天下歸心似孔子時不特鳳鳥至卽河亦嘗出圖矣

蠻貊

原 孔賈二疏每云對文則別散文則通最為讀書之玅解如集註蠻南蠻貊北狄此對文則別者也如武王之子封於韓韓侯城在涿郡方城縣註今順天府固安縣補水經注王肅曰涿郡方城縣有韓侯城括地志方城故城在幽州固安縣南十里追貊北方二國名賜之使為之伯詩詠之曰因是百蠻燕王對張儀曰寡人蠻夷僻處秦舞陽燕國人荊軻謂北蕃蠻夷之鄙人是北亦可曰蠻此散文則通者也補註詩補傳曰蠻夷可以通稱北可稱蠻貊西可稱夷也按史記匈奴傳亦曰居於北蠻

柳下

原 卞今泗水縣莊子為邑大夫補註括地志泗水縣本漢卞縣地鄭元論語注卞莊子秦大夫程是庵曰按鄭注如子桑伯子陳司敗老彭等與諸家注異然必有所本存之以備一說子路卽其治民武城補註括地志武城在兖州卽南城也輿地志云南武城縣子游為宰者也在泰山郡地理志云定襄有武城清河有武城故此云南武城也今費縣子游為之宰

曾皙父子澹臺滅明皆其治民展禽爲魯公族居應于曲阜而食邑則在柳下柳下今不可的知所在以顔闔言秦攻齊令有敢去柳下季壟五十步而樵採者死不赦證之古人多葬於食邑壟所在即邑所在則柳下者自當在齊之南魯之北二國壤接處【補注】戰國策鮑彪註魯展禽字季食采柳下亦云居之壟其冢也秦伐齊先經魯故云據此則柳下季壟當屬魯地方昔爲魯地後爲齊有也可以想見孟子獨怪集註于論語柳下既曰食邑矣于孟子柳下忽用莊子註居柳下而施德惠之文曰居柳下雖居舍有食義而食邑不可徒言居意者展



禽亦如李伯陽生而指李樹因以爲姓又如晉五柳先生宅邊有五柳樹因以爲號焉者耶

【補】鄭元論語註柳下惠魯大夫展禽食采柳下諡曰惠趙岐孟子註柳下是其號也高誘淮南子註展禽之家有柳樹身行惠德因號柳下惠一曰邑名郭象莊子註一云居柳下而施惠德一云柳下邑名孔穎達左傳二十六年正義柳下是其所食之邑名諡曰惠邢昺論語疏與孔氏正義同集註于論語柳下曰食邑本鄭註于孟子柳下曰居柳下不本趙註以柳下固非號也佩文韻府入霽柳下惠引論語註今見李善文選陶徵士誄註則專指食邑言之駢字類編草木門柳下引淮南子註則兼指居柳下言之朱子兩存其說無足怪者

儀

【原】孔子時衛都濮陽爲今大名府開州生平凡五至衛焉第一去魯司寇輒適衛第二將適陳過匡過蒲皆不出衛境內而反衛第三過曹而宋而鄭而陳仍適衛第四將西見趙簡子未渡河而反衛第五如陳而蔡而葉復如蔡而楚仍反乎衛儀邑城在今開封府蘭陽縣西



北二十里乃衛西南境距其國五百餘里不知孔子先至國而後儀邑或由儀邑而國都皆不可知要爲第一次適衛時事則無疑何則封人曰二三子何患於喪乎喪失位去國也天將以夫子爲木鐸使周流四方以行其教天生夫子豈爲一魯國已乎其語與情踪正合

【補】後漢郡國志陳留郡浚儀本大梁劉昭注晉地道記儀封人此縣也義門讀書記古者相見必由紹介逆旅之中無可因緣故稱平日未嘗見絕于賢者見氣類之同致詞以代紹介故從者因而通之夫子亦不拒其請

與不見孺悲異也劉敞七經小傳失位爲喪是時仲尼去大夫故云喪

在陳

【原】孔子在陳凡二次一居于魯定公十五年丙午哀公元年丁未二年戊申一居于哀公二年戊申三年己酉四年庚戌史記世家竝載有歸與之辭一同孟子一同論語或疑孔子以司寇去魯不可以無故而復國何屢發是歎耶余曰三年己酉載者得之魯使使召冉求求將行孔子曰魯人召求非小用之將大用之也是日孔子曰歸乎歸乎吾黨之小子狂簡云云蓋與起於魯之



召求之歸于情事爲得惜乎猶錯簡複出於二年戊申云

【補】史記孔子世家居陳三歲陳常被寇孔子曰歸與歸與吾黨之小子狂簡進取不忘其初又魯召冉求孔子曰歸乎歸乎吾黨之小子狂簡斐然成章吾不知所以裁之史記辨惑曰論語載孔子在陳之言初不言其爲何而發也孟子亦載之云云此正一事但詞小異耳世家乃兩存之而各著其言之之由吾意其妄爲遷就也朱子論語序說註曰史記以論語歸與之歎爲在季康

子召冉求時又以孟子所記歎詞爲主司城貞子時語疑不然蓋語孟所記本皆一時語而所記有異同耳程是庵云荀子孔子厄于陳蔡居桑落之下楊倞註九月時也人知孔子在陳之年而不知爲九月此可補書傳所未備

在齊

【原】孔子在齊止一次以昭公二十五年甲申魯亂遂適齊至丙戌復反魯則以景公有吾老不能用之言但考爾時爲景公之三十三年距其薨於辛亥尚前二十五年奈何輒自謂老蓋景公毋叔孫宣伯之女宣伯在齊



爲成十六年丙戌齊靈公納其女嬖生景公以景公生於成十七八年計卽位改元已二十七八歲加以三十三年遂歎老嗟衰時蓋六十歲當補集註一句曰景公自言吾老時蓋年近六十云【補註】馮山公云按孔子世家景公欲以尼谿田封孔子晏嬰云累世不能殫其學當年不能究其禮正與吾老不能用之言激射老字虛弄實字殆未可補注

適楚

【原】集註孔子時將適楚故接輿歌而過其車前此不過以發端楚字遂作是解不知楚狂二字連讀【補註】馮山公云莊子人間世孔子適楚楚狂接輿遊其門則知集註孔子適楚是本莊子元文非直爲楚字發端集註不以楚任二

字連讀者亦有故接輿當時稱狂接輿亦見莊子應帝王篇接是其姓輿是其名史記齊稷下辯士有接子亦可證乃楚國之狂者也顧麟士曰接輿必是不知姓名因其迎車而歌而彊名之以紀其人如荷蕢之類非真其人字接輿邢昺疏云爾殊附會余謂孔安國註已如是又莊子人間世篇如是豈惟邢昺按史記世家之文孔子在楚國都中事也時都鄀括地志楚昭王故城在襄州樂鄉縣東北三十三里今襄陽府果感是歌反乎衛下章集註自楚反蔡問津長沮意若以事續于上章者不知亦非然世家文乃葉字葉雖楚邑距蔡密邇故孔子哀公六年壬子歲蔡而葉葉而





蔡久之方至楚國都聖人過化之跡歷歷可稽而忍付諸若滅若沒不一爲之用心耶

荆蠻吳

【源】集註仲雍與泰伯同竄荆蠻又云仲雍居吳不達者遂以吳與荆蠻爲二地實則一地寰宇記今常州無錫縣東南四十里有吳太伯城髙忠憲所謂梅里平墟爲泰伯端委之地是也【補註】郡國志吳郡無錫侯國注史記曰养中右城故吳墟以自爲都邑城在無錫皇覽曰吳王太伯冢在吳縣北梅里聚去城十里太伯始所居地名勾吳下逮吳王僚二十三君竝都此惟闔閭元年始築吳郡城【補註】越紀曰吳大城闔閭所造周四十七里二百一十步二尺徙都之今蘇州城通典吳之都其南百四十里與越分境余謂此必指檇李賈逵曰檇李越地班固曰故就李鄉吳越戰地今嘉興府西南有檇李城越王句踐既棲會稽後越語紀其地曰北至於禦兒此又指石門縣之語溪殆詩所謂今也日蹙國百里乎

【補】左傳哀十三年於越入吳十七年越子伐吳吳子禦之笠澤二十二年越滅吳請使吳王居甬東彙纂甬東杜注越地會稽句章縣東海中洲也句章今浙江寧波





府慈谿鎮海二縣地海中洲即舟山今之定海縣也縣東三十里有翁山一名翁洲即春秋之甬東噫吳日蹙越日辟矣

許昌靳裁之

【源】或問胡氏曰許昌靳裁之言士之品有三論甚偉然不識靳裁之何如人余曰宋史無列傳僅附見胡安國傳安國入太學以潁川靳裁之爲師裁之與論經史太義深奇重之許昌宋潁昌府治長社縣今許州是胡氏名寅安國子著論語詳說者裁之言純出晁氏客語但晁不録論語作

補　金仁山曰胡氏曰許昌靳裁之有言許昌潁昌府也胡文定安國少長入太學同舍有潁昌靳裁之嘗聞西洛程先生之學獨奇重公與論經史大義公以是學問益强識致日明胡氏寅文定子故得聞裁之此言而引之陳絳金罍子餘冬序錄謂靳裁之論士之品有三有志於道德者有志於功名者有志於富貴者按晁氏客語中已有此語予謂此語亦非獨晁氏此三品者亦不獨士為然孟子曰廣土衆民君子欲之所樂不存焉此志於富貴者之不足以與乎功名也中天下而立定四



海之民君子樂之所性不存焉此志於功名者之不足以與乎道德也君子所性雖大行不加焉雖窮居不損焉此志於道德而功名富貴不足以言也此自為人君者有此三品也又曰有事君人者事是君則為容悅者也此志於富貴者也有安社稷臣者以安社稷為悅者也此志於功名者也有天民者達可行於天下而後行之者也此志於道德者也有大人者正己而物正者也此則和順於道德而志又不足言矣此自為人臣者亦有此三品也

居南宮

原　南容孔子弟子居南宮已將後南宮适南宮二字併註出古者命士以上父子皆異宮故儀禮言有東宮有西宮有南宮有北宮世之氏某宮者應各以所居之宮應劭或氏于居正謂此考周書文王時南宮括成王時南宮毛逸周書武王時南宮忽南宮百達左傳敬王時南宮極南宮嚚先此宋有南宮長萬南宮牛古今人表有南宮邊博古圖有南宮中紛紛氏南宮者不獨一仲孫氏之子已也



補　朱竹垞曰史記南宮括字子容論語括作适家語南宮縚字子容鄭康成註檀弓稱南宮縚孟僖子之子南宮閱也字子容其妻孔子兄女又稱南宮敬叔魯孟僖子之子仲孫閱也左氏傳昭公七年孟僖子屬說與何忌於夫子使事之杜預註云說南宮敬叔僖子之子然則括也适也縚也說也閱也一子容而名有五也明高郵夏洪基元開輯孔門弟子傳略以南宮縚适括字子容為一人以仲孫說閱諡敬叔者為一人至於說苑所載南宮邊子謂是适字之譌然漢書古今人表既有南

容又有南宮敬叔又有南宮邊子顏師古注于南容則云南宮縚也于敬叔則名南宮适也是縚與适适與邊子均未可混而爲一矣汪氏瑟庵評子謂南容金作云辨正本之朱檢討彝尊弟子考極爲精確異士據大戴記當作異姓此沿王肅之誤按衛將軍文子夫子信其仁以爲異姓

牛山

原 牛山齊之東南山也本趙氏亦是岐在複壁中所註方向少錯無論今目驗在臨淄縣南一十里亦在唐臨菑縣南二十一里括地志所謂管仲冢與桓公冢連在牛山上是補註史記齊太公世家正義酈道元注牛山一名南郊山天齊淵出焉齊以此得名補註括地志天齊池在青州臨淄縣東南十五里封禪書云齊之所以爲齊者以天齊也梁劉昭不知引何人孟子注云南小山曰牛山補註郡國志齊國臨菑注晉左思齊都賦云牛嶺鎮其南列子齊景公游於牛山北臨其國城而流涕補註按韓詩外傳齊景公遊於牛山之上而北望齊唐書地理志濟州長清縣有牛山晏子景公遊於牛山北臨其國城而流涕皆與力命篇所引同作北夫臨曰北正以山實在其南若孟子疏託名孫奭者乃云蓋以理推之亦自可見爲齊之山此則不



滿一笑者矣

補 孟子謂牛山郊於大國按爾雅邑外謂之郊注邑國都也鄭氏聘禮注周制天子畿內千里遠郊百里以此差之遠郊上公五十里侯伯三十里子男十里也近郊各半之元和郡縣志牛山在臨淄縣南二十五里則牛山適當齊近郊地

北海東海

原 齊世家太公望呂尙者東海上人註未悉後漢琅邪國海曲縣劉昭引博物記注云太公呂望所出今有東呂鄉又釣于棘津其浦今存又於清河國廣川縣棘津城辯其當在琅邪海曲此城殊非余謂海曲故城通典稱在莒縣東則當日太公辟紂居東海之濱即是其家漢崔瑗晉盧無忌立齊太公碑以爲汲縣人者誤補註全謝山云漢崔瑗爲汲令自以太公之裔爲之立祀置碑見于酈氏注水經晉太康十年范陽盧无忌爲汲令又表其里盧亦太公之後故也尚父之明德遠矣碑稱汲縣發冢得竹策書太公遇合事埋策之歲在秦焚書八十六年之前蓋是時汲冢竹書方出无忌信而書之于策誣矣伯夷孤竹國之世子也前漢遼西郡令支縣有孤竹城括地志孤竹古城在盧龍縣南十二里補註史記周本紀正義又封禪書正義節文余謂今永平府

治河入海從右碣石正古之北海在今昌黎縣西北亦是當日辟紂處去其國都不遠通志以居北海爲濰縣者亦誤

【補】閻云北海去孤竹不遠金仁山謂當卽遼碣之閒
高宗聖製詩二集夷齊廟四景其二孤竹城云令支讓國先（去聲）延陵孤竹誰知中子名太白一篇眞卓識淮南尺布獨何情按卽後漢志遼西郡令支有孤竹城注云伯夷叔齊本國是也

去邠遷岐



【原】馬氏序封建考曰古者之國至多後之國日寡國多則土宜促國少則地宜曠而彝考其故則不然試以殷周上世言之殷契至湯凡八遷周棄至文王亦屢遷史以爲自邰而豳自豳而岐（【補註】岐周在邰封西八十里其舊封也太王遷岐不過復其故地耳按竹書遷岐在小乙二十六年）自岐而豐夫湯七十里之國也文王百里國也然以其所遷之地計蓋有出於七十里百里之外者矣又如泰伯之爲吳箕子之爲朝鮮其初不過自屛於荒裔之地後遂因以有國傳世竊意古之諸侯者雖曰受封天子然亦由其行義德化足以孚信於一方人心翕然歸焉故其子孫因之遂君其地或有災否則轉徙他之而人心歸久不能釋去隨其所居皆成都邑（【補註】尚書大傳略說云狄人將攻太王亶父遂杖策而去過梁山邑岐山國人束修奔走而從之者三千乘一止而成三千戶之邑按孟子正義引毛詿云公劉方開道路去之蓋諸侯之從者十有八國乃通志亦云古公去豳舉國從之者二千乘皆與如歸市合此卽馬氏所謂隨其所居皆成都邑也）蓋古之帝王未嘗以天下爲已私而古之諸侯亦未嘗視封內爲已物上下之際均一至公非如後代分疆畫土爭城爭地必若是其截然也此一段議論致精

咸邱



【原】古人以所居之地得姓氏不必定常於其地如咸邱魯地而蒙則齊人是咸邱二字見爾雅左高曰咸邱見春秋桓公七年焚咸邱杜註咸邱魯地高平國鉅野縣南有咸亭咸邱複氏自以此余最賞趙氏註此章於東字妙有體會曰東野東鄙田野之人所言耳咸邱蒙齊人也故聞齊野人之言書曰平秩東作謂治農事也不然何不云齊之西或北野人乎至今濟南府齊東縣則置於元憲宗三年以鎭而名于孟子無涉

【補】春秋傳說彙纂焚咸邱今屬山東兗州府高氏閌曰

咸邱乃魯地近齊者故孟子以咸邱蒙爲齊東野人按韓詩外傳齊桓公設庭燎於是東野有以九九見者則孟子指蒙爲東野人當即東野九九之地趙注似不如高氏之確

南河之南

原 古帝王之都皆在冀州堯治平陽舜治蒲阪禹治安邑安邑在今夏縣西北十五里三都相去各二百餘里在大河之北其河之南則豫州地非帝畿矣舜避堯之子於此得毋亦如左氏所云越竟乃免乎禹避於陽城益避於箕山之陰皆此意



補 爾雅兩河閒曰冀州註自東河至西河河南曰豫州註自南河至漢正義註云自東河至西河者河自積石龍門南流爲西河至華陰東經底柱孟津過洛汭爲南河至大伾北流過洚水大陸又北播爲九河同爲逆河入於海爲東河釋文引馬融云在東河之西西河之東南河之北郭祇言東河西河不及南河者以下文河南爲豫州則冀州在南河之北從可知也又云自南河至漢者以豫州居冀荆之閒其界爲南河之南漢水之北也按堯都平陽在冀州爲南河之北舜避堯之子在豫州爲南河之南

葵邱

原 春秋有二葵邱一齊地近在臨淄縣西連稱管至父所戍者（補註 史記秦本紀正義引括地志無西字）一宋地司馬彪云陳留郡外黃縣東有葵邱聚齊桓公會此城中（補註 括地志葵邱在曹州考城縣東南一里一百五十步郭內即桓公所會處也）遠在齊之西南故宰孔稱齊侯西爲此會也是又曰東略之不知西則否矣後果七年會于淮謀鄫且東略也是宰孔之言驗然先未幾獻公卒晉亂齊侯以諸侯之師伐之及高梁而還高梁晉地又在葵邱西北幾千里是宰孔之言亦不驗



補 葵邱有三一在齊即管至父所戍地一在陳留外黃即桓公所盟一在晉見水經注全謝山云杜預以爲若是汾陰則晉乃地主夏會秋盟豈有不豫之理然宰孔明言西略而以爲陳留是仍東略也則宜在汾陰蓋當時不服桓公者楚而晉實次之周惠王之言可驗也故桓公特爲會於晉地以致之亦霸者之用心也至於晉侯已經赴會以宰孔之言而還而是歲獻公亦卒桓公

爲之討亂置君則寧孔以爲不復西略者其言虛矣左氏成敗論人而不顧其言之無徵一至於此然則葵邱爲汾陰之葵邱方合

梁山

【原】雍州有二梁山一在今韓城郃陽兩縣境書治梁及岐詩奕奕梁山春秋梁山崩爾雅梁山晉望也皆是於孟子之梁山無涉孟子梁山則在今乾州西北五里其山横而長自邠抵岐二百五十餘里山適界乎一百三十里之間大王嘗日必踰此山【補註】尚書大傳過梁山邑岐山鄭注梁山在岐山東北岐山在梁山西南詩大雅緜正義自豳適周當踰之也程泰之雍錄邠在岐西北二百五十里自邠而南一百三十里爲奉天縣有梁山即所謂踰梁山也然後可遠狄患營都邑改國曰周古諸侯國名雖曰受之天子傳之祖宗而隨在易名初不以爲嫌如唐叔虞一傳而子燮改國爲晉魏侯營國于梁曰梁韓哀侯國于鄭曰鄭無後代所爲同家異國之說後秦始皇幸梁山宮從山上見丞相車騎甚衆弗善亦此梁山也【補註】括地志梁山宮俗名望宮山在雍州好畤縣西十二里北去梁山九里秦始皇起從山上見丞相車騎衆弗善卽此山也



石邱

【原】集註止云石邱地名趙氏註宋牼宋人繇以荀子非十二子篇宋鈃註鈃與牼同宋人與孟子尹文子彭蒙愼到同時正合孫奭疏遂云石邱宋國地也【補註】明一統志石邱在衛輝府胙城縣東北三十里似與宋地無干蓋宋牼者宋人將欲往楚而孟子游宋適相值於石邱之地又漢藝文志尹文子一篇注云說齊宣王劉向曰與宋鈃俱游稷下宋子十八篇注云孫卿道宋子荀子宋子有見於少無見於多註宋子名鈃與孟子同時卽見漢藝文志者余因悟齊宣王喜文學游說之士自如騶衍淳于髡田駢接子愼到環淵之徒七十六人皆賜列第爲上大夫不治而議論是以齊稷下學士復盛孟子冋嘗與宋牼有雅故於齊別去久之忽邂逅石邱呼以先生請其所之殆非未同而言者比也【補註】金仁山云孟子尊敬宋牼取其救世之心也不取其言利撥其學識之淺也獨怪所引莊子【補註】天下篇言有宋鈃者禁攻寢兵救世之戰本接以此周行天下一句爲集註刪存上說下教語不若刪上說下教接以躕天下不取強聒而不舍爲尤合云



之楚過宋

辨 余向主孟子游宋當在愼靚王三年癸卯後宋稱王故也是時楚地久廣至泗上泗上十二諸侯者宋魯滕薛邾莒在淮泗之上國滕南與楚鄰苟有事于楚一舉足則已入其境何必迂而西南行三百五十餘里過宋都乎過宋都者以孟子在焉往也如是反也如是不憚假道於宋之勞其賢可知顧麟士謂非世子迂道來見此不通地理之說也宋元諸儒註四書肯詳及地理者僅見金仁山一人仁山長于其學故元史載其一事襄樊之師日急宋坐視弗救履祥因進牽制擣虛之策請



以重兵由海道直趨燕薊則襄樊之圍將不攻而自解且備叙海舶所經凡州郡縣邑下至巨洋別隝難易遠近歷歷可據以行宋終莫能用及後朱瑄張清獻海運之利而所由海道視履祥先所上書咫尺無異者然後人服其精確 補註 此段全錄本傳 嗟乎古大儒之有用如此

補 金仁山曰孟子致爲臣於齊歸鄒而卽如宋與宋句踐藏不勝等答問則滕世子過宋而見孟子當在此時自滕而西南過宋三百五十餘里

齊滕之路

原 金仁山曰滕姬姓國今徐州北二百九十里所屬之滕縣有古滕城 補註 括地志徐州滕縣漢番縣音翻漢末陳蕃子逸爲魯相改音皮 余考自臨淄抵滕不滿五百里路不爲遠而一往一還將千里路亦不爲近朝暮接焉未一及使事 補註 孟子與王驩使滕爲文公之喪也孔穎達曰春秋有使大夫攝卿之法如文七年傳晉使先蔑如秦逆公子雍荀林父謂蔑曰攝卿以往可也何必子集註王驩攝卿以行蓋本諸此 故丑以爲疑唐宋璟風度凝遠人莫涯其量開元初自廣州召入朝帝遣內侍楊思勗驛迓之未嘗交一言思勗自以將軍貴幸訴之帝帝獨嗟重嗟乎如明皇者豈不賢于宣王遠與 朱子疑孟子去齊由王驩積憾故



得之平陸

原 平陸爲今汶上縣去齊都臨淄凡六百里而儲子既相必朝夕左右爲王辦政事非奉王命似亦未易出郊外何以孟子望其身親至六百里外之下邑方爲禮稱其幣今解不出既思范睢列傳云秦相穰侯東行縣邑車騎至湖關湖今閿鄉縣去秦都咸陽亦幾六百里是當日國相皆得周行其境之內非令所禁也故曰儲子得之平陸 補註 趙註儲子爲相得循行國中孫疏儲子爲齊相得循行國中可以親至平陸見孟子

休

原 孟子致爲臣而歸歸於鄒也中閒經過地名休者少憩焉與丑論在齊事故曰居休故休城在今兗州府滕縣北一十五里距孟子家約百里路史國名紀休在潁川或云介休介在膠西非

入國問禁

原 禮入國而問禁集註此一句引少錯蓋原文入竟而問禁竟者界首也如齊魯分界處在汶水或泰山皆是入國而問俗國者都城之內也與孟子問國之大禁國字殊不同孟子乃指齊言問齊之所大禁者何事耳

補 毛西河云國有四境境卽界也若國卽中國不惟在境內且在郊關內矣禮文是境字孟子臣始至於境正是境字若謂王囿在郊關之內必入國後可問禁則施禁在近問禁須在遠

遊於囿

原 孔子與衛靈公遊於囿公仰視蜚鴈而後去之史記世家止云明日與孔子語見蜚鴈仰視之色不在孔子孔子遂行家語並同無遊於囿三字說不知何所自來或曰朱子博極羣書安知不別有據余曰朱子所讀之書今代現存無以逸者不比唐代人惟左傳衛獻公戒孫文子甯惠子食日旰不召而射鴻於囿二子從之不釋皮冠而與之言意朱子偶忘遂撮合二事以爲註

湍磯

原 湍說文云疾瀨也瀨水流沙上也卽許氏作淮南註亦云湍水行疾也補註漢書溝洫志水湍悍師古曰急流曰湍質以墬形訓湍水人輕遲水人重之文益覺波流激洄之貌爲未安然實出於趙註蓋從來訓義有反覆用之者如以臭爲香亂爲治擾爲安苦爲快則湍爲縈水何妨兩義並存獨磯水激石也余按說文云大石激水也廣韻云大石激水蓋其字從石非從水卽正韻亦引孟子是不可磯也石激水曰磯解者不駮朱子倒易其文乃曲爲說曰水激石猶言水激於石也何如仍古訓之爲安嘗鬨顧仲恭道宋儒解經字義不本爾雅說文好以意爲之如哂大笑也卽禮記笑不至矧何嘗有微笑解余謂說文止作弞解云笑不壞顏曰弞故朱子渾用其意曰微笑也補註禮記鄭注齒本曰矧大笑則見釋文云矧本又作哂張有復古編曰弞古哂字按哂與弞矧古通則

顧說雖本鄭注然不如仍許氏之爲確 此最集註妙處豈容議獨不競不
絿絿急也出毛傳杜註左亦然而以爲緩余按說文云
急也廣韻云急引即他字書亦云通作逑逑急迫也此
則義竟違反不能爲詩集傳曲護矣
補 朱子以湍爲波流瀠洄之貌不專出趙注趙云湍水
圜也謂湍水湍縈水也陸云湍波流也集註兼從之又
以磯爲水激石趙云磯激也孫疏譬如石之激水順其
流而激之耳按周公謹癸辛雜識磯乃石隱於水中激
水使湍激有聲與孫疏合張南軒解云磯激也謂不可



少有激發也陸象山語錄云磯釣磯也不可磯謂無惜
足之地也此字義之異

郊關

源 杜子春曰五十里爲近郊百里爲遠郊白虎通近郊
五十里遠郊百里則孟子郊關之郊自屬遠郊何者苟
近郊豈能容方四十里之囿乎所以集註亦不加遠字
但云國外百里爲郊已明趙氏註郊說得遊潤云齊四
境之郊皆有關果爾齊地方二千里以二千里之地爲
陷阱者四十里民亦不以病集註惟郊外有關外字當

作上古天子九門此爲第八層門又外此則第九層曰
關門

補 集註國外百里爲郊郊外有關趙註齊四境之郊皆
有關夫自國中而近郊而遠郊而關而竟此形勢之瞭
然者儀禮聘禮云及竟乃謁關人註古者竟上爲關又
云入竟又云及郊註郊遠郊也又云賓至於近郊經文
敘次如畫然則趙註四境之郊皆有關與鄭氏竟上爲
關合集註郊外有關亦據遠郊外竟上關言之閻氏以
爲當作郊上者非是況孟子明云臣始至於境即聘禮



及竟問國之大禁國即國中然後敢入即聘禮入竟臣
聞郊關之內即下文所謂國中有囿方四十里即開方
法一千六百里以是爲阱民焉得不以爲大據此則四
十里之囿顯在國中故云郊關之內若必屬之遠郊疎
矣按九門之制自路門至關門凡九特鄭註月令云爾
義疏案田獵之人豈有由天子路門出者故惟聘禮疏
古者王城十二門通十二辰辰有一門一關晉廢六關
半天子則餘諸侯亦或然也遂爲通論

都

【原】邑有先君之廟曰都出莊二十八年築郿傳自春秋五十凡之一凡以說春秋則可引以註孟子少違講義皆能辯之余直取毛萇詩傳下邑曰都之都【補註】鄘風在浚之都按作都於向亦然欲以易此句蓋都與邑雖有大小【補註】隱元年君所居【補註】帝王世紀天子所宮曰都釋名都者國君所居民所聚有宗廟及無【補註】莊二十八年之別其實古多通稱如商邑翼翼四方之極既伐于崇作邑于豐此都稱邑之明徵也趙良曰君何不歸十五都孟子曰王之為都者此邑稱都之明徵也【補註】按詩云彼都人士禮記月令毋休于都周官大宰八則治都鄙註公卿大夫之采邑王子弟所食邑又宰夫掌羣都縣鄙



之治註羣都諸采邑也皆是

有采地

【原】問大夫之富曰有宰有宰則有采地矣是再命之大夫皆然何況大國之孤四命卿三命者其有采地不待言何以集註百乘之家有采地者也若獨以采地震而歸之雖本鄭註未允余欲易之曰百乘之家采地之至大者也且出漢刑法志一同百里提封萬井定出賦六千四百井戎馬四百匹兵車百乘此卿大夫采地之大者也【補註】此辨與四書集註補同是謂百乘之家或曰集註可若是

共擅易與余曰鄭康成註三禮故嘗駁易經文傳文

三危羽山

【原】羽山見禹貢班固志載東海郡祝其縣【補註】寰宇記羽山在海州朐山縣西北九十里即此司馬彪志亦然今贛榆縣西北八十里唐崔國輔詩羽山一點青海岸雜光碎是三危山亦見禹貢班志失載司馬志未補此大闕亦直至隋地理志敦煌郡敦煌縣有三危山【補註】括地志三危山有峯故曰三危俗亦名卑羽山括地志三危山在沙州敦煌縣東南三十里【補註】史記五帝本紀正義又司馬相如列傳正義節文一作四十里夏本紀正義舜殛鯀於此以變東夷即禹



貢之東漸于海遷三苗於此以變西戎即禹貢之西被于流沙矣豈直刑加其身蔽厥辜已乎

【補】羽山即東海郡祝其實夾谷三危即敦煌郡敦煌實瓜州地理今釋禹貢三危自在大河之南與此為二且三苗為南境之國經言竄是屏之遠方左氏傳所謂流四凶族投諸四裔以禦魑魅不當仍在近南之地據此似舜典三危非即禹貢所謂三危既宅者

天覆地載

【原】余嘗謂東漸于海西被于流沙東西皆繫地名而朔

南暨南北却關欲以舜本紀北發息愼南撫交阯二地
補註之以合於史遷書缺有閒其軼見於他說之義息
愼卽肅愼爲周北土詹桓伯與燕亳言蓋在今燕之東
北境三千二百四十二里在舜時則爲營州交阯秦象
郡地漢武分置交阯九眞日南三郡今安南國在舜時
則爲揚州當時舜肇十有二州其域如此或曰子於上
古帝世幅員若此其侈言之何與余曰後代儒生止緣
見秦漢之君務勤遠略開地斥境快其心志以爲聖人
必不爾不知聖人乃自然德化所感人盡來王非有心



者觀顓頊本紀動靜之物大小之神日月所照莫不砥
屬譽本紀日月所照風雨所至莫不從服以至中庸天
之所覆地之所載日月所照霜露所隊皆無遠而不暨
此豈後世德不及遠乃紀於近者所可髣髴其萬一與
【補】此章天之所覆地之所載卽上章天地之無不持載
無不覆幬也詩周頌譜曰天子之德無不覆燾無不持
載正義曰中庸說孔子亦云無不覆燾無不持載明聖
人之道同也然則史記稱無不砥屬莫不從服正與莫
不尊親同義



康

【原】康誥大學引者四孟子引者二皆未及康字何義孔
安國書傳雖晚出却以康誥之康爲圻內國名【補註】史記衛世家索隱同
遠勝鄭康成作諡號解者嘗證以二事一定四年
命以康誥而封於殷虛當旣有誥文輒有篇名豈待身
後之諡取以冠其篇乎一史記衛世家康叔卒子康伯
代立父諡康子亦諡康將兩代同一易名之典乎故世
本宋忠注曰封從畿內之康徙封衛衛卽殷墟畿內之
康不知所在也初以爲艮然後讀括地志云故康城在



許州陽翟縣西北三十五里陽翟今禹州正周畿內地
因再四慨歎前世之事無不可考者特學者觀書少而
未見耳王鏊之言殆謂是與
【補】按馬融王肅尚書傳皆云康國名在千里之畿內旣
滅管叔更封爲衛侯其子始以康爲諡

微仲

【原】微畿內國名孔安國傳亦云嘗思微子旣國于此其
長子膕曰微伯蚤卒有子名腯次子曰微仲名衍卽後
國於宋者以周禮適子死立適孫次子不得干焉微子

則從其故殷之禮舍已之長子之子腯而立已次子衍故微仲實微子之第二子非其弟也此與子服伯子引以況公儀仲子者脗合其證一班固古今人表於微子下注曰紂兄宋微中下注曰啓子其證二啓旣殷帝乙之元子衍果屬次子王畿千里豈少閒土斷無兄弟竝封於一國之理其證三則知微仲也者子襲父氏上有伯兄字降而次氏者胙之土而命之氏字者五十以伯仲之字也不意包爾庚時文亦云微仲者微子之次子也無國邑而稱微從父爵也厥後襲封宋公終身止稱



微仲忠孝之義也又云啓爲長兄分稱元子仲爲支庶屬則王孫不覺擊節如得一眞珠船矣

補 孔子家語本姓解微子卒其弟曰仲思名衍註或名泄嗣微之後故號微仲史記宋微子世家微子開卒立其弟衍是爲微仲書序殷旣錯天命微子作誥正義啓與其弟仲衍皆是紂之同母庶兄史記稱微仲衍衍亦稱微者微子封微以微爲氏故弟亦稱微猶如春秋之世虞公之弟稱虞叔祭公之弟稱祭叔班固古今人表微子第二等注曰紂兄微仲第四等與膠鬲竝宋微中第五等注曰啓子按微仲下雖不注紂兄然與宋微中之注啓子者固兩人矣宋微中旣爲啓子則微仲爲微子之弟又不待注矣惟檀弓鄭註微子適子死立其弟衍殷禮也謂卽微子次子與孔安國書傳同據禮記義疏案微子世家無腯名此記所云不可考則於孫腯尙不敢信況弟衍爲微子次子乎自鄒平馬驌過信孔鄭而閻氏始辭費矣

虞仲

原 堯峯文鈔曰周有兩虞仲一爲太伯弟仲雍吾吳人



見左傳一爲仲雍曾孫周章弟虞仲見史記當爲河東大陽人論語之所稱逸民者果仲雍乎抑周章弟乎自漢孔安國至魏王肅何晏諸家俱不注虞仲何人近世始以仲雍實之此可疑者也太伯仲雍之逃周猶夷齊之以孤竹讓也孔子亦嘗推太伯至德矣及其詮次逸民則登夷齊兄弟於首而太伯獨不得援引此例與仲雍竝列其義安在以時代考之仲雍前夷齊且百年論語序事之體亦不當先夷齊而後仲雍此又可疑者也仲雍雖斷髮文身以順荆蠻之俗固儼然繼世有土之

君矣孔子逸之可也從而民之可乎春秋杞成公用夷禮則降其伯爵書子楚人猾夏當伐蔡之始則黜其國號書荆皆示貶也然則孔子之民仲雍者律之以春秋之法豈其爲貶辭與此又可疑者也余謂可疑是但漢地理志班固已以論語虞仲當仲雍先於集註矣汪氏未考及此

補註 志六謂虞仲夷逸師古注虞仲即仲雍也夷逸言竄于蠻夷而遁逸也然以論語敘述逸民之例求之夷逸自別爲一人按金仁山亦謂虞仲隱逸于夷故曰虞仲夷逸

鄹人之子

原 鄹魯邑名今則在鄒縣界鄹人之子乃孔子少賤時之稱集註此蓋孔子始仕之時入而助祭也最當始仕即指孔子年二十爲委吏二十一爲乘田吏言方與少賤稱相關合或曰二者何等卑職敢駿奔走於廟中余曰觀祭統煇者甲吏之賤者也胞者肉吏之賤者也翟者樂吏之賤者也閽者守門之賤者也皆以有事於宗廟尸以其餘畀之則委吏若周禮之委人共祭祀之薪蒸木材乘田吏周禮之牛人羊人牛人凡祭祀共其牛牲之互與其盆簝以待事羊人凡祭祀飾羔祭祀割羊牲登其首者也非無與於廟事其應在羣有司之列可



知獨當祭時魯君在前卿大夫侍從雝雝肅肅安得容一少且賤者呶然致辭說哉故顧瑞屏以爲子入廟當是隔日宿齊始可每事問者是不然作平日往觀如荀子所載孔子觀於魯桓公廟有欹器問守廟者曰此爲何器之類則非執事有恪時縱來不知禮之誚亦不必穀然亢辨曰是禮也以明其敬謹之意此則吳愈亦韓語余云爾因并識之

補 鄹人左氏襄十年傳作郰人說文郰魯下邑孔子鄉古者善則稱親美其子不忘其所由出謂子知禮而系以鄹人之子古之道也梁志南云子入太廟每事問考周禮太史之職大祭祀戒及宿之日與羣執事讀禮書而協事乃一定儀注故子曰是禮也

去魯

原 去魯曰遲遲吾行也正道路低徊欲絕語何故前此助祭反舍未及脫所著之冕輒行以適他國不幾悻悻乎與接淅以異乎且如集註云云仍是爲肉爲無禮何以見知與不知俱不足以知孔子乎蓋孔子爲魯司寇既不用其道宜去一燔俎又不至宜去二其去之之故

天下自知之但孔子不欲其失純在君相已亦帶有罪
焉其所爲有罪卽在不稅冕而行一句上蓋冕原祭服
禮大夫冕而祭於公是今也藏於道路閒尚非罪乎故
當時不知者以孔子爲爲肉縱在知者亦以孔子爲爲
無禮乃孔子之意則欲以己不稅冕之罪行不欲爲苟
去苟去猶言徒去空空而去無已一點不是處是爲徒
去樂毅報燕王尚云忠臣去國不潔其名況孔子乎又
禮大夫士去國不說人以無罪註已雖遭放逐不自以
無罪解說於人過則稱已也史記世家孔子遂行宿乎



屯而師已送曰夫子則非罪孔子曰吾歌可夫歌曰云
云觀此似孔子當日自認一罪名而行趙註燔肉不至我黨從祭之禮不備有微罪乎乃聖人之妙旨師已則送而解之孔子有不欲直荅者
故但曰吾歌可夫千載而下猶可以情測云

【補】閻氏以不稅冕解微罪又引趙注從祭之禮不備云
云似微罪卻不在不稅冕而行矣程𣊁友四書辨曰冕
不可作常冠藏之以行稅仍當讀輸嵗切收也訓去其
冕不暇收拾卽便行也

主司城貞子

【原】主司城貞子爲陳侯周臣或曰哀七年曹亦有司城
安知此司城非卽陳之官名而必以宋諱故歸於宋余
曰此最先儒苦心釋經處蓋史記孔子世家於適衞事
初書曰主於子路妻兄顏濁鄒家再書曰主蘧伯玉家
三書曰入主蘧伯玉家正以顏蘧皆衞之士大夫故書
法直截如此若果司城貞子本爲陳官孟子則當書曰
是時孔子當阨主陳司城貞子與上文於衞主顏讎由
同一書法矣何必先繫其官及謚然後歸於爲陳之臣
乎正以本爲宋卿由宋而流於陳今爲陳臣方得爲孔



子之居停主人【補註】金仁山曰孔子以陳國之小蔵有吳師而在陳又以司城貞子爲之主而陳侯亦有言議之適所以書法繁重委折而下如是讀者須以意
會也邵文莊寶曰臣云者志其非癰疽侍人之倫也或
謂臣乃孔子爲之孔子去魯後他國未嘗臣【補註】馮山公云孔子世家明云去魯適齊爲高昭子家臣何以稱焉而獨臣陳乎哉他日孟子論行
可際可公養三仕亦無及陳者則臣仍司城貞子也且
惟官非陳官方明以臣爲陳臣集註孔子爲魯司寇以
齊閒之遂行適衞月餘去衞適宋月餘字面凡兩見史
記總非由衞而宋時日朱子錯引來竊以孔子世家是

太史公親見古文家語古文家語出其家子孫之手故能年經月緯由少而壯由壯而老而卒歷歷如此縱小有抵梧已經駮異而大綱具是不應可一切抹去而以意論之

列國官名變至春秋已極亦互相襲如楚有芋尹陳亦有芋尹宋有褚師鄭亦有褚師衞亦有褚師【補註】鄭有少正校人魯亦有少正校人何妨宋有司城曹亦有司城但不可謂貞子司城爲陳官者以孟子書法故也不曰陳滑公而曰陳侯周亦合於禮記諸侯失地名之義【補註】金仁山曰滑公六年孔子至陳按左哀十五年傳陳侯使公孫貞子弔焉疑即司城貞子



西子子都

【原】西子美婦人【補註】孟子疏引史記云西施越之美女每入市人願見者先輸金錢一文金仁山曰越地有東施有西施范蠡爲越王句踐求西施西施氏美女以賂吳王夫差遂以亡吳范蠡終自取之泛湖而去未詳何所惟劉昭注有之會稽郡餘暨縣引越絕曰西施之所出餘暨今蕭山縣唐孝明天寶元年更名者子都古之美人也亦未詳爲男或女杜氏註左有之於隱十一年傳云子都鄭大夫公孫閼故鄭風當昭公時遂以爲國中美男之通稱曰不見子都

【補】天下多美婦人而西施實生餘暨斷非東施所能效鄭國有美男子而子都茲氏公孫亦非子充所可幾然西子之幸夫差也始入於姑蘇終歸於范蠡何洵美且都也子都之愆考叔也既拔棘而逐又下射而顚抑洵美且武也

舅犯

【原】晉獻公娶二女於戎大戎狐姬生重耳杜註大戎唐叔子孫別在戎狄者晉語云狐氏出自唐叔狐姬伯行之子也實生重耳又云父事狐偃狐偃其舅也【補註】爾雅母之昆弟爲舅按舅亦稱舅氏左傳所不與舅氏同心者有如白水當春秋時吾府交城縣爲狄地距吾家西寨村所謂鼻祖汾陽者僅九十里按舅犯實生於其地余向久游寓其父子兄弟合爲祠廟祭賽最盛非同他志乘之傅會者



【補】何屺瞻曰亡人無以爲寶仁親以爲寶此是舅犯教公子之詞作公子辭秦使語者非惠半農曰仁親猶言親愛明不因喪規利也按舅犯之言足錄而其行不足觀如左氏僖二十四年子犯授璧請亡禮稱見利不顧其君其仁不足稱也趙文子嘗日必有定評故鄭氏注亦謂及河授璧詐請亡要君以利云

費惠公

【原】齊乘云費城在費縣西北二十里魯季氏邑王伯厚謂費惠公孟子既稱爲小國之君加以楚世家有鄒費郯邳意戰國時魯季氏以邑爲國而僭稱公與同時金仁山註孟子與之不謀而合亦以爲季孫氏僭引曾子書有費君費子之稱余更博考之呂氏春秋言以滕費則勞以鄒魯則逸劉向說苑言魯人攻鄪曾子辭於鄪君鄪君曰寡人之於先生也魯世家言悼公時三桓勝魯如小侯卑於三桓之家六國表竝同則爲季氏之彊僭以私邑爲國號殆無復疑憶少讀黃藴生天下有道禮樂征伐全章文末云諸侯乘已盡之氣陪臣無先澤之貽其勢不折而入於大夫不止大夫既折而入於大夫又豈五世所能限耶噫君失其權天道亦有時而不應甚可懼也茲因有感季氏事歎息以爲莫可易焉集註費邑之君邑字譌【補註】按如上解則邑字正好何爲譌乎

【補】春秋時有三費一左傳成十三年殄滅我費滑襄十八年率銳師侵費滑彙纂今河南河南府偃師縣南二十里有緱氏故城是一僖元年公賜季友汶陽之田及



費[illegible]費邑今山東兗州府費[illegible]元年費伯師師城郎二年司空無駭[illegible]彙纂費魯大夫費序父之食邑讀如字與季氏費邑讀曰祕者有別魏武封費亭侯即此今魚臺縣西南有費亭是按費惠公之費當讀如字祗緣顏師古注古今人表音祕貽誤至今雖王厚齋金仁山皆意季氏以邑爲國而僭稱公顧寧人遂宗其說而閻氏益深信不疑張惕庵云三桓之後泯然無聞未必據有費邑此費乃魯之費費惠公亦非季孫之後然苦無確證惟薛方山獨以惠公爲懿公孫費序父之後則費當讀如字與季氏費邑讀曰祕者判然不同況費惠公師事子思實與魯穆公同時魯世家雖稱悼公之時三桓勝然魯自哀公後尚傳世二百六十年而後滅於楚蘇子由古史云三桓既微散不復見馬氏繹史魯世系亦未聞昭子後有費惠公其人者攷曾子書既有費君費子之稱說苑又有魯人攻鄪曾子辭於鄪君之語則當日費惠公卽爲費君無疑且呂覽慎勢篇謂分國較大小海上有十里之諸侯無非以大

使小以衆役寡故曰以滕費則勞以鄒魯則逸則費實
春秋戰國閒一小國正與孟子稱小國之君合故魯連
子稱陸子謂齊湣王曰魯費之衆臣甲舍於襄賁而楚
人對頃襄王有鄒費郯邳皆當與費惠公之費讀如字
非特與河南費異亦斷與季氏之費音祕者不同也

曹交曹君之弟

原 楚簡王十四年越滅郯後八十四年楚滅越郯實爲
楚所有乃頃襄王十八年有鄒費郯邳四國則郯係重
封者薛任姓雖未知爲誰所滅而齊湣王三年以封田



嬰故紀年稱薛子嬰來朝其子文戰國策史記竝稱薛
公後中立爲諸侯無所屬非薛滅之後復有薛乎又中
山本鮮虞國一滅于魏文侯十七年癸酉再滅于趙惠
文王三年乙丑相距百一十三年中雖未詳知何年復
國及何以復國要中山之後有中山載世家列傳者斑
斑也安知曹滅於宋在春秋哀八年下到孟子居鄒時
已一百七十餘年不更有國於曹者交爲其介弟觀其
言願因鄒君假館舍備門徒 補註 大戴禮五帝德云曹姓邾氏也武王封安之裔孫俠於邾春秋時進爵爲子後改號鄒孟子題辭亦云鄒本邾國系出曹姓顓頊之後曹交與鄒同出或鄒君之支族散居在外得見云云欲以親而通也 儼然滕更挾貴之風孟子則麾
而去之故趙岐以爲曹君之弟朱子從之非無謂也 此駁王伯厚曹亡久矣之說

補 春秋宋公入曹以曹伯陽歸蘩虜不書滅者晉存
其祀而不以滅告也宋之入曹或亦當然孟子時猶有
曹交爲曹君之弟則戰國之世曹尚未亡蓋滅而復存
如陳蔡許之類按困學紀聞云左傳哀公八年宋滅曹
至孟子時曹亡久矣曹交蓋以國爲氏者雖書中辨正
朱子語誤考證是非不相阿附然此時曹尚未亡也惟



閻氏竟以鄒君假館謂曹國爲復封而不知其滅而復
存誠有如以南蠻鴃舌指許行爲永州人同爲過耄已
意者

白圭周人

原 史記貨殖傳白圭周人也當魏文侯時李克 當作悝 務
盡地方而白圭樂觀時變云云蓋天下言治生者祖白
圭此一白圭也圭其名孟子白圭曰吾欲二十而取一
又曰丹之治水也愈於禹此一白圭也其名丹圭則字
爾先後殊不同時自趙氏傳會爲一人而集註林氏益

以能薄飲食忍嗜欲居積致富欲以其術施之國且爲岐設十層步障矣余嘗斷之曰此兩人也韓非書白圭相魏鄒陽書白圭戰亡六城爲魏取中山又白圭顯於中山中山人惡之魏文侯文侯投以夜光之璧魏拔中山在文侯十七年癸酉下逮孟子乙酉至梁凡七十三年爲國之將相者尚能存於爾時乎縱存於爾時尚能爲國築隄防治水害乎苟皆能之孟子與之晤對其爲之年壽之高當何如隆禮而但曰子之吾子之云乎我故斷其爲兩人也或曰魏文侯世多壽樂記載子夏與



文侯荅問爲文侯二十五年事時子夏年一百八歲文侯最爲好古漢孝文得其樂人竇公獻其書乃周官之大司樂章也竇公年當二百五六十安知白圭不類是余笑而不敢應云

補 趙註之謬宋人鮑彪已嘗言之矣魏人別有一白圭當昭王時是[illegible]謂當是孟子所稱之[illegible]前輒行[illegible]謨纂之[illegible]與孟子同時但史記合兩人爲一閻氏即據此一

人爲與孟子相差七十餘年非是

公孫衍張儀

原 公孫衍張儀皆魏人自出史記本傳蓋衍陰晉人陰晉今之華陰縣也秦本紀惠文君六年己丑魏納陰晉我更名曰寧秦漢地理志故陰晉秦惠文王五年戊子更名寧秦雖紀年小異要當公孫衍生長時尚屬魏故爲魏陰晉人至儀則魏之支庶見呂氏春秋者魏人又多疑故太史公曰三晉多權變之士

補 趙註云公孫衍魏人也號爲犀首嘗佩五國相印爲



從長秦王之孫故曰公孫案周顯王三十六年爲秦惠文王五年陰晉人犀首爲大良造顯王四十一年惠文十年張儀相顯王四十七年惠文後三年張儀免相相魏考衍與儀不善而傾之者凡三事一則是年魏將相張儀衍弗利使人謂韓公叔公叔從其言衍果相魏見魏策史記同一則周赧王四年爲秦惠文王後十四年秦惠王死公孫衍欲窮張儀李讎謂公孫衍曰不如召甘茂于魏召公孫顯于韓起樗里子于國三人者皆張子之讎也公用之則諸侯必見張子之無秦矣見秦策

一則周赧王五年爲秦武王元年魏襄王九年齊湣王四年儀以秦梁之齊合横親犀首欲敗謂衛君曰衍非有怨于儀値所以爲國者不同耳君必解衍衛君爲儀千秋之祝明日張子行犀首送之至于齊齊王聞之怒于儀曰衍也吾讎而儀與之俱是必與儀謀吾國矣遂不聽見齊策衍本衛人史記以儀衍同傳而贊曰夫言從横彊秦者皆三晉之人是衍亦衛人之彊秦者也所以離秦魏之交致義渠之襲者特以傾張儀而然非合從也唯一用陳軫之計齊王以事屬犀首燕趙聞之



亦以事屬犀首楚王以事因犀首魏王曰寡人亦以事因焉犀首遂主天下之事復相魏見魏策然無合從事蹟其爲秦敗楚則見于韓非子史記等書趙註衍嘗佩五國相印爲從長舊疏因之史記張儀已卒之後犀首入相秦嘗佩五國之相印爲約長此言衍相秦約五國與秦衡親正破從爲横之事以約長爲從長非是史記集解司馬彪曰犀首魏官名若今虎牙將軍

又云張儀合從者也案張儀秦惠五年爲客卿見秦策鮑彪註秦本紀惠王十年張儀相秦後二年張儀相魏八年張儀復相秦十四年惠王卒武王元年張儀東出之魏張儀傳太史公曰張儀之行事甚于蘇秦然世惡蘇秦者以其先死而儀振暴其短以扶其說成其衡道趙註謂張儀合從者也亦非是史記集解呂氏春秋曰張儀魏氏餘子

市井

原 後漢劉寵列傳拜會稽太守山民愿朴乃有白首不入市井者父老自稱山谷鄙生未嘗識郡朝郡朝太守之廳事也此可證市井貼在國都言注引風俗通義以



井爲井田則在野矣非市交易之處井共汲之所張守節曰古人未有市及井若朝聚井汲水便將貨物於井邊貨賣故言市井

補 儀禮士相見禮宅者在邦則曰市井之臣在野則曰草茅之臣程是庵曰孟子語本此義疏案孟子市井草莽皆就未爲臣者言故劉氏敘補士相見義亦謂未仕而見於君者在邦曰市井之臣在野曰草莽之臣則市井貼在國都言正與儀禮在邦合管子注立市必四方若造井之制故曰市井風俗通市亦謂之市井言人至市有所鬻賣者當於井上洗濯令香潔然後到市此特

餘義

市朝

【原】市朝二字見論語者乃殺人陳尸之所左傳殺三郤皆尸諸朝董安于縊而死趙孟尸諸市是也見孟子者僅得一市字蓋古者撻人各有其所容有於市於市則辱之極矣是以斷斷無撻之於朝者苟撻人於朝則隋文帝之於殿廷打人高熲柳彧諫以爲殿廷非決罰之地唐御史坐法詔決杖朝堂張廷珪執奏以爲寧殺毋辱會謂古者而有是事乎孟嘗君傳馮驩先言朝趨市者又言日暮之後過市朝者以市之行列有如朝位故曰市朝孟子解正合此或曰市朝乃連類而及之文若躬稼本稷而亦稱禹三過不入本禹而亦稱稷以紂爲兄之子本指王子比干而亦及微子啓善哭其夫而變國俗本指杞梁之妻而亦及華周之妻皆因其一而并言其一古文體則有然者【補注】如酒不可言食而論語沽酒市脯不食風不可言潤而易繫辭潤之以風雨馬不可言造而禮玉藻大夫不得造車馬皆是

【補】周官鄉師以木鐸徇於市朝義疏市朝衆集之地徇之使人人徧曉也官之治所皆謂之朝非必王朝也故古人恒以市朝連言然則司市凡市入則胥執鞭度守門市之羣吏平肆展成奠賈上旌于思次以令市市師涖焉而聽大治大訟胥師賈師涖于介次而聽小治小訟其謂之市朝也固宜且撻人亦所不免正不必拘索隱謂市之行列有如朝位始與孟子解合也又鄉士疏引鄭氏論語注云大夫於朝士於市公伯寮是士止應云肆諸市連言朝耳陳仲魚曰臧在東謂季孫既惑志於寮故景伯欲誅寮必先向季孫辨子路之無罪使季孫知子路無他又知寮之愬然後季孫誅之於市與衆棄之景伯必無不告季孫而竟自誅寮也此注可謂揣一時之情而補經文之略矣



曲防

【原】曲防公羊傳作障谷穀梁傳作壅泉皆不若孟子二字爲致確漢賈讓奏言蓋隄防之作近起戰國雍防百川各以自利齊與趙魏以河爲竟趙魏瀕山齊地卑下作隄去河二十五里河水東抵齊隄則西泛趙魏趙魏亦爲隄去河二十五里則是河水西抵趙魏隄亦東泛齊矣夫曰近起戰國豈非葵邱既會申明天子之禁諸

侯猶有所憚而不敢爲降至七雄地大勢專人人得自
爲縣而不難以鄰國爲壑也乎所以詩序於檜之卒篇
曰思周道也傷天下之無王也於曹之卒篇曰思治也
傷天下之無伯也諒哉

【補】管子太匡霸形二篇皆作埒曲隄按書疏引春秋緯
實乾圖云移河爲界在齊呂塡遏八流以自廣公羊疏
引尚書中候云齊桓之霸遏八流以自廣
御製味餘書室全集定本徒駭河詩云大河自西來靈
源分積石美哉神禹功九派存遺蹟防遏始齊桓經流



變廣斥乃蔡傳却謂曲防齊所禁塞河宜非桓公所爲
其實葵邱五命特以約束諸侯躬自犯者多矣

專封國邑

【原】郝京山解無曲防三句以周禮大宗伯以凶禮哀邦
國之憂分配之曰以喪禮哀死亡卽有封必告也封必
告死葬相助也又曰封與窆同窆悲驗切葬下棺也禮
記縣棺而封是凡諸侯告薨則同盟皆弔五月而葬則
同盟皆會此獨言葬者葬則有賻有賵有贈有襚春秋
天王葬且不會如武氏子來求賻之類友邦可知矣無

不告者告則會也集註謂封建國邑必告天子非也封
建大事豈贅之末簡無不耆甚多之辭春秋二百四十
二年聞未聞有封國者【補註】馮山公云吳封慶封于防非封國乎公羊云曷爲不言伐防不與諸侯專封也葬告同盟其事徵安命與襘災同得駿集註封建國邑必告天子爲非乎
其爲死葬甚明也余謂左傳諸侯城楚邱而封衛焉國
語翟人攻邢桓公築夷儀以封之何嘗無封國來第少
耳無不耆甚多之辭妙蓋三者皆屬交鄰國之事無爲
王在內解自勝

【補】朱履安曰以上四命俱切本國事五命單指交鄰無



有封而不告按趙注謂無以私恩擅有封賞孫疏證以
如成十八年楚取彭城以封魚石非也安溪李氏曰繫
在交鄰之後蓋存亡繼絕如城楚邱之類注所謂專封
國邑是也非指本國臣下

於陵

【原】顧野王輿地志齊城有長白山陳仲子【補註】皇甫謐高士傳陳仲子名仲子字子終夫妻所隱處酈注【補註】濟水二魚子溝水南出長白
山東抑泉口山卽陳仲子夫妻之所隱【補註】此下有孟子曰仲子齊國之世家兄戴祿萬鍾仲子非而不食避兄離母家於於陵卽此處也數句志長白山者節去

下山字若以抑泉口即其家於陵非也唐張說石泉驛詩目下自注於陵仲子宅漢於陵故城章懷太子賢曰在今淄州長山縣南與通典合張說詩云長白臨江上於陵入濟東我行弔遺跡感歎石泉空【補註】全唐詩江上作河上石泉作古泉石泉非孟子所謂井者耶江繡江發源長白山南今章邱縣清河是計於陵仲子家離其母所居幾二百里矣

【補】於陵即春秋夫子左氏昭十年傳陳桓子以與子周杜註濟南於陵縣西北有于亭司馬彪郡國志濟南國於陵注引左傳杜預註顧棟高春秋大事表長山縣西南二十里有於陵爲齊於陵邑左傳謂之夫子即戰國時陳仲子所居史記索隱引孟子云陳仲子齊陳氏之族兄爲卿仲子以爲不義乃適楚居于於陵程是庵引陳心叔亦云於陵楚地



麥邱

【原】麥邱邑人祝齊桓公曰使主君無得罪於羣臣百姓蓋子得罪於父可以因姑姊叔父而解之父能赦之臣得罪於君可以因便辟左右而謝之君能赦之昔桀得罪於湯紂得罪於武王此則君之得罪於臣者也莫爲謝至今得罪公曰善出劉向新序意或以爲寓言及讀酈注汶水條云萊蕪谷出谷有平邱面山傍水土人悉以種麥云此邱不宜殖稷黍而宜麥齊人相承以殖之【補註】以上注文故謂麥邱乃知眞有其地則亦眞有其人矣而酈氏却辨【補註】以下二句亦註文麥邱愚公谷在齊不在魯益誌者之謬耳余謂劉向首言桓公田至於麥邱今萊蕪縣正齊魯二國之境彼桓氏好獵雙甄所指不辨陵壑況桓公霸主越境而田其孰禦之逕此者乃必于此辨泥矣



【補】路史國名紀麥麥邱也昔麥邱人年八十三祝齊桓公公封之麥邱漢有麥侯即此廣輿記曰愚公谷在臨淄齊桓公逐鹿至此則酈氏辨麥邱愚公谷在齊不在魯益信

互鄉

【原】云互鄉所在者頗多獨王伯厚引王無咎云亳州鹿邑縣外有互鄉城邑人相傳謂童子見孔子即其處前代因立互鄉縣其城猶存余謂州縣建置事關朝廷名

雖或革跡猶可尋因檢新舊唐書杜氏通典隋地理志鹿邑名縣始隋開皇十八年此後未見有析置互鄉事雖伯厚語恐未足憑

【補】金仁山曰寰宇記徐州沛縣合鄉故城古互鄉之地蓋孔子云難與言者按徐州距魯近論語互鄉應指此若今河南鹿邑縣則遠矣

子華使齊

【原】向背以子華使齊原思爲宰竝爲魯司寇時事【補註】邢疏云爾金仁山却謂二事前後記不同時爲聖人之用財既考赤少孔子四




十二歲當爲司寇時赤甫八歲應是自衛反魯後赤年將三十求仕季孫久已富而粟多耳獨怪孟子【補註】當有集註二字引林氏曰公西華受五秉之粟是傷廉也爲冤却公西蓋求與粟在赤之適齊之後觀聖人語可見受之者乃其母也當以其母爲傷廉然則公西華竟無過乎因憶朱子論尹和靖一事尹和靖只看金光明經或問之對曰母命不敢違朱子曰如此便是平日闕却諭父母於道一段工夫所以致此以此而責赤赤將何辭【補註】四書集註補子華使齊五秉之受乃是其母林氏歸罪于子可笑孰甚不意復有從而和之者以爲子華不能諭親子道何信無稽之談而葬先賢之過也

魯爲宗國

【原】漢梅福有言諸侯奪宗如淳曰奪宗始封之君尊爲諸侯則奪其舊爲宗子之事也蓋大小宗法大夫士有之諸侯則絕然亦間有見於諸侯者如魯與邢凡蔣茅胙祭同出於周公故稱六國爲同宗襄十二年凡諸侯之喪同宗臨於祖廟是管蔡郕霍衞毛聃郜雍曹滕畢原酆郇與魯同出於文王皆稱魯爲宗國滕父兄百官所謂吾宗國魯先君是集註以爲魯祖周公爲長兄弟宗之余矣獨不記周公弟也之文耶又不記周公太姒




之第七子爲武王母弟第五人耶【補註】嵩山公曰此本皇甫謐之說據左傳武王母弟八人管叔鮮周公旦蔡叔度曹叔振鐸成叔武霍叔處康叔封冉季載史記管蔡世家亦然是周公爲太姒第四子非第七子爲武王母弟第二人非第五人也宗法君於兄弟不敢以君爲宗而君爲公子之庶者使宗其公子之適者則當時蔡曹郕霍以下自皆以魯爲宗國矣又東萊解大傳公子有宗道云假如國君有兄弟四人三庶而一嫡嫡者君之同母弟公子既不敢宗君則命同母弟爲之宗使庶兄弟宗焉滕謂魯爲宗國亦如此祝佗不嘗言先王尚德不尚年耶趙氏註則云魯周公之後滕叔繡之後敬聖人故宗魯者也眞得其旨矣

補 洲卿云敬聖人故宗魯直以周公元聖勝共宗之

高宗聖製詩二集謁元聖祠云東山宗國重巡狩元聖崇祠設苾芬三吐有勤殷接士一篇無逸訓爲君輔成跡不同遇用忠武心原爲孝文官禮雖繁共條貫諸家注解惜徒紛似更以趙注爲確當矣

為魯司寇

原 孔子爲魯司寇司寇魯官名在司徒司馬司空三桓世爲之三卿之下侯國本無大稱史記世家作大司寇非也然司寇魯有以初命之大夫爲者孔子是韓詩外傳猶載孔子爲魯司寇命辭曰宋公之子弗甫何孫魯孔某命爾爲司寇無大字有以再命之卿爲之者臧孫紇是襄二十一年季孫謂武仲曰子爲司寇及後二年出奔邾也書於經以爲卿故若孔子雖與聞國政實止大夫而非卿故經沒而不見不然齊人來歸鄆讙龜陰田聖人未嘗以己功而諱之豈有孔某出奔載諸策書修春秋時竟削之哉蓋原非爵卿孔子生平官爵宜昭揭萬世余故質言之如此 補註 蔣山公曰司空司寇皆卿也周官謂之官卿其在六鄉名鄉卿出擯所云六卿六鄉之鄉也卿可名大夫大夫不得名卿矣王制次國三卿二卿命于天子一卿命于其君魯爲次國子初爲卿秖得命于其君不得命于天子則當曰初命爲卿不得云初命爲大夫而非卿也且魯六卿皆備不特季孫爲司徒叔孫爲司馬孟孫爲司空公子翚求爲太宰夏父弗忌爲宗伯臧孫紇曾爲司寇而其時或闕或設或用或不用故仍是三卿耳夫子是命卿故史記云大司寇宋戰子淑大司馬固諫又邊卬爲大司徒樂輓爲大司寇晉士蒍爲大司空皆見左傳侯國亦有大稱胡可非也



補 汪氏琬庵曰春秋官名不必盡循周制然魯三桓爲三卿此外皆大夫耳羽父求爲大宰非眞爲也弗忌小宗伯臧紇小司寇皆大夫傳不言小以無大故也宋晉之制或不同不可以彼定此大夫不得名卿亦非周官小宰小司徒等皆中大夫侯國三卿司徒司馬司空下大夫五人小宰小司徒小司馬兼小宗伯小司寇小司空孔賈疏茲同

適周

原 孔子世家載適周問禮於老子在昭公之二十年而孔子年三十莊子云孔子年五十一南見老聃是爲定公九年水經注云孔子年十七適周是爲昭公七年索隱謂孟僖子卒南宮敬叔始事孔子實敬叔言於魯君而得適周則又爲昭公之二十四年 補註 四書賸言補曰昭二十四年公已出奔安所得魯君請之 是四說者宜何從余曰其昭公二十四年

乎蓋曾子問孔子曰昔者吾從老聃助葬於巷黨及堩日有食之惟昭公二十有四年夏五月乙未朔日有食之法推是年癸未歲中積六十五萬六千七百○九日○七刻五月定朔三十一日三十七刻乙未日己時合朔交泛二十六日三十八刻恰入食限見春秋此卽孔子從老聃問禮時也他若昭二十年定九年皆不日食昭七年雖日食亦恰入食限而敬叔尚未從孔子游何由適周蓋余旣逼歷法而後爲是定論云

【補】馮山公曰此說皆非也孟僖子病且死使其子南宮敬叔學禮于孔子在昭公七年孔子年十七故鄭道元



謂孔子年十七問禮老聃此承史記誤也索隱謂孔子謂老子曰甚矣道之難行也此非十七歲人之語則又正史記之誤也其云昭公二十年孔子年三十者此言孔子反魯後齊魯搆伐之年非適周年也此一誤也公羊傳襄公二十一年孔子生則五十一當是定公八年史記孔子生日本公羊傳而傳寫之譌以二十一年爲二十二年今以八年爲九年此又誤也索隱正史記之誤謂孟僖子病死在昭公七年非是僖子之死在昭公二十四年此言孟僖子卒之年非謂孔子適周在二十四年也此又誤也春秋昭公之年凡七日食不止二十四年且春秋記日食不記分數並无入食限不入食限之別且此二十四年正孟僖子卒之年也僖子卒在二月而五月日食則此時僖子甫葬其子敬叔方在虞祭卒哭之時焉能適周反助人葬見日食乎此尤誤之大者

廬於墓上

【原】惟子貢廬於墓上【補註】全謝山曰高柴以哀十七年尙見于豪之會冉有亦尙仕季氏蓋皆以居官不在廬墓之列索隱曰家語無上字且禮云適墓不登



壟豈合廬於冢上乎蓋上者亦邊側之義余謂總不若孟子築室於場佳築室處在今孔墓之右十數步戶東向反云者子貢送諸弟子各歸去已獨還次於墓所或曰反復也而諸儒亦講禮鄉飲大射於孔子家家誤寫作冢此冢字與贊曰以時習禮其家合

【補】趙註場冢上祭祀壇場也言壇場則非墓上可知孔子世家孔子葬魯城北泗上水經註曰泗水南有孔子冢在魯城北六里皇覽曰冢塋百畝冢南北廣十步東西三十步

高宗聖製詩二集詠子貢廬墓處云性天不可得聞聞廬

墓心喪六載勤楷樹至今祐不朽應同植者意堅云

登太山

【原】亡友趙石寅誦其亡友滿之章巽元一絕句云天下不曾小仲尼眼界虛請君亦復去登泰山何如余爲神往者久之石寅巽元俱萊州掖縣人【補註】括地志萊州掖縣西北二十里本過國地有過故鄉亭

【補】文選江淹別賦曹植送應氏詩謝靈運登臨海嶠詩注皆引孟子曰太山之高參天入雲按論衡說日篇有此二語然曰參天入雲宜下視天下爲小爾



高宗聖製詩二集登泰山作云昂首天門三萬尺到因步步積工夫此正朱子聖人之道大而有本學者必以其漸乃能至意豈當徒矜眼界之虛哉

觀海

【原】韓昌黎潮州詩云有海無天地酈注膠水條云北眺巨海杳冥無極天際兩分白黑方別竊以詩文道海者至上數語恐無復人有措手處【補註】海賦浮天無岸四字亦足以盡之矣

濟

【原】四瀆水之易變者莫若河變而至于絕者莫若濟余嘗討論濟瀆積至五載始評以二言曰新莽後枯而復通唐高宗前通而復枯咸出天數夫豈人謀蓋後漢郡國志曰濟水王莽時大旱遂枯絕者此初絕也酈注濟水條曰其後水流逕通津渠勢改故杜釋春秋郭註山經竝云今濟水至博昌入海者此復通也章懷太子賢循吏傳註曰濟水王莽末旱因枯涸但入河內而已似素不知有中閒復通之事者此終絕也

【補】濟水伏見之說二孔無之然泰澤一伏東邱一見本水經注武德入河再伏滎陽軼出再見本地理志滎東



又伏爲三伏出曹濮閒爲三見本唐書許敬宗傳竊以閻氏評濟水曰復枯復通余請蔽以

高宗聖製文二集濟水考曰三伏三見

淮

【原】吾家自高高祖由晉之汾水遷楚之淮水所以二水之源及流皆嘗窮歷之【補註】以下見尚書疏證第九十四 因怪蔡氏書傳於導淮自桐柏引水經云淮水出南陽平氏縣胎簪山禹只自桐柏導之按胎簪山在今桐柏縣西北三十里去縣東一里之桐柏山三十里餘耳禹嘗日豈惜此

三十里之勞乎又導渭自鳥鼠同穴引酈道元云渭水出南谷山在鳥鼠山西北禹只自鳥鼠同穴導之按南谷山在今渭源縣西二十五里鳥鼠同穴山則在縣西二十里剛少五里禹豈惜此五里之勞也者道破真堪噴飯此非酈注本文蔡增出耳余嘗譬蔡氏宛如今童子作小題時文翻駁字眼以爲新奇何嘗於經學或曰畢竟作何解曰禹主名山川正初治洪水多大概統名其山後代方漸於一山之間別標名目如桐柏之有胎簪鳥鼠同穴之有南谷禹之時豈有是哉止統爲一山爾惟導河積石導洛熊耳皆非其源可如蔡氏解



補 淮水出胎簪山孔穎達謂胎簪蓋桐柏之傍小山地理今釋又謂桐柏山下有淮井泉源所出按今禹廟東有三大井恐三泉未即真源也

高宗聖製文二集淮源記曰茲畢沅親至胎簪山山頂遂得真淮源具圖以來於是導淮自桐柏之言始信蓋胎簪即桐柏之中峯桑欽水經非誣也酈道元注以爲淮灃同源西流爲灃東流爲淮則今之分水嶺實在胎簪峯下按圖可求淮灃分流此又一證也



邑姜

原 邑姜爲十亂之一齊太公望女唐叔虞母即叔虞之封唐也亦發夢于其母故今晉水源有女郎祠實邑姜之廟去吾家西寨村一十八里每遊而忘歸誠如北齊王晞之所賦者旁方爲唐叔虞廟南向此子爲母屈者也母封曰聖母子封曰汾東王祀典之謬翻自明洪武四年詔革天下神祇封號止稱以山水本名於是聖母廟改而爲晉源神祠矣當時祠官不學如此余從草間搜出宋政和五年殘碑乃姜仲謙謝雨文首云致祭於顯靈昭應聖母汾東王之祠中云惟聖母之發祥兮肇晉室而開基王有文之在手兮其神靈之可知喜得一典證屬有司當上聞於朝以釐正之此鄉邦故事或曰既釐正矣則當別建晉源神祠余曰然豈惟晉源此閒有臺駘廟當補入實沈以祀參神不然是知有地理而無天文或笑余爲多事强知星宿



補 朱竹垞游晉祠記曰晉祠者唐叔虞之祠也在太原縣西南八里祠南向有聖母廟東向廟南有臺駘祠子產所云汾神是也潛邱劄記云吾師嘗謂愚曰祀臺駘

而不及實沈是有汾神而無參神也是知有地理而不知有天文也蓋臺駘當顓頊世實沈當帝堯世以世次爲位次固不可以左傳所序先後爲拘也又云愚既跋晉師晉祠碑亭記訖復取縣志閱之見宣和五年有姜仲謙晉祠謝雨文云云

邱隅

【續】邱隅詩集傳云隅角也與上文邱阿作曲下文邱側作旁者一例正合集註忽云邱隅岑蔚之處【補】集註亦可竟看蓋言此邱隅必其爲岑蔚之處非以岑蔚正解邱隅也 説文解邱爲土之高岑爲山小而高高同也而土與山殊不倫況蔚乃草木盛貌與隅益無交涉者乎推其故出鄭康成大學註就而觀之知其所止知鳥擇岑蔚安閒而止處之耳語原寬綏不切切貼邱隅孔穎達疏方云鳥止在於岑蔚邱隅之處又云鳥之知在岑蔚安閒之處朱子遂認作正解入集註幾郢書燕說矣【補】馮山公云鄭康成大學註及孔疏皆云鳥擇岑蔚安閒之處而止處之爲朱子所本非郢書燕說 大抵漢代相傳訓詁之學至宋而亡唐人名物制度之學亦至宋而亡要其理明義精則迥出前代數倍上矣余每論此不勝三歎焉



【續】朱子删去鄭孔安閒二字止云岑蔚之處金仁山大學疏義岑者其尖鋭之處蔚者草木盛多之貌也岑則人所罕至蔚則有以自藏此鳥之飛集所以必止于此也

置郵

【原】顏師古漢書注云傳若今之驛古者以車謂之傳車其後單置馬謂之驛騎余因悟集註置驛也驛字上闕若今之三字然總不若用字書曰馬遞曰置步遞曰郵馬遞指駕車之馬非徒馬也又郵馹也尤非師古黃霸列傳郵亭注云行書舍傳送文書所止處如今之驛館矣字書馹字下曰驛傳遞馬余謂或可當置字註耳

【補】集註云置驛也按驛通作繹大雅常武徐方繹騷鄭箋謂徐國傳遞之驛是亦謂之馹左傳文十六年楚子乘馹襄二十一年乘馹而見宣子二十七年子木使馹謁諸王二十八年晉將使馹奔問諸晉是亦謂之遽僖三十三年使遽告于鄭昭二年乘遽而至晉語遽人來告列子說符篇使遽人來謁之是亦謂之傳成五年以傳召伯宗王藻士曰傳遽之臣鄭註傳遽以車馬給使

也爾雅馹遽傳也註皆傳車馹馬之名詩江漢釋文以車曰傳以馬曰遽是然則驛也馹也遽也傳也皆所謂置也集註又云郵馹也此在北宋作廣韻者早已錯訓但馹即置當依爾雅云郵過也註道路所經過郊特牲郵表畷鄭註引詩云爲下國畷郵孔疏若郵亭屋宇處所孟子速於置郵而傳命按陳天祥四書集註辨疑於置郵傳命曰今之傳舍曰館驛亦曰馬站又曰馬鋪步遞之舍曰急遞鋪中原多事之日曾三十里置一馬鋪大概十里一鋪爲常又按呂氏春秋離俗覽舜行德三





年而三苗服孔子聞之曰通乎德之情則孟門太行不爲險矣故曰德之速疾乎以郵傳命

吳越

原 集註吳蠻夷之國也越蠻夷國名一指景公羞與爲昏言補註程是庵曰吳越春秋齊女質吳吳爲太子聘之解者謂孟子所云即此按春秋襄二十四年傳晉平公嫁女於吳齊侯以女爲媵此又一事爲媵則更可恥矣一指非類而妄殺人言訓詁非漫下者

補 景公女吳蓋妻吳太子波也事見說苑權謀篇及吳越春秋闔廬內傳以吳爲蠻夷之國本趙註越人關弓蓋彎而射我也說見毛詩小弁傳及劉逵三都賦註以越爲蠻夷國名卻不本趙註

黃泉

原 黃泉濁水也不如杜氏左傳註云地中之泉故曰黃泉補註伏虔云天元地黃泉注地中故曰黃泉按杜氏從此註章懷東海恭王彊傳注引元凱註同因憶爾雅從下上出者濫泉從上溜下者沃泉從旁出者氿泉與地中之泉曰黃泉正一例竟作濁水解似與泉源水也義少隔

補 水經注洧水南有鄭莊公望母臺莊公居夫人於城





潁誓曰不及黃泉無相見也故城疑作成臺以望母洧水又東與黃水合黃水出太山南黃泉東南流逕華城西然則黃泉近城潁與地中之泉曰黃異故誓不及無相見御製味餘書室全集定本詠潁考叔詩云滋蔓亦已翦城潁長拘囚黃泉不可見悔過復殷憂

丹朱

源 丹朱集註止云堯之子未詳漢律歷志引帝系曰陶唐氏讓天下於虞使子朱處于丹淵爲諸侯補註尚書逸篇堯子不肖舜使居丹淵爲諸侯故號曰丹朱按此疑即本漢志而傳會者特假託徐邈注以自重耳丹淵雖

有范汪荊州記魏王泰括地志〔補註〕括地志云故丹城在鄧州內鄉縣西南百二十里南去丹水二百步汲冢紀年云后稷放帝子丹朱於丹水是也各言所在恐未足據信蓋世遠也因思堯在位七十載放齊曰允子朱啓明夫止曰朱未有國也及後三載薦舜於天朱始出封丹故有丹朱之號其避堯之子則以朱奔父喪在平陽耳丹朱貍姓在周爲傅氏見國語

〔補〕呂氏春秋孟春紀堯有子十人慎刑論堯妻舜以二女臣以十子高誘注孟子曰堯使九男二女事舜此曰十子殆丹朱爲允子不在數中按路史帝初取富宜氏曰皇生朱朱之兄考監明先死而不得立庶弟九繹史高辛世系帝堯子丹朱監明庶子九人丹朱後有大繇傅氏貍姓據此則丹朱外又有十子竹書帝堯五十八年帝使后稷放帝子朱于丹水蓋卽封丹淵爲諸侯爾故堯典曰允子朱益稷遂曰丹朱



三苗

〔原〕三苗國名以杜元凱長於地學猶闕其所在惟張守節據吳起言昔三苗氏左洞庭右彭蠡洞庭湖名在岳州巴陵縣西南一里南與青草湖連彭蠡湖名在江州潯陽縣東南五十二里以天子在北故洞庭在西爲左彭蠡在東爲右今江州鄂州岳州三苗之地也〔補註〕七修類藁三苗國堯時四夷之地在今日則中國也乃湖廣江鄂岳之三州杜氏通典則以潭州岳州衡州皆古三苗國地

岐周

〔原〕岐周岐山下周之舊邑近畎夷本趙註孫氏無疏史漢匈奴傳竝言周西伯昌伐畎夷氏師古注畎夷卽畎戎也又云昆夷字或作混又作緄昆緄畎聲相近耳亦云犬戎自隴以西有之乃知畎夷卽文王之所事者采薇序文王時西有昆夷之患是也

〔補〕詩古義患夷載路毛讀患爲串鄭如本字釋之正義云患夷者患中國之夷棟案董仲舒云書云止于一者謂之忠持二忠者謂之患混夷之人荒忽無常故謂之患夷患夷載路鴟鴞革響矣一說說文無串字古患字作患毌乃古貫字晉姜鼎云俾串迺楊南仲訓爲毋與貫同棟案明堂位崇鼎貫鼎大璜封父龜鄭氏云崇貫封父皆國名貫之與昆同物同音故緜詩謂之混夷矣詩謂之串尚書大傳云文王受命四年伐犬夷六年

伐崇鄭注云犬夷混夷也皇矣伐崇之詩混夷已平故云截路崇鼎貫鼎皆伐二國時所得之寶故與封父同稱則串夷之爲貫毋疑矣據此則岐周地近畎夷凡犬夷昆夷混夷串夷患夷貫夷一也

海隅

原 驅飛廉於海隅而戮之說者謂史稱蜚廉善走當武王誅紂并殺惡來飛廉獨以急足漏網竄伏海隅以爲周無如我何豈知聖人除惡務盡於窮無復之之地仍執而戮之以彰天討此亦是隨文詮解而皇甫謐云河



東彘縣今霍州十五里有飛廉冢民常祠之補註秦本紀注酈道元云霍太山上有飛廉墓補註水經汾水注皆與秦紀文合蓋殺者一處葬者又一處其詳不可得聞矣

補 書益稷海隅指海角爾雅釋地海隅指海濱惟君奭海隅出日罔不率俾傳謂周都西土去東爲遠故以日出言之然則飛廉善走武王驅戮海隅正在出日之地秦本紀云帝令處父索隱曰蜚廉別號不與殷亂賜爾石棺以華氏水經注作葬字死遂葬于霍太山楊升庵曰飛廉助紂爲虐孟子明言戮之海隅矣焉得天降石棺之誕

東蒙

原 東蒙山名卽書之蒙羽其藝詩之奄有龜蒙之蒙也自元和志誤析爲二謂在沂州費縣西北八十里者蒙山在費縣西北七十五里者東蒙山補註寰宇記同相距僅五里覺論語與書詩遂各有所屬界若鴻溝昔歲過其下土人承譌歷歷指點以示我余則舉漢地理志蒙陰縣注曰禹貢蒙山在西南有祠顓臾國在蒙山下證其爲一山而土人仍不悟也

補 齊乘蒙山在龜山東邢昺曰顓臾主祭蒙山在東故



曰東蒙

高宗聖製詩二集過蒙山云辛未巡江國路經東蒙東茲岡駐泉林取道魯附庸乃在蒙羽陽顓臾故古封迴首望雲巖府志蒙山頂有白雲巖推崇扶摯意義門讀書記費在蒙之陽魯以費爲東郊故謂之東蒙地理今釋蒙山在今青州府蒙陰縣南八里西南接兗州府費縣界延袤一百餘里焦氏竑曰蒙山與龜山相連延袤八十餘里蒙山之陽爲費縣陰爲蒙陰縣

明堂趙註

原 明堂趙氏註謂泰山下明堂本周天子東巡狩朝諸侯之處也齊侵地而得有之集註以漢時遺址尚在易

夫齊侵地而得有之以合封禪書郊祀志不知趙氏此句特妙也蓋左傳隱八年鄭伯使宛來歸祊不祀泰山也註云鄭桓公封鄭有助祭泰山湯沐邑在祊祊在琅邪國費縣東南鄭以天子不能復巡狩故欲以祊易于魯以從魯所宜計爾時距東遷五十六年泰山下湯沐邑鄭尚能世守之則明堂仍爲周天子所有齊焉敢侵不知幾何時而爲齊得又至宣王時不復東巡狩者四百四十年矣人咸遂謂齊毀明堂無王愈可知趙氏此一句不可以觀世變哉衞康叔封亦於泰山下受相上



之東都爲湯沐邑今其地闕

〔續〕禮記明堂位所言朝諸侯之位及所謂明堂明諸侯之尊卑說皆不經至謂朝諸侯於明堂則實然也古者天子巡狩朝諸侯於方岳之下皆於明堂受朝故孟子時齊宣王欲毀明堂此則東嶽之明堂也東嶽有明堂則西南北嶽亦有明堂可知四嶽皆有明堂則畿內亦有明堂又可知孝經云宗祀文王於明堂非畿內之明堂乎考工記云周明堂東西九筵筵九尺南北七筵崇一筵五室凡室二筵此則明堂之制也獨其處所經傳無文從來之說明堂在國之陽而玉藻云天子聽朔於南門之外夫聽朔必於明堂則謂在國之陽者是也然而朝諸侯於明堂經未實有所指考之覲禮有云諸侯覲於天子爲宮方三百步四門壇有二尋深四尺加方明於其上方明者木也上介皆奉其君之旂置於宮公侯伯子男皆就其旂而立天子出拜日於東門之外反祀方明此載在覲禮既終之後蓋指天子巡狩諸侯朝於方嶽之下有明堂以受朝此宮即方嶽之明堂也畿內則天子受覲於廟既覲之後當亦就明堂以布政其壇



在方嶽者以祀方明在畿者即子月日至郊天之大壇明堂大壇同在三百步內古者步百爲里方三百步方三里也大饗明堂則以文王配說者緣此謂明堂即文王廟豈有當乎大戴禮明堂篇載明堂之制與考工不同而茅屋蒿宮殊近怪妄獨所云其宮方三百步與覲禮合則覲禮之宮即明堂益可知矣明乎此制則淮南子淳于登公玉帶諸家可以盡廢先儒紛紛其說奚爲哉

太宰或奚或宋

原孔氏曰大宰官名或吳或宋未可知也按孔子嘗曰長居宋應是年十九娶於宋之亓官氏之女時後去曹適宋遭桓司馬之厄微服而去安得有六卿之長向子貢以問事故鄭康成註以爲是吳大宰嚭蓋哀七年夏吳大宰嚭召季康子康子使子貢辭十二年夏吳子使大宰嚭請尋盟公使子貢對秋子服景伯謂子貢子盍見大宰大宰嚭說又史記子貢嘗南適吳鄭故以大宰屬吳余謂是固然矣獨忘抑檀弓吳夫差侵陳陳大宰嚭使於師孔疏謂此陳大宰嚭與吳大宰嚭名號同而



人異者是孔子先後兩居陳識防風氏之骨專車辯肅愼氏之楛長尺與測桓僖之廟災當日所爲多聞而震矜之者皆在陳事故陳大宰以爲問屬吳似尤不若陳縱多能不指上數事集註亦不當遺或陳二字可知也

補禮記義疏檀弓下洪氏邁曰案嚭乃吳夫差之宰陳遣使者正用行人則儀乃陳臣也記禮者簡策差互故更錯其名當云陳行人儀使於師夫差使大宰嚭問之乃普忠宣公作春秋詩引斯事亦嘗辨正云按洪氏說則兩大宰嚭當作行人儀行人儀當作大宰嚭又案春秋吳宋有大宰他國無據此則孔疏不足憑似難補或陳二字

四書釋地續補終



梅陽海涵堂雕本

四書釋地又續

余既成釋地續八十條間釋及人以地非人不傳也玆作釋地又續一百六十二條遂泅入而及物矣或有請於余曰柰與集註異何余笑曰異集註則不利於場屋吾老矣著書冀以垂後豈必同於應考諸生攢眉終日夜拘傳註摹語氣以投頭腦冬烘者之心目哉【補註】摭言鄭薰謂顏標是魯公後以爲狀元事人譏曰主司頭腦太冬烘錯認顏標是魯公有大不可解者朱子註孟子一日記者之誤【補註】排淮注江註再日或有誤字此正孟子也夫朱子可以正孟子



而讀集註者不許其正朱子此何說也後人之見固萬不逮夫朱子而朱子之見抑豈真高出乎孟子卽謂兩誤處若以紂爲兄之子且以爲君啟比干並舉乃古人文章連類而及之常華周之妻亦然孟子曷嘗誤會【補註】尚書疏證曰以紂爲兄之子本指王子比干而亦及微子啟善哭其夫而變國俗本指杞梁之妻而亦及華周之妻皆因其一而並言其一宋王楙所謂古人省言之體蓋如此按孟子疏杞梁之妻卽孟姜也續二編微箚爰次其語於簡端以待後之君子太原閻若璩

目

莊暴　瞽瞍象
瞽瞍底豫　爲王而行者
蒯聵輒　泰伯
則之野　不教子
吾有所受之　懷寶迷邦二段
五十而貢三句　顏淵季路侍
令尹子文　子羽公孫揮
顏回　宰我
冉有　子游



顏讎由　申詳
史魚　告子
百姓　少艾
武丁至紂　武王末受命
弟子蓋三千焉　陳蔡臣服於楚
少正卯　曾點鼓瑟
曾晳倚門而歌　秦楚之路
淳于髡前章　孟懿子之兄
孟獻子魯賢大夫　燕毛

王子毋死　秦誓
凱風　溝洫
掘地注海　麋鹿
狐貉　熊掌
黃鳥白鳥　雖
杠　盤
析　伯成子高
太公　老子
曾子易簀　伯夷柳下惠



墨翟　莊周
號曰三晉　都大梁
少梁　與楚將昭陽戰
西喪地于秦七百里　齊擊魏破其軍
固而近于費　遠人謂顓臾
句繹　鄒與魯鬨
堯喪　居廬
獻陵之對　桐湯墓所在
文王之囿　都

四書釋地又續目錄

四書釋地又續補

太原閻若璩原本　山陰後學樊廷枚校補

闕里

【原】余向從元王氏句解家語本顔繇孔子始教於闕里而受學爲證此書出於王肅以其有闕里字面及近讀北史【補註】按雪亭批本史字疑衍盧抱經據汲古毛氏本北史作家語宋板王肅注本七十二弟子解曰顔由同父字季路孔子始教學於閭里【補註】陸包山治手抄本作闕里而受學少孔子六歲乃是閭字非闕字不覺自失悔寃郤子雍抑足證書雖私定增加猶能



知孔子時斷無闕里之名不敢冒稱但曰教學於閭里云爾遂不覺大快嗟乎學須博書須善本又須參前後之所見以歸於一定學者愼無易由言爾

【補】禮記學記古之教者家有塾鄭注古者仕焉而已者歸教於閭里朝夕坐於門門側之室謂之塾孔疏二十五家爲閭同共一巷巷首有門門邊有塾按孔子始教學於閭里或如此

闕黨

【原】吾友胡渭生朏明北上過余家陶陶者三永夕問余闕里吾既得聞命矣但闕黨顧寧人謂即闕里之別稱【補註】馮山公云周禮五鄰爲里五族爲黨闕里者闕黨之里也與亭林說合載日知錄方盛行予不可不撰一解爲余曰闕里里名闕黨黨名五百家爲黨猶達巷黨人【補註】史記孔子世家達巷黨人童子漢書董仲舒傳孟康注云項橐達巷亦黨名也今兗州府志闕黨在滋陽縣東北一里有泉焉名闕黨泉流入泗荀子儒效篇仲尼居於闕黨闕黨之子弟【補註】論語闕黨童子將命家語云孔璇叔仲會年相比俱執筆迭侍孔子孟武伯見孔子而問焉按闕黨子弟或即將命童子歟罔不分有親者取多孝悌以化之也居者暫居【補註】楊倞注謂孔子閒居按當如鄭註孝經以居爲講堂正所謂所



過者化

窮石

【原】或難余子向從金仁山謂窮石不知所在以意度當必近於夏都安邑方及代夏政令酈注河水條云平原郡鬲縣有鬲津河道元曰故有窮后國也現載之而子弗及非一大漏失與余曰否酈注有可從有不可從此則不可從者【補註】路史國名紀有鬲氏夏諸侯近鬲津酈氏以爲有窮后國非有窮界邑楚地今壽之安豐有窮谷窮水即窮石故記皆謂刪丹蓋以淮南子弱出窮石窮石山在刪丹今在張掖似太遠隔楚人救潛沈尹戌與吳師遇於窮潛今之舒與寒過皆相邇因夏氏代夏政則此爲近蓋左氏襄四

年傳靡奔有鬲氏杜預曰有鬲國名今平原鬲縣是今平原縣顧氏曰今德平【補註】熒纂按鬲偃姓臯陶之後封於鬲今山東濟南府德平縣東一里有故鬲城司馬彪曰鬲侯國夏時有鬲君滅浞立少康應劭曰鬲偃姓臯繇後也然則此地當后相八歲寒浞殺羿靡來奔時正爲臯陶之孫有鬲氏國豈得羿舊國於此使非鬲君忠於夏安敢納夏之遺臣乎抑非鬲君與靡協力同心靡安能自其國遽收斟二國之燼以滅浞而立少康乎善乎張宜公曰若靡者可謂忠之盛矣余則謂若鬲君者益可謂忠之盛矣亟須表著之以爲萬世人臣之標準靡也鬲君也有仍與虞思【補註】熊勿軒曰羿浞之禍已無夏矣羲黃堯舜以來相傳之正統其絕者蓋四十年區區庖正一成之地一旅之衆而卒能復禹舊績踐天子位者要之亦爲之君者有撥亂之志爲之臣者有盡忠之節人事既盡能以天道爲定命故能臻茲大業推原其故亦繇虞君思之爲也葛屺瞻曰少康中興賢臣世推靡鬲然使虞君不妻之以二姚而邑諸綸亦何所恃以布德兆謀而收夏衆哉則虞君之功在靡鬲之上明矣及夏衆也皆大有功於祀夏配天復禹之績者也至窮石爲國名非山名不在張掖又無問已



齊魯風俗

【原】漢地理志論齊魯風俗曰太公治齊修道術尊賢智賞有功故其士多好經術矜功名舒緩闊達而足智其失夸奢朋黨言與行繆虛詐不情封魯以爲周公主其民有聖人之教化瀕洙泗之水其民涉度幼者扶老而代其任俗既益薄長老不自安與幼少相讓至斷斷如孔子迺修六經以述唐虞三代是以其民好學上禮義重廉恥集註功利夸詐云云悉取於此王伯厚謂魯政治雖濁風俗不衰與漢之東都同尤具眼語程子謂東漢之名節成於風俗雖非自得然一變可以至道亦有味哉



【補】王文憲曰齊之盛時已不如魯魯之衰時尚勝於齊變齊先革功利變魯先振紀綱金仁山曰齊自夫子以後亦嘗一變蓋登夫子之門者多其後諸儒與魯相埒如語有齊論詩有齊詩漢時嘗以齊魯並稱

宋人

【原】孫學翼九歲時讀宋人揠苗助長【補註】趙註揠挺拔之欲亟長也小爾雅拔心曰揠笑問曰宋人若是其愚亦可概見乎余曰見莊列二書如資章甫而適越不知越人無所用之者宋人也鬻不龜手之藥得百金不知有時用之以封者宋人

也【補註】並見莊子內篇逍遙遊 即曹商爲宋王使秦得車至多莊子詆其同於舐痔【補註】莊子雜篇列禦寇 往問富於齊國氏得其爲盜之言遂真爲盜以贓獲罪甚大惑謂爲罔已者宋之向氏也【補註】列子天瑞 自曝於日顧其妻將以獻吾君邀重賞者宋之田夫也【補註】列子楊朱 得人遺契歸數其齒告其鄰吾富可待者宋之游於道者也【補註】列子說符 雖狙公籠衆狙以芧自以爲智【補註】列子黃帝亦見莊子齊物論 三年爲其君成一葉國以爲巧【補註】列子說符 陽里華子中年病忘取喻與至理相似【補註】列子周穆王 好行仁義者三世不懈取喻於禍福相倚皆含有愚意至一則宋有蘭子再則宋有蘭子蘭妄也所謂蘭子以技妄遊者也【補註】並見說符 何莫非宋人即謂宋多愚人也亦宜或曰莊列大抵率寓言竊以人必貪財而後疑其盜必好色而後疑其淫況七篇又居然事實也耶



河東河內

【原】梁河東今之安邑等縣梁亦有河西六國表魏入河西地於秦是也梁河內今之河內濟源等縣梁亦有河外蘇秦傳大王之地北有河外註云謂河南地是也河東西亦謂之河內外左傳僖十五年賂秦伯以河外列城五內及解梁城魏世家無忌曰所亡於秦者河外河內是也至河內外則梁之河北河南地蘇代曰秦正告魏我陸攻則擊河內水攻則滅大梁是然則梁之地自河西迤迤而至河南幾將二千里何以蘇秦曰魏地方千里【補註】史記張儀列傳魏地方不至千里 蓋從長而橫不足絕長補短算耳然已比韓猶大比趙實小【補註】韓地方九百餘里趙地方二千餘里 是以文侯武侯用之則爲天下彊惠王襄王用之則弱於天下國勢固在於主德哉

【補】集註河內河東皆魏地金仁山曰魏地在西河之東故分今河中之地謂之河東大河至華陰折而東流故溫懷之地謂之河內一云魏都大梁在大河東南故名河東而以故安邑之地爲河內今河中府是此獨以魏地言也



東齊西秦南楚

【原】梁惠王自言東敗於齊西喪於秦南辱於楚皆及戰爭事張儀說其孫哀王言梁南與楚境西與韓境北與趙境東與齊境梁之地勢固戰場也梁南與楚而不與齊則齊攻其東東與齊而不與趙則趙攻其北不合於

韓則韓攻其西不親於楚則楚攻其南此所謂四分五裂之道也〔補註〕以上見史記本傳則謂地在所必爭正可參觀宋楊蟠金山詩天末〔補註〕佩文韻府引楊公濟詩作天遠樓臺橫北固夜深燈火見揚州王平甫譏之曰莊宅牙人語解量四至〔補註〕按釋處默錢塘白塔院詩到江吳地盡隔岸越山多陳后山謂分界堠子語此與平甫所譏何異竊謂談地理者能畫四至得確斯亦足矣即如隋煬帝汎龍舟曲借問揚州在何處淮南江北海西頭此豈詞人所易幾及〔補註〕書蔡傳徐州南至淮揚州北至淮蓋以淮水爲分界非如今淮安府跨淮南淮北而有也煬帝詩洵工確不可移易



杞

〔原〕杞不足徵人皆以杞行夸禮春秋貶而稱子之故不知此時之杞非復周武王初封東樓公之杞國也初封杞即今開封杞縣索隱曰至春秋時杞已遷東國雖未知的都何所要隱四年莒人伐杞取牟婁〔補註〕彙纂杞杜注本都陳留雍邱縣今河南開封府杞縣是也後遷都淳于今青州府安邱縣有淳于故城按小司馬云杞已遷東國當即淳于下文續考謂今安邱縣正在魯東北者是桓二年七月杞侯來朝九月伐杞入之與今之莒州及曲阜縣相鄰也可知遂桓五年淳于公即經所稱州公者其國亡杞似并之杜元凱曰遷都於淳于僖十四年杞辟淮夸諸侯爲城焉杜元凱曰又遷於緣陵襄二十九年晉合諸侯以城杞即昭元年祁午數趙文子之功云城淳于者杜元凱曰杞又遷都淳于淳于漢置縣屬北海郡其故城一名杞城在今青州安邱縣東北三十里其遺趾宛然緣陵杜止註杞邑臣瓚曰漢北海之營陵縣春秋謂之緣陵以余考始今昌樂縣東南五十里營邱城是蓋杞當春秋去初封已千有餘里而顛沛流離賴人之力以圖存史記一則杞小微其事不足稱述再則杞微甚不足數也故知



杞文獻無徵豈直衛人曰夏肄〔補註〕按夏肄是屏乃子大叔謂衛大叔文子之語則衛人當作鄭人晉人曰夏餘而即於夸禮也哉此句刻義解者都畧過

〔補〕地理志周武王封禹後於杞號東樓公二十一代爲楚所滅繹史杞世系東樓西樓題謀娶史世家謀娶公當周厲王時必有誤父子相及在位各五六十年無是理也武靖共惠成桓孝文平悼隱閔哀出簡凡二十公按世本共生惠惠生成成及桓史記云共公卒子德公立德公卒弟桓公立既脫一世而謚號又不同故知世家於小國尤多舛誤

有宋存

【原】余向謂聖人之言迷於賢人口中少有改易便不如聖人之確如論語杞宋竝不足徵中庸易其文曰有宋存【補註】或曰有宋存焉蓋言其馳有存者亦是宋不足徵意特此杞差勝耳按孔子言我欲觀夏道是故之杞而不足徵也吾得夏時焉我欲觀殷道是故之宋而不足徵也吾得坤乾焉大抵文獻惟魯爲最備故曰吾舍魯何適矣二國自俱不足徵案孔子七世祖正考父得商頌十二篇於周之大師歸以祀其先王而孔子錄詩時亡其七篇此非宋不足徵之切證乎觀中庸其至矣乎及明乎郊社之禮分明是子思增損隱括論語之文此則改論語



而失其意故不確知我罪我一聽世之君子余則信孔子過篤者耳【補註】此段節錄尚書疏證第五十一一時聞者駭而安焉越後二十餘年歲寒夜永老鰥無寐忽憶孔子世家末言伯魚生伋字子思嘗困於宋子思作中庸【補註】蘇轍古史子思年六十二作中庸十二經問對周威烈王十七年魯穆公顯立子思於是年作中庸孔叢子居衛篇子思年十六適宋宋大夫樂朔圍子思既免於是撰中庸按諸說皆謬不覺豁然以悟起坐歎曰中庸既作於宋易其文殆爲宋諱乎苟子禮居是邑不非其大夫況宋實爲其宗國仲尼於春秋爲有所褒諱貶損不可書見也口授弟子又定哀多微辭孔叢子雖

僞書然載宋大夫樂朔與子思論尚書朔以爲辱已起徒攻子思子思既免於是撰中庸之書似亦未必全無因則書中辭宜遜且衛時杞既亡而宋獨存易之亦與事實合余因有感黃楚望之經學以積思自悟爲主以自然的當不可移易爲則其言曰聖經興廢上關天運苟有悟輒自以謂天開其愚神啓其祕者此誠願與天下士交勉之哉

續考得陳留雍邱縣注云故杞國也【補註】古杞國城括地志屬汴州雍邱縣先春秋時徙魯東北按今安邱縣正在魯東北惟先



春秋而徙故入春秋邑輒爲莒得明據至此以杜元凱之博洽爲不直引此文乃云推尋事跡始知之讀書無漏豈非大難

宗廟會同

【原】季本宗廟會同四句文云時至春秋古禮盡廢人惟不見諸侯之朝天子而與祭也則所見者惟諸侯之宗廟而無復有相天子之宗廟者矣人惟不見諸侯之從天子而合謀也則所見者惟諸侯之會同而無復有相天子之會同者矣不知宗廟者天子之事也天子之宗

廟則有序爵以辨貴序事以辨賢皆所以相也會同者天子之事也天子之會同則有聽禁於王都請命於方岳皆所以相也則宗廟會同之相非諸侯而何哉艾南英評曰須將禮記周禮春秋左傳融貫成片乃知此文之確余案相天子之宗廟乃大宗伯之職小宗伯佐之【補注】特牲饋食禮義疏擯相者皆宗人周官凡享祀大宗伯詔相王之太禮小宗伯詔相王之小禮亦禮官事也周禮大宗伯云治其大禮詔相王之大禮鄭注治猶簡習也豫簡習大禮至祭當以詔相王賈疏詔相王之大禮者謂未至之時詔告之及其行事則又相之小宗



伯云詔相祭祀之小禮凡大禮佐大宗伯於諸侯何與相天子之會同上擯則大宗伯周禮朝覲會同則爲上相【補注】覲禮義疏大宗伯朝覲會同則爲上相注云出接賓曰擯入詔禮曰相此經乃入相禮時亦稱擯者蓋對舉則別散文則通也鄭注相詔王禮也是也肆師爲承擯小行人亦爲承擯蓋一佐大朝覲一將幣於四時常朝至末擯司空之屬嗇夫爲之見覲禮又於諸侯爲與乎想季氏僭因論語相維辟公遂認相天子之宗廟爲諸侯不知此何與肅雝顯相相予肆祀皆謂助祭者而非詔禮者之相邪苟論語疏聘禮云卿爲上擯大夫爲承擯士

爲紹擯玉藻云君入門介拂闑大夫中棖與闑之間士介拂棖則卿爲上介大夫爲次介士爲末介也此云願爲小相者謙不敢爲上擯上介之卿願爲承擯紹擯次介末介之大夫士耳抄已然漏却祭祀之小相左傳文二年夏父弗忌爲宗伯魯語宗人夏父展祭統大宗執璋瓚亞祼其官一也是諸侯上相則宗伯小相必宗伯之屬若魯語所稱宗有司者亦謙而願爲焉證據皆晝然奈何舍之而別爲解復有高心空腹如艾南英者從而和之耶



端章甫即束帶立於朝願爲小相焉即可使與賓客言也亦自思從政爲大夫豈妄思周天子與之一諸侯非諸侯而何乃指諸侯之事言【補注】私箋云自卿大夫以下有都宮而無宗廟自附庸而下有通問而無會同此宗廟會同所以爲諸侯之事非人也題已認錯當春秋時禮不盡如古故僖二十八年傳鄭伯傅王用平禮也杜注傅相也以周平王享晉文侯仇之禮享晉侯蓋時能相禮者亦希鄭伯素以知禮名故用以相王非合周制若宣十六年定王享士會原襄公相禮襄公周大夫豈屬五等諸侯哉胡朏明曰傳言用平禮則周東遷以

前未必然可知

補 陳用之曰古者端衣或施之於冕或施之於冠大戴禮曰武王端冕而受丹書樂記魏文侯曰端冕而聽古樂此施於冕者也冠禮冠者元端內則子事父母冠緌纓端鞸紳公西華曰端章甫此施於冠者也按禮記玉藻義疏元端以方幅爲名朝祭之服亦然其別者不晝則止謂之端晝則曰袞曰鷩曰毳曰希曰元而無端名周官司服義疏元端服則元冠而元衣朝服則元冠而緇衣特牲疏所謂一冠冠兩服也六入爲元七入爲緇



是元淺而緇深也通言之則緇亦名元士冠禮義疏始加應以元冠重古故用緇布冠而既則以此易之然則三者皆元冠之別名歟公西華言端章甫則古人亦名章甫矣禮器圖士冠禮有元冠鄭氏註云元冠委貌也周官司服有冠弁服注又云委貌也聶氏崇義述舊圖謂夏曰毋追殷曰章甫周曰委貌後代轉以巧意改新而易其名耳然則委貌也章甫也毋追也冠弁也並同緇布爲之故皆可以元冠名之惠半農禮說禮服正幅爲端朝祭之衣端正無殺康成謂士服則然大夫以上

侈袂其服遂不復端乎非也袂屬於服袂之侈何害於服之端且端不徒言服兼言冠其冠冕則曰端冕其冠委貌則曰委端亦曰端委穀梁委端搢笏左傳弁冕端委國語端委以入其冠章甫則曰端章甫其服端其冠元則曰冠端而襲

往送之門

原 門卽父母家之門非女子所適之壻家之門今人祗緣俗有母送其女至壻家禮遂認作壻門不知婦人迎送不出門又內言不出於梱古豈有是耶然孟子此一禮與儀禮士昏禮記亦殊不同記云父在阼階上西面



戒女母戒諸西階上不降又云父送女命之曰戒之敬之夙夜毋違命母施衿結帨曰勉之敬之夙夜無違宮事庶母及門內施鞶申之以父母之命命之曰敬恭聽宗爾父母之言夙夜無愆視諸衿鞶是戒者非止母一人與所送亦非止門一處大抵孟子言禮多主大綱不暇及詳如諸侯之喪禮可見補證滕文公於父當斬衰不齊而云齊疏者大概語按檀弓穆公之母卒使人問於曾申申對曰哭泣之哀齊斬之情饘粥之食自天子達穆公母服齊故首言齊衰斬蓋并及之不似孟子對父遺斬但上文曰吾嘗聞之矣正與檀弓數語合豈卽古語傳誦之訛而孟子不暇致詳歟抑儀禮定於周初而列國行之久頗各隨其俗如

衛人之祔也離之魯人之祔也合之雖孔子善魯而衛當日仍行自若意者孟子共本鄒之昏禮乎學者當識此變通處

【補】往送之禮時各不同夏殷以前書缺有間儀禮士昏禮記云女出於母左父西面戒之母戒諸西階上不降庶母及門內施鞶敖繼公謂門內即廟門內此周初時禮也穀梁桓三年傳云禮送女父不下堂母不出祭門諸母兄弟不出闕門註祭門廟門也闕兩觀也在祭門之外此春秋時禮也孟子往送之門金仁山謂往字作



一讀此戰國時禮也按古者親迎於廟公羊傳何休注云夏后氏逆於庭殷人逆於堂周人逆於戶後代漸文逆於廟者親親之義也故士昏禮賓升北面奠鴈賈公彥謂當在戶外當楣北面但儀禮係士禮大夫士二門廟在大門內寢門外之東云母戒諸西階上不降則送及廟門內者唯庶母而已穀梁傳係諸侯禮諸侯三門庫雉路廟在雉門內之東云母不出祭門[illegible]而送及廟門云諸母兄弟不出闕門則得出[illegible]送及雉門兩觀若孟子所稱往送之門斷以祭門爲主或禮隨時異周初所云西階上不降者至春秋而已不出祭門矣安知戰國時不更送至闕門與大門乎況親迎之禮周既以近爲親往送之禮何妨以遠爲親曾謂孟子而本鄒之昏禮乎

尚書堯典釐降二女于嬀汭嬪于虞帝曰欽哉周易泰六五帝乙歸妹以祉元吉王厚齋曰帝乙歸妹子夏傳謂湯之歸妹也京房載湯嫁妹之辭曰無以天子之尊而乘諸侯無以天子之富而驕諸侯陰之從陽女之順夫本天地之義也往事爾夫必以禮義按此命辭與儀



禮士昏禮記及孟子母命合

益

【原】余釋地間釋及人以人爲地之所生猶不離母如益爲皋陶之子見孔穎達書疏陸德明音義邢昺論語疏張守節秦本紀注並同不獨曹大家【補註】列女傳註高誘【補註】呂氏春秋注鄭康成【補註】詩譜而已而集註書集傳反闕金仁山曰果如是則當楚滅六與蓼時伯翳之後嬴姓若秦若徐若趙見存何得臧文仲曰皋陶不祀乎明非屬父子非也臧文仲自傷楚彊盛日薦食上國而爲上國之祖者

祀亦履非謂皋陶盡無後何以驗之皋陶偃姓羣舒皆偃姓【補註】繹史偃姓後舒有舒鮑舒龍舒龔舒庸舒蓼舒鳩則自出于皋陶滅六與蓼見文五年傳矣而文十二年不猶有羣舒叛楚乎或曰皋陶偃姓伯翳嬴姓將父子異姓乎余曰古者天子建德因生以賜姓堯祁姓丹朱爲其允子卻貍姓何父子同姓之有余因又悟舜五臣功皆高德皆盛當禹讓于稷契暨皋陶而不及益實以益爲皋陶之子也不然禹他年尚薦益於天豈此日不堪宅百揆乎【補註】尚書疏證曰又思舜五臣其四人沾新命而益尚否故禹當疇若予上下草木鳥獸之問輒以益對蓋子不可



以竝父後代爲人子者三賜不及車馬及三命踰父兄非禮也之說皆緣於此此係經典中一大節目根證章章而宋儒傳註悉畧之矣

朱子曰孟子說益烈山澤而焚之是使之除去障翳驅逐禽獸未必使爲虞官至舜命作虞然後使之養育其草木鳥獸耳洵是但謂未必使爲虞官孟子明言益掌火陶唐氏掌火官名火正閼伯爲堯火正居商邱見左傳襄九年舜登庸則益爲之舜即帝位後益又遷作虞分明各爲一職何必致疑蓋緣朱子時已久無火官三代下惟漢武帝置別火令丞三中興省二晉職官志無故亦不暇詳晰耳古者火官最重高辛世祝融能昭顯天地之光明以生柔嘉材周禮司爟掌行火之政令四時變國火以救時疾【補註】馬融註論語曰周書月令有更火春取榆柳之火夏取棗杏之火季夏取桑柘之火秋取柞楢之火冬取槐檀之火一年之中鑽火各異木故曰改火也管子曰春爨以羽獸之火夏爨以毛獸之火秋爨以介蟲之火冬爨以鱗獸之火中央爨以倮蟲之火禮說司爟夏取熱司烜秋取明熱以爨取其新明以照取其潔又春取榆柳之火于南方夏取棗杏之火于西方秋取柞楢之火于北方冬取槐檀之火于東方中央取桑柘之火于坤方秦漢有別火之官主改火之事春青冬黑乃其常也又焉用別火不數變疾必興聖人調燮微權正寓於此觀一藏冰啓冰間尚足和四時而免天



札況火爲民生不容一日廢者其出之內之所關於氣化何如乎噫後代庶官咸備火政獨缺飲知擇水烹不擇火民必有陰感其疾而莫之云救者其不幸可勝道與【補註】以上二段見尚書疏證第五十八

人皆知堯有壻不知舜亦有壻舜謂栢翳曰咨爾費贊禹功爾後嗣將大出乃妻之姚姓之玉女【補註】秦本紀姚舜所受姓玉女見祭統言玉女者美言之君子於玉比德焉豈他庶姓女所可稱是益爲舜壻【補註】禮檀弓蓋三妃未之從也正義帝王世紀云長妃娥皇無子次妃女英生商均次妃癸比生二女宵明燭光是也按秦本紀註皇甫謐云賜之

元玉妻以姚姓之女與祭統不同然不如鄭註之確若妻益爲胥明燭光亦斷然無疑者臯陶與舜爲婚姻此亦古今所未經拈出者

臯陶

原舜五臣之中禹爲最稷契次之臯陶次之益又次之此品第也或問孟子舜以不得禹臯陶爲已憂上文無臯陶茲特補出一似惟臯陶始足以配禹者何與余曰顧麟士有云獨臯陶竝列者亦大概之言不屑分配耳或古人原以竝稱而順口因之或又問若禹臯陶則見而知之且以道統屬臯陶益明非臯陶不足以配禹矣



余曰讀歸熙甫孟子此章叙道統不及周公顏子論亦可恍然于其故矣蓋古之聖賢有道言而無遺意觀言者誠得其意太公望散宜生可以爲見知則周公不居其下矣孟子以此自任則顏子不在其後矣呂散謂之見知非過也然而虎踞鷹揚視夫忻忻休休之氣象何如也其不叙周公者夫亦以文王若一人焉父子一道舉乎此卽敬止之家學其視文王言之則周公之所師可以該乎彼矣易作於羲文周孔而班固曰易更三聖至於談之與遷同稱太史彪之與固同號班書蓋昔人之恒辭也苟執其辭焉則武王何以不舉乎他日稱三王而繼之以思兼孟子之意可知也孟子之自任以道非僭也然而泰山巖巖視夫和風慶雲之氣象何如也其不叙顏子者夫亦以在我者言之則孟子之私淑蓋自附于及門其視顏子猶儕輩焉彼此一道方自論則不暇于及人矣周有亂臣十人而君奭曰惟茲四人至于序大孝則稱曾子論好學則獨予顏淵蓋昔人之專辭也苟執其辭焉則曾子子思又何以不舉乎他日論禹稷而歸之于同道孟子之意可知也玅哉論也豈惟



禹臯竝稱五臣中有以禹稷竝稱者躬稼有天下當平世是也請竊如熙甫之論申之曰舜以不得禹臯陶爲已憂若禹臯陶則見而知之禹臯陶竝稱者恒辭也禹稷躬稼而有天下禹稷當平世三過其門而不入禹稷竝稱者專辭也【補記】躬稼本稷而亦稱禹三過不入本禹而亦稱稷此古人連類而及之之文也按如郊社之禮所以事上帝也不言后土地道無成而代有終也不言臣妻先王居檮杌于四裔不言渾敦躬奇饕餮此又古人省言之體恒辭專辭所謂言固各有當與【補記】以上見尚書疏證第五十七汪氏琵庵曰孟子未見孔子所自任者聞知耳非謂顏子不足當見知也周公作爻辭在續一家之說正義所宗班固何從知之熙甫立論甚通而考古未確此明儒通弊

余昔往來洪洞縣見道有豐碑曰皋陶故里側有祠及墓雖躬拜祠下心殊不以爲然蓋帝王世紀云皋陶生于曲阜曲阜偃地故帝因之而以賜姓曰偃皇覽云皋陶冢在廬江六縣括地志云故六城在壽州安豐縣南一百三十里【補註】夏本紀正義安豐今廢入壽州爲安豐鄉葬固於所封國【補註】輿地廣記皋陶卒葬于皋楚人謂之公琴酈道元云楚人謂冢爲琴按皋爲陶之封國與此爲于之封國同見路史唐宗室世系表皋陶上溯自顓頊下訖數十代皆於洪洞了不相涉不知何緣誤至此爲正於此



後漢書楊賜傳【補註】潛邱劄記引文有拜尚書令數日六字出爲廷尉賜自以代非法家言曰三后成功惟殷于民皋陶不與焉蓋吝之也【補註】劄記引有遂固辭三字北史高允傳允以獄者人命所係常歎曰皋陶至德也其後英蓼先亡劉項之際英布黥而王經世雖久猶有刑之餘釁況凡人能無咎乎此等議論興於是有刑官無後之說蓋不知益爲其子者也苟知之益後有天下何莫非皋陶後有天下【補註】沈歸愚皋陶論曰或謂皋陶爲刑官故其後無王者今尚書所載帝念其功曰刑期無刑民協于中又曰四方風動惟乃之休而皋陶亦曰與其殺不辜寧失不經則當時民之不犯有司惟皋陶有以而成之者其心仁其功懋矣

然亦至秦莊襄王而止【補註】云爾者始皇非莊襄子也嚴華谷曰秦與而帝王之影響盡矣余亦曰秦政立而皋陶庭堅之祀眞斬矣此尤爲哀哉

外丙仲壬

【原】外丙仲壬自程子謂年爲歲始爲異說後益聚訟爭要之程說亦本書序書傳朱子曰二書皆後人所撰者豈可憑是也余謂一代有一代之禮唐虞禪夏后殷周繼此帝王之殊禮也殷道親親者立弟【補註】金仁山云以殷世考之自三宗及祖乙祖甲皆立子其立弟者盤庚耳必有所不得已也又云商自沃丁始立弟太史公陽甲之紀曰自



仲丁以來廢嫡而更立諸弟子諸弟子或爭相代立比九世亂以其世考之自沃丁至陽甲立弟者九世則仲丁之名誤也沃丁既以廢嫡立諸弟子生亂爲羿則成湯未嘗立外丙仲壬明矣不然是成湯首爲亂制又何羿沃丁平陳用之云春秋之時宋宣公舍子與夷立弟穆公穆公又舍子馮立與夷而與夷卒見殺莒紀公黜太子僕愛季佗而卒召禍晉獻公殺世子申生立奚齊而卒亂晉齊靈公廢太子光立公子牙而卒亂齊觀此則殷之立弟生亂益信是以知成湯伊尹以元聖之德戮力創業斷非舍嫡孫而立諸子也周道尊尊者立子周道太子死立適孫殷道太子死立其弟見史記梁孝王世家又曰方今漢家法周周道不得立弟當立子此殷周之殊禮也故文王當伯邑考死【補註】孔疏以爲伯邑考見在雖有伯邑考之子在舍之而立武王先儒以爲殷禮者是孔子曰立孫自爲周

言之也善乎艾千子有言巢商必世嫡則孟子此二語為贅辭巢其為二歲四歲而不之立乃及于太甲也此特伊尹意中未形事何緣流傳至戰國時而待孟子乃言之耶湯之壽數誠不可考皇甫謐謂其壽百歲太丁既死而外丙仲壬均湯之子僅二歲四歲長幼相去如此懸絕乎且卽以商序而先外丙于仲壬乎姑存吾說以俟來學余謂程子復起亦當從此說



補朱子語類主趙說集註卻兼錄程說金仁山謂當從程氏據樞乃殷本紀及皇極經世諸書而力辨其非者凡四又按太甲以嫡長孫承重繼祖攷之于書自可見書曰惟元祀十有二月乙丑伊尹祠于先王是冢宰攝祭于宗廟也奉嗣王祗見厥祖是見于殯宮告卽位也若隔外丙仲壬之世而太甲承仲壬之喪則自成湯外丙以上俱曰祠于先王足矣何獨又曰奉嗣王祗見厥祖其書法若是之重複也

甯武子

原甯武子俞莊子速之子仕衛當文公成公時集註如是備考謂武子未嘗事文公古者公族世為大夫父死子繼成元年速猶會盟于向至三年俞始盟宛濮可知有道無道均屬成公觸陵穢書則謂春秋父子並時在朝者甚多且當依註然亦未有事以指實之余請實以事如鄢陵之役欒書將中軍適子黶如魯乞師次子鍼為厲公車右故皆大夫也佐中軍者父士燮為公族大夫者其子匄將下軍者父韓厥為公族大夫者其子無忌後二年悼公卽位事季孫宿執政為司徒適子紇雖蚤卒猶得謚曰悼子以大夫故庶子彌出為公之左宰皆並時復何疑於甯氏父子乎蓋文公末年俞已歷仕大夫值衛無事故曰有道則知成公三年俞繼父正卿備權艱險故曰則愚集註以有道屬文無道屬成先文後成其次第固不紊矣



補毛西河曰甯武並無仕衛文時事春秋衛成元年在簡書尚有甯莊子盟向之文其父尚在武子安得為大夫至成三年而後武子之名始見策書近嘉興陸氏新刻四書大全本謂春秋父子並仕甚多而淮安閻氏附會朱註又引春秋傳謂鄢陵之戰欒書韓厥父子俱在軍且韓厥將下軍而厥子無忌為公族大夫是父子並

在朝也況季武子已立悼子而長庶公彌卽爲公左宰爲見衛弍必不仕文公朝乎不知請所引據皆非世爵相繼之法周制世爵父在必先定繼名之曰立暨父老父死而後繼之名之曰卽位若父未老死則立亦或有未定者何況卽位但世爵未繼早有散仕爲倅者謂作父副貳預爲私家之散官周官掌國子之倅燕義稱諸侯卿大夫士之庶子之倅皆是也故季武子立悼子此立也公彌作左宰此倅也其後悼子未卽位卒而平子卽位則公彌雖隨父作倅然並非大夫亦可知矣若欒



氏韓氏則晉成變法倣周制之倅而別名爲公族公行諸官故鄢陵之戰欒書子鍼爲車右卽公行也魏風殊異乎公行是也韓厥子無忌爲公族大夫卽公族也魏風殊異乎公族是也此豈父子同時爲大夫者且韓厥子無忌終不爲大夫左傳韓獻子老將立無忌而無忌以廢疾辭遂立韓起則此公族官但是國倅何嘗是大夫況國倅亦應見策書衛武幷不爲國倅謂爲大夫乎王草堂曰有道無道以國之治亂而言當其內變不生外患不作是有道也及晉文外搆元咺內爭是無道也

汪氏懋庵曰此有道乃對禍亂而言猶云太平無事耳與史魚章兩有道正同成公復國（僖三十年）後武子輔政凡十餘年其間如請改祀命（三十一年）不答彤弓（文四年）等事皆所謂有道則知也又曰盡心竭力之說自朱子始發之前此皆用孔安國佯愚似實之註不獨皇邢二疏卽程子沈晦免患猶沿其意故杜氏以解左氏肄業及之此與集註意義懸殊又何必辨其文公成公耶（潘岳閑居賦無道吾不愚亦不能佯愚之謂）

襄



原　孔子在衛年五十九時學鼓琴師襄子世家一則曰師襄子再則曰師襄子三則曰師襄子與論語曰襄者自別一人且論語之襄乃魯伶官日以擊磬爲職守當未入海前豈容抽身以至於衛俾孔子從之學乎註本家語云襄卽孔子所從學琴者非（補註　按索隱亦據家語謂卽論語之擊磬襄而論語古註無此說）

孟施舍

原　四書辨疑曰集註孟姓舍名施發語聲也此本因舍豈能爲必勝哉單稱舍字故以施爲發語聲然子姓與

名中間插一字爲發語聲不成語矣意含字上合有施字盖傳寫脫爾余謂集註亦同趙註原趙氏之意以古人二字名無單稱一字者【補註】按古人二名單舉如左昭元年莒展輿出奔吳傳曰莒展之不立晉侯重耳見僖三十二年經而定四年傳止曰晉重故班固幽通賦重醉行而自耦潘岳西征賦重㪍帶以定襄皆止用一字又仲孫何忌定六年經稱仲孫忌晉語曹僖負羈稱叔振鐸爲先君叔振皆是今曰舍則舍其名也古未見有複姓孟施者則孟其姓也遂以發音當施字不知發聲在首如吳曰句吳越曰於越若在中則語助辭多用之字未聞以施字者且孔子時魯有少施氏安知孟施非少施一例乎【補註】按毛西河謂魯有孟施少施氏係魯惠公子施父之後繹史魯世系施父後有施伯施孝叔



淳一亠

【原】淳于髠齊之辯士集註云爾似不若太史公次淳于髠傳於孟子後荀卿前曰淳于髠齊人也又次于滑稽傳之首樂人優孟前曰淳于髠者齊之贅壻也贅壻人之賤如兆贅者也其各敘址貫處便見史記之微旨余謂總不若删見于孟荀者存冠諸滑稽者蓋髠者俳優之流也觀其與孟子曰賢者無益人國焚坑之禍基于此矣豈待始皇三十四五年哉

【補】史記稱淳于髠博聞強記學無所主其諫說慕晏嬰之爲人而承意觀色爲務按晏嬰不識孔子淳于髠不識孟子髠豈真慕晏嬰之爲人者歟

奄 飛廉

【原】有童子從其師師令之誦王文恪周公兼夷狄文者余入其塾特前問曰猛獸指上虎豹犀象【補註】逸周書世俘篇武王既克殷狩禽虎二十有二犀十有二熊羆麈麋等若干按狩禽文但未及象而呂氏仲夏紀言象爲虐于東夷周公以師逐之至于江南乃爲三象樂以嘉其德適補周書之所闕而夷狄將何指余曰卽文恪所指者奄若飛廉者是秦本紀中衍之元孫曰



中潏在西戎保西垂實生蜚廉又前言柏翳子孫或在中國或在夷狄飛廉非夷狄耶鄭康成曰奄國在淮夷之北觀後屢與淮浦之夷徐州之戎並叛則正爲一類安國傳晚出然言成王遷奄君於蒲姑蒲姑齊地近中國教化之處言中國則正與夷狄對蓋奄亦夷也王文信爲有徵林次崖謂五十國中【補註】世俘篇凡憝國九十有九馘俘若干按憝國謂不順服國也本九十有九而滅止五十蓋又有其年也金仁山曰逸周書誅紂之時太公望伐方來王遂禦衍呂他伐越戲方侯來伐靡集于陳百弇伐衞陳本伐磨百韋伐宣方禽之新荒伐蜀禽霍侯俘艾侯佚侯百韋伐厲皆告馘俘又周公相成王踐奄之時殺武庚伐淮夷徐戎餘三十餘國史傳不載大抵皆紂同惡之國

也

必有夸狄印瓊山謂非獨奄飛廉又有夸狄者皆應說【補註】李安溪孟子劄記云周公之事前言伐奄驅飛廉滅國五十驅虎豹犀象後總云兼夸狄驅猛獸與前文不相應蓋五十國中大抵夸狄居多也兼猶云受有徵兆夷人必皆當時叢惡爲殘害者據此則夸狄可兼指五十國言之不必專在奄與飛廉也

大夫僎

【原】陪臣【補註】馬融註論語云陪重也邢疏大夫已爲臣故謂家臣爲陪臣至春秋時亦稱大夫公叔文子之臣大夫僎【補註】古今人表僎作選四書賸言曰臣大夫即家大夫也大夫僎者家臣之稱也非有如洪註僎本家臣薦之方並爲大夫之說或訝焉余曰請徵之檀弓陳子車



死於衛其妻與其家大夫謀以殉葬陳子亢后至子亢曰妻與宰宰卽家大夫非齊與衛之通稱乎更徵之魯孟獻子之喪司徒旅歸四布司徒孟孫氏家臣官名【補註】孔穎達曰熊氏以爲獻子家臣爲司徒故左傳叔孫氏之司馬鬷戾是家臣亦有司徒司馬也故少儀適公卿之喪則曰聽役于司徒是叔孫氏之司馬鬷戾司馬叔孫氏家臣官名故襄二十三年以公鉏爲馬正註云馬正家司馬是更徵之晉趙簡子疾大夫皆懼董安于問於扁鵲趙簡子無聽朝不悅諸大夫請鼻簡子曰不聞有臣如周舍之鄂鄂者【補註】以上見史記趙世家及扁鵲列傳按安于與舍皆簡子家臣且南蒯費邑宰而司徒老祁慮癸又南氏家臣是陪臣之下復有陪臣矣故論語集註佛肸晉大夫趙氏之中牟宰孟子集註陽貨于魯爲大夫孔子爲士皆權甚不必有貨非大夫而以大夫自處之說【補註】沈彤曰宰者家之貴臣也喪服傳謂之室老曲禮謂之家相在王畿公以卿爲之孤卿以大夫爲之大夫以上士爲之由王畿例推而下則上公之孤之宰當卿之宰當大夫大夫之宰當上士侯伯之卿之宰當大夫大夫之宰當上士子男之卿之宰當上士矣潘景炤云陽貨爲季氏宰而援大夫之禮自處以此或曰然則仕於家曰僕與家僕雜居齊齒非禮也又仕於家者出鄉不與士齒大夫之臣之賤若此將若之何余曰此古制



也春秋時迥不侔矣大夫儼然比諸侯陪臣儼然比大夫所由來者漸君子於此正可以觀世變矣

江漢

【原】胡朏明客京師余時以書求助於朏明久之方肯草數條以應中有余百思所不到者悉載于此其江漢曰江出岷漢出嶓冢皆在梁州之域漢至大別入於江二水合爲一則總名江漢故禹貢荆州曰江漢朝宗於海職方氏荆州曰其川江漢蓋源異而流同實一水也曾子稱江漢亦指合流者言之下故以秋陽對【補註】[illegible]逵曰周之

秋於夏爲盛陽於此益信我友釋中庸之華嶽以河海對者斷爲二山致確蓋各以奇偶相對爾書纂言曰漢水源遠流大可亞于江兩相匹敵與他小水入大水例不同故漢得分江之名而爲北江又曰三瀆皆自爲一瀆惟江與漢共爲一瀆經不以漢附于江而混其入海之實故于漢于江竝言入海而同爲瀆也

補江漢爲荊州川故左傳云江漢雎漳楚之望也楚世家云先王受封望不過江漢按鄭氏箋詩江漢浮浮云江漢合處在揚州之境詩地理考引易氏說謂江自歸州秭歸至鄂州武昌凡一千四百餘里漢自均州武當至漢陽軍漢陽縣凡一千四百餘里皆荊州之地江漢



分流于其間至是合流

羽山

原羽山曰書有二羽山一舜典殛鯀于羽山傳云羽山東裔在海中一禹貢蒙羽其藝疏引地理志羽山在東海祝其縣南今漢祝其故城在贛榆縣西山即在縣之西北說者以爲舜殛鯀處山下有羽潭即左氏所云其神化爲黃熊入于羽淵者某謂此地較三因殊近恐非放流之宅安國言在海中似確今登州府蓬萊縣有羽山北直沙門島寰宇記在縣東十五里即殛鯀處有鯀城在縣南六十里以近殛鯀地而名此與傳云在海中者合齊乘蓬萊縣九目山東北二十里有龍山又北即羽山縣志羽山在縣東南三十里然則禹貢之羽在徐域舜典之羽在青域登州古萊夷地三面距海故謂之海中殛鯀於此正荒服所謂二百里流者乎

補書舜典殛鯀于羽山傳說彙纂羽山東裔之山即徐之蒙羽其藝者地理今釋羽山在今山東兖州府沂州近南一百里接郯城縣及江南淮安府海州贛榆縣界尚書疏證寰宇記羽山在海州朐山縣西北九十里正



漢志祝其縣之羽山

畢郢

原畢郢曰畢原實有二處在渭水南之畢原一名畢郢周文王墓在焉武王墓在焉周公薨成王葬于畢補註括地志周文王墓在雍州萬年縣西南二十八里原上也武王墓在雍州萬年縣西南二十八里畢原上也周公墓在雍州咸陽縣北十三里畢原上按此則周公葬畢當與文武畢郢異史稱畢在鎬東南杜中地迫終南韓愈南山詩前尋徑杜墅岔蔽畢原陋是在渭水北之畢原則名畢陌秦惠文王陵在焉悼武王陵亦在焉隔僅一里補註括地志秦惠文王陵在雍州咸陽縣西北一十四里秦悼

武王陵在雍州咸陽縣西北十五里俗名周武王陵非也又云長陵在雍州咸陽縣東三十里陽陵漢景帝陵也在雍州咸陽縣東三十里按即下文所云漢氏諸陵矣元和郡國圖志畢原即咸陽縣所理也原南北數十里東西二三百里無山川陂湖井深五十丈亦謂之畢陌漢氏諸陵在其上故劉滄咸陽懷古詩渭水故都秦二世咸陽秋草漢諸陵是至文王庶子高所封畢左氏註云在長安縣西北是畢郢

補註 僖二十四年傳畢原酆郇文之昭也彙纂今陝西西安府咸陽縣北五里有畢原 通典云在咸陽縣是畢陌兩杜氏之言吾從預

四海

原 胡朏明執爾雅四海解以解凡云四海者曰九夷八狄七戎六蠻謂之四海郭璞註九夷在東八狄在北七戎在西六蠻在南次四荒者某按古書所稱四海皆以地言不以水言故爾雅此條繫釋地不繫釋水禹貢九州之外益稷州十有二外皆即是四海不以水之遠近為限說苑辨物篇八荒之內有四海四海之內有九州是也自宋人撥棄舊詁直以海為海水而古書所稱四海之義始有不可得通者矣余嘗以書往質孟子放乎四海禹以四海為壑此得謂不以水言耶朏明不覺欣然大抵四海之義有二有宜從爾雅解者四海遏密八音是御少有宜從康成周禮註四海猶四方也解者最多如上云天下恭之下云溢乎四海上云中天下而立下云定四海之民蓋四海即天下字面也猶古書百姓有二義六藝亦有二義當如朱子所云此就此說彼就彼說不得執此以害彼者斯得之

補 按書益稷外薄四海禹貢聲教訖于四海言唐虞夏后氏所服四海也詩元鳥肇域彼四海四海來假言商所服四海也蓼蕭序澤及四海也武成大賚于四海言周所服四海也此皆從地言者禮月令天子命有司祈祀四海祭義溥之而橫乎四海此皆從水言者

中國夸狄

原 中國夷狄曰大學唯仁人放流之迸諸四夷不與同中國中庸聲名洋溢乎中國施及蠻貊孟子上莅中國而撫四夷孟子下東夸之人也西夷之人也得志行乎中國左氏成七年季文子曰中國不振旅蠻夷入伐昭十七年仲尼曰天子失官學在四夷昭二十三年沈尹戌曰古者天子守在四夷天子卑守在諸侯以上經傳

所言其曰中國與諸侯者卽禹貢甸侯綏方三千里之地其曰四夷及蠻貊者卽要荒二千里夸蠻之地也今人言中國必盡九州之域言四夷輒以爲夸狄戎蠻不登版圖之區失其指矣誠作是解則四夷妥皆爲天子守蠻貊之下何以復有舟車人力等語流放竄殛皆在九州之內又何以云投諸四裔耶

【補】毛西河云得志行乎中國則中國卽土中召誥所稱王自服于土中者正對四裔言蓋中與邊裔對不對夸服也猶之齊國請中國而授孟子室中國與四境對不對齊外國也



放勳

【原】古帝王有名有號如堯舜禹其名也放勳重華文命皆其號也非史臣之贊辭孟子引古堯典曰放勳乃徂落許氏說文亦同他日引堯之言爲放勳曰則可知其以是爲號也矣朱子祇緣僞古文重華協于帝文命敷于四海不將重華文命二字各斷爲句與今文放勳字面一例而竟連下文旣連下文自不得解作號非解非堯之號矣是謂以僞亂眞屈原賦二十五篇最近古離騷曰就重華而敶詞九章涉江曰吾與重華遊兮瑤之圃懷沙曰重華不可遻兮重華凡三見皆實謂舜豈得如集註云重華本史臣贊舜之辭屈子因以爲舜號也乎

【補】顧寧人曰自夏以前純乎質帝王有名而無號商以下浸乎文有名有號堯舜禹皆名也時未有號按五帝本紀云虞舜者名曰重華夏本紀云夏禹名曰文命名者號也言虞舜號曰重華夏禹號曰文命云爾大戴禮記五帝德竝同羅泌謂堯舜禹爲名放勳重華文命則其號引孟



子稱放勳屈原稱重華書中候稱文命爲證似先得閻氏之意者至馬融蔡邕以堯舜禹爲謚然書曰格汝舜咨禹豈有謚其臣者乎

履蓋湯名

【原】履殷湯名【補註】尚書古文訓曰湯名惟見論語曰履按大戴禮稱商履代興竹書亦稱天乙履孔安國論語註也朱子易殷爲蓋不過以成湯名天乙旣見史記不應于此而復名履故作疑辭耳然紂名辛亦旣見史記何牧誓曰商王受無逸曰殷王受【補註】按紂亦名受德其稱受者二名止用一字也豈非一人而有二名乎蓋必以生日

名子者般之質處間錫嘉名又般之文且告天自稱名播衆呼其名豈尚復有可疑乎哉

散宜生

原 散氏宜生名集註本易孫疏姓作氏最是亦與書孔傳合但按大戴禮記帝繫篇堯娶于散宜氏之女謂之女皇漢書古今人表女皇堯妃散宜氏女則當以散宜為氏不惟此也孔子弟子若卜商若陳亢若端木賜若言偃若顏回若仲由若顓孫師若宓不齊若冉雍若公西赤若申棖若冉耕若澹臺滅明若巫馬期若琴牢若



高柴非弟子者若鬬穀於菟若微生高若公明賈若微生畝上一字或二字皆氏也非姓古男子無稱姓者今集註云云是以女子之所生冠諸男子之首矣

補 尚書大傳散宜生學于太公定四年公羊疏散宜生受學于太公太公除師學之禮酌酒切脯約為朋友金仁山曰于大臣則獨舉太公望于近臣則獨舉散宜生孟子當時蓋別有所考後世不聞其詳爾

師尹

原 師尹周太師尹氏也不知于吉甫為何人而其姓實曰姞故都人士之詩彼君子女謂之尹吉鄭箋云吉讀為姞周室婚姻之舊姓也余謂上為氏下為姓猶之齊姜云爾朱子云尚非同晉之王謝唐之崔盧輩以氏稱者鄭夾漈譏史記莫辨姓與氏竊恐詩集傳亦爾

補 尹氏始見于陶唐漢書古今人表上中有尹壽為堯師下中有尹諧湯所誅見孔子家語至周武王時有尹氏八士暨尹逸見逸周書克殷解宣王五年夏六月尹吉甫帥師伐玁狁大雅崧高序崧高吉甫美宣王也天下復平能建國親諸侯褒賞申伯焉至幽王遂用師尹



詩古義引汲郡古文幽王元年王錫太師尹氏皇父命六年（竹書作五年）皇父作都于向按十月之交六章云皇父孔聖作都于向四章云皇父卿士鄭箋云皇父字古今人表皇父卿士與幽王宮混同列于下下愚人節南山詩云赫赫師尹不平謂何箋云責三公之不均平又云昊天不平箋云師尹為政不平大學引詩見平天下者用大臣不可不平也據此當補註云師尹周太師尹氏也姞姓字皇父

君陳

〔原〕孝乎惟孝句 友于兄弟施于有政孔子所引書之辭不知出何篇魏晉閒晚出書竄入于君陳皆以爲成王策命君陳語且勿論秖怪鄭康成禮記註君陳蓋周公之子伯禽弟也疏引康成詩譜曰元子伯禽封魯次子君陳世守采地〔補註〕漢書王莽傳謂周公之子七人按左傳凡蔣邢茅胙祭支子凡六合之魯父以元子受魯公而次子世爲周公則七人矣惟坡公以爲君陳蓋如君奭君牙之辭非是 書音義亦據鄭註明確至此奈何因朱子未及蔡傳所不言槩從抹煞此與不知孫爲皐陶之子者何異

〔補〕汪氏瑟庵曰禮記禮乎禮句法與孝乎惟孝正同法言中尤多疏證所引公羊賤乎賤爾雅微乎微素問形乎形神乎神句意皆不同孝乎惟孝包註美大孝之辭乎字不當作于引作于者誤也孝于惟孝眞不辭矣



石門

〔原〕蔡邕傳釋誨曰石門守晨章懷太子賢引論語鄭康成注石門魯城外門也晨門主晨夜開閉者〔補註〕又見張皓王龔傳論註高士傳石門守者魯人也亦避世不仕自隱姓名爲魯守石門主晨夜開閉按石門爲魯城七門之一外此如左莊三十二年傳犖有力焉能投蓋于稷門註稷門魯南城門公羊閔二年傳桓公使高子將南陽之甲立僖公而城魯或曰自鹿門至于爭門者是也或曰自爭門至于吏門者是也註鹿門魯南城東門也按左襄二十三年傳臧紇斬鹿門之關以出奔邾是也爭門吏門並闕說文淨魯北城門池也从水爭聲士耕切是爭門即以此水名者文作爭省文左宣十八年傳有東門按即襄仲之所居哀十一年傳次于雩門之外註南城門皆是也此惟漢去春秋未遠故鄭能實其所在若宋儒第云地名而已竊以此等[illegible]跡斷宜遵古若義理人必同然後有勝前處錢牧齋盡埽而歸之漢過矣

〔補〕皇侃論語義疏本晨門上復有石門二字按子張問達章皇氏疏引沈居士曰若長沮桀溺石門晨門有德若此以石門晨門四字爲稱可爲石門有複文之一證

吳孟子



〔原〕少讀陳大夫君取于吳爲同姓二句文云人主之令有所行亦有所不行曰必無敢爲顯言之攻此令之必行者也曰必無敢爲微言之刺此令之必不行者也於是一國之中有吳孟子之號矣孟子昭公所自爲稱也冠吳于孟子之上則非昭公所自爲稱也後讀孔穎達疏左傳論語謂之吳孟子蓋時人常言〔補註〕哀十二年傳正義疏禮坊記謂之吳孟子是當時之言有稱吳也乃知陳大夫文本此乎尤愛疏偁春秋猶去夫人之姓曰吳云春秋無此文坊記云然者禮夫人初至必書於策若娶齊

女則曰夫人姜氏至自齊娶宋女夫人子氏至自宋【補註】按毛氏汲古本無娶宋女至至自宋十字此孟子初至時亦當書曰夫人姬氏至自吳同姓不得稱姬舊史所書蓋直云夫人至自吳是去夫人之姓直書曰吳而已仲尼修春秋以犯禮明著全例其文故經今無其事【補註】以上見十二年經正義加以死但曰孟子卒則吳之一字當日不出自昭公口決矣

【補】同姓之昏如周語鄶由叔妘聃由鄭姬及左傳襄二十三年晉嫁女於吳二十五年崔武子取棠姜二十八年慶舍妻盧蒲癸昭元年晉有四姬皆是春秋于孟子以隱辟書之豈所以深責秉禮之魯歟按毛西河亦謂魯止稱孟子當時故加以吳字其曰謂之者謂魯人謂之也此與坊記所云猶去其姓而曰吳同意若謂昭公自諱使若宋女則昭公未嘗加吳字正與閻氏說合




子程子

【原】或傳常熟鉅公與人論學曰讀書某不敢言只童而習之之四書四書而又大學大學又開卷之第一二行子程子曰四字既程子矣曷又子之且程子明道乎伊川乎何不明標出此四字已不能解矣人多莫能應余曾代應之曰公羊傳隱公十有一年子沈子何休註云沈子稱子冠氏上者著其爲師也其不冠子者他師也列子天瑞篇子列子張湛註云載子於姓上者首章是弟子之所記故也朱子自以淵源於程子故復加以子字朱子初著書引明道語則曰明道引伊川語曰伊川後來眞見其兄弟學術之同言辭之合盡去明道伊川字面總一程子曰迄今讀近思錄者可知大學初學入德之門其他莫如論孟語出伊川先生而集註則渾然所謂彼一時此一時耳於答是也何有

【補】全謝山曰宋儒以子程子爲稱本于公羊傳亭林不以爲非而西河力詆之按是在明莊烈帝已嘗詰之謂以爲子程子爲尊稱何以不稱子孔子何以不稱子孟子不始自毛氏也然毛氏所難亦未悉攷之宋人如張橫浦自稱子張子王厚齋自稱子王子則固不盡以爲尊稱矣唐人劉蛻得亦自稱子劉子又先乎此是公羊傳中自稱子公羊子之例也更遠攷之荀卿稱宋鈃爲子宋子王孫駱稱范蠡爲子范子是皆平輩相推重之詞不以師弟也顧氏據公羊所言特其一節耳

閔子騫

原 湛園未定稾曰夫子作春秋賢之書字僅十二人弟子無有以字稱者稱閔子騫是直述時人之辭當時其父母昆弟皆謂之孝矣而時人亦同稱之曰孝哉閔子騫此所謂不間于其父母昆弟之言也若其他則固無有是稱矣

補 或問胡氏曰韓詩外傳子騫早喪母父娶後妻生三子疾惡子騫以蘆花衣之父察知之欲逐後母子騫啟曰母在一子寒母去三子單父善之而止母悔改之後至均平遂成慈母此夫子所以稱之也且夫子于弟子未嘗稱字此或集語者之誤金仁山曰以例言之當名但此篇乃閔子門人所記故記其字



匡章

原 顧麟士曰匡章當名章字章子補註金仁山亦謂章子匡章字是公都子稱其名而孟子稱其字也蔡虛齋曰匡章又曰章子者蓋章子是字今去御子字猶之曰顏淵耳是孟子稱其兩字字而公都子稱其一字字也皆非也按戰國策齊宣王與羣臣皆稱爲章子蓋于人名下繫以子字當時多有此稱謂田盼人稱爲盼子田嬰人稱爲嬰子田文人稱爲文子以及秦魏冉亦稱爲冉子皆此類補註按莊子盜跖篇章子稱匡子如田齊世家檀子索隱謂大夫皆稱子則不徒以子字繫名下也

戴盈之

原 孫學翼讀集註盈之亦宋大夫也來質盈之似是前戴不勝之字勝音升名與字正以相反知爲一人余檢孫奭疏宛同賞其能言又今茲杜註左氏云今茲此歲集註亦畧

補 荀子解蔽篇唐鞅蔽于欲權而逐載子楊倞註載讀爲戴戴不勝使薛居州傅王者見孟子按不勝與盈之趙氏不以爲一人朱子從之金仁山曰戴不勝戴盈之宋臣疑皆戴公之後故以爲氏二人問答計皆宋王偃欲霸天下之時則亦不以盈之爲卽不勝也字典勝字注云唐韻識蒸切音升又詩證切去聲韻府二十五徑引孟子謂戴不勝讀若詩證切孫疏似不足據



莊暴

原 莊暴齊臣君前臣名禮也莊暴對孟子猶三稱名而孟子于王前不一斥其名曰莊子此爲記者之誤集註

亦畧余最賞宋陳善曰莊暴一章皆言悅樂之樂而世讀爲禮樂之樂誤矣惟鼓樂當爲禮樂其他獨樂之與衆樂樂亦悅樂之樂也不然則方言禮樂而又及田獵無乃非類乎【補註】以上見捫蝨新語汪氏蓀庵曰陳善作悅樂之樂文義極通集註偶沿古注之誤耳眞通人之言也蓋孟子曾告齊宣以先王無流連之樂荒亡之行一旦語及其心病故不覺變色答以云云若果爲好禮樂莊暴庸臣縱不能對其所以亦何至向孟子而猶咨詢何如乎正緣好歡樂與好貨好色一例事耳今樂古樂之異子夏對魏文侯辯之甚悉卽齊音



敖辟喬志與韶樂之在齊者可比而同耶不可比而同豈孟子之言先順其君以非道而後轉之于當道耶應不至此必讀爲悅樂字文義方協大抵詩書無口寃直難明後人多爲先儒成說所壓折而不暇自伸其心思目力以追尋聖賢微文奧義於千載之上遂相率而爲矮人見耳悲夫旋檢郝氏孟子解亦曰樂樂猶言樂其樂上樂謂好下樂謂所樂之事也至所樂之事卽下文鼓樂其一也田獵又其一也故曰臣請爲王言樂【補註】郝氏孟子解一段亦載潛邱劄記

瞽瞍象

【原】孟子或問著于淳熙丁酉後以不復釐正遂不得與學庸並傳其實有勝乎註者如父母使舜完廩是也其辭曰林氏謂司馬公以爲是時堯將以天下禪舜瞽象雖愚亦豈不利其子與兄之爲天子而欲殺之乎借使殺之堯必誅已宜亦有所不敢矣蘇氏以爲舜之側微已能使瞽象之不格姦矣豈至此而猶欲害之哉以此皆疑孟子之誤惟程子以爲此非孟子之言乃萬章傳聞之誤而孟子有不暇辨耳是數說者恐其皆未安也



蓋天下之事有不可以常情測度者使瞽象而猶知利害之所在則亦未爲甚頑且傲而舜之所處亦未足爲天下之至難矣不格姦者但能使之不陷于刑戮若家語所謂索而殺之未嘗可得卽此焚廩揜井之事也且聖賢于世俗傳聞之事有非實者必辯而明之以曉天下後世豈有知其不然而不暇辨者哉【補註】自林氏至此皆或問語汪氏蓀庵曰或問理精義確毫無可疑以上章舜往于田等句推之文義一例其出自古文可知史公嘗從安國問故故得見眞古文余謂世誣舜以瞽瞍朝已孟子則辨其必無誣舜以放象則辯其未嘗有凡子傳譌之迹未有不辯

而明之以曉天下後世者豈有知其不然而故設言其理君金氏謂只在發明聖人處變之心苟得其心則事迹有無都不必辯殆幾于戲矣人陋習而不察耳父母使舜完廩七十九字疑爲古舜典之文詳尚書古文疏證【補註】見卷二第十八

瞽瞍底豫

【原】底豫集註以書所謂不格姦亦允若者實之非也余嘗以五帝紀舜之踐帝位載天子旗往朝父瞽瞍夔夔唯謹如子道此方是瞽瞍亦允若瞽瞍底豫時候較舜之身爲庶人僅云不格姦者殊有淺深次第之不同只



觀帝使其子九男二女節有爲不順于父母語天下大悅而將歸已節有不得乎親語此皆試舜於畎畝之中事也況前此雖云克諧以孝舜猶不告而娶以爲告則不得娶是予不能得之于父也堯亦知告焉則不得妻是君并不能得之於臣也其頑至此則既娶之後猶復欲殺之而分其室萬章斷非傳聞史遷斷非無據可知而諸儒或疑之或傅會之概未嘗設身乎處地與爲按文切理者也大抵親但不至于姦惡其格淺親能諭之於道其格深以舜之聖年踰六十始臻斯境豈易言哉

余特標而出之以與上條瞽瞍象參觀焉【補註】亦見疏證第十八

爲王驩行者

【原】當日爲王驩行者豈有不通姓名之理爲其人可畧作七篇時遂從而畧之止曰客而章中煞有妙義未經拈出【補註】以下見濟邱劄記答蔚公擇書蓋嘗讀朱子跪坐拜說曰儀禮禮記老子所言坐皆謂跪也然記有授立不跪授坐不立則跪與坐又不同疑跪有危疑兩膝著地伸腰及股而勢危者爲跪兩膝著地以尻著蹠而少安者爲坐小雅不遑啓居傳當作箋云啓跪也爾雅妥爲安坐疏云安



定之坐也夫以啓對居而訓啓爲跪則居之爲坐可見以妥爲安定之坐則跪之爲危坐亦可知蓋兩事相似但一危一安爲小不同耳因悅悟趙氏註於坐而言曰危坐於坐我明語子單曰坐蓋危坐者客跪而言留孟子之言逆不聽然後變色而起孟子于是命之以安坐以聽我語此兩坐字殊不同而孟子文字止于前後著兩坐字中間絕不敘客起立之狀而起立自見此文章家草蛇灰線之法趙氏註則于勿敢見下先補一筆曰言而遂起退欲去請絕也爲下文坐字張本漢註精妙

至此宋儒不能及也復檢鄒氏解亦曰請勿復敢見者起而告退之辭

【補】通鑑不紀去齊之時綱目於周赧王元年丁未齊伐燕取之下始書孟軻去齊誠爲特筆按致爲臣而歸斯時尚屬未行故王旣就見猶思中國授室謂時子爲我言之此王欲留行之章章者迨時子因陳子以告孟子孟子拒而不受然後去齊宿晝晝與澅通水經注澅水出時水東去臨淄城十八里俗爲宿留水因三宿出澅名之攻時水卽乾時左莊九年傳註云乾時齊地時水在樂安外岐流旱則竭涸故曰乾時後漢郡國志博昌有時水注引左傳及杜氏註同路史少昊後嬴姓國時於博昌有時水下引春秋乾時元凱註并齊大夫時子然則時子或氏于居旣居近澅水適因孟子宿晝遂欲爲王留行故曰弟子齊宿而後敢言直以前此爲王留行未曾親見孟子當日情事或猶可想見云



蒯聵輒

【原】蕭松齡木公夫子爲衛君乎全章文云衛之亂所謂以淫始以兵終非乎蒯聵不子而負故惡于前輒不子而起大惡於後聵與輒兩不仁厥罪惟均而君子尤惡乎輒何以言之宋朝召而艾豭與歌聵之欲刃其母動於恥也動于恥則猶有毋存焉儕子盜而發兵以拒輒之不納其父特于利也特于利則是終無父也猶有母者聵終無父者輒繇是觀之兩人之獄定矣君子而不忍爲聵也忍爲輒乎癸卯交木公于京師曾舉此段議論今忽已三十八年能無慨然

【補】明人唐海觀游此題文云聖人固不爲輒并不爲蒯聵吾知蓋在公子郢矣於何知之於其論夷齊知之蓋夷齊古之以兄弟而遜國者也稱夷齊蓋稱郢也觀其爲夷齊而其不爲輒與蒯聵可知矣觀其不爲輒與蒯聵而其必爲子郢亦從可知矣直據衛君待子而爲政章圈外註胡氏說立論提出兄弟二字爲爲公子郢證據較木公說似益精確



泰伯

【原】集註莫不善于太王有翦商之志而泰伯不從讓王君臣立說者近夫已氏尤加傅會殊可痛疾余取歸熙甫泰伯論爲尚論編刪竄本出以正之曰辭取之際惟

聖人者爲能盡乎天下之至情何也伯夸叔齊天下之義士也伯夷順其父之志而以國與其弟然終于叔齊之不敢受則是其父之志終不遂矣夫家人父子之間豈無幾微見于顔色必待君終無嫡嗣之月相與褰裳去之民將得因而稱之故聖人以爲賢人而已至泰伯則不然不讓于傳位之日而于採藥之時是蓋有伯夸之心而無其迹然後可以行伯夸之事遂伯夸之心古今之讓從未有曲而盡如此焉者此夫子所以深嘆其不可及也蓋太王之欲傳歷及昌也非如晉獻漢高徒



少子之是愛也亦非爲昌之終必翦商爲數世後伏苐除之謀也不過曰代有殊德天下將長享其福云爾是固爲天下之公心也使泰伯知其意而猶與之竝立于此大王賢者卽心爲天下而終以長幼之節不忍言吾卽明言而公讓之弟亦將終爲叔齊不忍受是亦夸之終不獲遂其父之志而已矣夫父有志而吾順而成之且如是其曲而盡也世之說者不深晰其父子之情而彌謂其全君臣之義夫弟于商獨非君臣而乃以蔑義之事推而付之也乎且又何以爲商之者地乎而子乃

曰至德乎夫德莫先于孝先意承志孝子之事也故泰伯之所爲乃匹夫匹婦之爲當然者夫惟匹夫匹婦以爲當然是天下之至情也而非聖人則固不能盡也

補汪氏懋庵曰左傳泰伯不從謂大王卒時泰伯不在側耳集註乃移入有翦商之志之下與左氏文義何啻千里此致誤之由似當揭出

則之野

原古人文字敘事未有無根者惟馮婦之野然後衆得望見馮婦若如宋周密明楊愼斷士則之爲句以與末



其爲士者笑之相照應而野字遂屬下野但有衆耳何由有馮婦來此爲無根或曰固已恐從未見則之野此句法余曰周書則至于豐

補劉昌詩蘆浦筆記曰余味此段之言恐合以卒爲善爲一句士則之爲一句野有衆逐虎爲一句蓋有搏虎之勇而卒能爲善故士以爲則及其不知止則士以爲笑也太平御覽引孟子亦曰野有衆逐虎揆有衆逐虎上連野字爲句更可證蘆浦之讀先著于北宋初若周密志雅堂雜抄楊愼丹鉛總錄又其後焉者矣

不教子

【原】古人文字脩須讀者會其意所指如君子之不教子子謂不肖子也猶左傳叔向曰肸又無子子謂賢子也不然嘗曰楊食我見存觀孟子直承曰勢不行也則知丑所問原非爲周公之于伯禽孔子之于伯魚一輩子言矣西安葉秉敬全章文得之

吾有所受之

【原】吾有所受之也爲世子荅父兄百官語者與下謂然友曰吾字正一人此解首發于趙氏【補注】趙註一說吾有所受之世子言我受之于孟子也繼申于三原王端毅公實勝集註讀昭元年傳晉使后子與子干齒辭曰鍼懼選楚公子不獲是以皆來亦惟命且臣與羈齒無乃不可乎史佚有言曰非羈何忌恍悟父兄百官兩引古後截然而止不復措一辭尤有餘味文法何其與左氏類也



懷寶迷邦二段

【原】懷其寶而迷其邦可謂仁乎曰不可好從事而亟失時可謂知乎曰不可兩曰字仍是陽虎語非孔子直至孔子曰諾始爲孔子余蓋讀史記留侯世家而悟出世家云昔者湯伐桀而封其後於杞者度能制桀之死命也今陛下能制項籍之死命乎曰未能也其不可一也武王伐紂封其後于宋者度能得紂之頭也今陛下能得項籍之頭乎曰未能也其不可二也武王入殷表商容之閭釋箕子之拘封比干之墓今陛下能封聖人之墓表賢者之閭式智者之門乎曰未能也其不可三也發鉅橋之粟散鹿臺之錢以賜貧窮今陛下能散府庫以賜貧窮乎曰未能也其不可四矣殷事已畢偃革爲軒倒置干戈覆以虎皮示天下不復用兵今陛下能偃武行文不復用兵乎曰未能也其不可五矣休馬華山之陽示以無所爲今陛下能休馬無所用乎曰未能也其不可六矣放牛桃林之陰以示不復輸積今陛下能放牛不復輸積乎曰未能也其不可七矣七曰字皆子房自爲問答語于漢王無涉又云且天下游士至陛下事去矣一段亦是子房直至漢王輟食吐哺罵曰豎儒始爲漢王語宛與論語文法同



【補】毛西河謂明儲郝京山云前兩曰字皆是貨口中語自爲問答以斷爲必然之理此如史記留侯世家張良

阻立六國後八不可語皆張良自爲問答至漢王輟食
吐哺以下纔是蒿語此章至孔子曰以下纔是孔子語
故記者特加孔子曰三字以別之按此似先得閻氏之
意者孔子世家楚令尹子西曰王之使使諸侯有如子
貢者乎曰無有王之輔相有如顏回者乎曰無有王之
將率有如子路者乎曰無有王之官尹有如宰予者乎
曰無有此亦子西自爲問答史公往往有此筆調汪氏
瑟庵曰引孔子世家一段推廣尤妙但四書中如孟子
子以是爲竊屨來與以下皆孟子言亦與此文相同夫



子之設科也唐石經子尚作予故趙註不悞但不知曰
殆非也四字亦皆孟子言耳又有以論語唯求則非邦
以下皆孔子言者亦備一說

五十而貢三句

【原】古人書有蒙上文下文不復詳者法莫著于禹貢如
兗州貢道浮于濟漯達于河下文青州便浮于汶達于
濟不復言達于河矣又下文徐州浮于淮泗達于菏（此從說文不作河）
菏者澤名爲濟水所經亦不復言達于濟矣至
揚州則沿于江海達于淮泗且不復言達于菏不復言
者蒙上文也此古人省言之體也又有下文明點上文
且渾然者法莫著於豳七月篇七月在野八月在宇九
月在戶十月蟋蟀入我牀下在野在宇在戶皆蟋蟀也
然勿遽露直至牀下句方點出既見倒插之奇又省卻
上三蟋蟀字面又一省言之體也今日讀夏后氏五十
而貢殷人七十而助周人百畝而徹三句各宜有畝字
只末用一畝字以總承上明從毛詩得來孟子文法等
閒拈出矣

【補】五十七十百畝之數劉氏皇氏謂夏時民多家五十



畝殷漸少家七十畝周民至稀家百畝熊氏謂夏政寬
簡一夫百畝止稅其五十殷政稍急增稅七十周政極
繁畝盡稅之陳氏謂夏時洪水方平可耕之田尚少故
授止五十畝殷時漸廣周大備故日增徐氏謂夏民儉
約故授以五十而用足後世彌文而用廣故田不得不
加多按以上諸說皆非是帝王之興首立度量三代授
田異者只步廣狹不同故數有多寡非七十有加于五
十百畝有加于七十也如果代有所加則殷周既有天
下必取夏殷之田悉爲紛更勢且至于塞溝洫爲田畝

破田畝爲溝洫督責迫促疲勞怨讟普天之下無一得所之民矣湯武聖人豈若是乎易曰改邑不改井此之謂也

王制古者以周尺八尺爲步今以周尺六尺四寸爲步古者百畝當今東田百四十六畝三十步所謂古指殷時言所謂今卽指周言殷周步皆六尺四寸司馬法言六尺爲步蓋後世尺更廣故步之尺寸不同但殷尺大周尺小殷六尺四寸之步以周尺應之已得八尺而周以周尺六尺四寸爲步則短于殷步一尺六寸故殷之百畝爲周之百五十六畝二十五步王制文謂等而下之殷之七十畝爲周之百畝有奇明矣夏之尺步雖不可攷然殷已廣于周矣夏之廣於殷不從可推而見哉



顏淵季路侍

原 顏淵季路侍季路長顏淵二十一歲而先顏淵者尚德也冉有季路見于孔子冉有少季路二十歲而先冉有者重首事也只此敘法已具袞鉞云

令尹子文

原 鬭穀於菟爲令尹始自莊三十年丁巳代子元終于僖二十三年甲申子玉代凡二十八年此二十八年間有三已三仕之事不知代之者何人傳文不備及楚世家所未詳只宜以論語爲信至孫叔敖之令尹見宣十一年癸亥叔敖死于楚莊王手約令尹僅七八年以莊王之賢豈肯暫已叔敖意莊子孫叔敖三爲令尹而不榮華三去之而無憂色荀子孫叔敖曰吾三相楚而心愈卑原係子文事傳譌而爲叔敖耳大全辯載一說謂孫叔敖實三仕三已傳譌而爲令尹子文不信論語眞顚倒見矣



補 春秋時楚之爲令尹者子元以後如子文莊三十子玉僖二十三孫叔敖宣十一子重襄元子辛三子囊五子庚十五子南二十一薳子馮二十二子木二十五薳罷昭元子旂十三子瑕十四子常二十三子西定四子國哀十六凡十七人惟鬬氏成氏出自若敖繹史或曰成得臣卽伯比子也汪氏懸庵曰以時攷之伯比疑鬬祁之字但杜解于伯比但云大夫世譜今已亡缺蓋不可攷矣按國語楚鬬且云昔鬬子文三舍令尹鬬且與孔子同時與子文同國同氏其語寧不較史記孫叔敖傳鄒陽傳莊子田子方篇呂氏恃君覽

諸書爲可信全謝山曰自子玉死蔿呂臣繼之子上又繼之大孫伯又繼之成嘉又繼之文十二年子越之亂追紀曰令尹子文卒鬬般爲令尹則意者成嘉之後子文嘗再起爲令尹而仁山先生以爲子上之後者誤也子上死卽有商臣之變使子文是時在位尚可言忠乎

子羽公孫揮

原 憶王源昆繩讀左傳來問鄭有七穆謂罕氏駟氏國氏良氏游氏豐氏印氏也又有羽氏（補註 襄三十年傳羽頡出奔晉林氏以爲子羽孫）雖穆公子以非卿故不在七穆之列行人子羽爲公孫揮他若公孫輒公孫蠆公孫舍之見襄九年傳者皆穆公之孫故稱公孫然則子羽亦當爲某公之孫不可攷乎余曰杜元凱以公孫揮爲雜人見世族譜因笑公孫揮辨于四國大夫之族姓而不能傳己之族姓流傳于後亦一異

補 唐書武平一傳曰七穆子罕子駟子良子國子游子印子豐也左傳註鄭穆十一子（繹史穆公十三子靈襄嗣位其十一人爲大夫）子然二子孔三族已亡子羽不爲卿故惟言七穆按行人子羽汪氏瑟庵曰周禮行人釋文戶郎反職掌行列之事如漢之大鴻臚與春秋之主使命者不同小行人雖兼掌玉幣省頫亦非出使也時文襲用屢誤故正之

顏回

原 仲尼弟子列傳顏回少孔子三十歲（補註 按經義考亦承其誤）余謂三十下脫七字蓋生于魯昭公二十八年丁亥卒于哀公十二年戊午方合三十二歲之數（補註 按家語顏回年二十九髮白三十二而早死此劉孝標辨命論所以有顏回敗其叢蘭之語也）是年伯魚亦卒在前不然則如王肅註鯉也死有棺而無椁爲設事之辭豈不笑滚了人（補註 按索隱亦言回死在伯魚前故知以論語爲設辭此似承肅之誤者）

宰我

原 史稱宰我與田常作亂以夸其族孔子恥之小司馬大蘇皆各爲辯正引闞止字李斯上書以證余獨愛洪容齋一說曰孟子載三子論聖人賢于堯舜等語疑是夫子歿後所談不然師在而各出己意見議之無復質正恐非也然則宰我不死於田常更可見矣此爲尤妙蓋從虛會出云

補 全謝山曰宰我不死于舒州之難先正辨之已悉野處洪文敏公據賢于堯舜之語以爲當在孔子身後閻

氏極稱之按謂宰我死于舒州之難亦不害其爲賢者蓋攷呂覽說苑則是宰我爲簡公死非爲陳恆死不過才未足以定亂耳其死較子路似反過之史記誤以爲陳恆之黨故曰孔子恥之而索隱又以爲闞止之譌則春秋同時同名之人往往有之晉有二士匄魯有二顏高齊有二賈舉并同姓矣何必舒州之難死者不可有二宰我乎蓋但當知宰我之所以死不必恥則不必諱若以賢于堯舜之語爲弟子稱頌其師必當在身後是則野人之言也



冉有

原 冉有以哀公三年己酉季康子召至魯十一年丁巳與康子問答中間既從陳蔡又使之荆自不仕季氏意者家臣員輕故可暫措師門誼重仍須省侍乎亦可謂服勤者矣又爾時子游年十八子夏年十九赫然以文學名此文學豈後代文人學者所畧能髣髴而年纔如許異哉

補 朱竹垞曰按七十子冉氏居其五冉子雍字仲弓冉子求字子有冉子孺字子魯或作曾冉子耕字伯牛冉子季字子産古今人表冉伯牛仲弓居第二等冉有居第三等朱葯裳冉公子傳曰冉公子者赫胥氏之苗裔也赫胥氏有二子曰胥曰任子孫繁衍夾河瀕而封焉胥齒長故處之上游而任所分地迺河之最下也初不肯就國既弱冠然後出遺帝埒兩姓常侍左右起居上下燕夜必偕帝所乘驪龍頷下有物垂垂如犍牛之旄帝顧謂任曰爾何似吾龍髯之甚耶因命之姓曰冉氏然則聖門冉有其即赫胥氏之苗裔歟

子游

原 魏華父曰檀弓不知何人所作傳記陸德明曰檀弓魯人胡寅曰曾子門人劉彝曰篇首言子游及篇內多言之疑是其門人所記而一篇之書獨于子游極其稱譽雖于孔門諸子率多譏評又以言曾並列其是言而非曾者非一幾若偏於抑揚然即其書以考之大抵當典禮譌闕無所攷訂之時人之有疑弗決者以質諸子游故前後典禮所闕者十有四皆以言游一言爲可否亦足以見其爲時人之耳目雖汰哉叔氏之誚若譏之而實尊之然則游以習禮列于文學茲其爲文爲學蓋三代典章之遺賴游以有存者信如朱子所謂褎

傑之士矣

顏讎由

【原】顏讎由【補註】孔子世家稱顏濁鄒顏師古漢書注稱顏涿聚子路妻兄則亦彌子瑕妻兄彌子瑕見主其妻兄之家遂誚主我衛卿可得語亦非無因云

【補】馬永卿嬾眞子孔子主我引作夫子主我按彌子欲借重于孔子孔子拒之此文甚明呂氏愼大覽乃云孔子道彌子瑕見釐夫人因也淮南泰族訓亦云孔子欲行王道七十說而無所偶故因衛夫人彌子瑕而欲通其道當時謗孔子者且不僅造爲癰疽瘠環言矣



申詳

【原】申詳子張之子子游之壻是陳之顓孫氏與吳之言氏遠爲婚姻曾西即曾申曾元之弟曾子次子以爲孫者非公明儀見檀弓註子張弟子見祭儀註又曾子弟子【補註】孔穎達檀弓正義子張之喪公明儀爲志焉公明儀是其弟子儀又爲曾子弟子故祭義云公明儀問于曾子曰夫子可以爲孝乎是也公明高亦曾子弟子也【補註】趙岐註疑高與儀爲昆弟【補註】按又有公明宣劉向以爲學于曾子段干木世稱受業於子夏之倫之倫承上文子路子張澹臺子羽子夏子貢官而段干木與子夏皆客魏則爲子夏之弟子可知【補注】段干李姓邑也夜邑段後邑子因邑而氏焉世家有段干子田世家有段干朋而風俗通氏姓注乃以爲姓段名干木蓋以呂氏春秋干木光于德與魏都賦干木之德之言譔之唐自官表遂以爲封段而爲干木大夫疏矣幽通賦云木偃息以藩魏干木豈其名哉姓書或更以爲鄭共叔後抑又妄云呂不韋曰段干木晉國之大駔也學于子夏爲天下名士顯人以終其壽

【補】毛西河云申祥子張子見檀弓註然以顓孫氏之子而改姓申舊猶疑之況此是詳字不是祥字故趙註但稱賢者安得謂子張子也按太史公傳曰子張姓顓孫今曰申祥周秦之聲二者相近孔疏二國人言申與顓相近或曰顓孫合聲爲申



史魚

【原】哀九年晉有史趙史墨史龜史皆官名非氏也襄二十九年衛有史狗史鰌玆史朝之子史爲氏非如集註云官名【補註】釋史衛世系有史朝史狗史魚云別族有史氏則非官名可知余嘗愛仲尼論史鰌直能曲于人【補註】晉邱劉記鰌有君子之道三一曰直能曲于人猶吳公子札論樂曰曲而有直體併鈔

告子

【原】浩生複氏不害其名與見公孫丑之告子及以告子

題篇者自各一人趙氏偶于告子篇誤註曰名不害且臆度其嘗學于孟子執弟子問者朱子亦沿其誤移註于公孫丑篇此蓋葢之未盡者也

補 毛西河云告子名不害此見趙岐註而又錯者正義云盡心篇有浩生不害趙疑即告子因謂告子姓告名不害浩生其字也及注浩生不害則又曰浩生姓是告子一人不害又一人趙已自矛盾矣此又焉得取其矛盾者而反爲合之按經義考浩生亦作告不害宋贈東阿伯亦誤合爲一人



百姓

原 百姓義二有指百官言者書百姓與黎民對禮大傳百姓與庶民對是有指小民言者不必夏代亦始自唐虞之時百姓不親五品不遜是四書中百姓凡二十五見惟百姓如喪考妣三年指百官蓋有爵土者爲天子服斬衰三年禮也孟子已明下註𨚗曰舜帥諸侯爲堯三年喪喪竝不聲持服曰喪如喪考妣三年即檀弓方喪三年耳竝如蔡傳之云云者哉

補 潛邱劄記喪服翼註云按百姓如喪考妣三載蔡傳云百姓圻内之民大非孔安國傳雖晚出然多本于王肅解百姓爲百官蓋有爵土者爲天子服斬衰三年禮也内如舜及四岳九官等外如十二牧及十二州之諸侯孟子所謂舜帥天下諸侯以爲堯三年喪是蓋百姓二字孟子原知有舜在内方作此辨證不然果圻内之民孟子生千載下何從而知舜同諸侯爲堯持服也此即以經解經恐元陳樵先生不應獨美于前矣



少艾

原 炳燭齋隨筆曰慕少艾以艾爲美好集註雖本趙氏殊若不甚確蓋古人呼男色爲艾左傳既定爾婁豬盍歸吾艾豭國語國君好艾大夫殆好内適子殆戰國策魏牟謂趙王曰今爲天下之工而王不以予工乃與幼艾此數艾字正可解孟子少艾之義楚辭少司命幼艾指女色戰國策幼艾指建信君男色各不同

補 少艾兼美男美女言如左傳艾豭指宋朝晉語好艾指二五趙策幼艾指建信此呼男色爲艾也齊策六王夫人死有七孺子者皆近高誘注孺子幼艾美女也此呼女色爲艾也若九歌少司命竦長劍兮擁幼艾王逸

注謂少長金爵子謂倪耄義門讀書記謂嗣君並不指女邑汪氏琬庵曰少司命幼艾古無指女邑之說閻氏不知何據而以駮集註殊不可解至新安文獻志所引差減之說孫奕示兒編亦同此所謂野話者也

武丁至紂

【原】殷本紀自武丁至紂凡九世集註云七世【補註】義門讀書記元板七作九者得毋以祖甲爲祖庚之弟庚丁爲廩辛之弟并兄弟于一世乎然則國語何以云帝甲亂之七世而殞仍數庚丁此紀上文自中丁以來比九世亂皆數其弟



乎古所謂世者蓋指在帝位歷年而言無論其行輩集註實誤

武王末受命

【原】武王末受命末猶老也說者遂眞信文王世子武王九十三而終爾時受命有天下歲在己卯年八十七金仁山極辨之以爲果爾則文王十五而生武王前此已生伯邑考矣武王八十一而生成王後此又生唐叔虞爲人情事理所必不然者孔疏亦云年壽之數賦命自然不可延之寸陰不可減之晷刻陳澔又云聖人雖愛其子豈能減己之年而益之哉快哉論也但仁山從竹書紀年武王年五十四崩則有天下方四十八與文王受命之年同中身耳而得謂之老乎總不若周本紀載武王初得天下告周公旦曰維天不饗殷自發未生於今六十年是武王之生生當于殷帝乙十一年庚辰受命有天下年六十又七年而崩乙酉年六十六故曰老庶幾近之

【補】禮記義疏文王世子註家謂文王年十五生武王而武王尚有兄伯邑考文王生子不太早與武王九十三



乃終而成王尚幼不能涖阼武王生子不太晚與且文王十五生武王文王薨年武王已八十三又十三年大會孟津伐紂則九十六又七年崩則百有三歲矣竹書紀年作武王年八十四金履祥引入通鑑則以爲五十四孔子所言征伐諸侯之年攷之他書多不合也至于帝與九而文曰吾與爾三并附會亦有難通者此直傳聞之誤例而不論可矣

弟子葢三千焉

【原】孔子世家孔子以詩書禮樂教弟子葢三千焉身通

六藝者七十有二人嘗舉此段以示友人曰此古今學問大關鍵處朱子删孔子以詩書禮樂教入字自弟子蓋三千起截論語序說中不知太史公重提叙教法正為下通六藝者張本〔補註〕陶潜群輔錄顏氏傳詩為道為諷諫之儒孟氏傳書為道為疏通致遠之儒漆雕氏傳禮為道為恭儉莊敬之儒仲良氏傳樂為道以和陰陽為移風易俗之儒樂正氏傳春秋為道為屬詞比事之儒公孫氏傳易為道為潔靜精微之儒按朱竹垞謂今考定傳易者為公孫段若鄭大夫字伯石者又一人也删之殊失其意友人詰故余曰古者樂正崇四術立四教順先王詩書禮樂以造士故孔子亦曰與于詩立于禮成于樂又子所雅言詩書執禮如是四





者而已至周易者卜筮之繇辭春秋者侯國之史記掌于太卜職于太史非士子之所肄習惟孔子晚年喜贊易懼修春秋始合所删之詩書所定之禮樂而成六經〔補註〕杭堇浦曰六經始于經解易詩書春秋禮樂是也漢興制氏善為樂世世掌太樂官但能記其鏗鏘鼓舞而不能言其義故立博士祇于五經按六經陳迹之語始見于莊子天運篇一名六藝故曰言六藝者折中于夫子當日之時敎只以正業正業者詩書禮樂其能兼通易春秋二經者七十有二子耳弟子列傳首引孔子曰受業身通者七十有七人皆異能之士是也若以六藝與周官同則禮樂射御書數司徒

以之教萬民保氏以之養國子豈必異能之士哉集註弟子章於文云謂詩書六藝之文六藝本屬射御等而冠之以詩書精矣備矣

陳蔡臣服于楚

〔原〕論語序說如蔡及葉朱子註曰是時陳蔡臣服於楚若楚王來聘孔子陳蔡大夫安敢圖之金仁山謂陳蔡從楚耳非為之臣兼蔡又兩屬于吳故圖孔子乃哀公六年壬子事先是元年楚子圍蔡蔡叛楚即吳請遷二年蔡遷吳之州來州來今壽州所謂下蔡者是三年蔡





放其大夫于吳四年蔡昭侯將如吳為公孫翩所弒公孫辰出奔吳并不見屬于楚六年吳伐陳楚昭王救之卒軍中止陳屬楚前編之辨核矣而猶未精也

少正卯

〔原〕少正卯〔補註〕康誥有少正蓋官之副貳也左傳鄭有少正公孫僑家語魯有少正卯則少正之名其來久矣之誅朱子素極辨其無而論語序說猶載此又蓋革之未盡者也陳幾亭曰蓋聖人行誅必其人有顯罪與衆棄之未有出人不意但為其宿昔奸雄桀未具而遽行大戮者也此穰苴孫武行兵立威之法豈聖人為

政之道耶

補 荀子宥坐篇孔子爲魯攝相朝七日而誅少正卯余仕山日朱子謂少正卯事予竊疑之蓋論語所不載子思孟子所不言雖以左氏春秋內外傳之誣且駁而猶不道也乃獨荀況言之是必齊魯陋儒憤聖人之失職故爲此說以夸其權爾安敢輕信其言而遽稽以爲決乎按朱子之言如此予此存誅少正卯四字蓋存疑爾

曾點鼓瑟

原 陳幾亭曰某每怪曾點鼓瑟三子之撰一一入聽聖



容微哂明見無遺耳目交用不妨手揮大是異事後世說無疑其故者何哉余謂仍有口歌蓋古人琴瑟之用皆與歌並奏有自鼓而自歌者孔子取瑟而歌趙武靈王夢見處女鼓瑟而歌是也有一人鼓瑟一人歌者漢文帝使愼夫人鼓瑟上自倚瑟而歌是也有二人鼓瑟二人歌者鄉飲酒禮工四人二瑟是也無徒瑟者當點承夫子爾何如之問曰已能徹手亦停揮但微有瑟音故曰希鏗爾則投瑟之聲黏下文史稱劉穆之目覽辭訟手答牋書耳行聽受口並酬應劉炫左畫方右畫圓口誦目數耳聽五事同舉爲千百載來異人豈知聖門已有其人

補 爾雅釋樂徒鼓瑟謂之步徒歌謂之謠固有鼓而不歌歌而不鼓者論語或問方三子之競言所志也點獨鼓瑟于其間漠然若無所聞及夫子問之然後瑟音少間乃徐舍瑟而起對焉據此亦並非鼓瑟口歌者況潛邱劄記補正曰知錄云寧老謂衛靈公聽新聲於濮水之上而使師延寫之則但有曲而無歌按國語註當作師涓不當作師延何不用論語鼓瑟希鏗爾舍瑟而作



邢疏曰鏗投瑟聲也此卽有曲而無歌按劄記本不錯乃忽于此日仍有口歌又曰無徒瑟者何一人之言而前後自相矛盾耶

曾皙倚門而歌

原 巳未余以薦舉留京師久月以論學爲事有以季武子之喪曾點倚其門而歌爲朱子採入集註似可信來問者（補註 按潛邱劄記卽陶紫司）余曰此子虛烏有之言也春秋昭公七年季孫宿卒孔子年十七曾點少孔子若干歲未可知然論語敘其坐次於子路則必少九歲以上也可

孔子年十七時子路甫八歲黠賀不過六歲七歲孩童耳烏得有倚國相之門臨喪而歌之事檀弓多誣莫此為甚不宗【補註】按尚書疏證作石堂陳普極其辨駁猶未及此因聊為補之云爾【補註】西河毛氏說正同

【補】禮記義疏檀弓下攻武子卒在昭公七年孔子方十七歲曾皙少于子路時止六七齡耳未必有倚門而歌事此亦出于傳聞陳氏譏其廢禮亦據記文言之耳按閻氏說本此

秦楚之路



【原】孟子此章次于牛山章無或乎齊王章之後似是在齊一時所言齊都臨淄距秦西都咸陽路二千里而遥楚南都郢都路二千里而近故皆曰遠也他若朝秦楚【補註】史記六國表齊宣王元年秦孝公二十年六年秦惠王元年十九年秦惠王後元年田敬仲完世家宣王元年秦用商鞅周致伯于秦孝公又表宣王元年楚宣王二十八年四年楚威王元年十五年楚懷王元年宣王十年楚威王圍齊于徐州田敬仲完世家宣王二年敗魏馬陵其後三晉之王皆因田嬰朝齊王於博望盟而去以其大國言撻秦楚以其彊國言秦楚搆兵【補註】史記楚世家懷王十六年秦欲伐齊而楚與齊從親秦惠王患之乃使張儀見楚王願獻商於之地六百里使絕齊交懷王許之遂絕齊使使受地于秦張儀曰從某至某廣從六里使者反報懷王大怒興兵西攻秦秦亦發兵擊之十七年春與秦戰丹陽秦大敗楚軍斬甲士八萬秦遂取漢中地懷王乃悉國兵復襲秦戰于藍田大敗楚軍按秦楚交兵載史記者惟丹陽藍田兩戰以所聞之時局言夫言固各有當也

淳于髡前章

【原】孟子與淳于髡問答僅兩章後章是去齊之後不待言前章似相値於梁惠王朝何則魏世家明云卑禮厚幣以招賢者鄒衍淳于髡孟軻皆至梁孟子素不見諸侯秪因惠王延禮始至其國又未嘗仕眞有孔子循道彌久溫溫無所試【補註】孔子世家之象髡故發問夫子何不援天下不然于齊則仕矣髡將譏其援之無效與或力不能援詎肯作是語千載而下殆可以情測哉



孟懿子之兄

【原】集註南容諡敬叔孟懿子之兄也此不過以昭七年孟僖子曰我若獲沒必屬說與何忌於夫子使事之而學禮焉云敬叔在懿子之上故然下文又云故孟懿子與南宮敬叔師事仲尼亦未見其定為兄且昭十一年孟僖子宿于薳氏生懿子及南宮敬叔于泉丘人註云二子似雙生畢竟何忌在先嗣父位諡稱子說在後仕為大夫諡稱叔而已二子或生於昭十二年師仲尼學

禮時年十三歲 南宮名适一名縚與敬叔名說載寳而朝者當二人【補註】毛西河據春秋傳孟僖子會祲祠時有泉邱女同僚女來奔懿子敬叔皆泉邱女所生懿以長自養敬以幼使僚女養之其後懿以長襲敬以幼不襲周制君承姓卿承氏敬叔以弟故不襲卿承氏而氏南宮按南宮則諡敬叔叔之爲弟何疑

孟獻子魯賢大夫

原 余讀左氏至宣八年東門襄仲卒而歎魯自是以後政歸三桓矣周公其遂衰乎故宣十八年歸父謀於公欲去三桓以張公室成十六年宣伯告於晉曰魯之有季孟猶晉之有欒范也政令于是乎成季則文子行父實爲權姦之首不待其子武子宿始專國政如註所云



孟則獻子蔑與季共事者三十四年亦不得如註所稱爲魯之賢大夫此春秋之義也大凡下而盜上者必立賢行美名以外收人譽故能陰操國柄自古篡竊之臣皆階此以濟若二子者非其人乎且大學之取人之言也于楚及王孫圉于晉及狐偃其引畜馬乘八言也【補註】大學疏義孟獻子數言似非春秋卿大夫之言也然其以好賢取友豈亦得于師友相傳之緒論歟按通典引畜馬乘兩言直稱獻子爲孟子猶之乎前志也豈眞謂其人能知乎天下之大道哉縱知之亦行與言違矣彼盡實歛君之政而擅于己已不有聚歛之臣實盜國之利而均于私家家不有盜臣將見家日彊國日削爲君者其何以堪余著此論自覺頗取駭世聽然誅姦諛於既死辯弒逆之最早以爲臣子之大防者豈獲已哉豈獲已哉 論語因孟莊子及其賢孟子因有友五人稱爲賢尚可【補註】國語趙簡子曰魯孟獻子有鬬臣五人我無一何也鬬臣五人之名未詳左傳昔伐偪陽孟氏之臣秦堇父輦重如役此豈其一人歟竊意獻子於樂正裘等則友之矣鬬臣五人則事我者也

燕毛

原 祭畢而燕則以毛髮之色別長幼爲坐次亦本鄭康成註來郤爲世所口實顧麟士曰蓋昭穆既序則分定



分定則分之尊者必是年高而須白者多其並在上少而黎黑者多在下也亦非案毛老也周禮司儀職曰王燕則諸侯毛鄭司農註謂老者在上也老者二毛故曰毛【補註】自毛老也至此並見正韻 毛一本作耄此以經解經第一義也朱子博極羣書猶未及此【補註】程是庵曰周禮鄭司農註毛老也謂老者在上也鄭氏中庸註燕以髮色爲坐今集註從鄭氏以毛爲毛髮仍是老者在上意太原閻氏據周禮駁集註未當 向謂訓詁之學至宋失之者如心廣體胖鄭註胖猶大也與肥多肉也解別後代多混爲一朱子意清修之士豈必盡肥遂易註曰安舒也不知安舒乃泰字之解矣聽

其言也厲鄭註厲嚴正也從不聞有確也解且惟嚴正方與上溫義反故曰變若果確也子溫而確可乎補註顧寧人曰君子之言非有意于厲也是曰是非曰非孔穎達洪範正義曰言之決斷若金之斬割又居官則告諭可以當鞭朴行師則誓戒可以當甲兵此之謂聽其言也厲按顧氏前云是曰是非曰非即確義後引書正義及居官云云即嚴正自作孽不可活書作逭逭猶緩也亦義二者似相通也從不聞有此解何如仍鄭註逭逃也本爾雅說文古人下字不嫌重複後代必以有淺深虛實之別者盤也如辭亦說也集註辭者說之詳然則說者辭之略可知上節放淫辭是放說之詳者耶說者不得作僅辭之略者



不得作而已其可通乎或曰大儒間出著書明道其小小訓釋可以自我作古譬之天子考文一般余曰亦有別馬援當漢光武朝以所假伏波將軍印書伏字犬外嚮并縣長吏印文不同恐天下不正者多所宜齊同薦曉古文字者奏上以爲可補註見後漢書馬援傳註所引東觀記此一考文也唐開元十三年敕曰朕每讀洪範至無偏無頗惟頗一字於韻不協宜改作陂蓋爲陂則文亦會意爲頗則聲不成文亟須刊正以免脅魚補註按元宗據周易改頗爲陂惠定宇書古義力辨其非汪氏琬庵曰頗陂誼從皮得聲義從我得聲誼從宜得聲宜從多得聲考之古音無不叶者元宗之改惠氏之論俱多事耳此又考文也然則宜何從

王子母死

原以經解經莫合於喪服記公子爲其母章以解王子爲其母此厭於父在本無服權爲制練冠麻集註脫此字麻衣縓緣既葬而除之服鄭康成曰不奪其恩也無厭於嫡母之說厭嫡母誤自趙岐沿於孔疏至宋闌入集註遂爲世所口實明初大明令載庶子爲其所生母齊衰期注曰謂嫡母在室者後孝慈錄成益定制讀自製序文眞有冠履倒置之歎推其失集註自不能辭補註按大明令



頒行於開國元年未免仍集註之誤若孝慈錄成於洪武七年始斷自宸衷著爲定制子爲母雖父在庶子爲其母雖母在皆得以終喪三年則父固不得厭其子母亦不得而厭其庶子也有何冠履倒置之歎耶余嘗欲請於朝爲早加刊正者此類是也或曰子攻舉子業兢兢焉惟集註之是遵莫敢或爽何獨著書不爾余曰今用之吾從周又言郁郁乎文哉吾從周此經生家遵註說也若吾輩窮聖人經自當博考焉精擇焉不必規規然於一先生之言則有行夏之時乘殷之輅服周之冕等法在聖人當日蓋亦並行不悖者且註爲集註傳爲集傳大儒原不敢以一己之說蓋經也故名曰集

但所集之時說有不備所集之見容有未定豈無望於後之人乎故每欲重整頓易本義易簀前三日手自更定誠意章其不自滿假如此奈何今之學者猶苦以舉業之見施之窮經朱子有靈吾恐未必以之爲知言也矣善乎司馬文正曰經猶的也一人射之不若衆人射之其中者多也虞集言早歲從吳文正公學清河元公復初爲行省掾談諸經要義某悉以關洛以來之說答明日復初告吳公曰伯生經學殆未博也某始聞之不以爲然纔取古今百氏傳註之說旁午錯綜而究觀之



然後知不能博通於彼而遽以爲有得於此者非愚則妄是則復初教我也此皆吾輩窮經之說也

補禮記曾子問義疏禮有庶子厭於父無厭於適母自趙岐誤註孟子而諸儒沿之即朱子孟子集註猶未免沿誤矣按大清會典庶子爲所生母斬衰三年大清律庶母所生子斬衰三年此眞當於天理而恔於人心不可以破百代沿承之陋而立萬世常行之典歟

秦誓

補秦誓篇史繫於封殽尸爲發喪哭之後書序則謂敗崤還歸而作王伯厚亦莫能折衷但云二書各不同金仁山竟從史余以左氏傳攷之誓當作於僖三十三年夏秦伯素服郊次鄉師而哭之日不作於文三年夏封殽尸將霸西戎之時蓋霸西戎則其志業遂矣豈復作悔痛之辭哉殽晉之南境從秦嚮鄭路必經之括地志云二殽山一名嶔崟山補註地理通釋嶔崟山在河南府永寧縣北二十八里自東崤至西崤二十五里註東崤長坂數里峻阜絕澗車不得方軌西崤石坂十二里在洛州永寧縣西北二十里即古之殽道補註秦本紀正義蘇代謂之殽塞淮南王安謂之殽阪司馬遷謂之殽阸馮異謂之殽底孔



穎達謂之崤關元和志謂東崤至西崤三十五里在秦關之東漢關之西是也

穀梁子曰秦之爲狄自殽之戰始也余則曰秦穆公之遂霸西戎自殽之敗悔過始也曷爲乎悔過遂霸也蓋悔過是人生第一事以悔實進德修業之第一念也人必悔始克自彊自彊矣大足以王小亦不失乎霸觀穆公之言曰我心之憂日月逾邁若弗云來時在位三十有三載岌岌乎恐死之將及也余向著論一篇論天子之悔過者商太甲尚矣周穆王次之諸侯之悔過者衛

叙聖武公尙矣秦穆公次之【補註】沈歸愚曰穆公敗崤而還乃作秦誓在魯僖公之三十三年也及文公二年有彭衙之師三年有濟河之師兵連禍結迄無寧歲聖人何以取之聖人不惟其事惟其辭也謂公能悔過實未必爾而其言有當於史書工諫近乎王者之事則從而取之此亦如穆王之車轍馬跡幾遍天下宜若無足錄者而呂刑一書惻然有哀矜無辜之意聖人初不廢焉洵不惟其意惟其辭也

凱風

【原】宋晁說之以道詩序之論曰孟子凱風親之過小者也而序詩者曰衛之淫風流行雖有七子之母猶不能安其室是七子之母者於先君無妻道於七子無母道過孰大焉孟子之言妄歟孟子之言不妄則序詩非也



黄太沖亟取其說載孟子師說余按序又曰故美七子能盡其孝道以慰其母心而成其志爾成志成母守節之志非如鄭箋指孝子自責言因檢孔疏亦言母遂不嫁爲之快絕【補註】按義門讀書記亦謂過小孔疏母遂不嫁之說甚善 復憶東漢姜肱性篤孝事繼母恪勤母既年少又嚴厲肱感凱風之孝兄弟同被而寢不入房室以慰母心焉【補註】以上見章懷註引謝承書云云按范史肱本傳云肱與二弟仲海季江俱以孝行著聞其友愛天至常共臥起及各娶妻兄弟相戀不能別寢以係嗣當立乃遞往就室 歎作詩者能安母於千載之上感詩者亦能安母於千載之下詩之有益人倫如此當日採詩者親覩其事序詩者申美其事遂不爲聖人所删序偈可非也蓋七子之母徒有欲嫁之志云爾若果嫁矣則眞於先君無妻道於七子無母道是之謂瑕豈僅僅過而已乎

【補】全謝山凱風說示李桐云在昔南雷黄公嘗疑凱風親之過小不當如詩序詩傳所言蓋使七子之母不安其室則家門風化所關過亦不小非可以怨爲過其後閻徵君百詩據孔疏解之謂七子作詩自責其母遂終不嫁予因是歎七子有諭親于道之功而其母亦不失爲賢母蓋能遷善而自新者也詩人不特美七子即子其母亦有取焉矣又云人誰無過能改之則聖人不以爲非然則七子之母固亦名教之所許也



杭堇浦與張承之書云凱風齊魯韓三家皆以爲母過責子之詩而毛以爲其子自責仁山金氏曰七子之母固爲失節然禮律有繼父之服又所關止于一家故曰過小西河毛氏則曰引詩相難必取其相類者惟小弁虐子而怨則與凱風之虐子而不怨者明有關合故同此一過而但以過之大小辨之此又凱風詩義之不出

於一者也

溝洫

【原】溝洫田間水道也【補註】朱子曰溝洫之制見于周禮遂人匠人之職詳矣蓋禹既平水患又治田間之水道使無水旱之災所謂濬畎澮距川是也金仁山曰周制十夫有溝溝廣四尺深四尺百夫有洫洫廣八尺深八尺旱則儲水潦則泄水止可當史記河渠書渠字不可以當河字班固取以名其志誤矣【補註】何也曉曰此溝洫字即此固溝洫志所本乃治天下之小水非指行非用也朱子或問中以濬畎澮距川釋之爲得本意天下之小水無所不治則尺寸壞無不可宅與上卑宮室對照尤密禹當日止二句先決九川之水使各通于海次濬畎澮之水使各通于川如是而已賈讓



奏大川無防小水得入蓋方其治水輒隨手治民間之田治水所以救溺也治田所以救饑也上世純以民事爲主豈若後代有在官在民之別哉

掘地注海

【原】歲朝獨坐偶抽架上書得朱子語類禹貢曰禹治水乃是自下而上了又自上而下後人以爲自上而下此大不然不先從下泄水卻先從上理會下水泄未得上當愈甚是甚治水又曰禹治水先就土低處用工又曰禹只是先從低處下手若下面之水盡殺則上面之水

漸淺方可下手【補註】傅寅禹貢集解曰禹之治水皆自下而上曰治水者必使其下能容而有餘易泄而無礙然後可以安受上流而不至于衝激以生怒不覺觸悟禹掘地而注之海正所謂下面之水盡殺也在所先水由地中行江淮河漢是也則所謂上面之水漸淺在所後【補註】孟子剳記禹治水之法先下後上故禹貢播功始于冀兗先使水之下流有所歸書所謂決九川距四海此所謂掘地而注之海是也終于雍梁後使水之上流有所殺書所謂濬畎澮距川此所謂水由地中行是也禹當日治水方略等閒爲孟子拈出今人治水專與此三言相反兩漢平當以經明禹貢使行河王景遣修汴渠賜山海經河渠書禹貢圖今之治水者只宜勸其熟讀孟子耳



麋鹿

【原】余釋地既釋及人矣宜亦間釋及物益物亦地之所生也如大曰鴻小曰鴈出毛傳【補註】詩小雅鴻鴈傳說文因而倒之曰大曰麋小曰鹿註云麋鹿之大者似不可說文麋鹿之屬耳其別處在麋澤獸屬陰鹿山獸屬陽至哀十四年逢澤有介麋專麋一本作麋介大也介麋謂麋之大者非謂麋大于鹿此亦訓詁之未精者

【補】毛西河曰四書集註補云據爾雅麋之種類有麔麎麇狄四名而非鹿鹿之種類有麚麀麛麜四名而非麋

故舊稱麋陰獸冬至角解鹿陽獸夏至角解麋澤獸形大而角枝向後鹿山獸形小而角枝向前截然兩分按
高宗聖製文二集麋角解說謂麋解角於冬月令古書不必易靈臺時憲則命正訛以示信四海然則集註補云麋陰獸冬至角解尚沿舊經之誤

狐貉

【原】狐性好疑貉性好睡皆穴獸也毛深厚溫滑皆可為裘【補註】陸佃埤雅狐性善疑貉性善睡皆藏獸也故狐貉之厚以居　說者必以一之曰于貉謂自為裘取彼狐狸為公子裘以共尊者孔穎達



遂有禮無貉裘之文唯孔子賤故服以居【補註】詩豳風七月四章正義　不知衣敝縕袍與衣狐貉者立此豈賤者之服非禮之製而聖人盛言之耶讀書不深說多泥獨狐貉之厚以居滿興元解若作裘與上狐裘複作燕居又與褻裘複【補註】按格致鏡原引章身要云褻裘私居之服也狐貉皮為之江慎修鄉黨圖考云褻裘即狐貉之裘燕居即居吾語女之居詩秦風文茵暢轂文茵車中所坐虎皮褥也夫子亦取此二獸皮為坐褥以其溫厚可適體耳【補註】鄭氏論語註云在家以接賓客疏謂在家接賓客之裘居家主溫故厚為之陳氏禮書語曰狐貉之厚以居蓋狐善疑貉善睡疑斯戒睡斯安燕息者之事也故燕居服之按毛傳說文文選王褒聖主得賢臣頌註及淵鑑類函服飾部獸字類編鳥獸門凡引論語文者狐貉主裘不主褥居主燕居不主居坐

熊掌

【原】熊掌即左傳之熊蹯也【補註】文元年王請食熊蹯而死註熊掌難熟冀久將有外救宣二年宰夫胹熊蹯不熟疏字書過熟曰胹　或疑掌從手蹯從足在人有別獸何以相同余按爾雅釋獸貍狐貒貈醜其足蹯疏引說文云蹯掌也釋鳥鳧鴈醜其足蹼烏鵲醜其掌縮疏云掌亦足也可知其相通也既思字書掌指本也手有指足亦有指故其本皆可曰掌

【補】埤雅熊冬蟄不食饑則自舐其掌故其美在掌按孟



子熊掌即左傳熊蹯疑皆從手指本言之

黃鳥白鳥

【原】緡蠻黃鳥【補註】爾雅皇黃鳥按逸周書王會篇方揚以皇鳥疑謂是歟　毛傳緜蠻小鳥貌雖朱子前有長樂劉氏訓緜蠻作鳥聲終當從毛傳及韓詩薛君章句緜蠻文貌為是白鳥鶴鶴【補註】白鳥即爾雅鷺舂鉏陸璣疏云鷺水鳥也好而潔白故謂之白鳥按周頌振鷺于飛于彼西雝毛傳鷺白鳥也後漢書註引韓詩薛君章句云鷺潔白之鳥也雝文王之雝也言文王之時辟雍學士皆潔白之人也據此則白鳥指鷺無疑　毛傳翯翯肥澤也雖朱子前有五臣文選註嚯嚯白貌終當從毛傳及說文鳥白肥澤貌字林鳥白肥澤

曰喬爲是固不得以偶有一說而廢歷來相傳之訓詁者也至宵爾索綯爾雅綯絞也【補註】郭註糾絞繩索謂夜而繩索糾絞也廣韻綯謂糾絞繩索也朱子註孟子正同何詩集傳或云索絞也綯索也【補註】按小爾雅廣器大者謂之索小者謂之繩急就篇註繩謂糾兩股以上總而合之者也一曰麻絲曰繩艸謂之索則不得以索爲絞綯爲索矣文義違反一至此【補註】以上見尚書疏證第一百三幾令人疑傳註非一手安得謂立學官課士子之書而無復有遺憾者與或曰然則立學官課士子爲奈何曰此先王一道德以同俗意也宋神宗告王安石曰談經者令人人殊將何以一道德



神宗之慮是也但不當以安石之三經新義誣天下【補註】宋史王安石傳訓釋詩書周禮既成頒之學官天下號曰新義案玉海楊時三經義辨十卷辨王安石書詩周禮三經義之失朱子出理醇義正自足以壓折之且人尤能重其言第間有漏失處豈容習爲固然余嘗慨唐自義疏行舉天下惟主一說無復漢人之宏博有寧道孔聖誤諱言鄭服非之陋【補註】按唐書作不言服鄭非逮宋慶曆間劉原父敞七經小傳作而經一變【補註】七經者一尚書二毛詩三周禮四儀禮五禮記六公羊傳七論語也宋人說經毅然自異於先儒實自敞始遂開一代之風氣宋大儒傳註淳祐一詔已盛行而元代遂以取士明用以攻制義秖蹈虛不

蹠實陋尤不可勝言逮成宏間楊文懿公守陳【補註】按明史本傳楊守陳字維新鄞人卒謚文懿贈禮部尚書自以所見立說務求其是故五經四書私抄成而經又一變【補註】文懿公博學多識五經四書時有獨見不泥古說錄爲私抄凡百餘卷如謂書象以典刑一章乃舜命官之辭詩卷耳乃大夫行役者之作大學本末一章乃治國平天下之傳禮喪大記一篇乃儀禮經文皆超然獨見先儒議論未嘗及是也是二公者誠皆有功於聖人之經者也

## 蹝

【原】蹝草履也本趙岐註【補註】按蹝通作屣文選孔德璋北山移文屣萬乘其如脫注引劉熙孟子註曰屣草履可履又通作躧戰國策猶釋敝躧注草履也其實止解履也與史



記虞卿躡蹻之蹻別徐廣曰蹻草履也【補註】虞卿列傳集解又屝亦草履【補註】釋名草履曰屝杜氏左信四年傳註屝草屨疏註云草屨者屨屨通言耳按屝與菲同師古漢刑法志注曰菲草履也

## 杠

【原】杠方橋也又非本趙註【補註】按張氏鎰孟子音義杠方橋也集註從之其實止解橋也字有從石者蓋聚石水中以爲渡【補註】爾雅石杠謂之徛註孟子曰歲十一月徒杠成或曰今之石橋若從木則橫木以度矣且徒行者奚必用方而後濟哉余嘗謂居居究究爾雅具有明訓雖未必眞出子夏輩要遠有所承而朱子不信趙岐

複壁中作訓詁多不暇按之書籍如避事嫌也之類而朱子却信

盤

【原】盤沐浴之盤也【補註】按禮玉藻浴盤名杅用孔穎達疏說者謂古者五日一浴三日一沐甚或過三日五日之期非同盥漱爲每日晨興所必須此與銘不合所以雜愛鄭康成內則註槃承盥水者韋昭吳語註槃承盥器也直取以易集註【補註】湯盤以金鑄故金仁山大學疏義引釋文曰刻金曰銘杭堇甫作泉芑堂金石契序亦曰湯之盤銘三言凡九字



析

【原】何焯屺瞻曰集註柝行夜所擊木也本用趙氏註今皆譌爲夜行雖監本亦然【補註】義門讀書記集註柝夜行所擊木也按元板作行夜朱子本用趙註程是菴曰趙註柝行夜所擊木也行夜猶今之巡夜周禮司寤氏掌以星分夜以詔夜士鄭註云主行夜徼候者今集註說作夜行只倒一字便說不去余謂行夜夜行何啻霄壤陸德明左傳釋文柝以兩木相擊以行夜也【補註】哀七年傳註說文作㯞一作櫄夜行所擊者恐亦本是行夜【補註】按襄二十五年傳註干掫行夜秋官修閭氏註櫄謂行夜擊柝汲古本皆作行夜

伯成子高

【原】楊子爲我集註列子稱其言曰伯成子高不以一毫利物是也此于楊朱何與當取下文禽子問楊朱曰去子體之一毛以濟一世汝爲之乎楊子曰世固非一毛之所濟禽子曰假濟爲之乎楊子弗應一段方合【補註】按列子楊朱篇云云巳見孟子集註考證向謂孟子以餘力爲之者正指此不惟此也伯子不衣冠而處是說苑而非家語伯玉行年五十而知四十九年非是淮南子而非莊周不對而出譏甯喜而爲甯殖農家者流譏班固而爲史遷獨任管仲四十餘年餘當作一孔子卒至孟子遊梁百四十餘



年餘當作四自文武至此七百餘年當作八百四十餘年程子生乎千四百年後當作千三百四十餘年後定公十三年適齊當作十四年適衛此初至衛也哀公之十年自楚反衛當作六年此終至衛也凡皆集註之宜釐正者【補註】以上諸條見下三續集註援引多誤註

太公

【原】集註分析姓與氏莫確于太公一條曰太公姜姓呂氏名尚而齊宣王不曰姓媯氏乃曰姓田氏何與豈真如太史公書混姓氏而爲一者耶史稱禹姒姓契子姓

棄姬姓栢翳賜姓嬴皆是又曰禹之後契之後及秦後分封各用國爲姓故有扈氏男氏殷氏來氏徐氏郯氏等又認作姓既曰造父封趙城族由此爲趙氏頗是又曰非子以造父之寵封趙城姓趙氏却非蓋終不了了然然較北宮黝以下盆成括以上或複氏或單氏盡註作姓者猶差勝耳

【補】金壘子云太公封于齊爲齊太祖故後世尊之曰太公亦猶田和篡齊爲田齊太祖故亦曰太公也曰太公望曰周公旦曰召公奭或號或爵以名配之故知望爲



太公名無疑又云太公姜姓名牙一名望尚字武王曰尚父按此則集註名尚殆非是

老子

【原】陳幾亭曰使孔子與佛相晤佛必不滿孔子孔子必與佛佛老雖皆至人然皆自大者也惟聖人終不自大者也所以一晤老子虚懷求教老子頗加議訕聖人歎以猶龍使晤釋迦達摩之倫况其虚曠玅明嘉賞必又在猶龍之上後人見孔子歎服老子而釋氏廣大實又過之遂疑孔不及老老不及佛不知道同者未至之人必服至人顔孟服孔是也道不同者大能服小小不能服大老子不能服孔子者也非過之也孔子能服老子者也非不及之也仁人以大事小亦此意余謂卽以時人論甫能服白白不能服甫也

【補】齊東野語理宗朝有待詔馬遠畫三教圖黄面老子則跏趺中坐猶龍翁儼立于旁吾夫子乃作禮于前此蓋内璫故令作此以侮聖人也一日傳旨俾古心江子遠作贊亦故以此戲之公卽贊之曰釋氏趺坐老聃旁睨惟吾夫子絶倒在地遂大稱旨其詞亦可謂微而婉



矣按馬之畫江之贊與陳之論卽謂之大能服小也固宜

曾子易簀

【原】陳幾亭曰改過眞是第一善事改過徹底不憚尤是人生第一難事或言曾子易簀只是臨死不憚改過此意甚好若考其義尤有進焉大夫所賜之簀士生前可用猶之園亭别館生時未嘗不可居而考終必于正寢故嘗乘未絶而易之然則初用原未嘗過及聞而卽易乃精義入神之學徹始徹終非但改過不憚也觀其呼

小子時自言戰戰兢兢直貫至死方獲僅免若當時姑從曾元幾乎臨去一刻又有不免處惟不放過此刻存順保得無纇沒寧【補注】此段議論全本臨川吳氏金鼎子嘗載之余謂此足正朱子季孫之賜曾子之受皆爲非禮之說【補注】說見朱子答王子合書按蒿菴閒話楚國曾聘曾子爲相是當時亦曾做大夫來故季孫得以此爲遺既已去位則此物便非所宜故及其疾病一聞人言卽舉而易之此亦可備一說

伯夷柳下惠

【原】郝氏解曰處世自有中行不善不入而亦有包荒之量無道不校而亦有不屑之教若拒之使不可近則隘



矣玩之爲不足數則不恭矣不爲隘故欲同天下于善不爲不恭故不忍棄天下于惡陳幾亭曰二聖人蓋皆于萬物一體有未至處信哉

【補】後漢書黃瓊傳君子謂伯夷隘柳下惠不恭故傳曰不夷不惠可否之間蓋聖賢居身之所珍也按此卽郝氏處世自有中行意

墨翟

【續】或問墨子人方儗之以孔子而孟子至比于禽獸得毋甚與余曰莊子稱其教曰死無服蓋以服則傷生而害事曰相率強不食而爲饑不衣而爲寒使面目陷陬顏色黧黑耳目不聰明手足不勁強不可用也又曰使王公大人行此則必不能蚤朝五官六府辟草木實倉廩使農夫行此則必不能蚤出夜入耕稼樹藝使百工行此則必不能修舟車爲器皿使婦人行此則必不能夙興夜寐紡績織紝是何言之悖也竊以大鳥獸苟失喪其羣匹越月踰時焉則必反巡其故鄉鳴號躑躅然後乃能去之小者至于燕雀猶有啁噍之頃焉然後乃能去今墨子教若此是禽獸之弗若矣吾固以孟子猶



寬言之也

【補】程是庵曰墨子姓翟母夢烏而生因名烏以墨爲道墨非姓按此則墨翟前身本屬禽獸故孟子以爲比但其爲教更禽獸之弗若耳

莊周

【原】莊周史稱爲蒙人劉向別錄云宋之蒙人也今歸德府商邱縣南二十里有蒙城卽周之本邑朱子謂莊子自是楚人當時南方多異端者非【補注】歸太僕五岳山人前集序云荆楚自昔多文人左氏之傳荀卿之論屈子之騷莊周之篇皆楚人也按莊周爲宋蒙人蒙城在商邱城外正宋地于

楚無涉似亦沿朱子之誤者　周嘗爲蒙漆園吏括地志漆園故城在曹州冤句縣北十七里【補註】史記老莊申韓列傳正義冤句城在今曹州西南界內曹州春秋之曹國爲宋景公滅于晉哀公八年地故爲宋有莊周故亦宋之官也【補註】此段見潛邱劄記與石企齋書不比苦縣屬陳老子生長時地尚楚未有陳滅于惠王在春秋獲麟後三年孔子已卒況老聃乎史冠楚于苦縣上以老子爲楚人者非也

號曰三晉

【原】齊桓始伯天下莫彊焉齊衰而晉彊晉衰而楚彊楚衰而吳彊此邵文莊之言春秋形勢括於此王澤之斬自秦併天下始秦併天下自三家分晉【補註】金仁山曰成王封弟叔虞于唐至燮父遷晉水之地因名晉其後曲沃奪宗至文公以來世爲盟主末年六卿分晉自相兼并魏斯趙籍韓虔三分晉地爲諸侯謂之三晉而力不足以禦秦始此尹起莘之言發明初命晉大夫魏斯趙籍韓虔爲諸侯者戰國形勢由于此金仁山曰春秋之所憂在楚史記之所憂在秦二者居天下之大勢矣眞皆天下名言也

都大梁

【原】蘇子曰周之失計未有如東遷之甚者也余亦曰魏之失計未有如都大梁之甚者也去河山之險而就平衍四達之地棄文侯武侯兩代之霸迹而爲新造之邦當是時使丞聘孟子必爲王定不遷之計有如後世所謂天子守邊者君誠守于邊則一國之人心繫于此一國之甲兵財賦聚于此秦雖強烏能以一口氣而吞安邑哉惟安邑既失【補註】漢書地理志河東郡安邑注魏絳自魏徙此至惠王徙大梁陳留郡浚儀注故大梁魏惠王自安邑徙此應劭曰號曰梁金仁山曰周顯王二十九年秦公孫鞅大破魏軍魏獻河西之地于秦以和魏都安邑至此與秦界河迫不可都故徙大梁今開封府祥符縣地後五十四年遂獻安邑于秦未幾而秦兵至大梁矣又未幾而秦伐我圍大梁矣蔿賈曰我能往寇亦能往者不信然乎蓋始也不過偷旦夕之安卒不振以底於亡我故于魏號爲梁之日卽謂畢萬之後已滅不待徵諸河水灌王假降之日矣【補註】史記河渠書索隱引張華云大梁城在浚儀縣此縣西北渠水東經此城南又北屈分爲二渠其一渠東南流是始皇所鑿引河水以灌大梁謂之鴻溝楚漢會此處也其一渠東經陽武縣南爲官渡水

少梁

【原】惠王九年己未秦魏戰于少梁少梁故城在同州韓城縣南二十二里古梁國也當時魏全有河西之地故

戰于此六國表秦云虜其太子魏云虜我太子此太子卽名申後死于齊者申相距二十二年必虜後復歸魏爲太子復令之將龐涓兵嗟夫嵤非惟不仁且不知甚矣

【補】秦本紀獻公二十三年與魏晉戰少梁虜其將公孫痤魏世家九年與秦戰少梁虜我將公孫痤痤是魏相卽衛公孫鞅所事者故明年痤卒而鞅乃犇秦表誤爲太子耳卽且是太子亦是痤不是申趙世家所謂秦獻公使庶長國伐魏少梁虜其太子痤是也



與楚將昭陽戰

【原】事有承譌歷五百載莫辨辨之實自今日始者南辱於楚是也南辱于楚此事本不可考【補註】金仁山曰周顯王十年楚伐魏決白馬之口以水長垣之外十六年楚景舍取魏睢濊之間王草堂曰此爲辱楚實錄祗宜闕疑雖孫奭疏亦然【補註】孫疏云南則常辱于楚馬陵者按惠王二年魏敗韓于馬陵三十年太子與齊人戰敗于馬陵一爲勝韓一爲齊勝非楚也奈何以楚世家懷王六年戊戌使柱國昭陽將兵攻魏破之于襄陵得八邑卽魏世家襄王十二年楚敗我襄陵事以當之襄王事豈容出自惠王口【補註】金仁山同此說或曰綱目通鑑竝以襄之年併于惠之下爲其後所改年然孟子適梁與王問答的在乙酉王豈容預及十三年後事集註誤至于此或曰事具戰國策甘茂曰梁君身布冠而拘于秦蘇秦曰魏王跣行按兵于國而東次于齊卽其辱之事也然而于楚復何與焉

西喪地于秦七百里

【原】西喪地于秦七百里卽惠王三十一年辛巳割河西之地獻于秦以和者非數獻也班固曰魏界自高陵以東此距安邑指東西言張守節曰自華州北至同州竝



魏河西之地此指南北言其地四至固可按又有上郡襄王七年癸巳始入秦守節曰今丹鄜延綏等州北至固陽竝其地又卽惠文君十年魏納上郡十五縣者也蓋至是而魏河西濱洛之地築長城以界秦者盡失之矣自屬兩截事滈水李氏總認爲惠王【補註】說見困學紀聞全云滈水蓋亦主竹書云然誤亦與集註同嘗思秦新都咸陽與魏界高陵最密邇商鞅曰非魏幷秦秦卽幷魏不得然乎使魏嘗日常得吳起其人者守于此則吾恐秦人食之不得下咽也

補毛西河云商君傳曰秦孝公遣衛鞅將兵伐魏虜
公子卬魏割河西地以和遂去安邑而都大梁是因敗
而割地未嘗數獻地也攷之魏數獻地皆不在惠王之
世惟襄王五年獻秦以河西之地七年又獻上郡地至
昭王六年直獻秦以河東之地方四百里

齊擊魏破其軍

原惠王三十年庚辰齊擊魏破其軍虜太子申孫臏傳
韓告急于齊齊使田忌將而往直走大梁魏將龐涓聞
之去韓而歸齊軍既已過而西矣爾時魏雖未徙大梁



要爲其一都會若韓之南陽走大梁者攻其所必救也
龐涓與韓戰南梁南梁今汝州在大梁之西南六百里
涓果舍之歸救大梁獨齊軍既已過而西矣一句殊不
可解補註曹寅谷曰傳所云過而西竊謂無可疑者涓聞信必在齊師及竟之先比去韓而歸而齊師已過而西矣故傳言使齊軍入魏地三日人之云者明是西非東也西行前三日預設減竈之法若十卒之亡過半也者而乃退而之東以誘使必追而涓果倍日并行以逐之曾按輿圖窮日夜思之
恍悟是相承傳寫之譌原本應是齊軍既已退而東矣
退而東者誘敵之計也下文孫子謂田忌曰云云蓋聞
涓之信即商量退師于是從魏地第一日退爲十萬竈
二日退爲五萬竈三日退爲三萬竈以見士卒之散亡
者盡涓見之果大喜倍日并行逐之又已入敵境矣臏
生阿甄之閒熟其山川形勝不待鄉導而知濮州鄄城
縣東北六十里有馬陵澗谷深峻可以置伏阿今東阿
縣鄄城今省入濮州即州所理是地也兵法所謂無所
往者也誘之於此始可萬鏃齊集尤異者預刻其到期
又自令其舉火行兵至此驚猶鬼神雖有飛鳥曾不能
逃況龐涓哉通鑑亦知過而西之不可通也削此句削
之誠是但以時正都安邑易大梁爲魏都不知齊與魏



兩都相距幾二千里千里襲人希有得利者齊雖強寧
敢蹈之逾河度陘孤軍無繼臏之智又不肯出此以知
與前桂陵之役仍皆大梁字面易魏都者不知兵者也
回憶亡友陳祺芳子壽之言天下事莫難于讀書莫奇
于用兵餘俱平且易耳余此條不識于讀書談兵亦有
合乎否也

固而近于費

原前漢志顓臾國在泰山郡蒙陰縣蒙山下費縣爲魯
季氏邑則屬東海郡杜氏通典總收于沂州費縣下曰

有蒙山有東蒙山有顓臾城又有子游所宰之武城余讀酈注沂水條云治〔補註〕酈注作沂水從臨沂縣東流逕蒙山下又東南逕顓臾城北又東南流逕費縣故城南按其里程相距纔七十里耳故曰近〔補註〕兗州府志故顓臾城距古費城六十五里

遠人謂顓臾

〔原〕徐文長梔駁集註遠人謂顓臾曰在邦域中曰社稷臣曰近于費曰邦內則非遠人也明甚又曰不取爲後世子孫憂則非今有不服事當以淮夷徐戎當之余亦不謂然淮夷徐戎並興乃伯禽之時非哀公也考哀公



元年冬伐邾二年春伐邾三年冬圍邾六年冬伐邾七年秋伐邾遂入之以邾子益來八年夏以吳將伐我乃歸邾子遠人似卽謂邾或曰魯擊柝聞于邾〔補註〕哀七年傳相距僅七十六里何以爲遠曰敵國則遠人矣以魯與邾世爲仇讎歲尋干戈疆界雖邇邈若山河此吳起所謂君不修德則舟中之人皆敵國邪

〔補〕按注疏魯侯爵宜九附庸而春秋注止邾小邾二國桓公十有五年邾人牟人葛人來朝杜云皆附庸之世子合之顓臾凡五然惟邾人倔強不服竟以比隣搆怨

閻氏以遠人屬邾說較確

句繹

〔原〕句繹有二一爲邾子地名見哀公二年春王二月經一爲小邾子地名見哀公十四年獲麟以後傳〔補註〕杜預以句繹爲邾地劉炫以爲小邾地孔穎達云邾與小邾國竟相近句繹所屬亦無定準猶齊魯汶陽之田莒魯爭鄆之事一彼一此豈有常乎按金仁山謂小邾射以句繹來奔地當在魯鄒繹山之下

鄒與魯鬨

〔原〕鄒本邾也當魯隱公元年猶爲附庸以從霸主獎王室王命爲子是其爵次于魯者僅二等耳哀公七年魯



貢八百乘之賦于吳邾亦六百乘是其賦減于魯者二百乘耳故以比隣搆怨勢不下魯竟與春秋相終始何怪乎至孟子時而猶有與齊鬨之事哉

〔補〕萬斯大曰先儒于邾爲魯附庸非也既曰附庸卽爲私屬襄二十七年叔孫曰邾滕人之私也以爲人之私則非魯附庸明矣且使既爲附庸當好惡與共憂患相卹攷春秋魯之于邾伐之者十有四敗其師圍其國入其都執其君者各一取田邑者六于他國交惡未若是甚也卽邾之于魯來伐者三升陘之戰且獲公胄縣魚

門矣乎邱之盟且恕晉執季孫矣爲魯附庸敢出此乎又庶其以漆閭邱來奔黑肱以濫來奔而文公復遷于繹及其後襄賦于吳者猶六百乘則其地頗廣大抵與魯切近倔彊不相能者也按說文闕字下解云闕也引孟子此語爲證而其音爲下降切丁公著讀此亦作胡降

堯喪

原後漢書李固傳昔堯殂之後舜仰慕三年坐則見堯于牆食則覩堯于羹此卽舜居堯喪之實事註疏皆未之及而前編亦不引【補註】按喪服翼注無末句程是庵謂今文家用見羹見牆事泛作景慕語非

居廬

原馬貴與曰滕文公五月居廬未有命戒蓋孟子雖誨以三年之喪而文公僅能五月未葬之前守諒陰之制耳然亦當時所無也最解得確攷戰國二百四十五年間齊宣王欲短喪見孟子齊政母死既已葬除服見史記兩事而已

補儀禮義疏喪服廬不于殯宮何也近則習習則哀心不可繼而微常則安安則敬心不可攝而散且親方存乎之起居飲食必異所慎其褻也況在殯乎故無事不辟廟門朝夕啟門而哭所以致哀而遂敬也廬于中門之外哭無時所以便事而達情也周禮疏倚廬謂于路門之外倚木爲廬

獻陵之對

原胡三省註高祖獻陵在京兆三原縣東十八里文德皇后昭陵在京兆醴泉縣西北六十里相距不甚遠當太宗登層觀以望后也原可並見獻陵祇緣觀爲后作爲后登故魏徵譎諫曰臣以爲陛下望獻陵若昭陵則臣固見之矣考此年十一月庚午葬后前一年十月庚寅葬高祖以三年之喪雖貴遂服論妻喪固未除而父喪亦未踰大祥孰爲輕重乎此徵之對誠哉曹子桓所謂好語動人心也

補金仁山曰唐太宗貞觀十年葬文德皇后于昭陵帝念后不已于苑中作層觀以望昭陵嘗引魏徵同登使視之徵熟視之曰臣昏眊不能見上指示之徵曰臣以爲陛下望獻陵若昭陵則臣固見之矣上爲毀觀獻陵

高祖陵也王文憲曰夫子誠據禮直言之隱然自足以正名分抑季氏教冉有矣以魏徵事比恐未安

桐湯墓所在

【原】殷本紀伊尹放太甲于桐宮註似引鄭康成註書序詩曰桐地名也有王離宮焉初不指爲湯葬地余以後漢志梁國虞縣有空桐地有桐地有桐亭太甲所放處應卽在于此虞今歸德虞城縣距湯都南亳僅七十里方可伊尹旣攝國政復時時往桐訓太甲三年不然如人言湯亳爲偃師偃師去虞城八百餘里尹豈有縮地



之術分身以應乎湯都仍屬穀熟鎮爲是【補註】尚書疏證云按亳有三一南亳後漢梁國穀熟縣是湯所都也一北亳梁國蒙縣是卽景亳湯所盟地一西亳河南尹偃師縣是盤庚之遷都也鄭康成謂湯亳在偃師皇甫謐卽據孟子以正之曰湯居亳與葛爲鄰葛卽今梁國寧陵之葛鄉也若湯居偃師去寧陵八百餘里豈當使民爲之耕乎亳今穀熟縣是也其說精矣史記註謂湯卽位都南亳後徙西亳余卽如皇甫謐以正之曰放太甲于桐桐在今虞城縣去偃師亦八百餘里伊尹旣以身當國于偃師又焉能時時於桐訓太甲乎仍屬穀熟方近至湯墓劉向博極羣書者也告成帝云殷湯無葬處蓋直至哀帝建平元年大司空御史長卿案行水災因行湯冢始得之于汾陰亳疑衍縣北東郭去縣三里冢四方方各十步高七尺上平處平地

馮端臨曰今河中府是【補註】地理今釋元和志云殷湯陵在河中府寶鼎縣北四十里卽今山西平陽府榮河縣也故宋太祖乾德四年著諸祀典迄今不易雖有杜預湯冢在薄城中魏王泰又在偃師縣東兩說吾未敢以爲據【補註】後漢志梁國有薄縣註云有湯冢鄰與虞縣有空桐地有桐地有桐亭相去未遠判然各爲一縣豈得指桐爲湯陵墓地乎閻氏旣不信杜預魏王泰兩說而尚書疏證仍主湯冢在薄縣何也集註云云亦偶誤本孔安國書傳詳余尚書古文疏證卷第四

文王之囿

【原】文王治岐不過曰澤梁無禁詎容有囿至七十里任



樵者獵者以往自是在位四十九年乙丑徙都豐豐在岐山東南三百餘里于豐作靈臺臺之少右作靈囿囿之中作沼皆條然而成故有三靈之名蓋原就南山下一片土爲之林木茂密禽獸繁多方克如是朱子生平未一至關陝與人言讀書玩理外考證別是一種工夫某向來不甚做所以旣不知文王之囿爲卽靈囿又于詩靈臺不註的在何所但想像以爲三分天下有其二之後跡矣【補註】潛邱劄記又與石企齋書云岐山旣容不得七十里文王囿而漢唐靈囿靈臺現在今鄠縣東所門王伯厚詩地理攷以文王之囿細註于三輔黃圖靈囿在長安縣西四十二里之下欲爲于確

萬確者也想像二字弟不甘受於傳有之兩見孟子皆實事不然孟子答以好事者爲之也何如何如按七十里之囿非靈囿在岐不在豐辨見釋地補昔伊川程子親至五丈原曰兵自高地來可勝當時非此地殆不可據司馬懿所謂亮當出武功依山而東若西上五丈原則諸軍無事矣者此僞言安軍心耳余嘗歎其確識夫耳聞之不如目見之目見之不如足踐之魏侯斯言豈直爲西門豹治鄴已乎註經書者亦宜然矣

都

原 向謂都與邑可通稱今不若只以曲沃證莊二十八年云宗邑無主閔元年云分之都城 補註 隱元年正義 更證以費昭十三年云誰與居邑定十二年云將墮三都是非爾雅宮謂之室室謂之宮一例語乎因思齊威王朝諸縣令長七十二人樂毅傳下齊七十餘城田單傳復齊七十餘城齊都邑衆多如是而孟子認得其大夫僅僅五人焉亦可謂寡交也矣

曾子言曰

原 毛傳直言曰言說文邢疏竝同論難曰語穎達疏直言曰言謂一人自言荅難曰語謂二人相對 補註 詩公劉正義 以知論




語註兩改直爲自亦有本但宜註于寢不言之下不宜註于曾子言曰下註曾子言爲自言似孟敬子來問疾曾子曾不照顧之矣曾子以捷魯卿也徑告以君子修身爲政之道不及病勢云何其質人將死言也善已疾之不可爲亦具見焉言之無不周徧如此

補 此曾子垂沒之言即所謂善言也按眞西山謂成王言威儀曾子言容貌顏色辭氣蓋周公精微之傳成王得之將終乃以示羣臣孔子精微之傳曾子得之將終乃以示孟敬子故皇疏云欲重曾子臨終言善之可錄故特云言

紾招

原 紾戾也本趙註其實戾當作捩 補註 盧抱經云戾者繆轉之意不必改字 音列捩也折也韻會引孟子紾兄之臂而奪之食於捩字下招胥也亦本趙氏謂其足也則集註增出雖用周禮翟氏註然實支離不如用說文胥本作縃縃縮也余謂縮繫也益又從而繫縛之耳

補 趙註訓紾爲戾與高誘淮南本經訓註同按小爾雅訓而戾之謂之紾繆而紾之謂之緎蓋施之佩服爲紾

虺之罪人及馬牛爲纏紾兒之臂猶言紾兒之手與樛而紾之謂而戾之同義不徒拗折之而已也又訓捪爲臂孫奭音義云臂謂臑其足也實集註所本按爾雅𤴓捪謂之縣正義縣本或作罠說文云罠釣也以罠爲釣亦維繫之義但不當用于入苙後耳程是庵曰宋王勉夫云苙香草白芷之類豚之所甘既放之得所又從而招之非善治邪說者也如此則苙字招字皆從本義本音而與說書之旨正自相通

夔夔

[原]炳燭齋隨筆曰夔夔齊栗夔一足之物也[補注]埤雅東海中有獸狀如牛蒼身無角一足出入則有風雨其音如雷名曰夔黄帝得之以其皮冒鼓聲聞五十里凡人之立常時則兩足舒布有所畏則兩足緊並有若一足之物故曰夔夔也史記使天下之士重足而立亦此意[補注]按汲黯傳作令天下重足而立與漢書同師古曰重累其足言懼甚也又後漢書陳寵傳重足廢慄桓寬鹽鐵論百姓側目重足不寒而慄余按酷吏義縱傳南陽吏民重足一迹[補注]按漢書石顯傳亦云自是公卿以下畏顯重足一迹語尤顯白



一　蹙頞脅肩

[原]折枝之卽折腰也[補注]程是庵曰折枝陸氏善經謂折草樹枝集註從之與爲長者意殊不屬趙氏註案摩折手節解罷枝也亦費方隅鈎云枝肢古通用謂磬折腰肢揖也按臨川陸嘉材諱鈎一字元禮著翼孟音解九十一條以折枝謂磬折腰肢與趙氏陸氏孟子註並見經義考人皆知之無庸贅獨頞鼻頸說文作㞟按急就篇注同[補注]也作額非額則頞矣[補注]頞亦作額方言中夏謂之額東齊謂之顙孫奭疏云民皆蹙其鼻頸而愁悶也且按史記蔡澤蹙齃齃卽頞謂鼻蹙眉也吳書諸葛恪傳折頞蹙額[補注]見吳志諸葛恪傳注分明頞與額異[補注]釋名頞鄂也有垠堮也頞鞍也偃折如鞍也畢秋帆疏證曰說文云頞鼻莖也从頁安聲脅肩諫體本趙註來亦非按漢書外戚傳上官太皇太后親霍后之姊子故常霍侯朝諫體敬而禮之[補注]按霍后脩許后故事亦五日一朝皇太后於長樂宮而皇太后親霍后之姊子故常諫體敬而禮之豈諂之謂乎吳王濞傳脅肩絫足鄒陽傳脅肩低首師古注並云脅翕也謂斂之也揚雄傳則作翕肩注則云翕斂也[補注]按脅肩亦作脇肩斂肩狀肩毛詩抑篇箋脇肩諂笑音義脇本又作脇趙岐注孟子云脇肩竦體也諂笑強笑也後漢書張衡傳干進苟容我不忍以歛肩注歛斂也孟子曰阿意事貴歛肩所尊俗之情也歛亦脅也又潘岳射雉賦雉歛肩而旋踵注人歛身謂之脥肩蓋斂其兩肩爲卑縮之狀小人之事人者耳

歸如字

[原]歸孔子豚齊人歸女樂註並云歸如字一作饋[補注]釋文皆曰歸如字鄭本作饋按鄭註詠而歸亦謂饋酒食與論衡明雩篇謂詠歌饋祭徐廣仲尼弟子列傳詠而歸註歸一作饋同按歸如字解則云入也還也杜預解歸者不反

之辭此與蒸豚女樂何涉而下此字乎自當作饋孟子書正作饋孔子世家作遺【補註】韓非內儲說同魯君女樂文馬饋餉也遺餽贈也康成註以物有所餽遺賈公彥釋此是將物與人也故蔡天下童而習之之時皆讀作饋訓詁不精於此又可見云

【補】歸孔子豚儀禮士虞疏孟子章句俱引論語作饋齊人歸女樂漢書禮樂志齊人饋魯而孔子行師古注引作饋後漢書蔡邕傳齊人歸樂孔子斯征章懷注引作饋文選鄒陽上書注亦引論語齊人饋女樂按歸當作饋



饋谷信

辭達

【原】聘禮記辭多則史少則不達辭苟足以達義之至也【補註】敖氏繼公曰辭以達意而已當少而多則文勝而傷于煩當多而少則失于畧而不足以達意辭苟足以達則不煩不畧爲得其宜按此即爲命子羽修飾之之意世皆不知辭達而已矣出于此李騰芳辭達而已矣文云彼于夫竝慮而一語忽得其樂可以忘憂若萬變盈前而毫髮有礙其憂甚于廢食回蔚名言而金正希經引入古文中亦僅見

專對

【原】專擅也即公羊傳聘禮大夫受命不受辭出竟有可以安社稷利國家者則專之可也之專大全辨載一說曰通義理識時勢不拘君命不執成規正得其解集註專獨也本何晏說者遂謂使有正有介正使自能致辭不假衆介之助果爾先王遣聘只使者一人爲上賓足矣胡爲而從以上介及衆介耶蓋應對之事使者固多而上介次介末介亦非嘿無語者聘禮一篇可見專擅也亦與上文達字闕合

【補】漢書王吉傳匡衡亦舉駿有專對材師古注曰專對謂見問即對無所疑也論語稱孔子曰使于四方不能專對雖多亦奚以爲又王莽傳選儒生能顓對者注曰顓與專同專對謂應對無方能專其事按此亦皆專擅之義



往遷于豳

【原】公劉往遷于豳【補註】括地志豳州三水縣西十里有豳原周先公劉所都之地也豳城在此原上因公爲名 史漢竝稱由避桀前編故繫于桀在位二十二年甲子紀內以公劉當此上遡夏凡四百有八年自不止后稷不窋鞠三世【補註】劉歆對漢高帝曰周之先自后稷堯封之郃積德累善十

有餘世公劉避桀居豳即下逖殷至紂立六百一十二年抑豈止慶節以下十世已乎【補註】馬氏繹史云史記自后稷至武王十五世此本于國語之言也歷千有餘歲而止十五世論者以爲不合事理按世本復有辟方侯牟雲都諸盩山海經有豫亶叔均今並補入傳言夏衰不窋失官史以爲后稷之子亦非也漢書侯牟作夸族而無諸盩大抵國無史官家無譜牒其世系不可得詳矣噫國既爾柰何家獨欲求詳余每遇人家子孫自述其先代祖考之事娓娓及察之頗有逗漏與之辨其子孫定合口去

諸侯會者八百

【原】或問周本紀武王東觀兵至于孟津不期而會者八百諸侯皆曰紂可伐武王曰未可乃還師歸此即所謂觀兵說也直至伊川程子出始辨其無大有功名教亦即張子天命未絕則是君臣當日命絕則爲獨夫意耳何集註既載張子曰復繼以諸侯不期而會者八百武王安得止之語余曰此自出劉敬列傳八百諸侯皆曰可伐遂滅殷與本紀齊世家抵牾者【補註】尚書疏證曰按孟子集註引張子諸下繼曰諸侯不期而會者八百武王安得而止之故分明不信殷周兩本紀齊太公世家還師復歸之事既不信胡得又襲用其上文不期會孟津云云余曰史記劉敬傳說高帝曰武王伐紂不期而會孟津之上八百諸侯皆曰紂可伐矣遂滅殷朱子正本此朱子亦偶忘却誤引前後違反

四書釋地又續補

不顧集註之當早加刊正者又此類

公劉七月

【原】自胡仁仲大紀以公劉篇爲當夏代作升諸首【補註】盧抱經云何今子亦如此金仁山併附以七月篇謂皆豳之遺詩其說曰詩小序以公劉爲召康公之所獻以豳七月爲周公之所陳召公獻之以備燕享之樂使成王知立國勤勞之故周公陳之以爲矇工之誦使成王知故國衣食之原故公劉列于雅而豳七月自爲風或者顧謂公劉時夏道將墜國介戎狄之間計無文物此公劉七月之詩蓋出周召之筆追述先公之事爾是獨不思生民以來天下未嘗一日而不趨于文夏當三聖後文章尤爲盛其雜見傳記者可想見也公劉詩下視商頌諸作同一蹈厲七月詩上視夏小正之屬與夏令時儆之辭皆同一文軌也豈必待周召出而後始有如此之文哉且周詩固有追述先公之事者然皆明著其出後人乎生民之詩述后稷事也而終之曰以迄于今緜之詩述古公事也而係之以文王之事此皆後人之作也若公劉之詩極道岡阜佩服物用里居之詳七月之詩上至天文

四書釋地又續補

氣候下至草木昆蟲其聲音名物圖畫所不能及安有去之七百歲而言情狀物如此之悉若身親見之者又其末曾無一語爲追述意其是以知其決爲豳之舊詩也況史氏已明言詩人歌樂思其德乎雖然七月爲豳舊詩固已何以不居二南前而居變風之末與曰詩皆采之當世而前世之詩存者不可泯也故豳七月附於十五國風之後猶商那附于三頌之末也或因問於余曰何以一編之雅而一編之風與余曰先儒固有成論矣公劉言政事也七月言風俗也既曰風自不得編入于雅矣余以公劉七月皆被引于孟子喜仁山合而論之者如此

【補】孟子集註考證豳周之舊邑公劉所治七月篇豳之舊詩周公陳其詩以爲矇瞽諷誦之詩用其篇以爲迎寒暑勞農之樂而凡周公所作之詩與爲周公而作者編詩者皆係之豳蓋豳岐之地乃周公之采邑云

御製味餘書室全集定本豳雅豳頌說曰甚矣讀書不可不詳解而亦未能盡信也吾讀詩至豳風考鄭氏康成三分七月之詩爲風雅頌孔穎達因之至宋朱子疑



鄭氏之說而以楚茨以下四篇爲豳雅載芟良耜諸篇爲豳頌其註楚茨也又以爲述公卿有田祿者力于農事以奉其宗廟之祭是則存二說矣推朱子之意尚未敢信其必然按周禮籥章掌土鼓豳籥中春晝擊土鼓龡豳詩以逆暑中秋夜迎寒亦如之凡國祈年於田祖龡豳雅擊土鼓以樂田畯國祭蜡則龡豳頌擊土鼓以息老物鄭康成箋豳詩以殆及公子同歸以上二章爲豳風十月穫稻爲此春酒以介眉壽以上四章爲豳雅稱彼兕觥萬壽無疆以上爲豳頌孔穎達疏之曰述其政教之始則爲豳風述其政教之中則爲豳雅述其政教之成則爲豳頌故一篇之內備有風雅頌也漢唐諸儒皆遵此說而程子亦以爲然乃康成之註周禮與其箋詩又不同籥章之註曰豳詩謂七月也七月言寒暑之事則首章流火觱發之類是也又云豳雅者亦七月也七月有于耜舉趾饁彼南畝之事則又以首章爲豳雅也又云豳頌者亦七月也七月有穫稻釀酒躋彼公堂稱彼兕觥萬壽無疆之事是又以穫稻釀酒爲豳頌矣何一人之言自相參錯如是雪山王氏

此一詩而三用也謂籥章之豳詩以鼓鐘琴瑟之聲合籥也笙師龡竽笙塤籥簫篪篴管舂牘應雅以雅器之聲合籥也眡瞭播鼗擊頌磬笙磬以頌器之聲合籥也此以七月全篇隨其音節樂器吹之以合于風雅頌或曰豳本有是詩而亡之或謂楚茨大田甫田是豳之雅思文臣工噫嘻豐年載芟良耜諸篇是豳之頌朱子謂數說皆通而未敢必也閒嘗攷之若以楚茨諸篇爲豳雅思文諸篇爲豳頌則當別標其名不應附于北山周頌也夫周禮言吹豳而甫田言琴瑟擊鼓七月一章周



公陳稼穡之艱難而豐年載芟良耜皆言農事似可通用但無文以確證其爲豳耳鄭氏箋註自屬近古然一章之詩任意割裂亦有未安一家之解詩禮異同未爲定論若云隨時吹之以分音節別爲風雅頌此說尚覺近理故詳載諸說以備參攷焉

禹貢

【原】宋張九成集余取其禹貢論【補註】按張氏子韶有舜典益稷大禹諸論闕氏獨取此篇有曰此一篇以爲史官所紀耶而其間治水曲折固非史官所能知也竊意禹敷土隨山刊木奠高山大川此史辭也禹錫元圭告厥成功此史辭也若夫自冀州至訖于四海皆禹具述治水本末與夫山川之主名草木之生遂貢賦之高下土色之黑白山之首尾水之分派其所以弼成五服聲教四訖者盡載以奏于上藏之史官畧加刪潤敘結成書取以備一代之制作而謂之夏書然其間稱祗台德先不距朕行此豈史辭哉此禹之自言也自稱祗我之德不違我之行而不知退讓安在其爲不矜伐哉曰古之所謂不矜伐者非如後世心夸大而外辭遜也其不矜伐者在心其色理情性退



如無能之人不言而天下知其爲聖賢至于辭語之間當敘述而陳白者亦不可切切然校計防閑如後世之巧詐彌縫也使其如後世之人中外不相應豈能變移造化成此大功哉某因以發之然此書所紀事亦衆矣而謂之禹貢其間言賦亦詳矣乃不畧及之何哉曰此史官名書之深意也其意以謂昔者洪水茫茫九州不辨民皆昏墊今一旦平定四海使民安居樂土自然懷報上之心以其土地所有獻于上若人子具甘旨溫凊之奉于慈親焉此民喜悅之心也名篇之意其在茲乎

故不及賦以言名雖曰賦亦非彊爲科率使民不聊生也其喜悅頌輸亦如貢物然此所以統名之曰貢也意其深哉嗚呼山川道里水土細微事亦大矣而其名篇乃以民心爲言則聖賢之心蓋可知矣其意如此豈班馬所能及哉【補註】見尚書疏證第九十五

旱麓

【原】詩大雅旱麓之篇毛傳朱子集傳竝云旱山名不指所在詩地理攷亦止及前地理志【補註】詩地理攷云地理志漢中郡南鄭縣旱山沱水所出東北入漢而未及後郡國志南鄭下引華陽國志曰



有池水從旱山來酈注沔水條云南鄭縣漢水右合池水水出旱山山下有祠池即沱字也更按明一統志旱山在漢中府治西南六十五里一名峴山上有雲輒雨【補註】寰宇記旱山在南鄭縣西南二十里周地圖記云山上有雲即雨此即旱山之所由得名與然鄭箋云旱山之足林木茂盛者得山雲雨之潤澤固已見及此

【補】嚴氏粲曰毛氏以旱爲山名不知山之所在或取漢地理志漢中郡南鄭縣之旱山以實之詩人兆興皆取其在境內者何獨遠取漢中之旱山乎按王原齋謂旱山在梁州之境與漢廣相近故取以興焉

周南召南

【原】南樂名詩所謂以雅以南是非南國諸侯之謂此論發自程大昌大昌平生論多異此却正周南十一篇召南十四篇相承以爲正風實雜有淫奔之詩若野有死麕雖有東遷以後或王風或齊風若何彼穠矣是此論發自王柏柏爲朱子三傳弟子却不苟同者竊以程氏人尚有從者而王氏則知之亦鮮噫要當俟諸百世後之聖耳



【補】夢溪筆談周南召南樂名也胥鼓以雅以南是也按沈歸愚作周南召南說亦據鼓鐘詩及春秋傳以南爲樂音汪氏琬庵曰程泰之置南于風外且欲削去國風二字與周官六義不合甚爲乖謬其論南爲樂名則是蓋二南者風之首耳又按朱竹垞跋王氏詩疑謂朱子于二南刪去野有死麕一篇而退何彼穠矣甘棠于王風夫以孔子所不敢刪者魯齋毅然削之孔子所不敢變易者魯齋毅然移之噫亦甚矣世之儒者以其淵源

出于朱子而不敢議則亦無是非之心者也

秦誓

【原】秦誓上謂當作于郊次鄉師與不當如史記作於封殽尸之時似足正其譌今長夏多暇繙閱秦紀愛張守節正義此一段妙絕補杜註左氏所不備杜于文三年秦伯伐晉濟河焚舟取王官及郊但云王官郊晉地不指其所在正義云王官故城括地志實有二一在同州澄城縣西北九十里一在蒲州猗氏縣南二里皆爲秦伯取者上文時秦地東至河蓋猗氏王官城是余謂晉



正都于絳絳在今太平縣南二十五里去猗氏密邇既取王官及郊猶哀十三年越伐吳先及郊之郊非晉之遠郊則近郊地可知【補註】按括地志又云南郊故城在縣北十七里又有北郊故城又有西郊故城晉人震恐皆城守不敢出秦可謂勝任而愉快矣於是繆公乃自茅津正義云茅津在陝州河北縣大陽縣【補註】按茅津劉伯莊以爲戎號司馬彪郡國志云河東大陽有茅津劉昭引杜註云在縣西南有茅亭即茅城括地志云茅亭及茅城在陝州河北縣西二十里水經注云茅亭茅戎號余謂此漢二縣名並今平陸縣渡河封殽中尸正義云自茅津南渡河也點出一南字尤妙因悟初濟河是自西而東及茅津濟河則自北而南按之輿圖宛然如覩當是時秦如入無人之地矣安得不遂霸西戎哉至左氏曰而遂殆從陸路而還於其居雍城云

慶以地

【原】王制方千里者封方百里之國三十云云名山大澤不以封其餘以爲附庸閒田諸侯之有功者取于閒田以祿之其有削地者歸之閒田則孟子所謂慶以地與上文有功德于民者加地卽取于此一州之內也然當其屢有所慶天子不見其不足或屢有所削天子亦不



見其有餘蓋原在王畿千里外而天子初無所與焉豈若周惠王四年巡虢公守與之酒泉之邑而自損其封畧漢景帝連削楚趙膠西郡縣以入已而致激七國變者哉

【補】全謝山答李嶧陽問開方法云禮記王制天子之縣內方百里之國九七十里之國二十有一五十里之國六十有三凡九十有三國名山大澤不以朌其餘以祿士以爲閒田夫畿內千里何所容此衆建不知此開方法也大抵方千里者得百萬里方百里者得一萬里方

七十里者得四千九百里方五十里者得二千五百里此在近世西河毛氏言之最悉請詳述之其說曰方一里者縱橫一里也縱橫一里祇一里者以縱之一里卽橫之一里無二里也若方十里卽百里矣以方一里而縱十之祇十里耳至橫亦十之則已十其十而爲百里然猶十倍法也若方百里則前所云方十里者已百里矣今又十其百而縱行之非千里乎且又十其千而橫行之非萬里乎此非百倍法乎毛氏之說止此若方千里則當以千倍法乘之蓋前所云方百里者已得萬里今又十



其萬而縱行之則十萬里且又十其十萬而橫行之則百萬里此最易曉者然則方七十里以七十倍法乘之得四千九百里方五十里者以五十倍法乘之得二千五百里皆一例也夫誠解開方之法則圻內地方千里除王制所云九十三國外祇封得三十五萬四百里尚餘六十四萬九千六百里以爲祿士開田寧患受地有不足乎按此則畿內原有閒田閻氏云蓋原任王畿千里外而天子初無所與爲特未解封國外尚餘六十四萬九千六百里耳

載書

原襄九年晉士莊子爲載書杜註載書盟書也按周禮司盟掌盟載之灋註曰載盟辭也盟者書其辭于策殺牲取血坎其牲加書于上而埋之謂之載書可見載書二字是實字非如今人解以載爲加趙氏註束縛其牲但加載書不復歃血得之矣

補程是庵曰集註葵邱之會陳牲而不殺賈書加于牲上乃穀梁傳之文太原閻氏據左傳士莊子爲載書周禮司盟掌盟載之法指駁集註殆未檢穀梁也按程氏



據穀梁駁閻氏而周官義疏亦云司盟盟者載其所要之辭于策謂之載書則當作實字解矣

過糴

原鄭注溫水條曰交土象林縣兩漢屬日南郡自知耕以來百餘年米不外散恒爲豐國補註此係九眞太守任延始教畊犂俗化交土風行象林故能致此不待過而自無糴者也今之災黎安得遽生長於其地哉

補周官義疏大宗伯大司徒職大荒大札則令邦國移民通財儀禮更事方嶽中鄰近之國以王命通財古者以粟

米爲財則不惟無過糴亦並非告糴之私矣按左傳臧孫辰告糴于齊此無過糴之明證

拜下

原 拜而受之如今之一揖折腰而已再拜而送之則兩揖

補註 焉應部曰閻氏講論語拜而受之曰若今之折腰一揖而已再拜而送之日兩揖而已夫折腰則屈高首下俗所云打恭者也以此當拜皆沿拜屬首之誤不知古無折腰禮古之揖身微俯手平心推向前耳見鄭康成禮注論語上如揖集註曰手與心齊亦其微也

至拜下之拜乃再拜稽首也古者臣與君行禮再拜稽首于堂下君辭之然后升堂復再拜稽首故曰升成拜見燕禮大射儀聘禮公食大夫禮覲禮及禮記燕義僖九年王使宰孔賜齊侯胙齊侯將下拜孔曰且有後命天子使孔曰以伯舅耋老加勞賜一級無下拜對曰天威不違顏咫尺敢不下拜下拜登受下拜再拜稽首于堂下也登升成拜也受受胙也即其事也因思此距襄二十二年孔子生僅一百有一年而以桓公之強重以天子之寵命猶且不敢越焉何一變而徑自拜乎上冠履倒置江河日下可不為之寒心哉

賈公彥燕禮疏曰臣拜君凡有三等初受獻拜于堂下



君辭乃升堂復再拜稽首此禮之正也酬酒時雖下堂實未即拜君辭即升再拜稽首其禮殺也至無算爵受公賜爵則下席就堂上再拜稽首不復下堂禮又殺也孔子時臣行禮皆禮之最殺者故曰泰大抵禮以漸而失失遂忘其所由來矣故聖人謹于初臣拜君又有二等公命徹幂皆降西階下北面東上再拜稽首公命小臣辭公答再拜康成註小臣辭不升成拜明雖辭正臣禮也不言賓賓彌臣也公彥疏臣之禮當下拜為正今不言升成拜者於下已拜是雖無算爵已醉而不倦行臣禮禮之正也此一等也公食大夫禮公拜至賓降西階東北面答拜公降一等辭賓栗階升不拜命之成拜階上北面再拜稽首康成註升不拜者自以已拜也賓降拜主君辭之賓雖終拜於主君之意猶為不成公彥疏主君雖辭賓猶終拜于下盡臣之禮為成拜故堂上不拜主君意猶以為不成而命之升成拜賓遂主君之意故更拜也此又一等也余嘗欲補註疏者以此皆歸熙甫言人患宋史多某正患其少耳錢牧齋極賞為通人之言余于註疏亦云爾

補儀禮義疏士相見禮臣之再拜稽首其別有三若階下再拜稽首訖而君辭之則若未成然復升再拜稽首以成之是謂成拜其禮最重次則降階未拜聞命即升升乃再拜稽首又其次則不降階惟下席再拜稽首此賜爵禮輕故惟拜于席下而已又公食大夫禮巳國之臣拜位在阼階下燕禮主人獻公二大夫媵爵于公皆是也若爲賓則拜于西階下燕禮大夫爲賓者是也聘禮私覿賓降拜于階東覿階下爲稍東別于巳君也此亦然故注以爲少就君也賓在西階東欲答拜時擯者



即辭之而賓拜自若故曰拜也公見其不聽擯之辭乃降一等以示親辭而擯者致辭曰寡君從子而降矣子雖將拜也其興也容此兩辭之間而擯之拜巳訖非謂賓拜未再得辭即興若然則下文賓升不得謂巳拜矣

子思稽首再拜

原孫學翼問子思北面稽首再拜而不受孟子言再拜稽首而受其拜與稽首次第各不同何也曰此從未經拈出者周禮吉拜是拜而后稽顙凶拜是稽顙而后拜則凡先稽首後再拜凶拜之類也先再拜後稽首吉拜之類也吉拜拜之常故主于受凶拜拜之異故主不受

補鳳應韶曰稽首再拜而不受再拜稽首而受原拜之義字從兩手凡言拜皆主手言故禮經有尚左右手之文兩手據地俯伏者拜之正即尚書之拜手玉藻之據掌太祝之奇拜也褒拜以拜之數有加而別振動以拜之容色變而別吉拜以拜時手與尚而別空手以拜而首至手而別頓首稽首稽顙以拜而首至地又各異而別空首頓首稽顙稽首皆拜時有爲而爲非拜義所主也若肅拜則更以立而俯下手手不至地而別拜主手



言益可見矣朱子曰拜而后稽顙先以兩手據地如常然後引首向前叩地稽顙而后拜開兩手先引首叩地御交手據地如常兩言手據地拜字畫沙印泥至吳幼清又混稽首稽顙爲一謂以凶禮故易首字爲顙以別于吉遂謂先作稽首一拜再作空首一拜爲稽顙而后拜矣故稽首再拜而不受再拜稽首而受孟子之文偶有倒順閻百詩據康成吉凶拜之註幼清稽顙即稽首之說遂謂先稽首者爲凶拜後稽首者爲吉拜子思以凶拜示不受矣噫以閻氏讀書有識而承誤不辨且弗

復論抑子思當日不受則不受耳而乃以喪禮處豈有此情事耶

執玉高卑

〔證〕孫學奭讀執玉高卑其容俯仰之類詁疑何古驗而今不驗來問余取游氏桂解曲禮鄭氏解禮運二條以示之是子讀罷不覺悚然游氏曰古之觀人者於一指顧一瞻視一聲欬之間其人之賢不肖是非禍福皆可得而分蓋古人以禮爲常一失其節則爲改常則人之禍福宜可得而知也後世之禮不明舉無以爲之節舉



無以爲節者後世之常也有一人焉而失其節亦是行乎其常而非禍福之所及也此古今所以爲異鄭氏曰三百之經三千之儀雖若不勝其繁要皆此心之用操而常存者則委蛇曲折不失尺寸一念之差則視而弗見聽而弗聞食而不知其味語默動止皆非故態矣觀於草木則一葉之黃一枝之瘁皆本根之病也觀於天地則一星之隕一泉之決皆元氣之病也舉人爲禮以制天下之心威儀之中吾日驗其神明精爽之存亡詎可指登降興俯獻酬揖讓以爲末節而不之察乎先王

盛時禮教達于天下士無賢不肖皆周旋于禮文之中其節奏度數耳目習焉手足安焉不待而少差也於安且習之中而忽乖其度是必其神明精爽之不在是也三代之衰列國公卿大夫猶知奉禮以從事一不中節則有死生禍福之說若越椒之執幣傲叔仲惠伯知其必滅若敖氏之宗〔補註〕文九郤錡乞師于魯而將事不敬孟獻子知郤氏之必亡〔補註〕成十三若此類者不可勝舉而其應信若龜筮蓋先王所以制人心之意猶未泯滅而秉禮君子既能以自檢其身故能以身察乎人也序穀梁



者以爲左失之巫而後世學者不究其本遂以左氏死生禍福之說近于神怪而力排之聖人制禮精微之意替矣惜哉

〔補〕左成十三年傳劉子曰民受天地之中以生是以有動作禮義威儀之則以定命也能者養之以福不能者敗以取禍大學衍義曰天地有自然之中而人得之以生故動作有動作之則禮義有禮義之則威儀有威儀之則皆天命一定而不可違者也能循其則者順天地之命者也故曰養之以福不能循其則者逆天地之命

者也故曰敗以取禍然所謂能與不能者豈有他哉亦
曰敬與不敬而已矣
御製味餘書室全集定本能者養之以福論曰卽以人
之一身而言若自勤不怠動合乎禮不孜孜乎嗜慾之
徇自然體信而達順四支百體不言而喻樂天命獲天
福保天爵皆所謂能者養之以福也小人反是怠棄天
常終獲六極之應所謂敗以取禍也要之禮以敬爲本
敬者德之輿敬怠之分惠逆之機也春秋時諸侯惟以
力爭爲先務不知天命之所存人倫之所繫劉康公見



成肅公受脤于社不敬發爲是論足以繼前聖開後學
其義精矣

南蠻鴃舌

原 孫學翼令之讀柳子厚與蕭翰林俛書託來質書中
曰楚越間聲音特異鴃舌啅譟家生小童皆自然曉曉
晝夜滿耳意許行或自今永州一帶人故其聲如此苟
居近楚都爲今襄陽之人聲不至此余頷之
補 趙註云今此許行乃南楚蠻夷其舌之惡如鴃鳥耳
鴃博勞鳥也詩云七月鳴鴃應陰而後動者也許子托
於太古非先聖王堯舜之道不務仁義而欲使君臣竝
耕傷害道德惡如鴃舌按鴃通作鶪爾雅謂之伯勞左
昭十七年傳謂之伯趙氏夏小正五月鴂則鳴謂之百
鷯月令仲夏之月鶪始鳴鄭註謂之博勞豳風七月鳴
鶪鄭箋豳地晚寒鳥物之候從其氣焉詩疏引陳思王
惡鳥論云伯勞以五月鳴應陰氣而動陽爲生仁義陰
爲殺殘賊伯勞蓋賊害之鳥也

法度

原 一部十三經除大禹謨晚出公羊傳漢始著竹帛外



法度字僅二見一見盤庚上一見論語末要二處不可
同一解論語權有五謂銖兩斤鈞石也量有五謂龠合
升斗斛也度有五謂分寸尺丈引也補註見漢律志三者居治
天下之大端也昔舜一歲四巡守皆同律度量衡月令
兩日夜分皆同度量正權概周禮大行人十有一歲同
度量同數器大傳立權度量商君傳平斗桶權衡丈尺
始皇紀秦初并天下一法度衡石丈尺蓋未有舉權量
而遺夫度者抑未有知長短而不與知輕重及多少竝
急者特以度一字未足成句配以法字易曰制而用之

謂之法是也始皇紀亦名法度師古注邪長疏正同中庸言天子之制度下即驗之以轍迹廣狹相距如一此眞所謂度也武王有天下初豈容不審此祗緣宋儒好精言性命視此等爲粗迹於度字别作解余嘗讀隋經籍唐藝文志見漢以來經解詳于名物度數而宋藝文志則尠有存者蓋義理勝也又宋史儒林傳求其援經徵實如唐儒學傳中人物者尤屬寥寥說者遂譬之圖畫宋以前畫多尚故事宋以後畫專取氣韻於是實體難工空摹易善人誰肯舍其所易而難是圖誠爲古今學術技藝遷變之大關與



補　閻氏以五度證法度確矣惟引中庸言天子之制度下即驗之以轍迹廣狹相距如一似遺却高下一層愴段得田師前主蕺山證人社以車同軌命題會代兒作一藝以高下之度軹爲軌廣狹之度轍爲軌分比其論文云毛公曰由輈以下今譌上曰軌自高下言之濟盈不濡軌是也高誘曰兩輪之間曰軌自廣狹言之禮言涂度以軌是也惟軌之廣狹同故地上之迹同若中庸車同軌曲禮驅塵不出軌穀梁車軌塵則兼高卑廣狹言之高卑則取證于軹崇三尺三寸廣狹則取證于轍廣八尺軌字之本義本言車體地上之迹乃引申之義也中庸此句從來昧昧詩之不濡軌亦從無能言之者得鄉此作乃如撥雲霧而覩青天爲之拍案叫絕以少儀大馭證高下之度確極惟廣狹一邊當以九軌七軌五軌及遂人註之一軌二軌三軌證之引曲禮毛詩尚未分貼盡善鄉必老學著述必多尚其有以起予也拙作新政之惜師於閩省後旋里不獲親炙悵學殖之日荒也故因閻氏法度解而謹識之



御法

原　藝則禮樂之文射御書數之法朱子儀禮經傳目錄既詳禮亦略及射於樂云大樂遺聲其絕久矣今取世傳唐開元十二詩譜補之以粗見其彷彿又云書數日用所須不可不講故取說文解字序說及九章算經爲此篇以補其闕至御法則云廢不可考矣余嘗歎鄭司農衆生當漢靡能詳保氏五馭名目曰鳴和鸞逐水曲過君表舞交衢逐禽左後此恐名亦不復識時代使然也陳氏禮書曰補註見車馭之法或者謂背人以什其車必

克房琯以車戰取敗遂以爲用車不若用人與騎〔補注〕按原文有之愈二字不知荀吳之克非什之利用什之幸也房琯之敗非車之不利用車之罪也古者敎民以射御爲藝君子以射御爲能故孔子曰吾執射乎執御乎詩稱叔段之多才則曰叔善射忌又良御忌古人相率以給射御如此則登車而不能御參乘而不能射者鮮矣房琯之用車有是人乎不然巫臣敎吳以乘車而能取勝于楚何也

此語必有所受



〔原〕楊氏曰此語孟子必有所受然不可考矣余謂夏本紀明載帝舜薦禹于天爲嗣十七年而帝舜崩三年喪畢禹辭辟舜之子商均於陽城天下諸侯皆去商均而朝禹帝禹舉益任之政十年帝禹東巡狩至于會稽而崩以天下授益三年之喪畢益讓帝禹之子啓而辟居箕山之陽禹子啓賢天下屬意焉及禹崩雖授益益之佐禹日淺天下未洽故諸侯皆去益而朝啓曰吾君帝禹之子也如何云不可考蓋龜山史學不熟而朱子緣同時伯恭篤尚史記每力排之不覺亦忘而同龜山或曰史記果如是之足信乎余曰不足信固多若史記與孟子宛同者烏容有疑之之理

〔補〕毛西河曰楊氏謂此語今不可考而大禹謨書舜薦禹辭曰朕在位三十有三載耄期倦于勤汝惟不怠總朕師舜之在位凡五十載而其薦禹時適三十三載非十七年乎按此尤足與史記證明

魯地七百里

〔原〕孟子一則公侯皆方百里再則大國地方百里證以周公太公其封齊魯不過各方百里耳而孟子時魯地



且五倍之以爲有王者作魯必在所削安得有成王封周公於曲阜地方七百里之說哉爲此說者乃明堂位篇中多誣不可勝舉余嘗上稽周易雷聞百里公侯國制厥象取此下徵魯頌革車千乘惟百里國數適相應子產曰昔天子之地一圻刻國一同同方百里也今晉地多數圻矣皆侵小故管仲曰昔賜我先君履南至于穆陵北至于無棣穆陵山名今在沂水縣無棣溝名今爲海豐慶雲兩縣南北相距七百里亦應是後來侵小所至管仲尚不難自誣其先君以夸楚而作明堂位者

彼何人哉宜其自撰出惜也採入集註顯與孟子悖

〖補〗禮記義疏明堂位此方七百里乃是方百里七謗言之耳即周禮公方五百里侯方四百里亦然非謂方七百里半天子之畿內也孟子今魯方百里五猶以爲當損安有如註疏四十九箇方百里之說哉或據前後漢書地志實之謂魯全有兗州而跨徐青二州之域不止方七百里孟子儉于百里非確今以左傳所有魯地名覈之今地志大約在今滋陽曲阜寧陽泗水費縣之內而在鄒嶧魚臺鉅野鄆城諸縣之交而左傳始尚有費



伯後滅之以賜季友取鄟取邿滅項明見于經則方百里五實并小國而得之孟子魯公族豈有于周公封國故隘言之而漢志反確于孟子者耶

召陵

〖原〗召陵故城在今開封郾城縣東四十五里括地志竝同齊桓公曰寡人南伐至召陵登熊耳山以望江漢小顏小司馬竝云熊耳山在順陽縣北闕陽縣東山有兩峯狀若熊耳因名〖補註〗封禪書索隱引荊州記云順陽鄀陽二縣東北有熊耳山東西各一峯如熊耳狀因以爲名按此則鄀字或當作鄀順陽唐武德二年置旋省入臨湍縣臨湍故城在南陽鄧州西北六十里余謂既非導洛自熊耳在盧氏縣者亦非積甲與熊耳山齊在宜陽縣者又非達摩所葬之熊耳在陝州者蓋別一熊耳山距召陵約六百餘里江漢楚之望也故望之召陵於楚齊之不大得志也以子文爲令尹城濮於楚晉之得大得志也以子玉爲令尹

〖補〗謹案

御製味餘書室全集定本子文使子玉爲令尹論曰古之忠于君者莫大乎得人而以人事君必先有知人之



鑒昔鮑叔之舉管仲子桑之舉孟明天下不獨矜管孟之功而必稱鮑叔子桑之善者豈非知人得人國與民咸受其福哉若楚令尹子文舉子玉之事吾惑焉春秋時楚爲強國自熊達僭王以來國富兵雄而又有賢臣爲之助如子文不矜己功毀家紓國三仕三已不加喜怒實楚之良也及其引才自代舉不得人吾獨爲子文惜之夫子玉非無才無勇也取焦城頓子文以爲之功使爲令尹薳呂臣疑之乃曰吾以靖國也夫有大功而無貴仕其人能靖者與有幾是非不知得臣之矜功肆

志而乃欲舉國以餌之謬矣及其治兵于睽惟尚苴仁意欲委子玉而子玉初嘗大任急于見功專務強暴潰僨之兆已見于斯矣子文不聽爲賈之言以三軍重寄授于子玉方自以爲得計不旋踵敗于城濮敗急自殺獲罪于君子文實使之也子玉初爲令尹欲立功以弭謗雖楚子之善謀而不聽徒以成宋之由猝起征伐之釁輕視敵國輒與晉戰終爲諸侯所敗奔走賁身夫復何憾歟惟城濮之役楚國之氣稍衰而文公之霸乃成諸姬之不爲荆蠻薦食者由此一戰也使子文不授政于子玉自往戍宋老成持重堅壁以郤晉軍晉之大夫雖有謀勇將如何哉徒以用人不審遂釀此禍可謂忠乎然不舉子玉楚國日強晉何以霸此非子文之智不足也天方啓晉故使南風不競挫其鋒鋭將假手于子玉也雖然薦子玉者烏得無罪哉夫子文不能匡其君僭王逞兵之過徒欲保其身家苟且引人自代遂致辱國爲天下笑子玉之剛愎固無足論吾故著子文之罪以戒從之舉人而不慎者



戎狄是膺

原 詩孔疏曰魯嘗春秋用兵于戎狄荆舒者唯有僖公耳僖四年經書公會齊侯宋公等侵蔡蔡潰遂伐楚楚一名荆羣舒又楚之與國故連言荆舒其伐戎狄則無文唯十年經書齊侯許男伐北戎其時恭魯使人助之師賤兵少故不書此說非也按左氏僖十三年秋爲戎難故諸侯戍周齊仲孫湫致之十六年秋王以戎難告于齊齊徵諸侯而戍周齊桓舉義兵僖公無役不從況勤王戍周尤第一義豈有兩諸侯而無魯在中者講義云彼入寇而我當之謂之膺我伐彼而彼畏之謂之懲以上二事解戎狄是膺其猶庶幾



補 翟晴江曰史記建元以來侯者年表引詩戎狄是膺荆荼是徵集註曰此詩爲僖公之頌而孟子以周公言之亦斷章取意也歐陽修詩本義曰詩所謂戎狄是膺荆舒是懲者如孟子說豈僖公事耶荆楚也僖公時楚方強盛非魯所能制僖之四年從齊桓伐楚而齊以楚強不敢進乃遂盟于召陵此豈魯僖得以爲功哉六年楚伐許又從齊救許力不能勝而許降于楚十五年楚伐徐又從齊救徐力又不能勝而楚取其婁林之邑舒

在僖公之世未嘗與魯通惟三年徐人取舒一見謚舒爲徐取之矣由是言之則詩之所謂皆與春秋不合王栢孟子通旨曰閟宫之詩蓋有錯簡孟子時詩簡未錯而所引正是說周公按詩序云閟宫頌僖公能復周公之宇也首二章上陳姜嫄后稷太王文武之勳三章言成王封魯魯子孫率由不忒祭則受福戎狄是膺荆舒是懲第四章文也上三章未暇敘及周公所云周公之宇者非於此章頌之而孰頌故自公車千乘至莫我敢承皆周公而不屬僖公也俾爾昌而熾俾爾壽而富周



公俾之也五章六章繼周公而頌伯禽所謂淮夷來同遂荒徐宅顯係伯禽事見諸尚書費誓者也七章八章方頌僖公復宇如此說之則詩書春秋孟子彼此悉無疑義而詩簡亦未嘗有錯孟子兩引此文皆確指爲周公必有自聖門授受師說不得以漢儒箋註之訛反疑孟子

遭喪之禮

【原】文六年秋季文子將聘於晉使求遭喪之禮以行是禮也即聘禮所載聘遭喪入境則遂也不郊勞不筵几不禮賓主人畢歸禮賓唯饔餼之受不賄不禮玉不贈又曰遭喪將命于大夫主人長衣練冠以受孔穎達疏號詳博亦未及此吾特爲補之云爾【補注】見哀十五年傳正義

八蜡

【原】八蜡之神先嗇一司嗇二農三郵表畷四貓虎五坊六水庸七昆蟲八鄭註與祭邕獨斷同余獨以昆蟲乃蜡辭中所祝者與草木一類耳當以經文爲斷主先嗇先嗇一神也祭司嗇司嗇二神也祭百種百種三神也饗農農四神也郵表畷郵表畷五神也禽獸即貓虎之



屬禽獸六神也祭坊坊七神也水庸水庸八神也此與陳氏禮書暗合【補注】禮書云然則蜡之八神則先嗇也司嗇也百種也農也郵表畷也禽獸也坊也水庸也

【補】禮記義疏郊特牲徐氏師曾曰據此則八神者先嗇一司嗇二百種三農四郵表畷五貓虎六坊七水庸八可以無疑而紛紛之說不攻自破矣學者不信經而信注亦獨何哉

公儀子

【原】公儀子名休爲魯相史記循吏列傳公儀休者魯博士也以高第爲魯相博士名官始見於此秦因之陳涉

亦有之至漢成帝陽朔二年詔曰儒林之官四海淵原
宜皆明於古今温故知新通達國體故謂之博士後漢
朱浮建武七年上書亦曰尋博士之官爲天下宗師使
孔聖之言傳而不絶何其重也竊以文帝時賈生景帝
【補註】當作武帝時董生差足當之

瘍醫

【原】周禮瘍醫掌腫瘍潰瘍之祝祝當爲注藥腫瘍氣聚而不
散者潰瘍血流而將破者雖癰淺於疽而二瘍皆有之
戰國策衛靈公時癰疽彌子瑕專君之勢以蔽左右盡



亦下士之職云
【補】史記孔子居衛月餘靈公與夫人同車宦者雍渠驂
乘按雍渠即癰疽爲靈公瘍醫國策補註癰疽瘍醫豈即如南史
薛伯宗善徙癰疽者歟

程子爲講官

【原】程子爲講官論經筵三劄子朱子采第一劄一日之
間接賢士大夫之時多【補註】宋史本傳云一日之中接賢士大夫之時多親寺人宮女之時少則氣質變化自然而成語於無或乎章註余尤愛第二劄後世
作事無本知求治而不知正君知規過而不知養德員

可續孟子格心章之後亦宜采入註至潞公四世大臣
事幼主不得不恭吾以布衣職輔導亦不敢不自重也
與曾子師子思臣也合族子至愚不足責故人情厚不
敢疑孟子既知天焉能尤臧氏與焉能使予不遇哉合
其於孟子非徒誦之實允蹈之
【補】真西山曰故程頤爲講官嘗言於上曰人主一日之
間接賢士大夫之時多親宦官宫妾之時少則可以涵
養氣質薰陶德性嗚呼人主欲以理義養其心必如頤
之言而後可



明道得於遺經

【原】明道墓表曰先生得不傳之學於遺經【補註】宋史本傳顥之死士大夫識與不識莫不哀傷焉文彥博采衆論題其墓曰明道先生其弟頤序之曰先生生於十四百年之後得不傳之學於遺經以興起斯文爲己任或問伊川既以此推其兄奈濂溪
何余曰豈惟推兄且自任之矣觀上太皇太后書稱以
聖人之學不傳久矣臣幸得之於遺經又爲兄行狀曰
先生自十五六時受學於汝南周茂叔慨然有求道之
志未知其要泛濫於諸家出入於老釋者幾十年返求
諸六經而後得之即明道亦曰吾學雖有所受天理二

字却是自家憒貼出來故世以其兄弟繼往聖倡絕學稱之曰周程以其教人實實有下手做工夫處且歷久而無弊又稱之曰程朱

三里之城

原　左傳疏云天子之城方九里諸侯禮當降殺則知公七里侯伯五里子男三里（補注　隱元年正義）尚書大傳云古者七十里之國三里之城然則孟子蓋謂伯子男之城云

有馬十乘

原　凡地以開方之法計之方十里者爲方一里者百乃



百里者爲方一里者萬方一里者百其賦十乘方一里者萬則其賦千乘然則陳文子采邑殆爲方一里者百云一傳而桓子無宇請得高唐陳氏始大

補　金仁山云古者車馬出于田賦毎甸出車一乘馬四匹則十乘乃十甸之田其田邑之大可知矣又云高唐齊西境大邑陳氏得之而始大今爲州按高唐在祝柯西北齊之別廟立焉魯襄二十五年祝佗父祭于高唐是也且慶封圍凤沙衛于高唐（襄十九）穆孟姬爲陳氏請高唐（昭十）趙鞅伐齊毀高唐之郭（哀十）而威王之使盼子守高唐也趙人不敢東漁于河迫齊侯拔高唐則在威王三十五年然則高唐亦多故矣哉

兩馬

原　集註於兩馬曰一車所駕也古之駕車通以四馬大夫以上皆然惟士則駕二改作士之車所駕方與兩馬合陳氏禮書曰儀禮公賵士以馬兩（補注　士喪禮）春秋時衛良夫乘衷甸兩牡（哀十七年）陳成子以乘車兩馬賜顏涿聚之子（哀二十七年）魯君以一乘車兩馬與孔子（史記）蓋諸侯之大夫大事駕四小事駕二觀春秋傳以兩牡爲衷甸則



四牡爲上乘矣後世有大駕中駕小駕之說蓋此類也（杜預以衷甸兩牡爲輈車誤　按陳氏說本哀十七年傳正義）補注　余謂是說當矣然細按孟子所云兩馬亦未必指士之車蓋偶舉之何則言其轍迹深爲日久車多所致則當以通用之車曰四馬如駟不及舌是卽以馬之少者亦當用安車之一馬今乃云兩馬之力殆猶子曰后稷天下之爲烈也豈一手一足哉云爾古人文義有從實證出者有從虛會出者此等處固宜虛會耳

大全辯載一說曰兩卽車非一二之兩蓋兩一車也一

車兩輪故謂之兩此言豈一車四馬之力所使然與亦
通
【補】趙註云兩馬者春秋外傳曰國馬足以行關公馬足
以稱賦是兩馬也此可以實證者也按外傳本楚鬬且
語韋昭解國馬爲民馬公馬爲公之戎馬而趙氏始改
行軍爲行關孫疏亦茫無發明意卽漢書昭帝紀所稱
馬弩關之關乎然未敢以臆解也總之城門惟容一軌
凡乘車戎車田車喪車役車之出入所駕不外此國馬
公馬兩種其曰兩馬之力與猶云國馬公馬之力與是



也至若以兩爲一車豈一車四馬之力所使然是直改
兩馬爲四馬尤顯與經文不合

有馬千駟

【原】余讀鄦氏解谷決齊景公有馬千駟蓋指公馬之畜
于官者非國馬之散在民間者也何則周禮校人掌馬
政天子十有二閑良馬十閑二千一百六十匹駑馬二
閑千二百九十六匹共三千四百五十六匹而諸侯六
閑猶千二百九十六匹皆所以給公用備賜予也當齊
景公時地大于王畿盛時性又惟狗馬是好故畜多如

是至出自民間則說苑所稱我長轂三千乘是非此數
也豈惟齊景公卽衞文公之賢亦侈踰制倍八所駕者
至騋牝三千秦后子以富而出奔私車有千乘不然孟
子祿之以天下猶富有四海之說也繫馬千駟必馬之
在廄中者與十有二閑同方相稱若在民間直一大國
能有耳語意不倫乃爾乎故孟子之千駟與論語千駟
一而已矣
【補】漢書梅福傳雖有景公之位伏櫪千駟臣不貪也按
伏櫪正與韋昭國語註繫馬良馬在閑非放牧者同義



臨雍拜老

【原】明帝臨雍拜老是永平二年冬十月幸辟雍初行養
老禮拜李躬爲三老桓榮爲五更蓋用三公及次卿止
二人據陳用之禮書言古者建國必立三卿鄉飲酒必
立三賓而養老必立三老故禮曰三公在朝三老在學
三公非一人則三老五更非各一人矣蓋自續漢志以
德行年耆高者一爲老一爲更失之而鄭氏以爲此三
代之制誤矣余謂蔡邕明言三老三人五更五人意古
者三老五更或如設四輔及三公不必備惟其人傳至

漢遂以各一人當之云

補 諸案

高宗聖製文二集三老五更說曰三老五更之說不見於詩書其見於禮記者蓋出乎漢儒非孔子之言唯左傳三老凍餒之文爲最古然傳謂公聚朽蠹而三老反不見養過非與五更相提並論也注三老五更更者多矣或謂上中下壽或謂工商農出左傳孔疏而不及五更或謂明天地人與五行之事出白虎通或謂取象三辰五星出後漢書禮儀志或謂知三德五事者出鄭康成禮記注各以臆度不堪僂



指矣至蔡邕獨斷乃有父事兄事之說而白虎通之謬直以爲老更各一人且曰父一而已不宜有三吁可怪哉天子養老卽所以教孝於天下何至以父事之且卽其說父一而已則天子已自有父今復事一人是非二父乎腐儒執盧文而謬大義眞不直一噱爾邕復解叟爲更謂亥豕之訛夫叟與老同既有老又何藉叟爲哉予以爲三者天地人之數養老自以三舉其數耳若夫五更則更事之說爲近而五倫五常莫不具於此人數不必其備行之以敬誠愷悌則中和位育將在是矣後儒一切穿鑿之論何足數哉

西伯善養老

源 馬貴與言古人養老之禮有養於鄉者有養於國者余謂孟子制其田里教之樹畜節便是西伯養老於鄉若伯夷太公往歸暨鬻熊辛甲大夫之徒自養於國學則西伯親袒割牲執醬而饋執爵而酳祝鯁在前祝饐在後又不待云矣

補 思齊詩雝雝在宮箋宮謂辟廱宮也群臣助文王養老則尚和陳氏祥道曰養老必歌清廟下管象者以文



王善養老也舞大武以武周善繼志述事也

王宮有學

源 大學章句序三代之隆王宮有學惟王伯厚取蔡邕明堂月令論曰王居明堂禮門東南稱門西北稱闈故周官有門闈之學師氏教以三德守王門保氏教以六藝守王闈然則師氏居東門南門保氏居西門北門也序蓋謂此余按周禮師氏居虎門之左不獨以教國子弟凡國之貴遊子弟學焉貴遊子弟謂宿衛王宮者想保氏亦復爾朱子此語眞湛深經術媲美父學朱子之

學者也其溢州學記曰古者國子舍於王宮教於師氏萬民居於比閭教於塾師皆謂小學云

補 周官義疏師氏大司徒以六德六行六藝教萬民而師氏保氏分爲二職者師氏所教十五及二十入大學者也保氏所教八歲及十三入小學者也或以六德六行或以三德三行而變其名義者司徒以鄉三物教萬民而賓興之要其終而言之者自十五入學至九年而大成則成人之事備矣故知仁聖義忠和之德無不詳也孝友睦婣任恤之行無不著也師氏所教乃國子始



入學者六德未可遽求必使知人之所得於天而粹然至善者爲道之本而後六德可馴致也

禮記義疏王制嘗總而論之大學以年分鄉學國學以地分鄉學中有小大國學中亦有小大而天子大學之在西郊者猶鄉學非大學而先儒每求小學於此是以誤也蓋以年論則八歲所入者名小學天子小學在王宮之東天子之子入焉所謂虎門側者卽此諸侯小學在公宮南之左諸侯之子入焉不於正東避天子也大夫士庶之子各在其家之塾或天子諸侯擇其公卿大夫適士之子之儁者與世子偕遊亦入焉故周禮師氏曰凡國之貴遊子弟學焉是天子諸侯之小學一有常所而卿大夫士庶之子其小學無數亦無定所也若謂天子諸侯之子八歲卽入西郊之小學亦太遠而不情若謂卿大夫士庶之子同入此宮左之小學亦太雜而不倫矣及其十有五年則所入者皆謂之大學而其地迥殊五百家爲黨黨有庠士庶之入大學者在此二千五百家爲州州有序卿大夫之子及庶人之子由庠升者入焉孟子所謂夏曰校殷曰序周曰庠者指此皆鄉



學也自鄉而升乃入國學

庠序校皆鄉學

原 陳氏禮書曰孟子論井地而及夏曰校商曰序周曰庠蓋校庠序者鄉學也鄉飲酒主人迎賓于庠門之外鄉飲不帥教者老皆朝於庠則庠鄉學名也周官州長會民射於州序黨正屬民飲酒於序則序亦鄉學名也鄭人之所欲毀者謂之鄉校則校亦鄉學名也然鄉曰庠記言黨有庠州曰序記言遂有序何也古之致仕者教子弟於閭塾之基則家有塾云者非家塾也合二十

五家而教之於閭塾謂之家有塾則合五黨而教之鄉庠謂之黨有庠可也周禮遂官各降鄉官一等則遂之學亦降鄉一等矣降鄉一等而謂之州長其爵與遂大夫同則遂之學其名與州序同可也按小戴本雜記之書陳氏能將儀禮周官左氏及孟子而融會於一無少抵牾真經術之文也

【補】毛西河曰此是國學以下鄉州黨三學之名不得曰鄉學也國學下原有四學一是鄉校春秋傳鄭人欲毀鄉校是也一是州序周禮州長以禮會民於州序是也



一是黨庠學記黨有庠是也若其一家塾則四旅爲族合族一百家而置塾焉此不及者略焉耳至分夏殷周三代則周因夏殷之制而取之爲鄉州黨之名所謂周備三代之學者以此

連諸侯三句

【原】連諸侯是封建之將盡也辟草萊任土地是井田之將盡也有此二盡戰國烏能久存哉故孟子卒未百年而天下并於秦

【補】集註連諸侯如蘇秦張儀之類辟草萊任土地如李悝盡地力商鞅開阡陌之類按漢書藝文志蘇子三十一篇張子十篇屬縱橫家李子三十二篇商子二十九篇屬法家然李悝爲魏文侯作盡地力之教秦孝公用商君壞井田開阡陌急耕戰之賞俱見食貨志

不得於言四句

【原】鍾伯敬述其座主雷何思檢討之言不得於言勿求於心不得於心勿求於氣告子是箇大受用人萬歷己酉闈先參議以湖州司李聘往領房雷何思爲正考其事甚歡亦偶及是語故余家世實聞之余會卒爾對



之曰寧我負人無人負我曹操亦是箇大受用人、

【補】濟邱劄記又與戴唐器書云昨席上吳儂聞吾兩人之言若罔聞也眞正告子不得於言勿求於心學問雷何思太史以爲千古大受用人也

墨之治喪

【原】余嘗謂宋儒說理未嘗不是而特於引書籍也多疏或舛要當爲之諍子不當爲其佞臣莫甚於蔡氏書集傳而四書亦未能免如註墨之治喪以薄當引其本書節葬篇墨子制爲葬埋之法曰棺三寸足以朽骨衣三

領足以朽肉掘地之深下無菹漏氣無發洩於上壟足以期其所則止矣不當引莊子曰墨子生不歌〔補註〕天下篇生不歌是謂其平日非聖王之音樂於葬無涉余獨怪孟子之喪其親也以時以力凡附於身者必誠必信自勿之有悔乃充虞猶問其木太美豈非爾時墨道大行殯皆從薄見合乎禮者反以爲踰禮此與孔子時事君盡禮人以爲諂者何異

〔補〕墨子節葬上中下三篇今惟存下篇其略曰古聖王制爲葬埋之法曰棺三寸足以朽體按曰字初學記引此文曰作桐餘書亦多作曰衣衾三領足以覆惡以及其葬也下毋及泉上毋通臭壟若參耕之畝則止矣



百里奚

〔原〕百里奚此事當孟子時已無所據註非也友曰虞人也址貫見矣不諫之秦行踪見矣年已七十齒亦見矣又曰舉於市仕宦見矣獨秦之號爲五羖大夫也傳至孝公時猶嘖嘖於趙良之口則當以秦本紀補之蓋其由虞之秦不知又何故亡秦而走宛宛今南陽府南陽縣秦穆公時地屬楚楚鄙人執之繆公聞百里傒賢欲重贖之恐楚人不與乃使人謂楚曰吾媵臣百里傒在焉請以五羖羊皮贖之楚人遂許與之繆公釋其囚授之國政故有五羖大夫之號其云吾媵臣亦繫托詞以誑楚左氏媵秦穆姬者乃虞大夫井伯非百里傒也朱子已辨其非一人漢表已次之於各等矣或問謂之舉於市者何故余曰論語市脯註云市買也說文云買市也孟子蓋謂百里奚從買得來耳〔補註〕秦以五羖羊皮贖奚即市之之意非鬻之市上也或驚曰此解奇確子亦有所受之乎余曰受之父執杜于皐二丈當三十五載前遇於維揚作長歌贈余中一段曰城南荒草窩城北古旗亭君來我往談六經出未日出歸戴星白頭老子陡一驚今世乃復有闇生不貴子博觀貴子秉確識吾子必自愛如子實難得臨歧時復諄諄以確字見誨余蓋有志焉而媿未逮也細讀孟子合左傳奚之去虞當於僖二年宮之奇諫不聽之日不待僖五年宮之奇復諫以其族行之日故曰先去安得有如史記傒爲晉虜以媵於秦之妄說益證朱子非伯乃另一人非奚也爲不易妙理確義仍在此數本故書中耳

補宋竹垞五羖辨曰孟子百里奚自鬻於秦養牲者五羊之皮食牛趙岐註人言百里奚自賣五羖羊皮爲人養牛自賣何裁五羖羊皮爲人養牛蓋言衣此食牛也朱子集註云人言其自賣於秦養牲者之家得五羊之皮而爲之食牛殆言因自鬻得五羊之皮解者遂疑鬻身止得五羊皮非已扊扅歌云百里奚初娶我時五羊皮又曰西入秦五羖皮然則奚蓋服五羊之皮入秦者初五羊爲裘毛之最豐而賤者所服也曩客代州言之李孔德孔德不以爲然偶讀范處義詩補傳釋羔羊之詩云素絲必以五言蓋合五羊之皮爲一裘循其合處以素絲爲英飾也百里奚衣五羊之皮爲秦養牲蓋仿古制古之羔裘其製甚精養牲者被五羊之皮蓋賤者之服而召南在位之君子亦服之非節儉而何其說竟與予合案范處義釋詩之說殊爲不根夫五紽五緎五總絲數非縫數也戴侗六書故曰紽緎總俱以五言皆絲之量數更證之西京雜記云五絲爲纖倍纖爲升倍升爲緎是緎爲絲數益無可疑范氏謂合五羊爲一裘則羔羊兒羊也豈有兒羊而五皮可以成裘者哉按史記百里奚亡秦走宛楚鄙人執之繆公聞百里奚賢欲重贖之恐楚人不與乃使人謂楚曰吾媵臣百里奚在焉請以五羖羊皮贖之楚遂許與之蓋百里奚在秦五羖其素所被服穆公慮楚不信故以奚所衣之服與之不然則五羖微物楚人豈貪之乎太原閻百詩好駁正注疏之失作孟子劄記詳此質焉并以寄孔德



說大人章

原孟子以己之長方人之短猶有此等氣象在孔子則無之矣此楊龜山語何嘗論孟子如曾子之彼以其富我以吾仁彼以其爵我以吾義吾何慊乎哉曾子何獨不然子思事之云乎豈曰友之云乎推其意且有子我相校奚可以與我友之語子思又何獨不然善乎高忠憲言自古以來聖賢成就俱有一箇脈絡余謂孟子原從思曾來於顏少別故曰顏子歿而聖人之學不傳

補禮記檀弓論爲舊君反服孟子亦然眞西山曰孟子之告齊王即子思之告穆公者也然其辭益峻切矣按諸前章孔子之言可以見聖賢氣象之分按此亦思孟相似之一證



子貢問政章

原陳幾亭曰由也果於天下事無一不喜其大全故問

君子則以爲未盡於脩己問政則以爲未盡於先勞賜也達於天下事無一不思其究竟故問士則必窮其次問政則必窮所去尋常覩之似子貢之志卑矣然實不卑此條可補入此章集註程子後

見音現

〔補〕韓昌黎曰凡爲文辭宜略識字若作時文者何須識字但取熱鬧以悅觀者之目斯足矣如見而民莫不敬集註見音現見顯也露也與相見之見音義都別金正希此題文云天下時入而見天子焉天子時出而見天下焉竟認作相見字解可乎憶初晤陸元輔翼王語及其師黃陶菴曲肱而枕之文余曰凡字有體有用如枕上聲體也實也去聲用也虛也此題集註云枕去聲奈何通篇俱作實物解翼王曰題雖去聲之枕而文以上聲之枕作說似亦無礙余曰只緣承題至曲肱以爲之枕點題稱此而爲枕則枕必以曲肱矣如其通篇俱錯認此字耳或曰樂正子入見祇載見瞽瞍吾見亦罕矣俱當如字而音現不敢見於諸侯繆公亟見於子思俱當音現而如字陽貨欲見孔子而惡無禮集註欲見孔子欲召孔子來見己也故音現妙已奈何止註孟子而不註論語且孺悲欲見孔子可如字陽貨欲見孔子不可如字以下有孔子不見故想朱子當年亦以無大關輕重而畧之耳



皐陶爲士

〔補〕韓昌黎詩人不通古今馬牛而襟裾竊以不通古今至明之作時文者極矣或請徵其說按有虞氏刑官曰士故舜典汝作士呂刑士制百姓于刑之中夏曰大理周曰大司寇若士師特司寇之屬官下大夫耳猶鄉士遂士縣士爲士師之[illegible]掌士之八成凡四方之有治於士者造[illegible]名或可稱爲士而有虞氏之士[illegible]作楊一清王鏊薛應旂茅坤邵[illegible]六緒汝濱許獬徐日久顧錫疇艾南英黃淳耀桃應問曰今章文盡稱士爲士師或曰漢景帝中二年秋七月更郡守爲太守而史記於景帝前上溯至戰國輒名太守〔補註〕戰國策中已有太守之稱是亦以後之制加前之人也想以官名二字爲壯聽明之作時文者與此復何異

補 鄭氏論語注皐陶爲士師號曰庭堅孔氏左文十八年正義羅長源路史後紀眞西山大學衍義金仁山論語集註考證皆稱皐陶爲士師汪氏瑟庵曰鄭氏註今亡正義所引蓋有錯誤康成斷不至以士爲士師也羅泌以下皆宋元人其與明之作時文者相去固不能以寸耳

臧武仲以防節

原 黄藴生以防求爲後於魯一節文起講云昔魯之臣有得罪以死而仍爲之立後者叔牙是也有得罪以奔而亦爲之立後者臧紇是也是兩者皆成於季氏而武仲之事則尤有可論焉可謂能自斷案然按公孫敖以淫奔而魯人立文伯文伯者名穀敖之長子也猶可解曰此成於襄仲也若叔孫僑如出奔齊召叔孫豹於齊而立之非季文子乎臧昭伯從公伐季氏不克而出奔乃立臧會非季平子乎祇緣起講尺幅狹不容如春秋之屬辭比事歷歷陳之故僅取上二事黄藴生郊社之禮二句文中比云郊之禮有二正月行之爲祈穀十一月行之爲報本按仲夏之月大雩帝非又一祈乎季秋



之月大饗帝非又一報乎不皆於郊行之乎參以陳用之言古歲祭天者四詩序曰春夏祈穀于上帝又曰豐年秋冬報則春祈穀左氏所謂啓蟄而郊是夏祈穀所謂龍見而雩是秋報月令所謂季秋大饗帝是冬報周禮所謂冬日至於地上之圜丘是凡此正祭也二爲藴生之所及二爲余之所補對云社之禮亦有二后土之祭在北郊社稷之祭在國中按王爲羣姓立社曰大社王自爲立社曰王社王社所在先儒或謂在大社之西或謂在籍田參以陳用之言王與諸侯之社皆三其二社所以盡祈報之誠其勝國之社所以示鑒戒之理是社亦有四二爲藴生所遺想當日藴生博雅寧不記憶及此祇緣中比尺幅有限故只得各以二事立義其體使之然也善乎魏冰叔有言八股之法病在於排比有定式夫題之義理有博衍數十端然後足以盡者有舉其一端扼要而無遺者今必勒爲排比則是多端者不可盡而得其一說而畢者必將衍爲二說以對之其對之又必舉其出比之語斤斤然倣何比字而不敢或亂門之而譯聖經賢傳其陋可知故愚嘗發憤歎息時文

之法不變而謂不枉人之材壞人之學者吾不信也
補 春秋防有二一宋邑左傳隱十一年辛巳取防是一莒邑昭五年莒牟夷以牟婁及防茲來奔是一魯邑隱九年公會齊侯于防莊七年夫人姜氏會齊侯于防二十二年及齊高傒盟于防二十九年城諸及防僖十四年季姬及鄫子遇于防襄十三年冬城防十七年高厚圍臧紇于防二十三年臧孫如防是按辛巳取防爲西防公會齊侯于防爲東防武仲所以者東防也在今費縣西北六十里



生之者衆二句

原 初交何屺瞻年甫二十四歲日與之上下論議一日偶及時文曰吾欲將有明三百年名家制義凡看題錯用事誤者盡標出爲一帙蓋此乃代聖賢語氣豈有聖賢口中而使別字用譌事者乎因歷數之得數十百條屺瞻擊節曰如此而後見時文之難如此而後見時文之尊今忽忽十有八年遺忘殆盡不意屺瞻歸而抄撰制義悉彷彿鄙意而實竄余識解所不逮者而亟錄於此李光元生之者衆一句文前半幅云王者非能生之也天下皆生之者也不衆則其源隘矣故有九職之任焉徒以耕天下猶有不耕之民非衆也必三農而下所以各自爲職者孰非兩不竭之源各以職天下猶有失職之民非衆也必臣妾而外所以相與執事者孰非攻自然之利後半幅云內官自九御而下則獎數也此其食而不制甚於冗員吾不以寵故加比擬之號而內食者寡矣外官自九品而外則倖位也此其食而無功甚於墨吏吾不以恩故拜權宜之爵而外食者寡矣屺瞻評上句据天官之九職下句据冬官之九室其文既



煩簡不同難於屬對此故化去兩扇舊局艾千子盡直三農而下臣妾而外內官九御外官九品諸句批曰生之食之其人甚多獨舉此則隘矣噫九職自三農而下凡園圃虞衡藪牧百工商賈嬪婦臣妾及無常職之閒民皆在矣故曰以任萬民猶可謂之隘耶大司徒頒職事十有二於邦國都鄙先鄭解則加九職者三事後鄭解則加四事然學藝世事服事非生財之人不知千子所謂甚多者又何人耶國語內官不過九御外官不過九品韋宏嗣注周禮內有九室九嬪居之外有九室九

卿朝焉此引匠人營國文也先鄭解九室如今朝堂諸曹治事處六卿三孤爲九卿則舉九品而三百六十屬統是正集註所謂朝無倖位者矣【補註】國無遊民出禮記王制篇朝無倖位出荀子王制篇況又兼婦官言之并詳集註所署豈其隘也千子習見同時不學之徒用經往往舛錯而已實亦未嘗窮經遂并集矢於前輩學有根柢之文多見其不知量耳且歸太僕一節文中亦有自三農生九穀以迄閒民轉移執事之語千子獨不敢批爲隘豈非惟憑耳鑒以名之重輕爲文之是非者乎



陳其宗器

【補】又鍾惺陳其宗器文中四比云或式貢以賚用物有手澤之存焉或幣餘以供玩好有耳目之寄焉彼所爲列之東序西序東房西房者豈徒爲不失舊物想其仰觀俯視之際其器猶在其人已非有所惻然深悲者而以此思哀哀可知已有共典謨而傳者天苞地符之所出焉有同度數而列者帶礪山川之所鎮焉彼所爲出之外府內府典玉典瑞者豈以爲玩物喪志想其卜世卜年之久其人已往其器猶新有所穆然深思者而以此思守守可知已當其時繁弱以賜同姓楛矢以賜異姓桓圭琮圭以禮天地百靈而天球宏璧之屬獨不在分物薦幣之數者曰是官府之守器也與犧牲黍稷歲享烝嘗者也當是時琬玉以象德大璋以聘女執冒執邊以視朝巡守而大貝赤力之類獨不列於服物采章之內者曰是天府之守藏也與朱絃玉戚世供清廟者也掉尾云不然不腆先君之敝器玉人尚璽之屬也守府之爲多將焉用陳薦以彰賄哉屺瞻詳其用經亦所謂天吳紫鳳顛倒裋褐者耳今試摘其數句論之周禮大府凡式貢之餘財以共玩好之用謂先給上文九式及弔用與充府庫所餘者乃以其財共玩好今節去餘財又不曰玩好而曰用物則九式弔用孰非用物而謂皆手澤之存乎幣餘之賦以待賜予此以九賦給九式之一事賜予即好用之式蓋燕好所賜予臣下者乃因好用好字謅爲玩好乎大宗伯王執鎮圭鄭氏註鎮安也以四鎮之山爲琢飾蓋象職方之山鎮以爲飾安得謅爲山川之所鎮又以帶礪二字妄加塗澤乎天府掌祖廟之守藏凡國之玉鎮大寶器藏焉若有大祭大喪

則出而陳之至內府主良貨賄外府主泉布典瑞猶漢之符璽郎所掌玉瑞玉器與天府之玉鎮其用各異於宗器何涉又天官有玉府冬官有玉人典玉則一部周禮無此官安得杜撰也四圭有邸以祀天旅上帝兩圭有邸以祀地旅四望今錯記大宗伯蒼璧禮天黃琮禮地之文而譌爲桓圭琮圭不知桓圭乃公所執也穀圭七寸天子以聘女琬圭九寸而繅以象德今改圭爲玉又誤因下文諸侯聘女之文譌穀圭爲大璋可乎天子巡守有事山川大者用大璋以灌中者用中璋小者用



邊璋以代圭瓚也今三璋獨截用邊璋且因執冒而例曰執邊言執則昧灌之義舉邊則失璋之名可乎玉人攻玉者耳周官有掌節無尚璽尚寶司明之官也典玉尚璽其鍾氏增定周官耶且皆非守藏之人而云守府之爲多何也鍾氏更有薦其時食文其援據尤多譌以此篇獨爲人所拾誦故不可以不辨按仍有漏者朱紱出樂記此處當用朱干

【補】周官義疏大府有物可好而玩之以適其情雖聖人不廢以經傳考之舞衣大貝兌戈垂矢見於尚書魯壺紀甗見於春秋傳要亦禮樂之器具故後世傳爲宗器重寶而當時直以爲玩好而已又典庸器如垂之和鍾叔之離磬女媧之笙簧及琴瑟管籥先王先公之手澤口氣存焉者皆藏而世守之祭祀或與宗器竝陳

毛西河云章句宗器先世所藏之重器若赤刀大訓天球河圖之屬此是大寶器不是宗器大寶器惟大饗大喪斯用之如顧命陳赤刀禘祫陳玉鎮類春秋時祭焉得有此左傳重之以宗器陳賂鄭宗器國語其官不備其宗器皆指宗廟祭器爲言如尊彝琖斝齍盛籩豆類



如會同

【原】有持辛未房書宗廟之事如會同四句文見示者稱爲汪鈍翁弟子鈍翁評玩一　如字宗廟會同分對不得向來習解俱未了此惟此文中段云至於時聘以結同盟之好殷頫以除邦國之慝皆廟見而廟受之如會如同孰非有事於宗廟者哉如字方醒余曰陳用之禮書明明言朝覲宗遇之禮行於廟朝會同之禮行於國外凡時見殷見皆王爲壇合諸侯而命事或政於宗廟無涉即諸侯相見於郤地曰會郤地閒隙之地也如定公

十年夏公會齊侯于夾谷何從有宗廟來且時聘以結諸侯之好二語乃大行人之職文不切會同切會同則上文時會以發四方之禁殷同以施天下之政是大抵時文講典制何嘗捕風說夢只惜其師多一番傳會耳

補 周官義疏大行人時會殷同大宗伯大行人既並言之而諸職中言會同者非一公西氏言志亦云如會同可見人多禮盛不僅如尋常朝覲而已會同則爲壇於國外如司儀職所云合諸侯令爲壇三成觀禮所云諸侯覲於天子爲宮方三百步者是也案之鄉師牛人縣



師遺人稍人廩人司市賈師諸官會同則有徒役輂輦牛車任器委積之共衆庶之作糧食之備賣價之市而大祝職言大會同過名山大川用事焉則會同似不專在近畿國外者意發禁施政所行者遠則於侯國封壤擇一都會之地以爲會同之所而王適焉者蓋亦有之會同二者對文則別合言則通故諸官皆連言會同也其合諸侯大約不過數十國而止以壇宮所容無幾而君行師從則其地止宿之處或虞不給而芻薪亦難繼也然則當會同時方伯連帥量率其常有事於王家者而非行六服以行矣　又案小司馬職小會同掌事如大司馬之法意四方之方伯連帥率諸侯而畢會則爲會同之大者若止一方則爲會同之小者與　注謂十二歲王不巡守則殷同據下經巡守殷國並承十有二歲之文也然因不巡守而殷國經亦究無明文先王卜征五年而歲習其祥習則行不習則增修其德而改卜是巡守雖以十二年爲期而是年不行次年可改卜也既可改卜何爲徧召六服而使之盡朝哉蓋朝覲宗遇常禮也猶祭享之有大禘大祫也盛禮閲數年而一舉



所以震耀聲靈而齊一諸侯之心志也舉盛禮則不復舉常禮歲無二朝蓋不欲數勤諸侯矣反覆經文似是如此但注義承習已久不敢輒廢故並存而論之

儀禮義疏覲禮周官言朝覲會同者非或專言朝覲或專言會同或統言朝覲會同又或言大朝覲大會同又或言合諸侯目其事者有異則行禮之處與其法儀亦當有殊然諸職散見其緒棼如條分縷析而各指其所歸蓋難言矣　此禮有因巡守而舉者亦有不因巡守而舉者因巡守則舉於方岳不因巡守則無論王畿內

外遠近皆可舉職方氏先言王將巡守下云王殷國亦如之則是巡守與殷國爲二也若京師之朝覲見於廟見於朝者其恒也設使來朝者多若一一特見旣恐久留賓客而王亦不勝其勞且或廟朝之不足以容也於是爲壇於國外以受之一日而畢事其斯爲大朝覲之禮與若然則亦不必以十二年王不巡守而後有此矣爲宮而四門累倣明堂之制必四門者以其四方有常禮之神故設四門以通之也雖有四門而諸侯行覲則但入自南門而卽位於壇之南耳與明堂位之法異也



聘禮習儀云爲壝壇無宮而此云爲宮則當有牆垣矣深四尺言其最上一層之崇也最上一層所謂堂也崇四尺而爲三成是每成一尺而堂不以成數也每成一尺則一舉足而升無階矣近郊有明堂諸侯之覲不於明堂而別爲宮其故未詳豈朝諸侯於明堂爲非常之典第闕世偶舉之而不可以爲與

義門讀書記注衆頫曰同按周禮殷頫曰同避宣祖諱故改曰衆

寬則得衆四句

【原】天下有明知其不然而麴心眯目以從者時文是也前已卯南闈寬則得衆四句題卷莫高於第十二名顧宸分兩截倣上截倣寬信敏公下截倣得衆民任有功與說各以舜禹湯武事實配之旣典旣切亦古亦新又得結語之體余亦曾誦習來心竊謂此章具載堯舜咨命之言湯武誓師之意文當首倣堯然後及舜以下奈堯無如許事實舍之而倣禹是乃牽題以就我圖觀者熱鬧而不顧理路之背馳也悲夫

【補】謹案



高宗聖製文初集經筵御論曰夫子歷論堯舜禹湯武王授受之旨而統之曰寬則得衆信則民任焉敏則有功公則說寬信敏公乃聖王治世之大本而必以寬居首者蓋寬者仁之用仁者元之德元者善之長故惟寬然後能兼容並育而羣生之衆有所托命焉左傳記夫子之言曰寬以濟猛猛以濟寬政是以和蓋因一時爲鄭而發此補偏救弊之說若夫聖王出治舍寬其何以爲敷政寧人之本哉

周易折中泰聖賢之心無棄物堯舜之道欲並生非包

荒則不足以體天地之心而盡君師之道矣然包荒非混而無別之謂故必斷以行之明以周之公以處之然後用舍舉措無不合於中魯論所謂寬信敏公者蓋相似也四者以寬爲本故曰居上不寬吾何以觀之哉

四書釋地又續補



梅陽海涵堂雕本

# 四書釋地三續補目錄

余之釋地也既廣而釋人及物且廣而釋訓詁釋典制矣又續得一百六十二條合前二編共三百條或曰何不遂及其全余曰唯唯否否（補註 史記太史公自序注晉灼曰唯唯謙應也否否不通者也）夫童而習之白首紛如之書莫過于此本業以朱子猶言一部論語白頭亦解說不盡顧余何人敢盡學庸語孟之蘊奧雖然書猶天也無窮固天昭昭者亦孰非天乎余惟自扇其螢光而已矣發其石火而已矣（補註 杜牧代裴相公謝狀螢光爝火何裨日月之明 劉勰新論人之短生猶如石火炯然以過 李白詩石火無留光）久之遂得一百二十二條仍曰釋地者意未能忘乎其造端託始也觀者毋以支離誚我太原閻若璩



目

見齊衰者見冕者　有一言

其恕乎　漆雕開

弟子門人　使民以時

六尺之孤　宗廟之禮二句

天下英才　今日舉百鈞

仁者無不愛二句　湯居亳與葛爲鄰

云乎　周公弟也二句

或問子產章　公孫拔

誦詩　子游子夏



楨棘　舜禹益避位

序說註趙氏曰　狗彘食人食二句

徐氏曰下士二句　牽牛章

今茲未能　易耨

巫匠亦然　昔者

孟子將朝王　五伯

孟子置博士　讒諂面諛

東里　俭飛廉

子見南子節　曾西

問津　今之樂由古之樂

而居堯之宮　不挾兄弟而友

五畝之宅　集註援引多誤

四書釋地三續目錄

四書釋地三續補

太原閻若璩原本　山陰後學樊廷枚校補

舉直錯諸枉四句

原 困學紀聞曰孫季和 補注 萬歷紹興府志孫應時字季和餘姚人從陸九淵悟心性之學舉進士判邵武軍自號燭湖居士 謂舉直而加之枉之上則民服枉固服於直也舉枉而加之直之上則民不服直固非枉之所能服也若諸家解何用加二諸字余謂此尤與子夏舜有天下選於衆舉皋陶不言錯四凶引證合

龍子曰節



原 胡朏明曰龍子言貢者校數歲之中以爲常樂歲粒米狼戾多取之而不爲虐則寡取之凶年糞其田而不足則必取盈焉此貢之所以爲不善也某謂貢異於助唯無公田耳其取民之制雖云於一夫受田五十畝之中稅其五畝之所收然亦每歲各視其豐凶以爲所入之多寡與助法無異非上之人科定此五畝者出穀若干斗斛以爲常也藉令樂歲不多取凶年必取盈賦何以有上上錯乎然則龍子之言非與曰龍子蓋有爲言之也夏氏僎曰戰國諸侯重斂掊克立定法以取民不能因豐凶而損益且託貢法以文過故孟子有激而云其所謂不善者特救戰國之失耳禹法實不然也柯山此解甚妙蓋自魯宣公稅畝以後諸侯廢公田而行貢法取民數倍於古樂歲猶可勉供凶年則不勝其誅求之苦而皆藉口於夏后氏以文其貪暴龍子所以痛心疾首而爲是言孟子方勸滕君行助以革當時之弊意在伸助不得不抑貢故舉龍子之言以相形而未暇深求其義理其實龍子所謂莫不善者乃戰國諸侯之貢法非夏后氏之貢法也



又曰或問禹取民果如助法因豐凶以爲多寡則九州之賦何以有定等曰此有其說也消息盈虛天行自然之理州境廣大一歲之中豐凶竝見荒於東則稔於西贏於高則絀於下彼此乘除相去不遠故分而言之則民之所供於上者參差不齊此國不同於彼國此鄉不同於彼鄉合而計之則上之所得于民者自有定數此州常多於彼州彼州常少於此州雖或有升降之時而要以多者爲正少者爲雜此其所以有定等也苟曰五畝之稅歲有常科不問其豐凶則直有如孟子所云凶

年必取盈使民稱貸而益之者矣曾謂堯舜在上大禹成賦而有如是之敝法乎哉

補 綠泌貢法非不善論曰蓋禹之貢法謂後世不善用之則可謂禹之法不善則不可今也漸於戰國之弊而以之議禹法是乃目熱無覩白頭搖目之狀而議南威西子非必天下之正色者也按此正與胡氏說同

兵以鼓進

原 兵以鼓進以金退集註亦本趙氏東陽許氏據周禮大司馬之職以辨正不知杜註左氏補註哀十六年亦同斯文



孔穎達疏曰周禮是教戰法其臨敵之時欲戰則先擊鼓以動之欲退則先聲補註正義聲作擊金以靜之故長勺之役公將鼓之是欲戰擊鼓也艾陵之役吾聞鼓而已不聞金矣是欲退擊金也荀子聞鼓聲而進聞金聲而退補註議兵篇

井地

原 井地卽井田也集註云爾惟趙氏順孫纂疏曰井地則言其始以地而畫井耳井田則因其田既已成井而言之也亦辨析又曰洧湨地名漢水至其地因以名之尤足證前說之非誣

補 章句曰畢戰問古井田之法時諸侯各棄田籍故井田之道不明也讀地爲田考工記匠人註文公又問井田疏曰彼是使畢戰問今以爲文公者畢戰文公臣君統臣功亦得爲文公問也毛詩甫田正義引孟子亦云使畢戰問井田按以考工注詩疏證之漢唐舊本必作問井田趙氏乃依正文訓也毛詩信南山正義又引孟子曰井田不均則知集註井地卽井田也更堪取決

後車

原 詩緜蠻講義云古人惟尊貴有後車微賤則無之故



孟子前一箇後車卽弟子所乘者不然從者徒步矣亦非孟子之輜重後一箇後車卽隨以田獵者周禮田僕謂之佐車馭夫謂之從車當時王之所乘以田則木路而已司馬相如子虛賦駕車千乘選徒萬騎揚雄羽獵賦方馳千駟狡騎萬帥可爲孟子作註脚

補 命彼後車箋倅車也正義朝祀之副曰貳兵車之副曰倅田獵之副曰佐

魯平公將出

原 孟子書敘法有案伏於前而後隨照應之者若陳良

之徒陳相爲孟子將責相之兄弟倍其師是有首勿敘出習至末吐露之者若魯平公將出孟子之平陸兩章是蓋魯平公何人其肯就見孟子也實以樂正子言樂正子之言逮事不諧時方露出於其口最有味孟子之平陸首但及其人之官職耳至其名維何自露出於其人之口其氏維何又補出於孟子之口一層一層方足亦他書中無此法也余向謂古人省言之體者於此尤可驗云補註四書辨云孟子反魯終喪魯平公與臧王會於鳧繹樂正子備道孟子之賢正此時也

胡氏曰一段

原高氏拱春秋正旨或問胡氏曰仲尼作春秋以寓王法惇典庸禮命德討罪其大要皆天子之事也知孔子者謂此書之作遏人欲於橫流存天理於既滅爲後世慮至深遠也罪孔子者以謂無其位而託二百四十二年南面之權使亂臣賊子禁其欲而不得肆則戚矣其義然否曰自孟子之有斯言也而聖人之志益以明自後人之不得乎其言也而聖人之志益以晦何以故曰洪範有言惟辟作福惟辟作威臣無有作福作威臣之有作福作威其害於而家凶於而國故賤不得以自專



雖有其德苟無其位不敢作禮樂焉此孔門明訓也乃自託南面之權以行賞罰是作福作威躬蹈無君之罪亂賊且自我始而又何以懼天下之亂賊乎曰周室陵夷諸侯僭亂孔子不得已而假權以行事正以明君臣之分也曰所謂諸侯之僭也者得非謂若吳楚等之僭王者歟曰然曰孰與夫以匹夫而假天子之柄匹夫假天子之柄而乃以誅人之僭王也天下其孰信之所謂諸侯之亂也者得非謂其變禮樂專征伐歟曰然曰孰與夫以匹夫而行天子之事匹夫行天子之事而乃以誅人之變禮樂專征伐也天下其孰信之固知其必不然也且春秋孔氏之書歟抑魯國之書歟曰其事則齊桓晉文其文則史是魯史也曰謂魯史也者則國之公書也謂公書也者必其可以獻之天子傳之四方垂之後世者也周天子在而乃改其正朔議禮制度以定一王之法而修之以爲魯史是可謂國之公書歟是可以獻之天子傳之四方垂之後世歟固知其必不然也曰然則何爲天子之事曰孟子不云乎王者之迹熄而詩亡詩亡然後春秋作蓋西周盛時文武之典制天下所

共守也天子之號令行於天下罔敢有弗遵也故其朝會宴饗之樂與夫受釐陳戒之辭皆有以發先德盡下情王政粲然具在是之謂雅及其變也雖事或不同而王政得失猶自可見亦尚有雅焉至幽王爲犬戎所殺平王東遷周室遂弱然其初興制猶有存號令猶有行者迨其末年衰微益甚天下不復尊周天子虛器而已朝會禮廢公卿大夫亦靡所獻納黍離遂降爲風與列國無異而雅亡矣蓋至是禮樂征伐自諸侯出矣又其降政在於大夫矣又其降陪臣執國命矣邪暴交作臣



弒君子弒父者接迹於天下矣孔子爲是懼以爲今日之域中誰家之天下周德雖衰天命固未改也文武之典制雖不共守然有可考知也天子之號令雖不行於天下然天子固在也於是據文武之典制以明天子之號令而春秋作焉春秋始諸魯隱公隱公元年平王之四十九年也是王迹熄而詩亡之時也詩至是而亡故春秋自是而作王迹至是而熄故春秋自是而始乃以繼二雅表王迹續接成周之命脉耳蓋當是時天下皆曰周雖有王猶無王也而孔子則曰周固有王也其典制其號令固在有可取而行也故曰春秋天子之事蓋謂周天子事猶今人稱我太祖舊制云爾非謂孔氏之爲天子也是故取桓文者爲其能尊周也書王正者存周之正朔也尊王人以抑諸侯者明周之等衰也故曰其義則丘竊取之矣正謂此也若曰春秋行天子之事則是平王以前政教號令天子自行之也平王以後政教號令孔子另行之也而文武安在哉而時王安在哉曰桓文豈誠尊周者乎胡乃取之曰固也不曰彼善於此則有之乎五霸桓文爲盛孔子之取桓文也即其取



管仲者也彼天下不知有王久矣而桓文者乃猶能率約諸侯攘夷狄以尊周室雖其假之不猶愈於不知有王者乎故有取爾也夫以但能尊周即有取焉而不暇計其誠與假則聖人不得已之苦心亦自可見又烏有倍時王之制而自爲天子以行事反出于桓文之所不然者哉曰然則春王正月固周正歟曰何爲其非周正也曰胡氏謂以夏時冠周月而引顏淵問爲邦孔子答以行夏之時爲證似亦有據也然非歟曰孔子之答顏淵也以議道以立法故斟酌四代禮樂無不可者蓋孔

子之私言也春秋魯國紀事之書也紀事而用夏正則其所紀者夏事歟周事歟用前代之正朔以紀當代之事則不可以成文改當代之正朔以紀當代之事則不可以成史聖莫盛於孔子孔子之事莫大乎春秋春秋之事莫大乎正朔而乃任意爲之以爲國史將爲私言乎將爲公言乎且左傳僖公五年正月辛亥朔日南至使用夏正則正月安得日南至也經書二月無冰使用夏正則二月雨水舟楫既通矣何以書無冰也秋大水無麥苗使用夏正則秋安得有麥也十月隕霜殺菽使



用夏正則十月安得有菽隕霜猶謂遲也冬大雨雪使用夏正則冬正雨雪之候而何以爲災也諸若此者昔人曾辨之世儒亦多稱述之者其理自明斷非夏正無疑也胡氏仍謂是周月只當引襄二十八年春無冰莊七年秋大水無麥苗僖十年冬大雨雪之書時者以辨不必及月高氏析猶未精曰孔子不云我欲託之空言不如見諸行事之深切著明乎曰然有是言也獨不觀孔子之所欲見諸行事者乎子貢曰文武之道未墜於地在人賢者識其大者不賢者識其小者夫子焉不學子思曰仲尼憲章文武而孔子之告哀公曰文武之政布在方策其人存則其政舉自言則曰吾學周禮今用之吾從周曰如有用我者吾其爲東周乎曰夢見周公是孔子之所欲見諸行事者亦止是行周公之道以興東周之治非欲於文武之外別立一代之制如行夏之時云者而後爲見諸行事也曰然則何以曰吾志在春秋曰孔子之修春秋也是魯哀公十四年也是時孔子年已七十一矣以爲吾欲行周公之道以興東周之治乃竟不可得而今則衰已甚矣無復可爲之時矣志靡所託故託之乎春秋使今王能行文武之政即可據而行也



使後王能行文武之政則亦於此取之而已矣而無俟乎他求也而吾志亦可畢故曰志在春秋也

或問春秋固天子之事而筆則筆削則削豈亦天子歟曰然孔子以文武之道與法筆削之也可指言歟曰魯史之舊文無存故筆削之新義莫考然亦有可知者焉如據事直書即所謂筆也如楚子吳子皆稱王其赴報之書皆王也魯史舊文固皆若是書也孔子於楚王吳王則皆削而爲子曰是吾天子之命子也即所謂削也而其他以不合王度削者固可例知也已曰滕侯爵經

書滕子來朝亦所謂例歟曰非也此傳者之謬也彼其謂魯桓篡弒乃天下大惡而滕侯首朝之是黨惡也春秋惡黨惡故降而爲子則安有此理夫孔子安得降人之侯又安得與人以子若謂惡其黨惡直惡之而已乃遂降而爲子豈以黨惡者不可爲侯止可爲子歟夫大惡魯桓也於大惡者曾去其所稱之公否乎而顧於朝之者去其本稱之侯於大惡者曾有所降之爵否乎而顧於朝之者降而爲子抑何舛也且滕子來朝二百年前事也彼二百年來其子孫世承侯爵乃緣其曾高以



上之祖曾有朝魯桓之事遂於二百年間皆稱爲子彼同侯爲吾同子焉豈不可笑之甚歟曰然則孰降之曰是周天子之降之也周天子雖弱然亦豈曾無一事之行於微小之國者乎傳曰杞侯爵魯莊公二十七年書杞伯來朝其後又稱子蓋爲時王所黜薛侯爵莊公三十一年書薛伯卒蓋爲時王所黜滕侯爵隱公七年見滕侯卒其後稱子蓋爲時王所黜固有記之者矣此何不足據而必以爲孔子降之乎且孔子降滕侯爲子也其杞侯之伯之子薛侯之伯亦皆孔子降之乎杞侯之

伯之子薛侯之伯果時王所黜也則滕侯之子獨非時王黜之乎孔子作春秋只可明是非以定褒貶斷不得自行予奪降人之侯而又與之以子也曰若是則知我罪我謂何曰知我者謂我爲尊周也罪我者天子之法明則僭亂之罪著諸侯惡其害已也且有王者起在所賞乎在所罰乎在所命乎在所討乎如此乎而後亂臣賊子懼也曰若然則春秋之事孔子固無與歟曰修則孔子修之事非孔子之事也曰經書齊人來歸鄆讙龜陰田而傳則云聖人以天自處不嫌於自敘其績不然



歟曰不然也聖人之心蕩蕩平平而其立言也大公至正既不嫌於自敘亦不以天自處有此事只直書此事其事如何只直書如何行所無事而已非有意也有意非聖人也且定公時書公如齊後即書曰齊人歸我濟西田是歸濟西田者由公之如齊也使公不如齊固不歸也哀公時書歸邾子益于邾後即書曰齊人歸讙及闡是歸讙及闡者由歸益于邾也使不歸益于邾固不歸也茲書曰及齊平公會齊侯于夾谷後即書曰齊人來歸鄆讙龜陰田是歸鄆讙龜陰田者由公之及齊平

也使不及齊乎固不歸也三者義一而已若以歸鄆讙龜陰田為孔子之績則歸濟西田者誰之績歟歸讙及闡者又誰之績歟且歸田小事也夫子之得邦家者所謂立之斯立道之斯行綏之斯來動之斯和如之何其可及也而乃以區區歸田稱聖人之神化又設為以天自處之說而謂其不嫌自敘則亦非所以語聖人矣且孟子只云春秋天子之事而已而後人則遂謂其以天子自處也以天子自處之未足又謂其以天自處也惟其謂為以天自處是故於天子亦可行賞罰為噫亦甚



矣欲尊聖人而不知所以尊乃為論至此使夫子可作其亦謂之何矣

或問春秋之說何紛紛也曰天子之事之說未明也天子之事之說明則諸說可不辯而定矣曰子何所據乃獨違衆論而力斷之也曰理有在也吾懼夫聖人之志晦而君臣之道乖也君臣之道乖則亂臣賊子得以借口仍復接迹於天下故必君臣之道正而後聖人之志明聖人之志明而後春秋之法可行於萬世俾亂臣賊子無復可借口者而永有懼焉斯予明之之意也蓋天之經也地之義也人之紀也其理本如是也聖人復起不易吾言者也

【補】春秋傳說彙纂隱元年孟子言春秋天子之事也蓋謂春秋本諸侯之史其時列邦僭亂名分混淆而史體乖舛夫子因而修之其名秩則一裁以武成班爵之舊其行事則一律以周公制禮之初故曰春秋天子之事者猶曰天子之史云耳說者不察而以為夫子行南面之權則近于夸矣

御製味餘書室全集定本春王正月說曰春秋之作聖



人所以尊王室明賞罰為人君之金鑑編年紀月奉正朔而列其條貫故經云春王正月邱明作傳所以註經則曰春王周正月孔子當周之時紀周之事其編年奉周無疑而邱明必註曰周之正月何哉所以闢後世之惑可以釋然無疑而後儒猶有執一偏之見紛紜評論甚矣學者難明而易惑也註家或以為周改月兼改時者或以為周改月不改時者或以為周不改時兼不改月者引經據典紛如聚訟吾則以本文斷之夫夏建寅商建丑周建子以成三統周以天元殷以地元夏以人

元以位三才孔子以周人紀周事必不改時王之正朔後儒以子月爲冬而曰春王正月乃夫子加之非周以爲春也程子胡氏泥於冬之不可爲春也故有夏時冠周月之說蔡氏以商元祀十二月秦元年冬十月例之故有改朔不起數之辨不知春秋所書皆本周正也以傳證之如僖公五年正月辛亥朔日南至冬至必於子月若行夏之時則寅月豈有冬至之理又昭公十有七年梓慎曰火出於夏爲三月於商爲四月於周爲五月可爲改時改月之明證而改正朔易服色乃時王之事



非孔子所能自主其書春王正月正所以尊周也以經傳本文參考之可爲的據矣或曰周以子月爲歲首而經曰春孔子既以子月爲春而又曰行夏之時毋乃自相矛盾乎余曰不然周以子月爲正月所以合天道也夏以寅月爲歲首所以順人情也行夏時者夫子通論百王垂訓萬世春秋尊時王之正朔不書冬而書春乃周之舊制非夫子改之亦非夫子加之也春秋明一王之大統儆亂臣賊子使諸侯不敢祖天子大夫不敢祖諸侯所以尊王室也尊王室而首借天子之正朔吾知夫子必不爲矣聖人之書最爲剴切而後儒推求過甚反失夫子尊周之大旨與其雜引他書以釋春秋固不若即春秋以釋春秋也知斯義者可以折衷矣朱相國曰春秋之用子正三傳本無異義後儒自生膠葛未觀其通也用子正而不廢夏正者周也汲冢周書所云武王伐商改械以垂三統至於敬授民時巡狩烝享則猶夏焉是也知此則無疑於周禮之正歲正月詩之七月四月矣用夏正而不廢周正者自漢太初以來至於今也千歲之日至可坐而定七政皆從子正起算是也知



此則無疑于正月日至七月日至陳寵天以爲元周以爲春之說矣惟蔡氏所疑殷十二月秦十月不改月似覺參差不知史記成於太初以後其爲追改無疑而班固漢書律志所引伊訓十二月乃冬至越茀祀天非歲首也然則商與秦漢改正則改月益瞭然可識矣

王者之迹熄節

原　詩之世次必不可信也昔人辨之已詳羅文止此題文猶以大雅十八篇小雅十六篇爲正經而自民勞六月以下爲變雅自屬作時文者技倆其末幅弁結則妙

絕云詩降自黍離而苕華諸篇猶存之雅之末不忍其遽也矣王絕於東遷而載筆之權復遜之平之終其庸有冀也矣冀之深不忍之至故憂之亟挽之力六經於治亂之際則未有如春秋之志者也即朱子所謂聖人晚年痛哭流涕筆爲此書豈恁地不濟事者也按苕之華何草不黃本作於幽王世豈容不編諸雅余欲改之云詩降自黍離而正月諸篇猶存之雅之中不忍其遽也矣蓋正月有赫赫宗周褒姒滅之兩無正有周宗既滅靡所止戾說者皆謂其道已然事似周東遷後之詩云



補 汪氏琬庵曰明說詩亡何得改作雅亡前人之說皆非也春秋作謂孔子作春秋時非謂春秋之始也前人誤解春秋作故不得不以詩亡爲雅亡耳

魯大師

原 集註於魯大師云大師樂官名於師冕云師樂師瞽者余謂前註不備按鄭康成周禮大師註凡樂之歌必使瞽矇爲焉命其賢知者以爲大師小師晉杜蒯云曠也大師也賈公彥疏以其無目無所覩見則心不移於音聲故不使有目者爲之也就瞽之中命大賢知爲大師其次賢知小者爲小師其餘爲瞽矇也又曰大師是瞽人之中樂官之長故凡國之瞽矇屬焉而受其政教故註爲未備或曰大師下大夫二人小師上士四人不比瞽矇直云上瞽四十人中瞽百人下瞽百有六十人安知當時有目而審於音者不以之充乎且大師一則曰大祭祀帥瞽再則曰大射帥瞽三則曰大喪帥瞽帥之云爾未見其身之爲瞽也余請儀禮以證曰大射儀曰僕人正正者長也相大師僕人師師者佐也相少師



僕人士士者吏也相上工瞽方有相不比樂正猶周禮大司樂小樂正猶樂師不復言相此有目無目之別也且鄉射禮曰工不興註謂瞽矇禮略也則後曰大師不興亦以瞽矇故或曰然則大師摯以下凡八人皆瞽無目者相率而去魯乎余曰亦不盡爾如播鼗周禮瞽矇掌之眡瞭亦掌之磬師掌教擊磬即教眡瞭也書稱曰食瞽奏鼓而眡瞭亦於賓射奏焉想見當日有目者自操其樂器而去無目者憑人扶持之而去安得工畫者畫此一幅伶官去國之圖哉

補朱載堉樂經新說曰大師小師瞽矇眂瞭此四官為一類蓋皆無目之人及有目而不甚明者若師曠師冕輩是也按此正與閻氏說合

禹貢

原又續載張子韶禹貢論微嫌其中段解釋處未當胡朏明作禹貢錐指改正之曰或問如張氏說則祗台德先不距朕行乃禹之自言也曰台曰朕功歸於己安在其為不矜不伐哉曰是無足疑也非獨斯二語益稷篇言之屢矣予乘四載隨山刊木曁益奏庶鮮食予決九



川距四海濬畎澮距川曁稷播奏庶艱食鮮食懋遷有無化居烝民乃粒萬邦作乂此非禹之自言于帝前者乎娶于塗山辛壬癸甲啓呱呱而泣予弗子惟荒度土功弼成五服至于五千州十有二師外薄四海咸建五長各迪有功此又非禹之自言于帝前者乎以常情觀之於善則稱君之義無乃有違而禹曾不以為嫌臣曰祗台德君曰迪朕德聖人之心浩浩其天又焉知德之在上與在下也哉程子曰凡人避嫌者皆內不足也聖人自至公何避嫌之有卽此可以知禹矣問者唯唯而退總之虞夏君臣同心同德元首股肱聯為一體其更相告語有如此者不可以叔季之人情妄為測度也

父為大夫八句

原湯若士文云今夫葬用爵生乎由是死乎由是者所以之死也祭用祿不及其生猶逮其死者所以之生也是故諸侯而世其貴也有諸侯之禮相世焉必不肯降而自卑庶人而世其賤也有庶人之禮相世焉必不敢引而自尊然則周公之所以別嫌疑也必于大夫士矣故葬以大夫祭以大夫父子世為大夫者而後可也使



父為大夫而子則士焉云云葬以士祭以士父子世為士者而後可也使父為士而子則大夫焉云云

無諸己而后非諸人

原呂成公曰觀書者要當妄言而得意大學之意在於無諸己而不在於非諸人也欲學者將非人之時常思無諸己之戒不欲學者持無己之論用為非人之資也故先曰無諸己次曰非諸人其意主於攻己過而不主於攻人過明矣吾恐說經者以文害辭故力辨之以告吾黨之士云

補 汪氏琬庵曰按塾講之言高而無當攻其惡無攻人之惡學者之治已則然君子之治國而欲不求諸人不非諸人是有德而無禮政刑也可乎哉

三讓謂固遜

原 金仁山前編曰儀禮三遜謂之終遜然則三以天下讓謂終以天下遜也余謂此足補集註固遜之說補註朱子或問亦云再辭爲固辭三辭爲終辭則集註固遜宜作終遜　案士冠禮鄭氏註禮辭一辭而許也再辭而許曰固辭三辭曰終辭不許也故韓昌黎送幽州李端公序某禮辭曰此一辭也某又曰此再辭也卒不得辭則三辭不許矣若儀禮難讀者其熟於禮乃爾



補 邢疏曰太王疾太伯適吳越採藥太王歿而不返季歷爲喪主一讓也季歷赴之不來奔喪二讓也免喪之後遂斷髮文身三讓也又程子不立一也逃之二也文身三也二說皆指實言之

所以勸親親也

原 余嘗謂所以勸親親也上親字宜衍以有勸字故子張問善人之道之道二字宜衍以答不貼道字故寇退曾子反寇退二字宜衍以重上文故去他國之道也不宜云重出此句萬章下篇所無故存之以備後人參考

爭民施奪

原 新鄭高氏曰此謂爭民之財而先施其奪於民也民豈不以奪報我乎故下文即曰貨悖而入者亦悖而出張爾公曰如此看方於下兩是故有理會

予所否者

原 集註所誓辭也如云所不與崔慶者補註集註考證語見襄二十五年之類因思僖二十四年所不與舅氏同心者有如白水文十三年所不歸爾帑者有如河宣十七年所不此報無能涉河襄十九年所不嗣事于齊者有如河襄二十三年所不請於君焚丹書者有如日襄二十五年嬰所不唯忠於君利社稷者是與有如上帝昭三十一年已所能見夫人者有如河定三年余所有濟漢而南者有若大川定六年所不以爲中軍司馬者有如先君哀十四年所不殺子者有如陳宗又所難子者上有天下有先君皆有所字足徵其確但何以用所字未解曰所指物之辭余欲易此註曰所指物之辭凡誓辭皆有

鼻之於臭

【補】凡字有三義一總說二相反惟臭字爲然臭氣之總名也【補註】易說卦傳巽爲臭禮月令春其臭羶夏其臭焦中央土其臭香秋其臭腥冬其臭朽又香易繫辭其臭如蘭是也【補註】禮郊特牲灌用鬯臭內則皆佩容臭又惡氣戰國策其似惡聞王之臭是也【補註】書盤庚無起穢以自臭周禮天官宮人去其惡臭左傳僖四年傳十年尚猶有臭若鼻之於臭則專指香蓋以下文安佚字例出集註略講義兼指香臭非趙註鼻之喜芬香

攻乎異端二句

【原】孫奕示兒編曰攻如攻人惡之攻已如末之也已之已已止也謂攻其異端使吾道明則異端之害人者止後明太祖亦暗同此解

【補】大學衍義子曰攻乎異端斯害也已或疑是時異端未作孔子所指未知爲誰臣謂老聃楊朱墨翟皆與孔子同時特以洙泗之教方明故其說未得肆耳孔子之言必有爲而發七修類藁曰荷亭辨論侍御盧格著也解攻乎異端言攻字有二義治辭則庶民攻之是也擊辭則鳴鼓而攻之是也謂擊去異端斯害也已昨見宋儒孫奕示兒編內有此說其解尤明白謂攻如攻人之



惡之攻已如末之也已之已已止也可謂簡而明也

子路問成人

【原】顧涇陽曰子路問成人高存之云此恐是子路商論人物之語非爲自家發問也某聞而豁然余謂此蓋以答處知之不然聖人不如此答曰今之成人者何必然當以圈外胡氏曰解爲確不然聖人不以子路所已能者教之弟難爲作時文者道耳何則作時文者必守註尤必守圈內註黃太冲言六經之道昭如日星科舉之學力能亡經悲夫

【補】陳同甫與朱子書曰天地人爲三才人生只是要做箇人聖人人之極則也如聖人方是成人故告子路者則曰亦可以爲成人

鼉

【原】國語里革曰登川禽韋昭注川禽鼈蜃之屬按鼉介蟲也是亦可謂之禽猶考工記天下之大獸五有鱗者鱗水蟲也亦可謂之獸乃知禽獸所包甚廣不必二足而羽四足而毛者而後謂之也【補註】邵氏爾雅正義亦據考工記及魯語爲證

天時不如二句

原業師吳太易先生謂此節兩地利字殊不同上地利是舉偏而言之已足勝天時下地利是舉全而言之仍不能及人和語此時歲在庚子距今四十有二年墓木徙拱著書莫遂恐有名字翳然之感爲識于此先生諱一清大河衛人丁酉北闈舉人甲辰擬會元後二年卒

補尉繚子戰威篇故曰天時不如地利地利不如人和聖人所貴人事而已又武議篇引此二句亦斷之古之聖人謹人事而已按尉繚與孟子同時兩述斯言皆以聖人稱之荀卿王覇篇亦云上不失天時下不失地利中得人和斯言也孟子之前應曾見古別典



而有宋朝之美

原而字固發端之辭又因辭抑辭補註見正韻顏師古注韋孟詩學而時習之因又之辭也其爲人也孝弟而好犯上者鮮矣反上之辭也此章而字則因又之辭言不有佞又不有色也或曰鄭康成箋詩予豈不知而作云而猶與也作與字解辭尤顯此蓋孔子在衛日久見衛之風俗好尚如是故發是歎與吾未見好德如好色者也一般

補宋兩公子朝皆曰宋朝一爲司寇乃桓公弟一出奔衛宋朝之美是也黃氏日鈔曰范氏說鮀之佞而獨有宋朝之美協于經文晦庵以巧言令色不得分輕重而去其說且以無虐煢獨而畏高明比此句之句法然詩是一句而平下兩事兩事相比也此二句而兼下兩事兩事相反也句法似亦不類按金仁山謂而字猶與字古書兩事相兼者每以而字中遞之正與詩箋合

以禮食

原孫奭疏所謂禮食者案坊記云故食禮主人親饋則客祭主人不親饋則客不祭故君子苟無禮雖美不食焉凡此之謂致妙今講義云以餽請之禮食似不如孫疏之典切



補左氏襄三年傳與之禮食使佐新軍杜註羣臣旅會今欲顯絳故特爲設禮食補註韋昭曰禮食公食大夫之禮孫疏引坊記云云似不若傳文之典切

澤流風餘韻

原新鄭高氏曰端毅王公云澤色澤也謂容貌色澤也補註列子膚色脂澤荀子悅豫娩澤註顏色潤澤也茲言爲是猶禮所謂手澤口澤者也夫五世之內其人雖不可見然曾見其人者猶

有存焉其形容音響倘有稱述之者至於五世則見其人者亦皆已殁而形容音響不復可知矣故不論君子小人澤皆五世而斬也若如註謂流風餘韻孟子曰奮乎百世之上百世之下聞者莫不興起也名之曰幽厲雖孝子慈孫百世不能改也夫流風餘韻安得五世斬乎【補註】程拳時亦云按君子之流風餘韻雖百世可也五世安得遂斬且孟子專爲孔子言孔子之道萬世如一日何流風餘韻之足云而小人直遺臭耳又何流風餘韻之有時講小人謂無位者

【補】禮喪服小記親親以三爲五以五爲九此五世卽所



謂以五爲九也自我至高祖五世自元孫至我亦五世按以三爲五則以我之孫至我之祖亦爲五世也

斯民也三代節

【原】黃勉齋朱子之子壻也親見朱子改訂註文直至通宵又謂此句難得簡潔然宜挑出直道獨解而後及句意其辭若曰直道而行謂善善惡惡無所私曲也吾之於民所以無毀譽者蓋以此民卽三代之時所用以直道而行之民故我今亦不得而枉其是非之實也實勝今集註【補註】此段全本攷證

【補】金仁山曰漢書景帝紀贊曰孔子稱斯民三代之所以直道而行也信哉朱子于此章舊得其意後得漢史引此以見不易民而化之意遂從其說按毛西河又謂大全載朱氏註此時其徒王柏親見朱氏改討註文直至通夜云云

以文王爲所出之帝

【原】或問成王以周公賜魯重祭故得禘於周公之廟以文王爲所自出而周公配之其說何據余曰此出陸淳春秋纂例而集註引之第意似信明堂位季夏六月以



禘禮祀周公於太廟謂魯止有周公廟不知襄十二年臨於周廟杜註云周廟文王廟也周公出文王故魯立其廟孔疏云文二年鄭祖厲王立所出王廟也哀二年蒯聵禱曰敢昭告皇祖文王衞亦立文王廟也此以有功德王命立之與諸侯不敢祖天子大夫不敢祖諸侯者禮不同竊以魯既廟文王矣又安得以文王爲所自出之帝哉淳名爲通春秋而實汩之或曰然則自出帝奈何余曰今不可得考矣以臆度之周祖稷殷祖契而所自出者則其父嚳也不遠也有虞夏后並祖顓頊而

其所自出則顓頊之祖黃帝也亦不遠也經傳固無明文事以類推爲其以王季乎或太王乎爲文王所自出也或歎曰佳余獨愛宋神宗元豐五年與宰臣論禘者本以禘諸祖之所自出故禮不王不禘蓋王者竭四海之有以奉神明力大可以及遠故于祖禰之外又及其遠祖猶以爲未足也推而上之及其祖之所自出自秦漢以來譜牒不明莫知祖之所自出其禘禮固可廢也神宗聖學高明方能發此萬古不磨之論較之同時儒者欲人於冬至祀其初祖者僭矣晚宋儒者益以木有



本水有源必推至于厥初生民之祖後已者荒矣習其說遂于十年十五年兩設皇初祖帝神牌祀之卒罹火災上親其祖自稱僅知德懿熙仁四代者其識見豈不萬相懸絕哉

天命命

原陳幾亭曰四子言命凡貫以天者皆理也專言命者皆數也天之明命理也其命維新峻命不易即數矣天命之謂性維天之命理也居易俟命大德受命即數矣五十而知天命畏天命理也不幸短命賜不受命道之行廢由命不知命無以爲君子也即數矣然亦只言得學庸兩論若孟子永言配命不貫以天者何嘗非理耶天命靡常貫以天者又何嘗非數耶幾亭閒此想亦應失笑

兵

原日知錄謂古之言兵皆指器無有指人言者余證以四書如足兵去兵不以兵車棄甲曳兵兵也堅甲利兵王興甲兵動天下之兵兵革非不堅利不以兵革之利爲兵餽之兵甲不多秦楚搆兵果皆器也可謂確絕夫



必作是解而後可免近日講義去兵是不召募之胡說但謂秦漢以下始謂執兵之人爲兵如信陵君得選兵八萬人項梁收下縣得精兵八千人項王自以精兵三萬人擊漢軍見於太史公之書請問孫子曰兵衆孰彊蘇秦曰五家之兵章子將五都之兵荀子曰仁人之兵聚則成卒散則成列豈得謂兵不指執兵之人言耶奚待秦漢下耶要謂五經中無此語則合

補顧亭林云古之言兵非今日之兵謂五兵也一弓二殳三矛四戈五戟周禮司右五兵注引司馬法云弓矢

圉及矛守戈戟助是也詰爾戎兵詰此兵也踊躍用兵用此兵也無以鑄兵左氏僖公十八年傳鑄此兵也若以執兵之人爲兵猶之以被甲之士爲甲公羊傳桓公使高子將南陽之甲立僖公而城魯閔公二年晉趙鞅取晉陽之甲以逐荀寅與士吉射哀公十三年

以皮冠節

原 余既篤信左傳亦閒以孟子較之則以孟子爲據如昭二十年齊侯田于沛是也傳言招虞人以弓不合孟子者一旃以招大夫弓以招士不合孟子者二不引志士不忘在溝壑二語而撰守道不如守官爲仲尼曰爲柳子厚之所駁不合孟子者三此三者既不可信則言昔我先君田各招大夫士以其物又豈可信哉襄十四年衛獻公射鴻於囿不釋皮冠昭十二年楚子皮冠執鞭以出則皮冠者乃諸侯田獵之冠故即以皮冠招掌田獵之人虞人既至先示以期日即告以用於某所應幾虞人芟除其草萊爲可陣之地招之須及早若庶人士大夫皆從公于狩之人周禮大司馬至期立熊虎之旗於期所以集衆故曰以旗致民又曰質明弊旗誅後至者此豈待招而後至者哉孟子緣答虞人以皮冠遂連類而及庶人士大夫平日之招以明各有等威不然世且不識虞人之何故不至而下段議論亦無由發作時文者不體會孟子反據左氏而謂此四招者皆田制拘矣過矣 補註 守道不如守官柳氏以爲非聖人之言沈歸愚曰是論也終無以易之辨見守道論

補 周官義疏司服皮弁韋弁禮服之冠也皮冠蓋加於禮冠之上田獵則以禦塵亦以禦雨雪楚靈次於潁尾去皮冠而與子革語必非科頭也可見其去皮冠而仍有禮冠矣如皮冠即韋弁則衛獻公不釋皮冠正自應爾孫甯二子胡爲怒乎以其爲田獵所有事之冠故招虞人以之而禮冠中不數也皮冠

禮器圖周禮司常孤卿建旜儀禮聘禮使者亦建旜又司常云通帛爲旜注通帛謂大赤從周正色無飾則即大赤也旃數未聞準以典命如其命數之說則王之卿六斿公之孤四斿卿三斿侯伯子男之卿則以次第殺爲其張縿之弧亦如大赤旃

禮器圖覲禮侯載龍旂弧韣司常交龍爲旂考工記龍旂九斿蓋交畫升龍降龍一象其升朝一象其下復此

侯所建也上公九斿侯伯則七斿子男則五斿上得兼下下不得僭上也爾雅云素錦綢杠纁帛縿素升龍于縿練旒九飾以組維以縷蓋揭旗以杠綢杠以錦正幅爲縿屬縿爲旒旒亦曰斾縿以纁則斿縞矣左傳所謂縞茷也升龍素則降龍青矣曲禮所謂左青龍也青陽也素陰也陽在上而降陰在下而升交泰之道也其斿之長短則諸侯齊軫天子則長如大常旂

禮器圖周禮司常析羽爲旌又曰斿車載旌考工記鍾氏染羽以朱湛丹秫三月而熾之淳而漬之蓋染羽以爲旌也旌注干旄而旄又注于干首故名干旌旌



吾不惴焉

原 不豈不也猶經傳中敢爲不敢如爲不如之類

補 王若虛孟子辨惑曰不字爲衍不然則誤耳范滹南渠意見曰蓋吾亦惴焉之誤辨疑亦曰疑爲亦字然不如閻氏之確

七八月之閒旱

原 春秋時晉獨用夏正僖五年卜偃曰襄三十年絳縣人曰是著見左氏傳戰國魏分自晉故亦用夏正著見竹書紀年 備註 尚書疏證云紀年爲魏史記魏出于晉當時列國惟晉擅用夏正以左氏驗之僖五年卜偃曰其九月十月之交乎襄三十年絳縣人曰臣生之歲正月甲子朔皆謂夏正杜氏亦經註出但未補明一句曰于時晉獨用夏正所以然者何也成春秋在前見竹書在後故也 可知當孟子游梁其通國中正用夏正也乃孟子對襄王仍以周正蓋于時周之天命未改而孟子又未會臣梁故此亦從來未經拈出者

補 金仁山曰孟子篇內多以周正數月按李善注文選引綦毋邃孟子注秋陽以暴之釋曰周之秋於夏爲盛陽也又元儒吳澄曰周改月數孟子所稱七八月之閒旱十一月徒杠成十二月輿梁成則皆用所改之月也似不必以未會臣梁而始稱周正矣



君子疾沒世章

原 余每讀南史劉峻傳其自序曰余聲塵寂寞世不吾知魂魄一去將同秋草何其言之悲也

人無遠慮章

原 京山郝氏曰居安而不慮危危即生于安處治而不慮亂亂即伏于治故曰慮不遠憂必近也慮者預備非虛慮也凡造化人事憂樂相循利害相倚日中則昃月

盈則虧自然之數能慮則神明常醒灼見消息盈虛之理不敢為貫盈履滿之事兢業早圖則造化可回雖氣數有固然而意外卒至之患無矣

誰毀誰譽

原 仲尼弟子列傳太史公曰學者多稱七十子之徒譽者或過其實毀者或損其眞集註本此

王宮有學

原 蒙引云王宮王朝之內也大戴記保傳篇註云大學在王宮之東朱子蓋本于此




詩云實始翦商

原 陶元淳紫司交游中亦稱有才者亦好詆宋儒來告余曰爾雅釋詁明云翦勤也補註惠定宇詩古義亦訓翦為勤、大王翦商即王季之其勤王家耳奈何作斷商解害理余曰字固有兩義却相反者如翦勤也亦云斷也子治毛詩乎曰讀至于牧之野及敦商之旅猶得解作大王勤勞于商乎紫司猶强辯余笑曰子之契交中沈秋士嘗贈子詩十年以長慚兄事萬卷初開羨後生子不記憶乎子方當開卷之時尚未到開口地于是面赤屈服而去

補 詩閟宮鄭箋云翦斷也周禮翦氏注云翦斷滅之言也詩云實始翦商說文引詩作戩商云戩滅也則漢儒皆作斷商解矣

唯諾

原 集註唯者應之速而無疑者也諾應辭也字書云諾徐應聲而劉夢吉集有唯諾說唯恭于諾何也曰各有所施也呼之則其音必內故唯以遽赴之若取物而奉之也命之則其聲必外故諾以承受之若與物而納之也失其所施則文理從而亂矣亦佳




展獲字禽

原 左傳僖十五年震夷伯之廟罪之也于是展氏有隱慝焉杜註夷伯魯大夫展氏之祖父吾意必魯孝公之子公子展其人不知有何隱慝死猶為天所降罰既如是惡之矣又何以子孫生有柳下惠出補註庾信周大將軍聞嘉公柳遐墓誌銘註云柳氏之先本姓展氏魯孝公之後展禽食采于柳下謂之柳下惠遂姓柳氏計爾時惠且長矣禮焚其先人之室則三日哭又不知如何恐懼修省以答天譴此皆人所未經拈出者補註禽是二十字柳下季季是五十字

夫然後之中國

原 帝堯本紀夫而後之中國踐天子位焉是爲帝舜劉熙註曰帝王所都爲中故曰中國 補註 書召誥土中大司徒地中當即此義註精絕當即補入孟子獸蹄鳥跡之道交於中國當如致爲臣章註中國當國之中也以註方與下中國別又中國爲諸夏稱而中國之義凡有三

補 趙註南河之南遠地南夷也故言然後之中國按南夷與中國上下文義貫通此古註之最用意者亦備一說



楚狂接輿歌而過孔子

原 王復禮草堂曰論語止云楚狂其名氏原不傳然前云楚狂接輿後云孔子下不特兩相照應抑且記事書法之妙正見接輿而歌所以欲下其不復用車字者以有輿字在前也 補註 下車本包氏註而鄭註則云下堂出門或因莊子人間世接輿遊其門與自莊子以接輿爲名又稱爲狂接輿演其歌辭至二十八句多不用韻此何足信而註家從之竟以爲名非也若皇甫謐高士傳又遠出作論語者之後撰其人姓名曰陸通益無足辨矣

惜乎夫子之說三句

原 黃東發曰集註謂棘子成之言乃君子之意某按上文棘子成曰君子質而已矣故子貢指其說君子恐非其所言別有君子之意也張惟適曰惜乎夫子之說君子也二句十三字作一氣讀君子即上文君子說字即指上二句謂其論君子專主質不合文質不可相無道理總是惜其失言無兩層意

文身

原 留青日札曰某幼時及見會城住房客名孫祿者父



子兄弟各於兩臂背足刺爲花卉葫蘆鳥獸之形 補註 史記趙世家夫翦髮文身錯臂左衽索隱曰錯臂亦文身謂以丹青錯畫其臂因國法甚禁皆在隱處不令人見某命解衣歷歷按之亦有五彩塡者分明可玩及詢其故乃曰業下海爲鮮者必須黥體然後能辟蛟龍鯨鯢之害也方知揃髮文身古亦有自按漢地理志于粵已云錄此者見今猶信耳

補 左哀七年傳仲雍嗣之斷髮文身史記吳太伯世家文身斷髮示不可用自序文身斷髮黿鱓與處莊子逍遙遊越人斷髮文身無所用之按漢志粵地文身斷髮

以避蛟龍之害注應劭曰常在水中故斷其髮文其身以象龍子故不見傷害也與史記正義所引同

楚狂歌

原 詩本音曰凡詩中語助之辭皆以上文一字爲韻如兮也之只矣而哉止思爲我斯且忌猗之類皆不入韻 補註 公劉四章末二句卽以之字爲韻天作子孫保之之與岐爲韻我將于時保之之與威爲韻賚篇以上之思語助爲韻 余謂亦有以兮爲韻者如鳳兮鳳兮與下衰追韻是又曰古無平上去入四聲通爲一音 補註 漢廣一二三章廣泳永方兕爰二章罦造憂覺野有蔓草首章漙婉願揚之水二章皓繡鵠憂斯干首章苞茂好猶生民五章道草茂苞褎秀好民勞五章安殘綣反諫桑柔三章將往競梗泮水二章藻蹻昭笑教皆平上去爲韻谷風五章慉讎售鞫覆育毒中谷有蓷二章脩歗淑抑十一章昭樂懆藐教虐耄皆平去入爲韻清人三章軸陶抽好平上去入通韻旱麓四章載備祀福上去入爲韻 余謂故下已殆二字與上衰追韻且卽謂已而殆而二而字通與上兮衰追已殆爲一韻亦無不可此古人韻而又韻之法也或問亦見諸三百篇否余曰齊風南山篇崔綏歸歸懷爲韻卽謂歸止懷止二止字通與上崔綏等爲一韻陳風墓門篇已矣與上斯知韻卽謂斧以斯之國人知之二之字通與斯知等爲一韻亦無不可顧寧人曰當知古人詩無處無韻



不必以後人五言詩兩句一韻法求之

女安則爲之節

原 徐方廣此節文結尾云噫吾由是而知縱有大無道之事不能勝天下之安之者矣直說到楚大子商臣曰能一輩人上

法外意

原 晉書陶侃傳謝安每言陶公雖用法而恒得法外意最稱妙語顏淵問爲邦註張子曰禮樂治之法也放鄭聲遠佞人法外意也語尤令人深長思蓋必有關雎麟趾之意然後可以行周官之法度此存乎其先者放鄭聲遠佞人此持乎其後者

子退朝冉子退朝

原 子退朝是退魯君所日視之內朝一名治朝在雉門之內路門之外者冉子退朝是退季氏所庀家政之內朝一名私朝在寢門之外者陳用之誤會國語之文謂卿以下有二朝不知其一仍屬公朝 補註 此章註也似非如卿大夫一朝仍屬公朝何以敬姜曰皆非吾所敢言耶左氏哀十一年傳季孫使冉有從於朝冉有俟於黨氏之溝云云如季氏本有朝在公何煩使從而又何俟焉敬姜明言子將業君之官職焉君

之官職豈令議於私家乎爲正於此

【補】周官義疏司士卿大夫直有二門內朝在寢門外外朝在大門外詩緇衣正義陸德明釋文引鄭注云朝于季氏之私朝集解引周生注云謂罷朝于魯君誤矣

韶舞

【原】新安陳氏曰韶舞以樂聲兼樂容而言也因是而陳氏禮書曰學者之事始乎書立乎禮成乎樂而舞又樂之成焉故大司樂言樂德樂語而終於樂舞樂師言樂成告備而終於皋舞孟子言仁義智禮樂之實而終於



不知手之舞之記言詩言志歌詠聲而終於舞動容此舞之所以爲樂之成也余謂吳公子札之觀樂以歌始以舞終卽舞亦以文武始以韶箾終

【補】舜舞干羽于兩階而有苗格簫韶九成而鳳凰儀按舞器有籥（左傳作箾）又有干羽故樂則韶舞舞是韶之終則是辭之決

在邦在家

【原】讀書劄記曰在邦必達矣何以又云在家必達其實在家難達甚於在邦余謂亦卽齊家難於治國之說

析羽而注於旂干之首曰旌

【原】交龍爲旂析羽爲旌周官之文也有鈴曰旂注旄首曰旌爾雅之文也集註既用交龍爲旂則當註旌曰析羽爲五采繫之於旌之上爾雅所謂注旄於干（竿同）首也

【補註】（本司常鄭註）蓋有羽又有旄孟子云羽旄之美范宣子假羽旄於齊（【補註】襄十四年）晉人假羽旄於鄭（【補註】定四年）是陳氏禮書賈公彥言大常而下干首皆有旄羽蓋干首注以旄旄首注以旌則羽旄所以爲旗飾也旂皆有羽旄集註混用旂字又脫旄字並非



益烈山澤而焚之

【原】胡朏明曰書言刊木而孟子云舜使益掌火益烈山澤而焚之其說不同何也蓋刊乃常法間有深林窮谷蓊蔚蒙蘢斧斤不可勝除者則以炬空之殊省人力此聖人變通之智余按集註烈熾也不如用廣韻烈火也爲直捷

【補】當日蕩蕩懷襄之世藏山於澤環澤皆山山澤不廓清則水道不出而水不可得而治也而此山澤者固盡爲草木之所藪而此草木者又多爲禽獸之所依聚而

纖旃有非燎原之一炬不可者豈必在深林窮谷間哉況左傳明言閼伯爲堯火正當時未嘗無官舜以山澤之任非閼伯所能勝而特命益兼攝之故曰掌猶曰以虞官掌火官也然則掌火於洪水未治以前凡此草木禽獸益既能殺之作虞於洪水既平而後卽此草木禽獸益又能生之其斯爲聖人通變之智也歟

不多食

原 不多食諸家俱不承薑說余謂不撤薑食不多食正與惟酒無量不及亂一例語耳通章不食俱專指一物



何獨此而忽泛及耶亦不倫矣

補 梁陶宏景本草經註曰今人噉辛辣物惟此最常故論語云每食不撤薑言可常食但不可多耳又視穆事文類聚蔬菜門題云薑不多食引孔子不撤薑食不多食似先得閻氏之意者顧寧人解曲禮父不祭子夫不祭妻說者誤蒙上餕餘不祭之文而爲之解殆似山東人作不徹薑食不多食義卽謂不多食薑同一謬也按李詡戒庵漫筆亦以連文言之爲非

侍坐侍侍側

原 子路曾皙冉有公西華侍坐是以齒序顏淵季路侍則以德序論當日坐次自子路第一顏淵第二故夫子問志而由先對而回後對也閔子侍側一節亦是以德序閔子少子路六歲但長冉有十四歲子貢十六歲耳蔡虛齋以爲此蓋齒序者非

吾何修十二句

原 董其昌文講巡狩云彼其五載而一覲有若此者講述職云彼其三載而一覲有若此者講省耕省斂云彼其春秋而一觀有若此者愚謂五載而一覲是巳三載



而一覲是何事案今文堯典羣后四朝乃五載之事王制諸侯之於天子也五年一朝古文周官六年五服一朝周禮大行人六服有歲壹見以至六歲壹見中有三歲一朝者此不得藉口惟左傳昭十三年叔向言明王之制閒朝以講禮是三年一朝然又是十二年一巡狩所謂再會而盟以顯昭明亦不得藉口且此非董氏所知意不過見明制外官三年一朝覲遂臆斷古諸侯朝於天子制亦如此也

石子嵐曰述職爲三載一覲董或據閒朝之說鄭康成

以為不知何代之禮晏子不嘗合周禮而泛舉以對也

曲肱而枕之

原 愚幼讀黃淳耀文輒笑其不識字或以為過予曰凡字有體有用如枕字上聲體也實也去聲用也虛也此字集註明云去聲奈何通篇俱作臥而薦首者之物解或曰題雖去聲之枕而文以上聲之枕作講亦是無礙予曰只緣承題云至曲肱以為之枕點題云稱此而為枕則枕必以曲肱矣知其通篇俱錯認此字耳須改却題何作曲肱以為枕以合此文而後免不識字之誚



補 佩文韻府去聲二十七沁引論語曲肱而枕之與易來之坎坎險且枕同釋文木在首曰枕枕席之枕上聲如詩角枕粲兮輾轉伏枕皆在二十六寑

君子實元黃二句

原 錢牧齋言天啓初湯臨川之仲子大耆偕朱如容掌桓游長安如容盛談時藝稱臨川文如杜詩無一字無出處坐客有面折之者曰左傳陰飴甥曰小人慼謂之不免君子恕以為必歸臨川君子實元黃二句文云周師入君子怒可也改恕為怒有何出處豈時文應使別字乎仲子曰嘗有人問家先生家先生曰君子如怒亂庶遄沮吾此文以毛詩左傳作對也如容鼓掌曰吾謂無一字無來處豈非誠證乎其人俛首而去如容語余先輩文不可輕易彈駁如此愚謂以恕為怒明係湯氏一時誤用而其子代為文過取給於口試思此詩乃君子見讒人而怒責之之詞於周師入何涉乎然則若何而可余曰西伯既戡黎祖伊恐奔告于王僖二十六年傳小人恐矣君子則否兼此二義改作周師入君子恐可也斯無一字無出處矣



補 君子即士女中在位者以迎其君子可直指大會諸侯言趙注謂諸侯執帛疏諸侯世子執纁公之孤執元附庸之君執黃案書五玉三帛或出言帛以該玉言元黃以該纁

晉文公

原 史記晉世家重耳奔狄是時年四十三又云重耳出亡凡十九歲而得入時年六十二矣果爾誠可為老然遷多妄說不若左傳國語足信左傳昭十三年叔向曰我先君文公生十七年亡十九年國語僖負羈曰晉公

子生十七年而亡按此則文公入國甫三十六歲卽甕亦只四十四耳杜元凱言戰城濮文公年四十安得有如陳際泰譎而不正文老而舉事故慮日暮而計挺者邪

**補**謹按

御製味餘書室隨筆曰唐叔封晉作周屏翰東遷後王室卑諸侯僭齊桓糾召陵之師葵邱之會爲五霸首晉文繼之其老謀沉略有過於桓者獻公有五子重耳次焉公惑于内讒申生死重耳夷吾同被讒逐覯其不訴



寘薪不校君命胸襟豈小褊哉彼力不能守盟而行者智早不及矣獻公既沒里丕意在文公遂糾徒作亂殺其君之二子當是時夷吾乘亂賂秦以求立誅戮里丕閉糴背約致韓之敗而重耳不肯因以爲利顛播流離五臣相從處狄十二年割妻子之愛復適齊彼齊姜醉遣醒以戈逐正其不露圭角示人以無求復之意有安富貴之心是其譎也及其答楚子問則喜遇知己申意而談而忍觀脅之辱謝懷嬴之責猶屈于不知己也然後歸國投璧于河以安臣下之心赦寺人披得免吕郤

之難辭秦納王而啓南陽作三軍用原軫出穀戍釋宋圍破子玉之謀全三舍之信一戰而霸業成受王策命車服作宮踐土以盟諸侯三罪服民三行禦狄是其雄才大略出于艱阻更事多而收功速也後温之會召王見諸侯欲以尊事天子爲名而反自嫌强大不敢朝周則夫子所謂譎而不正也晉文有霸主之才故能安内亂成外治繼齊桓之業而信宜于諸侯其後襄靈成厲不能繼述霸業漸衰然晉猶爲盟主覊縻不絶悼公振之復霸諸侯遂成三駕之績則文公之貽謀垂裕者遠



也嗚呼一驪姬内亂二十餘年凡五易其主晉國幾亡幸天方相晉假手重耳匡扶舊業箕子曰其後必大若文公者豈可少哉

無求生以害仁二句

**原**屈原懷沙賦曰知死不可讓願勿愛兮洪興祖補註屈子以爲知死之不可讓則舍生而取義可也所惡有甚於死者豈復愛此七尺之軀哉朱子謂其言偉然可立懦夫之氣

敬忠以勸

【原】韓文考異亦有歎息知其爲賢以否下云以與通用之例韓文屢見【補註】剝啄行凡今之人急名以官註韓文與多作以此爲最明白者余因悟論語敬忠以勸蓋康子欲使民敬使民忠與使民勸於善也宜補註曰以與也

【補】古以與字通用此在左傳已有之鄭伯謂莊王其俘諸江南以實海濱亦唯命此句具有兩層義如楚文王滅羅徙羅子于長沙故長沙有汨羅鄭若滅得徙于楚之南徼爲江南此一義也實海濱楚世家作賓之海濱言不得徙楚境內即塡實于百越之地爲海濱之民此又一義也又魏書李順傳此年行師當克以不



巽與之言三句

【原】集註以法語巽言作對而與字之神不出惟左蘿石文云言也者所以匡救人也人之流於失者或有萬端而我之匡救之者止持一法則其勢必窮於是法語之言不得不巽以與言之而言者之心亦大非獲已矣

必也射乎

【原】南園漫錄曰集註以惟於射而後有爭解必也射乎蓋以決辭爲義屬上句及必也聖乎則云疑辭屬下句二句文氣皆同通作疑辭爲順余謂亦非必也決辭乎疑辭一句中具有二義不寧惟是必也使無訟乎必也正名乎必也狂狷乎必也親喪乎皆然

論語之書獨二子以子稱

【原】魏華父曰昔柳宗元謂論語所載弟子必以字惟曾子有子不字【補註】曾子名參字子輿則參乃服參之遂參七南反有子若字子有或稱子若謂是書出於曾門蓋字與子皆得兼稱如門人之於孔子進而稱子不敢氏退而稱仲尼不言子其次亦有既子且字如閔子之等不一二人或字或子者又數人然



淵弓至游夏最號高弟字而不能子也有子曾子子而不得字也就二者而論則字爲尊蓋子雖有師道之稱係於氏者不過男子之美稱耳故孝經字仲尼而子曾子禮運字仲尼而名言偃至於子思字其祖孟子字其師之祖相傳至今人之字仲尼者無敢以爲疑仲尼作春秋二百四十年間字而不名者僅十有二人而游夏諸子之門人亦各字所師相承至於漢初猶未敢輕以字許之則知字不易於子也此亦妙論足廣序說之未備

湍水

【原】後漢列女傳孝女叔先雄者其父泥和往謁巴郡太守乘船墮湍水物故尸喪不歸湍爲水行疾者此亦一證【補證】史記河渠書水湍悍注韋昭曰湍疾與漢書溝洫志注急流曰湍同

桃應問曰章

【原】黃緼生有此全章文後四小比云蓋以一夫之命爲輕於天子父之命者此三代以下之論非所施於上古以父子之樂爲不如有天下之樂者此豪傑以下之情非所出於聖人法申於宮禁則人不可妄殺而海內刑措矣親重於天下則力無所不竭而大孝錫類矣從此看出以天下養養之至來尤稱眞經術也



入公門章

【原】汪武曹文講首節云嘗考魯有三門曰路門曰雉門而其最外者曰庫門其制儗於天子之皐門者是也凡庫門與雉門路門皆可曰公門而此誌夫子入朝之始則所謂公門者蓋庫門也夫此門也不惟遠于治朝之堂抑且未及外朝之位講三節四節云曰此君之外朝也云云過此則爲雉門將而不書何也與入庫門同也入乎雉門而君治朝之堂在焉蓋魯有三門亦有三朝外朝在庫門之內治朝在雉門之內【補證】江愼修曰治朝外朝皆平地爲庭無堂無階故謂之朝廷汪氏琬庵曰此說無所經見直以乘車出入故耳不知古門階左城右平平以便車也左傳邾子在門臺臨廷門必有臺臺之下則廷耳大夫以下乃不臺門燕朝在路門之內而治朝者乃日所常朝之地也其堂之高凡七尺故其階爲七等諸有位于朝者其位列於中庭之左右而有北面東面西面之別焉夏官司士所爲正其位者也夫子於此兩手摳衣歷階以升密邇至尊在斯時也彼其視過位之時其森嚴固已有間而況較之入門之始乎



講五節既畢總收云至若所謂燕朝者蓋君退自治朝則聽政於斯而羣臣不從入焉其在公族則常朝于斯而異姓者不與焉故其事不復書也蓋茲之所書者入臣常朝之儀故於治朝之事書之獨詳而必先之以過位又先之以入門以其爲常朝所必歷之地而連類以及之所以見其處之各有其節而不敢苟也其自記云古者天子諸侯皆有三朝以魯制言之庫門之內爲外朝雉門之內爲治朝路門之內爲燕朝治朝與燕朝皆可謂之內朝文王世子公族朝于內朝謂燕朝也玉藻

朝服以日視朝於內朝謂治朝也然以治朝對燕朝言之則亦曰外朝文王世子外朝以官是也庫門內之外朝載於周禮三公孤卿以下設位於庭中所謂面三槐面左右九棘者也然非君所常御之朝故曰君之虛位惟國有非常之事然後御於此致萬民而詢謀之焉而所謂燕朝者玉藻則云君日視朝退適路寢聽政使人視大夫大夫退然後適小寢路寢即燕朝也以此見羣臣不從君入也周禮王眡燕朝則大僕正位掌擯相註云王圖宗人之嘉事則燕朝疏云君燕羣臣則在寢燕



亦有朝但因燕而朝燕禮已有成文故鄭必以王圖宗人嘉事為燕朝以此合之公族朝于內朝之文益知異姓之臣不得常在燕朝也蓋羣臣日所常朝之地乃在治朝此章記夫子在朝之容則所謂攝齊升堂者當必在此存疑誤以過位為治朝而以升堂為路寢之內朝集註位君之虛位若以此為治朝則羣臣方日朝於此何緣人君乃有虛位何緣不行朝禮而反過之況朱子語類引周禮所謂外朝不引文王世子所謂外朝且言三公九卿以下有三槐九棘云云此非最外之外朝而

何既知此為最外之外朝庭有三槐九棘者則過此所升之堂雖先儒無明文可以知為治朝無疑也存疑惟誤以文王世子所謂外朝即周禮外朝而以治朝當之故遂以堂為路寢之內朝而不知其非耳余按成六年韓獻子將新中軍且為僕大夫公揖而入獻子從公立於寢庭此足見韓厥卿也得從景公入至燕朝以兼大僕故

補汪氏瑟庵曰入公門節當通君召使擯至愉愉如也為一節並非朝君之事諸說皆誤近惟劉端臨論語解



得之

曾子養曾晳兩段

原黃蘊生文中段云蓋至請所與而懼可知也懼中饋之不潔而親以為不必須至問有餘而喜可知也喜餕食之和甘而親以為有可共則疾應之曰有而已不必其果有餘也親以為有餘是即有餘也真入神之語

其待我以橫逆

原陳幾亭曰橫逆二字不可輕看前此須消盡惡機之感若有一毫感召即為自取直是當然豈名橫逆試看

目前感應作一事到足色妥當便人人愜意出一語到十分的確便箇箇點頭爲人到得顏曾方說得橫逆大賢以下無橫逆

匡章通國章

原 陳大士文本戰國策云章子諫父無殺其母而父卒以殺其妻章子諫父無殺其母而父卒以逐其子責善貼諫殺母上非也余少曾有一作云天下有父責善於子而子不受而父逐之而人絕之可也有子責善於父而父不受而父逐之而人絕之未可也與饒雙峯見合



補 章子所云責善蓋必勸其父以弗爲已甚而父不聽遂不得近此自是人倫大變章子之出妻屏子非過也然而孟子以爲賊恩則何也蓋章子自勝秦以前所以處此事者本不可以言過然其勝秦而還則王必葬其母矣而章子之出妻屏子終身如故是在章子亦以惘母之至不僅以一奉君命得葬了事未嘗非孝而不知是則似于揚其父生前之過自君子言之以爲非中庸矣故孟子亦未嘗竟許之而究之矜其遇諒其心蓋章子自是至性孤行之士晚近所不可得雖所行未必盡合而直不失爲孝子如宋儒楊文靖公張宣公言則其貶章子有太過者

寶珠玉者

原 此謂以珠玉作耳目之玩者耳 補註 王伯厚曰照乘之珠和氏之璧戰國之君以爲寶故曰諸侯之寶三若楚語王孫圉曰國之寶六而已玉足以庇蔭嘉穀使無水旱之災則寶之珠足以禦火災則寶之蓋一以祀神一以禳災方獲福矣何殃之有物一也顧所用之何如耳

行其所無事也

原 禹貢錐指曰孔書傳言禹之治水或鑿山或穿地以通水此不必到處皆然綿亘千百里遠其實當時有其地不得不用此法者尸子呂覽淮南子水經注衆口一辭豈欺我哉賈讓曰昔大禹治水山陵當路者毀之故鑿龍門辟伊闕析底柱破碣石此鑿山之事也孟子曰禹掘地而注之海太史公曰禹厮二渠以引其河北載之高地過降水至于大陸此穿地之事也儒者蔽於一己之意見凡耳目所不曾及皆以爲妄鬬章壺口梁山第一功便說得全無精彩亦由過泥禹之行水行所無

四書釋地三續補

事之言謂禹絕無所穿鑿殊不知堯之水災非尋常之水災禹之行水非尋常之行水審如蔡傳所云則後世築隄遏埽開渠減水之人皆得與禹功並垂天壤矣鯀何以績用弗成禹何以配天無極哉余謂如此讀孟子眞可謂通人之識矣

以樂侑食

【原】或問以樂侑食古不獨卿大夫以上且下逮士得與太驕樂已乎余按顏氏家訓書證篇古樂府歌詞先述三子次及三婦婦是對舅姑之稱其末章云丈人且安坐調絃未遽央古者子婦供事舅姑旦夕在側與兒女無異故有此言夫古樂府出漢代長老猶以樂侑食復何疑於古

【補】按集註亞飯以下當兼下三節諸伶言蓋四飯缺以上歌樂章以侑食於堂上鼓方叔以下奏樂器以侑食於堂下而大師則兼掌堂上堂下之樂少師則貳大師者也故王者平旦食晝食晡食暮食凡四飯諸侯三飯卿大夫再飯

射不主皮

【補】陳氏禮書有主皮之射有貫革之射析爲二主皮之射四字見儀禮鄉射禮記貫革之射四字見禮記樂記各不相蒙而集註以貫革解主皮恐非蓋周禮鄉大夫以鄉射五物詢衆庶三曰主皮果如集註解則是以軍士武射陷堅穿札之才而興賢能矣豈其然胡不考至此因考鄉射禮記曰禮射不主皮主皮之射者勝者又射不勝者降鄭註禮射謂以禮樂射也大射賓射燕射是矣不主皮者貴其容體比於禮其節比於樂不待中爲雋也言不勝者降則不復升射也主皮者庶人無侯張獸皮而射之主於獲也不待中爲雋非是要不中卽不中亦可但取其容體比於禮其節比於樂便可得與於祭以天生有一等文弱之人力不逮遠不能射於百步外何必定主於獲先王蓋深爲此等慮故純乎尙德而不尙力陳川之曰主皮之射庶人之禮也鄉大夫或用之於澤宮鄉大夫或用之以詢衆庶川之以詢衆庶在一曰和二曰容之後則主皮之射雖君子之所不廢亦非其所尙也晚周之時射尙主皮故孔子譏之曰云云妙在融會二禮而爲言不至執此以病彼眞通儒也

陳用之又曰自天子至於卿大夫皆有大射賓射燕射士無大射而有賓射燕射庶人無賓射燕射特有主皮之射而已

補 以主皮爲鄉射鄉大夫退而以鄉射之禮五物詢衆庶三曰主皮是以不主皮爲禮射鄉射禮記禮射不主皮鄭註云禮射謂以禮樂射大射賓射燕射是論語射不主皮雖係鄉射記文仍當主禮射言之善乎敖繼公之言曰主皮之皮與皮侯之皮不同蓋中甲之革爲之周官云射甲革樂記云貫革皆指此也中甲之革犀兕若牛之皮也爲物堅厚强者乃能貫之故禮射不主皮爲力不同科故也



國無遊民

原 遊民二字出王制即游手謂失棄本業者與周禮以九職任萬民九曰閒民者殊不同蓋閒民第無常職耳實爲九職之一轉移執事謂傭作於人轉徙不定也世豈容無此輩來說周禮此一條者曰養生者無一物之可闕治生者無一夫之可怠先王於民隨其所能而任之此國之所以無游民而天下所以富庶也國無游民原不指人盡務農所包者廣故歸太僕文云率天下之人以生天下之財自三農生九穀以至於閒民轉移執事莫非與事造業之徒而欲爲浮民不可得得之矣

王宮有學

原 學記古之王者建國君民教學爲先鄭氏註內則設師保以教使國子學焉外則有大學庠序之官劉芳曰由斯而言國學在內太學在外明矣故洛陽記國子學與天子宮對太學在開陽門外此又可爲王宮有學及王制大學在郊之切證



虞人

原 虞人守苑囿之吏也周禮山虞每大山中士四人澤虞每大澤大藪中士四人迹人掌田獵者亦中士四人餘皆下士及府史等自不敢上擬乎大夫招以旌寧敢進此守官也而即守道也左氏生六國初孟子之前不知于何聞之所傳尹公佗學射於庾公差（補註 襄十四）齊侯田于沛（補註 昭二十）二事與孟子輒駁異

一介不以二句

原 熊次侯此題文謂上句成物下句成己出比尤佳云

人必自忘其廉恥而後謂他人之廉恥不足惜與者無
幾悔悟之餘遂令無以自處非所以成物也惟道與義
可以服人淈一物而羞惡辭讓之良留於人心者無盡
雖欲與之而有所不能矣

補 汪氏瑟庵曰一介不以與人亦是已分上事熊作成
物解支也冉子本不當與粟子噲本不當與人燕豈必
爲子華子之計乎此與儲在文爲衛君章文叔齊一邊
以全父名立說皆時文中之不槩於理者

羣居終日章



原 通鑑晉紀懷帝永嘉三年初何曾侍武帝宴退謂諸
子曰主上開創大業吾每宴見未嘗聞經國遠圖惟說
平生常事非貽厥孫謀之道也及身而已後嗣其殆乎
宴見即羣居惟說平生常事即言不及義後嗣其殆乎
即難矣哉也

曲肱而枕之

原 何屺瞻評黃淳耀文云此句枕字釋文集註悉音去
聲傍搜篇韻俱上聲訓枕席去聲則引論語此句毛晃
曰衾枕之枕上聲詩角枕粲兮之類是也以首據物曰
枕去聲論語曲肱而枕之是也往閱文百詩亦云枕是
虛擬非以肱代陶庵不當使別字惜其博辨故曾棄而
終錄之

闕黨闕里

原 闕黨黨名亦猶達巷亦黨名也闕里里名亦猶史記
孔子世家有孔里亦里名也闕黨按兗州府志在府城
（補註 又續云在滋陽縣東北一里有泉名闕黨泉此云府城何也）東北一里有泉亦以
此名荀子稱仲尼居於闕黨闕黨之子弟以化是也闕
里在曲阜縣城中至聖廟之東梅福（補註 當有傳字）稱今仲尼
之廟不出闕里是也然闕里亦有二一在魯城中一在
泗水縣南五十里以孔子生於此遂以闕里名之見史
記索隱正義可誚高明博洽如顧寧人先生亦以闕黨
即闕里



謂當棖闑之閒

原 陳介眉曰門兩扉扉兩旁各有木謂之棖（補註 爾雅棖謂之楔註門兩旁木正義皇侃云門左右兩椽邊各豎一木名之爲棖棖以禦車過恐觸門也玉藻云君入門介拂闑大夫中棖與闑之閒士介拂棖鄭註棖門楔也孔疏以爲門之兩旁長木也）當兩扉之合處
又樹一木以當扉常設而不動謂之闑（補註 爾雅槷謂之闑正義士冠

禮云席于門中闑西閾外鄭註云闑橛也曲禮云由闑右李如圭云闑者門中所豎短木在地者也其東曰闑東其西曰闑西因有闑則凡出入不能當兩扉之中只就一扉內取中是在棖闑之閒矣君出入則就棖闑之閒取中而行臣不敢當中只靠邊行立亦如之也明確之至又曰曲禮大夫士出入君門由闑右闑右者自外而言門之東扉也出入皆由此却非蓋天下東西有定而左右無定當其自外而視內也闑向北則門之東扉爲闑右不待言及自內而視外也闑向南則闑右不又在門之西扉乎安得謂出入皆由一處今之屬吏謁上官由東角門入謁既畢輒從西角門出猶遺意也朱子言古人常闔左扉所謂中門者謂右扉之中也尤非蓋玉藻閏月則闔門左扉立于其中聽朔此在國之陽之明堂豈屬乎常朝門若朝門未有不洞啓兩扉者觀鄰國來聘卿大夫公事自闑西私事自闑東可證余因悟來聘者所謂闑西乃本國大夫士所出之闑右所謂闑東乃本國大夫士所入之闑右哉至賓入不中門不履閾與本國臣子全無異此又異邦人稱之亦曰君夫人云爾



侍食於君節

【原】禮君賜食以客禮待臣則無膳宰在旁君故先自祭後命臣以祭祭訖品嘗食所謂後祭先飯也孔子之異於人在不待君命之祭輒自同於膳宰避客禮云集註不本玉藻而引周禮甚不合

【補】禮記玉藻若賜之食而君客之則命之祭然後祭先飯辯嘗羞飲而俟若有嘗羞者則俟君之食然後食飯飲而俟按此經無君祭之文故集註引周禮云王日一舉膳夫授祭但周禮可以證君祭尚於君祭先飯無明文惟儀禮士相見禮云若君賜之食則君祭先飯徧嘗膳飲而俟君命之食然後食若有將食者則俟君之食然後食此侍食於君君祭先飯之確證也然集註云君祭則已不祭而先飯若爲君嘗食然直本鄭註於君祭則先飯矣若爲君嘗食然也之義又云不敢當客禮也客字仍據玉藻言但恐君命之祭而即先飯若同於膳宰之嘗食故朱子以不敢當客禮解之非眞君命之祭也然則引玉藻固不如周禮爲可憑尤不如儀禮士相見禮爲較著云又按君祭直用祭肺不祭離肺先飯先嘗已前近食後嘗遠食

四書釋地三續補

若爲君嘗食然

原　集註此句本鄭氏最妙蓋正嘗食則膳宰自取君前之食嘗之此臣侍君乃臣自嘗已前食非正嘗食故曰若也鄭氏又云於君祭則先飯矣即余不待君命之祭之意但殊覺渾含誰謂康成學支離哉

見齊衰者見冕者

原　有齊衰服之人或三年或期年或三月服不暫釋於其身此見之是眞見其服此者冕孤卿大夫之冠也或希或元惟朝聘天子及助祭於公始服豈孔子所得燕見哉此見之不必眞見其服但當服此者故邢昺以見大夫三字疏見冕者得之矣[孫學顏曰冕字活]



有一言

原　字作文字解始於秦[補註秦始皇本紀同書文字]古謂之言有一言是也亦謂之文史闕文是也亦謂之名[補註外史達書名大行人諭書名聘禮百名以上]中庸集註文書名是也秦漢以來始有句稱[補註毛公詩傳每篇之末別其章句]古謂之言一言以蔽之是也[補註騈字類編論語詩三百一言以蔽之曰思無邪疏古者謂一句爲一言又關雎五章章四句疏句則古者謂之言論語云詩三百一言以蔽之曰思無邪則以思無邪一句爲一言]亦謂之辭不以文害辭是也亦謂之章左傳宣十二年武王克商又作武其卒章曰是也

補　以一句爲一言者左氏定四年傳趙簡子稱子太叔語我九言韓詩外傳曾子曰君子有三言是以一字爲一言者戰國策云臣請三言而已曰海大魚左傳疏引易說云伏羲作十言之教曰乾坤震巽坎離艮兌消息漢書東方朔傳云臣朔固已誦四十四萬言是

其恕乎

原　此恕字與所藏乎身不恕恕字朱子大學或問分別最精曰一以及人爲主一以自治爲主二者之閒毫釐之異正學者所當深察而明辨也詳見本書



補　左氏襄二十四年傳恕思以明德補註周書程典曰愼德必躬恕恕以明德李登聲類曰恕人心度物也

漆雕開

原　讀漢藝文志孔子弟子漆雕啟則知史列傳漆雕開字子開上開本啟字避景帝諱也一部論語敘事及門人無直稱其名者惟閒於有若對君之辭憲問恥疑憲所記南宮适或曰本名縚陳亢前後皆稱子禽[補註按閒於伯

魚及退而喜皆稱名茲獨曰子使漆雕開仕則開爲其字復何疑
蓋自安國註論語開名流俗本家語開字子若者失之
【補】漢書古今人表漆雕啓第三等藝文志儒家者流漆
雕子十三篇注孔子弟子漆雕啓後王應麟漢志考證
引史記列傳漆雕開字子開史記避景帝諱也按漢人
避啓用開故諸記載多以夏后啓爲夏后開微子啓爲
微子開此開字在舊經或亦作啓王氏因舉以爲說

弟子門人

【原】後漢賈逵傳迨析弟子與門生爲二註未備歐陽公
孔宙【補注】漢泰山都尉孔宙碑在曲阜縣孔子廟庭大中夫夫融之父也裴松之注魏志引司馬彪續漢書亦作宙而後漢書融列傳作伷考宙卒於靈帝熹平四年惟隸釋爲六年正月卒與金石錄異而伷於獻帝初平元年拜豫州刺史籍本陳留字公緒別是一人竊疑范史不應紕繆若是碑陰題名跋云
漢世公卿多自教授聚徒常數百人其親受業者爲弟
子轉相傳授者爲門生今宙碑殘缺其稱弟子者十人
門生者四十三人【補注】隸辨碑考載孔宙碑陰凡六十二人有門生故吏名五篆字題其上與書畫譜所述隸釋同按歐陽公題名跋稱弟子門生外又有故吏者八人故民者一人適合六十二人之數闕氏祗據弟子及門生人數者蓋本顧寧人日知錄而節文云余按鄭康成傳在馬融
門下三年不得見迺使高業弟子傳受於元是其證也



然論語稱門人者八弟子者三門弟子者二孟子稱弟
子者三門人者二皆正屬一人此則古今稱謂之不同
耳
【補】朱竹垞曰歐陽子有言受業者爲弟子受業於弟子
者爲門人試稽之論語所云門人皆受業於弟子者也
顏淵死門人厚葬之此顏子之弟子也子出門人問此
曾子之弟子也子疾病子路使門人爲臣又門人不敬
子路此子路之弟子也子夏之門人問交於子張此子
夏之弟子也孟子云門人治任將歸入揖於子貢此子
貢之弟子也觀洪氏隸釋隸續所載東漢諸碑有弟子
復有門生門人弟子固有別矣按論孟所稱闇云皆正
屬一人但論語子夏之門人斷非孔子弟子可知孟子
門人問曰恐亦非盆成括弟子也經義考必一一分屬
之何歟

使民以時

【原】吳亦韓來問時謂農隙之時朱子亦嘗云古者四時
之田皆於農隙以講武事是四時皆有農隙也徒杠與
梁成註則云九十月農功已畢可用民力二說不同將

孰是余曰隙字不是當改作畢字蓋左傳春蒐夏苗秋獮冬狩可各於農隙以講習若力役之事惟自九月農務畢起冬至而止無有於春夏者莊二十九年云凡土功龍見而畢務戒事也火見而致用水昏正而栽日至而畢周語單襄公曰雨畢而除道水涸而成梁清風至而修城郭宮室皆謂秋冬際也參以鄭註王制用民之力歲不過三日云治宮室城郭道渠㽁徵其用民力於農畢時此等處亦係集註偶未檢不必過泥也

【補註】按畢亦可謂之隙集註以隙字包畢而言蓋所爲使民原兼蒐苗獮狩與夫力役之事也



【補】謹按

高宗聖製文二集蒐苗獮狩說傳稱春蒐夏苗秋獮冬狩各具時義言固引而未發至所稱皆於農隙以講事吾不能無疑焉夫秋冬或有農隙至於春夏則自播種以至刈穫其閒耘耔灌溉較晴量雨炙背胝足苦哉耕夫蓋無一時之安必息力而謂之有農隙可乎嘗思蒐苗从草獮狩从犬古人制字蓋有深意杜註苗爲苗除害是矣而所云蒐索擇取不孕者猶未免以辭害義夫禽獸固族聚而類處使擇牡而驚其牝則孕者不能無傷豈育物之仁哉則所爲蒐索者亦以蒐索其害苗爲當至於獮狩皆从犬則誠守而取之順殺氣而獮之是則春夏之取獸繫乎用秋冬之取獸繫乎獸其義明矣雖然更有說焉古時地廣人希故田或遊獸而有蒐苗之事以除其害今自腹裏以及邊地壤無不耕安得有禽獸害苗之事乎若夫圍場之地原自不耕則所謂蒐索其不孕而肥者與夫初生如苗者以嘗新釋其義亦未嘗不通而實非古人所解者矣

六尺之孤



【原】周禮鄉大夫之職有六尺字賈公彥疏云六尺謂年十五鄭康成註論語六尺謂年十五已下增二字妙蓋嘗試言之何必定十五歲即十四十三等亦可然以此解周禮野尚爲未成丁者經固各有解與以例孟子適市之童李密應門之童皆曰五尺則謂年十歲者奈何但以幼小混解過至後人動稱三尺童子此又不可以升降皆五年者解矣

【補】周官鄉大夫注六尺謂年十五疏古者二歲半爲一尺六尺十五地官大司徒疏引鄭注云六尺謂年十五

又鄉大夫疏喪服傳疏論語正義皆引鄭注云六尺之孤年十五已下孔曰六尺之孤謂幼少之君也玉篇引作可以侂六尺之孤說文云侂寄也

宗廟之禮二句

原　陳介眉自記曰昭穆二字昭取其照明穆取其幽穆本從廟主之左右南北而名此章序昭穆句雖兼祖考言亦無不可而朱子以祭統羣昭羣穆咸在與凡賜爵昭與昭齒穆與穆齒之故集註單屬子姓亦未始不是但所云序者不過別其班次耳子姓祼將有宗祝有司



之事則各以事序其無事者列在阼階之下則序以昭穆而世次秩然此以前後爲班非如祖考以左右爲別也先輩文多不深考如王守溪文云太祖而下有列北廟而南面者其子孫之位亦皆因之以爲南有列南廟而北面者其子孫之次亦皆因之而居北殊不知祭在室中太祖之主東向九獻之禮王與后各四諸侯爲賓者一而衆兄弟不與焉九獻之後加爵者長賓長兄弟而羣子姓不與焉若子姓兄弟主人之黨則位在堂下阼階之東皆北面而立周禮司士凡祭祀及賜爵呼昭

穆而進之則又在兩階之閒迭相酬酢故凡在室行禮時子姓之羣昭羣穆不入焉何得如守溪所云因之以爲南因之以居北乎艾東鄉又曰子姓昭穆似當以西向太祖祭者之左右爲昭穆否則子姓無向太祖者矣抑殊不知子姓未嘗入室也夫室中之地有限徧列羣廟之尸主已恐不能容況合一姓之子孫昭皆在北穆皆在南雜遝讙譁神人擾雜此成何禮乎先王之制天子之禮各有義例豈如後世家人常祭合族子姓一時其爲拜起者耶何相沿而不覺也陶朴菴文又曰昭穆



之次非特以治祖考也而實所以治子孫以其南面也故謂之昭使昭與昭齒而不混于穆以其北面也故謂之穆使穆與穆齒而不混于昭則又合講祖考子孫混而無別皆未明此題之意者也竊以四書中典制因爲時文壞盡豈過於此故介眉所作文後半幅云凡以祖考有祖考之昭穆子姓亦有子姓之昭穆而並存于宗廟之中乃定子姓之昭穆無殊于定祖考之昭穆而不出于宗廟之禮之外由其禮以繹其意非所以序昭穆而何蓋昭穆者本從祖考以得名在各廟則左昭而右

穆在太廟則南穆而北昭幽明之義也故附必以班尸必以孫而使昭不混穆穆不混昭者上下有常固合都宮而咸秩乃序昭穆者更由子姓以起義昭繼以穆而穆之後更有昭穆用以昭而昭之後又有穆父子之倫也故就列與其行賜爵分其等而使昭與昭齒穆與穆齒者尊卑不紊尤因入廟而加嚴武周于此見遠近之别焉見長幼之殊焉見親疏之殺焉蓋仰承者七廟之尊崇旁列者天潢之蹌濟而一以昭穆序之則凡在昭穆者皆得與于祭所爲繫姓綴食以聯其情且各爲昭穆者無敢越其班所爲别嫌明微以定其分余謂定其分聯其情亦即傳錦泉文中族繁則易亂世遠則易疏之義耳



補 禮記義疏祭統三時皆祫三昭三穆之主皆聚太廟則羣昭羣穆之子孫亦皆序太廟若春禴則各于其廟亦惟當廟子孫入耳　又太廟序昭穆惟就始封之祖序之如泰伯虞仲太王之昭列第一行號仲號叔王季之穆列第二行管蔡十六國文之昭列第三行邘晉應韓武之穆列第四行則親疏了然可見若就今子孫昭穆爲行則親疏全無辨矣又祭時在室俱西面在堂俱北面安有父南面之理

石頻中庸日孫毓云外爲都宮太祖在北二昭二穆以次而南出江都集禮向作戒問時未見此書只以意料後來始見乃知學不可以不博也

義門讀書記注中只說左昭右穆不說南昭北穆則兩節相承說至末節中始推而及之於大禘也宗廟之次按次乃廟制之次子孫亦以爲序按亦字上先補羣廟之主



天下英才

原 天下英才極言之非廣言之猶施伯謂管子曰天下才 補註 齊語 司馬懿謂諸葛武侯曰天下奇才也 補註 蜀志諸葛亮傳 云爾若集註盡得一世明睿之才便說似王天下矣

補 汪氏瑟庵曰此一句品地極高孔子而外即孟子亦自閒歎然蓋天下英才極言之非廣言之也如孔子但得顏閔諸人出其門下即可極大觀而無憾矣

今日舉百鈞

原 陳幾亭亦有發人所不到處謂孟子忽舉百鈞人情

難推蓋言人之不爲非不能只宜取喻於徐行後長方與前爲長者折枝一例不宜取喻於力人皆可以爲堯舜不鬭人皆可以爲烏獲也言辭小失正不必爲孟子諱

補　孟子忽舉百鈞人情難推正與排淮注江違却地勢均爲行文失處論衡效力篇云世稱力者常褒烏獲然則董仲舒揚子雲文之烏獲也秦武王與孟說舉鼎不任絕脈而死少文之人與董仲舒等涌胸中之思必將不任有絕脈之變王莽之時省五經章句皆爲二十萬博士弟子郭路夜定舊說死于燭下精思不任絕脈氣滅也觀此猶得云人皆可以爲烏獲乎



仁者無不愛二句

原　顧興仲曰孟子原以急親賢爲急當務故下節只說不知務可見論仁郎是論知無二項也此等須融會章旨始得者何屺瞻曰何待看下節上云當務之爲急本題云急親賢之爲務語脈正相承故許擗二句文起講云善治天下者則莫不有所務矣而當務之急孰急於親賢此非知者不能知也亦非仁者不能行蓋自有稱至仁周從大知中出也

湯居亳與葛爲鄰

原　太平寰宇記亳城在穀熟縣西南三十五里春秋莊公十二年宋公子御說奔亳孟子云湯居亳與葛伯爲鄰補註地理志云葛今梁國寧陵有葛鄉史記注亳都亦在梁國故日與葛爲鄰今寧陵縣北十五里有葛城相去八十里

補　按穀熟故城在今河南歸德府商邱縣東南四十里寧陵縣今亦屬歸德府

云乎

原　事之云乎豈曰友之云乎此外惟公羊莊二十四年傳然則曷用棗栗云乎腵修云乎何休註曰云乎辭也



補　書酒誥矧太史友內史友矧惟爾事蔡傳曰友曰事者周君有所友有所事也然盛德有不可友者故孟子曰古之人曰事之云乎豈曰友之云乎按子思稱古人言當郎據書文豈曰友之云乎猶云豈特曰友之云乎

周公弟也二句

原　朱子曰想見武庚日夜去說誘三叔以爲周公弟也却在周作宰相管叔兄也却出監商故管叔生起不肖

之心如此

【補】書金滕傳武王崩周公攝政其弟管叔及蔡叔霍叔乃放言于國白虎通姓名篇不以周公列管蔡前按史記管蔡世家武王同母兄弟十人長伯邑考次武王次管叔次周公次蔡叔較確

或問子產章

【原】艾千子評張元或問子產章云閒閒開說似史三小傳汪鈍翁駮之云史記兩人合傳如廉藺范蔡之類三人合傳如田竇灌夫之類甚至十一人合傳如酷吏之類無有不穿敘者其他如孟荀如屈賈如刺客滑稽佞幸之類無事可穿則用文章聯絡之若一篇中每人閒閒開說者甚少後進讀書當自出手眼萬勿隨人脚跟也



公孫拔

【原】何屺瞻云公孫拔釋文作皮八反王厚齋謂集註蓋傳寫之誤明初人不加是正今毛氏所開十三經中并孔註反改爲枝矣是可一撫掌也【補註】按論語邢疏俱作枝

【補】金仁山云按左傳及註當從公叔發定十三年傳戍

也驕注戍文子之子補注世本曰衛獻公生成子當當生文子拔傳作發拔生朱爲公叔氏鄭康成云朱春秋作戍然則世本本作拔後誤爲枝耳

誦詩

【原】湛園劄記【補註】湛園札記姜宸英自序稱閻若璩欲改札記爲劄記竊以劄乃古人奏事之名不見經傳而左傳爾雅註中皆有簡札之文故不從其說曰孔子曰誦詩孟子亦曰誦詩【補註】程是庵曰詩有音韻可節故曰誦詩誦之者抑揚高下其聲而後可以得其人之性情與其貞淫邪正憂樂之不同然後聞之者亦以其聲之抑揚高下也而入於耳而感於心其精微之極至於降鬼神致百物莫不由此而樂之盛衰莫逾焉當時教人誦詩必各有其度數節奏而今不傳矣詩之度數節奏既失則八音之器雖設亦具文耳於是後之說詩者泛泛焉無所主而徒求之文字之間其說支離畔散理義多而性情少此詩之所以益亡也



【補】周官大司樂鄭注倍文曰諷以聲節之曰誦賈疏倍文曰諷者謂不開讀之以聲節之曰誦者此亦皆倍文但諷是直言之無吟詠誦則非直倍文又爲吟詠以聲節之爲異文王世子春誦夏絃注誦謂歌樂歌樂即詩

也以配樂而歌故云歌樂亦是以聲節之

子游子夏

【原】按孔子厄於陳蔡年六十三時子游年纔十八子夏年十九耳而既以文學名【補注】杜詩十五男兒志三千弟子行皆參與游夏達者各升堂正皆指年少言

【補】沈歸愚吳公祠記曰子游之文學以習禮自見非後世辭章之學比也今讀檀弓上下二篇當時公卿大夫士庶凡議禮弗決者必得子游之言以爲重輕故自論小斂戶內大斂東階以暨陶詠猶舞諸節其間共一十有四而其不足於人者惟縣子汰哉叔氏一言則其畢生之合禮可知矣朱竹垞文水縣卜子祠堂記曰徐防之言詩書禮樂定自孔子發明章句始於子夏蓋自六經刪述之後詩易俱傳自子夏夫子又稱其可與言詩儀禮則有喪服傳一篇又嘗與魏文侯言樂鄭康成謂論語爲仲弓子夏所撰特春秋之作不贊一辭夫子則曰春秋屬商其後公羊穀梁二子皆子夏之門人蓋文章可得而聞者子夏無不傳之文雖傳性與天道亦傳也是則子夏之功大矣



樲棘

【原】孟子集註樲棘小棗非也案爾雅樲酸棗說文棘小棗惟詩諸方合而一之實酸者爲樲棘然亦曰酸棗非小棗也趙岐註樲棘小棘所謂酸棗是也

【補】爾雅疏樲棗樲酸棗孟子樲棘齊民要術孟子嘗曰養其樲棗藝文類聚孟子樲棗埤雅於文並束爲棘重束爲棗棘卽棗也或當指壺棗言之

舜禹益避位

【原】蘇子由古史疑舜禹益避位之說爲妄孟子或問亦嘗辯之然不及所作餘論爲尤精愚故備錄焉朱子曰舜禹避朱均而天下歸之蘇子慮其避之足以致天下之逆至益避啓而天下歸啓蘇子又譏其避之爲不度而無恥於是凡孟子史遷之所傳者皆以爲誕妄而不之信今固未暇質其有無然蘇子之所以爲說者類皆以世俗不誠之心度聖賢則不可以不之辯也聖賢之心淡然無欲豈有取天下之意哉顧辭讓之發則有根於所性而不能已者苟非所據則雖卮酒豆肉猶知避之況乎秉權據重而天下有歸己之勢則亦安能無所

愓然於中而不遑引以避之哉避之而彼不吾釋則不獲已而受之何病於逆避之而未其舍則固得吾本心之所欲而又何恥焉唯不避而强取之乃爲逆儼然當之而彼不吾歸乃可恥耳如蘇子之言則是凡世之爲辭讓者皆陰欲取之而陽爲遜避是以其言反於事實至於如此而不自知其非也舜禹之事世固不以爲疑今不復論至益之事則亦有不能無惑於其說者殊不知若太甲賢而伊尹告歸成王冠而周公還政宣王有志而共和罷此類多矣當行而行當止而止而又何恥焉蘇子蓋賢共伯而俯何疑於益哉若曰受人之寄則當遂有之而不可歸歸之則爲不度而無恥則是王莽曹操司馬懿父子之心而楊堅夫婦所謂騎虎之勢也乃欲以是而言聖賢之事其誤甚矣

序說註趙氏曰

原 趙氏曰孟子通五經尤長於詩書程子以爲孟子云可以仕則仕可以止則止可以久則久可以速則速孔子聖之時者也故知易者莫如孟子又云王者之迹熄而詩亡詩亡然後春秋作與春秋無義戰春秋天子之事故知春秋者莫如孟子卅氏曰以此而言則趙氏謂孟子長於詩書而已豈知孟子者哉愚謂是固然矣然終未及孟子之知禮請與孟子之知禮者當以何語人多未應愚日觀任人有問屋廬子一章可謂知禮者莫如孟子矣

補 高似孫曰學必孔子言必六經者孟子一人而已郝敬曰趙岐謂孟子通六經（題辭作五經）尤長於詩書按孟子言四端即易之四德也仁義即易立人之道也性善即易繼善成性也知性知天即易窮理盡性至於命也兵貴人和得諸師養大體得諸頤聖人於天道得諸乾收放心養夜氣得諸復寡欲得諸无妄與王驩稷下諸人處包荒不失其正得諸否學孔子聖之時得諸先後天他可類推則是知易誠未有如孟子者矣其於書也曰盡信書不如無書其後張霸之武成孔安國之古文皆以魚目亂珠乃知孟子取二三策其辨精矣其言道德必稱堯舜言征伐必稱湯武則知書誠未有如孟子者矣詩三百古序其來已舊後儒以辭害志如咸邱蒙高叟之輩孟子教之不以文害辭不以辭害志以意逆志

此千古學詩心法孔子與賜商言詩意正同然則知詩未有如孟子者矣世儒說春秋謂仲尼獎五霸率諸侯事盟主此無稽之言諸傳皆紛紛語夢而獨孟子謂五霸三王之罪人春秋與檮杌同然則知春秋孰有如孟子者乎至於先王之禮巡狩述職班爵祿井田學校皆治天下大經大法其說明徵典要可信可傳其言曰非禮之禮大人弗為其論禮惟恭敬辭讓入孝出弟禮之實節文斯二者樂之實樂斯二者云云故達禮樂之情又孰有如孟子者乎是故有六經不可以無孟子也



狗彘食人食二句

原 陳止齋曰人多言常平出漢耿中丞顏師古以壽昌為權道豈知常平蓋古制孟氏言狗彘食人食而不知檢塗有餓莩而不知發今文作檢班氏食貨志贊作斂是也夫豐歲不斂饑歲不發豈所謂無常平乎愚謂從此看出常平法可謂妙解然皆未確古雖豐穰未有以人食予狗彘者狗彘食人食二語即下章庖有肥肉四語意註所謂厚斂於民以養禽獸者耳正不必泥班志

補 陳氏經筵孟子講義困學紀聞及孟子集疏並引之而於班氏食貨志下各缺贊字按周官司稼視年之上下出斂法管子國蓄篇歲適美則市糶無予而狗彘食人食歲適凶則市糴釜十繦而道有餓民又曰民有餘則輕之故人君斂之以輕民不足則重之故人君散之以重趙注亦言人君不知以法度檢斂鶴林玉露云狗彘食人食而不知檢檢字一本作斂蓋狗彘食人食粒米狼戾之歲也法當斂之塗有餓莩凶歲也法當發之惟鹽鐵論水旱章及陸宣公奏議皆引作檢

徐氏曰下士二句



原 集註徐氏曰下士與庶人在官者田百畝可食九人至五人按禮王制曰諸侯之下士祿食九人中士食十八人云云又曰諸侯之下士視上農夫祿足以代其耕中士倍下士云云可見下士之祿有定數不比庶人在官者受祿於官其祿之多寡則視事之煩簡也至惟士無田則亦不祭此自獻主圭田而言 補注 趙岐云言惟絀祿之士無圭田者不祭 朱子引入此註中似誤甚

牽牛章

原 亭郡魏叔子禧手評孟子牽牛章一篇又曰此篇得

力從哀公問政章來問政章結穴在一誠字有許多含蓄頓挫如前說五達道三達德却下一句所以行之者一也便住後說九經又下一句所以行之者一也便住更特起孝豁添出凡事豫則立一節然後從獲上信友一路推出誠字來半章前後兩箇則盡反其本矣及贊嘆明君制民之産處正與相似特聖人規模氣象又不同耳然作用才情到孟子方發皇精采學致君者當以孟子此篇爲本【補註】李安溪云前半章發其仁民之心至老吾老一段結後半章導其仁民之政至五畝之宅一段結按此語亦分明



今茲未能

【原】茲年也左傳僖十六年今茲魯多大喪明年齊有亂杜註云今茲此歲【補註】宣十二年昔歲入陳今茲入鄭襄二十八年今茲宋鄭其饑乎又今茲周王及楚子皆將死昭十年今茲歲在顓頊之虛十一年今茲諸侯何實吉何實凶呂氏春秋今茲美禾來茲美麥【補】任地篇史記蘇秦傳今茲効之明年又復求割地後漢明帝紀昔歲五穀登衍今茲蠶麥善收劉敬叔異苑太康二年冬鶴言曰今茲寒【補註】庾信小園賦鶴訝今年之雪亦以今茲作今年不滅堯崩年按趙註亦云今年年未能盡去

易耨

【原】趙氏注易耨芸苗令簡易也愚謂卽朱虛侯劉章爲高后言田立苗欲疏之意與上深耕字相對趙說爲長按呂氏春秋載后稷曰耨柄尺此其度也其耨六寸所以間稼也亦此意

【補】爾雅斪斸謂之定說文齊謂之鎡錤廣雅定謂之耨釋名耨以鋤嫗薅不也周頌良耜云其鎛斯趙以薅荼蓼毛傳以鎛爲鎒本或作耨高誘任地篇註耨所以芸苗也刃廣六寸所以入苗閒也莊子外物篇春雨日時草木怒生銚鎒於是乎始修是耨所以入地去草以植其苗故易云耒耨之利



巫匠亦然

【原】漢書刑法志引諺曰鬻棺者欲歲之疫非憎人欲殺之利在於人死也卽孟子巫匠亦然意又云今治獄吏欲陷害人亦猶此矣是豈術驅之乎抑法使之然嗟乎奈何治天下而用此等法哉

【補】汪氏琬庵曰古今雅俗字義不同如匠之一字今以爲百工通名古所謂匠則專指爲溝洫宮室棺槨者河之一字今以爲流水通名古所謂河則黃河也書之一字後世以爲典籍通名古所謂書則尚書也

昔者

原 昔者有昨日解無前日解解之自樂正子章始非也趙氏註謂昔者往也數日之閒也尤非蓋昔者仍昨日耳弟子於先生自宜朝至而朝見暮至而暮見越翼日已不恭豈有樂正子而至遲三日者乎猶不自覺乎

補 昔與夕古字通亦訓爲夜穀梁莊七年辛卯昔傳曰日入至於星出謂之昔左傳哀四年爲一昔之期弟子於先生自宜朝至而朝見暮至而暮見蓋朝見曰朝夕見曰夕古人原有夕見禮故昨日更不如昨夕之確



孟子將朝王

原 古者雞鳴而起朝辨色始入君日出而視之以知孟子將朝王蓋雞鳴之後辨色之前朝將之朝則日出時也愚初解如此復閱趙註云寡人若就孟子之館相見也有惡寒之疾不可以風儻可來朝欲力疾臨視朝因得見孟子不知可使寡人得相見否視朝內仍帶有力疾不得已之意頗妙不然既惡寒大廷之上與道塗奚別焉而爲此日出視朝之常語耶案此上朝字當讀住齊王以孟子肯來朝方視朝不然仍以疾罷語頗婉切孟子則不悅其來召以疾辭語頗直切一時情事可想

補 大學衍義曰孟子是時在賓師之位故其君有就見之禮宣王託疾而要其朝敬賢之心不篤故孟子亦託疾而不往也案王有寒疾而仍欲見孟子此疾之欲見人者乃所爲寒疾也與周官疾醫秋時有瘧寒疾左氏昭元年傳陰淫寒疾不同案越人難經五十一難曰病有欲見人者有不欲見人者欲見人者病在府也不欲見人者病在藏也府者陽也陽病者欲得寒之又欲見人藏者陰也陰病欲得溫又欲閉戶獨處惡聞人聲左昭四年傳夫子疾病不欲見人　如孟子云云則王欲見孟子而來召不過托名寒疾明欲見之切耳趙氏以爲有惡寒之疾不如朱子云王不知而托疾以召孟子極融渾



五伯

原 昆山顧寧人炎武謂五伯有二有三代之五伯杜元凱註左傳成二年者是昆吾大彭豕韋齊桓晉文有春秋之五伯趙臺卿註孟子五霸章是今集註並列二說而無折衷非是當止存趙註蓋孟子止就東周後言之而以桓爲盛如嚴安所謂周之衰三百餘歲而五伯更起者也然寧人欲去宋襄而進句踐亦未允襄雖未成霸然當時以

其有志承桓故並數為五有是稱謂云爾豈惟趙氏卽董仲舒亦云然矣仲舒云仲尼之門五尺之童皆羞稱五伯夫惟宋襄翼在仲尼之前故言羞稱不然句踐也霸且不出仲尼後哉

臣謹按

御製味餘書室全集定本宋襄公論曰王道衰而二伯之職廢於是乎有霸霸之興自衰世始也當春秋時諸侯侵畔強凌弱衆暴寡無方伯統治不朝王室有年矣齊桓晉文挾天子以令諸侯葵邱之盟河陽之狩雖無



實力於王室然率諸侯以朝周尊卑分而霸業定春秋二百四十年間未有如二君之盛者也宋先代之後賓客之國也齊桓為霸首重得宋每會先從三十餘年武勇不黷民不知兵宋國號稱無事焉襄公乘數十年培養之餘復際齊桓謝霸之初奮志有為首定五公子亂立齊孝公救孤恤寡當日內外諸侯未嘗不大有望於襄公也而卒之身死國辱為天下笑不惟霸業未成無齊桓晉文之烈且無鄭莊齊僖之強其故何歟襄公以不仁之資虛名取禍不度德不量力知賢而不用也孟子曰以力假仁謂之霸宋國之力自固有餘服人不足襄公方見齊霸之盛而遂値其衰敗齊師於甗圍曹不服執滕用鄫一歲之中三國俱病襄公視霸業易圖以為代齊桓之盛未為難也其視霸也易故其志遂驕伐三國而心不足覩天下諸侯皆可以偽欺假取煦煦孑孑之仁義所謂以人從欲尚有濟乎既而為鹿上之盟以求諸侯於楚嗟乎宋亦愚矣中國之所日患者止一楚耳齊桓公經營二十餘載合天下諸侯以伐楚召陵一盟僅獲責貢蕞爾宋國輒欲主盟以挑強鄰之釁楚



須虎視眈眈竊窺中國無隙可乘因襄公之召聯鄭以伐宋自此楚益強橫宋襄實啟之也楚成王佯許其言以誘之秋執冬釋宋之無君也三閱月矣襄公身羅其難尚不悟而伐鄭敗泓傷股身死可哀也夫叩鼻衈社小國是忍重傷二毛強敵猶恤師敗自解尚曰王者之師其昏憒無恥可知矣初公之立也以子魚為左師自是以來每舉必諫倘用其一言猶可弭禍襄公知其仁而不能聽其謀愎諫自用莫此為甚徒要名於當世貽笑於後人也豈不傎乎

孟子置博士

【原】趙岐序孟子孝文皇帝欲廣遊學之路論語孝經孟子爾雅皆置博士後罷傳記博士獨立五經朱子謂此事在漢書并無可考愚謂漢書固有是說但未見儒林傳不觀劉歆移書太常博士乎書云孝文世尚書初出於屋壁詩始萌牙天下衆書往往頗出皆諸子傳說猶廣立於學宮爲置博士諸子傳說即孟子等書也後罷之則以董仲舒對策專崇六藝云　案皮日休亦云漢得孟子置博士以專其學



【補】按董江都對策曰堯禪位虞舜堯崩天下不歸堯子丹朱而歸舜舜知無可避乃即天子之位此段文全本孟子可爲孝文時已立孟子博士之驗

讒諂面諛

【原】魏叔子日錄曰與諸生論讒諂面諛四字面諛者稱譽順從而已諂則加甚焉卑汚曲媚無廉恥矣讒則又甚焉亂是非排忠良害人誤國矣然其端皆自面諛始人只一好人順已流弊便無所不至其在己身也初好面諛久之性習驕恣好諂矣又久之蒙蔽昏昧好讒矣其在衆人也初面諛者得售聞風而諂者來矣諂者得售聞風而讒者來矣其在一人也初投我以面諛我安其諛而彼更進其諂矣我安其諂而彼更進其讒矣此皆人已必至之勢故君子慎其端焉或問何以不言面諛諂讒曰讒諂面諛其猶恒言天下國家之義乎

東里

【原】東里子產當補註曰列禦寇稱東里多才【補註】仲尼稱其被子產之流風乎

【補】程是庵云東里鄭地名馬融注子產居東里因以爲號列子云鄭之圃澤多賢東里多才是也四書備考引東里子及東里槐說



奄飛廉

【原】鄭康成曰奄國在淮夷之北成王初猶與三監淮夷徐戎並叛至復與淮夷叛故書數其罪至于再至于三蓋奄夷也秦本紀柏翳子孫或在中國或在夷狄中潏在西戎實生蜚廉則飛廉亦夷也當於周公相武王節註出以爲下文兼之張本

子見南子節

原金仁山曰按聖人道大德全其見惡人固謂在我有可見之禮彼之不善我何與焉而此意有難以明言者蓋孔子居是邦不非其大夫况其君夫人乎且此行也在聖人則可苟明言其爲可則側媚由徑之人皆可借此說以藉口矣故但重言以誓之其誓之以天何也夫事一也而在聖人則可在他人則不可者亦論其心而已聖人此心光明正大上通乎天故無不可彼無是心而假是事以自文者其如天何哉聖人指天以爲誓欲學者知反此心也



見南子禮之所有故孔子可以久則久爲次乘禮之所無故孔子可以速則速雖然孔子去魯爲女樂也而以膰肉去孔子去衛爲次乘也而以問陳行皆不欲招其君之惡而以微罪行爾此夫子義之盡而仁之至也

補史記南子使告孔子謂四方君子不辱欲與寡君爲兄弟者必見寡小君此與儀封人請見何異正以無典禮可引據也有則據禮以要之子路夫子俱無辭矣王恭傳注孔子欲說靈公以治道故見南子此亦可備一說

曾西

原王伯厚困學紀聞曰曾西注以爲曾子之孫集注因之經典序錄曾申字子西曾參之子子夏以詩傳曾申左邱明作傳以授曾申曾西之學於此可攷楚鬬宜申公子申皆字子西則曾西之爲曾申無疑愚謂按此足正集註之誤以齊桓爲兄亦然

補史記吳起事曾子其母死不歸曾子薄之而與起絕曾子疑是曾申曾申受詩於子夏受春秋於左邱明以授克與起爲是李克吳起皆曾西弟子矣大學衍義亦



曰曾西曾參之子

問津

原水經注南陽葉邑方城西有黃城山是長沮桀溺耦耕之所有東流水則子路問津處註宜採入

補括地志黃城山俗名菜山在許州葉縣西南二十五里聖賢冢墓記云黃城山卽長沮桀溺所耕處下有東流則子路問津處也

今之樂由古之樂

原或謂愚子解今之樂由古之樂爲歡樂之樂但古之

樂三字別未見愚曰左傳昭二十年晏子曰古而無死則古之樂也非與因憶韓文考異送孟東野序三子者之鳴信善矣下朱子曰方本無信字或作善鳴皆非是蓋左傳克己復禮仁也信善哉公似偶用此語朱子之博極羣書而復細緻如此

而居堯之宮

原 炳燭齋隨筆曰陸德明論語音之失曰北人則而如靡異今經傳中多有之孟子而居堯之宮而當作如小雅綢直如髮如當作而是也補註易君子以莅衆用晦而明虞翻解而如也書顧命其能而亂四方傳釋爲如詩垂帶而厲箋云而亦如也左傳隱七年歃如忘服虔曰如而也春秋莊七年夜中星隕如雨註如而也僖二十六年室如懸罄註如而也昭四年牛謂叔孫見仲而何註而何如何襄十二年夫婦所生若而人註云若如人蔡邕石經論語何而德之衰也莊子云何如德之衰也孟子九一而助趙岐解而如也望道而未之見集註而讀爲如按而主癰疽與待人瘠環是無義無命也而字亦當讀如



不挾兄弟而友

原 魏叔子日錄曰與諸生論不挾兄弟而友可見兄弟不但天倫樂事亦是勢利妙物竟與長貴一般可挾阿柴折箭之喻最爲明確

補 魏書吐谷渾傳阿豺有子二十人緯代長子也阿豺又謂曰汝等各奉吾一隻箭折之地下俄而命母弟慕利延曰汝取一隻箭折之慕利延折之又曰汝取十九隻箭折之延不能折阿豺曰汝曹知否單者易折衆則難摧戮力一心然後社稷可固按此即阿柴折箭之喻也汪氏琬庵曰兄弟據爾雅母與妻之黨也如俗解則仍是不挾貴矣儀禮石經校勘記喪服經傳報於所爲後之子兄弟若子考古人昆弟不稱兄弟凡稱兄弟皆疏遠者上節注云兄弟猶言族親是也

五畝之宅

原 炳燭齋隨筆曰五畝之宅說者皆云古者受宅二畝半在田二畝半在邑此說之極不通者古今皆習聞而莫知其非可笑也匠人營國不過方九里九九八十一爲方一里者八十一方一里之地爲九百畝以八十一倍筭不過七萬二千九百畝耳其中有王宮有左祖右社面朝後市又道涂九經九緯每經涂澗九軌又六鄉以至於三百六十官各有公署自公卿而下至於上中下士各有館舍如詩所云退食自公適子之館兮者又有賓館神祠作坊倉庫獄囚以上諸項處於王國之中必三分去二所存不過二三萬畝耳而六鄉之民已七

萬五千家工商各不下萬家即人受半畝勢必不給況二畝半乎孟子云願受一廛而爲氓禮記云儒有一畝之宮參觀之足知二畝半之說爲妄矣以今世數目驗之民有地二十步便可造屋三四間足以成家矣則古者一畝百步之地當必容四五家二畝半之地當必容十餘家也愚案此說殊是可疑存之以待博雅君子案古者步百爲畝古之百畝爲今四十一畝一百六十步則古之五畝僅當今二畝零二十步耳仲恭似未曉此又案步有二義一舉足曰步司馬法六尺爲步仲恭有地二十步乃一舉足步之步非古司馬法田用司馬法建步立畮正其經界見漢食貨志【補】趙氏曰古二畝半當今一畝十步則五畝止當今二畝二十步尉繚子曰



天子宅千畝諸侯百畝大夫以下里舍九畝則民宅五畝僅得大夫士之半也周制以漸而降蓋如此

【補】禮記義疏王制量地制邑度地居民二語曲盡居民之道蓋邑即今之村落必因地勢之環曲高平寬廣者爲之地勢小則邑小而民居少地勢大則邑大而民居多故論語十室之邑千室之邑一舉其至小一舉其至大而或數十室或數百室無定可知矣孟子所謂五畝之宅大約在此邑中去田亦不甚遠故牆下之桑匹婦蠶之而農事之殷則亦以其婦子饁彼南畝也就邑視田則謂之出就田視邑則謂之入耳若所謂中田有廬則在五畝之宅之外即田畔處稍苦小茅舍以便憩息避風雨故曰廬明非宅也曰疆場明不在公田中也曰有瓜明不可植桑也此與五畝之宅樹牆下以桑之地迥別惟耕夫在焉故婦女自邑來餉也穀梁謂民居在公田中則據詩中田有廬爲說鄭賈謂五畝之宅皆在都城中則據周禮以廛里任國中之地爲說班趙合之則以公田二十畝八家分之應各得二畝半知都城亦二畝半爲說而不知皆非也若如穀梁謂民居在公田中則惟商助有公田耳夏貢無公田民無居乎如鄭氏



謂五畝之宅皆在都城則天子都城方十二里大國都城方九里次國方三里小國方一里舉一國之民入處於此何以容之如班趙謂都城及野各半則周參用貢助國中使自賦者宅止二畝半乎且自國中至近郊五十里遠郊一百里更遠而邦甸二百里家稍三百里皆民田所在都城相去遠數百里近亦數十里當春夏之交蠶事正急農事方殷若婦隨在田則廢蠶功婦留邑治蠶則農自執爨若使婦在邑治蠶且餉則豈有隔數十百里而能饋餉者且冬皆入國中則近郊遠郊以及

何稍數百里無一爨烟人迹乎故知邑之必與地相得民居之必與邑相得則知凡民所聚居皆謂之邑而所授之田卽與其邑之居相近斷不可如鄭賈以邑專指君之都城知十室千室皆可謂之邑斷不可如何之以邑必八十戶熊之以邑必三十二家爲定知制祿皆起於公田之百畝而倍之三之四之十之則斷無以二十畝爲廬舍而下士八十畝不得比農夫之百畝若以別井制補則是分田定而制祿正不定也先儒惟季氏國中之廛市廛也農民之宅鄉里也二語辨析甚明古如



是今亦如是山川沮澤之地隨地皆有邑居而度地居民之法瞭然分田制祿之法亦瞭然矣

禮記義疏檀弓下鄭注以廛居爲賣宅舍未是古者五畝之宅受之於君非已所得賣也

集註援引多誤

【慮】按張南軒有言爲治者多不本於學而爲道者反不涉於事說者謂括盡漢以來俗吏儒生之病余謂儒生不獨如是卽生平所撰之傳註一涉事援引多誤朱子猶不能免故余少嘗習集註時心生疑議今老矣當爲

世歷數之如季文子實始專國不待武子【補註】左氏昭十二年傳季悼子之卒也疏其卒當在武子之前平子以孫繼祖武子卒後卽平子立二十五年傳樂祁曰政在季氏三世矣註文子武子平子史記孔子世家孔子年十七是歲季武子卒平子代立則政逮大夫四世當云文子武子平子桓子昔史墨對趙簡子謂魯自文公薨而政在季氏季氏者文子也宣十八年欲去三桓以張公室成十六年魯之有季孟猶晉之有欒范政令於是乎成皆謂文子若武子始專國武子立襄五年耳上溯宣元年凡四十有一年政將誰歸乎蘧伯玉不對而出無關甯殖【補註】孫林父謀逐君在襄十四年甯喜謀弒君在二十六年並無甯殖此甯殖子當是甯喜喜者殖子也王厚齋云甯殖當是甯喜糾兄而非弟【補註】毛西河云漢薄昭上淮南王長書以漢文淮南王兄忌諱故稱殺兄爲殺弟此在韋昭已明註其下無容錯者四書集註補鄧㬎左氏指縱云桓公襄公之季弟也觀此則糾兄白弟明矣



曾西子而非孫【補註】大戴禮曾子疾病篇曾元持首曾華抱足華卽申之字也禮記檀弓曾元曾申坐於足毛西河云其所以字西以申枝爲西方辰與楚鬭宜申令尹子申皆字子西並同武丁至紂凡九世而非七世【補註】殷本紀武丁祖庚祖甲[illegible]廩辛庚丁[illegible]辛武乙太丁帝乙受辛是也國語帝甲亂之七世而殞以祖甲至紂謂之七世加武丁祖庚爲九世昭陽敗魏亾八邑而非七邑【補註】楚世家懷王六年楚使柱國昭陽將兵而攻魏破之於襄陵得八邑此襄王事與惠王無涉桓公獨任管仲四十餘年餘當作一【補註】史記齊太公世家桓公四十一年是歲管仲隰朋皆卒孔子卒至孟子遊梁百四十餘年餘當作四【補註】金仁山云邵子經世書孟軻至梁上去孔子卒凡一百四十三年則四當作三自文武至此七百餘年當作八百五十年程子生乎千四

百年後生【補註】宋史本傳曰先生於千四百年之後當作千三百四十餘年
定公十三年去魯三當作四哀公之十年自楚十當作
六勞心四句皆古語四當作六【補註】張夔若曰孟子或勞心或勞力一段註云四句皆古語而孟子引之也初學多疑四句所指乃有誤以食人食于人爲孟子之言者註蓋以或勞心或勞力二句緊承故曰其爲古語無疑獨下文四句恐人梁誤認故但註曰四句皆古語其實古語本通六句也
惠上下本一篇一譌作二七尺曰仞用包咸說奈與趙
岐八尺曰仞不合【補註】許愼說文孔安國古文尚書傳顏籀漢書食貨志注云八尺曰仞鄭康成禮記注陸德明禮記釋文皆云七尺曰仞又有云五尺六寸曰仞者應劭漢書食貨志注四尺曰仞者考工記匠人疏引王肅說莊子庚桑楚釋文引小爾雅廣度是二十兩爲鎰用趙岐說



奈與國語二十四兩爲鎰不合【補註】晉語黃金四十鎰註二十兩爲鎰儀禮喪服篇歠粥朝一溢米夕一溢米註二十兩曰溢趙氏以鎰爲二十兩朱子從之賈逵以溢爲二十四兩方以智通雅二十四兩爲鎰按當以二十四兩爲是合三鋝之數也六尺之孤謂年十五今
但曰幼五尺之童謂年十歲今但曰幼小不衣冠處譌
說苑而爲家語【補註】說苑脩文曰孔子見子桑伯子子桑伯子不衣冠而處又曰子桑伯子易野欲同人道于牛馬纂箋云同人道于牛馬句亦非孔子所譏農家者流譌班固而爲
史遷【補註】金仁山曰太史公六家指要無農家至班固藝文志分九流始有農家者流班固曰農家者流蓋出于農稷之官播百穀勤耕桑以足衣食及鄙者爲之以爲無所事聖王欲使君臣並耕誖上下之序至
於文武改文武而爲文王行年五十同六十而爲莊周

【補註】莊子則陽篇云蘧伯玉行年六十而六十化未知今之所謂是之非五十九非也淮南王安錯讀莊子有蘧伯玉年五十而知四十九年非語而集註襲之且不云淮南子而云莊子先發後聞胡傳
原非謂仲尼練冠縓緣儀禮何曾以嫡母滅夏后相乃
寒浞而非羿去魯司寇則適衛而非齊壓頞之頞謂鼻
莖折枝之枝謂肢體北牖宜依儀禮牖作墉【補註】古室無北牖凡室一戶一牖牖在戶西正南望開其在北祇有牆名北墉儀禮士居適寢東首于北墉下是也其或北墉啓一竇則名曰向而冬則塞之此七月詩所云塞向墐戶者若喪啓一牖則亳社之制郊特牲云亳社北牖所以絕陽光而通陰氣此喪國社祇宜病者可居之喪大記有北牖字前儒謂是墉字之誤正義音容麻衣宜
依儀禮上增麻晝邑宜依史記爲晝[illegible]河宜依爾雅爲



絜沂水之內無溫泉魯城之東無高山史魚史氏也非
官名柳下惠柳下食邑也非居周公以聖人爲兄弟所
宗故曰宗國云爲長者非【補註】毛西河曰宗國大宗之國也諸侯不敢祖天子而自爲之宗祇以大宗稱宗國而其餘同姓諸國皆稱小宗但大宗以別子爲之皆天子諸侯之次嫡弟無次嫡則長庶弟立爲宗子卽大宗也以分爲別宗故稱別子其再有諸弟則小宗矣春秋傳以管蔡郕霍魯衛毛聃郜雍曹滕畢原酆郇共十六國爲文王一宗專以魯爲大宗之國而十四國爲小宗故以世次言則伯邑考爲長嫡武王管叔爲次嫡不及周公而以宗法言則武王以次嫡而爲君宗之宗管叔受誅國除遂立周公爲大宗
虞仲非仲雍爲句吳君長者故曰逸民疑別一人是曹
交以國爲氏非君弟也惠公小國之君非費邑也盈之

爲戴不勝字勝晉升見孫氏疏公叔文子爲公孫拔寫
作枝見陸氏釋文儲子齊人也與後齊相也幾二人所
從學琴者本衛師襄子乃二人敬叔弟也非懿子之兄
顓臾近也非遠人之謂盤沐浴之盤本孔疏何如用韋
昭註槃承盥器邑有先君之廟曰都本左傳何如用毛
萇詩傳下邑曰都磯石激水改作水激石非蓧芸田器
相承爲竹器非【補註】論語古訓包曰蓧艸器名也某按
說文云莜艸田器从艸條省聲論語
以杖荷莜是莜爲正字釋文又作莜者是也作條者假
用也今作蓧俗或不省也皇本作蓧集解包曰蓧竹器
蕢疏以杖擔一器籮簏之屬竟誤以經文从竹耶本經
文雖作蓧而注竹器則承其誤惟史記集解引作艸器




與說文合今據正之丁敎授曰說文云嬰㠯足蹋夷艸
从㠯从殳春秋傳曰嬰夷蘊崇之今南昌人耘田用一
具形如提梁旁加索納于足下手持一杖㠯足蹋艸入
泥中名曰腳踹是可爲論語以杖荷莜植杖而耘及說
文莜字嬰字之證
丁得諸目驗云　毛老也見周禮非髮色之謂胖大也
見鄭註非安舒之謂厲者嚴之確厲嚴正也字訓無確
義也辭者說之詳辭亦說也古語不厭複也戟有枝兵
戈平頭戟其器各別不得即以戈作戟解【補註】戟有三
鋒剌則鋒之
直前者也胡則正方中矩而下垂者也援則磬折而上
達者也賈氏公彥曰必知三鋒胡向下也三鋒皆向上
者無用也觀春秋傳言衛公輒其肘史言戟手罵之則
援上向可知晉人以戟鉤欒欒而殺之宋狂狡倒戟而
出鄭人於井則胡之下垂者也楚武王荆尸授師子而
先儒謂之戟書一人執戣一人執瞿而先儒以爲戟則

戟之異
名多矣　麋澤獸陰鹿山獸陽其類各別不得如鴻鴈作
大小解符節本二不盡以玉爲之【補註】周官掌節守邦
國者用玉節門關用
符節小行人門關
用符節以竹爲之　輅名起虞不待至商有之【補註】禮記
明堂位鸞
車有虞氏之輅也鉤車夏后氏之輅也大輅殷輅也乘
輅周輅也周輅所辨在周禮巾車一玉二金三象四革
五木商輅所辨木輅第一推作大路先輅式之次輅又
次之禮器云大路繁纓一就次輅七就郊特牲云大路
一就先路三就次路五就此正商輅等殺之準如尚書
大輅賓階是玉輅春秋傳先王分魯衛以大路皆是金
輅故明堂位直曰大輅殷
輅以殷大輅即木輅故也　中庸帑指子孫孟子帑指妻
子此隨文解之爲得【補註】案說文無孥後人所造帑在
巾部金幣所藏左傳鳥帑帑爲尾
鳥之後也故人之妻子亦曰帑左傳秦人歸其帑詩曰
樂爾妻帑毛傳訓帑爲子俗讀帑爲吐蕩反因作孥以




別之由是奴帑孥相亂而不可復辨矣鄭司農解周官
引書曰奴戮汝漢書王莽傳註奴戮之以爲奴也則
孥當作奴明甚秦誓因奴正士論語箕子爲奴許叔重
曰奴婢皆古之辠人也司厲職其奴男子入于辠隸女
子入于舂藁罰弗及嗣帝之德也辠人以族受之
殘也收帑之律始于秦古安得有帑戮之刑哉　楚辭
幼艾指女色戰國策幼艾指男色義與此同烏乎同中
庸期月指一月論語期月指一歲各隨文解之爲得【補註】
毛西河曰期者復時之名謂自子月復至子月丑月復
至丑月故期是周歲尚書期三百有六旬有六日此明
可據者不知周歲曰期周日亦曰期左傳叔孫旦而立
期焉謂自旦至旦既已復時則亦謂之期故曰期焉則
此期月者是期與月二字不連屬或一
日或一月介稱期月與論語日月至同　上孟昔者指昨
日下孟昔者亦指昨日忽易作前日失之莊子引墨生

不歌於治喪何與列子引伯成子高於楊朱何與學我
短喪章已止也齊宣短喪章已猶止也【補註】禮檀弓得已則吾欲已註已猶止也
猶字不必子謂子貢章愈勝也子貢問師章愈猶
勝也【補註】左襄十三年傳不猶愈乎正義引鄭氏論語註云愈猶勝也
猶字不必未信
以爲厲已厲猶病也厲民而以自養厲病也猶字不可
省民之從之也輕輕猶易也輕千里告以善輕易也猶
字不可省杠方橋也方字宜衍蹝草履也草字宜衍何
事非君宜註前不宜註後擇不處仁何註孟異乎註論
【補註】王厚齋曰張衡思元賦匪仁里其安宅兮匪義迹其焉追注引論語里仁爲美宅不處仁焉得知里宅皆



居也石林論語釋言云以擇爲宅則里猶宅也蓋古文云然今以宅爲擇而謂里爲所居乃鄭氏訓解而何晏從之當以古文爲正
散宜爲古二字之氏非名宜生子叔爲魯文
公之族自宜註出【補註】繹史魯世系文公之後有叔肸聲伯叔老叔弓叔鞅叔輒叔詣叔還叔青云子叔氏出自文公朱竹垞曰按趙岐注孟子以季孫子叔二子爲孟子弟子季孫知孟子意不欲而心欲使孟子就之故曰異哉弟子之所問也子叔心疑惑之亦以爲可就之矣孫宣公奭猶因其說故政和五年從太常議贈季孫豐城伯子叔乘陽伯自朱子集注出乃始非之世莫有從趙氏之說者矣
不害非
告子之名叔父貴徽子之誤以魯有少施氏安知孟施
非其氏謂施發語聲非至子夏氏卜子禽氏陳子游氏
言子貢氏端木子張氏顓孫子華氏公西皆非姓古男

子無稱姓者獨不聞乎甚至有明明姓可考而仍以氏
作姓總緣不識姓與氏之別若介子文姓不曰芊而
曰鬬齊宣王之姓不曰嬀而曰田是也

四書釋地三續終



栁陽海涵堂雕本

右二集續釋四書中人物鳥獸以及典制訓詁共二
百八十四條統前二編共四百二十一條督率精核
訂訛補遺先徵君羽翼經傳之功於是大備而不遇
同里夔州程先生爲之刊布亦未由以傳書之顯晦
固有時哉竊謂分人以財爲惠有限益人知識流澤
無窮予小子困頓風塵不克纘承祖業所奉遺編兢
兢恐墜頃者困學紀聞註既荷馬嶰谷半查兩先生
之力鏤板維揚而是書亦踵而行世乃知嘉惠後學
達人有同心也冀自茲以往尚書疏證及潛邱劄記

後識　三百卅三

並書諸君子閔予小子協力勷助俾得告成則不朽
之感世世以之乾隆八年歲在癸亥仲冬既望孫男
學林謹識

或謂此書宜依章句次序以便讀者顧先曾祖當
年思議所及隨得隨記未及編次前二集業已行
世此刻亦仍其舊猶先志也書中閒有疑字疑義
雖向讀處必係傳寫之訛而真本已佚無從檢對
亦不敢擅更　高明者各以意逆可耳曾孫男大
衍檢對畢附識

# 孟子年譜一卷

清　管同編

清嘉慶二十一年上元管氏刻本

# 孟子年譜題辭

孟子事跡年月固見之閻百詩書矣此外顧亭林江慎修焦理堂臧在東諸家之書作者似未全見然卽此貫串史記國策而細攷之亦可立一說也阮元

# 孟子年譜

太原閻百詩著孟子生卒年月攷予觀之信辨博然意謂猶有舛誤暇日無事輒取史記六國表參以他書著此卷以補閻之闕孟子生卒年月本不可知（留青日札聽雨紀談所載孟子之年皆無據不可信周理裒四書典故辨正又引史記索隱云孟子卒於周赧王之二十六年壬申享年八十有四攷索隱無此語）其略可知者某年有某事而已閻書名曰生卒年月攷無當也既正其失輒改題曰孟子年譜云爾嘉慶二十一年冬十一月上元管同識

太史公作孟荀列傳謂孟子始事齊宣王宣王不能用適梁見惠王而遂退而著書其言略且舛矣宋蘇子由作古

史言之稍詳而於游齊梁之後先乃仍其誤至閻百詩生卒年月攷始漸明焉其說曰孟子鄒人晚始游梁繼事齊爲卿久之歸鄒又如宋以樂正子故至魯終乃之滕道不行歸而著書七篇百詩所言亦惟游齊梁之次不舛耳其他多出臆斷而實不盡然以予攷之孟子首至之國今誠不可知而見於其書者則莫先於宋是時宋君蓋辟公剔成而王偃猶未立去宋之後不知其適他國與否而旋乃歸鄒歸鄒而之滕見文公然後適梁見惠王襄王而又之齊見宣王焉其曰仕齊爲卿喪母葬魯復反於齊固皆是時之事矣然宣王終不能用而孟子一去齊其後再至則

所値者湣王而非宣王也既事湣王不合而再去再去之時魯平公始立而孟子乃再至魯云凡此皆以史策之事合之七篇而約略可見者也當孟子之去齊也其書稱致爲臣而歸百詩謂久之歸鄒亦是也然是歸也則未見其必爲宣王時至於宋偃稱王而孟子復在宋此其事固當湣王時矣然於再至魯之先後則又不可決知夫攷古事者不宜略不宜疏而尤不容以意斷今百詩之說謂孟子於宋齊但見宣王王偃斷至魯於宋後而又謂其終乃之滕夫豈能皆得其事實也哉予既以史策攷孟子斷其可知而闕其不可知者因又撮其大略於前使覽者易以觀

焉

孟子鄒人爲鄒國之鄒而非魯郰邑之郰固無庸辨然其喪母乃葬魯說者謂太公子孫五世葬周之義斯亦無徵之臆說耳攷今孟母墓碑墓在鄒縣北二十里馬鞍山陽初不當屬魯意孟子本鄒人當喪父時是山陽猶爲鄒地而其後適爲魯取焉周公以來必合葬杜氏之墓在季武子寢西階下入宮而合之況其地之僅入他國者乎此喪母之所以必葬魯也春秋以後列國交爭苟壤地相接則朝秦暮楚地有不能專屬者矣故孟子生爲鄒人而葬母則於魯地吾因是思之孟子於諸侯非禮聘則不至其晚

而至於魯爲郈墓之寄於魯焉爾樂正子曰克告於君君爲來見此明孟子在魯樂正子勸君使見之而豈魯之能聘孟子哉魯不能聘孟子而謂孟子往就之哉故知其至魯者郈墓之情而非如適齊梁之地比也而百詩直云以樂正子故至魯夫豈其然矣

太史公謂孟子受業子思之門人而趙注孔叢及索隱引王劭併謂孟子親學於子思朱子兩存其說而未能定吾以爲是不難定也蓋嘗攷之孔子世家載子思年六十二夫子思逮事孔子而下爲魯繆公臣據魯世家孔子卒於哀公十六年後十一年而哀公奔越下歷悼公三十七年

元公二十一年而繆公始立然則繆公之立距孔子沒已六十九年與謂子思年僅六十二者大不可合矣然太史公於孔氏子孫自伯魚至孔忠皆記其生年是固與孔安國游得於其家親說者必無誤而記魯之年徐廣謂自悼公以下悉與劉歆歷譜合而反違年表則其言固多所牴牾未足據也設必如年表魯世家說則子思縱仕於繆公元年距其事孔子時已七十歲孔子沒時子思年當一二十則是子思年八九十而後始爲魯臣何足信哉然則子思之年必如孔子世家之說今攷孔子卒於周敬王四十一年下逮顯王三十三年孟子至梁之歲爲一百四十四

年子思之年六十有二設使孔子卒時子思年十歲耶則其卒當在考王十三四年間去孟子游梁歲九十矣如其年已二十歲則其卒去此且百歲矣當孟子游梁其年固已老矣然要不過五六十間故其後二十餘年及見燕人之畔事與魯平之立蓋其年七八十時也使其及事子思則游梁年過旄期數十歲而其後二十餘年尚復游於齊魯乎由是言之孟子之生與子思迴不相及彼諸人以爲親受業者何其妄哉夫趙岐注孟子於複壁之中其言固多舛誤若孔叢則固後世僞書朱子謂其平白撰出而王劭者特據之以爲說焉耳曷足信也要之孟子之學則正

出於思曾其曰私淑諸人人必子思之徒無庸議者荀卿亦曰子思倡之孟軻和之太史公之説夫必有所受矣

姚姬傳先生九經説曰伯魚之年五十而死則未知孔子之十九生伯魚六十八而喪之耶抑二十生伯魚六十九而喪之耶然必可知者當孔子反魯之後與顔子之死差先焉爾故淵死以答顔路請車爲槨之不可也同按伯魚之死先孔子五六年而其生又有出妻之事然則孔子之沒時子思之年至幼亦當七八歲矣其生去孟子游梁蓋一百五十餘年矣

太史公記魯事於元公繆公之年特難依據不獨與孔子

世家記子思年六十二者自相畔也按檀弓陳莊子之死赴於魯繆公召縣子而問焉陳莊子者卽史記之田莊子白田常之孫太公和父名爲齊臣實則齊君而魯之强敵故縣子以爲交政中國而畏而哭之也而史記載莊子相宣公其卒當魯元公之世逮至太公和立取魯之郕時猶屬元公而明歲始爲繆公元年焉夫檀弓之書蓋魯繆公稍後人作記當時事必無舛誤彼莊子者安得死於元公之時哉吾謂元公繆公之後先史文互舛蓋當云悼公三十七年卒而繆公立繆公二十一年卒而元公立田莊子者卒於齊宣公之四十五年實魯繆公之十八年爾如此

則與檀弓之文適相合矣若今本史記元先於繆不知太史公書本誤耶抑後世傳寫之譌而於二公互易其字耶要之以檀弓徵之則知史記之文之必互舛矣子思之年六十有二使年表魯世家如今所定則繆公元年距孔子沒時僅四十八歲子思爲臣正可相及固至確而無可疑矣而因是推之繆公十一年陳莊公卒前一年齊伐魯葛及安陵是年齊伐魯取都後二年齊又取魯郕豈非孟子之書所謂魯繆公時魯之削也滋甚者乎吾益知檀弓之言之必可信也

陸德明經典釋文載毛詩譜云毛詩出自子夏授高行子

高行子授薛蒼子薛蒼子授帛妙子帛妙子授河間人大毛公毛公爲詩故訓傳於家以授趙人小毛公一云子夏傳曾申申傳魏人李克克傳魯人孟仲子孟仲子傳根牟子根牟子傳趙人孫卿子孫卿子傳魯人大毛公同按王伯厚困學紀聞引徐整云子夏授高行子即是詩序及孟子所謂高子者也吾疑孟子之高子其前後恐非一人高行子受經子夏其年輩宜先於孟子其論小弁曰固哉高叟之爲詩雖譏其固而尊稱曰叟疑其爲是人矣今毛詩絲衣序猶載高子一説以爲祭靈星之詩其固亦可見要之此高子不必與孟子同時且相見也若他篇高子以告

孟子謂高子今茅塞子心意徑辭直此爲師者責弟子之辭豈施於年長學士之辭哉古之人以子爲通號雖一書不嫌同稱檀弓於參申併曰曾子何獨於高子而必欲一之若孟仲子者事別無可稽據詩譜則仲子受詩李克且再傳而得荀卿是亦通儒而說孟子者未嘗一引及何也予因譜孟子年而特附見之

詩維天之命傳引孟仲子曰大哉天命之無極而美周之禮也閟宮傳引孟仲子曰是禖宮也正義引趙岐云孟仲子孟子從昆弟學於孟子者也譜云孟仲子者子思弟子蓋與孟軻共事子思後學於孟軻著書論詩

周安王二年徐廣曰元年庚辰則是年爲辛巳

六國表曰魏文侯二十五年　魏世家曰子擊生子罃

三年

四年

五年

六年

七年

八年

九年

十年

十一年

十二年

十三年

十四年

十五年

十六年

六國表曰魏武侯元年

十七年

十八年

十九年

二十年

二十一年

二十二年

二十三年

二十四年

二十五年

二十六年

烈王元年 徐廣曰丙午

二年

三年

四年

五年

六年

六國表曰魏惠王元年

七年

顯王元年徐廣曰癸丑

六國表曰魏惠王三年齊伐我觀津　田敬仲完世家曰敗魏於濁津而圍惠王惠王請獻觀以和解

按惠王東敗於齊非一事觀津一也桂陵二也馬陵三也太子申死於馬陵之敗事在秦取少梁後而觀津之役當

惠王三年事實居首故惠王敘喪敗事特先言齊而後記
喪地於秦之事焉
二年
三年
四年
五年
六年
七年
秦本紀曰秦獻公二十三年與魏晉戰少梁虜其將公孫
痤

六國表曰魏惠王九年與秦戰少梁虜我太子

閻百詩四書釋地曰惠王九年秦魏戰於少梁虜魏太子此太子卽名申後死於齊者甞非惟不仁且不智矣同按少梁之役秦本紀魏世家皆云虜公孫痤耳惟六國表以爲虜太子實語之譌戰國策惠王起境內卒將太子申而攻齊客謂公子理之傳曰太子年少不習於兵是時上距少梁之戰二十三年矣使少梁時太子已將兵度其年必已踰二十而馬陵時猶得謂之年少哉夫惠王以土地之故糜爛其民恐不勝而至驅子弟以殉之則不仁且不智矣而安問所使之何如也

八年

九年

十年

十一年

十二年

十三年

十四年

十五年

六國表曰秦孝公八年魏惠王十七年秦與魏戰元里斬首七千取少梁

朱子以喪地於秦爲秦取少梁不誤而云後魏又數獻地於秦則襄王五年後事閻百詩嘗辨之矣然攷少梁故城在今陝西同州韓城縣南東有繁龐南有郃陽少梁偪處其閒疑不得有七百里及讀商君傳秦孝公遣魏鞅伐衛襲虜公子卬魏割河西地以和遂去安邑而都大梁然後知惠王之時魏果有獻地於秦之事第一割而非數獻耳魏之河西自臨晉（今同州治）元里（今澄城地）郃陽（今郃陽縣）少梁諸地皆是又迤北至膚施（今綏德州）則爲上郡意秦取少梁後魏自上郡以南悉割以畀秦是以喪地之多至七百里蓋自是而魏之邊險失矣

魏之地兼有河東河西河內河外約而言之龍門以東據汾爲河東（今汾蒲吉解諸府州）龍門以西濱洛爲河西（今同符等州）太行之南殷虛爲河內（今彰德衛輝懷慶等府）太華之東虢略爲河北河外（今陝州）自惠王七年秦取少梁而河西首動然濱洛者未全失又襄王六年秦始取焦（漢志宏農郡陝縣有焦城在今河南陝州東北）十二年始使張儀伐取陝則是時河外猶安然矣而惠王於移民移粟第言河內河東豈舉內以包外舉東以該西與抑其時去安邑而都大梁惟於近國都者加之意而河北河西不復措意與世之學孟子者皆未嘗言及何也

十六年

六國表曰魏惠王十八年齊威王二十六年齊敗魏桂陵
魏世家曰惠王十七年圍趙邯鄲十八年拔邯鄲　戰國
策曰邯鄲之難楚使景舍起兵救趙邯鄲拔楚取睢濊之
閒

按南辱於楚朱子以昭陽之役當之此襄王十年之事非
惠王也閻百詩之説當矣然百詩遂謂事無可攷則於明
見國策者而遺之國策楚取睢濊之閒攷之時當惠王十
八年此正南辱於楚之事耳包少東甘馭麟皆同此說睢水者本汴水
分流自陳留東至杞縣北而後東入睢州濊水卽渙水亦
自杞縣東流而後經乎睢州之境是時魏地有雍邱承匡

等正今杞縣睢州之地故睢濊之閒屬於魏焉非宋地也
宋于庭四書釋地辨證曰按魏世家惠王十九年諸侯圍
我襄陵六國表同秦本紀他世家皆無是年圍襄陵事襄
陵漢志屬河東郡爲今平陽府襄陵縣北爲趙西爲秦南
爲楚次年衛鞅圍固陽故知有秦魏歸趙邯鄲故知有趙
據孟子惠王言南辱於楚後楚破魏復在襄陵故知有楚
此諸侯圍襄陵當是秦趙楚三國而楚爲謀主但圍城而
未取邑故云南辱於楚不云喪地也與後破襄陵爲二事
同按此說自可通然睢濊之閒明見國策不可云不喪地
也

十七年

秦本紀曰孝公十年衛鞅爲大良造將兵圍魏安邑降之

降者降其人未得其地也至秦昭王二十一年魏始納安

邑距此五十餘年矣

十八年

十九年

二十年

二十一年

二十二年

二十三年

二十四年

二十五年

二十六年

二十七年

六國表曰齊宣王辟彊元年

史記是歲齊威王薨孟子嘗攷孟子於諸國首游宋次適滕然後至梁見惠王或疑無據不知以薛事徵之蓋可見也

按史記齊湣王三年封田嬰於薛索隱引紀年曰齊湣王封紀年本妄書不足據而此則視史爲獨信矣何以言之國策齊貌辨爲嬰說宣王曰受薛於先王先王之廟在薛

然則嬰之封薛誠遠自威王不得謂爲湣王之世也夫齊不滅薛則不可以封嬰而文公與孟子言時始將築薛則知孟子至滕必在威王之世而未見梁惠之先矣而其書稱滕文公爲世子過宋而見孟子是知孟子游宋又在至滕之前此於事無可疑議者以年表攷之齊威之七年當宋辟公元年其十年當剔成元年孟子之至宋則未知爲辟公與爲剔成與要之此在宋與後與戴不勝語當君偃稱王之日者非一時矣或曰閻百詩謂是時薛滅已久築者如城虎牢逼鄭之類子不取其說而必從朱子何也曰百詩之說果出於何書且國策載靖郭君欲城薛以客海

大魚之諫而止齊旣以薛封嬰矣是舉也齊爲之乎抑嬰之將自爲乎斯皆無據之言也按孟嘗君傳嬰爲齊威王子其得封固宜蚤不待湣王而策載淳于髡說宣王亦曰薛不量力而爲先王立淸廟以髡之言合之貌辨知其皆不誣也夫輔車相依唇亡齒寒薛將滅則滕是懼此固事理宜然而必欲改乎舊說也何爲也哉

滕之滅國策以爲宋漢志春秋釋例水經注以爲齊索隱引紀年又以爲越子朱句漢志諸書皆後出不足據其可信者惟國策耳國策載宋偃滅滕使築薛爲湣王時事則與偃時正相値矣縱畏齊楚而於宋豈能無惕惕哉觀文

公與孟子言但謂閒於齊楚商事兩邦而未嘗一言及宋知其時宋猶未強必非王偃之世也百詩之說毋乃未審與然則孟子至滕必爲齊威王世此又其一徵云

二十八年

六國表曰魏惠王三十年齊宣王三年齊田忌田盼將孫子爲師敗魏馬陵虜太子申殺將軍龐涓

惠王十八年伐趙而與齊戰敗於桂陵至是年復與趙攻韓而致齊之救首事者皆魏也故曰以土地之故糜爛其民國策言太子攻齊客謂公子理之傅曰太子年少不習於兵戰必不勝不勝必禽策又言過宋外黃外黃徐子止

之然則太子不勝兵時之人卒知之度其父尤必知之矣知之而使之故曰驅其所愛子弟以殉之殉者明置於死之辭也蓋孟子當時灼見惠王之用心故其辭痛疾如此

二十九年

秦本紀曰孝公二十二年衛鞅擊魏虜公子卬　魏世家曰惠王三十一年秦趙齊共伐我於是徙大梁　商君列傳曰魏割河西地以和

三十年

三十一年

三十二年

三十三年

六國表曰魏惠王三十五年孟子來王問利國對曰君不可言利

三十四年

三十五年

六國表曰魏襄王元年

或問予曰孟子見惠王之歲何以決爲三十五年而惠襄之年必從史記而不從竹書也曰惠王三十一年始徙大梁孟子書於惠襄稱梁王而不稱魏固知其至必在三十一年以後矣此易明也孟子以惠王三十五年至梁明年

惠王薨襄王立度孟子時正在梁而繼見之見之有不似

人君之歎則不久旋去梁矣故後二年有齊宣伐燕之事

而孟子已在齊其年歲事實歷歷可見如此故知太史公

記惠襄之年決不誤安得有如竹書改元之說者與惟孟

荀列傳以爲始事齊宣王宣王不能用而後見梁惠王則

攷之不可合前人之辨詳矣

三十六年

三十七年

六國表曰燕易王元年齊宣王十一年　戰國策曰燕文

公時秦惠王以其女爲太子婦文公卒易王立齊宣王因

燕喪伐之取十城　燕世家曰易王初立齊宣王因燕喪伐我取十城蘇秦說齊使復歸燕十城

宋黃氏日抄謂孟子齊人伐燕本二事後所云者湣王時子噲子之之役而前所云者指是事其言的當不可復易矣史策但云取燕十城旋聽蘇秦之說而歸之未嘗如孟子所載之甚然而知爲二事者策載蘇代說王噲云聞君居處不安飲食不甘思欲報齊噲亦曰我有積怨深怒於齊欲報之二年矣齊者我讐國也是時燕噲初立二年未嘗與齊構難而讐齊已至此何哉固以先王時齊嘗舉之取之毀宗廟而遷重器如孟子所云也而因喪伐燕又必

當文公初薨易王未立之際故曰謀於燕衆置君而後去焉耳惜國策於此等不詳記載故說孟子者皆失其事然以噲代所言徵之則其實亦可推而見矣蓋二書者互相證乃明也太史公采策作史記故燕齊世家載是事並同惟策以子噲子之之役亦屬宣王此則謬誤而史公所不取要之孟子未嘗勸齊伐燕則所謂今伐燕文武之時不可失者固傳聞之謬說而併其記事亦豈足信哉孟子在齊事宣湣二王而其書則作於湣王之世故書言宣王皆舉謚其凡曰王曰齊王不舉謚者皆湣王也其記事分別明白本無可疑自溫公朱子以來皆不能詳攷而溫公因

國策之誤遂徑增宣王之年以下就噲之之事近閻百詩者又欲移噲之之事以上就宣王之年其皆不可通也已國策記齊宣因喪伐燕但云取其十城而已未嘗如孟子所云舉之取之之說也然而攷之他篇則其事皆可證孟子蘇秦既說齊歸燕城謂燕王曰今臣爲足下使利得十城功存危燕夫第亡十城燕何至危而不存哉曰功存危燕則是齊有舉全燕之事矣且非第此也李兌爲秦謂奉陽君曰燕弱國也且燕亡國之餘也鮑彪注本以此語屬燕文公時按燕自立國以來惟周景王六年嘗有惠公出奔之事下逮文公二十八年蘇秦說燕之歲蓋已二百有

五年免不宜遠舉是事而如定爲昭王時謂所指即子噲子之之役則蘇秦死又八年不及見矣然則是策必屬易王王噲時乃正與蘇秦相值而秦之所云亡國者仍齊宣伐燕之事而已夫以齊宣一伐燕而謂燕爲亡國則孟子舉之取之之說益可證也秦之說趙也已曰奉陽君捐館舍此奉陽君蓋別一人封號同焉耳嗟乎燕固弱國而齊之伐燕一因喪一因亂皆乘閒蹈瑕之勢故功易成矣而宣王謝罪歸城湣王遂取燕而據有之此齊前者猶幸而無事而其後所以卒動天下之兵也雖然孟子以仁義說宣王王不悟至蘇秦以利害說之而宣王大說頓首塗中

謝燕使而願爲兄弟列國之君之不足與有爲也可慨也

夫

田敬仲完世家曰宣王喜文學游說之士自如騶衍淳于髡田駢接予慎到環淵之徒七十六人皆賜列第爲上大夫不治而議論是以齊稷下學士復盛且數百千人閻百詩謂孟子於齊既云爲卿而乃曰我無官守我無言責者蓋惟齊卿有如此而非所論於他國也又惟宣王之卿有如此而非所論於他王也同按孟子在齊事宣湣二王列傳言齊襄王時齊尚修列大夫之缺而荀卿三爲祭酒焉則不治議論之卿寧獨宣王時有哉然孟子事宣爲卿亦

固有他證孟子自齊葬魯充虞請曰木若已美然樂正子謂前以士後以大夫是其母卒固在爲卿之後也孟子以惠王三十五年至梁惠王已稱之曰叟度其年必已踰五十至是齊宣伐燕之歲又復五年度其喪母卽於是年前後矣列女傳言孟子處齊因母老道不行有擁楹而歎之事蓋是時母年踰七十義不可遠游是以雖道不行卒爲卿喪母終喪反而後去此於情事固無可疑也溫公不之審乃徑增宣王之年以下就噲之之事噲之之事去是十八年去孟子至梁之歲二十三年當孟子游梁年五六十度其母年當七八十則彼時年七八十而其母且年過旄

期矣不知孟子是時始奉母居齊而喪之耶將道不行於齊而淹留二十年之久耶斯説之必不可通者已

三十八年

三十九年

四十年

四十一年

六國表曰宋君偃元年

四十二年

四十三年

四十四年

四十五年

閻百詩云呂成公大事記周赧王元年孟軻致爲臣而歸通鑑綱目亦因之予謂孟子去齊明云由周而來七百有餘歲當在顯王四十五年丁酉未滿八百歲前方爲合耳

同按百詩誤合充虞致爲臣兩章爲一時事故其說如此然以所推年數言之亦可見充虞章之去齊正當在前此數年閒而宣王因喪伐燕爲孟子所親見不得下移而爲噲之之事明矣

四十六年

六國表曰齊湣王地元年

四十七年

四十八年

六國表曰齊湣王三年封田嬰於薛

此史記之誤辨已見前然孟子之書所謂於薛餽五十鎰而受者則所指不可知按史策齊以薛封田嬰號靖郭君其子文號孟嘗君戰國之人皆稱爲薛公孟子之書所言薛者苟在齊威王時則或仍爲任姓如在威王以後則固當爲靖郭孟嘗矣威王之時孟子蓋未至齊觀陳臻言前日於齊王餽兼金而後及於宋薛似在薛爲去齊後事其所謂薛其郎靖郭孟嘗之屬耶然不可確知矣

愼靚王元年 徐廣曰辛丑

六國表曰燕王噲元年

二年

三年

六國表曰宋自立爲王　宋微子世家曰君偃十一年自立爲王東敗齊取五城南敗楚取地三百里西敗魏君乃與齊魏爲敵國　戰國策曰於是滅滕伐薛取淮北之地

孟子再至宋時不可攷以其書稱宋王推之則其至當在旣去齊宣君偃十一年以後也第君偃在位四十餘年去燕噲亂事三十餘年而後滅則未知孟子先見齊湣魯平

而後至宋耶抑先至宋而後見齊湣魯平耶其詳又不可知矣惟萬章曰今將行王政則知在此十餘年閒約略可見而已

四年

五年

六國表曰燕君噲五年君讓其臣子之國願爲臣　又曰齊湣王八年

六年

赧王元年徐廣曰丁未

六國表曰燕君噲七年君噲及相子之皆死　又曰齊湣

王十年　戰國策曰燕國大亂百姓恫怨將軍市被太子平謀攻子之儲子謂齊宣王因而仆之破燕必矣　又曰孟軻謂齊宣王曰今伐燕此文武之時不可失也王因令章子將五都之兵以因北地之眾以伐燕士卒不戰城門不閉燕王噲死齊大破燕子之亡

此皆湣王十年之事史記不誤國策誤屬宣王而通鑑因之辨詳於前矣又按孟子沈同兩章爲溫公疑孟所尤譏不可不辨燕噲子之之當伐事不待言豈孟子而獨能爲異論乎然而伐燕之先不聞其告戒湣王如前對宣王之語何也湣王之伐燕其初舉動蓋未嘗失策載其告太子

平曰寡人聞太子之義將廢私而立公飭君臣之義正父子之位寡人之國小不足先後雖然則唯太子所以令之如其言雖天吏何以加此逮其後利令智昏竟取燕國是則湣王不踐其初言而要豈孟子之所及料哉牽牛以蹊人之田而奪之牛其先託聲罪之名非孟子所當阻其後以燕伐燕實孟子所不料其答沈同與對或人之語皆至理宜然無可非議者也然及至是則孟子固有諫止之辭矣諫之云何曰以若所爲則燕人必畔惜夫書闕有間而其語今不傳耳語今雖不傳而以後說徵之要自可見如溫公言則是孟子於伐燕之事始終旁議而無諫止之辭

始終旁議而無諫止之辭則燕人之畔王何以曰吾甚慙於孟子哉其其亦思之不精也矣

閻百詩不知宣王更有伐燕之事欲移是役於宣之八年以合孟子其言曰國策載儲子謂宣王宜仆燕而儲子正爲相者也王令章子將五都兵而章子正與游者也三十日而舉燕國卽五旬而舉之之謂五偶譌爲三也吾謂五譌爲三旣無確據若孟子在齊本事宣湣二王儲子爲相不言其時安見其爲宣王之世哉惟章子將兵之説則若可疑焉國策言秦假道韓魏以攻齊齊威王使章子將而應之威王之薨至是幾三十年果令章子將兵則策作宣

王伐燕爲近然吾攷他策又云濮上之事贅子死章子走盼子謂齊王曰不如易餘糧於宋宋王必說宋之稱王在湣王六年以後然則章子是時正復爲將於齊不獨威宣之世戰國之士若廉頗王翦年既老而將兵者甚衆奚足疑哉要之國策是篇語出傳聞多舛謬不足信必欲舍史記而一一據之則策謂今伐燕文武之時不可失者亦將信爲孟子之言耶則孟子不眞勸齊伐燕耶

元吳氏師道校注戰國策力辨噲之之役必屬宣王其誤蓋與百詩同獨其閒載一說云或謂荀卿嘗事齊宣爲之諱也今不知其語所出史記荀卿傳齊襄王時荀卿最爲

老師齊尚修列大夫之缺而荀卿三爲祭酒焉荀子事襄王未嘗事宣王也荀子書春申道綴基畢書列傳亦云春申君廢而荀卿因家蘭陵春申之事上距齊宣八十有七年矣傳言卿年五十始來游學於齊則至此卿年一百三十有五豈猶能授徒著書以哀他人之死哉吳氏之說亦疏矣

孟子在齊事宣湣二王惟其書序事無先後故措雜不可分然苟細讀而精攷之則其閒亦有可分者數焉充虞章由周而來七百有餘歲此顯王四十五年前未滿八百時語也宣王時也致爲臣章得侍同朝甚喜今又棄寡人而

歸此數言則正當爲湣王之語孟子於宣王時已不合而去齊今事湣而再行故曰又棄若閻百詩因郝楚望說以孟子葬母反齊爲去而又至則大不然母喪而歸葬喪畢而仍來歸葬之時其於君詎可謂棄而今胡爲又之哉故知又棄云者必湣王而非宣王之語而記者次此章於燕人畔後益知噲之之役必出湣王也孟子事齊宣爲不治議論之卿其於湣王蓋亦然故曰致爲臣孟荀列傳言齊襄王時齊尙修列大夫之缺至襄猶然而況於湣乎吾因是思之孟子宿晝尹士兩章蓋亦皆湣王時事尹士所云然且至者與又棄語正相符伐暴救民者湯武之事孟子

以伐燕事去齊故曰不識王之不可以爲湯武孟子在齊
雖不受祿而至而再爲臣故士譏其干澤焉耳嗟夫湣王
亡國之君而孟子謂其足用爲善以燕畔甚慙一語觀之
其足爲善蓋亦可知然而卒不爲善而其終且至於亡國
者蓋其臣皆陳賈之流爲王恬過者也其臣皆陳賈之流
爲王恬過是以過不能改而於大賢亦必漸疏焉孟子曰
王庶幾改之又曰無人乎子思之側則不能安子思此皆
孟子棄湣王而歸之故也已
孟子充虞章爲去宣王時事尹士宿晝諸章爲去湣王時
事然則居休章次於充虞章後是亦宣王時事而已矣何

以知之尹士章謂三宿出晝於予心猶以爲速而不舍王而居休章則曰於崇吾得見王退而有去志又曰久於齊非我志其情意辭語不相同如是是所指豈一王乎哉吾意孟子雖事宣爲卿而遭喪三年反而卽去其仕時蓋無幾故淳于髡曰夫子在三卿之中名實未加於上下而去之正是時語譏其不當卽去焉耳若其事湣則伐燕燕畔首尾已三年而其至尙未詳何歲孟子游諸侯蓋未有如是之久者是以辭祿至十萬而其久也亦正由湣王足用爲善故也使一見而卽有去志則於齊必不至如是之淹志不欲淹而淹今獲去則固已遲矣又何爲乎猶以爲速

哉由是言之此明非去一王之語而說孟子者不能辨也前之去齊以道不行而非有顯然之跡故淳于髡得而譏之後則明以諫王之過不改而去髡雖佞曷得而譏焉吾益知其非出一時矣

六國表是年附曰魯平公元年

年表赧王元年徐廣注曰丁未而魯世家平公卒下廣注引皇甫謐云元乙巳終甲子如其說則是歲平公二年也以世家攷之謐說良是要之是數年中孟子正在齊而平公初立則知孟子至魯平公將出固其再去齊時之事此爲其確證矣

二年

三年

六國表曰燕人共立太子平　戰國策曰是爲燕昭王

按是後孟子復去齊其可見者惟魯平公將出一事而其他皆不可攷矣自梁惠王三十五年至此凡二十六年當孟子至梁時其年已老則是時年當七八十矣又後十六年而魯平公卒（赧王十九年）又十年而齊滅宋（赧王二十九年）又二年而五國共擊齊湣王走莒（赧王三十一年）孟子書於梁惠梁襄齊宣魯平皆舉謚獨於湣王不舉謚則知孟子卒於魯平卒後齊破之前大抵年近百歲或且過之而於今不能確定

也

孟子年譜終

# 孟子外書四卷

宋 劉攽注 清 金紹綸校注

清嘉慶二十三年星帶草堂刻本

原缺第一葉上

昭德馬端臨王伯厚諸儒均不是趙氏之說謂孟子所見諸侯不應皆前死稱謚且惠王元年至平公之卒凡七十七年軻始見惠王目之曰叟必已老矣決不見平公之卒也後人追爲之明矣則岐之言果非也而閻百詩徵君祖其說云論語成於門人之手故記聖人容貌甚悉七篇成於已手故但記言語或出處耳竊謂容貌之記與否亦不足定其果出於誰手必以容貌

論若有不豫色然隱几而臥喜而不寐非記容貌乎且岐謂外書不與内篇相似要知卽此便見是門弟子所記各自爲書故手筆不相類也讀外書子叔之問繫易季孫郊治車則可定二子之爲孟子弟子舜之誥禹則可知晚書十六字之根原且辯性善闢邪説種種精義名言卓然有裨於世道人心與内篇無二也自趙氏斥之其書遂不顯漢代諸經通義得引孟子以明

事所以傳注徵引外書者不少如文獻通考玉海困學紀聞藝文志攷證日知錄繹史所舉詳莫甚焉則外書亦在博文之列謂其筆緩弱可耳而疑爲後世依託爲之過矣宋時館閣中尚存而藏書家間有著錄者又每主趙說疑其非孟子本眞也此本賴附刻麻沙四家孟子注後以傳殆有神物呵護不可謂非斯文之幸憶已亥紹綸與弟受業於丁小山先生先生得之周

書昌太史家盧抱經先生亟稱之共相訂
正欲廣爲流傳繕副本四十餘册紹綸受
其一焉三十年餘未見授梓者迺顯之士
且多未覩則外書之流傳尚在顯晦閒親
承修定之席綿綿不絕僅存一綫心滋懼
矣爰蒐輯舊聞粗爲校理付之開雕至史
記後漢書注等所引今書殘闕竝佚遵
國家四庫全書例附録於後儻好古之士匡
我不逮而廣傳之世卽不能合之如藝文

志之數而二千年來遺留之典策不至一
旦歸諸泯絶士林得以家傳人誦亦有補
於世教則扶微學而廣正義疇如斯哉
嘉慶二十三年戊寅秋七月大興金紹綸
纙齋識於宣南坊爛麪衚衕之悦我
心齋

三

原序

坊閒有四家孟子注曰揚子雲也韓文公也李習之也熙時子也中興史志以爲依託信也然三家者依託而熙時子非依託也乃熙時子依託三家也熙時子者誰相傳卽公非先生劉貢父也貢父因李泰伯不喜孟子爲此以示之也注中往往用泰伯語也熙時者曉然也讔也越絕參同契之流也孟子外書四篇趙臺卿不取也故不顯於世賴四家注

附刻於後而熙時子且注之也是以傳也則熙時子之功不淺也四家注依託不足傳而孟子外書四篇不可不傳也遂序而存之也

碧梧老人馬廷鸞書

# 孟子外書

熙時子注　　金紹綸校刊

## 性善辯第一

孫卿子自楚至齊見孟子而論性（荀卿名況楚人避漢諱易荀爲孫見奚遍乁）孟子曰有善無惡天也有善有惡人也（言天之賦性但有善而無惡其有善惡乃人後起之私）孫卿子曰有善有惡天也有善無惡人也（言性本有善惡聖人以學勝之方能有善無惡）孟子曰率天下之人而迷性本者必自子始矣

故一作古是

孟子曰：虎狼知父子，蜂蟻知君臣，而況於人乎？故人之性善，今人之性不善，皆失喪其性故也。喪息浪乀

孟子曰：性善也，堯舜不勝其美；習不善也，桀紂不勝其惡。勝平聲性無不善，而欲害之；水無不清，而物汚之。是豈水之性也哉？紹綸案風俗通、史通引堯舜不勝其美，桀紂不勝其惡。

曼丘不擇問於孟子曰：夫子焉學？曼丘姓，不擇名，齊人。曼音萬孟子曰：曾有聖人曰孔子，曾子學於

孔子。子思學於曾子。子思孔子之孫。伯魚之子也。子思之子曰子上。軻嘗學焉。是以得聖人之傳也。

子上名白　紹綸案列女傳云師事子思子思子載孟軻問牧民之道何先意子之門弟時亦不妨請業也孔叢子云請見子思子思見之甚說其志命子上侍坐云云所載問答甚多苐僞書不足据耳史記列傳云受業子思之門人說近是

孟子曰。舜生於姚墟。禹生於石紐。湯生於蒲南。文王生於台疆。千年一聖。猶旦暮也。

姚墟石紐蒲南台疆竝地名　紹綸案史記六國表注皇甫謐曰孟子稱禹生石紐西夷

人也顧亭林云恐舜生諸馮之誤下四字係諸馮章句自是誤記末二句宋鮑照河清頌引

孟子曰太山之高參天入雲而瞽者莫之見也黄河之濤衝擊如雷而聾者莫之聞也甚矣人不可不學也此章戒人不學面牆如一聾瞽也綌綸案首二句李善文選注引如一聾瞽如一二字疑倒

孟子三歲而孤孟母賢擕孟子以居始舍近墓孟子幼嬉戲爲墓閒事踴躍築埋孟母曰此非所以居我子也乃去舍市又嬉戲

爲賈衒事。孟母曰。此亦非所以居我子也。徙學旁。乃設俎豆。揖讓進退。孟母曰。此眞可以居我子矣。此即世俗所傳孟母三遷事。

孟子幼誦。其母方織。孟子輟乃復誦。母知其喧也。呼而問之曰。何爲輟。對曰。如有失復得。母乃引刀斷其織。以此戒之。自後孟子不復喧矣。輟中止也喧諼也　紹綸案背文曰誦喧忘也又案此章見韓詩外傳字多互異

孟子妻獨居踞。孟子入戶視之。白其母曰。婦

無禮請去之母曰何也曰踞母曰何以知之曰我親見之母曰乃汝無禮也禮不云乎將入門言必聞將上堂聲必揚將入戶視必下不掩人不備今汝往燕私之室入戶不有聲令人踞而視之是汝之無禮也非婦無禮也孟子自責不敢去婦踞列女傳作袒紹綸案韓詩外傳引此章少言必聞一句

孟子處齊爲客卿居常有憂色擁楹而歎孟母見曰子擁楹而歎若有憂色何也對曰

軻聞之君子稱身而正位不爲苟得而受賞不貪榮祿今道不用於齊願行而母老是以憂也孟母曰婦人之禮精五飯羃酒漿縫衣裳而已故有閫內之脩而無境外之志易曰无攸遂在中饋詩曰無非無儀惟酒食是議以言婦人無擅制之義而有三從之道也故幼則從乎父母嫁則從乎夫夫死則從乎子禮也今子成人也而我老矣子行乎子義吾行乎吾禮子何憂也

五飯稻黍稷麥菽五種之飯　羃彌筆乀紹綸案閩內詩斯干集傳引作閨門以上四章與列女傳辭多互異

孟子遊於莒有曾子講堂焉孟子登堂彈琴而歌二三子和之莒父老曰久矣夫不聞此音也聖人之徒也和去聲夫音扶

孟子曰人皆知以食愈飢莫知以學愈愚人皆知糞其田莫知糞其心糞田莫過利苗得粟糞心易行而得所欲何謂糞心博學多聞何謂易行一性止淫也專一其性禁止其淫行

去聲 綌綸案説苑引孟子曰人皆知以
食愈飢莫知以學愈愚又引孟子曰人皆
知糞其田莫知糞其心糞田莫過利苗得
粟糞心易行而得其所欲云云多一其字
朱鶴齡愚菴小集云太平御覽中引孟子
曰人知糞其田而不知糞其心有而字無
皆字

孟子謂子石曰。卵有毛。信乎。公孫龍字子石趙人爲堅白異同之辨者子石曰信。孟子曰。何爲其然也。子石曰。卵無毛。雞無翼。孟子曰。雞而烹。人可食。然則子腹亦有雞與。此章記孟子之闢邪説 與音余

孟子曰。筦敬仲仁。故齊威公亦仁。筦敬仲義。

故齊威公亦義。吾於河廣知德之至也。河廣宋威夫人所作此章言齊威公存衛亾國之德　紹綸案日知錄云桓寬鹽鐵論引孟子曰吾於河廣知德之至也今本鹽鐵論執務篇誤作孔子曰

徐辟將之秦。孟子曰。秦虎狼之國也。子何遊焉。辟音璧　徐辟對曰。山東之國。無可與者。蘇子來招。故將必往。蘇子蘇秦也　孟子曰。夫蘇子。天下之至無信人也。天下之大不義人也。子何交焉。夫音扶　徐辟對曰。辟之祖。自南州遷於郯鄙。今五世矣。於蘇爲睦。且辟蘇之

自出也。南州徐國也郯鄏洛陽也自出謂蘇氏之甥孟子曰。然則姑贈子以言。不約縱。不連橫。不爲威屈。不爲利疚。以守子素。以全子生。斯可矣。縱音宗

凡十五章

孟子外書

熙時子注　　金紹綸校刊

文説第二

孟子曰。文其説。不若文其心。文勝者不陋質。勝者可久。言人徒騁才辨而文其説。不若篤實好學而文其心。不陋文采可觀也。可久經久不敝也

孟子曰。士貴立志。志不立則無成。

孟子曰。君子爲己。小人爲人。爲己者逸而泰。爲人者勞而危。爲去聲

孟子曰。人不可以不知天。凡事可以對天。則知天矣。

孟子問於子上曰。敢問聖人之教。聖人謂孔子也子上曰。言仁不言暴。言義不言利。言禮不言邪。言信不言詐。此聖人之教也。

子上謂孟子曰。舜之誥禹曰。人心惟危。道心惟微。惟精惟一。允執厥中。子其識之。此心傳也識音志

公明高問於孟子曰。詩云。不敢暴虎。不敢馮

河文云如臨深淵如履薄冰何謂也公明高孟子門人馮皮冰乀孟子曰君子之學敬而已矣

孟子曰言不可不愼也言巧則天刑之言肆則人害之大雅云無言不讎無德不報此章補金人銘所未及

梁襄王問戰於孟子孟子曰戰危事也臣未之聞也紹綸案北堂書鈔引孟子曰戰者危事也有者字

孟子去梁梁襄王追之及諸東桑孟子曰爲吾謝梁王勿忘先王之禮遇也再拜登車

而去。東桑地名未詳所在爲去聲

萬章從遊於牛山之上。孟子喟然嘆曰。此齊景公流涕之所。而其骨已朽矣。萬章曰。古之人。何以不朽。孟子曰。太上有立德。其次有立功。其次有立言。此之謂三不朽。古之人。皆有死。君子雖死而求其不死者若小人則未死而已死矣。紹綸案齊景公游於牛山北臨其國城而流涕見列子韓詩外傳晏子亦載之晏卻左傳昭二十年事三書所敘俱不及左氏雅贍有致坿識於此陳仲子卒。孟子誄之曰。吁嗟仲子。廉潔以保貞兮。求名而得名兮。數齊國之高士。舍仲子其誰稱兮。惟山高而水流。千古一於陵兮。吁嗟仲子。名長存兮。可慰於九原兮。數舍竝上聲於音烏

⿱雨䖵靇隱於萊。丁氏公著云⿱雨䖵古甑字萊國名後屬齊今萊州也隱居當在致為臣而去之後孟子使人問之。以書且遺之粟。曰。介士也。使遺竝去聲

萬章問曰。子庚何人也。子庚泄柳字孟子曰。古之

高人也。上不臣天子，下不事諸侯。易曰：不事王侯，高尚其事。

子叔問曰：文王囚於羑里，孔子厄於陳蔡，何以繫易也？子叔，孟子門人。孟子曰：夫易，憂患之書也。安樂而不知易，君子吉，小人凶；憂患而不知易，小人吉，君子凶。是以君子不可以不知易也。夫音扶。樂音洛。

孟子去齊，宿於晝，王蠋請見，孟子見之。蠋，晝邑人。請見，遍奚乀。王蠋曰：夫子何以久於齊也？孟子曰。久於齊非我志也。蠋曰。我固知非夫子之志也。齊王外好善而心不好。夫子去國亂將至矣。蠋是以憂也。孟子去數年。而齊國果亂。好去聲　紹綸案畫邑孟子去齊宿於畫之畫乃集註本誤刻也應从汪作畫趙注孟子作畫顧亭林肇域志山東臨淄縣云二十里有澅水水經注澅水出時水東去臨淄城十八里所謂澅中也俗以爲宿留水以孟子三宿出畫云志又云西南二十里有畫邑城史記田單傳燕之初入齊聞畫邑人王蠋賢令軍中曰環畫邑三十里無入劉熙曰畫音獲索隱曰畫胡卦反正義曰春秋時棘邑又云畫邑因澅水爲名又案閻百詩四書釋地云括地志以畫邑戟里城在臨淄城西北余

謂孟子去齊歸鄒鄒實在齊之西南上云南者是與此俱合

滕文公卒葬有日矣天大雨雪及牛目羣臣請弛期太子不許惠子諫曰昔者王季葬渦山之尾欒水齧其墓見棺之前和文王曰先君欲見羣臣百姓矣乃出爲帳三日後葬今先公欲小留而撫社稷故使雪甚弛期而更爲曰此文王之志也孟子曰禮也

弛緩也惠子名施渦山欒水未詳所在雨去聲更平聲　紹綸案藝文類聚引作孟子曰滕文公卒云云末句作此文王之義也又案戰國策魏惠王死云云作

昔王季歷葬於楚山之尾不作孟子語大抵戰國秦漢之書剽竊附會世次且多不考如龍虵之章一作介之推一作舟之僑寡人有疾寡人好色云云孟子爲齊宣王語而新序作梁惠王類此甚夥

凡十七章

# 孟子外書

熙時子注　　金紹綸校刊

孝經第三

孟子曰。孝經者。曾子傳於孔子。諸弟子不得而聞也。

孟子曰。曾子之孝。士之孝也。故孔子先以事親事君立身告之。

孟子曰。天子之孝。文王也。諸侯之孝。魯釐公也。卿大夫之孝。孟莊子也。士之孝。曾子與也。庶人之孝。大連少連也。魯釐公之孝無考，豈以詩有壽母之文而稱之歟。釐僖同。少去聲。

孟子曰。舜生五十。而不失其孺子之心。綦毋氏遂曰：鄭氏禮記注引之。紹綸案：坊記引生作年。

孟子曰。孝者。順德也。父子親。兄弟睦。夫婦和。人人齊其家。而天下平矣。

孟子曰。樂正子春。生孝也。茅亶。死孝也。劉氏熙曰：茅亶，騶大夫，喪母，哀毀而死。

樂正子春。年九十矣。使其孫克。學於孟子。告之曰。昔者聖人之門。顏子以仁。曾子以孝。季路以勇。伯顏以智。各以所得聞於天下。傳於後世。汝往矣。庶幾其有一得乎。綦母氏遂曰伯顏端木賜也

孟母之喪。門弟子各治其事。陳臻治貨。季孫郊治車。咸丘蒙治器。萬章治縗。充虞治櫬。公都彧治饌。陳代治牲。樂正克治儀。公孫丑治賓客。治平聲孟子三日不食。哭不止。門弟子請曰。古者五十不毁。孟子曰。五十也。

乎哉吾母死吾猶孺子也記孟子居母喪之孝盡禮盡哀

顓子弔見之流涕自責曰今而知聖人之道遂棄墨而歸儒者顓子爲墨子之學顓他端反

孟子曰傳言失指圖景失形言治者尚覈實此乃循名責實之義景影同紹綸案風俗通引傳言失指圖景失形顏氏家訓引孟子曰圖景失形

梁惠王曰先王用李悝盡地利至於今賴之先王謂文侯孟子曰非古也古莫善於莇莇者殷法雖周亦莇也地有餘利則民有餘地

無餘利則君有餘損下以益上非古也綦毋氏邃曰葝讀如藉陸氏德明曰與助同

孟子三見齊宣王而不言事丑子曰夫子何以三見齊王而不言高氏誘曰丑子即公孫丑世本云齊末公子公子朝之子字子景以字爲氏亦曰景丑孟子曰我先攻其邪心邪心去則無不正矣書曰格其非心紹綸案荀子引孟子三見齊王而不言事門人疑之孟子曰我先攻其邪心

孟子去齊子敖餞於犖門子敖王驩字程氏曾曰犖門齊南門犖力博乙再舉觴孟子辭而去子敖曰夫子

盍賦詩。孟子曰。子大夫欲我賦詩乎。不曰堅乎。磨而不磷。不曰白乎。湼而不緇。磷讀如連。與堅爲韻。白讀如裴。緇讀如哉。爲韻。四語本孔子之辭。孟子以其類詩。故以爲詩而賦之。此章見孟子之待小人不惡而嚴。湼乃結乀

屋廬子曰。無爲而治何如。孟子曰。有心於無爲。非無爲也。虞舜先勞而後逸者也。屋廬子初爲黃老之學。故以清靜無爲爲問。孟子恐其有流弊也。舉虞舜以告之

孟子曰。矯枉不可過直。此章卽不爲已甚之意。紹綸案。後漢書注引作孟子曰。矯枉者過其正

孟子曰天下有道諸侯有王東遷以後天下無王五伯之罪也蔡毋氏邃曰諸侯有王鄭氏周禮注引之伯音霸紹綸案周禮注引係大行人注

孟子曰有遠慮者無遺策無深謀者有敗機

孟子曰敬老愛幼推心於民天下如運掌中也

齊人伐趙桃應將問於孟子孟子曰毋嗜殺將心也勿爭功將才也與士卒同甘苦將道也將去聲毋音無

孟子說齊宣王而不說淳于髡侍孟子曰今日說公之君公之君不說意者未知善之爲善乎（說齊說公說竝音稅不說音悅）淳于髡曰夫子亦誠無善耳昔者瓠巴鼓瑟而潛魚出聽伯牙鼓琴而六馬仰秣魚馬猶知善之爲善而況君人者也孟子曰夫電雷之起也破竹折木震驚天下而不能使聾者卒有聞日月之明徧照天下而不能使盲者卒有見今公之君若此也（夫音扶卒音猝）淳于髡曰不

然。昔者揖封生高商。而齊人好歌。杞梁之妻悲哭。而莒人稱詠。夫聲無細而不聞。行無隱而不形。夫子苟賢。居魯而魯國之削何也。揖封生齊善歌人高商商謳之高者好行竝去聲夫音扶孟子曰。不用賢。削。何有也。吞舟之魚不居潛澤。度量之士不居汙世。夫蓺冬至必彫。吾亦時矣。詩曰。不自我先。不自我後。非遭彫世者歟。蓺樹蓺五穀也夫音扶度徒洛紹綸案此章見韓詩外傳

騶衍請受業於孟子。孟子曰。吾老矣。不能偕

子遊於九州之外也。以衍好爲大言且多荒誕不經之説故孟子拒之如此

凡二十章

# 孟子外書

熙時子注　金紹綸校刊

## 爲正第四

孟子曰。爲正以心。爲邪以心。心之所之。邪正因之。故君子存心而不放。

孟子曰。道不遠人。人之爲道而遠人。不可以爲道。堯舜之道。非遠人也。人自不思之爾。紹綸案鹽鐵論執務篇引末三句人字上有而字無自字爾作耳

孟子曰。人謂孟嘗君好士。吾不信也。孟子言孟嘗君

不過好名非眞好士也好去聲

高子問於孟仲子曰詩云維天之命於穆不已何謂也孟仲子曰大哉天命之無極而美周之禮也孟子曰否不然維天之命於穆不已蓋曰天之所以爲天也於乎不顯文王之德之純蓋曰文王之所以爲文也純亦不已於穆音嗚於乎音嗚呼

高子問於孟子曰夫嫁者非已所自親也衛女何以得編於詩也夫音扶孟子曰有衛女

之志則可無衛女之志則外夫道二常謂之經變謂之權懷其常道而挾其變乃得爲賢夫衛女行中孝慮中聖權如之何夫音扶行中竝去聲　紹綸案韓詩外傳引此章無衛女之志則外外作怠多若伊尹於太甲有伊尹之志則可無伊尹之志則篡三句謂之二字倒

邾婁繆公問政於孟子曰爲政之道奚先孟子曰省刑罰薄稅斂愛民之政也非是則無所爲政也君其勿信倖臣之言

孟子過鄒見鄒莊公鄒國名高氏誘曰世本鄒莊公名頵孟子

道性善言必稱文王道去聲莊公曰聞夫子之言昭然若發矇矣

孟子老於騶燕昭王使樂閒迎之孟子不往或問曰夫子何以不往孟子曰以吾受齊王之知是以不往也且燕王霸才也亦非王天下之主也使王去聲

凡八章以下闕

附錄

紹綸案古人引書有舉用原文者有略其文而用意者顧亭林日知錄云

書泰誓受有億兆夷人離心離德予有亂臣十人同心同德左傳引之則曰太誓所謂商兆民離周十人同者衆也及綸讀管子法禁篇引之則又作泰誓曰紂有臣億萬人亦有億萬之心武王有臣三千而一心他如風俗通正失篇引論語曰衆善焉必察之衆惡焉必察之史通疑古引論語子貢曰桀紂之惡不至是君子惡居下流申左引論語冉有曰夫子爲衛君乎子貢曰夫子不爲也皆用意也難以悉舉是以後漢書注引孟子曰仁義禮智信天爵也疑即仁義忠信樂善不倦此天爵也句三國志注孟子曰人無好惡是非之心者非人也即四端章句孟子曰殺一不辜而得天下仁者不爲也即養氣章句鹽鐵論孟子曰今之士今之大夫皆罪人

也皆逢其意以順其惡即五霸者三王之罪人也章句文選注孟子曰墨子兼愛摩頂致於踵卽楊子取爲我章句自孔六帖孟子曰人之善不善在其目其心正則童子瞭然其心不正則童子眊然卽存乎人者章句茲俱不復收入馬宛斯先生繹史孟子下注云右諸書引用多與今本文異其今本所無者或是外書綸蓋師其意云弁識

孟子曰紂貴爲天子死曾不若匹夫是紂先自絕於天下久矣非死之日而天下去之

史記淮南王傳又見漢書伍被傳漢書若作如自絕於天下久矣作自絕久矣非死之日而天下去之作非死之日天下去之也

孟子曰。曲意事貴。務局所尊。俗之情也。見後漢書注

孟子曰。今人之於爵祿。得之若其生。失之若其死。梁書處士傳序

孟子曰。夫有意而不至者有矣。未有無意而至者也。揚子法言脩身篇

孟子曰。有人道我善者。是吾賊也。道吾惡者。是吾師也。

孟子曰。千年一聖。五百年一賢。賢聖未出。其

閼有命世者。以上二條見文選注

孟子曰。千年一聖謂之連步。拾遺記錄

六十四黍爲一圭。十圭爲一合。廣韻圭字下注

孟子曰。居今之朝。不易其俗。而成千乘之勢。不能一朝居也。鹽鐵論

原跋

麻沙新刊四家孟子注作僞無疑也至其附外書四篇頗有精義且流傳已久似非全僞者先師夢奠無從就正耿耿於懷莫能自決云湉翁旻淵謹記

原跋

吾友叔祥客濟南得孟子外書見寄惜第四篇爲正殘闕不全真秘册也案劉昌詩筆記云新喻謝氏多藏古書異本有性善辨一帙蓋即是書自宋以來留傳絕少雖斷珪碎璧尤當寶貴之昔趙氏斥外書爲不能閎深與内篇弗類故其書遂不顯於世然漢時引孟子者謂之博文則内外篇均在博文之列何可存内而佚外哉武原

# 孟子論文七卷

清　牛運震撰

清嘉慶二十三年空山堂刻《空山堂全集》本

牛空山先生全集序

夫讀書稽古非徒資淹雅之才應務匡時將以裕閎通之識也乃習訓詁者課以名杜之治行而無聞躬簿領者責以屈宋之風騷而靡暇豈儒林循吏判然兩途政治文章原非一致



者乎且即一經生家言治易者不知有書誦詩者不知有禮談經術則廢史冊言考訂則畧詞章往往分門別戶承其師說而不能相通其有通焉者又或墨守儒先拘泥古昔方策所載疑其似而便為僭經特牲所祠糾

其違而即同非聖抱殘守闕欲有發明焉難矣矯其弊者更或放言高論讀易半卦上疑軒羲哦詩一章旁嗤鄭衛師心自用抑又無取空山先生以魯國名儒為秦川長吏治事之暇不廢吟哦弦歌之餘惟事探討其為



詩文則成一家言也其解易象則能空衆議也其說詩有解頤之妙旨焉其傳春秋有繁露之精思焉他如抉魯論之義蘊賓紫陽之功臣論孟子之文章得眉山之秘鑰閒評史記既賞奇而析疑歷覽史編復正譌而糾

謬成書具在卓然名家既不為漢人穿鑿之談亦不作宋代鑿空之論枕經葄史要皆心得之言抽秘騁妍罔非德華之蘊然使其耽情典籍竭志編摩而厭棄簿書職業不舉賢者之過或不免焉乃其治秦也清積獄立



社倉葺黌宮平道路定荒田之界豁沙地之糧捐置義田振興文教開渠道以資灌溉折額糧以便輸將斯時農服先疇士懷姱行耕讓冷風之甽書攤坐獄之廷如古循良至今頌羨余固夙聞先生之政治慨慕先生之

為人及觀察東邦遊其鄉里訪故家之存者諮老成之典型獲讀遺編并接嗣子中野徵士横經而未知儒素之能安質朴有文守父書而能讀諸孫敏夫等皆能循循規矩稱其佳兒一門之中藹然孝弟百畝之産共其



犁鉏吾乃知空山先生之治於秦者固即教於家者也其教於家而再傳不改焉者其本諸身而沒世不忘焉者也宜乎秦川之民至今謳思之及門之士至今私淑之也歲丁丑余秉節東圻敏夫函遺集請序于余爰就

所見聞者書以貽之是為序
嘉慶戊寅春正月兗平陳預書于濟
南官廨



## 詩志例言

鈞按詩三百篇自序而外漢注惟毛傳與鄭箋僅存六代而後注疏家裒然大備或專訓詁或究文義而吳陸璣草木鳥獸蟲魚疏宋王應麟詩地理攷則以攷據為訓詁者也顧詩之章法句法字法雖有孫月峰鍾伯敬諸評本猶非因文見義也　先君子是編於詩之章句間會其語妙著其聲情因而識其旨歸又於前注之未



安者正之未備者補之初稿既定更欲仿陸氏王氏之書詳為攷核別著詩志一編然有志未逮也歲己未嶧縣張君魯文既校刻春秋傳論語隨筆二書桑梓故舊感於義風募資鳩工以是編壽諸梨棗而仍標其目曰詩志或曰詩志既無成書矣曷志乎爾鈞竊謂文以載道非文義將安屬且不以文害辭不以辭害志以意逆志孟子讀詩之法也舍文辭而志奚以逆哉歟

陽氏六經不可以文論一語蓋謂六經義蘊宏深不專在文辭之工耳若屏文法而別求之則詩人之語脈轉晦苟失語脈又安所得義蘊邪然則讀詩者涵泳於章法句法字法之閒會其聲情識其旨歸俾詩人溫柔敦厚之旨隱躍言表庶幾得詩人之志矣則是編仍以詩志標目奚不可者且以存　先志也鈞謹識其標目之由而更列凡例與夫約刻姓氏於左



一是編原著於李厚菴先生詩所就其空白之處隨手著録前後次序無定也今各附於每章經文之後而列其總批註於篇目之後

一是編有旁註有頂批今俱編次於各章之下隨其章句之前後而標明某句某字云云使讀者一目瞭然

一經文精粹之句必密為旁圈使讀者醒目今悉依原圈刻入

一經文列目先君子原有分南豳雅頌之說鈞生也晚未能深悉其義今列目分卷仍依詩所原本

嘉慶五年歲次庚申立冬日男鈞謹識

約刻姓氏

蘇　茜　滋陽門人
王應選　滋陽門人
顏崇槼　曲阜
陳　鈞　濟寧
李　泳　濟寧
李　瑩　濟寧
李　澍　濟寧



王家榕　泗水
李中和　滋陽
張性梓　滋陽
湯續曾　滋陽
田君揚　滋陽
鄭恩元　滋陽
馬崇齡　滋陽
謝文斐　滋陽

# 孟子論文卷第一

滋陽牛運震階平學

## 梁惠王

孟子見梁惠王。

王曰叟不遠千里而來亦將有以利吾國乎。

孟子對曰王何必曰利亦有仁義而已矣（一截一宕落筆斬然）

王曰何以利吾國大夫曰何以利吾家士庶人曰何以利吾身上下交征利而國危矣萬乘之國弒其君者必千乘之家千乘之國弒其君者必百乘之家（疏快絕倫）萬取



千焉千取百焉不爲不多矣苟爲後義而先利（句婉折）不奪不饜（四字練極）未有仁而遺其親者也未有義而後其君者也（仁義只兩句簡勁駁快）王亦曰仁義而已矣何必曰利（倒轉作結妙極斬截。突然轉關突然收住文勢盤旋飛動）

孟子見梁惠王王立於沼上顧鴻鴈麋鹿曰賢者亦樂此乎

孟子對曰賢者而後樂此不賢者雖有此不樂也（奇語出人）

意外

詩云經始靈臺經之營之庶民攻之不日成之經始勿亟庶民子來王在靈囿麀鹿攸伏麀鹿濯濯白鳥鶴鶴王在靈沼於牣魚躍文王以民力爲臺爲沼而民歡樂之善說詩謂其臺曰靈臺謂其沼曰靈沼樂其有麋鹿魚鼈從靈臺靈沼想出意思妙於尋聞古之人與民偕樂故能樂也清姿逸致唱歎深長

湯誓曰時日害喪予及女偕亡民欲與之偕亡只疊一句便妙雖有臺池鳥獸豈能獨樂哉佳得妙更作結束便無味○較上節詳畧各有其妙



梁惠王曰寡人之於國也盡心焉耳矣河內凶則移其民於河東移其粟於河內河東凶亦然省筆察鄰國之政無如寡人之用心者鄰國之民不加少寡人之民不加多何也語亦疏快

孟子對曰王好戰請以戰喻國策活調塡然鼓之兵刃既接棄甲曳兵而走或百步而後止或五十步而後止以五十步笑百步則何如設喻恢奇生動曰不可直不百步耳顛倒便有口吻是亦走也曰王如知此則無望民之多於鄰國也渾得妙若他人操筆定將末節意思說在此處便平衍少味矣

不違農時穀不可勝食也數罟不入洿池魚鼈不可勝食也斧斤以時入山林材木不可勝用也穀與魚鼈不可勝食材木不可勝用是使民養生喪死無憾也養生喪死無憾王道之始也層疊收頓文勢便厚疏越清快悠宕悠揚

五畝之宅樹之以桑五十者可以衣帛矣雞豚狗彘之畜無失其時七十者可以食肉矣百畝之田勿奪其時數口之家可以無飢矣謹庠序之教申之以孝悌之義頒白者不負戴於道路矣七十者衣帛食肉黎民不飢不寒亦用疊筆收頓結構甚緊然而不王者未之有也掉筆勁折流轉○此又作反收與前別換一調



狗彘食人食而不知檢塗有餓莩而不知發人死則曰非我也歲也是何異於刺人而殺之曰非我也兵也帶一喻妙峻爽似國策說辨文字王無罪歲斯天下之民至焉罪歲二字硬派得奇○此段即次節喻中之意留在此處說明恰好作結文字出沒隱見之妙如此

梁惠王曰寡人願安承教

孟子對曰殺人以梃與刃有以異乎曰無以異也以刃與政有以異乎曰無以異也兩問突兀峻挺咄咄逼人曰庖有肥肉廄有肥馬民有飢色野有餓莩此率獸而

食人也（率獸食人語極刻毒細思卻極平恕）獸相食且人惡之爲民父母行政不免於率獸而食人（言之惻然要爲民父母者捫心自問）惡在其爲民父母也（只率獸食人四字層層洗剝波折不窮。深痛極悲之言傷心慘目千載下猶不忍聞）

仲尼曰始作俑者其無後乎爲其象人而用之也如之何其使斯民飢而死也（收用婉語卻更緊妙）

梁惠王曰晉國天下莫强焉叟之所知也及寡人之身東敗於齊長子死焉西喪地於秦七百里南辱於楚寡人恥之願比死者一洒之（語亦沈痛）如之何則可



孟子對曰地方百里而可以王（梁惠王語極哀憐孟子語極壯浪蓋梁王頹喪之餘須有此激昂剛決之氣以振之也）

王如施仁政於民省刑罰薄稅斂深耕易耨壯者以暇日修其孝悌忠信入以事其父兄出以事其長上可使制梃以撻秦楚之堅甲利兵矣

彼奪其民時使不得耕耨以養其父母父母凍餓兄弟妻子離散

彼陷溺其民王往而征之夫誰與王敵

故曰仁者無敵王請勿疑（結法亦斬截）

孟子見梁襄王

出語人曰（出語人妙得此句通篇都成調笑神情）望之不似人君就之而不見所畏焉卒然問曰天下惡乎定吾對曰定于一（三字練極。妙用追述蹊徑一新）

孰能一之

對曰不嗜殺人者能一之（至言精確正大千古不磨老子云樂殺人者不可得志於天下與此同一精當不刊之論）

孰能與之

對曰天下莫不與也王知夫苗乎（此語亦帶調笑）七八月之間



旱則苗槁矣天油然作雲沛然下雨則苗浡然興之矣其如是（頓挫）孰能禦之今夫天下之人牧未有不嗜殺人者也如有不嗜殺人者則天下之民皆引領而望之矣（純作扯開一邊語絕不著落襄王妙）誠如是也民歸之由水之就下沛然誰能禦之（隨手又帶一喻。旱苗易雨勞民易仁兩兩作照若對若不對局仗甚新）

齊宣王問曰齊桓晉文之事可得聞乎

孟子對曰仲尼之徒無道桓文之事者是以後世無傳焉臣未之聞也無以則王乎（一句截住隨手生起下文篇中多用此法）

曰德何如則可以王矣曰保民而王莫之能禦也

曰若寡人者可以保民乎哉曰可曰何由知吾可也 荅得妙問得亦妙蕭洒有別趣 曰臣聞之胡齕曰王坐於堂上有牽牛而過堂下者王見之曰牛何之對曰將以釁鐘王曰舍之吾不忍其觳觫若無罪而就死地對曰然則廢釁鐘與曰何可廢也以羊易之不識有諸 敘法簡淨

曰有之曰是心足以王矣百姓皆以王爲愛也臣固知王之不忍也 隨筆拖起難端又隨即一筆撇過伸縮擒縱妙不可言○三句三轉文情盤旋宕漾如春雲初展飄風驟回

王曰然誠有百姓者齊國雖褊小吾何愛一牛即不忍



其觳觫若無罪而就死地故以羊易之也

曰王無異於百姓之以王爲愛也 長句逸致裊裊 以小易大彼惡知之王若隱其無罪而就死地則牛羊何擇焉 又變前說更起詰難步步引人入迷步步引人入勝 王笑曰是誠何心哉我非愛其財而易之以羊也宜乎百姓之謂我愛也 低徊宛轉口角活肖○三句中藏無數轉折

曰無傷也是乃仁術也見牛未見羊也 一路閃閃灼灼至此直下指點豁然分明連下三也字醒快不可言 君子之於禽獸也見其生不忍見其死聞其聲不忍食其肉是以君子遠庖廚也

王說曰詩云他人有心予忖度之夫子之謂也 輕妙妍雅真左氏筆法 夫我乃行之反而求之不得吾心夫子言之於我心有戚戚焉此心之所以合於王者何也 戚戚句入微之言○拖一句應前起下筆有神助○兜轉一句千里龍脈忽然合攏

曰有復於王者曰吾力足以舉百鈞而不足以舉一羽明足以察秋毫之末而不見輿薪則王許之乎 緩緩設喻文勢又縱

曰否今恩足以及禽獸而功不至於百姓者獨何與 疾擒陡喝一篇警策處 然則一羽之不舉爲不用力焉輿薪之不見爲不用明焉百姓之不見保爲不用恩焉故王之不



王不爲也非不能也 陡然大轉波瀾排疊是文字大開大合處○前半多作鈎勒之筆至此則沛然莫禦矣

曰不爲者與不能者之形何以異 又生一波 曰挾太山以超北海語人曰我不能是誠不能也爲長者折枝語人曰我不能是不爲也非不能也 設喻最奇 故王之不王非挾太山以超北海之類也王之不王 疊一句頓挫琢歎 是折枝之類也 軒爽透快

老吾老以及人之老幼吾幼以及人之幼天下可運於掌詩云刑于寡妻至于兄弟以御于家邦言舉斯心加

諸彼而已故推恩足以保四海不推恩無以保妻子古之人所以大過人者無他焉善推其所爲而已矣暢言之文情最酣肆今恩足以及禽獸而功不至於百姓者獨何與黄河千里忽然一曲。複一筆呼應收轉甚緊權然後知輕重度然後知長短物皆然心爲甚王請度之前文滔滔汩汩至此忽作如許峭語文情婣媚之極。承上起下文勢小歇所謂遲其聲以媚之也抑王興甲兵危士臣構怨於諸侯然後快於心與此一折又開一大段文字所謂水窮雲起

王曰否吾何快於是將以求吾所大欲也



曰王之所大欲可得聞與王笑而不言曰爲肥甘不足於口與輕煖不足於體與抑爲采色不足視於目與聲音不足聽於耳與便嬖不足使令於前與空中撰設以廓其勢此文家故作挪展挑弄處王之諸臣皆足以供之此句最刻毒調笑諸臣不堪而王豈爲是哉隨手掃卻總不著一呆筆文至此眞有石火電光之妙曰否吾不爲是也曰然則王之所大欲可知已又一大折轉文勢風發雲湧欲辟土地朝秦楚莅中國而撫四夷也以若所爲求若所欲猶緣木而求魚也妙喻奇情别趣

王曰若是其甚與曰殆有甚焉緣木求魚雖不得魚無後災以若所爲求若所欲盡心力而爲之後必有災曰可得聞與曰鄒人與楚人戰則王以爲孰勝曰楚人勝曰然則小固不可以敵大寡固不可以敵衆弱固不可以敵彊忽作整語振筆疾掃文勢排山疊海眞成異觀海內之地方千里者九齊集有其一以一服八何以異於鄒敵楚哉蓋亦反其本矣拖一筆以歇文氣而下意已開文勢忽整忽散得力處眞如破竹今王發政施仁使天下仕者皆欲立於王之朝耕者皆欲耕於王之野商賈皆欲藏於王之市行旅皆欲出於王之塗天下之欲疾其君者皆欲赴愬於王其若是孰



能禦之

王曰吾惛不能進於是矣願夫子輔吾志明以教我我雖不敏請嘗試之前文灝瀚已極此下又變爲平恬淸暢之音

曰無恒產而有恒心者惟士爲能若民則無恒產因無恒心苟無恒心放辟邪侈無不爲已及陷於罪然後從而刑之是罔民也焉有仁人在位罔民而可爲也婉痛是故明君制民之產必使仰足以事父母俯足以畜妻子樂歲終身飽凶年免於死亡然後驅而之善故民之從之也輕

今也制民之產仰不足以事父母俯不足以畜妻子樂歲終身苦凶年不免於死亡此惟救死而恐不贍奚暇治禮義哉 兩節反正開闔以盡其致

王欲行之則盍反其本矣

五畝之宅樹之以桑五十者可以衣帛矣雞豚狗彘之畜無失其時七十者可以食肉矣百畝之田勿奪其時八口之家可以無飢矣謹庠序之教申之以孝悌之義頒白者不負戴於道路矣老者衣帛食肉黎民不飢不寒然而不王者未之有也 祇此一節是正經實落經濟篇中鉤勒頓挫千迴百轉重波疊浪而後歸宿於此有綱領有血脈有過峽有筋節總在不使一直筆又不使一呆筆讀者熟復於此其於行文之道思過半矣



莊暴見孟子曰暴見於王王語暴以好樂暴未有以對也曰好樂何如孟子曰王之好樂甚則齊國其庶幾乎 飄逸雋妙

他日見於王曰王嘗語莊子以好樂有諸王變乎色曰寡人非能好先王之樂也直好世俗之樂耳

曰王之好樂甚則齊其庶幾乎今之樂由古之樂也 複一句更風神○減一字增二句參差雋永不知其音節者當看其句法

曰可得聞與曰獨樂樂與人樂樂孰樂 淸空如話 曰不若與人曰與少樂樂與衆樂樂孰樂曰不若與衆 分割提掇全在此節 動刀甚微砉然已解

臣請爲王言樂 單提一句轉闔歇頓

今王鼓樂於此百姓聞王鐘鼓之聲管籥之音舉疾首蹙頞而相告曰 代字法妙司馬相如難蜀文似此 吾王之好鼓樂夫何使我至於此極也父子不相見兄弟妻子離散 數句中悽愴纏綿得怨誹詩人之旨 今王田獵於此百姓聞王車馬之音見羽旄之美舉疾首蹙頞而相告曰吾王之好田獵夫何使我



至於此極也父子不相見兄弟妻子離散此無他不與民同樂也 純用白描三迴四轉不厭其復○極絢爛卻極淡永○淡永之味愈咀愈妙孟子中此等文字尤不可及

今王鼓樂於此百姓聞王鐘鼓之聲管籥之音舉欣欣然有喜色而相告曰吾王庶幾無疾病與何以能鼓樂也 抑揚唱歎何等風神○野人忠愛寫得眉宇飛動眞摹神之筆○偏說無疾病妙想野人愛君無過此語

今王田獵於此百姓聞王車馬之音見羽旄之美舉欣欣然有喜色而相告曰吾王庶幾無疾病與何以能田獵也此無他與民同樂也 ○同樂不同樂妙在倒跌而出劈分兩大股換腳不換頭

一樣景兩樣情淸折白描綫繞往復異樣格調絕頂神趣孟子篇中有數文字
今王與百姓同樂則王矣
齊宣王問曰文王之囿方七十里有諸孟子對曰於傳有
之於傳有之四字答得活妙
曰若是其大乎曰民猶以爲小也曰寡人之囿方四十
里民猶以爲大何也曰文王之囿方七十里芻蕘者往
焉雉兔者往焉與民同之民以爲小不亦宜乎不必辨文囿七
十里之有無卽芻蕘雉兔皆往亦不必定有此事妙在就文囿王囿硬派出大小說來卻有奇情至理
臣始至於境問國之大禁然後敢入臣聞郊關之內有



囿方四十里殺其麋鹿者如殺人之罪則是方四十里
爲阱於國中民以爲大不亦宜乎一語折倒劖刻遒雋
齊宣王問曰交鄰國有道乎孟子對曰有惟仁者爲能以
大事小是故湯事葛文王事昆夷惟智者爲能以小事
大故太王事獯鬻句踐事吳接口分出兩種疏越明快通篇兩截格疏爽條達
孟子本色文字
以大事小者樂天者也以小事大者畏天者也樂天者
保天下畏天者保其國樂天畏天語極厚極奧而氣格自爽暢
詩云畏天之威于時保之

王曰大哉言矣寡人有疾寡人好勇
對曰王請無好小勇夫撫劍疾視曰彼惡敢當我哉此
匹夫之勇敵一人者也王請大之
詩云王赫斯怒爰整其旅以遏徂莒以篤周祜以對于
天下此文王之勇也文王一怒而安天下之民
書曰天降下民作之君作之師惟曰其助上帝寵之四
方有罪無罪惟我在天下曷敢有越厥志一人衡行於
天下武王恥之此武王之勇也而武王亦一怒而安天
下之民斷制處斬釘截鐵○交鄰分舉四人好勇又並引兩人是一篇結構關照處



今王亦一怒而安天下之民民惟恐王之不好勇也一怒
而安天下之民連排三句健骨勁力
齊宣王見孟子於雪宮倒字句法謂孟子見齊宣王宣王見之於雪宮也王曰賢
者亦有此樂乎孟子對曰有人不得則非其上矣此篇多用
淡宕之筆惟太史公深得其妙
不得而非其上者非也爲民上而不與民同樂者亦非
也婉折
樂民之樂者民亦樂其樂憂民之憂者民亦憂其憂樂
以天下憂以天下然而不王者未之有也樂以天下憂以天下句法

練甚

昔者齊景公問於晏子曰吾欲觀於轉附朝儛遵海而南放於琅邪吾何修而可以比於先王觀也

晏子對曰善哉問也天子適諸侯曰巡狩巡狩者巡所守也諸侯朝於天子曰述職述職者述所職也無非事者 四字束上起下最妙○典制之體敘述妙有風致 春省耕而補不足秋省斂而助不給夏諺曰吾王不遊吾何以休吾王不豫吾何以助一遊一豫爲諸侯度

今也不然師行而糧食飢者弗食勞者弗息睊睊胥讒



民乃作慝方命虐民飲食若流流連荒亡爲諸侯憂 參錯 用韻語極峭古又極風韻○若流二字摹神○數語風流逸宕音節絕佳

從流下而忘反謂之流從流上而忘反謂之連從獸無厭謂之荒樂酒無厭謂之亡 解四字奇情古趣風神宕漾不盡

先王無流連之樂荒亡之行惟君所行也 收法語寬意緊

景公說大戒於國出舍於郊於是始興發補不足召太師曰爲我作君臣相說之樂蓋徵招角招是也其詩曰畜君何尤畜君者好君也 收筆高絕韻絕○淡筆佳得有味更不迴顧已說妙妙

齊宣王問曰人皆謂我毀明堂毀諸已乎

孟子對曰夫明堂者王者之堂也王欲行王政則勿毀之矣 答語活甚

王曰王政可得聞與對曰昔者文王之治岐也耕者九一仕者世祿關市譏而不征澤梁無禁罪人不孥 典制之文簡古質實 老而無妻曰鰥老而無夫曰寡老而無子曰獨幼而無父曰孤此四者天下之窮民而無告者文王發政施仁必先斯四者詩云哿矣富人哀此煢獨 引拖得好

王曰善哉言乎曰王如善之則何爲不行王曰寡人有疾寡人好貨對曰昔者公劉好貨 奇語人不敢道 詩云乃積乃



倉乃裹餱糧于橐于囊思戢用光弓矢斯張干戈戚揚爰方啓行故居者有積倉行者有裹糧也然後可以爰方啓行 說詩如此變通後人何處置喙 王如好貨與百姓同之於王何有

王曰寡人有疾寡人好色對曰昔者太王好色愛厥妃 愛厥妃即說詩之旨預提在前文字參差變換處 詩云古公亶父來朝走馬率西水滸至于岐下爰及姜女聿來胥宇當是時也內無怨女外無曠夫 二語補足詩意引伸不盡○想當然語說來酣暢入情 王如好色與百姓同之於王何有 兩節無中生有鑿空入妙○兩節說詩處引伸變通有妙悟無

滯解○公劉好貨太王好色此等語聖人不肯道先儒不敢道不能道獨孟子公然說出却有奇情至理得不推爲千古絕論

孟子謂齊宣王曰王之臣有託其妻子於其友而之楚遊者比其反也則凍餒其妻子則如之何王曰棄之

曰士師不能治士則如之何王曰已之

曰四境之內不治則如之何王顧左右而言他竟住冷然入妙

○三則如之何森挺緊切咄咄逼人

孟子見齊宣王曰所謂故國者非謂有喬木之謂也語帶諷諧

妙有世臣之謂也王無親臣矣危語悚切昔者所進今日不知其亡也庸主輕於進退二語寫盡



王曰吾何以識其不才而舍之

曰國君進賢如不得已將使卑踰尊疏踰戚可不愼與語微至而婉轉○如不得已四字寫出深心苦衷

左右皆曰賢未可也諸大夫皆曰賢未可也國人皆曰賢然後察之見賢焉然後用之畫出如不得已光景左右皆曰不可勿聽諸大夫皆曰不可勿聽國人皆曰不可然後察之見不可焉然後去之

左右皆曰可殺勿聽諸大夫皆曰可殺勿聽國人皆曰可殺然後察之見可殺焉然後殺之故曰國人殺之也拉入刑殺件說不嫌添設○此段獨綴一句參差而悠暢都是末段收語

如此然後可以爲民父母老勁

齊宣王問曰湯放桀武王伐紂有諸孟子對曰於傳有之

曰臣弑其君可乎

曰賊仁者謂之賊賊義者謂之殘殘賊之人謂之一夫聞誅一夫紂矣未聞弑君也老吏斷獄

孟子見齊宣王曰爲巨室則必使工師求大木工師得大木則王喜以爲能勝其任也匠人斲而小之則王怒以爲不勝其任矣筆態翩翩輕妙絕倫夫人幼而學之壯而欲行之



王曰姑舍女所學而從我則何如則何如詰極雋冷妙

今有璞玉於此雖萬鎰必使玉人彫琢之妙在不說破接連又設一喻至於治國家則曰姑舍女所學而從我則何以異於教玉人彫琢玉哉則何如極蘊藉則何以異於教玉人云云極尖穎

齊人伐燕勝之

宣王問曰或謂寡人勿取或謂寡人取之以萬乘之國伐萬乘之國五旬而舉之人力不至於此不取必有天殃取之何如問答俱先平後側

孟子對曰取之而燕民悅則取之古之人有行之者武王是也取之而燕民不悅則勿取古之人有行之者文王是也 活絡語平中自具側勢筆筆疏爽悚動

以萬乘之國伐萬乘之國簞食壺漿以迎王師豈有他哉避水火也如水益深如火益熱亦運而已矣 水益深火益熱語痛切而深妙○此篇筆法如輕雲活水

齊人伐燕取之諸侯將謀救燕宣王曰諸侯多謀伐寡人者何以待之孟子對曰臣聞七十里爲政於天下者湯是也未聞以千里畏人者也 語帶調笑○問得迫急答得卻閒暇



書曰湯一征自葛始天下信之東面而征西夷怨南面而征北狄怨曰奚爲後我民望之若大旱之望雲霓也歸市者不止耕者不變誅其君而弔其民若時雨降民大悅書曰徯我后后來其蘇 偏不便說何以待之妙○引書與本文有異同是不拘印板者古人徵引多如此○兩引書詞中間參用釋文引伸其義極有手法○若大旱之望云云若時雨降兩喻脈理自相呼應

今燕虐其民王往而征之民以爲將拯己於水火之中也簞食壺漿以迎王師若殺其父兄係累其子弟毀其宗廟遷其重器如之何其可也 恣暢言之說得透快盡情 天下固畏齊之彊也今又倍地而不行仁政是動天下之兵也 擺宕開闊文境盤旋飛動

王速出令反其旄倪止其重器謀於燕衆置君而後去之則猶可及止也 危語有刼持○掃興之極孟子所不欲言然除此更無策矣

鄒與魯鬨 鬨字好笑 穆公問曰吾有司死者三十三人而民莫之死也誅之則不可勝誅不誅則疾視其長上之死而不救如之何則可也

孟子對曰凶年饑歲君之民 三字鑽心刺耳 老弱轉乎溝壑壯者散而之四方者幾千人矣而君之倉廩實府庫充有



司莫以告是上慢而殘下也 斷語辣勁 曾子曰戒之戒之出乎爾者反乎爾者也 果報昭然說得可畏 夫民今而後得反之也君無尤焉 答詞與問語針針相對 君行仁政斯民親其上死其長矣

滕文公問曰滕小國也閒於齊楚事齊乎事楚乎

孟子對曰是謀非吾所能及也無已則有一焉鑿斯池也築斯城也與民守之效死而民弗去則是可爲也

滕文公問曰齊人將築薛吾甚恐如之何則可

孟子對曰昔者太王居邠狄人侵之去之岐山之下居

焉非擇而取之不得已也

苟爲善後世子孫必有王者矣君子創業垂統爲可繼也若夫成功則天也君如彼何哉彊爲善而已矣 一句一轉 ○語氣纏綿激昂動人扼腕

滕文公問曰滕小國也竭力以事大國則不得免焉如之何則可孟子對曰昔者太王居邠狄人侵之事之以皮幣不得免焉事之以犬馬不得免焉事之以珠玉不得免焉乃屬其耆老而告之曰狄人之所欲者吾土地也吾聞之也君子不以其所以養人者害人二三子何患



乎無君我將去之 語惻惻動人 去邠踰梁山邑于岐山之下居焉邠人曰仁人也不可失也從之者如歸市

或曰世守也非身之所能爲也效死勿去 語似實而意則主妙○擘分兩策卻長短參差平中有側絕不板執○借或曰發論亦文家活脫法

君請擇於斯二者

魯平公將出嬖人臧倉者請曰他日君出則必命有司所之今乘輿已駕矣有司未知所之敢請公曰將見孟子曰何哉君所爲輕身以先於匹夫者以爲賢乎禮義由賢者出而孟子之後喪踰前喪君無見焉 數句中包無數轉折類雋活脫有筆鋒有神吻 公曰諾

樂正子入見曰君奚爲不見孟軻也曰或告寡人曰孟子之後喪踰前喪是以不往見也曰何哉君所謂踰者 正與臧倉語中何哉兩兩相對 前以士後以大夫前以三鼎而後以五鼎與曰否謂棺椁衣衾之美也曰非所謂踰也貧富不同也 辨語簡而盡

樂正子見孟子曰克告於君君爲來見也嬖人有臧倉者沮君君是以不果來也曰行或使之止或尼之行止非人所能也吾之不遇魯侯天也臧氏之子焉能使予



不遇哉 妙在將感憤語放在他人口中而自己以超脫應之極有身分○此篇鍊極是孟子極著意文字

孟子論文卷第一終 蘭陵門人張曾文韓洤孫毓址仝校

滋陽牛運震階平學

## 公孫丑

公孫丑問曰：夫子當路於齊，管仲、晏子之功，可復許乎？

孟子曰：子誠齊人也，知管仲、晏子而已矣。〔嘲笑不堪〕或問乎曾西曰：吾子與子路孰賢？曾西蹵然曰：吾先子之所畏也。曰：然則吾子與管仲孰賢？曾西艴然不悅，曰：爾何曾比予於管仲？管仲得君如彼其專也，行乎國政如彼其久也，功烈如彼其卑也，爾何曾比予於是？



曰：管仲，曾西之所不為也，而子為我願之乎？

曰：管仲以其君霸，晏子以其君顯。管仲、晏子猶不足為與？

曰：以齊王，由反手也。〔奚下一語極驚人，下文卻款款分疏〕

曰：若是，則弟子之惑滋甚。且以文王之德，百年而後崩，猶未洽於天下；武王、周公繼之，然後大行。今言王若易然，則文王不足法與？〔看他運用虛字旋轉有力〕

曰：文王何可當也。由湯至於武丁，賢聖之君六七作，〔簡括一篇商本紀〕天下歸殷久矣，久則難變也。武丁朝諸侯、有天下，猶運之掌也。紂之去武丁未久也，其故家遺俗、流風善政猶有存者；又有微子、微仲、王子比干、箕子、膠鬲，皆賢人也，相與輔相之，故久而後失之也。〔說商事層層轉折，如波疊雲披〕〔文勢甚厚〕尺地莫非其有也，一民莫非其臣也，然而文王猶方百里起，是以難也。〔筆筆遒拔挺勁○文王句單一筆拗轉，有扛鼎拔山之力〕齊人有言曰：雖有智慧，不如乘勢；雖有鎡基，不如待時。今時則易然也。〔夾縫中著此節，束上起下，文氣閒暇有餘〕夏后、殷、周之盛，地未有過千里者也，而齊有其地矣；雞鳴狗吠相聞，而達乎四境，而齊有其民矣。〔敘次俱有波折，有手法〕



地不改辟矣，民不改聚矣，行仁政而王，莫之能禦也。〔兩不改句斷句法，遒儁之極〕且王者之不作，未有疏於此時者也；民之憔悴於虐政，未有甚於此時者也。〔又宕開一層，條達深厚〕飢者易為食，渴者易為飲。

孔子曰：德之流行，速於置郵而傳命。〔夾說德作帶筆妙〕當今之時，萬乘之國行仁政，民之悅之，猶解倒懸也。故事半古之人，功必倍之，惟此時為然。〔住法勁峭○疊連三筆作總收，朴勁之極〕

公孫丑問曰夫子加齊之卿相得行道焉雖由此霸王不
異矣如此則動心否乎孟子曰否我四十不動心
曰若是則夫子過孟賁遠矣曰是不難告子先我不動
心陡然插入孟賁不倫之極妙在從孟賁生出北宮黝孟施舍二人是文字機趣相生處○又陡插入告子生出下文無數波瀾
曰不動心有道乎曰有
北宮黝之養勇也不膚撓不目逃思以一毫挫於人若
撻之於市朝不受於褐寬博亦不受於萬乘之君視刺
萬乘之君若刺褐夫奇語可入刺客傳無嚴諸侯惡聲至必反
之敘北宮黝文勢參差蟬聯
孟施舍之所養勇也曰視不勝猶勝也量敵而後進慮
勝而後會是畏三軍者也舍豈能為必勝哉能無懼而
已矣孟施舍小傳用自敘又一寫照法
孟施舍似曾子北宮黝似子夏擬得不倫類誕甚妙甚夫二子之
勇未知其孰賢然而孟施舍守約也孟施舍二句全無關道理祇是借此點次出曾子耳此文家機法之妙也宋儒說理之文斷不能作此等筆墨矣
昔者曾子謂子襄曰子好勇乎吾嘗聞大勇於夫子矣
此卽下文浩然之氣影照自反而不縮雖褐寬博吾不惴焉自反而



縮雖千萬人吾往矣縮字字法古
孟施舍之守氣又不如曾子之守約也斤斤較量似甚無謂愈誕愈妙
○文勢一鎮自己與告子兩邊身分俱已映到
曰敢問夫子之不動心與告子之不動心可得聞與告
子曰不得於言勿求於心不得於心勿求於氣不得於
心勿求於氣可不得於言勿求於心不可夫志氣之帥
也氣體之充也夫志至焉氣次焉勁格高調故曰持其志無
暴其氣精微之理道健之筆○數節說理精鑿深粹韓子所謂醇乎其醇也
既曰志至焉氣次焉又曰持其志無暴其氣者何也曰
志壹則動氣氣壹則動志也奥甚○精奥括道經子書之妙今夫蹶者
趨者是氣也而反動其心曉人不當如是邪
敢問夫子惡乎長曰我知言我善養吾浩然之氣劈分二語
峻絕浩然之氣廣大深奥
敢問何謂浩然之氣曰難言也
其為氣也至大至剛以直養而無害則塞於天地之閒
其為氣也配義與道無是餒也兩其為氣也雙提振聳使人變聽改觀○直塞
配餒等字字字有用意處
是集義所生者非義襲而取之也行有不慊於心則餒

矣我故曰告子未嘗知義以其外之也一句一轉筆筆拗折○迴顧告子一筆文勢環繞盤旋如此結構乃不散漫○集字襲字字法

必有事焉而勿正心勿忘勿助長也一本作而勿忘勿忘勿助長也疊一筆作過節理更長文勢亦更紆妍無若宋人然宋人有閔其苗之不長而揠之者芒芒然歸謂其人曰今日病矣予助苗長矣其子趨而往視之苗則槁矣天下之不助苗長者寡矣一筆宕開正喻夾說文意甚奇以為無益而舍之者不耘苗者也助之長者揠苗者也非徒無益而又害之綴二語作收極風神○引喻荒唐之甚然妙處正在此○宋人一喻極荒誕似莊列寓言○上節作一欄截此段又放開文勢方不板執



何謂知言曰詖辭知其所蔽淫辭知其所陷邪辭知其所離遁辭知其所窮生於其心害於其政發於其政害於其事聖人復起必從吾言矣衰周諸子之病盡此四項○較前段更有奧理而筆筆提起如峭壁疊嶂四面斗絕

宰我子貢善為說辭冉牛閔子顏淵善言德行孔子兼之曰我於辭命則不能也然則夫子既聖矣乎此下數節文氣忽然一平至末數節乃又提起作收文字最要如此轉換

曰惡是何言也昔者子貢問於孔子曰夫子聖矣乎孔子曰聖則吾不能我學不厭而教不倦也子貢曰學不厭智也教不倦仁也仁且智夫子既聖矣夫聖孔子不居是何言也

昔者竊聞之子夏子游子張皆有聖人之一體冉牛閔子顏淵則具體而微敢問所安

曰姑舍是三字簡袷有含蓄

曰伯夷伊尹何如曰不同道非其君不事非其民不使治則進亂則退伯夷也何事非君何使非民治亦進亂亦進伊尹也可以仕則仕可以止則止可以久則久可以速則速孔子也皆古聖人也吾未能有行焉乃所願則學孔子也三句三轉盤旋圓折



伯夷伊尹於孔子若是班乎曰否自有生民以來未有孔子也

曰然則有同與曰有得百里之地而君之皆能以朝諸侯有天下行一不義殺一不辜而得天下皆不為也是則同插入有同一段作開宕筆勢有作離作合之妙此文家善用轉換處

曰敢問其所以異曰宰我子貢有若智足以知聖人汙不至阿其所好

宰我曰以予觀於夫子賢於堯舜遠矣

子貢曰見其禮而知其政聞其樂而知其德由百世之
後等百世之王莫之能違也自生民以來未有夫子也
有若曰豈惟民哉麒麟之於走獸鳳凰之於飛鳥太山
之於丘垤河海之於行潦類也聖人之於民亦類也出
於其類拔乎其萃自生民以來未有盛於孔子也連引三子
之言不增一字便住得贊歎不盡之神
孟子曰以力假仁者霸霸必有大國以德行仁者王王不
待大湯以七十里文王以百里劈分精確疏爽惟其識高是以筆快○辨王霸
劃然如犀分水只是道得出



以力服人者非心服也力不贍也以德服人者中心悅
而誠服也如七十子之服孔子也比喻甚奇卻極精確詩云自西
自東自南自北無思不服此之謂也
孟子曰仁則榮不仁則辱今惡辱而居不仁是猶惡溼而
居下也起筆峭折精神之極
如惡之莫如貴德而尊士賢者在位能者在職國家閒
暇及是時明其政刑雖大國必畏之矣如惡之三字緊轉有力○添及
是時三字極精神
詩云迨天之未陰雨徹彼桑土綢繆牖戶今此下民或

敢侮予孔子曰為此詩者其知道乎能治其國家誰敢
侮之咏歎語意味深長○善說詩有往復轉換之神
今國家閒暇及是時般樂怠敖是自求禍也兩及是時遙作對照
甚緊
禍福無不自己求之者一語總收老健
詩云永言配命自求多福太甲曰天作孽猶可違自作
孽不可活此之謂也
孟子曰尊賢使能俊傑在位則天下之士皆悅而願立於
其朝矣劈分五條直截疏爽



市廛而不征法而不廛則天下之商皆悅而願藏於其
市矣
關譏而不征則天下之旅皆悅而願出於其路矣
耕者助而不稅則天下之農皆悅而願耕於其野矣
廛無夫里之布則天下之民皆悅而願為之氓矣
信能行此五者一句總承筆力千鈞則鄰國之民仰之若父母矣
率其子弟攻其父母自生民以來未有能濟者也層折疊轉
盤旋飛動如此則無敵於天下無敵於天下者天吏也然而
不王者未之有也從鄰國字摹寫是反托法○天吏字奇闢○筆筆轉筆筆跳[illegible]

孟子曰人皆有不忍人之心從痛切處說下一語筆筆抱住不放先王有不忍人之心斯有不忍人之政矣以不忍人之心行不忍人之政治天下可運之掌上

所以謂人皆有不忍人之心者今人乍見孺子將入於井皆有怵惕惻隱之心非所以內交於孺子之父母也非所以要譽於鄉黨朋友也非惡其聲而然也疊排三筆意緊氣間動盪流轉由是觀之無惻隱之心非人也無羞惡之心非人也無辭讓之心非人也無是非之心非人也反接警甚



惻隱之心仁之端也羞惡之心義之端也辭讓之心禮之端也是非之心智之端也正落暢甚人之有是四端也猶其有四體也有是四端而自謂不能者自賊者也謂其君不能者賊其君者也數段反正開闔極波瀾縈迴之妙

凡有四端於我者知皆擴而充之矣若火之始然泉之始達妙喻奇趣有苟能充之足以保四海苟不充之不足以事父母一語正結一語反結極暢足極老成○一篇文意純用濤折白描卻自沈著痛快○一篇文勢俱以排疊對偶行之別一機調而旋轉往復滾滾不竭柳子厚謂參之孟子以暢其支正謂此等

孟子曰矢人豈不仁於函人哉矢人惟恐不傷人函人惟恐傷人巫匠亦然故術不可不慎也起句突兀飄逸○一個比例法直用到底

孔子曰里仁爲美擇不處仁焉得智夫仁天之尊爵也人之安宅也妙詮奇喻莫之禦而不仁是不智也痛切不仁不智無禮無義人役也人役而恥爲役由弓人而恥爲弓矢人而恥爲矢也痛切如恥之莫如爲仁仁者如射射者正己而後發發而不中不怨勝己者反



求諸己而已矣一篇之中屢用譬喻而矢人函人弓人矢人以及仁者如射脈理貫串關照生情奇趣肆溢

孟子曰子路人告之以有過則喜禹聞善言則拜大舜有大焉善與人同舍己從人樂取於人以爲善自耕稼陶漁以至爲帝無非取於人者取諸人以爲善是與人爲善者也故君子莫大乎與人爲善取與字用來靈活與人爲善語最精深

孟子曰伯夷非其君不事非其友不友不立於惡人之朝

不與惡人言。立於惡人之朝。與惡人言。如以朝衣朝冠坐於塗炭。推惡惡之心。思與鄉人立。其冠不正。望望然去之。若將浼焉。是故諸侯雖有善其辭命而至者。不受也。不受也者。是亦不屑就已。一氣攢來聯疊而下一節直如一句○此節極似北宮黝養勇節文法敘柳下用代字法亦與孟施舍節畧同

柳下惠不羞汙君。不卑小官。進不隱賢。必以其道。遺佚而不怨。阨窮而不憫。故曰爾爲爾。我爲我。雖袒裼裸裎於我側。爾焉能浼我哉。故由由然與之偕而不自失焉。援而止之而止。援而止之而止者。是亦不屑去已。中閒串入



孟子曰。伯夷隘。柳下惠不恭。斷語斬截隘與不恭。君子不由也。柳下語紋次手法變○兩節煞語淡宕有味

孟子曰。天時不如地利。地利不如人和。一篇孟子兵法三里之城。七里之郭。環而攻之而不勝。夫環而攻之。必有得天時者矣。然而不勝者。是天時不如地利也。曲折淸醒城非不高也。池非不深也。兵革非不堅利也。米粟非不多也。委而去之。是地利不如人和也。排句中連下數非不字但覺輕靈不見推累

故曰。域民不以封疆之界。固國不以山谿之險。威天下不以兵革之利。得道者多助。失道者寡助。寡助之至。親戚畔之。多助之至。天下順之。排疊有氣勢○往復上意深厚雄健以天下之所順。攻親戚之所畔。故君子有不戰。戰必勝矣。收復疏爽透快○故君子句鈎勒有峭力

孟子將朝王。王使人來曰。寡人如就見者也。有寒疾。不可以風。朝將視朝。不識可使寡人得見乎。詞令亦善有對左氏風味曰。不幸而有疾。不能造朝。

明日出弔於東郭氏。公孫丑曰。昔者辭以病。今日弔。或



者不可乎。曰。昔者疾。今日愈。如之何不弔。不便說破好○與論語孺悲章同意然不如孺悲章簡妙

王使人問疾。醫來。孟仲子對曰。昔者有王命。有采薪之憂。不能造朝。今病小愈。趨造於朝。我不識能至否乎。詞亦委婉有情使數人要於路。曰。請必無歸而造於朝。

不得已而之景丑氏宿焉。景子曰。內則父子。外則君臣。人之大倫也。父子主恩。君臣主敬。丑見王之敬子也。未見所以敬王也。曰。惡。是何言也。齊人無以仁義與王言者。豈以仁義爲不美也。婉折入情其心曰。是何足與言仁義

也云爾則不敬莫大乎是一折險更之極我非堯舜之道不敢
以陳於王前故齊人莫如我敬王也辨甚捷甚○曲折婉轉絕大腕力
景子曰否非此之謂也禮曰父召無諾君命召不俟駕
固將朝也聞王命而遂不果宜與夫禮若不相似然
曰豈謂是與曾子曰晉楚之富不可及也彼以其富我
以吾仁彼以其爵我以吾義吾何慊乎哉夫豈不義而
曾子言之是或一道也故作波折極委婉有態天下有達尊三爵
一齒一德一朝廷莫如爵鄉黨莫如齒輔世長民莫如
德惡得有其一以慢其二哉較論鑿鑿與戰國策生王之頭不若死士之壟同妙



故將大有爲之君必有所不召之臣欲有謀焉則就之
其尊德樂道不如是不足與有爲也此段引申出脫更覺完密圓暢
故湯之於伊尹學焉而後臣之故不勞而王桓公之於
管仲學焉而後臣之故不勞而霸一正
今天下地醜德齊莫能相尚無他好臣其所教而不好
臣其所受教一反○句法深刻瘦勁國策中往往似此
湯之於伊尹桓公之於管仲則不敢召管仲且猶不可
召而況不爲管仲者乎
陳臻問曰前日於齊王餽兼金一百而不受於宋餽七十
鎰而受於薛餽五十鎰而受前日之不受是則今日之
受非也今日之受是則前日之不受非也淸折繚繞夫子必
居一於此矣加一句索性駁倒
孟子曰皆是也三字抵住欄截法
當在宋也予將有遠行行者必以贐辭曰餽贐予何爲
不受
當在薛也予有戒心辭曰聞戒故爲兵餽之予何爲不
受
若於齊則未有處也無處而餽之是貨之也焉有君子



而可以貨取乎貨之字法深刻透快
孟子之平陸謂其大夫曰子之持戟之士一日而三失伍
則去之否乎曰不待三去之字法
然則子之失伍也亦多矣陡然而入令人失驚凶年饑歲子之民
老羸轉於溝壑壯者散而之四方者幾千人矣曰此非
距心之所得爲也
曰今有受人之牛羊而爲之牧之者則必爲之求牧與
芻矣求牧與芻而不得則反諸其人乎抑亦立而視其
死與曰此則距心之罪也兩路逼詰作活語令其自吐供招妙

他日見於王曰王之爲都者臣知五人焉知其罪者惟孔距心至此始全點大夫姓名亦一法爲王誦之王曰此則寡人之罪也住得鶻突而有意味爲王誦之四字省法

孟子謂蚳鼃曰子之辭靈丘而請士師似也爲其可以言也今既數月矣未可以言與

蚳鼃諫於王而不用致爲臣而去

齊人曰所以爲蚳鼃則善矣所以自爲則吾不知也

公都子以告

曰吾聞之也有官守者不得其職則去有言責者不得



其言則去我無官守我無言責也則吾進退豈不綽綽然有餘裕哉何法鬆活輕妙

孟子爲卿於齊出弔於滕王使蓋大夫王驩爲輔行王驩朝暮見反齊滕之路未嘗與之言行事也

公孫丑曰齊卿之位不爲小矣齊滕之路不爲近矣反之而未嘗與言行事何也曰夫既或治之予何言哉渾妙覺身分更高

孟子自齊葬於魯反於齊止於嬴充虞請曰前日不知虞之不肖使虞敦匠事嚴虞不敢請今願竊有請也木若



以美然

曰古者棺椁無度中古棺七寸椁稱之自天子達於庶人非直爲觀美也然後盡於人心說來細貼入情

不得不可以爲悅無財不可以爲悅得之爲有財古之人皆用之吾何爲獨不然語極平和恬澹細算此篇說話祇得平和

且比化者無使土親膚於人心獨無恔乎言之慘然痛切動人心肺

吾聞之也君子不以天下儉其親結語沈厚高勁

沈同以其私問曰燕可伐與孟子曰可子噲不得與人燕子之不得受燕於子噲兩語判定老吏斷獄有仕於此而子悅之



不告於王而私與之吾子之祿爵夫士也亦無王命而私受之於子則可乎何以異於是引例確當不易

齊人伐燕或問曰勸齊伐燕有諸曰未也沈同問燕可伐與吾應之曰可彼然而伐之也彼如曰孰可以伐之則將應之曰爲天吏則可以伐之明白坦悉今有殺人者或問之曰人可殺與則將應之曰可彼如曰孰可以殺之則將應之曰爲士師則可以殺之亦用比例與上節對照互應今以燕伐燕何爲勸之哉較以暴易暴語尤精刻

燕人畔王曰吾甚慙於孟子

陳賈曰王無患焉王自以爲與周公孰仁且智小人聲口宛然
王曰惡是何言也曰周公使管叔監殷管叔以殷畔知
而使之是不仁也不知而使之是不智也仁智周公未
之盡也而況於王乎賈請見而解之語不多而字字深嚴明快所論亦極
有理幾於無可置辨
見孟子問曰周公何人也曰古聖人也曰使管叔監殷
管叔以殷畔也有諸曰然曰周公知其將畔而使之與
曰不知也然則聖人且有過與曰周公弟也管叔兄也
周公之過不亦宜乎極難辨析處只數語便已了然明快○止三四語剖辨瞭卽撇過妙



若多作回護便沾泥帶水矣
且古之君子過則改之今之君子過則順之古之君子
其過也如日月之食民皆見之及其更也民皆仰之今
之君子豈徒順之又從而爲之辭更不沾沾前事引伸題外閒閒議論字字
譏諷妙絕○兩兩比較暗與陳賈說齊王語針鋒相對

孟子致爲臣而歸

王就見孟子曰前日願見而不可得得侍同朝甚喜今
又棄寡人而歸不識可以繼此而得見乎詞令亦善對曰不
敢請耳固所願也二語最有分寸有斟酌極閒冷亦極[illegible]

他日王謂時子曰我欲中國而授孟子室養弟子以萬
鍾使諸大夫國人皆有所矜式子盍爲我言之
時子因陳子而以告孟子陳子以時子之言告孟子敘次極委款
孟子曰然夫時子惡知其不可也如使予欲富辭十萬
而受萬是爲欲富乎無字不曲無筆不轉
季孫曰異哉子叔疑使己爲政不用則亦已矣又使其
子弟爲卿人亦孰不欲富貴而獨於富貴之中有私龍
斷焉引子叔疑爲比骯髒而蘊藉



古之爲市者以其所有易其所無者有司者治之耳有
賤丈夫焉必求龍斷而登之以左右望而罔市利人皆
以爲賤故從而征之征商自此賤丈夫始矣淡宕之筆愈閒愈遠愈深後世惟太史公能有其妙○繁語無限咨嗟不更作收結意味深長○此篇委婉閒淡而情味無窮孟子中上乘文字

孟子去齊宿於晝

有欲爲王留行者坐而言不應隱几而臥
客不悅曰弟子齊宿而後敢言夫子臥而不聽請勿復
敢見矣曰坐我明語子昔者魯繆公無人乎子思之側

則不能安子思泄柳申詳無人乎繆公之側則不能安
其身
子爲長者慮而不及子思子絕長者乎長者絕子乎輕儁而嚴冷
孟子去齊尹士語人曰不識王之不可以爲湯武則是不
明也識其不可然且至則是干澤也千里而見王不遇
故去三宿而後出晝是何濡滯也士則茲不悅三段參差調法亦鬆靈
高子以告



曰夫尹士惡知予哉千里而見王是予所欲也不遇故
去豈予所欲哉予不得已也剖辨極晰快卻極沉厚婉轉
予三宿而出晝於予心猶以爲速王庶幾改之王如改
諸則必反予低徊纏綿
夫出晝而王不予追也予然後浩然有歸志予雖然豈
舍王哉此一折更奇烟波無限王由足用爲善王如用予則豈徒
齊民安天下之民舉安王庶幾改之予日望之重疊往復純是衷情純是姿態○浩然二字用得奇知其解者以爲純是一片淚眼也
予豈若是小丈夫然哉諫於其君而不受則怒悻悻然

見於其面去則窮日之力而後宿哉反收拗峭有力
尹士聞之曰士誠小人也綴尹士一語迴旋有情
孟子去齊充虞路問曰夫子若有不豫色然前日虞聞諸
夫子曰君子不怨天不尤人
曰彼一時此一時也
五百年必有王者興其間必有名世者警卓此二語亦堪名世
由周而來七百有餘歲矣以其數則過矣以其時考之
則可矣兩節低昂頓挫筆態神情妙極
夫天未欲平治天下也如欲平治天下當今之世舍我



其誰也吾何爲不豫哉胸襟懷抱不覺充口道出○滿口只作寬解語卻正是滿腹不平處
孟子去齊居休公孫丑問曰仕而不受祿古之道乎
曰非也於崇吾得見王退而有去志不欲變故不受也
繼而有師命不可以請久於齊非我志也前數章纏綿激昂此篇更以瀟洒閒淡勝○孟子乃古今第一風流蘊藉人世儒乃謂有泰山巖巖氣象真以貌取者

孟子論文卷第二終　蘭陵門人張魯文韓孩孫毓祉仝校

孟子論文卷第三

滋陽牛運震階平學

滕文公

滕文公爲世子將之楚過宋而見孟子

孟子道性善言必稱堯舜二語簡括得妙省卻無數筆墨

世子自楚反復見孟子孟子曰世子疑吾言乎夫道一而已矣緊空虛喝妙有機鋒

成覸謂齊景公曰彼丈夫也我丈夫也吾何畏彼哉顏淵曰舜何人也予何人也有爲者亦若是公明儀曰文



王我師也周公豈欺我哉連引三子之言不攙一語未極淡永

今滕絕長補短將五十里也猶可以爲善國書曰若藥不瞑眩厥疾不瘳借書詞引伸己意渾合聯貫眞成一串此善於引據者○此篇多臚引成語以中明己意另一格法

滕定公薨世子謂然友曰昔者孟子嘗與我言於宋於心終不忘今也不幸至於大故吾欲使子問於孟子然後行事

然友之鄒問於孟子孟子曰不亦善乎親喪固所自盡也曾子曰生事之以禮死葬之以禮祭之以禮可謂孝矣諸侯之禮吾未之學也雖然吾嘗聞之矣三年之喪齊疏之服飦粥之食自天子達於庶人三代共之

然友反命定爲三年之喪父兄百官皆不欲曰吾宗國魯先君莫之行吾先君亦莫之行也至於子之身而反之不可且志曰喪祭從先祖曰吾有所受之也釋志詞亦極有風致

謂然友曰吾他日未嘗學問好馳馬試劍今也父兄百官不我足也恐其不能盡於大事子爲我問孟子好世子

然友復之鄒問孟子孟子曰然不可以他求者也孔子



曰君薨聽於冢宰歠粥面深墨即位而哭百官有司莫敢不哀先之也上有好者下必有甚焉者矣君子之德風也小人之德草也草上之風必偃是在世子住得峭勁○孟子論禮特畧然說禮意卻自精深

然友反命世子曰然是誠在我緊承上文有力五月居廬未有命戒百官族人可謂曰知及至葬四方來觀之顏色之戚哭泣之哀弔者大悅凡齊疏飦粥歠粥面深墨五月居廬等項分作三處點次錯落互見不使讀者覺其複寘而文字亦不累贅重複此處極見手法

滕文公問爲國

孟子曰民事不可緩也詩云晝爾于茅宵爾索綯亟其乘屋其始播百穀（寬閒起舒以養局○先引詩將不可緩之神宕漾一番從此入手極從容風雅）

民之爲道也有恒產者有恒心無恒產者無恒心苟無恒心放辟邪侈無不爲已及陷乎罪然後從而刑之是罔民也焉有仁人在位罔民而可爲也

是故賢君必恭儉禮下取於民有制

陽虎曰爲富不仁矣爲仁不富矣（是故節作一提控此節又作一宕漾筆筆從容兼有變換）



夏后氏五十而貢殷人七十而助周人百畝而徹其實皆什一也徹者徹也助者藉也（釋文體蕭灑風神典制之文卻能風致如此）

龍子曰治地莫善於助莫不善於貢貢者校數歲之中以爲常樂歲粒米狼戾多取之而不爲虐則寡取之凶年糞其田而不足則必取盈焉爲民父母使民盻盻然將終歲勤動不得以養其父母又稱貸而益之使老稚轉乎溝壑惡在其爲民父母也（句法蟬聯不斷妙有逸氣厚力）

夫世祿滕固行之矣（撇卻一筆好正是斡補處）

詩云雨我公田遂及我私惟助爲有公田由此觀之雖

周亦助也（讀書具眼足見孟子經學之深）

設爲庠序學校以教之（帶入學校極周密）

庠者養也校者教也序者射也夏曰校殷曰序周曰庠學則三代共之皆所以明人倫也人倫明於上小民親於下（一路從容衍敘忽然振筆作收勒緊鍊有力）

有王者起必來取法是爲王者師也（此亦無聊之思卻說得極興頭十分歆動妙在空中摹撰）

詩云周雖舊邦其命維新文王之謂也子力行之亦以新子之國



使畢戰問井地孟子曰子之君將行仁政選擇而使子子必勉之夫仁政必自經界始經界不正井地不均穀祿不平（一篇體要○嚴峻整飭眞典冊文字）

是故暴君汙吏必慢其經界經界既正分田制祿可坐而定也（此下文字方整簡質與前半別一格調○先總提經界一段分出田祿次提滕國一段分出君子小人段落井井經緯分明反正順逆參差轉換典制文字極有手法者）

夫滕壤地褊小將爲君子焉將爲野人焉無君子莫治野人無野人莫養君子（此段提掇疏剔眼目分明筋節警動）

請野九一而助國中什一使自賦

卿以下必有圭田圭田五十畝餘夫二十五畝死徙無出鄉鄉田同井出入相友守望相助疾病相扶持則百姓親睦此井田之條約也插入此段敦厚醲趣致體格絕佳方里而井井九百畝其中爲公田八家皆私百畝同養公田公事畢然後敢治私事所以別野人也至此方點井田形制手法好此其大畧也若夫潤澤之則在君與子矣末又圓融一筆可謂盛水不漏○結法簡老



有爲神農之言者許行書法自楚之滕踵門而告文公曰遠方之人聞君行仁政願受一廛而爲氓文公與之處其徒數十人皆衣褐捆屨織席以爲食寫得形蹤詭異陳良之徒陳相書法有眼目與其弟辛負耒耜而自宋之滕點色目在前變法曰聞君行聖人之政是亦聖人也願爲聖人氓○三句三聖人亦自往復繚繞○兩下分敘寫出各人本色陳相見許行而大悅盡棄其學而學焉忽然合併敘次極離奇陳相見孟子道許行之言曰滕君則誠賢君也雖然未聞道也賢者與民並耕而食饔飧而治今也滕有倉廩府

庫則是厲民而以自養也惡得賢盡棄其學四字是陳相罪案○神農之言許行之言亦自有針線串應處孟子曰許子必種粟而後食乎曰然許子必織布而後衣乎曰否許子衣褐許子冠乎曰冠曰奚冠一事兩問曰冠素曰自織之與曰否以粟易之曰許子奚爲不自織曰害於耕曰許子以釜甑爨以鐵耕乎兩事一問曰然自爲之與曰否以粟易之入問參差離奇○管子問篇戰國策中詰辨文字俱似此○寫一狡猾犯人機警問官兩下機鋒如畫以粟易械器者不爲厲陶冶斷語斬截筆舌如刀陶冶亦以其械



器易粟者豈爲厲農夫哉翻進一層緊捷之甚且許子何不爲陶冶舍皆取諸其宮中而用之何爲紛紛然與百工交易何許子之不憚煩曰百工之事固不可耕且爲也三何字層層駁詰咄咄逼人然則治天下獨可耕且爲與斡轉神力○一語折倒眞有千鈞之力有大人之事有小人之事且一人之身而百工之所爲備如必自爲而後用之是率天下而路也駁得透快盡情故曰或勞心或勞力勞心者治人勞力者治於人治於人者食人治人者食於人天下之通義也淸靈明晰

當堯之時天下猶未平洪水橫流氾濫於天下草木暢茂禽獸繁殖五穀不登禽獸偪人獸蹄鳥跡之道交於中國是何世界說得駭心慘目○莽蒼古茂文勢拍天駕岸一片純是灝氣堯獨憂之舉舜而敷治焉舜使益掌火益烈山澤而焚之禽獸逃匿禹疏九河瀹濟漯而注諸海決汝漢排淮泗而注之江然後中國可得而食也當是時也禹八年於外三過其門而不入雖欲耕得乎一鎖跌宕盡致○於排敘處看其渾灝於關鎖處看其流轉○當堯之時以下大放厥辭文情風發泉湧沛然莫禦卻自斂勒回環步步不離宗旨



后稷教民稼穡樹藝五穀五穀熟而民人育人之有道也虛筆作開宕妙飽食煖衣逸居而無教則近於禽獸聖人有憂之使契爲司徒教以人倫父子有親君臣有義夫婦有别長幼有序朋友有信放勳曰勞之來之匡之直之輔之翼之使自得之又從而振德之聖人之憂民如此而暇耕乎再鎖○疊用排句文勢如連山列波而沈渾灝瀁函納有餘七篇中絕大文字堯以不得舜爲己憂舜以不得禹皋陶爲己憂盤旋迴斡極精神夫以百畝之不易爲己憂者農夫也拖筆作襯託妙分人以財謂之惠教人以善謂之忠爲天下得人者謂之仁是故以天下與人易爲天下得人難

孔子曰大哉堯之爲君惟天爲大惟堯則之蕩蕩乎民無能名焉君哉舜也巍巍乎有天下而不與焉堯舜之治天下豈無所用其心哉亦不用於耕耳三鎖○三層鎖凡三變法吾聞用夏變夷者未聞變於夷者也此用直下語並不另起一頭此之謂渾陳良楚產也悅周公仲尼之道北學於中國北方之學者未能或之先也彼所謂豪傑之士也子之兄弟事之數十年師死而遂倍之此下並攻其倍師文字更勃勃有怒氣昔者孔子沒三年之外門人治任將歸入揖於子貢相嚮而哭皆失聲然後歸子貢反築室於場獨居三年然



後歸他日子夏子張子游以有若似聖人欲以所事孔子事之彊曾子曾子曰不可江漢以濯之秋陽以暴之皜皜乎不可尚已三語贊歎聖人亦自高妙得體得神今也南蠻鴃舌之人非先王之道子倍子之師而學之亦異於曾子矣罵得痛快足爲陳良吐氣吾聞出於幽谷遷于喬木者未聞下喬木而入于幽谷者脫化詩詞妙○此段參用比喻斥罵之文亦自風流韻致魯頌曰戎狄是膺荆舒是懲周公方且膺之子是之學亦爲不善變矣迴抱變字好○此處卻要說周公若云魯侯便沒氣力○嚴峻文有斧鉞雷霆

之聲

從許子之道則市賈不貳國中無僞雖使五尺之童適市莫之或欺布帛長短同則賈相若麻縷絲絮輕重同則賈相若五穀多寡同則賈相若屨大小同則賈相若曰夫物之不齊物之情也或相倍蓰或相什伯或相千萬子比而同之是亂天下也巨屨小屨同賈人豈爲之哉只二語便已駁倒從許子之道相率而爲僞者也惡能治國家此篇當看其大氣鼓盪沈雄深渾處

墨者夷之因徐辟而求見孟子孟子曰吾固願見今吾尚病病愈我且往見夷子不來數句中轉折委婉



他日又求見孟子孟子曰吾今則可以見矣不直則道不見我且直之口吻吞吐入妙吾聞夷子墨者墨之治喪也以薄爲其道也夷子思以易天下豈以爲非是而不貴也婉折○加一倍法所謂持弩令滿然而夷子葬其親厚則是以所賤事親也○以彼之矛陷彼之盾眞令無處躲閃○數句中數轉折筆極圓健

徐子以告夷子夷子曰儒者之道古之人若保赤子此言何謂也之則以爲愛無差等施由親始語亦甚辨徐子以告孟子孟子曰夫夷子信以爲人之親其兄之子爲若親其鄰之赤子乎長句矯矯有力彼有取爾也赤子匍匐將入井非赤子之罪也善解經旨且天之生物也使之一本而夷子二本故也一語道著眞病眞同棒喝○一本二本剖析得透切痛快

蓋上世嘗有不葬其親者其親死則舉而委之於壑他日過之狐狸食之蠅蚋姑嘬之其顙有泚睨而不視善形容白描刻骨夫泚也非爲人泚中心達於面目蓋歸反虆梩而掩之數句惻怛婉轉掩之誠是也則孝子仁人之掩其親亦必有道矣掩之誠是也丁寧纏緜雖極無良人亦爲心摧氣噎○一段寫得愴悽蕭索刺人心肺

徐子以告夷子夷子憮然爲閒曰命之矣憮然爲閒四字形容得神



○命之矣語極簡妙寫頓悟神情如畫與首節詩見若照應若不照應妙○寫孟子夷子背面問荅點化機鋒可想

陳代曰不見諸侯宜若小然今一見之大則以王小則以霸且志曰枉尺而直尋宜若可爲也

孟子曰昔齊景公田招虞人以旌不至將殺之志士不忘在溝壑勇士不忘喪其元孔子奚取焉倒裝文法取非其招不往也如不待其招而往何哉激昂蕭洒且夫枉尺而直尋者以利言也如以利則枉尋直尺而利亦可爲與辨折極醒快亦甚蘊藉

昔者趙簡子使王良與嬖奚乘終日而不獲一禽嬖奚反命曰天下之賤工也或以告王良良曰請復之彊而後可一朝而獲十禽嬖奚反命曰天下之良工也簡子曰我使掌與女乘謂王良良不可曰吾爲之範我馳驅終日不獲一爲之詭遇一朝而獲十詩云不失其馳舍矢如破我不貫與小人乘請辭（兩述嬖奚之言語飄逸而雋永）御者且羞與射者比比而得禽獸雖若丘陵弗爲也（此亦文字加一倍法）如枉道而從彼何也且子過矣枉己者未有能直人者也（委婉清暢末一折又極峻勁一曲一直筆墨之能事畢矣）



景春曰公孫衍張儀豈不誠大丈夫哉一怒而諸侯懼安居而天下熄

孟子曰是焉得爲大丈夫乎子未學禮乎丈夫之冠也父命之女子之嫁也母命之往送之門戒之曰往之女家必敬必戒無違夫子以順爲正者妾婦之道也（嘻罵嘲笑之文卻以風流典則出之故妙）居天下之廣居立天下之正位行天下之大道得志與民由之不得志獨行其道富貴不能淫貧賤不能移威武不能屈此之謂大丈夫（屹然而止○筆筆拔起壁立千仞○世儒所謂泰山巖巖者庶幾近之）

周霄問曰古之君子仕乎孟子曰仕傳曰孔子三月無君則皇皇如也出疆必載質公明儀曰古之人三月無君則弔（此篇前半寛以養局愈寛愈妙）

三月無君則弔不以急乎

曰士之失位也猶諸侯之失國家也禮曰諸侯耕助以共粢盛夫人蠶繅以爲衣服犧牲不成粢盛不潔衣服不備不敢以祭惟士無田則亦不祭牲殺器皿衣服不備不敢以祭則不敢以宴亦不足弔乎（櫽括禮文有法三不敢緊承作章法）



出疆必載質何也

曰士之仕也猶農夫之耕也農夫豈爲出疆舍其耒耜哉（句法映照自成結構）

曰晉國亦仕國也未嘗聞仕如此其急仕如此其急也君子之難仕何也（一勒一放有輕舟過峽駿馬下坂之勢）

曰丈夫生而願爲之有室女子生而願爲之有家父母之心人皆有之不待父母之命媒妁之言鑽穴隙相窺踰牆相從則父母國人皆賤之（趙岐謂孟子長於譬喻觀此等可見）古之人未嘗不欲仕

也又惡不由其道不由其道而往者與鑽穴隙之類也一筆迴抱古趣飛動○數句屈曲條達○要旨止此一節卻用紆折引起多少那展忽然跌入文境最妙

彭更問曰後車數十乘從者數百人以傳食於諸侯不以泰乎孟子曰非其道則一簞食不可受於人如其道則舜受堯之天下不以爲泰子以爲泰乎隨筆飈開正極閎肆

曰否士無事而食不可也

曰子不通功易事以羨補不足則農有餘粟女有餘布子如通之則梓匠輪輿皆得食於子於此有人焉入則孝出則悌守先王之道以待後之學者而不得食於子



子何尊梓匠輪輿而輕爲仁義者哉

曰梓匠輪輿其志將以求食也君子之爲道也其志亦將以求食與曰子何以其志爲哉其有功於子可食而食之矣且子食志乎食功乎曰食志食志食功分疏義極精確

曰有人於此毁瓦畫墁其志將以求食也則子食之乎曰否曰然則子非食志也食功也住法搖曳有情正以不說盡爲妙○通篇妙用寓言正以譬況見離奇

萬章問曰宋小國也今將行王政齊楚惡而伐之則如之何



孟子曰湯居亳與葛爲鄰葛伯放而不祀湯使人問之曰何爲不祀曰無以供犧牲也湯使遺之牛羊葛伯食之又不以祀湯又使人問之曰何爲不祀曰無以供粢盛也湯使亳衆往爲之耕老弱饋食葛伯率其民要其有酒食黍稻者奪之不授者殺之有童子以黍肉餉殺而奪之書曰葛伯仇餉此之謂也

爲其殺是童子而征之四之內皆曰非富天下也爲匹夫匹婦復讎也意想語插贊語自滀染流動○敘事中忽隱激射宋國下二節亦然

湯始征自葛載十一征而無於天下句法勁肆東面而征西



夷怨南面而征北狄怨曰奚爲後我民之望之若大旱之望雨也歸市者弗止芸者不變誅其君弔其民如時雨降民大悅書曰徯我后后來其無罰

有攸不爲臣東征綏厥士女匪厥玄黃紹我周王見休惟臣附于大邑周其君子實玄黃于匪以迎其君子其小人簞食壺漿以迎其小人救民於水火之中取其殘而已矣其君子二語色澤情致俱佳○以往復爲咏歎以咏歎爲激射絕好文情濃厚清脫兼而有之

太誓曰我武惟揚侵于之疆則取于殘殺伐用張于湯有光

不行王政云爾苟行王政四海之內皆舉首而望之欲以爲君齊楚雖大何畏焉（不行王政一折筆力千鈞有轉石弄丸之妙）

孟子謂戴不勝曰子欲子之王之善與我明告子有楚大夫於此欲其子之齊語也則使齊人傅諸使楚人傅諸曰使齊人傅之曰一齊人傅之衆楚人咻之雖日撻而求其齊也不可得矣引而置之莊嶽之閒數年雖日撻而求其楚亦不可得矣

子謂薛居州善士也使之居於王所在於王所者長幼卑尊皆薛居州也王誰與爲不善在王所者長幼卑尊皆非薛居州也王誰與爲善一薛居州獨如宋王何（清折如話○一篇筆意清空皎潔有水淨沙明之妙）



公孫丑問曰不見諸侯何義孟子曰古者不爲臣不見（一句大意已完下皆作搖曳之筆）段干木踰垣而辟之泄柳閉門而不內是皆已甚迫斯可以見矣（頓挫筆態輕漾之極）陽貨欲見孔子而惡無禮（一語括盡小人肺肝）大夫有賜於士不得受於其家則往拜其門陽貨瞯孔子之亡也而饋孔子蒸豚孔子亦瞯其亡也而往拜之當是時陽貨先豈得不見（好頓挫娟峭輕婉風神絕佳）

曾子曰脅肩諂笑病于夏畦子路曰未同而言觀其色赧赧然非由之所知也由是觀之則君子之所養可知已矣（蘊藉風流乃至於此）

戴盈之曰什一去關市之征今茲未能請輕之以待來年然後已何如

孟子曰今有人日攘其鄰之雞者或告之曰是非君子之道曰請損之月攘一雞以待來年然後已（可謂善謔然已虐極）如知其非義斯速已矣何待來年



公都子曰外人皆稱夫子好辯敢問何也孟子曰予豈好辯哉予不得已也

天下之生久矣一治一亂（是大眼孔○提唱一篇之綱○登高一呼千山響應孟子他長篇往往先作一總冒此止一語提起更覺高老）

當堯之時水逆行氾濫於中國蛇龍居之民無所定下者爲巢上者爲營窟書曰洚水警余洚水者洪水也（釋書詞作宕曳筆有餘態）

使禹治之禹掘地而注之海驅蛇龍而放之菹水由地中行江淮河漢是也（點次風神）險阻既遠鳥獸之害人者消

然後人得平土而居之水由地中行寫水脈地理最精到。敘次中慨歎咨嗟

堯舜既沒聖人之道衰暴君代作壞宮室以爲汙池民無所安息棄田以爲園囿使民不得衣食邪說暴行又作園囿汙池沛澤多而禽獸至及紂之身天下又大亂中間括夏商多少情事。及紂之身倒點有力。敘事議論相輔而行茫茫蒼蒼拍天駕岸不見起滅離合之迹高文典冊冠絕今古

周公相武王誅紂伐奄三年討其君驅飛廉於海隅而戮之滅國者五十驅虎豹犀象而遠之天下大悅書曰丕顯哉文王謨丕承哉武王烈佑啓我後人咸以正無缺引書詠歎引伸又幹補文武無迹。驅蛇龍驅飛廉驅虎豹等皆立意爲奇闢語



世衰道微邪說暴行有作臣弒其君者有之子弒其父者有之兩有之惻然不忍盡言。累嘘大息唱歎入神

孔子懼作春秋春秋天子之事也是故孔子曰知我者其惟春秋乎罪我者其惟春秋乎

聖王不作諸侯放恣處士橫議楊朱墨翟之言盈天下天下之言不歸楊則歸墨楊氏爲我是無君也墨氏兼愛是無父也無父無君是禽獸也公明儀曰庖有肥肉廄有肥馬民有飢色野有餓莩此率獸而食人也楊墨

之道不息孔子之道不著是邪說誣民充塞仁義也仁義充塞則率獸食人人將相食沈痛深悚。此段亦是直接下不另作轉語體格最古

吾爲此懼四字領起有精神閑先聖之道距楊墨放淫辭邪說者不得作作於其心害於其事作於其事害於其政聖人復起不易吾言矣

昔者禹抑洪水而天下平周公兼夷狄驅猛獸而百姓寧孔子成春秋而亂臣賊子懼收束老勁大力搏捖

詩云戎狄是膺荆舒是懲則莫我敢承無父無君是周公所膺也又引詩以間之風致從容是筆力有餘處



我亦欲正人心息邪說距詖行放淫辭以承三聖者豈好辯哉予不得已也長句層累古勁沈厚

能言距楊墨者聖人之徒也拖筆言外餘神意思無盡。此篇高古沈渾孟子中壓卷文字並耕篇韓昌黎或可及此則非太史公更無第二人能望其項背矣宋儒乃謂蘇家父子能得孟子之妙眞不知孟子并不知蘇氏者也

匡章曰陳仲子豈不誠廉士哉居於陵三日不食耳無聞目無見也止加一也字妙不可言看他用語助之妙井上有李螬食實者過半矣匍匐往將食之三咽然後耳有聞目有見數虛字斡轉最

妙。史記序事，純是此等筆態。

孟子曰：於齊國之士，吾必以仲子爲巨擘焉。雖然，仲子惡能廉？轉折純是筋節。充仲子之操，則蚓而後可者也。拖筆機警圓活。夫蚓，上食槁壤，下飲黃泉。仲子所居之室，伯夷之所築與？抑亦盜跖之所築與？所食之粟，伯夷之所樹與？抑亦盜跖之所樹與？是未可知也。搖曳愈冷愈妙。○一路筆致似嘲似謔，文格最別。○以宕逸之筆寫靈警之思，妙極。

曰：是何傷哉？彼身織屨，妻辟纑，以易之也。

曰：仲子，齊之世家也。兄戴，蓋祿萬鍾。以兄之祿爲不義



之祿而不食也，以兄之室爲不義之室而不居也，辟兄離母，處於於陵。他日歸，則有饋其兄生鵝者，己頻顣曰：惡用是鶃鶃者爲哉？他日，其母殺是鵝也，與之食之。其兄自外至，曰：是鶃鶃之肉也。出而哇之。敘次中極跌宕之妙。以母則不食，以妻則食之；以兄之室則弗居，以於陵則居之。是尚爲能充其類也乎？兩兩比對，機警淸靈之極。若仲子者，蚓而後充其操者也。結尾一掉，風神高逸。

孟子論文卷第三終　蘭陵門人張魯文、韓泈、孫毓址仝校



# 孟子論文卷第四

滋陽牛運震階平學

## 離婁

孟子曰：離婁之明，公輸子之巧，不以規矩，不能成方員；師曠之聰，不以六律，不能正五音；堯舜之道，不以仁政，不能平治天下。連用不以不能等字排比而起，另一間架。○一路逆跌而入，文勢最警竦。今有仁心仁聞而民不被其澤，不可法於後世者，不行先王之道也。即上文而引伸之，顚倒回環。故曰：徒善不足以爲政，徒法不能以自行。前後文法極疏宕流走，此



處用二語橫截，屹然砥柱。詩云：不愆不忘，率由舊章。遵先王之法而過者，未之有也。此段正說，申明前意。聖人旣竭目力焉，繼之以規矩準繩，以爲方員平直，不可勝用也；旣竭耳力焉，繼之以六律，正五音，不可勝用也；旣竭心思焉，繼之以不忍人之政，而仁覆天下矣。遞接。首節一逆一順，極往復引伸之妙。故曰：爲高必因丘陵，爲下必因川澤。爲政不因先王之道，可謂智乎？又用排比作鎖，文勢小歇。

是以惟仁者宜在高位不仁而在高位是播其惡於衆
也承上另轉脫卸有法○一節中一反一正亦顛倒回環法
上無道揆也下無法守也朝不信道工不信度君子犯
義小人犯刑國之所存者幸也反煞語脈最緊
故曰城郭不完兵甲不多非國之災也田野不辟貨財
不聚非國之害也上無禮下無學賊民興喪無日矣極情
言之波瀾縈翻一篇警策處○賊民興二語看透亂世草竊姦宄之害已將秦末陳勝吳廣一輩照出眞片言
金鑑
詩曰天之方蹶無然泄泄



泄泄猶沓沓也
事君無義進退無禮言則非先王之道者猶沓沓也兩猶
沓沓也複得妙流動悚切
故曰責難於君謂之恭陳善閉邪謂之敬吾君不能謂
之賊三排句作結斬截而古勁○通篇連用四故曰作關鎖而調法變換節節不同○一篇多以逆筆反
逼取勝
孟子曰規矩方員之至也聖人人倫之至也用雙排起語平勢側節短
意長
欲爲君盡君道欲爲臣盡臣道六字句不可斷讀二者皆法堯

舜而已矣不以舜之所以事堯事君不敬其君者也不
以堯之所以治民治民賊其民者也疊累句法不嫌其鈍拙
孔子曰道二仁與不仁而已矣仁與不仁總重爲君卻不見側注之迹○前後
一法一戒中用一細局杖最新
暴其民甚則身弒國亡不甚則身危國削名之曰幽厲
雖孝子慈孫百世不能改也說到身後惡名悚然可畏
詩云殷鑒不遠在夏后之世此之謂也
孟子曰三代之得天下也以仁其失天下也以不仁疏爽明快
國之所以廢興存亡者亦然省筆古勁



天子不仁不保四海諸侯不仁不保社稷卿大夫不仁
不保宗廟士庶人不仁不保四體本意重在諸侯卻排連說下不見側注之
迹妙能用渾
今惡死亡而樂不仁是猶惡醉而強酒妙譬極淺近極痛切
孟子曰愛人不親反其仁治人不治反其智禮人不答反
其敬
行有不得者皆反求諸己其身正而天下歸之
詩云永言配命自求多福此篇有分有總有逆有順又有咏歎小文而備大文之局
孟子曰人有恒言皆曰天下國家天下之本在國國之本

在家家之本在身三語屹然山立正以層累成峻聳

孟子曰爲政不難不得罪於巨室巨室之所慕一國慕之一國之所慕天下慕之故沛然德教溢乎四海肯綮語最警策○節短氣旺有一瀉千里之勢○不得罪於巨室語似奇極不經下文分疏之便極平實明白文勢亦自沛然莫禦

孟子曰天下有道小德役大德小賢役大賢天下無道小役大弱役強斯二者天也順天者存逆天者亡創闢之論自成名偉○空中泛論虛虛頓住正爲正文作跌逼地

齊景公曰既不能令又不受命是絕物也涕出而女於



吳涕出句寫盡不堪後世遣公主事和親者讀此汗顏

今也小國師大國而恥受命焉是猶弟子而恥受命於先師也弟子先師調笑得妙○涕出女吳正逼起恥字卻說小國不應恥一段逆跌反逼此處文勢眞有控怒馬持硬弩之妙

如恥之莫若師文王師文王大國五年小國七年必爲政於天下矣一轉險捷之極眞撥千鈞石如弄丸者

詩云商之孫子其麗不億上帝既命侯于周服侯服于周天命靡常殷士膚敏祼將于京孔子曰仁不可爲衆也夫國君好仁天下無敵仁不可爲衆句極精鍊○國君好仁二語屹然一篇之柱

今也欲無敵於天下而不以仁是猶執熱而不以濯也

詩云誰能執熱逝不以濯反正言之淋漓盡致○執熱猶言盛熱杜詩爾曹輕執熱是也濯洗濯也古註如此解當從之

孟子曰不仁者可與言哉安其危而利其菑樂其所以亡者不仁而可與言則何亡國敗家之有流連往復歎息痛恨○此孟子勸世苦衷文字悲憫之極幾於痛哭危悚警切一篇之中三致意焉

有孺子歌曰滄浪之水清兮可以濯我纓滄浪之水濁兮可以濯我足

孔子曰小子聽之清斯濯纓濁斯濯足矣自取之也說他



自取亦是哀矜不可以刻毒語讀之

夫人必自侮然後人侮之家必自毀而後人毀之國必自伐而後人伐之引伸自取之旨長言咨嗟悲酸滿目

太甲曰天作孽猶可違自作孽不可活此之謂也

孟子曰桀紂之失天下也失其民也失其民者失其心也得天下有道得其民斯得天下矣得其民有道得其心斯得民矣得其心有道所欲與之聚之所惡勿施爾也一路逆跌而入層層翻剝玲瓏輕鬆絕好手法

民之歸仁也猶水之就下獸之走壙也添出獸走壙一層更新穎

故爲淵敺魚者獺也爲叢敺爵者鸇也爲湯武敺民者
桀與紂也 奇語妙理。從獸字生出魚爵節次生發有情。連用比與之體趙岐謂孟子尤長於詩
信然
今天下之君有好仁者則諸侯皆爲之敺矣雖欲無王
不可得已 諸侯皆爲之敺語特妙異㨾歆動
今之欲王者猶七年之病求三年之艾也 妙喩痛切 苟爲不
畜終身不得苟不志於仁終身憂辱以陷於死亡 波轉瀾翻
此篇尤爲淋漓盡致
詩云其何能淑載胥及溺此之謂也 引詩又生一喩



孟子曰自暴者不可與有言也自棄者不可與有爲也言
非禮義謂之自暴也吾身不能居仁由義謂之自棄也
此與不仁者篇大意畧同
仁人之安宅也義人之正路也
曠安宅而弗居舍正路而不由哀哉 悽切痛快
孟子曰道在爾而求諸遠事在易而求諸難人人親其親
長其長而天下平 平正簡鍊
孟子曰居下位而不獲於上民不可得而治也獲於上有
道不信於友弗獲於上矣信於友有道事親弗悅弗信

於友矣悅親有道反身不誠不悅於親矣誠身有道不
明乎善不誠其身矣 全用中庸孔子語
是故誠者天之道也思誠者人之道也
至誠而不動者未之有也不誠未有能動者也 只是顚倒回環
法用之最爲靈變
孟子曰伯夷辟紂居北海之濱聞文王作興曰盍歸乎來
吾聞西伯善養老者太公辟紂居東海之濱聞文王作
興曰盍歸乎來吾聞西伯善養老者 兩段一樣不甚變換正妙。吾聞西
伯倒句於下便有頓挫若作吾聞云云盍歸乎便平衍少味矣



二老者天下之大老也而歸之是天下之父歸之也天
下之父歸之其子焉往 奇語新警清折如話
諸侯有行文王之政者七年之內必爲政於天下矣
孟子曰求也爲季氏宰無能改於其德而賦粟倍他日孔
子曰求非我徒也小子鳴鼓而攻之可也 改於其德立言最雅
由此觀之君不行仁政而富之皆棄於孔子者也 善用襯托
是文家加倍法 況於爲之强戰 陡轉險捷 爭地以戰殺人盈野爭城
以戰殺人盈城此所謂率土地而食人肉 奇語刻骨 罪不容
於死 深痛之辭不厭其嚴

故善戰者服上刑連諸侯者次之辟草萊任土地者次之斷案如山眞老吏讞語○霜鋒稜稜最斬截文字

孟子曰存乎人者莫良於眸子良字深妙眸子不能掩其惡胷中正則眸子瞭焉胷中不正則眸子眊焉此千古冰鑒創論也確有至理眞不可易

聽其言也觀其眸子人焉廋哉補一筆周密也字連下讀有觀聽並用以靜閱動以閒待忙之妙

孟子曰恭者不侮人儉者不奪人孟子每下一語如利刃切[redacted]無不透快侮奪人之君惟恐不順焉惡得爲恭儉恭儉豈可以聲音



笑貌爲哉語帶調笑妙正如望梅不可已渴畫餅不可充飢也○語勢已完更用拖筆飄開極風致極精神

淳于髡曰男女授受不親禮與孟子曰禮也曰嫂溺則援之以手乎曰嫂溺不援是豺狼也反語荅得妙男女授受不親禮也嫂溺援之以手者權也即分剖二語妙若預杜其再問者○看他一路紆折而來不可測度

曰今天下溺矣夫子之不援何也陡入迅捷驚人

曰天下溺援之以道嫂溺援之以手子欲手援天下乎止劃出兩字外消瓦解○一語喝破不瑣瑣置辨妙



公孫丑曰君子之不教子何也

孟子曰勢不行也教者必以正以正不行繼之以怒繼之以怒則反夷矣夫子教我以正夫子未出於正也則是父子相夷也父子相夷則惡矣全用蟬聯之筆瀏亮夷猶○中間用代字筆輕活圓轉

古者易子而教之

父子之閒不責善責善則離離則不祥莫大焉

孟子曰事孰爲大事親爲大守孰爲大守身爲大不失其身而能事其親者吾聞之矣失其身而能事其親者吾



未之聞也忽平忽串有橫看成嶺側看成峯之妙

孰不爲事事親事之本也孰不爲守守身守之本也層層翻剝清折靈轉

曾子養曾晳必有酒肉將徹必請所與問有餘必曰有曾晳死曾元養曾子必有酒肉將徹不請所與問有餘曰亡矣將以復進也此所謂養口體者也若曾子則可謂養志也倒轉曾子筆勢回環○單承事親更不照管守身一邊事親止舉曾氏一門逸事閒閒論述參差中大有別趣

事親若曾子者可也結法高逸風神絕世

孟子曰人不足與適也政不足閒也惟大人爲能格君心之非 肯要語能見其大 君仁莫不仁君義莫不義君正莫不正一正君而國定矣 閒字上不必添與字正見參差而文義未嘗不足

孟子曰有不虞之譽有求全之毁 兩有字無限感慨○語極簡快卻字字精到

孟子曰人之易其言也無責耳矣 此中有幸不幸二義正須善會○雖一二語皆可摘作座銘

孟子曰人之患在好爲人師

樂正子從於子敖之齊 伏一筆在前以後問荅吞吐隱躍俱可暗會左氏善用此法

樂正子見孟子孟子曰子亦來見我乎曰先生何爲出



此言也曰子來幾日矣曰昔者曰昔者則我出此言也不亦宜乎曰舍館未定曰子聞之也舍館定然後求見長者乎 搶白得亦自風韻

曰克有罪

孟子謂樂正子曰子之從於子敖來徒餔啜也我不意子學古之道而以餔啜也 是愛惜篤摯語不是峻責調笑語讀者須善會

孟子曰不孝有三無後爲大 簡淨

舜不告而娶爲無後也君子以爲猶告也 簡貴處乃惜字如金

孟子曰仁之實事親是也義之實從兄是也 實字須看正極質切

智之實知斯二者弗去是也禮之實節文斯二者是也樂之實樂斯二者樂則生矣生則惡可已也惡可已則不知足之蹈之手之舞之 寫得充悅動盪○勢極飄動筆仍沉著○精核的確經緯縱橫皆有條理

孟子曰天下大悅而將歸己視天下悅而歸己猶草芥也惟舜爲然不得乎親不可以爲人不順乎親不可以爲子 起法突兀○頓得風逸○倒入有勢

舜盡事親之道而瞽瞍底豫瞽瞍底豫而天下化瞽瞍底豫而天下之爲父子者定此之謂大孝 低皇動盪絕大文字○此



篇多用往復渾灝之筆

孟子曰舜生於諸馮遷於負夏卒於鳴條東夷之人也 點次疏越

文王生於岐周卒於畢郢西夷之人也

地之相去也千有餘里世之相後也千有餘歲得志行乎中國若合符節

先聖後聖其揆一也 推言之道理更圓暢

子產聽鄭國之政以其乘輿濟人於溱洧 書法

孟子曰惠而不知爲政 斷筆簡盡下文層層分疏意思不竭

歲十一月徒杠成十二月輿梁成民未病涉也民未病涉語帶諷妙

君子平其政行辟人可也焉得人人而濟之反正言之曲暢

故爲政者每人而悅之日亦不足矣

孟子告齊宣王曰君之視臣如手足則臣視君如腹心君之視臣如犬馬則臣視君如國人君之視臣如土芥則臣視君如寇讎

王曰禮爲舊君有服何如斯可爲服矣

曰諫行言聽膏澤下於民有故而去則君使人導之出



疆又先於其所往去三年不反然後收其田里此之謂三有禮焉如此則爲之服矣

今也爲臣諫則不行言則不聽膏澤不下於民有故而去則君搏執之又極之於其所往去之日遂收其田里此之謂寇讎寇讎何服之有論不必甚確後人譏其已甚然自有悚切動聽處

孟子曰無罪而殺士則大夫可以去無罪而戮民則士可以徙

孟子曰君仁莫不仁君義莫不義

孟子曰非禮之禮非義之義大人弗爲



孟子曰中也養不中才也養不才故人樂有賢父兄也如中也棄不中才也棄不才則賢不肖之相去其間不能以寸語特刻妙○中肯之言一意反復極有意味○養字字法好

孟子曰人有不爲也而後可以有爲清矯

孟子曰言人之不善當如後患何

孟子曰仲尼不爲已甚者每發一言必中竅要故片語隻字皆可名世

孟子曰大人者言不必信行不必果惟義所在

孟子曰大人者不失其赤子之心者也大人赤子合併得奇確有至理○二節意思相承



孟子曰養生者不足以當大事惟送死可以當大事

孟子曰君子深造之以道欲其自得之也自得之則居之安居之安則資之深資之深則取之左右逢其原故君子欲其自得之也首尾縈迴如環無端○中間排聯而下孟子慣用此法○正喻雙關是說理能參活者

孟子曰博學而詳說之將以反說約也

孟子曰以善服人者未有能服人者也以善養人然後能服天下天下不心服而王者未之有也此養字即前中也章養字而用來更深厚

孟子曰言無實不祥不祥之實蔽賢者當之此節文法奇崛不祥字下得辣狠深痛極詆之

徐子曰仲尼亟稱於水曰水哉水哉何取於水也

孟子曰原泉混混不舍晝夜盈科而後進放乎四海有本者如是是之取爾

苟爲無本七八月之閒雨集溝澮皆盈其涸也可立而待也故聲聞過情君子恥之正意只兩句已盡。上節從水跌落出有本此節即從無本兜轉顚倒回環文法最緊

孟子曰人之所以異於禽獸者幾希庶民去之君子存之



舜明於庶物察於人倫由仁義行非行仁義也此例一字安勉

此語非孟子不能道創闢透快

判然

孟子曰禹惡旨酒而好善言

湯執中立賢無方

文王視民如傷望道而未之見

武王不泄邇不忘遠歷叙諸聖每人總括二語不必恐有來處而精當不易

周公思兼三王以施四事其有不合者仰而思之夜以繼日幸而得之坐以待旦借周公將上文一總而筆勢忽然一縱既不散緩又不板

拘此行文最有法處。前後數章若斷若連段落脈理極分明極貫串位置諸聖亦參差有法

孟子曰王者之迹熄而詩亡詩亡然後春秋作二語括二經之原委綜一代之盛衰。詩與春秋絶不相蒙孟子看出春秋繼詩何等淵識卓見後世經生家有此解悟否

晉之乘楚之檮杌魯之春秋一也

其事則齊桓晉文其文則史孔子曰其義則丘竊取之矣孔子另作一章特叙極是單拈作春秋一事奇。一義字括盡春秋大旨文法亦自斷制而深永

孟子曰君子之澤五世而斬小人之澤五世而斬

予未得爲孔子徒也予私淑諸人也淵永深厚無限深情

孟子曰可以取可以無取取傷廉可以與可以無與與傷



惠可以死可以無死死傷勇

逢蒙學射於羿盡羿之道思天下惟羿爲愈己於是殺羿

孟子曰是亦羿有罪焉公明儀曰宜若無罪焉曰薄乎云爾惡得無罪横插公明儀語妙三數語耳已經兩番研斷。空中設爲問荅辨折甚奇

鄭人使子濯孺子侵衛衛使庾公之斯追之子濯孺子曰今日我疾作不可以執弓吾死矣夫問其僕曰追我者誰也其僕曰庾公之斯也曰吾生矣其僕曰庾公之斯衛之善射者也夫子曰吾生何謂也曰庾公之斯學射於尹公之他尹公之他學射於我夫尹公之他端人

也其取友必端矣借孺子口中發出正論已將蒙羿事斷盡庾公之斯至曰夫子何爲不執弓曰今日我疾作不可以執弓曰小人學射於尹公之他尹公之他學射於夫子我不忍以夫子之道反害夫子復述一遍妙與孺子口吻一樣不換雖然今日之事君事也我不敢廢抽矢扣輪去其金發乘矢而後反更不自贅

一語極爲有味○孟子敘事清折有味淡宕得神左氏以後太史公以前另樣絕佳手筆

孟子曰西子蒙不潔則人皆掩鼻而過之雖有惡人齊戒沐浴則可以祀上帝祇是周書罔念克念二語義理而以寓言出之雋穎超脫絕高文品



孟子曰天下之言性也則故而已矣故者以利爲本理極精奧語極清靈所惡於智者爲其鑿也如智者若禹之行水也則無惡於智矣禹之行水也行其所無事也如智者亦行其所無事則智亦大矣一層搯作兩層極流連往復之致○行所無事括盡大禹疏導精理天之高也星辰之遠也苟求其故千歲之日至可坐而致也純是虛曠之筆極高超極深遠直見推步精蘊

公行子有子之喪右師往弔入門有進而與右師言者有就右師之位而與右師言者書出滿堂紛紛醜態孟子不與右師言右師不悅曰諸君子皆與驩言孟子獨不與驩言是簡驩也屢用右師字有眼目若省一二即失之

孟子聞之曰禮朝廷不歷位而相與言不踰階而相揖也我欲行禮子敖以我爲簡不亦異乎公行之家本非朝廷卻藉口朝廷之禮以拒右師語意自妙

孟子曰君子所以異於人者以其存心也君子以仁存心以禮存心一意委婉清空如話仁者愛人有禮者敬人句法蟬聯而下愛人者人恆愛之敬人者人恆敬之



有人於此其待我以橫逆則君子必自反也我必不仁也必無禮也此物奚宜至哉仁禮二語故故疊複其自反而仁矣自反而有禮矣其橫逆由是也君子必自反也我必不忠又添出一層反復盡致自反而忠矣其橫逆由是也君子曰此亦妄人也已矣如此則與禽獸奚擇哉於禽獸又何難焉是故君子有終身之憂無一朝之患也忽斷二語束上起下乃若所憂則有之折轉矯健舜人也我亦人也舜爲法於天下可傳於後世我由未免爲鄉人也是則可憂也憂之如何

如舜而已矣若夫君子所患則亡矣拈可憂一層作襯筆故故紆徐一折便極緊妙非仁無爲也非禮無行也如有一朝之患則君子不患矣反掉更暢筆有餘態○仍收繳仁禮同翔盡致○筆意極紆折極靈敏○此篇不可以深厚含蓄論之而清靈委折特爲有致

禹稷當平世眼目三過其門而不入孔子賢之顏子當亂世居於陋巷一簞食一瓢飲人不堪其憂顏子不改其樂孔子賢之

孟子曰禹稷顏回同道

禹思天下有溺者由己溺之也稷思天下有飢者由己



飢之也是以如是其急也單說禹稷一邊而兩邊都到斜嶺側峯轉看轉妙

禹稷顏子易地則皆然

今有同室之人鬬者救之雖被髮纓冠而救之可也學兩救之有情

鄉鄰有鬬者被髮纓冠而往救之則惑也雖閉戶可也綴一句語勢更緊足○上文已盡又借喻言證之閒文餘波悠然自遠

公都子曰匡章通國皆稱不孝焉夫子與之遊又從而禮貌之敢問何也

孟子曰世俗所謂不孝者五惰其四支不顧父母之養一不孝也博弈好飲酒不顧父母之養二不孝也好貨財私妻子不顧父母之養三不孝也從耳目之欲以爲父母戮四不孝也好勇鬬很以危父母五不孝也章子有一於是乎

夫章子子父責善而不相遇也

責善朋友之道也父子責善賊恩之大者三四語耳開合頓挫俱有

夫章子豈不欲有夫妻子母之屬哉爲得罪於父不得近出妻屏子終身不養焉其設心以爲不若是是則罪之大者反拖一筆迴翔曲折是則章子已矣是則章子已矣不置襃貶妙分寸斟酌○



屢喚章子妙一喚一轉一轉一意

曾子居武城有越寇或曰寇至盍去諸曰無寓人於我室毀傷其薪木寇退則曰修我牆屋我將反寇退曾子反左右曰待先生如此其忠且敬也寇至則先去以爲民望寇退則反殆於不可沈猶行曰是非汝所知也昔沈猶有負芻之禍從先生者七十人未有與焉先生字眼目

子思居於衛有齊寇或曰寇至盍去諸子思曰如伋去君誰與守伋字君字眼目

孟子曰曾子子思同道曾子師也父兄也子思臣也微

也曾子子思易地則皆然師也父兄也臣也微也斷制簡嚴節短韻長公穀中往往有此句法○敘事詳斷語簡與禹稷顏子章局同而法異

儲子曰王使人瞯夫子果有以異於人乎孟子曰何以異於人哉堯舜與人同耳語爽甚占盡身分

齊人有一妻一妾而處室者其良人出則必饜酒肉而後反其妻問所與飲食者則盡富貴也其妻告其妾曰良人出則必饜酒肉而後反問其與飲食者盡富貴也而未嘗有顯者來吾將瞯良人之所之也蚤起施從良人之所之徧國中無與立談者卒之東郭墦間之祭者乞



其餘不足又顧而之他此其爲饜足之道也忽插斷語冷甚○語殊調笑輕薄其妻歸告其妾曰良人者所仰望而終身也今若此止三字嗚咽之極與其妾訕其良人而相泣於中庭而良人未之知也施施從外來驕其妻妾仍收轉良人妙未之知也尖冷之極○敘事只用數虛字轉折便已神情欲活

由君子觀之則人之所以求富貴利達者其妻妾不羞也而不相泣者幾希矣一語作斷已罵盡世間人○長句中有數轉折拗曲生動

孟子論文卷第四終

蘭陵門人張爵文韓洺孫毓址仝校



# 孟子論文卷第五

滋陽牛運震階平學

## 萬章

萬章問曰舜往于田號泣于旻天何爲其號泣也孟子曰怨慕也怨慕二字合用奇文至情奇情至理○只二字括小雅詩人之旨

萬章曰父母愛之喜而不忘父母惡之勞而不怨然則舜怨乎曰長息問於公明高曰舜往于田則吾既得聞命矣號泣于旻天于父母則吾不知也公明高曰是非爾所知也夫公明高以孝子之心爲不若是恝我竭力



耕田共爲子職而已矣父母之不我愛於我何哉曲折深婉○我竭力耕田數句正所謂恝也若是字連下句法拙古依俗解則失之○此與仁人固如是乎三句句法同帝使其子九男二女百官牛羊倉廩備以事舜於畎畝之中天下之士多就之者帝將胥天下而遷之焉爲不順於父母如窮人無所歸形容沈摯○如窮人句寫怨慕二字曲盡衷情天下之士悅之人之所欲也而不足以解憂好色人之所欲妻帝之二女而不足以解憂富人之所欲富有天下而不足以解憂貴人之所欲貴爲天子而不足以解憂人悅之好色富貴無足以解憂者惟順於父母可以

解憂。曩累上文總收文勢便厚○爲不順於父母二句是怨慕二字注語此節又爲不順於父母二句注語層次疏解最妙

人少則慕父母知好色則慕少艾有妻子則慕妻子仕則慕君不得於君則熱中大孝終身慕父母五十而慕者予於大舜見之矣借常情作一反照此襯托法○慕君一項加一筆寫得痛切熱中二字字法深至

萬章問曰詩云娶妻如之何必告父母信斯言也宜莫如舜舜之不告而娶何也孟子曰告則不得娶男女居室人之大倫也如告則廢人之大倫以懟父母是以不告也懟字下得深仍推在父母身上好



萬章曰舜之不告而娶則吾既得聞命矣帝之妻舜而不告何也曰帝亦知告焉則不得妻也此層輕帶只兩句已畢筆致亦跳脫

萬章曰父母使舜完廩捐階瞽瞍焚廩使浚井出從而揜之象曰謨蓋都君咸我績古甚似尚書牛羊父母倉廩父母干戈朕琴朕弤朕二嫂使治朕棲象往入舜宮舜在牀琴象曰鬱陶思君爾忸怩寫得有景○鬱陶忸怩五字古骨古韻舜曰惟茲臣庶汝其于予治不識舜不知象之將殺已與曰奚

而不知也象憂亦憂象喜亦喜聖人兄弟至情八字寫盡○鬱陶忸怩惻隱羞惡都有一時向傲弟腔中搜出兩種良心

曰然則舜僞喜者與有此一詰妙解至理俱出曰否昔者有饋生魚於鄭子產子產使校人畜之池校人烹之反命曰始舍之圉圉焉少則洋洋焉攸然而逝形容工絕眞有賦態子產曰得其所哉得其所哉校人出曰孰謂子產智予既烹而食之曰得其所哉得其所哉複言有味故君子可欺以其方難罔以非其道彼以愛兄之道來故誠信而喜之奚僞焉圓穩妥貼盛水不漏○如此方收結得住



萬章問曰象日以殺舜爲事立爲天子則放之何也孟子曰封之也或曰放焉崇性說封之妙

萬章曰舜流共工于幽州放驩兜于崇山殺三苗于三危殛鯀于羽山四罪而天下咸服誅不仁也象至不仁封之有庳有庳之人奚罪焉仁人固如是乎在他人則誅之在弟則封之倒插仁人句在前如是字連下讀筆法稍著變化便有味曰仁人之於弟也不藏怒焉不宿怨焉親愛之而已矣親之欲其貴也愛之欲其富也封之有庳富貴之也身爲天子弟爲匹夫可謂親愛之乎反掉有力○不藏怒焉不宿怨焉妙在藏字宿字下得分

寸寫聖人至情入化
敢問或曰放者何謂也曰象不得有爲於其國天子使
吏治其國而納其貢稅焉故謂之放豈得暴彼民哉又收
總放字圓足○並有庳之人奚罪何亦還他下落雖然欲常常而見之故源源
而來不及貢以政接于有庳此之謂也仍收到親愛上迴抱宗旨有情
咸丘蒙問曰語云盛德之士君不得而臣父不得而子舜
南面而立堯帥諸侯北面而朝之瞽瞍亦北面而朝之
舜見瞽瞍其容有蹙孔子曰於斯時也天下殆哉岌岌
乎不識此語誠然乎哉孟子曰否此非君子之言齊東



野人之語也堯老而舜攝也只一語分疏明確老甚堯典曰二十
有八載放勳乃徂落百姓如喪考妣三年四海遏密八
音孔子曰天無二日民無二王舜既爲天子矣又帥天
下諸侯以爲堯三年喪是二天子矣剖析明快辨才絕奇○堯典言百姓
孟子言天下諸侯謂百姓即天下諸侯也然則孔註謂百姓爲百官而不指民人誠非無見矣
咸丘蒙曰舜之不臣堯則[illegible]既得聞命矣詩云普天之
下莫非王土率土之濱莫非王臣而舜既爲天子矣敢
問瞽瞍之非臣如何曰是詩也非是之謂也勞於王事
而不得養父母也曰此莫非王事我獨賢勞也故說詩

者不以文害辭不以辭害志以意逆志是爲得之如以
辭而已矣雲漢之詩曰周餘黎民靡有孑遺信斯言也
是周無遺民也偏尋出妙證辨折透快一筆掃清○此莫非王事云云代詩人寫出本旨極透
快極纏緜雖詩人自注不過如此○無意中講出說詩之法領會得以意逆志四字則詩可以說說之亦可以
不說說之共於三百之旨思過半矣
孝子之至莫大乎尊親尊親之至莫大乎以天下養爲
天子父尊之至也以天下養養之至也詩曰永言孝思
孝思維則此之謂也祇贊舜孝之大不甚沾滯臣父而意自該括周到氣極渾厚
書曰祇載見瞽瞍夔夔齊栗瞽瞍亦允若是爲父不得



而子也奇而確筆致雋極
萬章曰堯以天下與舜有諸孟子曰否天子不能以天下
與人意深故造語特奇
然則舜有天下也孰與之曰天與之隨問隨荅層遞說出精義
天與之者諄諄然命之乎
曰否天不言以行與事示之而已矣
曰以行與事示之者如之何曰天子能薦人於天不能
使天與之天下諸侯能薦人於天子不能使天子與之
諸侯大夫能薦人於諸侯不能使諸侯與之大夫昔者

堯薦舜於天而天受之暴之於民而民受之故曰天不言以行與事示之而已矣 不分賓主一氣排聯而下故意極暢而勢仍渾厚○大言炎炎勁力排奡望之有拍天駕岸之勢是孟子縱筆文字

曰敢問薦之於天而天受之暴之於民而民受之如何

曰使之主祭而百神享之是天受之使之主事而事治百姓安之是民受之也天與之人與之故曰天子不能以天下與人 此及上節逐層迴抱與開端數節有呼應往復之勢

舜相堯二十有八載非人之所能爲也天也堯崩三年之喪畢舜避堯之子於南河之南天下諸侯朝覲者不



之堯之子而之舜訟獄者不之堯之子而之舜謳歌者不謳歌堯之子而謳歌舜故曰天也 頻醒天字呼應甚緊 夫然後之中國踐天子位焉而居堯之宮逼堯之子是篡也非天與也 反掉有力○上節天與人與平列此節即人與正見天與徼還章旨

太誓曰天視自我民視天聽自我民聽此之謂也

萬章問曰人有言至於禹而德衰不傳於賢而傳於子有諸孟子曰否不然也天與賢則與賢天與子則與子 提天字作主撐起一篇之局正大森竦 昔者舜薦禹於天十有七年舜崩三年之喪畢禹避舜之子於陽城天下之民從之若堯崩之後不從堯之子而從舜也 省法筆亦擺宕流動 禹薦益於天七年禹崩三年之喪畢益避禹之子於箕山之陰朝覲訟獄者不之益而之啓曰吾君之子也謳歌者不謳歌益而謳歌啓曰吾君之子也 併三爲兩筆法變化○開口若說義字便是平實詁解提出天字作主眞奇語驚人

丹朱之不肖舜之子亦不肖舜之相堯禹之相舜也歷年多施澤於民久啓賢能敬承繼禹之道益之相禹也歷年少施澤於民未久舜禹益相去久遠其子之賢不肖皆天也非人之所能爲也莫之爲而爲者天也莫之



致而致者命也 虛拖二語氣局深厚超脫○總貫處筆墨淋漓○批郤導窾精神會萃處全在此節

匹夫而有天下者德必若舜禹而又有天子薦之者 句疊果拗折 故仲尼不有天下 拉雜引證賓主分明與會亦自挺勃

繼世以有天下天之所廢必若桀紂者也故益伊尹周公不有天下 兩不有天下筆力聳勁直可挽弩劃石

伊尹相湯以王於天下湯崩太丁未立外丙二年仲壬四年太甲顛覆湯之典刑伊尹放之於桐三年太甲悔過自怨自艾於桐處仁遷義三年以聽伊尹之訓已也

復歸於亳括敘伊尹事簡明有法

周公之不有天下猶益之於夏伊尹之於殷也畧得妙即此二節可悟詳畧虛實相間之法

孔子曰唐虞禪夏后殷周繼其義一也結法老平穩圓足○通篇以天字作主末忽結出義字便爲韓退之對禹問別開一出路

萬章問曰人有言伊尹以割烹要湯有諸

孟子曰否不然伊尹耕於有莘之野而樂堯舜之道焉開端便得要領非其義也非其道也祿之以天下弗顧也繫馬千駟弗視也非其義也非其道也一介不以與人一介



不以取諸人連用反筆控勒有勢

湯使人以幣聘之囂囂然曰我何以湯之聘幣爲哉我豈若處畎畝之中由是以樂堯舜之道哉

湯三使往聘之既而幡然改曰與我處畎畝之中由是以樂堯舜之道吾豈若使是君爲堯舜之君哉吾豈若使是民爲堯舜之民哉吾豈若於吾身親見之哉句句不放堯舜二字○屢用疊句法波瀾生動

天之生此民也使先知覺後知使先覺覺後覺也予天民之先覺者也予將以斯道覺斯民也非予覺之而誰也三句三轉一轉一意

思天下之民匹夫匹婦有不被堯舜之澤者若已推而內之溝中其自任以天下之重如此一句截住筆力千鈞故就湯而說之以伐夏救民

吾未聞枉已而正人者也況辱已以正天下者乎聖人之行不同也或遠或近或去或不去歸潔其身而已矣一篇意思總貫處○反正收縱筆極圓暢

吾聞其以堯舜之道要湯未聞以割烹也靈變儁警淋漓盡致較夫子之求之也語更奇



伊訓曰天誅造攻自牧宮朕載自亳引伊訓莊重有體餘味自長

萬章問曰或謂孔子於衛主癰疽於齊主侍人瘠環有諸乎

孟子曰否不然也好事者爲之也疏爽輕脫

於衛主顏讎由彌子之妻與子路之妻兄弟也彌子謂子路曰孔子主我衛卿可得也子路以告孔子曰有命孔子進以禮退以義得之不得曰有命複說有命迴繞圓緊而主癰疽與侍人瘠環是無義無命也辨折處斬然開朗可謂筆掃雲霧○插彌子之妻三句點出許多曲折情節而筆又簡淨不累贅

孔子不悅於魯衛遭宋桓司馬將要而殺之微服而過

宋是時孔子當阨提筆有手眼主司城貞子爲陳侯周臣帶點
貞子履歷有法
吾聞觀近臣以其所爲主觀遠臣以其所主若孔子主
癰疽與侍人瘠環何以爲孔子壘駁層詰辯折到底筆下斬截之極
萬章問曰或曰百里奚自鬻於秦養生者五羊之皮食牛
以要秦穆公信乎孟子曰否不然好事者爲之也伊尹割烹
百里食牛聖賢未必眞無此事孟子妙在一筆掃卻毫不粘滯
百里奚虞人也晉人以垂棘之璧與屈產之乘假道於
虞以伐虢宮之奇諫百里奚不諫百里奚小傳



知虞公之不可諫而去之秦年已七十矣曾不知以食
牛干秦穆公之爲汙也可謂智乎不可諫而不諫可謂
不智乎知虞公之將亡而先去之不可謂不智也時舉
於秦知穆公之可與有行也而相之可謂不智乎相秦
而顯其君於天下可傳於後世不賢而能之乎自鬻以
成其君鄉黨自好者不爲而謂賢者爲之乎一意翻成數層曲折
矯變○六段五乎字一也字輕重頓挫抑揚起落清脫
如話而神情飛動眞有筆舌相生意到機隨之妙○段
段提起說又段段落下筆勢眞有兎起鶻落之妙○此
及前數篇皆辨駁文字而此篇忽化爲明滅閃爍之筆
筆態起伏離奇烟
雲萬狀尤爲聳觀

孟子曰伯夷目不視惡色耳不聽惡聲非其君不事非其
民不使治則進亂則退橫政之所出橫民之所止不忍
居也思與鄉人處如以朝衣朝冠坐於塗炭也當紂之
時居北海之濱以待天下之淸也故聞伯夷之風者頑
夫廉懦夫有立志較上篇稍變彼處畫出一臨字此處祇寫一淸字
伊尹曰何事非君何使非民治亦進亂亦進曰天之生
斯民也使先知覺後知使先覺覺後覺予天民之先覺
者也予將以此道覺此民也思天下之民匹夫匹婦有
不與被堯舜之澤者若已推而內之溝中其自任以天



下之重也伊尹用代字法變
柳下惠不羞汙君不辭小官進不隱賢必以其道遺佚
而不怨阨窮而不憫與鄉人處由由然不忍去也爾爲
爾我爲我雖袒裼裸裎於我側爾焉能浼我哉故聞柳
下惠之風者鄙夫寬薄夫敦有此一束便成和字伏案
孔子之去齊接淅而行去魯曰遲遲吾行也去父母國
之道也可以速而速可以久而久可以處而處可以仕
而仕孔子也複點孔子作束紗文中已有側重
孟子曰伯夷聖之淸者也伊尹聖之任者也柳下惠聖

之和者也孔子聖之時者也（四聖皆有一字定評精當不易直如謚法○時字尤深厚）

孔子之謂集大成集大成也者金聲而玉振之也金聲也者始條理也玉振之也者終條理也始條理者智之事也終條理者聖之事也（聖智倒點有精神○連用無數也字句蟬聯而下跌頓唱歎鏗鏘鼓舞）

智譬則巧也聖譬則力也由射於百步之外也其至爾力也其中非爾力也（緊接聖智二字又設一喻輕跌逸宕句外有神○連設樂射二喻凡用金玉條理巧力等字裝裹點染如雲蒸霞蔚極濃豔又極深厚）



北宮錡問曰周室班爵祿也如之何

孟子曰其詳不可得聞也諸侯惡其害己也而皆去其籍然而軻也嘗聞其畧也

天子一位公一位侯一位伯一位子男同一位凡五等也（添一也字便有伸縮）君一位卿一位大夫一位上士一位中士一位下士一位凡六等

天子之制地方千里公侯皆方百里伯七十里子男五十里凡四等不能五十里不達於天子附於諸侯曰附庸（剏出附庸法變附庸一項獨長錯綜蘇東坡謂文字有數行整齊處必有數行不整齊處此類是也）

天子之卿受地視侯大夫受地視伯元士受地視子男（視侯三項筆法亦迴顧有情）

大國地方百里君十卿祿卿祿四大夫大夫倍上士上士倍中士中士倍下士下士與庶人在官者同祿祿足以代其耕也（文法纍纍如貫珠○代耕句勒住本節又拖起末節神情風韻悠然獨遠）

次國地方七十里君十卿祿卿祿三大夫大夫倍上士上士倍中士中士倍下士下士與庶人在官者同祿祿足以代其耕也

小國地方五十里君十卿祿卿祿二大夫大夫倍上士上士倍中士中士倍下士下士與庶人在官者同祿祿足以代其耕也（三節一樣詞繁不殺咏歎瀟灑○虛數積算初讀之似若其繁曲細思之乃知其省御無數筆墨也）



耕者之所獲一夫百畝百畝之糞上農夫食九人上次食八人中食七人中次食六人下食五人庶人在官者其祿以是為差（釋代耕二字之義上三節祿數至此始明意致閒細而蹊徑一新安頓之妙居然化境王制點一夫百畝於前便索然少味矣○典制文字敘次御不繁重尤妙在班祿大次小國三節純用虛筆積算御將耕者畝數及所食人數倒點於後便自輕簡明晰而點逗有情出落有味此大手筆作方板文字圓活神通也）

萬章問曰敢問友孟子曰不挾長不挾貴不挾兄弟而友
友也者友其德也不可以有挾也跌宕
孟獻子百乘之家也有友五人焉樂正裘牧仲其三人
則予忘之矣偏是忘三人卻有意味有筆致不知者或為孟子憾之獻子之與此
五人者友也無獻子之家者也此五人者亦有獻子之
家則不與之友矣迴環往復空靈逸宕姿態橫生
非惟百乘之家為然也雖小國之君亦有之費惠公曰
吾於子思則師之矣吾於顏般則友之矣王順長息則
事我者也蟬聯而下莊辛獻楚王書筆法同此



非惟小國之君為然也雖大國之君亦有之晉平公之
於亥唐也入云則入坐云則坐食云則食雖疏食菜羹
未嘗不飽蓋不敢不飽也閒處著神然終於此而已矣弗與
共天位也弗與治天職也弗與食天祿也士之尊賢者
也非王公之尊賢也轉筆健波折絕奇○三排句輕颺跳脫○宕此一段雲委波屬文勢
飛動
舜尚見帝帝館甥於貳室亦饗舜迭為賓主是天子而
友匹夫也此是正面御自簡約入妙
用下敬上謂之貴貴用上敬下謂之尊賢貴貴尊賢其

義一也結語放平莊重而圓穩
萬章問曰敢問交際何心也孟子曰恭也一字荅簡筆
曰卻之卻之為不恭何哉曰尊者賜之曰其所取之者
義乎不義乎而後受之以是為不恭故弗卻也曲折秀婉○看
他荅語長短參差手腕靈活字字飄動
曰請無以辭卻之以心卻之曰其取諸民之不義也而
以他辭無受不可乎曰其交也以道其接也以禮斯孔
子受之矣以心卻之語亦殊妙○淸空委折
萬章曰今有禦人於國門之外者其交也以道其餽也



以禮斯可受禦與曰不可康誥曰殺越人于貨閔不畏
死凡民罔不譈是不待教而誅者也殷受夏周受殷所
不辭也於今為烈如之何其受之受禦字法○殷受夏數句縱筆極酣足閒
處偏用如此筆墨
曰今之諸侯取之於民也猶禦也苟善其禮際矣斯君
子受之敢問何說也纔入設問本意文境極紆迴曰子以為有王者
作將比今之諸侯而誅之乎其教之不改而後誅之乎
夫謂非其有而取之者盜也充類至義之盡也推勘入細孔
子之仕於魯也魯人獵較孔子亦獵較獵較猶可而況

受其賜乎。委蛇婉轉筆筆靈秀○此篇總以秀婉勝

曰。然則孔子之仕也。非事道與。曰。事道也。事道奚獵較也。曰。孔子先簿正祭器。不以四方之食供簿正。曰。奚不去也。曰。爲之兆也。兆足以行矣。而不行。而後去。是以未嘗有所終三年淹也。短折曲而暢輕而逸○未嘗終三年淹正見遲久不肯輕去須重讀終三年字

孔子有見行可之仕。有際可之仕。有公養之仕。於季桓子。見行可之仕也。於衛靈公。際可之仕也。於衛孝公。公養之仕也。推論孔子三仕作結淡遠疏越愈讀愈不厭



孟子曰。仕非爲貧也。而有時乎爲貧。娶妻非爲養也。而有時乎爲養。圓變靈活○娶妻帶筆作陪如詩之有倒興

爲貧者。辭尊居卑。辭富居貧。

辭尊居卑。辭富居貧。惡乎宜乎。抱關擊柝。辭尊二句複說有味○惡乎宜乎跌逗有姿

孔子嘗爲委吏矣。曰。會計當而已矣。嘗爲乘田矣。曰。牛羊茁壯長而已矣。兩而已矣用得瀟洒曠逸

位卑而言高。罪也。立乎人之本朝。而道不行。恥也。此是立言本旨妙在層層跌逼直至篇末點明超絕○結法蘊藉深遠



萬章曰。士之不託諸侯。何也。孟子曰。不敢也。諸侯失國而後託於諸侯。禮也。士之託於諸侯。非禮也。

萬章曰。君餽之粟。則受之乎。曰。受之。受之何義也。曰。君之於氓也。固周之。

曰。周之則受。賜之則不受。何也。曰。不敢也。曰。敢問其不敢何也。曰。抱關擊柝者。皆有常職以食於上。無常職而賜於上者。以爲不恭也。分作兩截問荅較前少變○兩不敢也與應迴照

曰。君餽之則受之。不識可常繼乎。曰。繆公之於子思也。亟問。亟餽鼎肉。子思不悅。於卒也。摽使者出諸大門之



外。北面稽首再拜而不受。曰。今而後知君之犬馬畜伋。蓋自是臺無餽也。言之索然悅賢不能舉。又不能養也。可謂悅賢乎。筆法輕宕嗟歎深長

曰。敢問國君欲養君子。如何斯可謂養矣。曰。以君命將之。再拜稽首而受。其後廩人繼粟。庖人繼肉。不以君命將之。子思以爲鼎肉使己僕僕爾亟拜也。非養君子之道也。看得亮說得出筆極雋快清晰○以君命將之不以君命將之筆下斟酌分曉

堯之於舜也。使其子九男事之。二女女焉。百官牛羊倉廩備。以養舜於畎畝之中。後舉而加諸上位。故曰王公

之尊賢者也 結法圓足閎遠。看他一連敘許多問荅長短錯綜針線相承脈理不亂

萬章曰敢問不見諸侯何義也孟子曰在國曰市井之臣在野曰草莽之臣皆謂庶人庶人不傳質爲臣不敢見於諸侯禮也 說得極平易好

萬章曰庶人召之役則往役君欲見之召之則不往見之何也曰往役義也往見不義也 兩句分疏明快隨卽颺開 且君之欲見之也何爲也哉曰爲其多聞也爲其賢也曰爲其多聞也則天子不召師而況諸侯乎爲其賢也則吾未聞欲見賢而召之也 明白了當爽暢之極



繆公亟見於子思曰古千乘之國以友士何如子思不悅曰古之人有言曰事之云乎豈曰友之云乎子思之不悅也豈不曰以位則子君也我臣也何敢與君友也以德則子事我者也奚可以與我友千乘之君求與之友而不可得也而況可召與 曲折而疏快。純是快暢之筆更不留一字含糊

齊景公田招虞人以旌不至將殺之志士不忘在溝壑勇士不忘喪其元孔子奚取焉取非其招不往也

曰敢問招虞人何以曰以皮冠庶人以旃士以旂大夫以旌

以大夫之招招虞人虞人死不敢往以士之招招庶人庶人豈敢往哉況乎以不賢人之招招賢人乎 三層疊翻曲折清暢

欲見賢人而不以其道猶欲其入而閉之門也夫義路也禮門也 禮義二字迴抱無迹 惟君子能由是路出入是門也詩云周道如底其直如矢君子所履小人所視

萬章曰孔子君命召不俟駕而行然則孔子非與曰孔子當仕有官職而以其官召之也 補此意作結完密煞有餘波

孟子謂萬章曰一鄉之善士斯友一鄉之善士一國之善



士斯友一國之善士天下之善士斯友天下之善士以友天下之善士爲未足又尚論古之人頌其詩讀其書不知其人可乎是以論其世也是尚友也 四其字頓挫甚緊一氣流轉直如一句。不知其人可乎中腰作一跌逗甚妙

齊宣王問卿孟子曰王何卿之問也王曰卿不同乎曰不同有貴戚之卿有異姓之卿王曰請問貴戚之卿曰君有大過則諫反覆之而不聽則易位

王勃然變乎色

曰王勿異也王問臣臣不敢不以正對

王色定然後請問異姓之卿曰君有過則諫反覆之而不聽則去（貴戚異姓二卿兩問兩荅本極平正中間插入勃然變色一段便如雙峯並立忽然洪波怒濤涌作兩處頓成奇觀）



孟子論文卷第五終

蘭陵門人張魯叟韓泫孫毓壯仝校

# 孟子論文卷六

滋陽牛運震階平學

## 告子

告子曰性猶杞柳也義猶桮棬也以人性爲仁義猶以杞柳爲桮棬（與荀子性惡之說不同亦自體貼入微）

孟子曰子能順杞柳之性而以爲桮棬乎將戕賊杞柳而後以爲桮棬也如將戕賊杞柳而以爲桮棬則亦將戕賊人以爲仁義與率天下之人而禍仁義者必子之言夫（天矯變化妙將杞柳桮棬往復翻折辨鋒所向犀利無前分明該說戕賊人性卻竟說戕賊人



妙禍字奇而確）

告子曰性猶湍水也決諸東方則東流決諸西方則西流人性之無分於善不善也猶水之無分於東西也（湍水一喻更有會心）

孟子曰水信無分於東西無分於上下乎人性之善也猶水之就下也人無有不善水無有不下（劈口折倒了當痛快上下字虧得孟子充口說出機鋒迅捷）今夫水搏而躍之可使過顙激而行之可使在山是豈水之性哉其勢則然也人之可使爲不善其性亦猶是

也。補此一層完密圓穩用筆亦波折縱橫。到底用水比配說妙

告子曰生之謂性生之謂性已自顯透到家善會之即孔子論性之旨

孟子曰生之謂性也猶白之謂白與曰然白羽之白也

猶白雪之白白雪之白猶白玉之白與曰然第一然字已入孟子彀中。清折如話可稱白描手

然則犬之性猶牛之性牛之性猶人之性與一筆陡轉如利刀破竹然究以不說盡爲高

告子曰食色性也仁內也非外也義外也非內也食色說性自具別解細體之亦有確當不易處。此節仁義分內外辨折更自詳晰



孟子曰何以謂仁內義外也曰彼長而我長之非有長於我也猶彼白而我白之從其白於外也故謂之外也妙喻利口。從其白於外可參白馬論中精語

曰異於白馬之白也無以異於白人之白也不識長馬之長也無以異於長人之長與且謂長者義乎長之者義乎。接口便作轉語批郤導窾分明清快此節空靈矯變自成一則辨書

曰吾弟則愛之秦人之弟則不愛也是以我爲悅者也故謂之內長楚人之長亦長吾之長是以長爲悅者也故謂之外也以我爲悅以長爲悅分疏極精警

曰耆秦人之炙無以異於耆吾炙夫物則亦有然者也然則耆炙亦有外與夫物句放鬆一筆妙正極力作跌頓處。因其所明通其所蔽正妙在不十分說盡。筆曲意顯穎快絕倫

孟季子問公都子曰何以謂義內也

曰行吾敬故謂之內也一語已透砉然立解

鄉人長於伯兄一歲則誰敬曰敬兄酌則誰先曰先酌鄉人所敬在此所長在彼果在外非由內也亦善置辨

公都子不能荅以告孟子孟子曰敬叔父乎敬弟乎彼將曰敬叔父曰弟爲尸則誰敬彼將曰敬弟子曰惡在



其敬叔父也彼將曰在位故也子亦曰在位故也庸敬在兄斯須之敬在鄉人。以彼之矛刺彼之盾針鋒甚妙代作問荅靈活國策中往往有此法。庸敬兩句分疏明透

季子聞之曰敬叔父則敬敬弟則敬果在外非由內也

公都子曰冬日則飲湯夏日則飲水然則飲食亦在外也仍用公都子收場好

公都子曰告子曰性無善無不善也

或曰性可以爲善可以爲不善是故文武興則民好善幽厲興則民好暴

或曰有性善有性不善是故以堯爲君而有象以瞽瞍爲父而有舜以紂爲兄之子且以爲君而有微子啓王子比干句法參差數以字有力○三說本一義卽此見古人見地各有偏至而立說能變換處今曰性善然則彼皆非與

孟子曰乃若其情則可以爲善矣乃所謂善也乃若二字起手突兀飄動○問荅俱極婉款是自家師弟質疑問難光景與對外人有爭辯之氣者不同若夫爲不善非才之罪也數句凡三折平穩圓活庶乎孔子性相近習相遠二句之旨惻隱之心人皆有之羞惡之心人皆有之恭敬之心人



皆有之是非之心人皆有之惻隱之心仁也羞惡之心義也恭敬之心禮也是非之心智也層次指點澄徹明淨如犀分水如錐畫沙仁義禮智非由外鑠我也鑠字字法奇我固有之也弗思耳矣故曰求則得之舍則失之或相倍蓰而無算者不能盡其才者也頓轉擒縱如游龍行空矯變異常○或相倍蓰縱一筆文情酣肆理更圓穩詩曰天生蒸民有物有則民之秉夷好是懿德孔子曰爲此詩者其知道乎故有物必有則民之秉夷也故好是懿德低徊咏歎意味深長○只增一二字而詩意便已分明且覺意趣橫生說詩之妙如此

孟子曰富歲子弟多賴凶歲子弟多暴非天之降才爾殊也其所以陷溺其心者然也陷溺說到心上奇○陷溺其心卽前章倍蓰無算之旨本屬後一層卻從此倒折而入局勢一新今夫麰麥今夫二字提得陡健播種而耰之其地同樹之時又同浡然而生至於日至之時皆熟矣雖有不同忽然宕開善於屬展取勢○卻說不同作反拖妙則地有肥磽雨露之養人事之不齊也三句有次第有變換故凡同類者舉相似也何獨至於人而疑之聖人與我同類者中間關鎖曲折頓宕前後俱爲靈動故龍子曰不知足而爲屨我知其不爲蕢也詼諧語妙屨之



相似天下之足同也先從足說起寬蓄那展○以下四段看他節節變換節節錯綜口之於味有同耆也易牙先得我口之所耆者也如使口之於味也其性與人殊若犬馬之與我不同類也則天下何耆皆從易牙之於味也大折極矯健至於味天下期於易牙是天下之口相似也此節特詳○反正往復自然圓暢惟耳亦然脫卻法至於聲天下期於師曠是天下之耳相似也此節獨畧惟目亦然至於子都法變天下莫不知其姣也不知子都之姣者無目者也省天下之目同一句○先正後反法又變

故曰口之於味也有同耆焉耳之於聲也有同聽焉目
之於色也有同美焉至於心獨無所同然乎（陡轉入題筆力千鈞）
心之所同然者何也謂理也義也（至此方點明理義文境曲折之極）聖
人先得我心之所同然耳故理義之悅我心猶芻豢之
悅我口（回繞口之於味奇情別趣○何獨至於人而疑之至於心獨無所同然乎兩大關鍵甚緊健○正面卻只數語妙在說完便住風馳雨驟詘然而止○此總收作結層折疊翻一氣盤旋有萬壑歸源之妙○此篇善用比興）

孟子曰牛山之木嘗美矣以其郊於大國也斧斤伐之可
以為美乎是其日夜之所息雨露之所潤非無萌櫱之



生焉牛羊又從而牧之是以若彼濯濯也人見其濯濯
也以為未嘗有材焉此豈山之性也哉（入手無一筆平敘看他逐筆用虛字轉折之妙○說完卻又颺起跌若振動如此用筆文勢安得平衍邪）
雖存乎人者豈無仁義之心哉（較首節開端句法變○雖字遞下似兩比又似一串）
其所以放其良心者亦猶斧斤之於木也旦旦而伐
之可以為美乎其日夜之所息平旦之氣其好惡與人
相近也者幾希（入微之言沈細幽杳）則其旦晝之所為有梏亡之
矣梏之反覆則其夜氣不足以存夜氣不足以存則其
違禽獸不遠矣人見其禽獸也而以為未嘗有才焉者

是豈人之情也哉（平旦之氣孟子深心體貼語○梏亡字字法深奧○夜氣不足以存危語深微到家）
故苟得其養無物不長苟失其養無物不消（收法渾健）
孔子曰操則存舍則亡出入無時莫知其鄉惟心之謂
與（先總收後單煞章法章旨一絲不亂）

孟子曰無或乎王之不智也（冷然說入妙）
雖有天下易生之物也一日暴之十日寒之未有能生
者也吾見亦罕矣吾退而寒之者至矣吾如有萌焉何
哉（三句三轉委婉沈鬱疊三吾字口吻如生）



今夫奕之為數小數也不專心致志則不得也奕秋通
國之善奕者也使奕秋誨二人奕其一人專心致志惟
奕秋之為聽一人雖聽之一心以為有鴻鵠將至思援
弓繳而射之（語帶詼諧妙○想頭奇幻寓言妙境）雖與之俱學弗若之矣
為是其智弗若與曰非然也（此就喻意煞一呼一應節短意長○喻意亦不說煞妙吞吐含蓄○此篇文境有樓外青山天半朱霞之妙）

孟子曰魚我所欲也熊掌亦我所欲也二者不可得兼舍
魚而取熊掌者也生亦我所欲也義亦我所欲也二者
不可得兼舍生而取義者也（興體閒緩引起○純以比偶行文疏越鬆快）

生亦我所欲所欲有甚於生者故不爲苟得也死亦我
所惡所惡有甚於死者故患有所不辟也就上文跌進一層淸析天
矯○又添出所惡一層作配偶更覺引伸不竭○只一意翻出無數轉折
如使人之所欲莫甚於生則凡可以得生者何不用也
逆勒使人之所惡莫甚於死者則凡可以辟患者何不爲
也一意翻騰轉變俱在空際如天馬神龍游行無迹
由是則生而有不用也由是則可以辟患而有不爲也
順落○往復作過峽迴旋縈繞文情最妙
是故所欲有甚於生者所惡有甚於死者非獨賢者有



是心也人皆有之賢者能勿喪耳○千迴百折至此一頓通篇緊要關目祇
此三句
一簞食一豆羹得之則生弗得則死嘑爾而與之行道
之人弗受蹴爾而與之乞人不屑也
萬鍾則不辨禮義而受之萬鍾於我何加焉爲宮室之
美妻妾之奉所識窮乏者得我與空中樓閣
鄉爲身死而不受今爲宮室之美爲之鄉爲身死而不
受今爲妻妾之奉爲之鄉爲身死而不受今爲所識窮
乏者得我而爲之是亦不可以已乎此之謂失其本心

雙鬬互照筆筆凌空迴翔○收法斬截極紆折縈繞文
字須得此等收法可謂砥柱迴瀾○此句喚醒世人眞
令人悚然汗下○一篇淸翻白描文字
孟子曰仁人心也義人路也直下指點何等明快宋儒冗言繁文有如此詮釋否
舍其路而弗由放其心而不知求哀哉哀哉二字極沈痛甚於怒罵
人有雞犬放則知求之有放心而不知求設喩淺極愈淺愈妙○漢
高帝戒太子曰人有好牛馬尚惜之況天下乎語雖粗卻極切至正與此節語意相同
學問之道無他求其放心而已矣末節扯開通論更不專爲上項人說話而
慨歎愈深
孟子曰今有無名之指屈而不信非疾痛害事也如有能



信之者則不遠秦楚之路半句意思已足爲指之不若人也
指不若人則知惡之心不若人則不知惡此之謂不知
類也此章語直而指明
孟子曰拱把之桐梓人苟欲生之皆知所以養之者至於
身而不知所以養之者豈愛身不若桐梓哉弗思甚也
此章語婉而味永
孟子曰人之於身也兼所愛兼所愛則兼所養也無尺寸
之膚不愛焉則無尺寸之膚不養也引伸往復所以考其善
不善者豈有他哉於己取之而已矣虛虛說起虛虛頓住

體有貴賤有小大無以小害大無以賤害貴養其小者爲小人養其大者爲大人（此對判斷正意全在此節下文反覆發明之）

今有場師舍其梧檟養其樲棘則爲賤場師焉養其一指而失其肩背而不知也則爲狼疾人也（兩喻有次第有變換）

飲食之人則人賤之矣爲其養小以失大也

飲食之人無有失也則口腹豈適爲尺寸之膚哉（寬一步作結寬一步正是緊一步○反掩作結離奇飄動）

公都子問曰鈞是人也或爲大人或爲小人何也孟子曰



從其大體爲大人從其小體爲小人（逐層摘出）曰鈞是人也或從其大體或從其小體何也曰耳目之官不思而蔽於物物交物則引之而已矣（深微清矯似莊子入理文字）心之官則思思則得之不思則不得也此天之所與我者先立乎其大者則其小者不能奪也此爲大人而已矣（結落分明）

孟子曰有天爵者有人爵者仁義忠信樂善不倦此天爵也公卿大夫此人爵也

古之人修其天爵而人爵從之

今之人修其天爵以要人爵既得人爵而棄其天爵則惑之甚者也終亦必亡而已矣（末世士風敗壞三數語曲曲寫盡）

孟子曰欲貴者人之同心也人人有貴於己者弗思耳（疏爽）

人之所貴者非良貴也趙孟之所貴趙孟能賤之

詩云既醉以酒既飽以德言飽乎仁義也所以不願人之膏粱之味也令聞廣譽施於身所以不願人之文繡也（更添一層引伸無盡○法則迴抱筆則擺拖宕漾○兩所以咏歎深長酣適自得）

孟子曰仁之勝不仁也猶水勝火今之爲仁者猶以一杯水救一車薪之火也不熄則謂之水不勝火此又與於



不仁之甚者也（此文家加一倍法）亦終必亡而已矣（類刻之句極似國策）

孟子曰五穀者種之美者也苟爲不熟不如荑稗夫仁亦在乎熟之而已矣（穀種喻仁極有意味深知甘苦之言難爲不學者道）

孟子曰羿之教人射必志於彀學者亦必志於彀

大匠誨人必以規矩學者亦必以規矩

任人有問屋廬子曰禮與食孰重曰禮重

色與禮孰重（禮與食色與禮小節處亦有錯綜）

曰禮重曰以禮食則飢而死不以禮食則得食必以禮

乎親迎則不得妻不親迎則得妻必親迎乎（語殊清辯亦自矯矯）
屋廬子不能對明日之鄒以告孟子孟子曰於荅是也
何有
不揣其本而齊其末方寸之木可使高於岑樓
金重於羽者豈謂一鈎金與一輿羽之謂哉（兩喻藏無數辨折只是善用反正順逆之法看他可使豈謂等虛字）
取食之重者與禮之輕者而比之奚翅食重取色之重
者與禮之輕者而比之奚翅色重（將任人立說病根搜剔分疏者然理解異樣醒快）



往應之曰（筆勢秀聳）紾兄之臂而奪之食則得食不紾則不
得食則將紾之乎踰東家牆而摟其處子則得妻不摟
則不得妻則將摟之乎（亦作詰問語正與任人針鋒相對○此節筆致灑脫）
曹交問曰人皆可以為堯舜有諸（開口便鹵莽）孟子曰然
交聞文王十尺湯九尺今交九尺四寸以長食粟而已
如何則可（瑣瑣在形體上較量極鄙俚可笑然文字有此偏有妙趣）
曰奚有於是亦為之而已矣有人於此力不能勝一匹
雛則為無力人矣今曰舉百鈞則為有力人矣然則舉
烏獲之任是亦為烏獲而已矣夫人豈以不勝為患哉



弗為耳（奚有於是一筆掃開亦為之而已矣一筆拖住引伸以暢之援烏獲便恢奇）
徐行後長者謂之弟疾行先長者謂之不弟夫徐行者
豈人所不能哉所不為也堯舜之道孝弟而已矣（妙在淺淺指點○極平實正大道理妙在以詠調出之對鹵莽粗鄙人語之莊中帶諧始得而文字跌宕風流機趣橫生）
子服堯之服誦堯之言行堯之行是堯而已矣子服桀
之服誦桀之言行桀之行是桀而已矣（輕活飄洒○添桀一層妙）
曰交得見於鄒君可以假館願留而受業於門（陋態宛然可掬）
曰夫道若大路然豈難知哉人病不求耳子歸而求之
有餘師（三四語耳中有三四折跌頓挫○輕輕打發開對癡鄙人正不必作嚴峻語子歸而求之有餘師語帶詠調然正是點化深妙處）



公孫丑問曰高子曰小弁小人之詩也孟子曰何以言之
曰怨
曰固哉高叟之為詩也（一固字道盡千古不善說詩人病痛）有人於此越
人關弓而射之則己談笑而道之無他疏之也其兄關
弓而射之則己垂涕泣而道之無他戚之也（總是長於譬喻固可不煩言而解）
小弁之怨親親也親親仁也（索性擡高一層正可駁倒小人二字）
固矣夫高叟之為詩也（複一句有力有韻國策往往有此）
曰凱風何以不怨（又生一此配）

曰凱風親之過小者也小弁親之過大者也親之過大而不怨是愈疏也親之過小而怨是不可磯也犀分水割○磯字字法奇愈疏不孝也不可磯亦不孝也不可磯本屬陪意卻帶在後作反拖

妙

孔子曰舜其至孝矣五十而慕

宋牼將之楚孟子遇於石丘

曰先生將何之

曰吾聞秦楚構兵我將見楚王說而罷之楚王不悅我將見秦王說而罷之二王我將有所遇焉



曰軻也請無問其詳願聞其指說之將何如曰我將言其不利也曰先生之志則大矣先生之號則不可一揚一抑

先生以利說秦楚之王秦楚之王悅於利以罷三軍之師是三軍之士樂罷而悅於利也爲人臣者懷利以事其君爲人子者懷利以事其父爲人弟者懷利以事其兄是君臣父子兄弟終去仁義懷利以相接長句疊累有力然而不亡者未之有也勁總一筆極劖刻遒勁

先生以仁義說秦楚之王秦楚之王悅於仁義而罷三軍之師是三軍之士樂罷而悅於仁義也爲人臣者懷仁義以事其君爲人子者懷仁義以事其父爲人弟者懷仁義以事其兄是君臣父子兄弟去利懷仁義以相接也然而不王者未之有也何必曰利綴何必曰利句收轉完密文字

亦有錯綜○直分兩大此最明白條暢文字

孟子居鄒季任爲任處守伏案以幣交受之而不報處於平陸儲子爲相以幣交受之而不報兩段虛虛頓住受之不報正要說得一樣

下邊卻轉出參差來

他日由鄒之任見季子由平陸之齊不見儲子屋廬子喜曰連得閒矣此一喜似無謂卻極有情



問曰夫子之任見季子之齊不見儲子爲其爲相與重敘

更省不得

曰非也書曰享多儀儀不及物曰不享惟不役志于享爲其不成享也只釋書旨更不剖析己意意思含蓄正以不說明爲妙

屋廬子悅或問之屋廬子曰季子不得之鄒儲子得之平陸屋廬子喜屋廬子悅映照有情妙在不言之外○用屋廬子作收結蘊藉紆迴極有身分○看他逐漸層次說出如鱗雲波水最爲好看○此篇孟子中最高品文字

淳于髡曰先名實者爲人也後名實者自爲也夫子在三卿之中名實未加於上下而去之仁者固如此乎兩路擒來

辨鋒甚利

孟子曰居下位不以賢事不肖者伯夷也五就湯五就桀者伊尹也不惡汙君不辭小官者柳下惠也三子者不同道其趨一也一者何也曰仁也君子亦仁而已矣何必同（層折疎宕○論三子更不說自己便高）

曰魯繆公之時公儀子爲政子柳子思爲臣魯之削也滋甚若是乎賢者之無益於國也（諷刺甚毒冷然悠然）

曰虞不用百里奚而亡秦穆公用之而霸不用賢則亡削何可得與



曰昔者王豹處於淇而河西善謳綿駒處於高唐而齊右善歌華周杞梁之妻善哭其夫而變國俗有諸內必形諸外爲其事而無其功者髡未嘗覩之也（妙在汎論諷刺甚深）是故無賢者也有則髡必識之（辨士口吻宛然○援引雅博襯托風流俶儻子諷齊王本領一時俱爲撤出）

曰孔子爲魯司寇不用從而祭燔肉不至不稅冕而行不知者以爲爲肉也其知者以爲爲無禮也（生出兩層作陪襯波瀾横溢）乃孔子則欲以微罪行不欲爲苟去君子之所爲衆人固不識也（說孔子剝底不說自己亦帶齊淳洒脫）

孟子曰五霸者三王之罪人也今之諸侯五霸之罪人也今之大夫今之諸侯之罪人也（劈立三綱後分應之孟子開架文字）

天子適諸侯曰巡狩諸侯朝於天子曰述職（提挈）春省耕而補不足秋省斂而助不給入其疆土地辟田野治養老尊賢俊傑在位則有慶慶以地入其疆土地荒蕪遺老失賢掊克在位則有讓一不朝則貶其爵再不朝則削其地三不朝則六師移之是故天子討而不伐諸侯伐而不討五霸者摟諸侯以伐諸侯者也故曰五霸者三王之罪人也



五霸桓公爲盛（提挈）葵丘之會諸侯束牲載書而不歃血初命曰誅不孝無易樹子無以妾爲妻再命曰尊賢育才以彰有德三命曰敬老慈幼無忘賓旅四命曰士無世官官事無攝取士必得無專殺大夫五命曰無曲防無遏糴無有封而不告曰凡我同盟之人既盟之後言歸于好今之諸侯皆犯此五禁故曰今之諸侯五霸之罪人也（兩大段中典重嚴整極似國語文字）

長君之惡其罪小逢君之惡其罪大今之大夫皆逢君之惡故曰今之大夫今之諸侯之罪人也（長君逢君字意亦新刻）

魯欲使愼子爲將軍

孟子曰不教民而用之謂之殃民殃民者不容於堯舜之世

一戰勝齊遂有南陽然且不可跌進一筆控勒有勢

愼子勃然不悅曰此則滑釐所不識也

曰吾明告子天子之地方千里不千里不足以待諸侯諸侯之地方百里不百里不足以守宗廟之典籍周公之封於魯爲方百里也地非不足而儉於百里太公之封於齊也亦爲方百里也地非不足也而儉於百



里虛字伸縮使有參差

今魯方百里者五子以爲有王者作則魯在所損乎在所益乎接筆陡緊詰問嚴峻之極

徒取諸彼以與此然且仁者不爲況於殺人以求之乎又收轉殃民意回環跌折三句三轉一步緊一步

君子之事君也務引其君以當道志於仁而已結法平正穩厚

孟子曰今之事君者曰我能爲君辟土地充府庫今之所謂良臣古之所謂民賊也君不鄉道不志於仁而求富之是富桀也我能爲君約與國戰必克今之所謂良臣古之所謂民賊也君不鄉道不志於仁而求爲之强戰是輔桀也兩段文字極清利條達

由今之道無變今之俗雖與之天下不能一朝居也一眼直看到暴桀結局

白圭曰吾欲二十而取一何如

孟子曰子之道貉道也斷得奇而確

萬室之國一人陶則可乎曰不可器不足用也中間插入萬室之國一喻文勢最有離合



曰夫貉五穀不生惟黍生之無城郭宮室宗廟祭祀之禮無諸侯幣帛饔飧無百官有司三句參差有法故二十取一而足也先敘貉道文極閒暇

今居中國去人倫無君子如之何其可也次接正旨文極緊鍊

陶以寡且不可以爲國況無君子乎跌一筆隨手鈎帶

欲輕之於堯舜之道者大貉小貉也欲重之於堯舜之道者大桀小桀也究竟不放重取一邊○大貉小貉大桀小桀作態爲奇肆語○兩面雙繳平正圓穩孟子於側鋒文字往往平收如此

白圭曰丹之治水也愈於禹

孟子曰子過矣禹之治水水之道也
是故禹以四海爲壑今吾子以鄰國爲壑 語帶詼調妙如此纔辨折得倒
水逆行謂之洚水洚水者洪水也仁人之所惡也吾子
過矣 兩子過矣口吻飛動
孟子曰君子不亮惡乎執
魯欲使樂正子爲政孟子曰吾聞之喜而不寐
公孫丑曰樂正子强乎曰否有知慮乎曰否多聞識乎
曰否 故作搖曳之筆



然則奚爲喜而不寐
曰其爲人也好善
好善足乎
曰好善優於天下而況魯國乎 高唱得一篇要領後文分疏明白
夫苟好善則四海之內皆將輕千里而來告之以善
夫苟不好善則人將曰訑訑予既已知之矣訑訑之聲
音顏色距人於千里之外士止於千里之外則讒諂面
諛之人至矣與讒諂面諛之人居國欲治可得乎 反證正意更醒

陳子曰古之君子何如則仕孟子曰所就三所去三
迎之致敬以有禮言將行其言也則就之禮貌未衰言
弗行也則去之 就之去之點次錯落
其次雖未行其言也迎之致敬以有禮則就之禮貌衰
則去之
其下朝不食夕不食飢餓不能出門戶君聞之曰吾大
者不能行其道又不能從其言也使飢餓於我土地吾
恥之周之亦可受也免死而已矣 此層不明點去就字好
孟子曰舜發於畎畝之中傅說舉於版築之間膠鬲舉於



魚鹽之中管夷吾舉於士孫叔敖舉於海百里奚舉於
市
故天將降大任於是人也 提挈有高屋建瓴之勢 必先苦其心志
勞其筋骨餓其體膚空乏其身行拂亂其所爲所以動
心忍性曾益其所不能 古來多少豪傑大資性大神通都成就此一語中○行拂亂句形容更入微似身經其苦者
人恒過然後能改困於心衡於慮而後作徵於色發於
聲而後喻 推類以廣之一正一反以盡其義
入則無法家拂士出則無敵國外患者國恒亡 筆法聳健○至

首命入思
晉范文子

然後知生於憂患而死於安樂也。二語結沈着痛快。生死字極刻摯

孟子曰：教亦多術矣，予不屑之教誨也者，是亦教誨之而已矣。



孟子論文卷第六終　蘭陵門人張睿文韓汶孫毓址仝校

孟子論文卷第七

滋陽牛運震階平學

盡心

孟子曰：盡其心者，知其性也。知其性，則知天矣。聖賢絕頂造詣盡此數語，是徹上徹下說話。盡心知性，較佛氏明心見性語更精而實

存其心，養其性，所以事天也。殀壽不貳，修身以俟之，所以立命也。事天立命俱孟子獨創名目。首節極高渾精深，二三節漸次說得平實

孟子曰：莫非命也，順受其正。兩句緊相呼應，道理極圓穩



是故知命者不立乎巖牆之下。此所謂順受其正也。巖牆設喻極精

盡其道而死者，正命也。桎梏死者，非正命也。正命非正命皆命也，即所謂莫非命也。兩邊劃開，如犀分水

孟子曰：求則得之，舍則失之，是求有益於得也，求在我者也。求之有道，得之有命，是求無益於得也，求在外者也。空靈含蓄。正以不說出爲高

孟子曰：萬物皆備於我矣。奇而確。語亦函蓋萬有

反身而誠，樂莫大焉。

強恕而行求仁莫近焉。恕字上加一強字覺少此字不得此孟子廣前聖所未發也

孟子曰行之而不著焉習矣而不察焉終身由之而不知其道者衆也。笑盡一世人一章如一句

孟子曰人不可以無恥無恥之恥無恥矣三句中四恥字玲瓏嬌變似左傳雞憚其爲犧一段

孟子曰恥之於人大矣。爲機變之巧者無所用恥焉不恥不若人何若人有一章三轉一轉一意翻空生新

孟子曰古之賢王好善而忘勢古之賢士何獨不然雙起側注



有法

樂其道而忘人之勢故王公不致敬盡禮則不得亟見之見且猶不得亟而況得而臣之乎折跌有情筆致洒脫

孟子謂宋句踐曰子好遊乎吾語子遊人知之亦囂囂人不知亦囂囂二語身分極高孔孟抱道俟時魯仲連等玩世肆志總仗此本領

曰何如斯可以囂囂矣曰尊德樂義則可以囂囂矣

故士窮不失義達不離道

窮不失義故士得己焉達不離道故民不失望焉聯此而下層次分疏極明白條達文字

古之人得志澤加於民不得志修身見於世窮則獨善其身達則兼善天下結法慨皇壯浪

孟子曰待文王而後興者凡民也若夫豪傑之士雖無文王猶興語亦磊落激昂隱然自負

孟子曰附之以韓魏之家如其自視欿然則過人遠矣三兩語耳而轉折自暢是其力量大處

孟子曰以佚道使民雖勞不怨以生道殺民雖死不怨殺者佚道生道奇而確

孟子曰霸者之民驩虞如也王者之民皞皞如也。善形容驩虞



即并易事

殺之而不怨利之而不庸民日遷善而不知爲之者此句入微

夫君子所過者化所存者神上下與天地同流豈曰小補之哉高渾深厚大氣磅礴後世册頌功德文字幾能有此力量

孟子曰仁言不如仁聲之入人深也層遞引入

善政不如善教之得民也

善政民畏之善教民愛之善政得民財善教得民心。對較處精確分明

孟子曰人之所不學而能者其良能也所不慮而知者其良知也良知良能是孟子體認獨到語孩提之童無不知愛其親也及其長也無不知敬其兄也親親仁也敬長義也無他達之天下也疏爽明快

孟子曰舜之居深山之中與木石居與鹿豕遊其所以異於深山之野人者幾希及其聞一善言見一善行若決江河沛然莫之能禦也空際形容神理入微○淋漓鼓舞一片機神眞孟子得心快意之筆



孟子曰無爲其所不爲無欲其所不欲如此而已矣斬截了當○老健直可作一篇大文讀所謂此竹數尺而有萬尺之勢○如此而已矣老橫之極

孟子曰人之有德慧術知者恒存乎疢疾疢疾二字下得慘酷獨孤臣孽子其操心也危其慮患也深故達用意在刻深寒瘦之際如見孤苦志士臥薪嘗膽時

孟子曰有事君人者事是君則爲容悅者也有安社稷臣者以安社稷爲悅者也有天民者達可行於天下而後行之者也天民字奇有大人者正己而物正者也平列四項低昂自見

孟子曰君子有三樂而王天下不與存焉氣概高曠父母俱存兄弟無故一樂也仰不愧於天俯不怍於人二樂也得天下英才而教育之三樂也君子有三樂而王天下不與存焉

孟子曰廣土衆民君子欲之所樂不存焉中天下而立定四海之民君子樂之所性不存焉君子所性雖大行不加焉雖窮居不損焉分定故也君子所性兩提君子所性性有精神仁義禮智根於心其生色也睟然見於面盎於背施於四體四體不言而喻道理充悅說來亦復



興會淋漓

孟子曰伯夷辟紂居北海之濱聞文王作興曰盍歸乎來吾聞西伯善養老者太公辟紂居東海之濱聞文王作興曰盍歸乎來吾聞西伯善養老者天下有善養老則仁人以爲己歸矣五畝之宅樹墻下以桑匹婦蠶之則老者足以衣帛矣五母雞二母彘無失其時老者足以無失肉矣百畝之田匹夫耕之八口之家可以無飢矣

所謂西伯善養老者，制其田里，敎之樹畜，導其妻子使養其老。總上文五十非帛不煖，七十非肉不飽。不煖不飽，謂之凍餒。文王之民，無凍餒之老者，此之謂也。此節開端用倒裝法○結句有指點咏歎之神

孟子曰：易其田疇，薄其稅斂，民可使富也。食之以時，用之以禮，財不可勝用也。民非水火不生活，昏暮叩人之門戶求水火，無弗與者，至足矣。聖人治天下，使有菽粟如水火。菽粟如水火，疊一句作跌折氣勢軒動而民焉有不仁者乎？菽粟如水火奇想較黃金與土同價語精



孟子曰：孔子登東山而小魯，登太山而小天下。故觀於海者難爲水，遊於聖人之門者難爲言。空中結撰峻聳恢宏眞有拍天駕岸之勢觀水有術，必觀其瀾。日月有明，容光必照焉。日月有明明字與瀾字倒對卽觀日月之本也舊解似誤流水之爲物也，不盈科不行；君子之志於道也，不成章不達。通篇用比興寓託之體籠罩一切望之如層山疊海氣象萬千

孟子曰：雞鳴而起，孳孳爲善者，舜之徒也。雞鳴而起，孳孳爲利者，蹠之徒也。

欲知舜與蹠之分，無他，利與善之間也。就上文倒轉作指點分劃閒朗○二語極明快分字間字又極精細

孟子曰：楊子取爲我，拔一毛而利天下，不爲也。奇語墨子兼愛，省取字摩頂放踵利天下，爲之。摩頂放踵語亦奇刻○不爲也爲之緊作呼應子莫執中，執中爲近之。執中無權，猶執一也。從中字看出權字精權不易○執中執一分疏淸鬯執中無權猶執一也又能合攏穩當是理境精熟見解所惡執一者，爲其賊道也，舉一而廢百也。總斷極該括極謹嚴



孟子曰：飢者甘食，渴者甘飲，是未得飲食之正也，飢渴害之也。豈惟口腹有飢渴之害？人心亦皆有害。將飢渴二字硬遮在人心上奇情至理若定要說出貧賤字便呆人能無以飢渴之害爲心害，則不及人不爲憂矣。人能無以飢渴之害爲心害言但使飢渴之害害在口腹而不使飢渴之害害及人心也語刻深玲瓏眞有妙理微旨俗解囫圇說過索然少味矣

孟子曰：柳下惠不以三公易其介。

孟子曰：有爲者三字極精神辟若掘井，掘井九軔而不及泉，猶爲棄井也。甚言之極激切正十成鞭策語○猶爲棄井也挽勒有力

孟子曰：堯舜，性之也；湯武，身之也；五霸，假之也。性之身之假之字字

用意精刻到家

久假而不歸，惡知其非有也。從假字文寫出冒竊情狀深文活筆

公孫丑曰：伊尹曰予不狎于不順，放太甲于桐，民大悅。太甲賢，又反之，民大悅。

賢者之爲人臣也，其君不賢，則固可放與？

孟子曰：有伊尹之志則可，無伊尹之志則篡也。千古疑案二語判明。直截明快，風霜凜凜

公孫丑曰：詩曰不素餐兮，君子之不耕而食，何也？孟子曰：君子居是國也，其君用之則安富尊榮，其子弟從之則孝弟忠信。道出君子大本領 不素餐兮，孰大於是。翻用詩旨正以引伸見奇



王子墊問曰：士何事？

孟子曰：尚志。

曰：何謂尚志？曰：仁義而已矣。殺一無罪非仁也，非其有而取之非義也。居惡在？仁是也。路惡在？義是也。短節古韻 居仁由義，大人之事備矣。閎廓俊偉，想見孟子氣概

孟子曰：仲子不義與之齊國而弗受，人皆信之，是舍簞食豆羹之義也。一句駁倒，調笑風流 人莫大焉亡親戚君臣上下。長句勁古 以其小者信其大者，奚可哉？

桃應問曰：舜爲天子，皋陶爲士，瞽瞍殺人，則如之何？奇想創不可少此一問

孟子曰：執之而已矣。斬截不作一毫粘泥帶水語

然則舜不禁與？

曰：夫舜惡得而禁之？夫有所受之也。大論頭語氣勃勃劍豎山立

然則舜如之何？

曰：舜視棄天下猶棄敝蹝也。竊負而逃，遵海濱而處，終身訢然樂而忘天下。是何氣象。其合事情未必允然，寫得聖人心境出

孟子自范之齊，望見齊王之子，喟然歎曰：居移氣，養移體，大哉居乎！夫非盡人之子與？高唱有神，讀之覺孟子胸襟氣概儼然在目。妙在



兩句語意不甚連卻極有頓挫呼應

王子宮室車馬衣服多與人同，而王子若彼者，其居使之然也，況居天下之廣居者乎？一筆轉出陡健軒舉。通篇正意只點一筆，以後更不再提，格品極高

魯君之宋，呼於垤澤之門，守者曰：此非吾君也，何其聲之似我君也？此無他，居相似也。一結淡遠雋永

孟子曰：食而弗愛，豕交之也；愛而不敬，獸畜之也。豕交獸畜硬下評斷，妙在直辣不肯留半點回護

恭敬者幣之未將者也（揣寫入微）

恭敬而無實君子不可虛拘（又轉出一義同環圓足）

孟子曰形色天性也惟聖人然後可以踐形（精語百鍊○形色天性也說得充悅靈活○踐字字法奇）

齊宣王欲短喪公孫丑曰為朞之喪猶愈於已乎

孟子曰是猶或紾其兄之臂子謂之姑徐徐云爾（妙譃）亦教之孝弟而已矣

王子有其母死者其傅為之請數月之喪公孫丑曰若此者何如也



曰是欲終之而不可得也雖加一日愈於已謂夫莫之禁而弗為者也（三句三轉夭矯離奇眞如游龍○欲終之而不可得只一句寫盡孝子苦情隱衷）

孟子曰君子之所以教者五

有如時雨化之者（寫至敎深微入妙）

有成德者有達財者

有荅問者

有私淑艾者（淑艾二字合得好）

此五者君子之所以教也

公孫丑曰道則高矣美矣宜若登天然似不可及也何不使彼為可幾及而日孳孳也（長句逸動不嫌其拙）

孟子曰大匠不為拙工改廢繩墨羿不為拙射變其彀率

君子引而不發躍如也中道而立能者從之（妙在正喻雙關寫得隱躍鼓舞）

孟子曰天下有道以道殉身天下無道以身殉道（殉字奇情異想）未聞以道殉乎人者也（殉字三用三樣意思大奇第三个殉字醜極不堪上節兩殉字特借作陪襯耳）



公都子曰滕更之在門也若在所禮而不荅何也

孟子曰挾貴而問挾賢而問挾長而問挾有勳勞而問挾故而問皆所不荅也滕更有二焉（不說明渾厚）

孟子曰於不可已而已者無所不已於所厚者薄無所不薄也

其進銳者其退速（上兩層清空疏越末節直截爽勁寥寥短篇而用筆變換不苟如此）

孟子曰君子之於物也愛之而弗仁於民也仁之而弗親親親而仁民仁民而愛物

孟子曰知者無不知也當務之為急仁者無不愛也急親

賢之爲務堯舜之知而不徧物急先務也堯舜之仁不
徧愛人急親賢也
不能三年之喪而緦小功之察放飯流歠而問無齒決
是之謂不知務二喻極深切痛快筆致亦酣肆
孟子曰不仁哉梁惠王也仁者以其所愛及其所不愛不
仁者以其所不愛及其所愛清矯
公孫丑曰何謂也梁惠王以土地之故糜爛其民而戰
之大敗將復之恐不能勝故驅其所愛子弟以殉之是
之謂以其所不愛及其所愛也先發論後細解開架一新

孟子論文　卷七　盡心　十二　空山堂

孟子曰春秋無義戰老筆特識彼善於此則有之矣尋一出路義更圓穩
征者上伐下也敵國不相征也
孟子曰盡信書則不如無書讀書有識之言
吾於武成取二三策而已矣
仁人無敵於天下以至仁伐至不仁而何其血之流杵
也此及上章足見孟子經術湛深處
孟子曰有人曰我善爲陳我善爲戰大罪也
國君好仁天下無敵焉
南面而征北狄怨東面而征西夷怨曰奚爲後我

武王之伐殷也革車三百兩虎賁三千人湯事暗引武王明點有變
換
王曰無畏寧爾也非敵百姓也若崩厥角稽首括泰誓文簡妙
征之爲言正也各欲正己也焉用戰征字妙解訓詁能手
孟子曰梓匠輪輿能與人規矩不能使人巧
孟子曰舜之飯糗茹草也若將終身焉及其爲天子也被
袗衣鼓琴二女果若固有之兩若字白描虛摹聖人心境宛然
孟子曰吾今而後知殺人親之重也殺人之父人亦殺其
父殺人之兄人亦殺其兄然則非自殺之也一閒耳危語

孟子論文　卷七　盡心　十三　空山堂

慷切讀之一片陰慘之氣
孟子曰古之爲關也將以禦暴
今之爲關也將以爲暴
孟子曰身不行道不行於妻子使人不以道不能行於妻
子
孟子曰周于利者凶年不能殺周于德者邪世不能亂兩周字可味
孟子曰好名之人能讓千乘之國苟非其人簞食豆羹見
於色名如名節名義之名言人能好名則千乘可輕苟非其人則簞食豆羹爲重此以見人之度量相越

之遠也照集註多一轉折

孟子曰不信仁賢則國空虛

無禮義則上下亂

無政事則財用不足

孟子曰不仁而得國者有之矣不仁而得天下未之有也

孟子曰民爲貴社稷次之君爲輕奇創之論獨闢今古

是故得乎丘民而爲天子得乎天子爲諸侯得乎諸侯

爲大夫得乎邱民爲天子奇語確論下二句倒跌入妙

諸侯危社稷則變置

犧牲既成粢盛既潔祭祀以時然而旱乾水溢則變置



社稷然而一轉橫甚○竟說變置社稷有膽

孟子曰聖人百世之師也伯夷柳下惠是也故聞伯夷之

風者頑夫廉懦夫有立志聞柳下惠之風者薄夫敦鄙

夫寬奮乎百世之上百世之下聞者莫不興起也俯仰頓挫

咏歎鼓舞非聖人而能若是乎而況於親炙之者乎高致遙情此篇絕勝

○太史公序贊得意之筆酷似此篇文字

孟子曰仁也者人也合而言之道也理極深奧語極明快

孟子曰孔子之去魯曰遲遲吾行也去父母國之道也去

齊接淅而行去他國之道也此章不係重出須知

孟子曰君子之戹於陳蔡之閒無上下之交也

貉稽曰稽大不理於口

孟子曰無傷也士憎茲多口

詩云憂心悄悄慍于羣小孔子也肆不殄厥慍亦不隕

厥問文王也

孟子曰賢者以其昭昭使人昭昭今以其昏昏使人昭昭

四句疊三昭昭大奇○今以其昏昏使人昭昭讀之令人憤惋不平

孟子謂高子曰山徑之蹊閒介然用之而成路爲閒不用

則茅塞之矣今茅塞子之心矣猛喝一句可爲汗下與莊子夫子猶有蓬之



心語相似並佳

高子曰禹之聲尚文王之聲

孟子曰何以言之曰以追蠡三字簡妙蘊括多少說話

曰是奚足哉城門之軌兩馬之力與眼前比例駁得明快○此章文品最

高簡妙在意未說完而耐人深思

齊饑陳臻曰國人皆以夫子將復爲發棠殆不可復

孟子曰是爲馮婦也諧喻晉人有馮婦者善搏虎卒爲善

士則之野有衆逐虎虎負嵎莫之敢攖望見馮婦趨而

迎之馮婦攘臂下車衆皆悅之其爲士者笑之（綴一句雋冷正意已足）

孟子曰口之於味也目之於色也耳之於聲也鼻之於臭也四肢之於安佚也性也有命焉君子不謂性也仁之於父子也義之於君臣也禮之於賓主也智之於賢者也聖人之於天道也命也有性焉君子不謂命也（兩大股波瀾甚奇○兩不謂極老橫眞有力量）

浩生不害問曰樂正子何人也孟子曰善人也信人也何謂善何謂信



曰可欲之謂善

有諸己之謂信

充實之謂美

充實而有光輝之謂大

大而化之之謂聖

聖而不可知之之謂神（分疏細確身分層次斟酌不爽銖黍）

樂正子二之中四之下也（位置樂正身分中下卻用虛筆檃括之簡妙可思）

孟子曰逃墨必歸於楊逃楊必歸於儒歸斯受之而已矣（安得此平恕之言）

今之與楊墨辯者如追放豚既入其苙又從而招之（此例楊墨不堪併距楊墨者身分亦掃地矣貶斥之嚴以詼調出之自佳）

孟子曰有布縷之征粟米之征力役之征君子用其一緩其二用其二而民有殍用其三而父子離（言之慘然）

孟子曰諸侯之寶三土地人民政事寶珠玉者殃必及身

盆成括仕於齊孟子曰死矣盆成括盆成括見殺門人問曰夫子何以知其將見殺曰其爲人也小有才未聞君子之大道也則足以殺其軀而已矣（後世文人多坐此病）

孟子之滕館於上宮有業屨於牖上館人求之弗得



或問之曰若是乎從者之廋也曰子以是爲竊屨來與曰殆非也夫子之設科也往者不追來者不拒苟以是心至斯受之而已矣

孟子曰人皆有所不忍達之於其所忍仁也人皆有所不爲達之於其所爲義也（疏爽透快）

人能充無欲害人之心而仁不可勝用也人能充無穿踰之心而義不可勝用也（連用也字句排聯而下其氣沛然條達）

人能充無受爾汝之實無所往而不爲義也（此義更深切實字須細看）

士未可以言而言是以言餂之也可以言而不言是以不言餂之也此層更深微是皆穿踰之類也迴抱穿踰有致

孟子曰言近而指遠者善言也守約而施博者善道也君子之言也不下帶而道存焉

君子之守修其身而天下平

人病舍其田而芸人之田所求於人者重而所以自任者輕忽入比喻收法深厚沈勁

孟子曰堯舜性之也湯武反之也

動容周旋中禮者盛德之至也哭死而哀非爲生者也



經德不回非以干祿也言語必信非以正行也

君子行法以俟命而已矣

孟子曰說大人則藐之勿視其巍巍然

堂高數仞榱題數尺我得志弗爲也食前方丈侍妾數百人我得志弗爲也般樂飲酒驅騁田獵後車千乘我得志弗爲也在彼者皆我所不爲也在我者皆古之制也吾何畏彼哉英氣磊落

孟子曰養心莫善於寡欲其爲人也寡欲雖有不存焉者寡矣其爲人也多欲雖有存焉者寡矣清醒活脫○體貼深微之言莊

子其嗜欲深者天機淺正同此旨

曾晳嗜羊棗而曾子不忍食羊棗伏案不忍二字深

公孫丑問曰膾炙與羊棗孰美孟子曰膾炙哉綴一哉字覺口吻之間津津有味　公孫丑曰然則曾子何爲食膾炙而不食羊棗曰膾炙所同也羊棗所獨也最難寫情衷二語剖明何等醒快　諱名不諱姓姓所同也名所獨也比例極精

萬章問曰孔子在陳曰盍歸乎來吾黨之士狂簡進取不忘其初孔子在陳何思魯之狂士

孟子曰孔子不得中道而與之必也狂獧乎狂者進取



獧者有所不爲也孔子豈不欲中道哉婉折不可必得故思其次也

敢問何如斯可謂狂矣

曰如琴張曾晳牧皮者孔子之所謂狂矣

何以謂之狂也

曰其志嘐嘐然曰古之人古之人夷考其行而不掩焉者也狂士眞態全神嘐嘐數語寫盡筆致極高

狂者又不可得欲得不屑不潔之士而與之是獧也是又其次也迴繳完密○寫獧者只四字

孔子曰過我門而不入我室我不憾焉者其惟鄉原乎鄉原德之賊也曰何如斯可謂之鄉原矣隨筆帶入鄉原筆致疎落不羣

曰何以是嘐嘐也言不顧行行不顧言則曰古之人古之人行何爲踽踽涼涼寫鄉原仍抱狂獧生斯世也爲斯世也善斯可矣閹然媚於世也者是鄉原也此節活畫一原字○閹然媚於世一語寫盡鄉原骨髓命脈宛然張禹胡廣馮道等一幅小像○閹字用得奇說鄉原直如宦官

萬章曰一鄉皆稱原人焉無所往而不爲原人孔子以爲德之賊何哉



曰非之無舉也刺之無刺也同乎流俗合乎汙世居之似忠信行之似廉潔衆皆悅之自以爲是而不可與入堯舜之道故曰德之賊也此節活畫一賊字

孔子曰惡似而非者惡莠恐其亂苗也惡佞恐其亂義也惡利口恐其亂信也惡鄭聲恐其亂樂也惡紫恐其亂朱也惡鄉原恐其亂德也

君子反經而已矣經正則庶民興庶民興斯無邪慝矣

正論祗此數句收括通篇意旨極精神○結得高渾精醇

孟子曰由堯舜至於湯五百有餘歲若禹臯陶則見而知之若湯則聞而知之層遞敘有法○分出見知聞知二項極確向來亦無人道出

由湯至於文王五百有餘歲若伊尹萊朱則見而知之若文王則聞而知之

由文王至於孔子五百有餘歲若太公望散宜生則見而知之若孔子則聞而知之

由孔子而來至於今百有餘歲去聖人之世若此其未遠也近聖人之居若此其甚也頓挫同翱然而無有乎爾則亦無有乎爾篇終接混茫○以轉語爲收結綿渺蘊藉語意若不可了○不說明見知聞知正妙○低徊夷猶似疑似惜此孟子憂道之深而不敢自任者也後世諸儒輒曰道統在我而爲之徒者又從而標



榜之視孟子何如哉

孟子論文卷第七終　蘭陵門人張魯文韓洛孫毓壯仝校

# 四書續談内編二卷補一卷外編二卷補一卷

清 戚學標撰

清嘉慶二十四年四明青照樓刻本

嘉慶己卯夏月鐫

太平戚鶴泉輯

# 四書續談

四明青照樓藏板

讀書非考辨之難，考辨而當於理、於聖言有所發明之難。毛西河試訶朱子，為世詬病。閻百詩論稍醇實，四書釋地，海內翕然宗之，顧其書主考地，閒及書義，仍多未合。如論古人不徒瑟，曾點侍坐鼓瑟，時亦歌，師弟言志而旁以聲

一

亂之，有是理乎？子路宿石門，為夫子出遊遣歸視家；孟子遵海濱而處，海濱即王者政教不到，非讀書人語。以齊人伐燕，孟子、史記不合，欲強移十年湊合，不知闕疑；而力詆孟獻子為權奸，其不畜聚斂，邀結民心，同陳氏厚施；大學不過

節取其言，即西河狂背不至此。讀孔孟書在深求聖賢本旨而會其理之所歸，成見所不執，尤不容用其私見。學博戚君先有四書偶談之刻，行海內已三四十年，茲復為續談。益讀書多則疑生，日究心於聖賢則新意日出，要所創獲發前

二

人未發，仍於涵泳大文得之；引述經書亦灼見得失，而斷之以理；議論不必曲附紫陽，而未始有西河、百詩專事博辨、矜己爭勝之失。內編不離集注，外編自為說，猶前例。噫！其心之虛而書之慎也歟！

嘉慶己卯六月愚弟陳中孚頓首拜撰

三

自叙

余讀書頭白愈讀而疑愈甚衛輒拒父三綱絶矣夫子屢至受其公養弟子亦不禁往仕陳蔡危亡之國夫子何取往反其地且在陳數年治魯三月當有文武寔政一番大作用僅見墮都出甲究竟郕終於未隨子路之死算不得勇又算不得忠不得其死子先料之何故聽之武王末受命邑姜元后歲数當不甚懸果太公女歸周時太公已老安得此少女爲世子配武王亦不宜遲至此始婚以云繼配先配又誰夷齊讓國至德何減太伯而孔孟言夷齊凡十餘處無一語及讓國豈事近好名不足稱耶抑本無其事耶去聖已遠書

四

又燔於秦火聖賢事蹟皆傳聞而非實見左傳史記所載都不類於聖人家語孔叢子等偽書益無論已馬鄭解論語多不可曉前此如張禹孔光更不知何說問聾師曰白素何如曰縞然黑何若曰黮然援白黑而示之則不處焉學者之於聖人猶聾者也其於縞然黮然意揣之耳



豈真知黑白哉侏儒問徑天高於脩人曰予雖不知猶近之於我聖人一天也孰知其高取證史傳儒先我以為脩人差近矣自天視之其去侏儒也幾何不知則疑疑則思問而問於何問惟日就所讀書悉之孰之往之復之叩心而求之忽若有得而疑以釋忽又疑生而向之非所得展轉於

中不能自默此余既有偶談而又有續談特以其疑為天下獻必有能破我癥結者不然此四書者童而習之者也而又煩予之嘵嘵不已哉

嘉慶己卯六月七十八老人鶴泉戚學標書於四明月湖書院

參校及門姓氏

徐錫堯 敬夫 鄞縣　史義任 賡隱 鄞縣
周址 配基 鄞縣　范紳 垂仲 鄞縣
陳彰烈 啓人 鄞縣　黃如憲 朝謨 黃巖
袁杰 蕙塘 鄞縣　孫漆 之膠 鄞縣
瞿瑨 英白 華亭　虞士喬 式南 慈谿
陳沂 曾浴 鄞縣　范纘 嬰叔 鄞縣
洪寅 可如 鄞縣　張晟 性斧 鄞縣
何蘭洲 九畹 鄞縣　林鳳翰 鳴岡 鄞縣
周椿 靈一 鎮海　吳傳鍇 美三 鄞縣
周官 東溪 永嘉　鍾棠 沛園 鄞縣

七

李飛英 雲照 黃巖　周肇璜 守澄 臨海
趙九杠 枚林 鄞縣　張景豪 雨亭 鄞縣
鄭清長 季馨 吳縣　張萱 芙卿 鄞縣
李世潢 水初 鄞縣　陶荧 覺軒 鄞縣
胡宋俠 是同 鎮海　唐濟 雲帆 蘭溪
袁鈞 文亭 鄞縣　顏基 禮約 鄞縣
周珪 品塘 臨海　朱衡 允鑒 玉環
董鏞 薇雪 嵊縣　王祖焯 蔣巖 浦江
蔣焜 淇園 錢塘　周翰 礪溪 臨海
黃明賡 位金 象山　劉燦 星若 鎮海
姚德綸 芸軒 嵊縣　毛化成 鶴峰 太平

呂鎔 宕觀 鄞縣　金培林 研山 鄞縣
張崍 翰齋 鄞縣　戴德英 星若 鄞縣
盛炳 象中 鄞縣　吳維新 觀瀾 鄞縣
章旭 瀛士 寧海　戴溥 文如 仁和
陳永清 心秋 天台　李霞房 東麓 太平
樂原汭 景韶 鎮海　張璇 伯璣 奉化
紀名魁 士瀛 鄞縣　李丙照 昌煜 鄞縣
王允中 兆嘉 鄞縣　水梁 二槑 鄞縣
史積詰 鳳章 鄞縣　趙九標 寶樹 鄞縣
秦廷俞 賡唐 鄞縣　顧啓聖 雪樵 鄞縣
李淮 友江 鄞縣　陳世炯 癡生 鄞縣

八

陳斯權 與可 鄞縣　曹權之 介堂 鄞縣
凌文彪 伯塤 鄞縣　邵棠 萼庭 鄞縣
邱大櫄 梯青 鄞縣　錢如灌 北荷 鄞縣
李廣堉 偉人 鄞縣　鄔汝鯤 廣千 奉化
郁本燮 元度 鄞縣　范邦柱 玉庭 鄞縣
章斐 竹筠 鄞縣　董九江 水香 鄞縣
應渠 荊水 鄞縣　張其慎 允恭 鄞縣

四書續談內編上

太平戚學標翰芳輯

學而章

學以爲君子而已、悅樂不問、何慍之有、首節見聖人憤樂相尋、次節諸賢侍側、子樂三節爲不慍不尤、俱夫子即身示教、義極正大、章法自然、不在三不亦作一例、爲前編增一解、

其爲人也章

有子以世犯上作亂者累累、君子病之、法禁刑戚人卒



不改成、一不仁之天下孰是其爲仁者、由不明本治也、試看世人有孝弟者斷無此犯亂事、便知本治所在、以孝弟率之、孝弟化之、本立道生、天良共發、天下安有不仁者、其爲人也其字、及犯上作亂二者字、皆就天下人舉示、君子亦指主治立教者、大學上老老而民興孝、孟子人倫明於上、小民親於下、人人親其親、長其長而天下平、皆此章注脚、　君子務本本字對下仁字看、又即下句道字、如明德爲本、新民爲末、本末是一路上事、論先後近遠、不論小大精粗、君子有天地民物之責、何一不當務、却有本在、對面說壞、豈仁不當爲耶、

爲人謀句

儒者不與外事、此必宜爲謀之人、伐國不問仁人、定亦事所應謀、就己而謀、固以忠待也、進取爲示所向、紛難爲決所疑、盡己是忠、視人如己即恕

敬事而信三句

信主令於民者言、愛人泛說、每句皆然、宜指慎刑省民財、重民命、惜民力、皆政之大、使民不止蒐苗獮狩、

汎愛衆二句

少年豈令汎交、衆即就傅同學、仁則其中質性之厚者、

賢賢易色四句

此賢是名望過人、行事異衆、賢賢爲欽重愛慕、俱不在學問上說、不然尊師取友、尚謂未學耶、甘食悅色人之



情、如好好色、可悅目皆是、不定女色、大抵此四句、用心在賢與君父朋友、均是一片至性激發、無所慕效、易色由旁人見得如此、己不知也、餘亦然、斷語在下、四句尚是序、

君子不重節

此節重敬、兩則字層遞而下、明不重之弊相因而至、先揭學字、反似重下層看、深固字并涉到忠信、

愼終追遠

檀弓子游曰、飯於牖下、小斂於戶內、大斂於阼、殯於客位、祖於庭、葬於墓、所以即遠也、故喪事有進而無退、坊記賓禮每進以讓、喪禮每加以遠、餘同檀弓、追遠連愼

終言是一串事親之終即遠之始也不能不遠者勢不忍其遠者心反哭練祔皆所以致其追之之誠不待後来霜露之感也講家皆不知有喪事即遠之義

求之與

外臣初至欲有効於人國不知其政得失緩急是雇来此邦向人訪問或見君陳請皆所謂求子禽固不謂有諂媚也聖門識見有高下說来仍自有體

父在章

重在第二句三年無改即父沒之行也三年無改終身不改可知云三年者父沒居喪之制也雖非賢父無不訓子以義況明曰父之道豈可不守父沒之久人子欲



有所自見或見時勢異先便不能無改今三年如一日是父沒如未沒也添出如其當改何待三年及欲改緩至三年之後於大文父之道先抹煞且語待斡全則如言繼志述事豈無有志之非事之失不當繼述者乎父在句只引起次句不必深論

禮之用章

和節皆活字非呆字泥定一節說和一節說節則大文何以不言無節云不以禮節耶蓋貴有和者知所用也不以禮節者不知所用也和者不迫促能節以禮也知和而和者涉流蕩不以禮節也是以君子貴知用禮禮本天理人情體用一源和即在嚴中非體嚴而用和禮之本和推原言之和為貴嚴非所貴重用而輕體說不去矣由字上根用字下起行字斯為美明其貴也先王之道即禮不必又於禮外推出道來　和為貴禮如是也知和而和則於禮外求和禮意全失故當以禮節之使其知禮之和不失之嚴不失之泰所以用之為貴仍是繳足上節說成以嚴節之非以禮節之又分上節和下節嚴更非　惟以禮節故和不以禮節則似和非和用是此章眼目節尤用字骨幹

為政以德章

以德對居所只是不動政者動機不動則靜象未嘗不為而不見為之迹德握其樞耳衆星之共所謂不動而



變　南面而治位在北北辰以譬君位有星無星非所論　聖人為萬世君人立教不成開口便道至人無為以德兼安勉堯舜性之湯武反之德立乎政之先貫乎政之內以字方不空

詩三百章

詩固緣思而作然玩注其用歸於使人得其性情之正則並不就作詩者言思即性情之發注以性情代思字正緣此恐人悞解也　貞淫正變之別焉得無邪並錄教人一勸一懲同使人歸於正則詩之為用耳慎思讀詩尤非章意　就三百中揭出一言本與詩無與得此使聖賢以詩垂教之旨萬世若揭逐章逐句求之言愈

多而無益也曰字提示不容畧過

道之以政章

由政刑而德禮治道一層進一層得效自一步深一步兩節遞講道政齊刑皆新民之事德禮則新民之止至善也餘見前編

七十而從心節

聖人安得矩外另有欲亦無不踰外更有從下三字以證明上句所欲何矩是也不踰見心之從從容而中懸說從心所欲便非

孟懿子章

言及葬祭問當在僖子没後其母泉邱人女僖子使助



薳氏之薳者或偕嫡存懿子於所出不無過奉故又有生事以禮語

吾與回言章

私是藏脩之地如今書室對講坐爲私非師友不到處考驗學問爲師之事非他人不省獨省回若不能遽信者發是就所言用功或見之論著或省時論答了了雖亦徵之作止距與言不久未遽應事接物偏主力行疑不然也或解私作隱微慎獨則意之乍萌未便是行獨知獨覺發不發於何省之首句與言及中間退省特紀先後異時耳

視其所以三句

此三句文王官人之所記也本載周書中大戴采出之

多見闕殆

殆字頗難解凡好立同異輕視生死任性而偏處已過峻經傳中所載如鬻拳兵諫宋公立姪逐子伯姬待傅衛急兄弟爭死尾生抱柱而没皆過分之事即不得禍非心所安又不能全說他不是所以宜闕

大車無輗二句

車轅一大車二轅輗在其端以爲用力之地車軏二大車一軏輗在軛上貫轡使牛不出小車之軏即轅一轅而兩服馬駕於外與大車之二轅牛在其中者别轅前爲頸以持衡衡上平而軛下曲衡上有采以爲飾軛下



有環以貫轡衡在軛上軛在衡下　輗轅前横木或說即衡也與後横木曰軫式前横木曰軓轅前横木曰衡轅身自軓前微曲而上至衡則向下鉤之轅縱而若梁鉤衡處謂之軏本即轅之頸一曰軏即衡别名

以雍徹

周官樂師及徹師學士而歌徹並不言所歌何詩小雅徹在鼓鐘送尸之後止及諸宰君婦相維辟公天子穆穆疑正祭之詩非徹時所用徹者歌雍朱子本漢儒之注别無所據總之胡亂僭用不必天子祭廟始以雍徹

林放問禮之本

觀下所答本字不必深說只言古人禮不空設制一禮

必有其禮之、自起、

君子無所爭章

君子先概言後證實不專在一人説　其爭也、三字宜坐實勝負所在不爭是甘居人下失古人序賢勸能之意然始終以揖讓行之勝者不矜負者不怨説不得他不爭又説不得爭爭者小人之事在君子到底是君子無所爭只消一語繳足專歸到首句殊失語妙

或問禘之説章

同一禘或言時祭或言大祭言時祭者據王制春曰礿夏曰禘秋曰嘗冬曰烝而周官祠禴嘗烝與小雅禴祠烝嘗于公先王合四祭皆無禘果時祭大祭當別名不宜亦稱禘其謂大祭者大傳云不王不禘緯書三年而一祫五年而一禘其然中庸何與嘗並稱春秋且累書不已私以祭非一名亦無大別第禘順陽氣有發爵賜服之事魯人喜之故每舉稱禘如烝嘗亦宜歲舉終春秋止嘗一見烝二見禴祠並無之豈其不舉即禘是備其常爲時祭盛其禮即爲大祭而亦不定名禘春秋或書有事或書大事注者均以禘解之禘非大祭之定名可知矣其祭一廟無羣廟亦非有一定如祫爲重祭而又有時祫此豈關名之輕重乎中庸明乎禘嘗之義云云與此一例禮意深遠禘嘗皆然特因問禘言禘不必定五年一舉之祭爲難知也至禘始祖所自出以始祖



配之及禘祫大小成王無賜魯重祭事前人論之已詳明曰不知也必詳考典制推論仁孝誠敬之本則知又孰過於此　兩章一嘆誠意之衰一言禮意深遠魯禘非禮俱非所論

獲罪於天

天雖以理言然百神所受命正指其監觀不爽臨下有赫者言於小人尤警切

周監於二代章

二代未嘗不文周監之乃極其盛若周末無事不苟簡則文之衰矣其所謂文非文也故朱子思從周　郁本字爲馘有文章也



鄹人

左傳襄十年聊人紇注正義邑大夫皆以邑名冠之呼爲某人本杜文十五年卞人以告注卞邑大夫與新築大夫仲叔于奚之稱新築人同例鄹即聊亦作郰在魯南近郊有莖城孔子還轅所息也

夏后氏以松四句

曰字專爲以栗作解夏殷松柏特爲周栗作引原置不解松之爲容柏之爲迫豈容添説

有反坫二句

反之義爲覆賓主飲畢舉爵覆於坫上非先取爵於坫反歸其處明堂位反坫出尊坫所在稍出尊前泥一反

一出、殊失其解、又與崇坫蹠屏並稱天子廟飾、盖因朝覲時有宴享特設此坫廟中、備反爵之用、非行饗其坫仍存、故爲廟飾之一、大夫無兩君好會、安得室制有此、所以與臺門旅樹同譏、誤認臨時築設、并撰出齊伯諸侯必私覿管仲、仲饗之家儼然兩君、何尚論反坫有無謬妄莫甚於此

儀封人

向據周禮證封人與守土不同、然春秋官職不盡如周制、觀祭仲稱祭封人、又宋高哀爲蕭封人以爲卿、似不皆下位、封人或無守儀、或儀其采邑、

木鐸



明堂位振木鐸於朝、天子之政也、夏書、遒人以木鐸狥於路、則用之野、總之以警衆

韶武

今詩以於皇武王一篇爲武、煌煌九奏無聲歌止一章七句之理、宣十二年楚子言武王作武、其卒章曰、耆定爾功、曰卒章非詩之全可知、又述其三曰敷時繹思、我徂惟求定、即今賚一章六句、又言武有七德、疑詩有七篇、酌桓賚般均爲武、後人亂其次、并失其全、樂記孔子與賓牟賈言樂曰、聲淫及商何也、曰非武音也、有司失其傳也、當時已患失傳、况後儒編次哉、樂記出漢人所云發揚蹈厲及病不得其衆、皆由夫子未盡善之辭附會耳、 襄二十九年吳公子札觀周樂、見舞大武者曰美哉周之盛也、其若此乎、盖極贊其美善、其未盡善非夫子莫能識

仁者安仁二句

對上處境安字不須深看、仁不仁上下相對、仁知不分二人、特就仁更推其知耳、 利、順也、利於所往莫非仁也、於靜見仁之安、於動見知之利、日處約樂之中、但見仁不見約樂、斯大異於不仁者耳、他處仁知分德性安勉、此不必、

造次

即左傳隱四年注草次之期、謂旅處野間、造草字通、就



本字解、則造爲趨造之造、次爲次舍之次、即行止二字、

無適也三句

一意於行以行爲義、一意於不行以不行爲義、皆自附於君子、欲近而反遠、欲合而反離者也、

小人懷惠

易於寬說與上懷刑欠針對、感知己而以身殉、戀私恩而忘禍、及如聶政之於嚴仲子、蔡邕之於董卓、俱是放不過惠字、

不患無位二句

常說要人看位輕、聖人却要人看位重、位之字从人立也、無才立不上、無節立不住、無所倚傍不爲俯仰、乃確

見能立立德立功尚不是本文正面 上句跌起下句非爲干祿者下砭

公冶長

左傳襄二十九年有公冶慽季氏之欺不取其邑以冕服爲非德賞盖志節之士魯語作季冶韋昭注季氏之族公冶當是字非名後以字爲氏然則長亦魯宗

以其兄之子妻之

爲孔子異母兄孟皮之女見檀弓者孟皮有子曰蔑聖父娶施氏生九女夫子有姊之喪盖九女之一又有孔璇常侍左右記言亦子姓之屬

賜也何如章



何如一問自恐無成再問何器處所成之小總見賢者虛心深自考驗瑚璉非誇許之示以成就可觀用是益進不可自餒 貴重不容自褻華美更難自晦雖言外之意亦當知 一自考所長一極口稱許聖賢有此教學乎

瑚璉也

再細思瑚璉即簠簋異名三禮圖受俱一升瑚如簋而平下璉如簠而下銳蓋亦木爲之說文有槤無璉明堂位四璉陸氏本作連瑚經書或即用胡今字皆从玉俗本所改注云飾以玉不云全是玉然則即貴重華美其爲貴重華美幾何盖言其爲廟堂用猶云廊廟才耳不專在器形質論

子使漆雕章

謂開才可仕不屑小成夫子悅其志篤而大若出意外真夢語也子之使開以學無體用明德當新民成已須成物欲其求仕之理非有官可做使做也開言新民成物正求其理苦於未信非置仕度外子喜其不負所期三句乃一串事斯之信大小皆宜未信何一而可說成師弟各向如不相知者又分才與志不同甚非所取

千室之邑三句

就所聚居徵邑之大所統人民土田之多宰治不易若向千室考求則今大村落猶數倍之百乘亦就采入明



爲大家奉君率下無庬家事俱室老之責不在百乘計筭否則仍是治賦兼說則可 周官無邑亦無邑宰主其事即宰上外宰下內宰

汝與回也章

夫子只問學之所得孰淺孰深不講到品行 一數之始十數之終就數論多寡確是兩下比較判然處聞一知十講到貫通於事徹首徹尾明白則止了得一事始終反不及賜之知二又如賜未能自首至尾明白弁筭不得知一何有知二始終直看彼此橫看說最誤人只在數上論知之有多寡學之異淺深也

我不欲人章

亦欲無三字中有多少强制、多少做照在、非所及已顯然言下、

孔文子章

文王周公之文皆真學問、論學問即德行在其中、文子素行何一是此中人、并亦不能博雅善文辭、所以有何以謂文之問、　無論學之浅深、問之宜否、但即其歛好不恥觀之、與士大夫驕矜粗戾氣象無一毫儒雅者相懸、以故得謚爲文、於文子生平、自不相碍、撻重學問者失之、　當日太史定謚、羣臣集議、既不欲加之以惡、又別無可美文字、殆費斟酌、衆論翕服、　一字爲謚、原該不得生平、就一節得其似、亦美惡不嫌同辭、



子謂子產章

行己事上、不關國之大小、時之盛衰、此章論人品、不論治道、救時風世、俱非正論、恭字粘行己本身、說接物謙遜、推言事上、不專君上、卿執政居己之上、又小國之卿、當大國大夫、韓宣趙孟、皆爲上也、惠字根養來、有實政在、单說猛以濟寬失之、　左傳、子產爲穆公孫、史記以爲成公少子、不知成公亦穆公孫、子產自簡元年見傳、史記卒於聲公五年、爲魯定十四年、在朝安得七十年之久、當依傳卒於魯昭二十年、歷相簡定獻聲、非核實之言、

臧文仲居蔡



春官、龜人凡取龜攻龜、入於龜室、龜室何、櫝是也、櫝是器、故春秋傳曰作虛器、山節藻梲、以爲櫝飾、注藏龜正指櫝言、其藏櫝之室、可推見、

令尹子文節

喜怒不形、物我無間、寧不是仁、只就其念念有君、何敢懷喜怒、計新舊立論、見得忠處、要只是盡心所事、若微箕之忠、何仁如之、舊令尹根已字、稼書先生謂政是子文自謂、然先乎子文者、莫非舊有得有失、以告、即是不分物我、專就自身說、轉滯、當無之、　三仕猶云三仕、仕已俱指令尹言、非子文一已即放廢田野、不令在朝、三字宜活看、只是一人之身用否不定、必求子文一身實事、則柳下三黜、泰伯三讓、安得經書皆確有實證耶、



陳文子節

傳言慶氏將作難、文子謂子、吾其何得、又以所得之木屬子慎守、其不能脫然於十乘可見、清只善其不污於亂、　王充言猶吾大夫高子也、蓋魯論崔或作高、崔邑名、非氏、疑即高之別、

季文子章

夫子所論、皆非同時、何於文子三思、獨著子聞之、三字誰言而誰傳之、其出於季氏當日侈張其祖、藉以自掩、不能有爲之過顯然、子以思不過再、必思之不已、將無事可行矣、　臨事而懼、好謀而成、未有可不計成敗者、

思理不厭詳、思事不容過、殆非道理之言、

與朋友共二句

朋友均得用之、非一人也、用之多、敝所固然、敝而後見得共、無憾見得真、與共下句足上句、粘一朋友說非是、

朋友信之

非老非少、皆朋輩也、信之盡天下朋輩、以誠孚矣、老少既寬說、朋友亦不得狹、若同志同道之人、夫子有不信而待志乎、與朋友共、亦如是看、

季氏使閔章

閔子非絕意仕進、并義不臣季氏、費經累叛、遽難更化、執政者徒欲藉已鎮撫、實非能用已之人、故其辭婉而意決、觀私論長府、未嘗不留心國是、而家語載閔子為費宰、問政事、則王肅偽書、原不足信、痛詆季氏、以仕權門為辱、何以處由求諸賢、



在陋巷

巷非即屋、有達巷、鄭風傳里塗是也、有窮巷、爾雅孫注舍後道是也、廣雅閻謂之衖、衖即巷、荀子儒效篇儒者隱居窮閻、即窮巷、　此與飯疏飲水衣敝緼袍一例、皆假設之辭、不必實事、

將入門

軍出、有人於門望其出、軍入、有人於門望其入、獨言之反、是敗軍先入之反、獨後時必有於門誇其殿者、故之反云云、非於此時尚敢作徐細、將入門、由門上人見之、記者敘之如此、　考據家皆以此役傳有師次於雩門之外、右師從之語、入門為雩門、又以為稷門異名、按稷門、魯城正南門、僖公高之、又名南高門、齊女樂文駟陳於魯南高門、即此、雩門則南城之西門、西臨雩水、公子偃自此竊出犯宋師、沂水出尼山西北、亦經此門外、舞雩在焉、安得混而為一、又此役齊人及清、為今濟南府之長清縣、戰日、右師奔、陳瓘陳莊涉泗、孟之側後入以為殿、泗為魯城北水、齊之來及禦之、俱在城北、師入宜亦在北門、不宜轉繞至南門而入、之反所入宜是爭門、一名淨門、有池在焉、其郭即子駒之門、長狄僑如埋首處、有池、因須鞭馬而過、馬見水則畏也、然則師次雩門何、曰、傳上明云冉求以武城三百人為已徒卒、武城在今沂州府費縣西南、軍自南來、故須次此以聽遣調、右師從上有五日字、魯人怯戰、軍謀未定、久駐遷延有之、五日後臨戰之期、豈猶在雩門乎、　又按傳云右師奔、齊人從之、涉泗、孟之側後入以為殿、抽矢策其馬、曰馬不進也、云後入以為殿、則殿在入後、其入乃陣門、非國門、故須抽矢射敵、若殿歸入城、則與傳全不合、策馬可矣、抽矢何為、疑所記誤、細思傳本是讀者誤、後入二字斷以為殿者、人矜之也、抽矢策馬下、則之反謙而答之之辭、如是論語傳兩通、抽矢者鞭在御手、取矢代鞭示

欲速　此清之役也、然清齊地、未及魯境、戰則在魯郊、傳師及齊師戰於郊、後傳云、為郊戰、故是也、檀弓云、戰於郎、孔疏云、郊頭近邑、

質勝文章

夫元黃者、天地之雜也、物相雜而成章、經緯交錯自然之理、所以得均、文質偏主、正患在不肯雜耳、雜豈淆亂之謂哉　野史皆指人言、方對君子、田野官府、體制不同、說野全鄙陋、史全浮薄、是一全無文、一全無質、非勝也、　忠信不得訓此處質字、忠信豈患其勝、恐近愚、忠愚信、忠信又焉得有愚、

先難而後獲



德成業立、仁者分內、獲字宜看好、仁者用心所當為、其效自至、難獲先後、旁人看得、非存心如此　大易處處言利、中庸九經亦言效功、利未便是私、誤認董子之言、諱言獲則非矣、

齊一變章

齊政以人更、魯政以人息、變齊須改制、變魯但行法、此其異也、以習俗人心言、禮教信義互有失得、未見魯之必勝於齊　責成之、歆、動之、必須一變是難辭、但須一變、是易辭、

如有博施章

子貢非重博濟輕仁、蓋以仁道大、必民衆盡被、或得謂之、夫子亦不是仁外另推聖、謂若講博濟、何但仁之謂、必仁之極而為聖、猶慮未盡、仍是說仁不說聖、看下直接夫仁者、語意了然　仁從博濟求、愈遠而難、亦於人已觀其通而已、立達即施濟之事、博衆亦即人之推量未能遽盡、道宜知所從、是固有方也　方即矩、欲立二句、好惡之公、近譬絜矩之道、天下平則博濟之功庶以成矣、

述而不作章

重述字、不作輕、信尤重於好、觀注自明、次句乃首句注腳、非推原也、作莫備於古、可信可好、何煩更作、已信好欲天下後世共信好、焉得不述、就作者之意推明之、述也、恐留後人之疑、刪定之、使作者之意益明、亦述也、老彭其前事也、



默而識之

古旂幟之幟、銘志之志、皆即識字、說文、識、常也、謂旂常、後人多失其解、幟字後添、志則假借用之耳、衆中標識使耳目不亂、罷上有識、俾睹記不忘、皆在明顯處、默識則心專所向、如常在前、更不待明顯為然矣　心中所默知向、猶傳云衷之旗也、兼此義始備、

子之燕居章

說文、申、七月陰氣成體、自申束、書歐草、惟夭、則春象也、至人與天地合德、燕居時具有春華秋實之象、所謂氣

倫四時者、已於此徵其概、燕居只是家食時、休息緇帷之林、出遊舞雩川上、皆休閒時事、燕居聖道之窮申申夭夭、無不豫之色、聖人樂天知命而不憂、遯世不見是而無悶、於是乎信矣、

三月不知肉味

只是心契聖德、遐想至治、從聲容中追慕不已、常如洋洋在耳、味為之忘、因史記增學之、遂說到聲律度數去、夫子有舜之遇、豈不能為韶、且在齊安所得太常之罷而日習之耶、

飯疏食章

多淺看義、深看道、又不好明添、遂使人日尋孔顏樂處



毫無著落、不知樂義二字、明見孟子、仁義並根於心、如其義、雖貧自得、非其義、富貴何為、何嘗道理便淺、　聖人之樂與貧富無關、固是第如此、何必作疏水及富貴等語、聖人即身示人、正要人於境遇中、識得義字、說理過深、轉落魔障、　如浮雲、但作薄字看、不論易過不易過、

夫子為衛君乎

就左傳史記觀之、當日齊為衛君者也、晉不為衛君者也、其在內、惟孔悝之母不為衛君、

執禮

常所執持者、殆古時有此名目、如儀禮曲禮之類、若一切朝庭大典制、儒者固當心究、視日用常行可緩、教先所急耳、或引記執禮者詔之、周官凡射事執其禮事、則非此章之義、

怪力亂神

怪、但楉木石禽魚類、非是反常為怪、抱柱明信、臨喪而歌、同人道於馬牛、皆怪也、力是羿奡及南宫長萬之類、若戰陣之勇、未嘗不貴、治亂倚伏、正士大夫所究心、亂謂如君臣之獄、父子之爭、及禽獸行、大背倫紀者、神是降莘、實沉臺駘為祟之類、若造化之迹、幽明之故、不輕語、非不語、

約而為泰



書言泰不同、有指侈放言、有以寬大言、泰字先看懷彼約者假之、何為本局促、故作寬大、與上二項同為習偽、去泰保泰、皆是亂說

互鄉

鄉之命名、必有所自、互之云者、其地交錯繁會、五方雜處、為市井囂塵之地、如後人所云互市、鄭說言語自專、不達時宜、以明難與言則可、未能解互鄉、相傳今沛縣合鄉城、即古互鄉、合之義正如互

孔子退二句

進退解多未明、此非司敗來見孔子、乃孔子往見司敗、巫馬期陳人、意子介之見、或令典謁、進見時期俟於外、

君子三揖而進一辭而退，况言之不合既出期將隨行，司敗欲有言特揖之入，期進而子登車矣說司敗來見子，則升堂行禮與坐，子退入何處置司敗何地，期固在聖門，又須司敗揖進乎論無一是矣，

君取於吳三句

為字去聲為同姓連下五字讀若屬上句，則為司敗語，為字平聲，失注諱字意，

以能問於節

能不能就別人看已不知，餘亦然，　上四句是無伐善，無施勞下一句，便見不遷怒不貳過不校則怒盡釋安有遷過方句歸豈至貳，



成於樂

禮樂不可斯須去身，聲律身度須處處見此意，若八音、十二律干戚之屬，儒生輕易不與，必待此而成耶明其理而已，　行中采齊，趨中肆夏此類皆天子之事，

民可使由章

人同此性，豈有可使不可使之分，教思無窮，亦必不存可使不可使之見，而由則可，知則不可，質不能遽化德不能便新，非不使而不可自若此，見化成之難而終欲使知此心不能自已耳　不可使為斯民嘆又為斯民憐聽之不忍迫之不能終盡吾使之之心竭吾使之之力以徐俟之，即堯舜猶病，王者必世而後仁之理如云，不強其所不可，或更涉權術，似民不可令知，總非聖人心事

天下有道則見二句

承上危邦二句來，不入不居，容有邦可居可入天下無道則到處危亂，無邦可擇，只有隱耳，有道句帶言，與通論出處不同　下節明其素志，邦有道以貧賤為恥，豈天下有道而不見邦無道以富貴為恥，豈天下無道而不隱，非又從天下轉到邦，

學如不及章

人所以孜孜求及者，恐失之也，亦惟恐失，不勝求及，及則不失矣，如不及者其心之迫於前非真不及也，非真



不及而無恐失，猶恐失者，萬不敢以及自信也，聖人為學者加倍形容，如字猶字串講合講神理始出

大哉堯之章

巍巍貼天，不貼堯，蕩蕩貼堯不貼民，巍蕩注皆言其廣遠無能名亦是莫名其廣遠，說到深微，轉隔壁民字包一切　蕩蕩無名猶天何言哉，巍巍成功二句時行而物生也

禹吾無間然矣

不說禹無間然，說禹吾無間然，以注非議字為間正解堯舜人無非議，至禹便妄言德衰，子謂如禹自吾觀之，不見有可非議處，隨舉下文明之，以此為專論禹德者

似未得聖意、　注鋪隙字推原禹所以無間意一串而解間既為間隙又為非間義却兩岐後人生出謹小慎微議論下文每句上一截可言下一截包括朝廟上下則非微小矣

大哉孔子二句

孔子之大非其所知、只就本文說博學亦與他處不同謂名由學來學一事成一名博者甚少獨孔子無所不學此可名、彼又可名無學一定亦無名一成此之謂博此之謂大二句只一意與下節聞人譽已語一直無惜意

子聞之節



固是自承以謙、觀謂門弟子句則有不欲學者務博之意、猶君子不多之為子貢曉也

子絕四節

自然絕自然毋方是聖人　必與固頗難分晰大約必專進取固堅不為一適一莫

固天縱之節

聖無不通本末一貫子貢却看作兩截又字另從聖轉出其意仍不欲抹却多能盖猶未到一貫地位不然則直云聖豈事多能一語了然下節夫子不更道君子不多矣、　多能在聖人自亦天縱然不便子貢口中說得夫子謙受且與鄙事不合、

夫子循循節

博一步濶一步約一層密一層其中具有次[illegible]但循博約之序　泥高堅前後求道則拘、由[illegible]瞻忽之不定則岐由不約、博學夫子所以誘[illegible]文禮則其事於我至要者云文所以博禮所以約不是語氣　禮字說向外仍是文

語之而不惰章

就當下說終日欣聽無倦心解而欲行也

法語之言章

法語巽言者誰即末句之吾也聖人要人改過向善法巽兼用、多少期望多少揣量而改繹者少卒窮於術無



可施是以嘆耳作君友進言大概語、末句便無着

知者不憂三句

知仁勇各自為說則各自為學、無所為序先如知者再如仁者勇者、則序顯然君子道者三言道中庸三者言入德、均與此不同、　三者舉為學榜樣不是為本人論

適說始見學之序

賓退節

夫子攝上擯並於君名時受命、故入廟相禮并送賓皆子事、此復命之根君使上擯送賓門外躬送於大門內俟賓去上擯復始退此君之敬為紓之之根、　紓君敬非但愛君、不使過勞禮必有終賓不顧為賓之禮俟不

顧而退為君之禮據禮文以復見賓主於禮兩盡為夫子為擯之禮

紅紫不以句

說文紅帛赤色也以赤加白為紅廣雅縓謂之紅爾雅所云一染即今之淺絳禮書丙辛合而成紅紅者赤白之雜丁壬合而成紫紫者赤黑之雜

食不厭精

孔子曰五變入臼米出甲謂磑之為糲米也舂之則粺米也哺之則鑿米也蓞之則毇米也又導擇之暘唾之則為晶光雖出緯書可當食精一則義疏



膾不厭細

注麤則能害人不必泥軒截皆大可食況膾為生食有葱薤醯醢以制之則害氣已除麤亦何害惟膾之義取會不細則雖聶而切之不能會聚而疏散失其為膾不食猶觚不觚之意耳

肉雖多

內則羹食自諸侯而下至於庶人無等即饗食之禮若家食當無多肉鄉飲酒禮有無筭爵鄭注賓主燕禮爵行無數醉而出也亦非謂量之洪　李安溪所謂體而折俎謂之大烹饔以實豆至於百亦指饗食言

食不語

禮小飯而亟之注備見問食時或有問不容不答然寧速於食不遽答此亦不語之證

鄉人儺

尊王制妥神靈盡人知之疫當外逐儺入懼而內奔故敬立而禦之阼階用東方生氣勝之

問人於他邦節

主人送之門再拜使者逡巡却避不答拜其至他邦他邦人拜迎拜受書承其命之辱歸亦拜送及使者復命主人亦拜受送出門外慰勞之亦拜使者均不再拜為人使不當其禮

式負版者

固是重民數然經書中言式非敬老則尊賢版者名數



有年之老則父兄也有人之賢則師友也推說於式字較有根據　者字不得遺却受於司寇而獻之君人微而職重遺拜送至拜受重其事并重其人或說即夫子為魯司寇時事

有盛饌節

坊記君子不以菲廢禮不以美沒禮故食禮主人親饋則拜而食不親饋則不拜而食然此但變色而作不云拜則仍敬主人盛饌非敬主人之親饋集注不從孔氏固有見

山梁雌雉節

時即知幾其神應舉而舉應集而集云天機自然不知

所以然。説入神化，反失審機之理。　子路因子之嘆，欲驗鳥之知時，故色加之，以觀其舉與否，而鳥已見機而作，凡鳥欲食，常引吭三嗅，此特寫其作之之狀耳。

先進章

文治至周而極，夫子所心慕憲章文武，表其文也。文不在茲，承其文也。文者，經曲等殺，律度之自然，非外飾之具，質存其中，中為之則，所以稱盛，必補出兼質得中，已將文質劃看，先於文有不足意，此後世文質之論，日以紛起也。先進極文，謂之野人，病其拘謹耳，後進並非文，謂之君子，習為浮華耳。夫子從先進，即從周，豈一從其文，一從其文質得中哉。



從我於陳蔡者節

是陳蔡之地，非陳蔡之國，是時蔡遷久矣。陳蔡去魯遠，孔子五十七歲適陳，五十九去適衛，六十復至陳，六十二自陳遷蔡，六十四徃返於蔡葉，始由衛還魯，為時又最久，賴從者日夕相親，慰其在客中。閒絶糧，特在陳一時一事耳，大文無絶糧及當厄字，追憶不專與難徃來陳蔡，非不見楚之令尹葉公，而不得君相之知，道路所遇沮溺之流，又皆異志，所與同心如父子者，止從我諸人，得不追憶。

冉伯牛

伯牛事不多見，尸子數孔門六侍，曰：節小物，伯牛侍。

言語宰我子貢

言語，當如孟子以辭命言，應對諸侯，古人所重，非尋常出話也。

孝哉閔子騫

此句不妨即作夫子語，子嘗云以貌取人，失之子羽，史記子言惟季次未嘗仕於家臣，季次公晳哀之字也。師於弟不稱字，何必然。

閔子侍側章

二節皆記者言，及門如此英才，子不勝樂，遭際不齊，諸人中由獨遇難，未免神傷，子樂及門俱樂，子傷及門亦傷，蓋師弟同此情耳。若由也不得死，或子嘗以戒由，不



料其言之應，因此歸咎行行，則子亦何取而樂。

師也辟

荀子，弟佗其冠，神禫其辭，禹行而舜趨，是子張氏之賤儒也。言此等，子張亦惡之。

回也其庶章

此章參差羅紋格，賜不受命二句，對屢空，億則屢中，對其庶，回自近道，賜推測而知，時亦合道，屢中在理，說不講到料事不然，全涉賤之徵，貴貴之徵，賤端木氏一貨殖傳人物矣。

子路問聞章

善事盛舉，人人當為，而無人責以必為，須請命父兄，以

定行止弟事事待稟又恐所當為以無人責錯過追悔不及故告之不同若義理無必當請命而行　子路非不稟父兄一時仁心義氣激發惟恐或後便不暇退思即所行是父兄不責倫已有專擅之失

有社稷焉

有社稷即有鎮撫匡扶之責費為季氏宗邑內寧外禦所謂社稷賴之但以治人事神對舉義容未盡

攝乎大國之間

千乘已是大國又有視此加富強者且不一國介乎其間每有舉動遣使來問遺書相責士氣為奪民情為搖一攝字已藏有勇知方對面



加之以師旅

不時有師旅之役或禦敵或討叛或會伐或救援皆是竟說成敵師環攻圍城坐困眼前應禦不暇安能俟為之三年加之因之與攝乎一例皆極言其勢之難為加非大國兵加之加年歲洊饑因亦不定大兵之後必有凶年也

且知方也

方其義也知方即知義

如其禮樂二句

足民後自有教然此處君子已隱注公西氏故下承問即以非曰能之辭願學者學為君子學為禮樂也禮樂在主治者說不在民說足民為經野事禮樂是廟廷事下節無一語涉百姓節性防淫非此處所言禮樂成人章冉求之藝文之以禮樂可為切證　上可使足民不云可使民足與可使為宰一例

鼓瑟希

少儀侍坐弗使不執琴瑟檀弓於弟子每言予之琴點之鼓瑟予當先有命

冠者二句

何以言童冠意從點學如子夏之門人小子

安見方六七十三句

語氣但對千乘說約在子男間為邦一耳　先王封建



尚有三十里二十里之小國由分國之外有奇零地況方六七十如五六十居然成國或慶有加或罰有削故伯而減子男而增不必定符原數然舉證已非要義若春秋時併吞削弱盛衰無常焉得據以為說

子張問明章

只講譖愬易惑能不為惑畢竟譖誰愬誰不行俱無著落不知蓋為任人者言親敬之人知之有素任其如何用譖指他之短如何用愬激我之怒而所親所敬信其必無禮待如故此之謂不行　問明未問遠遠即明之極因張務遠教以不蔽於近反以次段作主矣

必不得已二節

出甲有定數、軍賦有常供、此國之大信、就見民見食、普死以守、不更集丁衆蒐軍實、重累於下、則民心固、必無坐視其上危亡者。不得已所處確當如是、何必全看輕死字。

片言

玩注、人信服之、及外注見信於人、忠信明決、不平明決折獄之才、忠信折獄之本、下節引證子路平日忠信、非證明決。

居之無倦二句

不但行無倦、居已然、不但居以忠、行亦然、居之即行之之事、行之即居之之心。



君子成人句

君子有成人之力、存成人之心、人人望君子成、然惟人之美始成、須對下句看。　人之美、亦惟君子看得必成之始美、若已是美、又待成耶。

夫達也者節

達者行之宜也、行而宜之之謂義、義為一節要字、好字尤重、下二句完足上句。　質直不是誠、誠則已包義在內、更無不好義質直便有過之理、質直對下色字、義對仁、好對取、察言二句對居之不疑、兩節相為反正。　在家只是家食、猶問行章言州里、指家庭、則有畀幼慮下句難通。

色取二句

居之不疑、統在色取內、故掩其行違、一時看不出、假仁所以致聞、行違究無在而可、安得言達、兩節仁義錯舉理則一。

樊遲從遊句

以觀物化暢天機、藏脩游息、古人無之非學、云游不忘學、看游淺與學已成兩事、遲之問蓋是平日蓄之已深、或從游時有所感觸、下文云云、要與舞雩絕不相關、特為遲紀問之時與地耳。

鄉也吾見於夫子而問知

時講謂此時已忘其為問仁、不知子夏疑知之妨仁、正



刻刻不忘問仁、特子合仁知言之、子夏認專言知、遂单述問知耳

赦小過二句

小過可貰、為告於大夫、而請之君、賢才小者引以自助、大者薦之朝、私家之宰、無專赦之理、又豈有拔擢權耶。

言之必可二句

解作一直而下、似言即名字、無所苟、再醒二必字、細玩全章、君子於其言、與君子於其所不知、遙對、見正名非迂、如由之野、不免於苟。

襁負其子

說文、襁負兒衣、張華博物志、襁織縷為之、廣八寸、長丈

二以約小兒於背非繩索之謂

魯衛之政節

魯政勝齊衛政近魯其先與周公本兄弟方策具存同於不得人舉孔子五十六歲適衛五十七始去適宋陳五十九復適衛六十歲去適陳六十四自楚反衛凡在衛四年始歸魯其用衛之心固不下於魯寄心擊磬夫豈徒哉謂既其衰亂如兄弟然語近淺薄豈出聖人下章美公子荆國有人焉庶矣之歎勢復可乘周公康叔之治不難於復此再下章又有苟有用我之思也

庶矣哉

周禮土國用人節注平地多人疏謂若衛國之類衛固



平土亦由靈公未叛晉之先無大兵革得以生聚然果為士為農各歸其業雖庶不見其庶民不敢聚固有勢可乘而閒民無執事之多幾有人滿之患夫子之歎不是專美其盛也

既富矣節

保民義甚正大云教以保富則視富重教之分量轉隘矣　慮未易教故先富之未富有教富豈不加使民有恆產有恆心聖人容保無疆之意也

何晏也

說文晏天清也小爾雅晏陽也如淳漢書注晏晏而溫淮南子繆稱睴目知晏陰諧知雨亦謂晏為陽古人朝在質明其退亦早所謂大夫夙退也晏猶俗言日頭老高故訝其遲作向夕昏黑解失之矣

葉公問政章

葉在今河南南陽府如字一不讀薛左傳成十五年許畏鄭楚遷許於葉其患未已轉遷於夷葉仍入楚昭十二年楚平王復封陳蔡許許仍居葉王子勝曰葉在楚方城之蔽也土不可易乃遷許於析葉復入楚以封葉公襄十六年晉伐許次於棫林又伐許次於函氏此許即葉也皆在邑北境　近悅遠來雖大概言以楚時勢論之則近莫如陳蔡許遠為鄭楚不得鄭不能爭伯於中國葉地在方城外為楚邊邑以子高重望居之欲衛



近而招遠也子之荅固非漫然

吾黨有直躬者

呂氏春秋楚有直躬者其父竊羊而謁之上將誅請代告吏曰父竊羊而謁之不亦信乎父誅而代之不亦孝乎荆王聞之乃不誅也孔子曰異哉直躬之為信一父而載取名焉蓋即此事而行之

硜硜然句

謹飭之至守似硜硜小人不敢學大人之言不必信行不必果恐畫虎不成也就其人心口說作斷語下文接不去

東里

鄭有南里東里、中分里、襄二十八年、楚伐鄭入南里、哀二十七年、知伯伐鄭入南里、門於桔柣之門、襄九年楚公子罷戎入盟同盟於中分里、杜注、鄭城中里名、東里不見於傳、列子、有圃澤多賢、東里多才語、

彼哉彼哉

其人無大可議、亦無實在勝人處、且蓋棺論定、生存安料其後、故沉吟反覆、於其人有未可遽定者、彼哉四字、神理如此、聖人口中、說不得外之子西、死夫子後、

子路問成人章

若字直貫下、如此之質、加如此之功、為舉示之辭、即下節然字也、作效法解、如武仲之知、其又足效耶、　成人道自當然、在今未可概責、非謂可不然也、不必添古之成人來較、理不分古今、武仲等何嘗非今人、



晉文公章

譎正之辨、不專數大事、見傳者、仲父有天下才、觀其書治內治外、猶原本周官、存太公遺法、桓委任不疑、以致伯、文佐不及仲、示禮示信、苟取一時、內外無所設施、正譎皆在政治規模上見、就二君心術素行言、無勝負可分、

豈若匹夫節

祇自完一身、存亡不繫世之輕重、就功能及人與否較、不在義上辨、



公叔文子之臣

儀禮注、私人家臣、已自謁除、疏云、對公士得君所命者、此大夫自謁請於君、除其課徒、以補任之、蓋若漢公府辟召矣、僎始由公叔自除也、

可以為文矣

古無兩字謚、檀弓、公叔文子卒、其子戍請易名、君謂之貞惠文子、其後止稱文子、則仍一字謚、所云貞惠文、蓋將於三字擇一、非均以為謚也、然其定謚文、不過以修班制、睦四鄰、於文未稱、於文子疑未盡、因時人有述其升僎一事、子特表出之、以為國家議謚、當得實、且從其重也、



驥不稱其章

為驥勉、為稱驥者言、俱可要識如何是德、馬亦儘有調良不逞力者、何分其為驥、蓋不踶齧、不踐踏、仁也、忠於其主、生死可托、義也、不欺羣、不爭棧豆、禮也、能知水道、擇主而事、知也、見用即能立功、見棄不悲伏櫪、庶幾得良馬比君子之意、　均是馬而稱驥、即驥便是稱、

仲叔圉三句

天下無無道之君、用人各當其道者、大文亦無靈公能用人字、仲叔等非賢臣、衛事不可謂治、無道之人、惑於內寵、不顧外患、一派昏戾之氣、於國事委之臣下、全昧經理、賴天幸宗廟之靈、三臣在職、知君亡臣及、盡心所

事又其才恰當賓客治不致如齊頃之笑客宗廟治不致如夔子之不祀軍旅治不致如鄭文惡高克之棄師所以國得保全算是靈公能得人一節好處一涉贊美碍上文無道矣

子貢方人

好以已去品第人之高下勿誤認已與人較

公伯寮愬節

愬子路謂招致其師欲張公室不利於季氏惑志大有疑於子也撼子路因以撼夫子議論尚寬　檀弓子服伯子注仲孫蔑之元孫

衛靈公問陳章



俎豆云云非遜辭以對靈公以鄟澤之盟受捘手之辱結連齊魯與晉為難子以衛累世從晉會盟事大所以保國晉雖失道衛非其敵廢俎豆而事軍旅祇取禍耳不對之對所以為衛謀者深矣如靈公不聽何哉

子路愠見

為子愠非為已愠

賜也汝以章

章內兩予字最要即身示人要其體認所學參乎章言道體此為學之方兩一字不同

無為而治章

上二句懸想贊嘆夫何為哉申無為恭已句如云治而已矣恭已無為之本勿夾在口氣中

子張問行

史記弟子傳子張從在陳蔡閒困問行此緣蠻陌州里字傳會子張少孔子四十六歲當阨陳蔡時才十餘歲耳

子張書諸紳

隨在有見與上節無分貼定佩服聖教便不混　書是丹黃玉藻士紳長三尺廣二寸

工欲善其二句

利古本作厲見梅福傳所引子語利是用力字非器利也仁賢資我之器事友為利其器



行夏之時

唐虞亦建寅何獨夏自漢太和後無不建寅豈為行夏時蓋夏按時立政著有時儆小正行者依夏每月所行行之此亦注意也下法殷周亦舉二端示例不專講輅冕

躬自厚章

責人恐致怨躬不厚於人何涉此為專責人不責已者言責人為善亦君子用心然自已先盡則推已待人人亦諒之不然則所令反其所好無諸已而求諸人有諸已而非諸人為不恕之甚怨之叢耳　責是人已俱應盡事善責其成惡責其改兼說始備

吾末如之何也已矣

三如之何一樣人不自商度何從代商度與法語章辭同義别

君子義以為質章

義字先看好禮行非恐義過徑直而加以節文盖禮緣義起有是義即當有是禮禮行而義益昭行與出不同行是明其理出是見諸事孫乃從容以權其宜稱云恐失之乖戾亦淺信不對虛偽言義而無禮孫安有尚虛偽之理只是事事實心實力更無一毫有欠耳

有一言章

行者身行之身即已人為身之對終身不離人已之接



以身行實以心行於施驗行於欲驗心子貢求之言即知於恕未得

吾之於人節

人即斯民誰即人之分吾亦在斯民中意却對三代於對行毀譽亦虛說證實碍如有二句

耕也二句

二句言君子於道理見得明并世事看得徹　學也證謀道之人非正講謀道如謀食亦不但耕

君子憂道句

從上直下君子惟謀道憂未至貧豈所憂哉憂貧不用呆砭

動之不以禮二句

注動之動民也猶曰鼓舞而作興之則禮宜如齊之以禮之禮屬導民說又云不以禮為學問氣禀之小疵則仍就自已說并未善為小節之忽竊謂不如專主注前解

昔者先王三句

注分三層實只二層頭層推重先王所命次層且字振起是字證實為其在邦域中故雖諸侯不臣附庸錫命所有與他附庸不同非社稷臣而何只是不可伐不當伐不必伐意非所重

今夫顓臾



與今不取今字同此從上昔者轉出下對後世子孫

生而知之章

生知學知一聖一賢兩者字見成舉示重在困學一正一反語氣顯然以生知作頭學知困學兩次字類看非善體大文者　民斯為下是懵然無知不說到行畀汚

齊景公有馬章

景公底須東齊較東齊兄弟不離景公利其兄莊公之死更不討賊聖心所不滿或亦有之

不學詩無以言

以誦詩三百使於四方不能專對倒看言是辭命如赤與賓客言之言若言行之言似不必定學詩

孔子曰諾

諾是應聲，下方為言，四字連讀，從旁人聽得，與曾子曰唯一例，不入口氣說，

吾其為東周乎

興道東方，似無意，豐鎬議論便室碍，蓋東周，周公所營布治於四方者，為東周，法周公也，即平日夢見之意

恭則不侮

不侮屬人說，下數句一例，非恭者不侮人之謂，

孺悲欲見二句

雜記恤由之喪，哀公使孺悲之孔子學士喪禮，而此記其欲見孔子辭以疾，蓋先承命問禮，孔子不敢不敬答



其人恃有君命，不虛心受教，無有挾貴而問之意，故其後自欲見而拒之，不在於有介紹無介紹

將命者出三句

不言門言户，辭病則當居内，其人俟命門外，欲使知非病，取瑟示無故不撤之意，歌則更無不鬬古人字字有意，

近之則不孫二句

女子小人不能不養，養之不外近遠，而非不孫即怨，所謂養之之難，則所以使無不孫不怨者固有道矣，非酌量於不近不遠閒也，

微子去之節

微子抱器歸周，面縛銜璧，其妄不足辨，即存宗社遯荒野亦不謂然，紂雖亡國君，何忍即謂其亡，代商者存殷祀與否未卜，況紂有子在，商之孫子其麗不億，豈必待已而存，乃委封國之受於先王者而去，則已之宗社先亡矣，至吾家髦遯於荒，乃指老成遯去，設微子自逃荒野，紂其聽之乎，然則詔王子出廸亦出之國耳，微子義不忍去，紂以其諫之數又地之逼，不容一日留之於朝，微子不得不之國去，豈其志哉，箕子紂不聽去，安得去，至受囚奴之辱，恐彰君過，被髮為狂，示應得者其佯狂當在為奴後，不然非求免禍，又不能感君，佯狂何意，比干亦非以死諫，死由紂耳，三人同此忠君之心，一去一



奴一死，皆非本願，亦豈有擇，未可以形迹之異論也，

四體不勤二句

無見人盡責以力田之理，初遇亦何緣有招隱意，以方不勤不分是慮，遑問行路，淺說自合

長沮桀溺耦而耕

北方耬車之法，置斗藏種，以牛駕之，且行且搖，種乃隨下，南方無一邊犂一邊種者，耰為覆種，似不當與耕為一時事，蓋耕對耨言，為犂統言田事，一耕括之，此耦耕即躬耕之謂，實則兩人當時皆是耰，故下云耰而不輟也，說文耰本从木作櫌，磨田器，淮南子氾論訓耰耡注，耰椓塊椎，三輔謂之儓，所以覆種，孟子播種而耰之是

也莊子深其耕而熟耰之注耰耨也大抵即耒耜之屬而異其名孟子以鐵耕乎注鐵耜屬分言則耕與耰異合言則耰即是耕　周禮疏兩人耕謂之耦說文耒廣五寸為伐二伐為耦匠人注二耜為耦至詩十千維耦鄭箋又云耜廣五寸三耜為耦三當二之誤然此以約容二人計筭非相人耦之耦

滔滔者二句

向解此句多止言天下之亂忘卻問津滔滔與是字皆無着子路問津處在今裕州葉縣間農作之時春雨過多黃城山水東流而下田水歸之舊津已斷恐改渡別處故遣子路問是知津矣非不告以渡處謂出遊已久豈不知此時津路情狀乎及問桀溺則言茫茫徧是大水往來阻絕津渡誰人改設無可去處且不特此今時勢概如是所謂若涉大水其無津涯也顯諷夫子答問津意亦在其內

逸民章

七人中如柳下惠未嘗隱且夫子何獨謂虞仲夷逸為隱居叅諸人皆有濟世之才其逸天逸之人逸之等於齊民故民之以下則各論其行事有可有不可概舉生平非即以為逸民實迹

謂柳下惠節

較夷齊似降辱言中倫行中慮則身志自在謂人生只



消如斯不必過峻厲故夷齊自夷齊惠連自惠連其斯而已矣非鄙薄語

孟莊子之孝章

檀弓孟獻子之喪司徒旅歸四布孔穎達曰孟氏家臣司徒敬子稟承主人之命使旅下士歸還四方賻布之餘即此一事見其能承先德用舊臣

孟氏使陽膚為士師

禮記正義引崔靈恩云諸侯三卿下有五大夫司空下立二人小司空小司寇魯臧氏世為司寇此或復舊制以孟氏世為司空者統之周制士師隸於司寇得使陽膚為之顧棟高言陽虎欲去三桓以季寤更季氏叔孫輒更叔孫氏已更孟氏疑陽與孟同族故虎逐而膚用



内編上終

太平戚學標翰芳輯

静而后能安

謂安於明德新民心心在此注所處而安雖以身言卻不說安在身涉到處境去定為專所向安為永在茲此二字不同處語要根知止來告子不求於心伯子一意於簡皆不知明德新民之理而强求安静之未能焉在其能安耶此句在慮得前安勿說出外去

致知在格物



天體物而不遺故一物必有則性體事無不在故萬物同一源惟不能隨事觀理則無以盡吾心之精微不能反身窮理則無以極吾心之廣大

邦畿千里

武丁所都無有定說以本詩景員維河及殷武篇陟彼景山推之則不離商邱之界必非河南偃師亦不是河北朝歌可想而知

與國人交

周禮司寇掌外朝之政以致萬民而詢焉左傳子產對宣子先君桓公與商人同出於周與有盟誓三代君與民親後世則不然矣此照常說解

所謂誠其意節

誠字與中庸解實理不同只作實字看觀誠中形外無言善惡便了然　色不是女色凡采章悦目者皆是悦色人之情憎妍喜醜斷無其人好好色不看壞如字更出力惡惡臭亦然

十目所視節

指視從人之視已說來加倍危悚引明上文注意甚顯誤以君子必慎其獨與下君子必誠其意截分將此節作下節之領往往有之　其嚴極言其不能掩著說到屋漏鬼神轉無著落

富潤屋二句



潤從形生來并隐承著字破掩字先揭德便與通節不異德潤身實際在下不得預僭推說工夫并僭末句誠意　二句是古人成語富是天所以福有德無德之人積玉堆金滿屋不祥氣象焉得為潤此句并可向好處說

心廣體胖

申明上句體即身心是德胖其潤象也或以心身統歸德上亦可總之本章說誠意此句尚非要旨所在鄭注胖大也有蕩蕩寬廣意

之其所傲句

君子安得有傲惰何況於僻蓋其人難近加禮越長其

志故示傲惰使知為正人所不荅說来要與賊惡有別
莫知其苗之碩
心所最惡是苗之不碩故苗碩亦不知一味惡去若從苗說起是美而惡不是惡而不知其美
所藏乎身不恕
上二句是恕再詮恕字便複衍不恕為無諸已而求諸人有諸已而非諸人反照便得
宜其家人二句
第二句脫開說承詩詞不粘詩詞
節彼南山四句
詩刺幽王南山指君石指師尹臣恃君勢猶石據山之



崇民具爾瞻徵衆惡也誰使其赫赫君好之也下文直接有國者責成在君可知從尹氏轉到君多一曲折矣
南山即終南山
君子先慎節
人土之得已見上文得衆得國不煩多說以一直趨財用起下諸節為要
楚書曰節
寶是未善是本無以為外之也惟以為內之也數虛字宜味
斷斷兮二句
斷斷以貌言別出下其心來勿誤看誠一向深處說無他技云大德不屑小技尤謬此只反起下文耳　於衆技中獨徵其異或別顯所長方是他技無之云者外看毫不見得　注誠一之誠非中庸誠字穆公當亦無甚深見下寔字更忌說盡
見不善一段
過對命看是過畏縮有許多慮長慮短若過失連上段亦是　語氣趨重不能遠遠即放流屏諸四夷不與同中國不但不令近身而已
生之者衆四句
道不外衆寡疾舒各得其宜四字可先揭　每句各有其事其人之者字方有著四項合天下在內朝無倖位



句特為食者舉例
喜怒哀樂二句
渾然在中此中字對未發則合對和言則是無偏倚之中即性之本然具節在內特未發耳渾然在中是論體注言性情之德則論德不論體兩意須分明　就情之未發指出性之本體謂之中非中之謂為中字解釋所爭在毫釐
發而皆中二句
就性之發於情者指之性無不中情之發自和皆論其理如是發雖就人說一泥人身上中節須有工夫方能且有中節即有不中節非論性情之本然豈得遽云有

過節者誰耶、

執其兩端二句

以大知加問察、善惡分明、尚何惑於衆論之不同、所用莫非善、莫非中也、執中無體、用中自體及用、凡事有小大厚薄之分、隨其宜用之、謂就兩端執取其中、則兩端涉兩頭、中成中央之中矣

得一善

舉一見全身、不是擇得此一善

天下國家節

但就可均可辭可蹈說、不說如何均如何辭如何蹈、三項各得其中、即是中庸、餘皆偏、有失得、混言尚可、至云



不論當理不當理、不但非知仁勇之事、於均天下國家先說不去、舉天下所難、見中庸之尤難、天下國家之均知者能勉、爵祿之辭仁者能勉、白刃之蹈勇者能勉、中庸非知仁勇兼備、不待勉者不能、如此義自明、不用別生枝節

君子居之

言此等君子、多出其地、勿泥必於此居、

所求乎子四段

只是論道之難盡、望人如此、已先不能、不必夫子自說、

君子之道、造端夫婦、而備於君臣父子兄弟朋友之間、其取則不遠、為道甚常、而行之難盡、尚何事怪為

君子胡不慥慥爾

須得反詰語氣、稱君子、對遠人為道者、胡不要其加想、

不援上

援義為引、然有上下之異、自上引下、為援手之援、詩以爾鉤援、謂鉤引上城、儒行舉賢援能、傳求援得援、皆上引下者也、自下引上、為攀援之援、晉語、侏儒不可使援、考工記、戈廣二寸、援四寸、刃之直而上達者、皆下引上也、混言援引、何以為不援上耶

射有似乎君子

言何者似君子、於射得之

舜其大孝章



德為聖人、亦孝所致、本德為孝、德以成孝、皆非本旨、蓋與大德指孝言者不同、猶下云必得其名耳、　大德必受命、自德為聖人下、皆作命字看、為孝所致、非以此成其孝也、大孝即大德、是總綱、僅言德、猶是子曰理一而意不同、最易糾纏不清、

武王末受命

此句為周公作、引緣武王受命之晚、不遑於作、留志事於周公、非複行上節繼述仰體文王不忍取商之意、晚始舉事、議論於此處一毫無當

期之喪一段

非由祭及喪、舉以見父母之喪無貴賤一也、則祭無貴

賤亦一也、全節重在祭於斯禮也句、味之自明、

春秋脩其祖廟節

此節祭之先事慮事比物、無所不周、下節是祭因并叙及助祭之人、與祭後之事、祖廟宗廟、只是一廟、祭者祖廟、而合羣宗廟之主以祭、故又稱宗廟、在時祭七廟之主皆在、大祭毀廟之主亦在、脩是黝堊掃除、

旅酬

旅酬之禮、主人先酌獻賓、此主人歷来指子姓兄弟之最長者、按禮、天子獻賓有攝主、代王為主人、君無酌臣之禮、以大宗伯攝、周禮大宗伯有大賓客、攝而載祼是也、王燕飲酒、則膳夫為獻主、蓋亦以膳夫攝此主人者、想亦大宗伯、或小宰為之、若以長兄弟攝、則主人獻賓之後、亦獻兄弟、仍其人攝抑又易人乎、



燕毛

周禮、王燕則諸侯毛、燕之序以毛、別、燕字當讀斷、毛無長幼在內、然鄭解周禮、直指毛為老、意以既序穆昭、則長幼坐次已定、此单是燕老者、毛與髦同、則又當連讀、

脩道以仁合下節

大旨在脩道以脩身、脩道以仁、為脩道之要節、又必先義先禮見三者無一可緩、而下以知仁勇三者、總明脩道之要、不言禮者、具知仁中、加勇者、知仁須行之力、又先知者、即就仁逐層推上知天之意、時講以脩道以仁句、緊接脩身以道下、特重在仁、下義禮皆以為仁、玩前後語次通章大旨、殊不然、

故君子不可節

注兩又字宜玩、所謂以此為助、不是以此為本、蓋順推下、非逆泝上

官盛任使二句

不但使大臣不勞、多官供其所用、一切聽指揮而不敢專、與上節注、小臣不得以閒語一串、分上為專任、此是優崇、則說事說效兩岐、

嘉善而矜不能

遠人在國、士則使與鄉舉里選之榮、商則有風聽臚言之采、善無不嘉也、其不能士勸之學、不肯為郊遂之移、商安其業、不使有丐奪之事、至加禮周卹、此中俱有、



明辨之

審問慎思、則於公私義利疑似之閒、豈尚見之未明、須辨緣將以其所得見之於行、更須分別出事之先後輕重、一一精當、此即中庸之執其兩端而用其中、大學知止節之慮而后能得也、

八一能之四句

天下無不可能之事、不過難易之分、以能自信自必、一十百千、非所計較、

洋洋乎發二句

朱子云只春生夏長秋收冬藏便是聖人之道不成須聖人使他發育觧大紳云禮儀威儀皆聖人所裁何故道之大者既屬造化而道之細却屬聖人可見此二句主聖人言極物之多皆其所成自天以下無所不際育萬物位天地皆道中事不得離聖人空空說道上聖人之道是自古聖人下其人與至德則後來聖人

極高明而道中庸

形而上者道則本高萬象俱涵於虗靈之中則本明性如是也然道不離器即物而理存中庸所以為高明之實能循其則則人不違天象忘而性著高明即在中庸之時



建諸天地而不悖

君子制作通乎造化之先合於易簡之理議禮則親疎貴賤一畀高之自然制度則服色車旗一方圓之定象考文則點畫形聲亦經緯自然之章天地不能違也

肫肫其仁

混處天地之間無以分之則凌奪各有血氣之性無以合之則乖違聖人所不忍也故為經使分為綸使合各得其分而後心安此見其仁心之無已有宰處是誠流徹處是々

至矣

一面說天一面要歸到至德至德為主

孟子見梁章

為政先正名名之必可言言之必可行自王何必曰利下接連八曰字須著眼

孟子見梁句 第二个

頭一个廷見王之尊孟子此蕪見王之親孟子頭一見有致王之望此一見有致王之幾不然則苑囿中豈禮賢地　四書有語同而異者如兩桓公殺公子糾頭个順說次當言子糾為桓公所殺各以下文看去自明

顧鴻鴈麋鹿

顧字一直貫到乎字連曰字一頭頎一頭說盖慚孟子之見恐其謂意在於物謂心在禽鳥輕視賢者非上下



文義

經始靈臺四句

詩序靈臺民始附也文王受命而民樂其有靈德正與孟子言民謂之曰靈臺靈沼合非築臺之初先有靈名成功之速若神靈助之及觀雲物察妖祥之說皆非其義又此詩美辟雍之化臺當在學左近王數至學藉為升高望遠之處學之子弟并游息焉司空掌之匠人為之不可謂文自經營攻即周官攻木攻石之攻所以治也下經始勿亟二句有韻古音來輕讀躉重讀力放勳曰勞之來之亦此讀觀經始勿亟句知為臺出已下非文必欲為之

河内凶四句

梁舊有河外河西已沒於秦即河内河東亦非全存當時所指河内不過覃懷之境河東亦只解梁一帶

或百步二句

百步五十步可止原不必走風殺鶴唳走恐不及不知其五十百步也止而徐計乃覺前者百步後者五十步此是步卒若馬逸豈可步計駸絓更一步難走

管籥之音

公羊萬入去籥何邵公注籥所以吹又穀梁注惡其聲聞蓋吹以節舞非吹舞兼用左傳見舞南籥者亦當如是解



以遏徂莒

古有密須氏湯伐之以為武教見國策文王伐密為姞姓之密其後恭王伐密則又姬姓者同名而實異

人不得則非其上矣

得從上有來賢者何有上禮賢則得之矣然望得之人正多奈何不均所有

天子適諸侯至不給

巡狩述職與省耕省斂無干下兩句另說惟留心民事皆所守所職中事上下仍一串若泥巡狩非年年所行之事又不定在春秋錯過民間耕斂之期多矣且巡守之便猶可言述職方行朝禮於時得無及耶

師行而糧食

此非師行糧從乃所過之處官民供給惟供億之煩故致饑勞下飲食若流該師在内以供上為主

從流下二句

不専輓舟上流即陸路下流即水道順流而下水快於陸從流而上陸快於水兼水陸言之

乃積乃倉二句

二句不平將行取積倉所有為糧裹者收聚之意然非平日有積倉則啟行何資下居者即平日也指民不從行者與所到新居皆非是

當是時也二句



謂太王得使民挈眷隨行又因還徙期廹令年及時者殺禮以合婚姻就平日說非當時情事

必使玉人句

兩必使不同上必使重大木之求工師非所重此必使重玉人之任璞玉非所重味大文自知

反其旄倪

孟子音義謂緊倪小兒也即雜記注嬰猶鷖彌也彌古音禰即倪字之假

間於齊楚

春秋時滕與二國尚遠入戰國楚已滅越而宋亦亡滕前無宋之蔽齊國益大魯為之弱滕後無魯之蔽正介

二國之間

齊人將築二句

築薛何以偪滕從無解者蓋齊在稷下雖能以師臨滕相去尚遠得以預備無虞遠師須行糧滕若堅壁清野兵有主客之異風雨不時亦不能久駐奈此時之薛已非任姓舊日脣齒田嬰封此為齊強宗在滕南四十四里之近築城於此以宿軍以聚糧加師於滕無主客異形來往任意既無他盜之虞非志欲滅滕而何與城虎牢偪鄭使鄭不得不服無欲衛鄭者情勢全別安得不恐之甚

而孟子之後喪

孟子外書孟母之喪弟子各治其事陳臻治貨季孫郊治車咸邱蒙治罷萬章治褑充虞治匠公都或治饌陳代治牲樂正克治儀公孫丑治賓客喪禮之盛四方觀焉理或有之

樂正子

樂正子春之孫子春年九十矣使學於孟子

前以三鼎二句

鬼神不貴褻味三鼎五鼎不得言熟食調和

公孫丑

陶潛羣輔録八儒篇公孫氏傳易為潔淨精微之儒樂正子傳春秋為屬辭比事之儒鄒縣有丑墓孟氏譜孟



子之子畢從學焉

武丁朝諸二句

撻伐之威一振諸侯無不享王朝宇最重有天下連下讀屬見成天下其所自有也　自武丁至紂九世見殷本紀集注云七世元板七係九字當數祖甲庚丁在内

地不改闢二句

申足上文見地已闢民已聚凡狹而廣之少而增之加於其舊則規模改矣　聚亦村落之名史記所居成聚又幷諸小鄉聚集為大縣見史有䣊狐聚陽人聚

以為無益四句

每上句是說氣

聖人復起二句

謂雖聖人復起不能舍此別有知言之法非謂所言聖不能易要繳轉知言

何事非君二句

說成仕無所擇何異人盡夫也除不使事非吾君不由使非吾民得事君用吾得使民聽吾又何辭矣

見其禮二句

禮即政之施樂即德之著逃不出聞見二句大概說一着尚論便是下文等字

豈惟民哉節

文勢豈惟句直貫全節不獨起類字　出類二句倒看

則自生民上須加一轉若出類統指諸聖拔萃屬夫子拔萃即從俱出類中析言之文氣一直與注意尤合出類合民之才德聚於其人即萃字意拔萃為出類中加出類

關譏而不征

與廛而不征異上不征是不病商重在不取利此對旅言重在不碍行

知皆擴而三句

兩始字即端字曰然曰達則已具擴充之象不待他求也

推惡惡之心五句



推是他人推思亦是他人代想伯夷雖隘必不無端用心到此望望然去二句亦不似心裏口氣以思字硬坐伯夷從來俱錯

伯夷隘節

隘不恭夷惠不自知知亦不肯由人於其清和且恐由之不到君子能看出他走到隘不恭去蓋過清過和便有此弊不由非薄之願學有在也以隘與不恭在夷惠無弊由者必至弊且有謂只許夷惠由者皆失書旨

天時不如章

第四節威天下以下方說到戰以上皆是字而總以人心為主民和而後可守得道多助以戰必勝更不須說守矣

環而攻之

周禮春官筮人九曰筮環鄭注環謂筮可致師否蓋據周官環人掌致師謂筮而攻之筮者冀得天時之吉也據此解亦一直但致師為敵不動而我以單引致之與薄城而攻不合不如仍注作環攻

不得已而之景丑氏宿焉

非以人要不得歸就非本意竟歸又仲子失言故之景丑氏而宿必以情告不然未見敬王語無因

焉有君子句

謂彼以貨取我我以貨為彼所取不是自取貨



子之持戟之士

商君列傳持矛而操闟戟者旁車而趨聶政傳韓相俠累坐府上持兵戟而衛侍甚衆此持戟之士亦大夫守衛非戰士失伍謂前驅行列不整去之不必殺也

齊卿之位

上言蓋大夫此言齊卿上大夫即卿蓋其食邑晉趙氏以守原為原大夫是也其為右師如宋之右師趙之左師亦當時齊國有此稱不必如周制司徒司馬司寇始為卿

異哉子叔疑節

望為卿而不得轉為子弟謀子弟用如已用也而使字

並屬子叔疑、故特下又字、用不用在君、甝慕卿職、務使得為百計營謀、已之不就望之其家、俗所云一相情願、何嘗已真得卿、失之為子弟請後哉、 子叔氏宣公弟叔肸後、亦稱叔氏、子叔聲伯即公孫嬰齊、子叔齊子即叔老、穀伯子、

孟子道性節

上句明性之理、下句立盡性榜樣、堯舜性善不煩說、要見堯舜與人同耳、意下世子之疑在此、 外書孟子道鄒見鄒莊公、道性善、言必稱堯舜、高誘世本注、鄒莊公名顊、不妨兩見

夫道一而已矣

非謂性外無道、見堯舜不過此性善能全、別無有所謂性、覸成覸以下皆就古人彼我較論、見所以稱堯舜之故、於性善更不另論、蓋世子所疑堯舜非人能為耳、

宵爾索綯

有謂晝取茅、夜絞為索者、茅之為物、下用以藉、上用以覆、其質脆不任索、蓋茅代瓦用、繩束之焉、知不另有麻與䔿也、邠俗陶穴陶復、不患風雨、其平土作屋、覆茅無索不可、小爾雅麻緌曰繩、草謂之索、 注綯絞也、本爾雅、謂夜而繩索糾絞也、詩集傳又引或云索絞也、綯索也、則兩歧矣、

使民盻盻然



韓非子以兕與虎、盻然環其眼、注環轉其眼以作怒也、盻盻然有環視而怒之狀

禹疏九河五句

禹之疏河、釃為二渠、載之高地、使東北行、一九年大浸稽天、向來水道不通者、混而為一、無處可辨、疏瀹抉排、注江注海、當時治法如此、到災平後、然後水道判然、或通或不通、以見豈得以後來之見、疑孟子所言水道與禹貢不合、蓋懷山襄陵之時、安知汝泗淮不與江混耶、

秋陽以暴之

陽為離明、秋行為白、凡物濕者色晦、經秋陽暴過、則陰全去而顯白、注暴之乾、只是濕去、以陽剛為義、似與下皜皜乎隔、

戎狄是膺三句

戎狄概言、荊舒即戎狄也、為其當膺、故非懲不可、觀下只接膺字、戎狄荊舒平列者非、

一朝而獲十禽

要見禽所在車即到、不然、轉是言射之善、

湯居亳

周書立政有三亳阪尹、蓋湯始居有北亳南亳、北亳在蒙縣西北、南亳為穀熟、並在今商邱縣、去葛之在寧陵者不遠、西亳在偃師、為伐桀時所居、其先世嘗居之、故曰從先王居、 使亳衆往為之耕、蓋葛之為藉百畝所

謂諸侯耕助以供粢盛者

十一征

見商頌有韋顧昆吾見書序有三朡而征有洛征荊滅溫見竹書征密須見國策征有卞見路史并葛與桀恰十一征

有攸不為臣東征

即詩東征事非大定後為武庚之叛又有征東三年及居東三年辨另見

有楚大夫於此二句

凡各國之語有方言方音之異楚人謂乳穀謂虎於菟謂多為夥謂滿為凴謂倨為倦此方言也謂牢為圈謂



躋為蹟謂逮為還此方音也其在齊則謂瘠為胅謂焚為樵謂獻為沙為方言以萌為蒙以殷為衣以得為登為方音觀下咻字重在音南人舌音北人喉音此齊楚之別又或齊猶存諭聲音先王遺教

引而置之莊嶽之間

前編已見又考昭十年陳鮑與欒高戰敗諸莊莊在鹿門之內鹿門齊東南門也襄二十八年慶封還伐北門入伐內宮弗克反陳於嶽注嶽里名顧棟高謂在宮門之外北門之內此蒙上北門及伐宮為解安知反陳不可于東南耶云莊嶽之間未必一東南一正北史記書參世家以齊獄市為寄此獄字即嶽之訛

下者為巢二句

兩為字一例屬後來指說省複營字或以營解也為又皆實字

洚水者洪水也

古洚字音同洪漢絳縣即虹縣是也蓋同音為釋

禹掘地而注之海

百川皆東禹治河則使東北入海掘地導使就下取土障之不令旁走兩意兼有

驅蛇龍而放之菹

龍蛇失其常居隨水妄行水使然龍蛇非有罪也水抉龍蛇益壯其勢龍蛇安水漸就安然則驅龍蛇亦即治



水之法不專除害如此上下承接甚順

水由地中二句

未治之先水由地上行既治則水行地中始有江淮河漢之分

周公相武王節

伯禽蒞封即奄故地 助惡之臣必戮隨地追逐至海濱終必得而戮之非必戮之海隅云竄伏海隅周人遂而戮之不知驅者使無地得自容遂在竄前雖竄不使得伏

驅虎豹犀象而遠之

此等惡物取之煩民力畜之奪民地養之苦民財焉得

不除又其性非樂於此驅而遠之非罪在必戮

離婁之明二句

明巧及下聰字皆下可謂知乎知字

為政不難章

當與有世臣章參看親故大臣魯所以開國故家遺俗殷情以後亾焉可得罪　魏之棄信陵齊之忌孟嘗所謂得罪巨室　又巨室不專是親殷氏七族懷姓九宗先王封建之初使共立國存亾休戚相關分與諸侯原欲其厚待觀詩人之美尹吉念公族公行則慕字之意明矣若三桓田氏之類一國何慕之有

是猶執熱句



為所欲為而無濟之之術執熱對欲無敵以濯對仁執熱先當以濯若苦熱之執以水解之與喻意頗岐

二老者節

二老晦迹豈知身為民望民於二老有知不知焉得人盡父之父子只作比喻注如衆父然語極活二老不易歸者歸天下人豈有不歸非必視二老為向背也　歸是就養文王不必知知即當用之矣

存乎人者章

聽言觀人定法觀眸子更是捷法

樂正子從句

本子敖以孟子高弟邀之同行却坐實樂正子之從即莽大夫揚雄書法樂正子本無從子敖意不然舍館不待另求矣

則不知足二句

從孝弟之事形於手足言乃得樂之實意空說天機鼓盪反非實矣進退出入皆足之為抑搔扶持皆手之用餘可類推君前有拜舜父子間不容有之只作動字看

視天下悅二句

舜無輕天下心就後世看來如此

非禮之禮二句

若是中之非何不云禮之非禮義之非義盖謂非禮而得禮名非義而襲義迹見之不真雖正人君子未免錯



認以為當為方顯大人身分鬻拳以兵諫為忠趙簡子起晉陽之甲請君側皆非禮義而為禮義然尚在粗一邊推而論之鄭之覿龍見魯之祀爰居用彤弓湛露燕客皆非禮之禮冉求之與原思之辭荀息之殉君以死亦皆非義之義

君子深造二句

惟學遜志務時敏厥修乃來深造之以道也浚恒凶始求深也深造之不以道也須是深造之以道不是深造其道　學先窮理此中自有深淺知止而后得止則取之左右逢源然後可說到行上深造便說知行並進大不謂然

徐子曰章

不已漸進而至極是實行有源是本聲聞過情實行之不足緣無本耳不得如時講以實行為本　聲聞過情非作僞一事之善自謂過人一念之善云已及物勉於一時不能終日雖暴得名終於必敗可恥之至語語與上文相照　七八月之閒雨集何嘗無益於時惜易涸耳以盈之驟也

公行子章

入門有進而與右師言是先俟門外右師入而後亦入以與言不然與就字無別右師尊貴不能俟其就已故須就其位與言　右師歷已之位已歷右師位仍即就



字位有上下中隔別人以此就彼必更歷他人之位而後至位不得歷自然不得就二字似分別較清未升階則位在階下為立處既升階則位在堂上為坐處

是故君子有終身之憂

即指三自反則乃若所憂句難轉宜空說為下文作引

禹稷當平世章

孟子思道濟天下為禹稷其本心也使不得不為顏子勢為之也此章非為顏子道同禹稷發見世不能用賢雖有禹稷終同顏子耳　隱見之故不關乎世亂世平世當為亂世亦當為看委任與否任則已責如同室之鬭安得不急救不任則已何與如鄉鄰之鬭安得不閉户此孟子周歷梁齊一片救鬭之心卒不肯枉道手援天下也　兩節當字皆輕看作擔當則亂世說不去平世是世應平說成天下已安何用禹稷如是其急易地皆然不專指世言要識一在其任一處任外一當急一無所用其急

曾子居武城節

曾子之去固師道不肯身預其難亦以主人忠敬際禦寇之時恐其無顧無寓人云云示此寇必迅退已不日歸所以慰安之堅其禦寇之志瑣瑣計較室木非大賢意

夫公明高五句



竭力耕田僅供子職餘子職未盡正多卻未曉親之不我愛為何欲得親之愛則慕不得親所不愛則怨是以兩者交至號泣不已其能若是恝乎

為不順於二句

人所以不窮得其順也心之不順莫甚親志之違不窮而窮矣人安有不以父母為歸者乎此其所以因慕致怨耳下惟順於父二句言庶申我之慕而怨何有

五十而慕二句

舜始終只有慕終身五十皆由孟子推論出

舜既不死則捹自在出後此敘述之法應然有何深意

何必力證舜之出，為不忍陷親於惡，穿旁而出，俱屬妄語。凶人作事昧冒，以其入井，急欲致之於死，心急手忙，不復視其曾否在井，遽揜而走，當為情事所有。謂舜天幸天佑，均不必耳。

彼以愛兄之道來三句

謂舜本不知其僞，似與奚而不知也。根觸，蓋舜以象致詞如此，或所舉不遂，懈悔更盡弟道，乃已所素望，天性感動，逆億全消，安得不喜。

象不得有為三句

似即漢世傳相魏典籤所自昉，但後代意在監制，舜則擇賢為輔，其人能格象非心，使之有嚴憚切磋之益，象



安受尊榮，欣聽不遑，何得更有妄作，妄為以暴民哉。此中要見許多親愛，不但委曲保全。

殺三苗於三危

殺本𥻂字，放散之也。相聚為患，因從而放散之，不使得合。左傳昭元年，周公殺管叔而蔡蔡叔，上蔡字據說文亦𥻂字，傳寫之訛耳。

孝子之至節

上四句空說道理，中四句明舜事，詩詞證結。就舜論其為孝之至，不是古來大孝必如此，牽扯他聖賢為說，便謬。聖人惟此孝思之無盡，可為天下後世則。如舜盡尊養之隆，真極則也。泥為天子父，以天下養，天下後世何從則耶。說書會大意，勿死句下。

書曰祗載節

上正意已盡，更引書為父不得而子作一解，並以祗載二句，破舜見瞽瞍云云。書固君子之言，豈語可比哉。

晉人以垂棘二句

垂棘地名，見左傳成十五年注。晉有二屈，有南屈、北屈，北屈即夷吾所居，出名馬。何休公羊注則云屈產地名，古人以璧為馬先，老子雖有拱抱之璧，以先駟馬，是馬尤重於璧。

宮之奇諫二句

宮之奇諫，為不可諫而諫，諫而終於不可，隱有人旁見



之奚，非不欲諫，非不能諫，不過仍一宮之奇耳。不可諫，顯有徵矣。

而謂賢者為之乎

此節文法步步反詰，除不可謂不知也一句是正言，餘皆反詰。但說賢者不為，非語氣。

頑夫廉

禮注，堂側為廉，記曰砥礪廉隅，義皆為有棱角。古之矜也廉，意亦如此。說文頑，梱頭也。梡木未析曰梱，蓋囫圇之物。廣雅頑，鈍也。鈍頓古字通，如淳陳平傳注，頑頓無廉隅是也。頑有兩種，一混沌無分曉，任人推移，一依阿隨俗，一切不露圭角，正與廉相反。頑夫廉，如云圓者皆

方耳薦潔之辭於頑字欠對

下士與庶人在官者同禄

賈公彥曰王制言下士視上農夫食九人則府食八人史食七人胥食六人徒食五人其官並亞士故號庶人在官　方氏慤曰府史胥徒之類其家亦授之田周禮所謂官田葉氏時則言古賦禄以田其不可受田者有稍食王宮之宿衛宮正均其稍食至於士庶子及衆庶之在外守城郭溝池者掌固均其稍食馭夫圉師府史之在宮中者校人均其稍食内外朝官吏留治文書者槁人均其冗食有常數有定員廪人所藏司禄須之曰均等在其中



亦饗舜二句

言舜具食而堯受其饗指堯饗舜則始終堯為主非迭字意

不俟駕而行

行緩駕速駕可後至也

又尚論古之人三句

古之人不一所傳詩書亦不一認定其詩其書則所為詩書非泛泛也其同其異必皆本於見聞所得言行所歷不然可無作安得不頌讀又安得輕頌讀詩書中有人在并有世在

湍水

向主説文疾瀨解細思趙注訓圜謂湍湍縈水亦是湍湍猶團圜圓轉不定故可東可西最得告子意急疾非東即西矣凡字从耑多有圜義玉篇圖圜也倉頡篇篅圜倉也

牛山之木嘗美矣

固從不美追溯然大文却自美轉到不美先透不美則倒亂語次此如富而可求也先不宜説不可求致如字無轉身

冬日則飲湯

周禮飲齊眂冬時謂若漿人六飲水漿之等四時皆須寒飲宜寒故也若冬令之飲寒豈所宜



平旦之氣

根上日夜之所息來平旦者日之始夜之終有夜氣之息而後有此日初之氣觀下夜氣不足以存則平旦之氣即夜氣之存而旦晝奪於日者也承上日夜當則注夜字云自日至夜所息若日夜交息下不當專指夜氣矣人之作為不静大半在日間故以梏亡指旦晝到夜氣不足存則息機全斷夜亦如日并此平旦之氣亦無矣别乎旦晝之旦而言平旦猶書云昧爽禮曰質明已將明爽未離乎質昧其候尚静為自夜而日交接處在天有平旦之氣為氣機自然之轉在人有平旦之氣為休養潛復之機人與天相應皆從日夜之所息來不根

息說則來脉已斷　只是論氣說庶幾赤子之懷便是好惡相近過此便涉肆應又僭到下為字　夜固有息日亦有息旦晝所未牿亡者便是　平旦之氣日之所餘夜之所轉不息則晝此日無來日長此夜無曉時而人亦晝如禽獸生理全無異端不得於心弗求於氣更烏問氣為何時之氣

嘑爾而與之四句

不以人道相待似說之過嘑爾者置食於衢大聲呼名全是一片陽陽市德之意蹴爾當以曾西蹵然之蹵解之為致其愁慘代為哀憐之狀即所謂嗟來之食誰其甘之今則解嘑爾作嗟來蹴踏直以犬類待人



仁人心也章

天命之謂性率性之謂道脩道之謂教仁人心性也義人路道也道之失性之亡也盡性在自求其本心即脩道之教不外是矣

養其樲棘

棘棗古來疑一字後分為二周禮九棘注云取其赤心而外刺即棗也魏風園有棘其實之食唐風集于苞棘毛傳云棘棗也

仁義忠信二句

仁義忠信善也一心之内無一非善之可樂無時為樂之能已不著工夫說

則已談笑而道之

歡容温語柔其怒氣亦有多少寛解譬喻在但異於廹切流涕耳

先名實者章

髠以孟子當有為而忽去置名實上下之加於不事非仁者濟世之心孟子以去就古人之一答之末更以孔子之去自明三節則髠譏孟子不去亦未必有名實之加孟子以賢者去留即人國存亡之本髠乃併抹倒賢者且賢者所在有見惟非賢自度無可加名實只有去之一策可自掩其短不如此看下節孔子為魯司冦之行棲不上前後去字是大眼目　先後名實一乘時之



當為一限分之不得為其利濟天下之心則一仁者之事也自為全身而去不必作獨善看　君子之所為二句承君子亦仁而已矣是遠脉孔子微罪行是近脉所為要切不苟去說

葵邱

一在臨淄即連稱管志父所戍一宋地在陳留外黄東河東汾陰亦有葵邱之名全紹衣以宰孔明言西畧在陳留仍東畧宜汾陰是不知以天下言陳留在東自齊言之則西畧也外黄地無疑遠不能及晋

束牲載書而不歃血

歃血者割取耳旁血以祭古所謂刲衈說文盤下注以

血有所刲塗祭聝下讀若斷耳爲盟刲下曰劃傷皆取血並不殺牲故主盟者曰執牛耳後來竟有殺牲甚用人叩其鼻血者矣桓公則并此舋禮不用

遂有南陽

史記田世家顧齊之試兵南陽皆北以聚常鄉之境常即詩居常後入齊爲田文封邑常[illegible]在薛之旁蓋統薛莒鄉向之地概謂之南陽齊魯所交爭處

饑餓不能出門户

分言則餓甚於饑淮南子曰寧一月饑無一旬餓

盡其心者二句

朱子以物格貼知性知至貼盡心蓋謂非知性算不得



盡心此句口氣逆泝非以盡心即謂知性也　性具於心不知性盡心皆屬虛妄此節以知性爲上下關目

存其心節

以上節例之亦重養性心不存則性失所養何以事天

夭壽不貳

不貳其心即不貳其性也性原於天養性以事天天命在我矣

爲機變節

詐之恐未信又設一詐罔之未必行又想一罔事事機心處處變相於直道任其喪於大節無所顧方自以爲巧絶見得無所用恥

所過者化節

要説得實在不涉神化縹緲無爲去方與豈小補句相屬天地流行是天地之功在物處所過化所存神及物之功上下無不到矣

有天民者節

四節皆言臣品此天民非無位天特生爲庶物之首人君所不敢以臣待者如伊尹之以天民先覺自任達可行於天下灼見其可而行之不疑如其素定功被天下不但社稷之安若泥民字反重在不輕出與上下不一例

有大人者節



此亦臣也當以孔子釋之所謂夫子之得邦家者其身分更在伊尹上正己非着力字猶舜之恭己方合注德盛而上下化之

君子所性二句

上君子所性非以分明之言分特對大行窮居耳至此節乃正明仁義禮智之根於心爲所性之實所性如此其樂可知生色以下皆其樂之徵也雖有工夫在内然此處君子只講見成

形色天性章

形色非即天性蓋天性所寓氣乘於形色之先物蔽於形色之後道不離器而以道心主之視全其明聽全其

聰色全其溫貌全其恭於形色中無不見天性此之謂
踐非聖人能之乎　色即形之著故統歸在踐形
有達財者
有其財而失之滯則導之使通或失之紛則引使歸一
不致岐趨達主教者言
仁也者人也節
仁也者人也便是合而言之仁非心則理無所附人非
仁則生失其本明其兩相倚而不離道於此得矣
鼻之於臭也
臭是氣詩無聲無臭是也然有專指惡者盤庚無起穢
以自臭國策其似惡聞君之臭是也有專指美者郊特

牲灌用鬯臭內則皆佩容臭是也此當在好邊說
堂高數仞
禮器有以高為貴者天子之堂九尺諸侯七尺考工記
周人明堂度九尺之筵堂崇一筵謂筵九尺堂準之以
為崇夏崇一尺殷三尺周至九尺高之至矣今更增至
數仞非九等之階可升矣凡堂皆就平地築土為之此
句只言其高說到翬飛鳥革則僭榱題數尺句
榱題數尺
榱屋椽也爾雅疏齊魯名桷周人名榱數尺不為過趙
注榱題屋霤也考工記殿四阿重屋注四阿若今四注
屋謂屋檐也題是椽之頭檐下椽頭長數尺則四垂之
軒張深邃可知

内編下終

四書續談內編補

法語之言章

兩條平列、似一懲過、一誘善、實則通章是要人改過、觀巽與之言、即蒙法語句為變文、下揔承仍歸到不改、文法與見不賢而不能退、退而不能遠正一例、若兩下分承、則從而不改、當移在說而不繹前矣、本意甚明、疑夫子有為而言、　於過惡之人、惕以古人法制、國家法度、不敢不從、而難其改、恐其羞於正言之責、面從意忤、因更孫詞化導、使變忤為悅、細繹此言、終於能改、教者之用心、於是為至矣、

惟謹爾



謹不單容色、即言字中已見得、朝廟亦非可賢智先人、況夫子異姓、為下大夫、有君與執政、必垂問與商、始得據事直陳、無動自建議之理、又如國家之事、有所當諱、大臣之過、不容粗䴡、便便者皆是言其所當言、與所可言、郊禘雍徹之類、付之隱嘆而已、何莫非謹所在哉、

子適衛

衛始封在河北、後遷楚邱、在今河南滑縣又遷帝邱、在今直隸開州則皆在河南、向時之地、俱為晉有、夫子適所不到、淇泉沬土、道路全錯、如春秋之鄭在洧上、與先咸林無涉、晉在新絳、與先曲沃無涉、杞在緣陵、去始都雍邱且千里、而孟子時魏已去安邑居大梁、楚且離郢都在陳國、考古者、無不知不能、必淺學皆了然也、

脩己以敬

敬字重、脩己尤重、齊治平以脩身為本、下俱根脩己說、不根敬說、敬者脩己之功、無不敬、斯無不脩也、宜以敬歸入脩己、轉從脩己折趨到敬、非書旨、

鄭聲淫

淫樂慝禮、不接心術、關雎樂而不淫、聖人嘆焉、鄭聲之淫、則樂之過也、凡樂、樂心感者、其聲嘽以緩、喜心感者、其聲發以散、愛心感者、其聲和以柔、喜心哀心、亦樂聲之屬、聲之過皆為淫、大武聲淫及商是也、況一於樂乎、樂記鄭音好濫淫志、樂書鄭衛之曲動而心淫、此指聽



者言、亦惟其聲本淫、使然也、男女淫奔之詩、無入樂之理、不容混說、

失諸正鵠

詩賓筵孔疏述王肅引小爾雅云、射張皮謂之侯、侯中者謂之鵠、鵠中者謂之正、正方二尺、正中者謂之槷、方六寸、此與常說不同、可存備考、

舍其梧檟

說文檟、楸也、梓、楸也、考工記鄭注、梓、榎屬、說文無榎字、正字即檟、然則梧檟即桐梓之異名、

太平戚學標翰芳輯

有朋自遠方來

方來非不定之辭正見來之未已易不寧方來朱芾方來其讀也以見來者言轉有數矣

孝弟也者二句

為仁以犯上作亂對看葢是使天下皆化於仁孝弟也者以身率之以教化之此治本也泥君子本身說不成君子為人不務孝弟有犯上作亂不仁之懼





賢賢易色

此句解者不一有以易色為改容而禮者有以禮賢實致其中心恭敬換去外面一切文貌者并有以賢重色輕讀易作輕易之易者義有淺深理無不可存參可耳

君子周而句

古人皆以忠信為周見詩書左氏傳　孔疏忠信為周正義曰魯語文也

攻乎異端

訓詁莫古於爾雅次說文其釋攻不曰擊則曰伐至詩車攻及庶民攻之始有釋治者然仍即考工記攻木攻石之攻不離擊伐意迫專解為治又加專精字始與擊伐全相反論語攻其惡鳴鼓而攻皆是擊伐此處主舊說闢異端尤合攻字本訓

子張學干祿章

說文祿福也詩言百祿非專指祿仕禍福無不自已求者干祿豈弟干祿百福亦非不好字子張念多福之不易思所以凝庥之道而欲學之第未知當本於言行耳恐非一心學又一心求仕史記學作問　尤假借本字為訧古讀怡六句上下有韻

哀公問曰章

古解錯為置為舉直而置諸枉之上文武之政具在得人政舉安有不服者　哀公時民不在君大權已去諸



枉豈能便除計惟舉賢而任此與有若行徹之對同一急收民心為國起衰之大計觀下章康子之問顯然與君爭民民亦不盡能服之

孝慈則忠二句

古亦以慈為孝孟子雖孝子慈孫內則昧爽而朝慈以甘旨齊語不慈於父母莊子漁父篇事親則慈孝慈烏即孝烏慈竹即孝筍作一例看亦直截

或謂孔子章

忽說到家政似與問意不符夫子用魯宜有一番更張振作卻似仍政之舊不見有為此或人所疑不知家國一理治本在孝弟古人明明言之未有所厚者薄而所

薄者厚是亦為政言政之為在是奚事他為哉輿有若論孝弟為仁之本章同理不為政非不仕也定公為昭公之弟其於孝弟有慚德矣君陳周公之子法君陳即法周公

殷因於夏節

文質損益說具前編夏尚忠三句本董子原文忠係敬字朱子改

孔子謂季節

主容忍言注疏古說此正子在朝廟便便言處於謂字一串看不過甚多此更耐不得矣　舞列必八鄭以女樂二八賂晉晉賜魏絳樂二八昭二十五年將禘於襄



公萬者二人二人亦二八之說

會謂泰山二句

泰山何必以林放較意當時別有論泰山之言責其議論泰山不如放之有識也古人言語失載甚多似不止禮本一問　林放有墓即在泰山下

巧笑倩兮章

古人無虛飾絢即是禮以辨等威所謂上下有服也有后夫人之容質乃被以后夫人之服是之謂稱素以為絢已明明是禮後意繪事句夫子亦即就禮服明之蓋禮服禮飾皆作繪正解為絢非比喻與考工本義不同斷章而取耳禮後之悟於詩意釋然始終是言詩所謂禮乃詩中之禮非詩外之禮也推開說遠去多失本旨

祭如在章

首句無祖考字論祭義如此以下句實之先祖外祀總為神　不躬祭而人代所謂攝主

子入太廟章

邢疏解廟中禮器之屬輒問於令長古侯國官無令長之稱又廟中禮器不勝其問子豈平日一無考求臨時喋喋向人凡祭太史宿戒治事耆衆在官有一定職掌有臨時委任旁人職事無得干預每事問者即已所受任之事如何舉行如何陳設始之如何當祭如何既祭如何且或一事而與人聯或此事又無他事所謂每事



為本身應盡應慎者問即請於其長及先曾在廟同事蓋素雖考求治事則方新烏得不謹所以問即是禮如真不知而問則看聖人淺知而故問更失於不誠　或人必同在廟者

射不主皮章

尚德不尚力是言外意非章旨天下事必其能同者而後可主男子有志四方君子不能射辭以疾射為人人當有事而力有強弱故古人教射但取內志正外體直不失正鵠如必主皮則有力者可勉為無力者盡不得與序賓序賢之列禮言射不主皮意正為此惟其不偏主而後不同者可盡歸於同古道然也從尚德不尚力

大處起論失為字本旨不主皮概論射法何必分武射禮射

子貢欲去告朔之餼羊

周禮春官太史正歲年以序事頒告朔於邦國則告乃布告之義春秋文六年閏月不告朔傳以不告朔為棄時政何以為民又十六年四不視朔穀梁云公不臣也以為厭政已甚矣蓋天子脩歲事分告諸侯又使諸侯每月聽治此朔之政布告於士民因名曰告朔並不以告廟為義月令合諸侯制百縣為來歲受朔日記在季秋之月一年之朔先年秋時已定即自秋起按照遠近頒之非月月而頒故餘月不載非頒止季秋一月天子



重其事故必命使諸侯重天子之命故藏之祖廟每月於朝廟時請而行之諸侯每月有朝享祭不欲數必無朝享外又有告朔之祭朝享豈有不用羊者又用羊不當曰餼羊說文餼本作氣僕客芻米也周禮司儀致饔餼注小禮曰饔大禮曰餼經云主國使卿歸饔餼五牢蓋於芻米之外又無有牲牢傳所謂餼牽因餼禮有之故牲亦以餼名此餼乃特為天子命使之來有此供名餼羊固不止一羊也其後周既失政不復遣使諸侯雖循春朔不復聽治轉布於國賴此羊之存尚識王朝頒告之禮與諸侯所以欽承王命尊禮王人之意觀春秋傳所責祇是棄政及顯斥公之不臣並不罪其不告朔為蔑祖也所謂猶告於廟言朝享未廢視朔則已廢對不播告於士民言之耳鄭康成於詩傳解贈曰餼又言供生牲曰餼其說兩岐致特羊告廟之說後人盡為所誤夫頒朔藏之於廟聽亦在廟豈有不告之理其事即在朝享時行之一日決無二祭天子之大命以告祖考何等鄭重一羊又成禮乎汪瑟菴先生知餼羊之為禮使而告朔之為布告非告廟未之辨因條論之以彰尊王之義　鄭注以告朔朝享為兩事先告朔後朝享疏用其意遂以天子告朔於明堂朝享於五廟諸侯告朔於太廟朝享止皇考三廟是告朔大典而有告有不告且告朔視朔聽朔許多典禮待其事畢再行廟享豈質



明行事之敬亦理所難通諸侯告朔僅用特羊朝享必當無羊為禮亦太滅矣　子貢欲去自是綜核名實之意云有激而言則為禮起見又待夫子說耶

闗雎章

泥窈窕一篇哀字礙難說究莫定作者為誰此闗雎與師摯章同統鄉樂六篇言之以絲轂哀及樂淫及商例之哀樂淫傷皆從音節推驗由音律之和平想見性情之正所謂文王后妃之化其所自來不使聞者有樂心哀心之感不淫不傷但覺其洋洋盈耳已耳

哀公問社章

白虎通社稷所以有樹尊而識之也使民望見即敬之

又所以表功也獨斷樹社者使民加肅敬也義不隔所樹木松柏栗亦無土之宜不宜

管仲之器章

儉謂每事斂抑不定惜財　然則管仲知禮乎遂接儉字句作轉言不如是或如是離三歸官事說　三歸雜引古書云臺云一娶三姓於焉得儉合知禮句礙轉身非事實也一句官事一句家事位尊祿厚稟給周親為三黨所歸與不儉正對并知禮都通說苑晏子對齊景公臣以君之賜臣父之黨無不乘車者母之黨無不足於衣食者妻之黨無凍餒者可取為證又云管仲之賢不得三權不能使其君南面致治解作三權之歸亦勝諸說



始作翕如也

古樂堂上受笙均鄉飲未合樂前有升歌三終笙入三終間歌三終初以瑟歌鹿鳴之三然後笙南陔之三間歌魚麗之三笙由庚之三所用樂器惟瑟以笙均之小雅稱鼓瑟吹笙二者不相離至合樂歌周南召南衆聲始作亦未八音俱備以歌難為聽也謝氏解翕為合謂五音六律皆具與始作節次欠符

君子懷德章

四句相反懷德似與懷土不倫以為德刑即君人賞罰君子惟德意是感不在土田之錫法度是稟不知惠澤之干小人反是周禮載師賞田司勳頒地王制加地進律以及左傳中賞田賜邑均可作土字注小人直以此為德賞矣又韓非子不為惠於法之內則懷惠即是望恩倖免

君子喻於義章

直是東西各向君子心知義不曉如何是利小人心知利不曉如何是義比讀書人窮知事物有終身等稱不識者市井之人出入計較一毫錯不過到書本便撑着兩眼看人由其所習然用心異故所曉在此君子小人大概言之與注曉字解合人品心術之異仍可推論

子謂南容

南容非懿子弟兄前人辨之詳有一證明見史記却未拈出孔子世家及釐子卒懿子與魯人南宮敬叔往學禮焉復云魯南宮敬叔言魯君叠下魯字若恐人疑為懿子同氣故分析之者是否何從考信耶



瑚璉也

聶崇義三禮圖瑚璉受皆一升瑚如簠而平下璉如簋而銳下漆赤中龜形飾口以白金蓋以木為之瑚即胡簋之胡禮夏后氏之四璉古本作連不知當玉器木器說文有槤無璉想古用玉漢時已木作之弟此但言其制度本古人設施在庭廟以用言非以質言貴重華美有十倍於此者瑚璉為值幾何哉

宰予晝寢節

君子之學藏焉脩焉息焉游焉學自有息時易嚮晦入宴息非嚮晦豈容入室有堂有寢寢即堂後屋休静處方晝而離講貫之所處游息之地非惰而何庸必宰予白日鼾鼾大睡耶　朽木如諺云承手不起糞土則看手不得

子在陳曰章

狂簡即狂狷狷者有所不為故簡於事狷簡異名耳成章者狂成其狂簡成其簡泥斐然字似狂有文可見併簡入狂失之矣孟子引孔子狂簡而分解之進取屬狂不忘其初則屬獧泥其初見盖有所不為一於守者也比如狂者文長簡者文短豈長者斐然短即不斐然若其或過則皆所當裁耳



願無伐善二句

孔注不以勞事置施於人解與勿施於人之施同與伐字不一例

十室之邑

無十室可成邑者邑是聚落之名大小不一或有城或無城百室之邑千室之邑皆如是若邑外固不止此數

雍也章

寛宏簡重因下簡字添足特意揣之雍之本領見問仁章出門二句居敬也不欲勿施二句行簡也邦家二句臨民之可也以此解書前後一貫至明了　先知伯子之簡故問是不誠於師巢許堯讓之天下沮溺子引之濟世此等人俱有本領緣難料子與伯子游接疑亦抱濟世之才外若放廢臨時却有實用因質之子盖問其可臨民與否亦知人論世之事蒙許已來並不為已較夫子口中始說其簡若仲弓先知非故翹人之短形已之長乎　向明而治臨民皆南面不必人君

子華使於章

冉子以夫子兩與之少自與五秉殊非情理嘗論五秉仍夫子之粟蓋子設教弟子日集君大夫既多致饋從者各賫糧而來聚於一處統為子粟以冉有善理財令



典之漢時有都養弟子相似凡日食行糧及周助俱取諸此子華使齊有母在求司粟因為之請而子酌與釜庾私念一請即與子無不與意請益即益亦無不益意釜庾非有慳特聖人向不問多寡有無恐存粟不多待用或乏實則積粟尚贏無妨多與尤以明師弟之情之厚如常解則背師好行其德冉子烏乎可　粟雖求與主者子也欲與不敢不請請粟請益皆於子商酌釜庾亦子對求酌與與即令求與未嘗自與也求不再請而與五秉則釜庾始終未與也量起於鬴故周禮特煎金為法鬴即釜與之釜謂用釜量之不定一釜我庾維億庾貯粟之倉謂就倉取不必庾即是斛就作斛亦未嘗

限定一庾、然則子之許與、原無定數、故冉子不悟聖意、一味謂子從厚、五秉之與、亦必啟告夫子、謂粟尚有餘、敢以子命與之五秉矣、伯高之喪、孔氏之使者未至、冉子攝束帛乘馬而將之、用意正與此同、見古人所以為師者無不至、　聘禮記十六斗曰籔、鄭注今文籔為逾、疏云逾即庾、考工記庾實二轂、鄭注轂受斗二升、則庾實二斗四升、同一庾、而量數多寡相懸、管子輕重下篇齊西之粟釜百泉、齊東之粟釜十泉、百泉則鏂二十、十泉則鏂二泉、價之多寡不同、或亦所用量非一、說文繫傳禾數百二十斤為秅、二石為秉、粟五秉則十石也、以此解之、尚近情　秉十六斛、五秉則八十斛、為數太懸



竊意同量之制不行、各處所用多寡不一、如豆區鍾釜、齊所用便不同、不盡如注疏所引數目、徐氏有五秉粟、十石之說、當必有本　原思為之宰、亦非家臣、即史記夫子言使爾多財、吾為之宰之宰、蓋先冉子為子宰、後或仕季、以思代子、雖為司寇、與三家世有田祿不同、祿受之公、雖得置宰、亦命於君、官給以祿、無夫子自與理、且官有常祿、何必著數、宰粟九百、於古未聞、固知宰只是代之典粟、其時必因歲歉、并其鄰里鄉黨皆困乏、因多與思粟、與者令周急也、思認子與己而辭、子乃明曉之、如此看與上節亦一串　夫子在魯、魯奉粟六萬、在衛亦如之、又季氏賜粟千鍾而交益親　家語商瞿謂梁鱣、昔吾無子、夫子使吾之齊、母欲請留、夫子曰、瞿過四十、當有五丈夫子、亦有母而為子使齊者　原思少孔子三十六歲、孔子為司寇時、計年十四、安能為宰、古人之書何從考信

雖欲勿用二句、

人即挨族類之嫌、欲勿用、到山川大祀、別無可用、不能不用、舍就人說、即人其舍諸之舍、神非此不享、意自藏在內、

子游為武章

左傳哀八年、吳伐魯、從武城、吳人王犯嘗為之宰、澹臺子羽之父好焉、國人懼、是其父往來宰室、行跡為人不



信、或因并沒其子、子游深識、即隱就其與父志行不同處明之、非公不至、是事實、行不由徑、乃勘語也、其後得游聖門、殆子游為之引

觚不觚章

韓詩說、二升曰觚、觚、寡也、飲當寡少、三升曰觶、觶、適也、飲當自適、康成據周禮說、爵一升、觚三升、獻以爵而酬以觚、一獻而三酬、則一豆、觚二升、則不滿一豆、觚當是觶、燕禮媵觚於公、及主人北面盥坐取觚洗、皆觶而以觚名之、既以三升為觚、則不得不以角四升為觶、名實一亂而俱亂矣、觚不觚者、謂名二升實三升也、觚哉觚哉、明是觶、豈尚成觚哉、在多寡論、不在形有棱與否也、

若本簡無他義專主直方以棱辨之可耳

子見南子章

矢如盤庚出矢言之矢正告之也否塞也兩厭字卽厭於尊者之厭彼托見小君之禮而來分之所臨不得而辭然非彼之能厭我也凡予遭際否塞不獲一遂本心者乃天之厭之耳不然何爲而有此見哉

默而識之二章

若聖與仁章夫子以誨人不倦自任此何以并說何有蓋誨人句夫子自說默識二句則所以誨人者言以此二者孜孜不倦於誨皆學者自已當盡得失於我無與豈爲我而然哉下章文轉到自身既任誨人之責則人



之不能盡心於學正吾之憂豈得云何有於我學者教者兩當盡其事也二章猶自行束脩章與不憤不啓章可通爲一

子之燕居

鄭釋經目録曰退朝而處曰燕居退燕避人曰閒居閒居而與曾子論孝猶閒居而與子夏論愷弟君子然則避人仍不避生徒其謂退朝而處曰燕居則義從燕見於君來退朝卽燕朝也遠君則敬得稍紓申申夭夭同爲怡怡如顏色之逞敬之有節而復於和也

暴虎

徒搏非徒手廣雅徒裼袒也韓非子初見篇頓足徒裼韓策秦人捐甲徒裎以赴敵皆以徒爲袒然則徒搏卽鄭風所云襢裼暴虎因思勇能搏虎何必袒裼或古時衣袖寬不便用武或倉卒遇虎爭持跳躍脫衣擁護并以眩虎之目得着手處前人未道過

夫子爲衛章

夷齊讓國出於史記馬遷以前所見書無一言及之若衛輒拒父不見春秋左傳惟公穀有王父命之說亦未嘗責以拒父公穀皆戰國末秦漢之際人或亦傳記非實今則成案不可破之案此與正名章尤爲確據矣

衛君待子爲政卽此章爲衛君之爲與爲東周一例正名亦是論政體夫子於衛受其公養弟子疑欲仕衛故



有爲衛君之問父子爭國大惡顯然子豈能一日留子貢欲問寧無他例可援而引兄弟之讓爲說耶子論夷齊不降辱不念舊惡孟子言非其君不事皆其仁處怨如遺佚而不怨之怨觀所以稱夷齊可決其不仕輒也

夫子稱夷齊逸民莊子稱孤竹之二士墨子亦言昔商之季孤竹有二士伯夷叔齊將就周養行至岐而文王已殁是并非孤竹君之子安有讓國事扣馬之諫採薇之歌皆有人辨其誣獨讓國不敢置議願與讀秦漢以上書者共討論之

葉公問孔章

葉公非志道向學者何故子爲言如此意其問子路以

子遂來似欲仕行道而又若不肯就者行藏閒捉摸不定欲訊所以然子路亦不便說仕楚不仕楚遽難置對子則自明救世之心每萬目時艱不勝悲閔為發憤忘食而用舍係之天無所用其怨尤胸中之樂自在於富貴何羨以此歷聘四方忘其老至不難為人告耳

子釣而不章

固是聖人好生之仁無以處古聖之教民佃漁者聖人得位將胥網罟之不仁而禁之乎竊以夫子游適川上觀魚偶然寄興而釣以驗萬物之趨避則有之若網則意取多魚與民爭利所不為也賓祭之供未聞需弋資生之事亦習射之業故嘗為之不射宿亦不是掩其所不避鳥宿目不見人人目亦豈能見鳥蓋鳥向晚歸宿多成羣自高就下又易取物求安而人必危之戕物生無遺物性尤不忍耳

蓋有不知章

知之次也與起不知而作微拗必補上知義始明細玩語意與我非生而知之章相似不知即說上知謂不待知猶不思不勉耳莊子不知而無不知語意亦相似

文莫吾猶人也章

莫吾猶人謂尚不盡同於人此所得者然粗勝人豈便到君子君子能躬行者也如此看莫字似有著落

小人長戚戚



古無慼字考工記不微至無以為戚速說文緶衣戚也詩鄭箋緆絺絺之戚戚者今盡改為慼對蕩蕩言當以慼狹義解之憂戚意自可兼

泰伯

父疾托採藥逃之荊蠻兄弟同去又於句吳自立為君長皆必無之理另有論

曾子言曰

曰上著言字益時曾子病亟默臥床閒倦語久之神明不亂聞敬子來候又乞留訓乃張目正色為言他處不容有此字康成直言曰言答問曰語之注頗覺無謂

則有司存

前人多以司存連讀

禹吾無閒章

此言夏王治道中天以後風氣日開天下有趨於文之勢乎成物力漸裕民侈易萌禹以儉治之所以力為之防而權宜輕重之閒適如其分非一味示儉上承二帝下啟百王垂為定則確乎其不可易故聖人深致其嘆

飲食下六項皆指教令百姓言特身為率耳如常解則衣食居處之儉不過小節聖王皆然何足為異況王者體制所在可下同民庶乎禹以儉治墨子言之特詳

繫辭神農教民耒耨堯舜垂衣裳而天下治及聖人易之以宮室生民飲食衣服居處無一非帝王之政予

謂子產節注、都鄙有章、上下有服、田有封洫、皆可為此章之注、　制服兼臣民在內、不礙其為有黻冕、且是舉此為推

達巷黨人曰

巷黨有之、達巷黨殊不詞、人不知誰某、史記以項橐實之、直改為童子、此不知闕疑之失、一說達通也、通巷黨之人、說孔子如此

固天縱之句

將讀為有娀方將之將、大也、義見爾雅、為直截、

我叩其兩句

端緒也、叩者說文牽馬也、呂氏春秋扣穆公之左驂、高誘注扣持也、史記伯夷叩馬而諫、叩與扣通、義皆為牽持、端則盡絲之緒、終始本末具見、說似大扣大鳴之扣、殊失之



雖少必作

史記孔子世家刪冕衣裳句、見齊衰者與瞽者、雖童子必作、殊非所安、以少為坐、亦無本、竊意如後人稱少焉少間、謂時之暫

吾自衛反魯章

樂以音律為主、樂之不正、音律失也、關雎用之鄉人、用之邦國、雅頌用之朝廟、夫子欲盡取正、而未暇適、師摯在官、可與言樂、先取關雎定其音律、洋洋盈耳、即翕純皦繹之音、樂不淫哀不傷者也、然雅頌未及、不得云樂正、自衛反魯、決道之不行、於是以其閒定全樂、雅頌得所、則下而鄉國、上而廟朝、無不正矣、凡堂上堂下之奏、皆有一定音律、聖人雖知其理、而必得知樂之人、作樂之器、及群工相與講論肄習、是時師摯在官、未可知、如師冕、師已皆商定之人、若詩則篇章具在、不過一整飭次序、定其用之宜否、況有不必盡用之樂者乎、云正樂未云正詩也、自衛反魯、與師摯之始、同一紀時、亦見留心於此、非一日、先特不遑耳、豈有甯俞穆叔所能知、子反不知、必待周流四方、參互考訂、而後能正哉、　雅用於朝、頌用於廟、朝廟即雅頌之所、何俟另求、　觀吳公子札論雅頌曰美哉廣哉至矣哉云云、皆從音律得之、不關詩章、正樂主音律何疑、



出則事公章

以默識章例之、亦是勉人、若云自謙、王百萬說沒飯喫、　喪事統內外言、酒以成禮、樂事無不用酒、不困即欲不可縱、樂不可極意、兩句相對、為哀樂各盡其節、泥酒說非是

後生可畏章

為進銳退速者言之、後生銳意求進、如此真可畏、安知將來用功不照今一樣、宜四五十時大有聞、而竟不然、斯特少日一時銳進、不久而退、其人不足畏也、今字不

貼夫子說亦可

朝與下大夫節

上章便便言唯謹爾是議政此章是明分朝為禮法之地明上下者也趨朝下大夫先至上大夫後至下大夫班下上大夫班上子為下大夫同班先至先與言比上大夫至既揖見必有言不必定議政也侃侃直也誾誾以和異接其加禮上大夫分不同尊朝廷也若議政豈便便中又分出侃侃誾誾耒踧踖如者君非大夫比容又當有殊記者隨舉形容侃侃誾誾見君亦當有之泥不得　議政多在見君及朝退後雖始入亦有議不見必然朝字統貫全章為是



君名使擯章

君名使擯以上擯命也趨進相禮賓退復命有及廟唯上相入及使上擯送賓門外明文傳命為上擯事無見止據聘禮卿為上擯大夫為承擯士為紹擯以子下大夫宜承擯解與立為與上擯紹擯同立東階子位中傳命時出揖左人則左其手入揖右人則右其手上擯不如此蓋康成說心謂不然考旅擯但陳位不傳辭交擯乃傳辭自主傳至賓四自賓傳至主三此之謂交非謂上擯傳承擯承擯傳末擯末擯傳末介末介傳承介承介傳上介彼此展轉相傳為交也擯介之位東西相去三丈六尺諸擯之位相去亦然此不能立傳將必往來

而後可擯用命數之半主讓客稍減之彼此均侯伯則在賓介七在主擯四擯介分立兩邊人數不等無晝定三擯一上一承一紹之理竊意擯介陳立其間有傳命者有班立不動者魯侯國擯四人必三人備三擯之數以一人為上擯往來傳命蓋時即子為之揖所與立謂所對立之介也左右手者揖則兩手交舉無獨手成揖傳命往來皆子一人事三擯止如旅擯陳位無所謂左傳之右傳之左遞傳而遞揖泥子以承擯傳命則擁上擯臨時又當再命且上中下排立確三人魯四擯一居何所各立不動命豈能藉揖而傳而解左右手既以為左人右人又以為左其手右其手抑復兩歧之甚矣



周官大會同朝覲肆師為承擯四時常朝小行人為承擯國家擇能而使雖有定位仍自變通春秋時尤不能拘此例夾谷之會子為相固非卿也通章皆子為上擯事　左右手交舉不言衣左右襜如言前後何鄉飲酒禮注推手曰揖引手曰厭推手手向前引手手向身均為揖而有推引之分大抵推手身動向前則身俯而衣前低引手身動向後則身仰而衣後低於衣之襜如驗揖時左右相推引手動而身未動固不關為承擯與否也不朝不夕不正主面亦不背容乃行人之儀正東西向不見兩君正南北向有面即有背故立時稍任推移茲據以證承擯則東西賓介既有定位南北面背不過

同立之人、於兩君無渉、　交擯傳辭、多就將幣說、不知
主君郊勞時、已行之　每門止一相、及廟唯上相入、相
無擯介言止、是絕行在後、留待命、後仍入以聘禮介皆
入廟門、門西北面西上知之、擯亦然　趨進在入廟後、
非趨而入廟、從君入行、當後進、有事始從中庭趨至阼
階西、釋辭於賓、以相公拜、凡發足向前為進、

衣前後襜如也

整字以意解、非襜本義、說文、襜、衣蔽前、凡衣曰襜、褕曰
襜襦、及車曰襜車、皆取蔽義、衣前則後不蔽、後則前不
蔽、前後交不見異、是襜如也、整在其中、

行不履閾



人行無踐閾者、況於公門、乃此之戒、蓋凡門戶皆有限、
戶限不動、門限時去、徐氏解說文梱字云、門兩旁挟門
短限、古者多乘車、門限必去之、公門路車路馬所出入、
勢不能有限、家語三尺之限、空車不能登者、何哉、峻故
也、惟雖有閾為內外限、去之仍然平地、心一一不存踐、亦
不知、不踐與過位、色勃如同意、孔沖遠解云、嫌自高、且
不潔、不潔可通、自高則直踏限上、有是理乎、由是推上
句、亦謂立時不向門中、忘尊者所由、有甚於慢、朝錯立
豈定當中而立、前人未究及

其言似不足者

此亦非議政時、子不言、而同官有言、不能不答、或止答
一二句、非言時也、

攝齊升堂

堂自階而升、故須攝齊、君堂上南面、臣當由西階而造
君前、又升見無方階、辨君所在、君在東、升東階、在西、升
西階、則燕見之法、三朝唯路寢有堂、

享禮二節

鄉黨篇無處非禮、獨於享言之、非禮文之禮、蓋物是、猶
俗稱禮物、容色、謂儀、書曰享多儀、有容色、則儀稱其物
今人看儀字太深、試思儀則可云多、因有及有不及、若
敬一而已、何多寡之云、國君行聘、圭以申信、明情則在
物、於是束帛加璧之外、有庭實焉、蓋有通行一定之禮、



有隨時置備之禮、將行、授使、使入境、展視、既聘、請享、乃
陳幣、非苐升降裼襲拜跪、有許多儀節、即左右上下布
設、及為君達誠、為君致謙、無一處無儀、在禮盛而儀俱
盛、故曰有容色、若私覿則臣之申敬、薄物將意而已、說
文、愉、薄也、引論語此文、古無偷字、即愉是、後來始有偷
悅之解、禮之薄、故云愉愉如、上下皆言禮節、無二敬也、
非是則許叔重為不詞矣　禮經言容處、多是儀、漢世
有容史、賈誼有容經、亦儀也、　主人燕享之禮、與來聘
陳幣之禮同、曰享、而異事、陳幣在前、燕享在後、享禮私
覿同日、

當暑節

註引詩蒙彼縐絺本舊人誤實與此異彼以賓
及賓縐絺為褻故加展衣居上觀蒙彼字則此
服展衣在外此縐絡為外服而先以裏衣蔽之
一內襯全不倂

必有寢衣

孔安國云被不當有衣名欲覆足則重衾可矣何必製
衣長身有半傳以趙宣子坐而假寐為不忘恭敬竊意
子慎齊之至不敢偃息在床只坐寢故不以被特製此
衣古坐類跪人身上半為陽下半為陰久則寒從足起
衣制上以護身下餘裹膝連踵坐裍上畧與今之一口
鍾相似其長即可代被雖意揣亦備一解



吉月

經傳言朔但有月吉無吉月覈國家除喪即吉將行吉
禘之月論語古注訂譌吉禮所行月日因而謂之吉月
吉日非每月之朔

居必遷坐

散齊於外致齊於內既已慎其所居簡細事一思慮又
必遷坐何齊必見其所祭者或在上或在左右凛乎如
對有安坐而不起敬者乎遷坐有起居不寧狀非變易
坐處展轉避嚻

魚餒而肉敗

餒亦是魚敗然中爛非餒義餒者脂膏涸竭而中不飽
大質已枯不待銜索之久而成蠹也凡物傷濕熱者易
腐敗傷風燥者易枯乾蓋魚之失水久矣食之無肉者
也

沽酒市脯不食

服修家或治之酒不必已釀詩曰無酒酤我何嫌於沽
君子不盡人之歡不竭人之忠既醉既飽猶以酒盡肴
稀命市沽不食者不欲主人多費起而興辭耳

祭於公節

皆指公祭言見前編祭後尚有虞祭須不能即日至昕
已越宿矣豈容再留若家祭無多肉亦無多人何待三
日



不撤薑食

每食不去薑祀未然內則薑桂祇為熬用之為捶去皺
容未盡又服脩施薑桂屑為末他不概用檀弓曾子曰
喪有疾食肉飲酒必有草木之滋焉以為薑桂之謂也
然則非有疾食肉薑桂可不有蓋物之腥而味厚者須
薑劑餘無所取辛辣之物豈與蔥滌日日陳之大抵人
情嗜甘惡辛羹食中有用薑者當食或挾置豆間或導
使遠食是之謂撤子則取其調劑之宜無專嗜甘美意
不撤薑而食不必定食薑也

寢不尸節

爾雅尸陳也寢而體之橫陳非不愧衾之意謂覆卧似

死人尸不皆覆 君子屋漏之中有神明之懼所謂不敢不局不敢不蹐愼居與寢不尸同理處必衣冠火滅脩容豈以無人而不恭耶

不內顧三句

顧不過轂非內顧正解轂在車旁不顧不旁視內顧則轉向後矣又不廣欬謂不橫涶非不疾言不親指不論妄不妄 內顧疾言親指皆人所有車中則不宜耳

從我於陳蔡章

陳蔡之難史記在哀公六年已亘信荀子孔子阨於陳蔡居桑落之下楊倞注九月時也并有時月更奇 冉氏在聖門者五三賢外有冉子孺字子曾冉子季字子產以史記弟子年歲推之時子游年十八子夏十九已在文學之科



子曰孝哉章

讀史得二事一漢杜鄴傳昔曾子問從令之義孔子曰是何言歟孟閔子騫守禮不苟從親所行無非理者故無可間也一後漢范升奏記王邑曰升聞子以人不間於其父母為孝臣以下不非其君為忠注論語云間非也言子騫之孝化其父母兄弟證以韓詩說閔子不得於父母後皆感化意俱合竊以閔子處後母父母兄弟不無間言外人盡知其孝不以其家庭之言而間義亦得通

魯人為長府

府藏貨財本鄭說哀三年桓僖廟災救火者皆曰顧府南宮敬叔出御書子服景伯出禮書貨財不宜禮書御書同處又是役桓子御公立象魏之外知象魏為懸書處則知府為藏書處周禮宰夫五曰府掌官契以治藏亦謂官文書非貨財若王府內府外府貯財之職皆掌於天官魯無天官司徒兼之季氏專政公用二猶不足未必有貨財之藏於外襄九年宋灾使西鉏吾庀府守杜注府六官之典因悟長府亦是藏六典所每典貯一府東西排列而長今衙門六房相似故名長府中更有屋為公所諸吏辦給處故昭公可居以伐季氏而居此



號召吏役無如入闕先據圖籍俱未可知向採前人說疑離宮別館之屬未的也難者曰哀三年救火顧府時令曰傷人則止財可為也安得謂非藏貨財曰令止者謂府即燬有財可作再不過破財財可為人不可使傷與貯財無關也 稱魯人為非公意亦不自季氏由府中吏人喜事求勝君相以典藉所存俯從人者衆辭也

子張問善人章

道謂路聖賢有路可循獨此生稱善人從何趨步問意與答相對 善人有兩種一種謹厚小心做去一種高明放心做去皆能無失他處言善人主謹厚對子張可無高明一邊

季子然章

吾以子為異之問、對由求、乃非常異人伊呂之屬。不可、謂不可以道事、與問友章不可則止有別。　具臣謂有才具、如由稱果求稱藝、當不得道字、安得稱大臣。

子路使子羔章

費大邑累叛、須才德兩優方克勝之、柴謹厚理煩應變非所長、任此無益於費、反妨所業、惟使益求之古人、展其才具可耳、聖門無質美未學者、可弗泥。　章內學字、亦在才能說、外注論到脩身、太遠、

宗廟之事四句

宗廟會同、引周官、多說到天子、當識春秋諸國、歲時祀先、及為會同盟、皆是且就禮樂中、舉其重者、大概言、徵實在唯赤則非邦節、言禮更不得遺樂。　端章甫、衣冠有制、凡相皆然、不過稍見禮容、無考法古制意、小相只謙辭、分別大小不得、

點爾何如節

石經詠而歸、作詠而饋、漢舊儀補遺、常以七八月、祭以太牢、舞者七十二人、冠者五六三十人、童子六七四十二人、為民祈農報功、夏則龍星見而始雩、祀雩同社稷禮、漢去周不遠、或禮制相沿如此、暮春交夏之時、相率雩於郊外、盛服潔身、舞蹈風詠、饋食皆請雨之事、童冠並舞人數、如漢儀所說、點無意為邦、就當下時事言、[illegible]

四書緝談外編　卷上　廿五

憂樂同人之意、夫子以道不行、周流無益、不如點歸田之適、喟然之嘆、自感不但與點、然則於樊遲何責、曰遲失在請學、涉為神農之言、若躬耕樂道、寧非聖賢事哉、

周禮疏、四月正雩、非直有男巫女巫、無有童子冠者、引論語及舞師教皇舞、帥而舞旱暵之祀、以舞師為野人能舞者、

為國以禮節

禮不指典制、對讓字、只是自卑尊人、政理日新、泉益日集、為國賴此而已、不讓就其言之率、知未講於禮、說到定名分、和民志、則由所使民有勇知方者、將皆非禮乎哉、

唯求則非邦二節

統為夫子之言、即求赤反覆明晒由之意、並不在為國、不然頭節問求答意已顯、赤不須再問、且不是專論邦、要補出為字、

顏淵問仁章

兩己字一例、指身言、克己復禮、即脩己以敬、克能也、心之德全愛之理、亦全天下皆在度內、天下歸仁、人與百姓皆安、為仁由己、不向人求、人字根天下來、如博施濟衆、便是求之於人、仁愈遠難至、下四勿、皆敬之事、所以脩己者也、　古注解克己為約身、劉光伯始易約為勝己、作嗜欲與下己字而歧。　禮非禮在己、辨制外養中

四書緝談外編　卷上　廿六

視聽言動皆在外者外物之誘推言之可耳

司馬牛問仁章

觀為之難三字牛病在為不應其言言固非妄訒字當以古者言之不出章例看勿因多言而燥語講到慎言去

人皆有兄弟章

我獨亡蓋憂懼之至謂有與無等下死生二句大概言生人際遇冥冥有主憂懼不來以慮死針對兄弟則牛豈又以失富貴為憂懼耶　敬而無失二句即內省不疚四海之內二句即何憂何懼

季康子患盜章



苟子之不欲與子欲善同誠於去盜則清盜之源申盜之禁誅首惡宥脅從寬初犯寬嚴並用民自感化若面責季氏不能無欲如子名大盜而禮是之言似過訐直多盜當國無不患一時厲禁旋即寬宏畏難姑息又不窮致其由皆非真不欲盜者

草上之風必偃

偃之言却倒也定八年傳顏高奪人弱弓籍邱子鉏擊之與一人俱斃偃且射子鉏中頰殪杜注偃仆也既仆無再能射人之理知偃是轉身向上吳越春秋迎風則偃背風則仆仆是前覆偃是郤倒詩或息偃在牀人無覆卧者息偃亦仰也風行於上而草從之在下有欣然

仰承之意解作覆地稍近於勢臨矣　說文偃僵也仆頓也仆與踣同郭璞爾雅注踣前覆也偃郤偃也

慮以下人

慮即下節疑字居之不疑則儼然上人矣質直好義又於人言色考驗可自信矣猶有慮者恐義未至下於人耳與見賢思齊思同畢而尊人義外又添出禮

先有司

身為有司倡率看先之一例亦可

衛君待子章

古今政治不外一名行令施教禮樂刑罰盡在其中倫紀更不待言觀對齊景何嘗泥指一倫衛輙拒父事本



烏有且問於輙父子間名如何正　馬注正百事之名最包括子之迂也奚其正非謂不當正名所係甚多從何正起

子謂衛公子荆

靈公諸子自蒯聵外有公子郢公子起外無別人荆何以稱公子若先公之子則公孫也按左傳郢為公驂乘又辭位其字子南或以為即齊豹亂時射中肩之公南楚而公子荆吳季札所稱衛多君子之一似荆郢兩人然荆郢取義相同郢字子南又呼公南楚不妨人有數名况荆郢聲相近左氏於楚薳氏又稱蔿氏箴尹或為鍼尹或從便假借書之抑口授相傳記録異文非郢不

得稱公子亦不能當夫子之善疑荆即郢說亦有因

定公問一言章

定公非真欲興魯意以失政之久令不行於臣下冀一振君權予以其取必一言便不曉為君之難因述人言見君臣上下雖有定分君當知難不可以分自恃臣亦當知不易而盡其分盖與答君使臣以禮臣事君以忠同此意公因子言憶及乾侯前事復有喪邦之問予知公深病三家之違有甚不樂為君之意盖愷切言之謂君自無違德而責臣下之從則可如已先未善而欲其無違是否使臣不以禮而專咎事君之不忠非獨勢不行變且莫測昭定哀三世喪邦者二定獨幸全得力於



夫子訓戒者多矣惜其不能以禮自強耳傳曰唯禮可以已亂善獨在言乎哉君驕臣諂之防與定公為人及時事俱未切

南人有言章

下子曰行章意一串為巫醫發古醫皆巫為之為巫醫則必明陰陽之理而易所以道陰陽當時時占玩極數知来審天時人時之變則吉凶禍福生死之故莫不了然占者巫醫之恒業易恒其德貞禮記緇衣引作偵說文偵卜問也周禮凡國大貞注貞問也偵與貞同謂懷誠以卜之神正與不恒其德相反得夫子不占一語南人所譏前後義俱顯不恒其德二句空說所見似大與

上下絕不蒙　呂覽巫彭作醫巫咸作筮郭璞巫咸山賦序言巫咸以鴻術為帝醫山海經大荒日月所入有巫從此升降百藥爰在枚乘七發扁鵲治外巫咸治內今湖廣傳祝由科亦巫祝也

君子易事一段

似起虚冒下分承却參差出之味及其二字注重罷使以不易悅一層反醒出易事不分一公一恕首句易事宜讀斷而難說帶言耳小人段看同

惠人也

與其養民也惠一意惠根養字來有實政在猛以濟寬其一端威克厥愛亦古人治理應然豈為救時始然



奪伯氏駢邑三句

孔安國注以其當理也劉向新序以商鞅用刑之失形仲奪邑之公人自無怨習鑿齒謂與諸葛亮之使廖立垂泣李平致死同一誅之而不怨論亦甚正不必已自奪又添桓公代奪之春秋莊元年齊師遷紀郱鄑郚應劭云郱一作駢其地今青州府臨朐駢入齊在襄公時非伯氏世傳邑襄公之子本非德賞伯氏所不當有故奪之以抑冒濫或有罪而没入之此管子善用賞罰之權也

君子思不出其位

上章不作衍文則此句乃不在其位不謀其政注鄉

無乃為佞乎

是依依求合、用不着口給宗

吾力猶能句

向就市朝求解、於肆字終有疑、市朝不輕陳尸、景伯雖魯大夫、不能擅殺、寮即可惡、罪不到陳尸、況復有季之庇、當解為肆言之肆、大言也、大言於衆所共聞之地、既為子辨明、無可惑、且使咸知寮之愬、鬼蜮無所逞其技、於情理較合、

子路宿於節

石門在魯北、宿者宿其地、不必即在門外、晨門亦非掌啟閉者、蓋晨有人於門見之、抱關雖下吏、啟閉當有隸



卒、何必本職為之、且晨致詰、宿何以不知、此等處俱可無泥、

子擊磬章

深則厲兩句、說無心委任、及酌量深淺、對上有心、及莫知不已自合、與果字對、不起當即古人褰裳去之之意、見應行則行、無論深淺、厲揭而走、下文所謂果、上文所謂已也、左傳穆叔賦匏有苦葉、叔向退而具舟、亦取果決前行之義、非酌量深淺、　厲、古作砅、履石而渡、非橋也、稍深置石而行、否即竟涉、兩則字要說得決撒、總是果、　硜硜磬殻說見前編、磬聲清遠、其終詘然而止、今似有遺音、止而不止、此不果於已、說硜硜是專確、與果

一路何議之有、

脩已以安百姓

安人安百姓、統根脩已、以敬無兩樣、安法未有不安百姓可算得安人者、雖其中自有遠近廣狹之不同、安百姓要即統在安人中、因如斯而已一問、特就安人申言之、非更自安人推廣之也、專主推廣、不免人百姓看作兩樣、又翻說百姓較人、尤不易安、堯舜猶病、已預僣、

闕黨童子章

新序、孔子篤行孝道、闕黨之子弟畋漁、分有親者得多、孝以化之也、在此童子、則禮化之、　逸論語叔仲會孔璇、年相比、以儒子執筆記事於夫子、迭侍左右、將命或



即其人、曲禮問士之子長、曰能典謁矣、典謁即將命、

君子疾沒章

君子看名甚重、父母生子命名、豈要他泯沒人、無其實名於何有、聖賢所以不朽、孰非名之存乎、人生不過百年、無一不沒世、釋道二家看不到、因求來世、講久世、不知君子立名、即其久世、即其來世、觀用心所在、自不走入異端、此三教分頭一大關鍵、

君子不可小知節

知受一例、就本人說、知如子產其將知政、秦始知河東之政之知、後世多以知命官、如參知政事、知樞密院及知州知縣知雜事類、並謂之知、而有大有小、屬君相言、

與受字兩岐、易傳知、主也、

### 師冕見章

冕既瞽、求見、聞有客、必止不入、夫子客在、冕不便見、亦將辭、以異日、今俱不然、知冕夫子素往來、與諸客亦相習、其見預約、而來、某某先至、冕後至、子已預為席、來則起迎、道之由階、即席、詔坐、并告某某坐處、不然、未有不先通名、行禮、即皆坐者、　主人東階、客就西階、請先入為席、禮節於某某用之、冕不能拘設分行東西、豈便於詔、必須為席之請、將使竚俟、又不即引至坐處、彼烏知席之何向、此不能以禮經說也、冕無相、何以來、子詔階扶掖、豈無其人、但隨侍之人視及席後、或退止堂下、及出、仍自堂下階、掖之去耳、　子有客、及門、當無闚觀所使、將命、亦用童子、冕如何見、子如何詔、皆於出時得之、冕出句、不綴上節末、另節起頭、蓋為子張問張本、與子出門人問曰同記事法、　瞽有相、張豈不知、亦斷不疑子非道、特所以詔冕、皆非常、於禮文無見、疑道同中有異、此其為師言之道、與子荅亦然、道須粘之字說理極平實、而因物付物之仁自見、



### 益者三友章

損益兩兩相對、直是條直行正路、便辟則取便走辟徑、辟即僻、諒與亮同字、明也、高明之人、陽剛之質、與陰柔絕異、多聞則皆有本之言、非取辨於口、徒誇便利、

### 益者三樂章

亦彼此相反、節禮樂則性情不致豩、血氣有所制、道人之善、引人於善路走、豈如佚遊之為不善、樂多賢友、酣飽無非仁義、籩豆亦習威儀、無盡欲縱懷、載呶載笑之失、與宴樂羣小相聚者相懸、　對驕樂、節字在過邊、不無不及、

### 能行五者章

向皆主心之德、并能行於天下、步步歸入致天下字、無安頓、似即當主愛之理、五者皆實實見之天下、行字有著落、下言其效、重性學、輕事功、反使人看書模糊、　行於天下、明就用講、體用固一源也、



### 佛肸召章

又得一說、因召、知肸之叛晉、用晉此其機也、史記孔子不用於衛、將西見趙簡子、未有欲就簡子、又就肸之理、或疑身為不善、明指肸、焉得謂就簡子、曰為不善、簡子亦然、時值肸叛、何事西行、彼子路固不知子意所在也、堅白欲磨之涅之、不磷不緇者、不受其磨、不受其涅、可入則入、不可仍不入、堅白自在、非入受其磨涅、更顯出不淄不磷也、　匏瓜星名、繫於天而不可食、與維南有箕、不可以簸揚、維北有斗、不可以挹酒漿、同意、宋臨川應抑之說、黃勉齋取之、

### 好知不好二句

知者動故不學則一於動而致蕩、與蕩字尚非的對、務於踐言、則不免以身殉、荀息尾生之類是也、傷害於物、猶在後

小子何莫學夫詩

聖門無不學詩、而未得詩之益、夫子呼而警之、謂於詩何一如未學者、豈詩之無益於學哉、

其猶正牆面而立與

不為二南則身不脩、教先不行於家、牆面空說、不如實指家言、于義甫里心符、所謂四牆屋也、

植其杖而芸

石經為置其杖、說文植或作𣝁、从置、鄭箋置我鞉鼓、置讀曰植、金縢植璧秉圭、鄭注、植古置字、



至則行矣合下節

下節屬子路之言、則為對丈人家人語、其家見在、安知丈人非偶出、未始避去、令明下行字、顯防其再來、有心匿跡、當盡室而去、古逸人如此甚多、後漢書注引欲潔其身而亂大倫、作夫子言、可證此節乃子路歸告、夫子嘆行者之忍於忘世、福建板子路下有反字、曰上有子字、當從

謂虞仲節

未隱居、尚有志於世、議論欲有所建明、至是并當言欲言悉置不言、所謂身將隱焉用文之、放非狂放、即下廢字、隱居是身中清、放言是廢中權、注云放言自廢、則非新說、仍朱子意、

播鼗武

播鼗周禮瞽矇掌之、眡瞭亦掌之、瞽奏鼓而眡瞭亦於賓射掌之、推之磬師掌教擊磬、即教眡瞭也、然則七人中、未必全無目、

博學而篤志

後漢書引此、注云、記也、人能博涉學、復識之、志即識、猶多學而識、有作志者、兩字固通、篤志學之固也、

大德不踰章

小德無任其出入之理、專力大德、其小者檢束不到、知而可改、若大德一踰、則身名瓦裂、晚蓋無從、不踰閑者、斷斷不容出、小德雖踰、可仍歸閑、雖出而入可也、下句輭上句、出入二字、欲側讀之、



喪致乎哀而止

檀弓、弁人有其母死、而孺子泣者、孔子曰、哀則哀矣、而難為繼也、夫禮為可傳也、為可繼也、故哭踊有節、伯魚母死、期而猶哭、夫子謂其甚、子路有姊之喪、可以除而弗除、夫子亦命除、蓋不欲責於人、終無已耳、子游自為過情滅性、如騶大夫芽亶死孝者言之、喪字可兼內外言、

譬之宮牆

禮記、君為廬宮之、謂周障之、爾雅大山宮小山、亦是圍繞之名、觀下止言賜之牆、夫子之牆則非宮牆對舉於內宮外牆、更通一義、

審法度

法是規矩、諸項一例審正、則輕重大小方圓長短、無一差忒、行政之始、先以便民用、齊民俗為要、若禮樂政刑此時制作尚未能及、且不止審定而已、或說法即律、以起數以定音、古亦上下通用、書同律度量衡、以律為法猶變衡言權、從時稱、由此推廢官、亦丘在民間先有而後無或雖有如無、其職小、所以致廢、民間實不可無此、急須脩復、未說到朝廷建官、緣是有天下初政也、



外編上終

# 四書續談外編下

太平戚學標翰芳輯

湯之盤銘

盤即槃、內則鄭注云盥槃與韋昭國語注同、其浴槃在玉藻名杅、古人三日沐、五日浴、據銘有日日字、故有以此作盥器解者、如今人之頮面、

君子無所不用其極

注似以至善為極、論文氣則是極自新、極新民、為無所不用其極、說到建極皇極、尤遠、



如琢如磨者自脩也

以攻其惡為脩慝義參看、琢磨為攻、脩為脩慝、與脩身統言者不同、道學為益致其精、自脩為益求其凈、一窮理、一去私、

人莫知其子之惡

呂氏春秋、魯有惡者、其父出而見商咄、曰、商咄不若吾子美、彼以至美不如至惡、尤乎愛也、據此以惡作雖有惡人之惡正與碩字一類、

爭民施奪

言爭民之財、而先施其奪、一串講、即下文所云悖、新鄭高氏說、

楚書曰

古書久傳、不定言出王孫圉昭奚恤、注疏不妨兩引、大學引述、則豈有不辨所出、作騎墻之見、先示人疑之理、周有八士、為文王時人、或宣王時人、太宰之為吳為宋、當日自了然、後人未知耳、皆不容為記者、先作一番考別、

昭奚恤出昭王後、在楚宣王時、作大學者、疑不及見、

舅犯曰節

亡人無以為寶二句、據擅弓為舅犯告晉公子語、人多誤為公子對秦使、又按趙文子謂舅犯見利不顧其君、其仁不足稱也、其人恰與二句相反、蓋暗於為已謀、明



於為主謀、

寔能容之

經書多以實為寔、如實命不猶、實墉實壑、韓詩皆作寔、周語咨於故實、即故寔

趙魏之間、實寔同聲、相假借、論寔太音、却同是公羊傳寔來者何、猶云是人來也、穀梁傳寔來者、是來也、其字從是、即以是為聲、說文寔、正也、又正是也、正與是互相訓、杜預注春秋寔來曰、寔實也、其混淆久矣、

國有道二段

塞即書剛而塞之塞、剛是強、塞同寒實也、惟實故有守、國有道未嘗使變、人自變病、㬥其志、國無道迫以必變、人遂變病、易其操、解為窮塞之塞、因添出未遇時之守、又於下句變言平生之守、平生之守、何必在死、未遇時、又獨非平生乎、

君子之道費而隱章

此章承素隱來、人以道深而求之隱、不知道何嘗專隱、乃費而隱、而字縮上、非轉下、通章皆言道之費、無一字說隱、注理所以然云云、解隱字義、非大文本旨所在、聖人所不知不能、見道費難盡、講到深微元渺、大錯

言其上下察也

古讀察如際、書傳中字多通、上下察、即上際於天、下際於地之意、



道不遠人章

為道而遠人、則行怪矣、不遠何怪之有、此章承行怪來、

詩云伐柯節

伐柯伐柯、皆意中欲得之柯、第重言之、不可分所伐所執、則字在下所執之柯、

猶以為遠、與毛猶有倫意異、執柯以伐柯、此不遠之事、而心猶恐遠、故兢兢睨視、於欲作之柯、規所執之柯為則、如此下故字接得直、何義門論睨而視之、非着力語、只當一目了然、於猶以為遠跌得起、而下文故字之脉已斷、更須別用字轉出、

施諸已不願二句

安溪以下君子之道四、即施已不願、勿施於人之事、語

意欠對宜承以人治人句來有加於人之外已所不願亦人所不願勿施者改即止無過求證明上節較直截

素其位而行章

素位而行即遵道而行此承上遵道句 素字粘位上重行字行即如其素

譬如行遠章

道從卑邇起可見中庸之理此章承依乎中庸

鬼神之為德章

此下二章之綱大德受命鬼神之應於人不爽也達孝章事親事神一理耳

神之格思節

格即在也如在上如在左右不可度也不可射惕然於鬼神之使也引證上文以著其顯

夫微之顯節

中庸誠字於此開端以下俱明其理如此夫就鬼神指點出鬼神不外誠餘豈能外之泥鬼神說誠則單靠在微顯上矣

子孫保之

三代固封舜後南北朝世代遠矣魏孝文詔訪獲東萊郡民媯苟之復其家畢世雖後王盛事非舜之大德何以致此

壹戎衣而有天下



一語可證觀兵之妄 素不服於是始服一舉而天下定不再著此謂約服若將士則所以靖遺孽者安能遽釋短後之衣

禘嘗之義

文公二年八月大事於太廟公穀謂之祫左氏謂之禘後人爭禘祫異同或謂禘大或謂祫大有無羣廟不無羣廟之異又言王者禘其祖所自出重祭非他比中庸郊與四祭中之嘗並舉楚語日月會於龍豭土氣含收天明昌作國於是乎烝嘗家於是乎嘗祀是嘗家國皆得用之解者不過曰順陰氣而已可見先王制禮深意所在俱不易識豈謂禘難明嘗易明哉

禮所生也

生字作見字看謂有等有殺禮乃從此見耳 等殺禮非二物

凡事豫則立節

言事行道與達道達德九經相表裏非此外又有四項所當豫所當前定皆謂誠時變無常其本則一言事行道逐事求前定求豫非所謂一矣

誠者天之道也

以下每章分天道人道天道皆指聖人此處何獨指天與下一誠者異无妄自然便是天道天與人合德也二句虛起下申明注天理之本然推其原可耳與人之生

也直一例、

唯天下至誠為能化

中庸大率推明天德王道、上章堯舜性之、此章湯武反之、動變化皆就物言、豈尋常士人之事、化貼至誠本身與注中物從而變句、相承說下互歧、化此怎麽、陳卧子以臻於自然為化、仍在學問說、皆講章誤之、

善必先知之二句

吉慶為善事、凶禍為不善、

今夫天二段

自斯昭昭之多、至日月星辰繫焉、合小大以明天之體所謂高明之極、萬物覆焉、乃言天之生物、自一撮土之



多、至振河海而不洩、合小大以明地之體、所謂博厚之極、萬物載焉、乃言地之生物、日月星辰華嶽河海、即天地之體、非別為一物也、山水二段、又即天地中之大者、皆能以不貳成生物不測之功、何況天地、上二節俱是言天地之道、意可知已、　萬物覆焉、渾言覆冒、不得生物意、天以大氣覆育萬物、物各資之以為始、天道下濟、此化工實用、但人日戴焉而不知耳、

振河海而不洩

易振恒、月令蟄蟲始振、周禮振祭、皆以振動振奮為義、書震驚朕師、史記作振驚、蓋音義略同、孟子金聲而玉振之、謂樂將終、再振作為收、猶聲以始之、不必聲當訓始也、此兩處振收也、及周官中春教振旅、皆是鄭望文作訓、非字本義、

車同軌

軌為轍迹、兩輪之間、曲禮驅塵不出軌、及涂度以軌、無可疑也、然書中多與軌相亂、如祭左右軌、軌前十尺而策半之、字皆宜為軌、由詩濟盈不濡軌、毛傳誤以輈以上為軌釋之、意謂濟盈則車行水中、輈上當及、直解為軌而軌字不敢改、致兩字互相淆亂、妄者且謂軌有二、竊謂濟盈則車濕、行軌中安得不濡、義亦明白、何必受濡者定車前軾耶、

知天地之化育



經綸大經、達道行矣、大本即未發之中、立本、則全其中矣、知天地之化育、即天地位、萬物育也、知猶乾知大始之知、主也、助天行化、故曰贊、以天自處、故曰知、下達天德之達、亦言聖與天通、不作默契解、蓋論知當在經綸立本先、既進推大本、又推上天地、則本之本矣、　萬物育統於天地、不倚、即指天地、位亦可、

衣錦尚絅二句

錦為禮服、貴文也、但未接見尊長、服以待嫌、文著、褻其為錦、以絅護之、至行禮、仍去絅彰錦之文、並非所重在絅、綠衣黃裏、詩猶刺之、若內服錦、外罩絅、成何禮服、又何不并去錦服絅、聖人斷章取義、仍須會古人本旨、質

文之解、於義無涉、又文必不可著、以著為務外、則下文日章何謂耶、尚儉之意、更此處所無、　絅或作褧作蘔作苘、總即䔢是為麻之粗纖者、　惡者、惡其無重文之心褻之自喪其美、無以為章地、泥注為已、說文著是為人、只有闇然而已、

闇然而日章

日章、文也、闇然、尚絅也、從闇然推到日章、而字順遞、日章處仍是闇然、而字逆收、對詩詞、重逆收、觀章末仍歸到無聲無臭、見萬物光華、總只在渾然一氣中、人天同一理、　頭一个君子之道、統論太概、乃全章之冒、下面從闇然步步推出日章、如自內省不疚、直推到天下平、



却又步步歸入闇然、如說天下平、不過篤恭、聲色化民非本、是也、第二个君子之道四句、申解闇然日章形象、知風以下、方起入德實在工夫、在內省不疚、皆於闇然裕日章之本、於頭个君子之道便說為已、節次全昧、

知遠之近三句

天下國家之本在家、遠之近也、脩身在正其心、風之自也、正心先誠其意、微之顯也、三知字格物致知、入德與入道同、此明人陶樸菴說、　遠風顯、日章也、近自微、闇然也、遠之近、風之自、日章本於闇然也、微之顯、闇然無不日章也、反覆明其理一、非但行文互體、

聲色之於句



非謂聲色為化民之末、乃言化民而於聲色論、則見之末耳、末、猶檀弓末之國也之末、與下毛猶有倫、俱如俗語云、說不到家、

歲也

左傳襄二十八年、梓慎曰、今茲宋鄭其飢乎、歲在星紀而淫於元枵、以有時災、陰不堪陽、蛇乘龍、龍宋鄭之星也、不飢何為、条以史記木金穰飢之理、於罪歲較有着落、鄒與魯閧章言凶年饑歲、當主周禮中數曰歲、朔數曰年、今年冬至至明年冬至、歲也、今年正月朔至明年正月朔、年也、又天行謂之歲、人之行謂之年、

晉國天下莫強焉



梁趙韓同出於晉、號三晉、然惟梁得稱晉國、以曲沃分在魏、晉之故都、晉水亦出其地、襄二十二年傳、范宣子為欒盈之難、執魏獻子之手、賂之以曲沃、其來久矣、

殺其麋鹿二句

魏明帝令殺禁地鹿者死、財產沒官、覺告者厚加賞、是時禁地廣輪且千餘里、人主縱欲、為獸殺人、如齊宣者多矣、

畜君者好君也

此以同音為釋、畜好古音皆讀若臭、與仁者人也、洚水者洪水也一例、

國君進賢二句

以如不得已為謹之至意稍曲疑是不識其人而以為未存必進之心如斷不可已者與下文承接較直

謀於燕衆二句

史記二年而燕人立太子平是此二年中燕並無君但太子平卒立年表又云君噲及太子相子之皆死與世家自乖誤按世家叙太子四處俱係以名獨年表無平字蓋相字不下屬子之而上屬太子明時死者為太子相而佚其名太子自在也或以子之為太子相則事更不合若紀年云子之殺公子平又因年表展轉差悞

克告於君

魯平公與齊會於鳧繹樂正克道孟子於平公稱其有



輔世長民之德見外書

不受於褐寬博

賤者趨事衣未必寬博漢朱博敕功曹屬多褒衣大袑不中節度自今掾吏衣皆令去地三寸可知寬博與賤不宜蓋是方袍矩步故為儒緩好以禮責人之流斯固黜所不受也

無嚴諸侯

上文著萬乘字恐是諸侯之出兵衛森嚴非人易近可畏慄亦包在內

自反而不縮

說文縮一曰蹴也儀禮蓍階間縮霤注古文縮為蹙爾雅繩之謂之縮之詩大雅縮版以載是也國策縮於財用則匱義皆為蹙縮凡從宿之字如蹜如摍大抵皆然檀弓古者冠縮縫本亦謂蹙狹其縫因下今也衡縫對衡解為從亦未遽訓直趙注縮義也望文作詁益無所本竊意曾子言自反平日束脩自好無一毫縱肆不收歛則立身無愧何畏於人此句先反言耳

今夫蹶者趨者

蹶本訓跳越語蹶而趨之唯恐弗及呂覽貴直篇聞而蹶往趨之皆謂跳曲禮行毋蹶鄭注蹶行遽貌直行曰趨跳行曰蹶俗云一步當兩步不是既仆後又起走

宰我子貢善為說辭



據下文為辭命傳曰子產有辭諸侯賴之者也聘禮辭多則史少則不達善之為難二人在言語之科足當此任使者受命不受辭隨機而應總以不失使旨為善豈蘇張縱橫捭闔之流亡吳伯越聖門無一不被史遷說壞

宰我有使楚代為夫子辭贈饋車物事

雖袒裼裸裎

裸說文作嬴裼裸並訓袒義不別書亦互用在一處當略分袒如袒左袒右之袒偏露衣也裼解為去上衣見裼衣之裼裸全露體如左傳欲觀其裸之裸裎者方言襌衣無袍者趙魏之間謂之裎衣是也分袒裼為露臂裸裎露身未見所本

孟仲子

據孟氏譜，即孟子之子。

有采薪之憂

古之葬者厚衣之以薪，葬之中野，采薪預為之計，病者譏言不能自保。

景丑氏

外書，孟子三見齊王而不言事，丑子云云，高誘曰，丑子即公孫丑，世本曰，齊公子朝之子，字子景，以字為氏，亦曰景丑，丑稱公孫，疑或然，然上文自有公孫丑，下稱景子，云同族可，一人則非，據單稱景子，又疑景春其宗。

吾何慊乎哉



少字解，本趙注，大學此之謂自慊，古本作慊，逸周書爵位不謙，與慊同，本字當為歉，作慊作謙，皆同音假借，行有不慊於心，與史記天下人民未有嗛志，又皆愜之假。

孟子謂蚳鼃

蚳鼃隱於萊，孟子使人問以書，且遺之粟，曰，介士也，疑即其人。

客不悅曰

據外書即王燭。

泄柳申詳

外書，萬章曰，子庚何人也，孟子曰，古之高人也，子庚，泄柳字，申詳子張子，檀弓申詳之哭言思，注，言思，子游子，申詳妻之昆弟，然則詳，子游壻。

彼一時也二句

彼一時，非數過時可，天下不用，可聽之，此一時，則廹之至矣，以不怨尤為脩己慎。

夫天未欲節

彼一時，此一時，已以不豫自認，然為天下計有之，一身何不豫哉，觀末吾字，不豫豈為己起見，以今論，雖欲無不豫安可得，時使然也，方得孟子心事，不是以不豫自辨。

成覸

說文，齊景公之勇臣有成覸者，古無覸字，廣韻引孟子亦是覸，淮南齊俗訓作成荊，按覸，狼視也。



今滕絕長補短二句

以今兖州滕縣，合春秋時地形，滕城在縣西南十四里，縣南四十里即薛城，縣東六里又為郳，又縣北為邾絞邑，哀二年伐邾，將伐絞，即此，再縣十五里有漷河，為邾田，哀公二年季孫斯伐邾取漷東，魯地無涉滕縣之境，戰國時略可想。

賢君必恭儉節

注，恭則能以禮接下，下指民，禮即動之不以禮之禮，不說待士，恭儉字相連，如溫良恭儉，恭儉不可偽為，皆不定用度省嗇為儉，大抵不敢有肆然民上之心，又每事

收歛、皆是仁處、下句一直可接、總注在取民有制、對下為富、恭儉不必分、下句更不用分、上下語脉如是、

庠者養也三句

王制耆老皆朝於庠、元日習射上功、庠亦習射、文王世子、適東序養老、立學一體、教亦相同、養老習射、隨時於其中行之、未必為立教專義、且使庠序各有所專、不應挍獨空空言教、三學均教導之名、孟子就同音釋之訓詁體當然耳、古讀射亦如序、詳拙書漢學諧聲、周官保氏掌養國子以道、即此養字、學則三代共之、無異名、非獨重、

以鐵耕乎

鐵即鉏、非耜屬、考工記匠人耜廣五寸、鄭注、今之耜、岐頭兩金、賈疏耜、謂耒頭金、

舉舜而敷治焉

石經孟子、無治字、惟本無、故趙注有敷治也之釋、四書有本無字、後添入者、予有亂臣之臣、惡居下流而訕上之流、石經可考、

勞之來之

釋文、來本又作勑、欲改字而不改音、則下韻仍不叶、妄者又謂來為勑之省借、皆非、來古重音為力、說見庶民子來下、

墨者夷之



韓非子、墨子死後有相里氏之墨、相夫氏之墨、鄧陵氏之墨、儒分為八、墨離為三、莊子天下篇、相里勤之弟子五侯之徒、南方之墨者苦獲已齒鄧陵之屬、俱誦墨經、相與別墨、又云、以巨子為聖人、而願為之尸、呂氏春秋有鉅子腹䵍居秦、所謂天下之言不歸楊、則居墨也、桓王使史角往魯、其後在魯、墨子學焉、禽滑釐學於墨子、許犯學於禽滑釐、田繫學於許犯、亦見呂覽、若楊朱之徒、所見止心都子、孟孫陽及其弟沛、又有禽子則介從否之閒、

蓋歸反虆梩而掩之

虆梩、趙注籠臿之屬、丁公著曰、土轝、說文、梠臿也、一曰、徙土輂、齊人語也、或从里作梩、梠梩一字、兩說俱是、朱子從後說、周禮鄉師職有輂輦、鄭引司馬法、周輜輂載一梩、是也、

與嬖奚乘

所嬖倖奚奴、非人名、

段干木

魏世家有段干子、又有段干明、老子之子宗、為魏將封段干、或其後、呂覽干木光乎德、以干木為名、

段干木三節

通章三引、皆不見之據、非夫子得中、餘子守義、都解錯、是皆已甚句、　以情理之常論似可見、不見為過分然

二子斷不見如此、仍繳歸不見、不必添不見、自然不見、

中節說孔子、於陽貨始終不見、不是說聖人不為已甚、當是時陽貨先、豈得不見、亦就常情論之、為見無疑、而夫子瞯亡往拜、仍不見、與是皆已甚句、並是反筆、於宜見處明其不見耳、看煞豈得不見、於章意不見諸侯全背、　末節由是觀之、則君子所養可知、三節一齊統繳、不必專指曾子子路、

病於夏畦

何義門據趙注、切治畦灌園、未見說文田五十畝曰畦注、

園囿汙池沛澤多而禽獸至



上七字承壞宮室以為汙池四句、而禽獸至、承上邪說暴行又作、即下文無父無君是禽獸意、仍指畜養、則於上邪說句、為隅為贅、

佑啓我後二句

相武誅紂、公之事、即武王之事、推本文王言之、佑啓後人、包甚廣、以後人公自指、於武王說不去、　二句只言成功、裕後帶講、於引述意不甚要、

陳仲子

於陵仲子、字子終、韓非譏其無益人國、堅鄙類也、與趙威后同意、劉向上於陵子、即其達遠中庸、取譏通人、至讀其先人夢葵諸篇、可謂無歉幽昧、足有嚴慕者、惜其

書、今罕傳、

匍匐往將食之

將解為持、三咽始接、聞之能鶃頤

盜跖

秦大盜也、見李奇注、莊周以為柳下惠之弟、有孔子往見篇、相去年分甚遠、特寓言耳、

公輸子

古詩誰能為此器、公輸與魯班、作兩人、檀弓、公輸若方小、注為匠師、蓋世匠、其請以機封者、則般為若之族、

泄泄猶沓沓也

說文一引作詍、一引作呭、古文孟子如是皆謂多言、正



與詩噂沓同音義、故釋之如此、又恐人不曉泄泄猶沓沓之義、因以事君無義云云解之、重在第三句言上、似不須另以怠緩悅從為訓、

涕出而女於吳

襄公二十三年、晉將嫁女於吳、齊侯違禮而媵之、與此屬兩事、

恭儉豈可以聲音笑貌為哉

全是相反、豈外假得來、非為偽為者責、

有不虞之譽

方言、湊虞望也、左昭六年、始吾有虞於子、今則已矣、杜解虞度、義亦當為望、不虞者、非所望也、

瞽瞍

古朱襄氏以多風陽氣畜積命士達作五絃瑟以來陰氣帝堯立命質為樂效山林谿谷之音以麋鞈置缶而鼓之瞽瞍乃拌五絃之瑟為十五絃命之曰大章舜立命延益之八絃為二十五絃命質修九招六列六英以明帝德見呂氏春秋是瞽瞍在堯時為樂官

其揆一也

說文無揆本从木作楑木也一曰度也尺度用木故以揆為度此其揆一也與上無道揆及書納於百揆皆當以尺度解之猶言矩也若揆之以日易初率其辭而揆其方从揆度義



惠而不知為政節

言如是則但知惠耳知為政者豈有是哉為子產辨非議子產　傳言子產濟冬涉十一月十二月際冬令水淺故可涉時寒故涉者病夏於此時杠梁早成葢其事已舉於九十月照夏時言之亦可

去三年不反二句

春秋傳豐卷奔晉子產請其田里三年而復之反其田里及其入焉所以厚待去國之臣者當時猶見

人之所以異章

君子有天下後世之責者盡其性以盡人之性斯理不亡實君子存之對下數章看不獨一身　孟子以君子自任歷敘帝王至孔子以已承之所謂我亦欲正人心正以存之也人禽之辨非但分別人物直由邪說暴行及異端無父無君使人道同於禽獸說入明君子存之之心不忍聽庶民終於去之注戰兢惕厲深合孟子吾為此懼之旨

舜明於庶物節

舜於倫物豈有不明察為天下示之著之也物全其生盡其用使各從類不與人混未嘗無倫而倫於一至如梟獍之類萬不可以倫言若人為萬物靈倫紀俱備秩之聯之使不同於物此即人禽之大辨也由仁義行二句非謂舜性之不待存而無不存蓋用中於民總由仁



義而行非先擬一仁義在心而慕為之如後世楊墨之仁義也孟子示教萬世不嫌於舜時尚無異端

禹惡旨酒節

惡旨酒為人心防其溺也好善既自益亦為人勸

湯執中節

執中無不用中於民立賢無方多得人同正天下人心

文王視民節

望道不先說縱視民下則道即指帝王治民之道視民如傷非但慮無恒產深懼失其恒心　望道而未之見注讀而為如七篇中如請野九一而助而居堯之宮而主癰疽義皆同

周公思兼節

無三王而施四事、此無不合、思即得者也、其有不合、則四事之外、雖皆三王經行、時勢之易、必折衷取善、不合罷行、合者即行、有損有益、仍是為監為因、伏思仰思有何深淺、仰思者上想三王、焉得不昂首耶、公用思無不得之理、幸只是喜於得之、無不幸一面

王者之迹章

王迹既熄、太史不復采風、是謂詩亡、詩亡則善惡是非不明於天下、無復知義、春秋之作、所以存是非之心、申大義、以維王迹之衰也、當直注義字、不在辨詩亡雅亡、史記王道衰而關雎作、詩序言王道缺而變雅興、秦火之後、孔子所刪不可復見、後儒以意補綴、序次先後、皆非原本、黍離降為國風、問誰降之、其必非孔子也明矣、

春秋作於魯史、何至一書悉載桓文、言所記之事、不過此類、其義該得廣、是非善惡、孔子所以正人心、而存之者、於此乎雜、專主尊周攘夷、此外無復義乎

君子之澤章

君子小人、無不斬之澤、多不過五世、惟聖道萬無斬理、故雖未親受業、莫非其傳、私淑、猶孔子曰竊取、以致其謙、不必從未得為孔子徒取義、淑諸人、即作仁義正人心使善看、能言距楊墨者、是亦聖人之徒也、何嫌其未親炙、尼山哉、有私淑艾、為教之一、正與此同、淑言善、艾



兼懲惡一耳、

發乘矢

發矢示意、四則嫌多、廣雅、乘二也、方言飛鳥曰雙雁曰乘、凡經言乘禽乘壺乘韋、並是二非四、不必執四馬為乘之說、

天下之言性章

開首故字與苟求其故一樣看、故乃性之本然、以利為本、猶云和為貴、詳見前編、

禹之行水二句

行水即是事、疏瀹抉排皆是、不然何用勞外八年之久、蓋不得行之法、無事者皆有事矣、得行之法、有事者皆無事矣、水有水之性、河之性善曲、禹隨其曲、載之高地令東北行、同為逆河入海、而河無事矣、濟之性多伏、禹隨其起伏自然、令忽見忽隱、而濟無事矣、水源皆自西趨東、惟弱水性逆、禹隨其逆導之西、令得所歸、而弱水無事矣、漳之性衡、故曰衡漳、橫決無常、禹任其衡、以不治治之、不強抑障、而漳無事矣、他水皆然、雖龍門不能不鑿、要其勢應鑿、非私智之為也、

曾子居武城

史記澹臺滅明、武城人、曾子南武城人、加南字別之、後人以為即今嘉祥、然見左氏傳者、但有武城、無南武城、嘉祥在魯北、亦不得言南、曾子居武城、非即武城人、就

南武城有其地無所證據不得即以嘉祥當之考武城在今費縣西南八十里石門山下屬沂州魯邾接界并南近吳略見昭二十三年哀八年傳費為季氏宗邑亦在沂州費縣西南七十里蓋與武城一處相距不遠季氏專魯武城想即費旁附邑不然清之役冉有不能以武城三百人為己徒卒此云曾子居武城國策甘茂則言曾子處費此言有越寇新序則言魯人攻鄪所引曾子言畧同鄪即費哀公嘗欲以越伐魯而去季氏來寇有魯人為引或越藉口魯招故記有互歧而此來注意攻費不在武城且越滅吳後雖逼魯實非必為魯必與季氏為難者武城復有險道曾子知其不久且去也越



遷都琅邪爭伯中國亦在沂州境則曾子所居武城非即子羽所家而何魯雖強臣柄國風教未衰武城邇有子游高柴之宰多國士有若亦處之曾子居此或亦其邑大夫聘請觀費惠公之待子思風尚可想矣或以襄十九年城武城傳有懼齊語謂當為東武城界齊方懼之若近費之武城何必城豈知莒向等邑皆近今沂州為齊魯交爭地豈齊師不可從南陽來耶顧復初大事表極精地理於兩武城尚疑不決　家語言曾子仕莒禄八千鍾外書言孟子之莒有曾子講堂在焉登堂彈琴而歌莒武城其地固相邇

施施從外來

詩將其來施施鄭箋側閒徐行則與施從之施同一解皆迆字之假偏袖邪行亦得意之狀

帝使其子九男

堯有子十人而授舜舜有子九人而授禹

伊尹放之於桐五句

上三年紀處桐時日下則此三年無非悔過之日太甲賢君失德知悔豈待六年之久又處桐三年亦是太甲居仲壬喪原有諒陰三年之禮因請廬於墓所而日訓述先王之德不然於桐亦何定三年之限哉　放桐自係太甲始立事如史記太甲始立三年不明則在位失德之久先不忍放後乃不已而放且太甲能顛覆典刑



尹身之不保其又能放劉向告成帝湯無葬處假桐為湯墓所在向豈不知居仲壬喪自說得去　宋有桐門又有空桐哀二十六年大尹自空桐入如沃宮疑即放桐之桐沃宮為放沃太甲處

否不然

否不然似重說文否相與語唾而不受也从丶从否否亦聲以聲義推之即俗呸字字書所謂相爭之聲否本否字當以呸音讀之蓋聲而非辭後漢書張步傳負負無可言者負負亦如呸呸

天誅造攻自牧宮

牧宮未必即鳴條要近夏都造解為徃始於下句有情

訓始義與載複又一說桀崇侈宮室、畜養異類、日殺百姓、造工不休、其失天心由此始、

主司城貞子二句

宋以武公名廢司空改司城、司城明宋官、哀七年傳曹伯使公孫彊為司城、曹為宋服、或效之、不得執此謂各國有此官、大文繫接是時孔子當阨、是司城為當阨時所主、非過宋後所主、惟貞子正人、故敬禮孔子、不與魋為黨、孔子亦信其人、藉以為主、微服過宋、亦必貞子陰左右之、大旨言孔子當阨不苟於主、至為陳侯周臣句不過追述其人、即先仕陳者、孔子去宋後、由鄭再至陳、仕陳自與孔子無涉、杜預世族譜、司城氏、陳哀公孫、誤



由史記以貞子為陳人、

接淅而行

本滰淅、滰音雱、說文、浚乾漬米也、傳寫誤接淅、如莧爾而笑、今亦誤莞爾、

集大成也十句

始終一䍣、不可言小成、小成若清宮調清商調之類、一音為始終、非一䍣也、　集大成似不必以樂之一成為小成者襯說、蓋一成中具八音、亦必有鐘聲之、磬收之、大成則所以聲振者其所用金玉不同耳、　金石亦在八音條理中、為編鐘編磬、金聲玉振、則特鐘特磬、其制較凡鐘磬為特巨、衆音之條理全恃此金玉之聲振為

終始、集大成謂集樂之大成、包一成九成在內、八音別出金石說、亦非是、

金聲也者四句

衆音各有條理、猶三子自成其為音、夫子如金以始之、於條理無不統也、玉以終之、於條理無不全也、　金始之時當始也、玉終之時當終也、中即寓仕處久速當可、

為之兆也

上文未見小試行道之端、另俟可行之兆、語又涉懸、盖魯疑聖道大行之不易、夫子就獵較示道之行、無嫌拂人情之事、從此庶堅其信、則從獵較正是為之兆、

在國曰市井六句

臣非庶人之稱、市井草莽、本皆庶人、因傳贄為臣、始稱此、述其自來耳、其未傳贄、則仍然市井草莽庶人、無臣稱、安得見諸侯禮、以為在國在野亦稱臣、殊謬、

以皮冠

韋弁為禮服之冠、皮冠非韋弁、君出田獵、則冠之、如楚靈王去皮冠、與子革語、以方田獵、衛獻公不釋皮冠、而孫甯二子怒、非禮冠可知、君皮冠、虞人亦皮冠、豈上下無別、其招以此、乃使人持示、令知將田往山澤備應耳、

非由外鑠我也

以火銷金、此詁字義、意取自外至內、如今點金鍍金、全在外、非本來之美、泥銷字作削銷銷鎔、說到去私一路

試問我固有之如何接前人兼損益二義不知外飾但言益不言損嘗論此鑠字解如詩於鑠王師之鑠為美之顯天下莫美於仁義禮智亦莫顯鑠於仁義禮智豈由外得之意較明白

一心以為鴻鵠將至

學弈又思學射如鴻鵠之來前所謂不專心致志鴻鵠非泛說

學問之道二句

求放心為學問之道則責重放心仍歸學問味大文是言人所以貴學問惟心之求耳外注程子云聖賢千言萬語只是欲人將心反入身來與上文一直



養其樲棘

注解小棗爾雅樲酸棗趙注孟子樲棗小棗蓋孟子原文本是樲棗訛為棘爾雅单行疏及王篇唐本草可證

心之官三句

心之異於耳目以思思則得之此其官所以貴為不蔽於物非若耳目之官不思則不得為物蔽也若兩句統承心之官則口氣要說思則得之除不思則不得下句仍繳轉能思之功方合 此處明心之思為大體無責成不思意解者多失之

子服堯之服

詩寤寐思服祭統纂乃祖服鄭並解服事也服堯之服如云事堯之事兼言行在內

居下位三句

論語引伯夷數處孟子更多但謂非君不事非民不使治則進亂則退則伯夷非忘世者此又以居下位言之更似先曾任職棄去並不一言及兄弟讓國豈以好名之人能讓千乘之國其事為所不取乎抑本無其事乎奈何孔孟不信而信史遷一家之說

昔者王豹六句

淇衛地至渡河以後漸入晉戰國時為魏地高唐為齊田氏得封始大之邑孟子外書淳于髡曰昔者揖封生高商而齊人好歌杞梁之妻悲哭而莒人稱詠與此畧



有異同

天子適諸侯四句

自入其疆以下還接天子巡狩則諸侯之朝自指方嶽之朝而省耕省斂皆天子事不應諸侯分屬

尊賢育才二句

就用人說後取士必得疑指興學立教擇賢者尊為師長選士之才者教之以明德行之重

無有封而不告

向以諸侯不得有專封事解封為窆然葬祭大事不宜居五命末且與上睦鄰事不類蓋諸侯地域彼此犬牙相錯應有樹址年久糢糊致邊民相侵或因啓釁故再

令封人培土樹木為界必告者、明各守其舊無所踰越、
管子言三歲脩封、五歲脩界、十歲更制社邑、尚然、況接
鄰境封而不告、將致疑、或有責言、固圉睦鄰、兩不可失、

萬物皆備章

末節說到推己、萬物、自身心家國之理、俱該在內、反身
而誠意誠心正而身脩、由是可推之家國天下、絜矩以
公好惡、皆本性自然之理、仁在是矣、強恕而行、求仁莫
近、為己進於誠、於萬物之同原不隔、論道理、先誠後恕、
用工夫、由恕求誠、夫子所以教子貢如是、

古之人得志節

上二節義已盡、更舉古之人證明得志澤加於民、即達



不離道二句、不得志脩身見於世、即窮不失義二句、窮
則獨善云云、又即得志不得志二句注腳、非二事也、
見於世、只當立於世解、蓋獨善其身、不說名實顯著、名
實近事功、獨善則不求見、

如其自視欿然

人之嗜利、邱壑難盈、而能不以為喜、且凜然如在隘穽
中、則知憂知懼、而勉於善、豈不過人之遠、　韓魏之家
就戰國言之、不必推上晉去、

善政得民財

為民生財有道、得者使民各足也、君無不足意、不入正
講

五畝之宅節

此節言自古老者所以得養之理、起下文王、文王之政
在所謂節見、

楊子取為我章

觀所惡執一句、申明楊墨所以當距、子莫蓋有見於其
非、欲中立而仍蹈楊墨執一之弊、焉能闢之、故必知中
之有權而後免於執一、仍重在距楊墨、明己所以闢之
者、不同子莫知距楊墨而失距之之道、較楊墨稍勝、而
不足以服楊墨之心、蓋舉一廢百同為賊道、孟子望人
闢異端為己助、示以闢之宜中而有權、非以子莫與楊
墨同闢、他章言楊墨之害、不及子莫、又言距楊墨者聖



人之徒、子莫豈在所闢哉、

桃應

齊伐趙、桃應將問於孟子、曰無嗜殺、將心也、勿爭功、將
才也、其人蓋才士

呼於垤澤之門

宋有蒙澤逢澤無門意即澤門、宋役夫謳處、又宋有桐
門、在城北、曹門在西北、正東曰楊門、澤門則東城南門、
魯在宋之東、

跂廢繩墨

韋昭國語注、五尺為墨、今墨工各用五尺、以成宮室、其
名曰墨、則墨者工師之尺度、非俗用墨斗、

虎賁三千人

曰虎賁以明其勇不分甲士步卒史記於虎賁三千人下加甲士四萬五千人似專指步卒豈有甲士反多於步卒者周官虎賁氏其屬八百以官屬言三千太多有欲依牧誓改三百不知周官後來所定三千統甲步在內為數原非過

山徑之蹊二句

朱子答陳同父鄙意轉覺嬾怯況本來只是間介學問間介是微小不開濶之意或古方言

齊饑章

齊有兩棠一在今東昌府堂邑縣襄二十五年傳齊棠



公杜注棠邑大夫後訛為堂又襄六年萊共公奔棠萊邑後入齊即今膠州之甘棠社齊靈公將走郵棠處東昌稍近齊都　卒為善士似馮婦先為凶人後遷善者殊不知歲饑虎暴皆民害振饑禦患應行之事但要問職守所在先之請發仕齊為客卿不容膜視斯民今決去責非我任再請為越分邀譽故不可如前仕齊豈有視民饑不為復請者馮婦搏虎亦先在師武臣列除害其本職不為逞惡後去職為鄉里善人搏虎自有任者因虎之負嵎莫之敢攖仍慮其傷人狥衆之情雖一片救民除患之意非其分應得故為士笑上士為無位者此士則出位為戒之君子意自異謂馮婦有心逞勇攖譬有揚揚自得狀非引喻本旨

今之與楊墨節

天下幾人知距楊墨能距即失之過非所甚責今指已言申明所以歸斯受之之意先失所歸如放豚之追入苙深幸其歸更從而招其未歸者總不忍使人為楊墨所誘

夫子之設科也

古本子有作予者汪瑟菴先生主之謂合注不保其往之意然頗嫌為從者認竊自處不知情故仍守前說

進取不忘其初

上二字貼狂下四貼獧簡即獧執不為成見終如其始



所謂不忘其初若屬狂志大亦不能踐言乃初終不一也

散宜生

申培說文王舉閎夭散宜生而詩人咏之蓋即兎罝之詩墨子則云舉閎夭大顛於罝綱之中傳聞互異

外編下終

四書續談外編補

惟我與爾有是夫

用舍二句義似平意却重在用邊葢回見只藏其於用舍皆宜莫信其有是夫子獨心許之觀下節子路只在行邊說章內三與字針鋒一直相對舊說夫子語子貢吾與女俱不如集注改作許與之與此處似亦宜然

誰能執熱二句

既執而後濯則已執非所執而手為傷先濯而後執則一氷手恐不勝熱之熾不知執熱對欲無敵於天下以濯對仁仁為勝天下之本濯為勝熱之具先以濯制其熱而後不難於執先以仁勝天下而後可無敵向解已



及之

猶以一杯水

告子篇猶桮棬也同一物不宜先後異字說文有桮無杯杯俗作又疑杯之訛猶云一掬水如棒土以塞孟門之喻

附辨古文論語鄭注

鄭康成為漢大儒獨其解論語一言以蔽謂蔽塞也繹之為貴繹陳也其言也訒訒不忍言也卓爾絕望之辭殊不可曉然猶曰義理之疎其考据典禮謂繪畫先布衆色然後以素分布其間以成文解告朔特羊告廟弃撰天子用特牛君名使擯泥三擯之說不知魯當四擯而解泰伯三讓以季歷赴之不奔喪為二讓十人首文母從陳蔡者皆不及仕進之門晉文公譎而不正專指河陽召天子皆不根之詞若子桑卞莊子皆秦大夫太師摯周平王時人八士周公相成王時人則記述之異不足辨也嘗覽皇侃所集古論語注十三家嘆朱子於羣言淆亂有廓清之功後人務揚漢學抑宋儒致目康成為聖人如夏瑚商璉及既聘而享用圭璧之誤力抵集注不知並沿自康成也因見王伯厚所輯而論之

附說文古文論語孟子異同

論語　習謂大山　以杖荷莜　荷蕢過孔氏之門　訴子路於季孫　跢予之足　譎曰　不使勝食既



色孛如也　色艴如也　櫌而不輟　文質份份　朝服絻紳　狐貈之厚以居　𢏚善射　紶衣長　小人窮斯爁矣　友諞佞

孟子　故源源而來　般人七十而耡　曾西㰤然　孝子之心不若是忿　孔子去齊滰淅而行　二女婐

# 四書釋地辨證二卷

清 宋翔鳳撰

清嘉慶二十五年《浮谿精舍叢書》本

答雷竹卿書

昨得手敎並荷於鄙箸釋地辨證下籖數處詳審精當欽佩無既翔鳳竊見論戰國事者據紀年甚易據史記甚難蓋謂紀年後出疑魏晉人私有增定以陰相傅合故寧爲其難者久之亦自無隔閡六藝先師尙各持家法足下以紀年爲家法翔鳳自以史記爲家法離之乃見其通合之適形其固此中本未嘗有莫逆於心者固不可爲流俗人道也來敎所糾焦曲沃一條據水經注以爲有兩地今考史記魏世家襄王五年秦敗龍賈軍四萬五千于雕陰圍我焦曲沃正義括地志云故焦城在陝縣東北百步古虢城中東北隅周同姓曲沃有城在陝縣西南三十二里按今有曲沃店想按晉以後



人以焦曲沃連言則陝縣之焦與聞喜之曲沃相去二百餘里疑其太遠故彊取一曲沃店當之然世家六年秦取我汾陰皮氏焦按戰國汾陰故城在今山西蒲州府榮河縣城北南至故焦城幾四百里皮氏故城在今山西絳州河津縣西二里亦三百餘里可毋疑於曲沃之遠矣至八年秦歸我焦曲沃十三年秦取我曲沃平周正義絳州桐鄉縣晉曲沃邑卽今聞喜縣之曲沃故城也十三州志云古平周縣在汾州介休縣西五十里也按平周南至絳州聞喜之曲沃幾四百里相去旣不近復南至陝州則又幾有三百里故不以曲沃店當之而别謂在絳州也然世家前後屢言曲沃稱名不異知非兩地否則不當全無分别耳翔鳳於地理一事本無綜覈之能惟向治經籍輒據班志以爲其書近古故府圖籍確有參稽故他書所稱而志無可按槩不涉及康成注經卽持此例區區抱殘守缺之心亦將竊附乎此特鄙意亦不敢定魏惠文時秦已盡得安邑不過謂河內外之地多爲秦所蠶食是以渡河而東無不如志矣鄙著湯都一條係壬戌歲所定曩時惟以鄭君爲宗十年以來持而未改故於仲遠諸家俱從刊落寧陵葛鄉不必定是葛伯之國則士安所難亦可荅之翔鳳聞足下之教而所欲引申者於此畧一敶布以俟後命且使當世之人知家法之不可以相亂而足以兩存正在此也正月廿七日翔鳳頓首

四書釋地辨證卷上　　　　長洲宋翔鳳記

雪宮　解者謂雪宮孟子之館宣王就見於此（凡下一字寫者並閻氏原文後放此）

按趙岐劉熙並云雪宮離宮之名也僞孫疏云宣王在雪宮之中而孟子來至從前注孟未有謂雪宮孟子館而宣王就見者其說出流俗講書似不足據然熟思之疑未謬也古人所居皆可云宮離宮乃別築宮館以居游士非指王宮孟子之滕館於上宮又燕世家昭王爲郭隗築宮此宮不專謂王宮之證史記孟荀列傳云齊自如淳于髡以下皆命曰列大夫爲開第康莊之衢高門大屋尊寵之孟子游齊當亦爾矣公孫丑篇孟子將朝王王使人來曰寡人如就見者也此必嘗就見故云然況使孟子往王所於文宜云孟子見齊宣王於雪宮此自作王見孟子若讀爲從者見之之見頗易全書之例亦不然矣至元和郡縣圖志引晏子春秋齊侯見晏子於雪宮今晏子春秋無此文蓋涉下文有晏子語故以孟子爲晏子春秋爾（王伯申通政據外國本魏徵羣書治要引新序雜事作孟子見齊宣王於雪宮以證孟子之誤按今新序無此文外國舉行之書竊未敢以爲定本也）



闕里　闕里見漢書梅福傳東漢後方盛稱之蓋緣魯恭王徙魯於孔子所居里造宮室有雙闕焉人因名孔子居曰闕里或曰有徵乎余曰徵於水經注孔廟東南五百步有雙石闕卽靈光之南闕又徵於史晨饗孔廟後碑以令日拜（闕一字）孔子望見闕觀式路虔跽爾時闕尚存尚可得其名里之由

按新序雜事一云孔子在州里篤行孝道居於闕黨闕黨之子弟畋漁分有親者得多孝以化之也是以七十二子自遠方至服從其德（荀子儒效云仲尼居於闕黨闕黨之子弟罔不必分有親者取多孝弟以化之也）此闕黨正是孔子所居卽曲阜之闕里甚明寰宇記曲阜縣云孔子家在故魯城中歸德門內闕里之中背洙面泗矍相圃之東北也後漢明帝東巡狩幸焉又云闕里在縣西南三里魯城東北出洙水百餘步禮記檀弓吾與女事夫子於洙泗之閒曾子子夏皆孔子居闕黨時受業弟子洙泗之閒正是闕黨矣其又名闕里者蓋里黨對文爲異散文則通當時以爲闕黨後世可名闕里也漢書古今人表作厥黨童子厥闕聲形相近未知誰是亦猶互鄉達巷之類其命名之意不能深究至史晨碑所云自指孔廟之闕觀何休公羊傳注云禮天子外闕兩觀諸侯內闕一觀漢高帝以太牢祠孔子故當時廟貌亦用王侯之制得立闕觀魯相饗孔子望見此闕自當起敬若靈光南闕與孔廟何涉而式路虔跽邪知既非靈光之雙闕亦非春秋之兩觀矣閻氏本水經注謂闕里以雙闕得名者穿鑿之說也兗州府志云滋陽縣東北一里有闕黨前無典據蓋出傅會（水經注泗水云從征記曰洙泗二水交于魯城十七里闕里背洙面泗南北一百二十步東西六十步四門各有石闕按此石闕疑石闕之誤卽魯相所望見也）



轉附朝儛　今諸城縣東南一百五十里有琅邪山

按寰宇記作東南一百四十里

余曾徧考轉附朝儛二山杳不知所在按趙注云轉附朝儛皆山名又言朝水名也僞疏云顧野王釋云濰水名出南陽（見玉篇水部）恐誤濰爲儛此注疏以朝儛爲水名者是也水經白水出朝陽縣西東流過其縣南注云王莽更之曰朝陽也爲歷信縣應劭曰縣在朝水之陽今朝水逕其北而不出其南也蓋邑郭淪移川渠狀改故名舊傳遺稱至今也水經又云潕水出潕陰縣西南潕陰漢書地理志作舞陰與朝陽皆屬南陽郡潕濰舞儛音同字借耳漢舞陰在今南陽府泌陽縣西北六十里朝陽在今鄧州南八十里錢獻之云今有刁水在鄧州西原出內鄉縣南逕州城南入湍水者即朝水也則朝儛二水皆在南陽明甚考漢南陽屬



荆州爲楚地非春秋傳及孟子之南陽也而齊景公言轉附朝儛者按轉謂周流附謂溥附言周流朝儛之水而溥至楚之國都此齊桓伐楚之故道也管子戒篇桓公將東游問於管仲曰我游猶軸轉斛南至瑯琊司馬曰亦先王之游已何謂也云云軸即轉字脫畫又誤分兩字附字通作鮒故誤爲斛（史記魏世家伯侯鮒說苑臣術鮒作附）猶欲犂通轉而誤（毛詩匪棘其欲禮器作匪革其猶此皆欲相通也）桓公言我游欲轉附朝儛管子此文脫朝儛二字當以孟子及晏子春秋（內篇問下）補正之太平寰宇記引晏子春秋吾欲遊轉鮒朝儛與管子畧同惟游欲字倒蓋自趙注以轉附爲山名故引晏子亦改其文今晏子本則盡改從孟子與寰宇記所引更異疑孟子觀於二字係後人所增以遷就趙

說當據管子及寰宇記所引晏子刪定之管子戒篇又云五年始與車踐乘遂南伐楚門傅施城尹知章注施城楚城名謂附至其下隱十一年左傳庚辰傅于許傅可通附此皆轉附之切證水經注云潕水之左即黃城山也有溪水東北逕方城又云黃城通爲方城矣世謂之方城山此方城爲楚藩離而朝儛之水俱近方城故管子霸形篇遂興兵而南存宋鄭與楚王遇於名陵之上因以鄭城與宋水爲請於楚楚人不許遂南伐及踰方城濟於汝水望汶山（注汶音岷江水所出）南致楚越之君按齊桓先至宋自宋而西至鄭遂南至名陵名陵在今河南許州郾城縣又南濟汝水西南至葉縣今葉縣南有方城山是先濟汝水後踰方城當依小匡篇爲正（管子小匡桓公征伐



楚濟汝水踰方地注謂方城之地）踰方城又南乃至潕水今潕水出南陽府泌陽縣西北東北流逕葉縣東南朝水又在南轉於朝舞之水即周流楚之北境當漢時猶以朝舞名縣則其深廣當與汝漢相匹而今乃漸微所謂川渠狀改也如謂二者皆山名又如近人必求之於齊地則景公何難命駕而往乃必以修德爲問乎景公思復修桓之業故欲觀其舊蹟僖四年左傳君處北海寡人處南海此遵海而南亦泛指楚地非必浮舟海中也傳又云陳轅濤塗謂鄭申侯曰師出於陳鄭之間國必甚病若出於東方觀兵於東夷循海而歸其可也循海即遵海之義與管子桓公將東游之語亦合蓋朝舞尚在齊西東行至瑯邪方是齊之南境故云南放瑯邪也晏子春秋內

猶問上景公問先君桓公吳越受令荆楚惛忽莫不賓服景公時晉衛宋鄭皆孱弱不振之鄰其東則吳最大南則楚最强楚地有桓公之故道景公欲效桓之伐楚又欲循海觀兵東夷益自南海以至東海將經歷吳楚乃歸國放於琅邪也漢書地理志琅邪郡琅邪縣越王句踐嘗治此起臺館琅邪臺在今諸城縣東南一百四十里琅邪山上吳越春秋越王句踐二十五年徙都琅邪立觀臺以望東海春秋時越未滅吳知琅邪與吳爲近景公有威服二國之志苟不務脩德而以兵戎故晏子先舉巡守述職以明天子諸侯越境而行之故事而後以師行爲深戒也小雅江漢之辭王命召虎式辟四方徹我疆土匪疚匪棘王國來極于疆于理至于南海箋



云式法疚病棘急極中也王於江漢之水上命召公使以王法征伐開辟四方治我疆界於天下非可以兵病害之也非可以兵急操切之也使來於王國受政教之中正而已按此與一游一豫爲諸侯度之義相應至師行糧食飢者弗食勞者弗息是爲疚之棘之故箋又云齊桓公經陳鄭之間及伐北戎則違此言者按此可悟晏子今也不然一段正說桓公時事對先王之古則桓公時亦是今也召穆公以王法開辟四方而疆理至于南海齊桓公亦能、周伐楚若然以王道自命當時稱爲義王故景公亦以爲比於先王也又按晉語還軫諸侯又云還軫遍於天下軫者轉也還軫亦轉附之意韋昭以車後橫木解軫非是北陣陳蠻海塗出於東方觀兵於東夷循海而歸之說也紛者及江人黄人伐陳不言齊是桓公用濤塗之說矣左氏又云中侯見曰師老矣若出於東方而遇敵懼不可用也若出於陳鄭之間共其資糧屝屨其可也齊侯說與之虎牢執轅濤塗以桓公仍從陳鄭之間還師公羊傳曰濤塗謂桓公曰君既服南夷矣何不還師濱海而東服東夷且歸桓公曰諾於是還師濱海而東大陷于沛澤之中顧而執濤塗則公羊爲得其實也下師行糧食及爲諸侯憂即公羊師不正之義此解確不可易閔氏華孫先生許

溫泉　沈約引蔡邕月令章句曰論語暮春浴沂古有斯禮今三月上巳祓於水濱蓋出此宋書禮志亦以浴爲祓濯賈公彦疏周禮歲時祓除曰見今三月三日水上戒浴是也何嘗定以浴爲澡身

按說文浴洒也與祓濯同義閻氏是然祓濯即是澡身廣雅釋詁澡沐浴滌濯沐洒也義皆轉注蓋浴即澡身澡身即祓濯本無別也



墦閒之祭　趙注墦閒郭外冢閒也以爲此古墓祭之切證

按曾子問宗子去在他國庶子無爵而居者可以祭乎孔子曰祭哉請問其祭如之何孔子曰向墓而爲壇以時祭若宗子死告於墓而後祭於家此禮無墓祭墓祭變禮也戰國無世祿宗子多在他國故墓祭遂盛浸成風俗耳豈据此遂可謂古有墓祭乎

成陽靈臺碑慶都僊殁蓋葬于茲名曰靈臺上立黄屋堯所奉祠

按洪适隸釋云堯葬慶都于成陽名曰靈臺上立黄屋爲奉祠之所漢綏其祀至亡新而幽攷漢書地理志成陽有堯冢

霛臺水經注成陽城西二里有堯陵陵南一里有堯母慶都陵然漢志不載堯母陵史記五帝紀并不記堯葬處年世闊絶傳聞乖別二書咨之益其慎也二陵既有可疑奉祠之說益難可信霛臺碑立於建甯五年在明帝後墓祭方重故綴文之士附會此談若中古質樸墓而不墳而此碑既言名曰霛臺又言上立黄屋非廟非冢進退無據也

韓詩外傳椎牛而祭墓

按初學記卷十七引韓詩外傳作椎牛之葬藝文類聚卷二十引作椎牛而葬知古本詩外傳無作椎牛而祭墓者今本作祭墓非也

周本紀武王上祭于畢　畢文王墓地



後漢書蘇竟傳竟與劉龔書曰月入于畢畢爲天網主網羅無道之君故武王將伐紂上祭于畢求助天也史記索隱本之爲說曰畢天星之名畢星主兵故師出而祭畢星也此說當是云畢文王墓地本馬融注大誓語竹書紀年帝辛六年西伯初禴于畢是畢本有周廟亦只以備一證惟不得以墓地所在而以爲祭墓也

周禮冢人凡墓祭爲尸

按賈疏云祭地神也使自祭其先安用冢人爲尸乎

淇竹　詩集傳淇澳篇淇上多竹漢世猶然

按毛傳綠王芻也竹萹竹也陸氏音義引韓詩竹作薄云薄萹筑也石經同皆本釋草菉王芻竹萹蓄爲訓三者皆草名故末章綠竹如簀言王芻萹草如簀之蔓地以言竹箭誼不可通

此謂漢武下淇園之竹目瓠沒河寇恂伐淇園之竹爲矢目給軍耳

按衛風籊籊竹竿以釣于淇淇園多竹蓋指此綠竹自爲草名水經注淇水篇引漢武斬淇園之竹云云又云今通望淇川無復此物惟王芻萹草不異亦一證

晉戴凱之言

按此見戴氏所撰竹譜其引班志及所謂簸竹皆不足據

邦畿千里　括地志云南亳故城在宋州穀熟縣西南三十五里即湯所都是　亳邑故城在洛州偃師縣西十四里即盤庚所遷是



按詩元鳥正義云書序自契至于成湯八遷湯始居亳又云盤庚五遷將治亳殷於湯言亳於般庚言亳殷則殷是亳地之小別名其亳地在河洛之間書序注云今爲河南偃師地理志河南郡偃師縣有尸鄉殷湯所都皇甫謐云學者咸以爲亳在河洛之間今河南偃師西二十里有尸鄉亭是也謐考之事實失其正也孟子稱湯居亳與葛爲鄰案地理志葛今梁國甯陵之葛鄉是也湯地七十里耳葛不祀湯使亳衆爲耕有童子餉食葛伯奪而殺之古文仲虺之誥曰湯征自葛始此十二字於上下文義無害疑時人竄入士安書中以尊重古文書也辨別見計甯陵去偃師八百里而使亳衆爲耕有童子餉食非其理也今梁國自有

二亳也南亳在穀熟之地北亳在蒙地非假師也書序曰盤庚五遷將治亳殷即假師是也然則殷有三亳二在梁國一在河洛之間穀熟爲南亳即湯都也蒙爲北亳即景亳是湯所受命也假師爲西亳即盤庚所徙者也立政之篇曰三亳阪尹是也如論之言非無理矣鄭必以亳爲尸鄉者以地理志言尸鄉爲殷湯所都是舊說爲然故從之也且中侯格予命云天乙在亳東觀在洛若亳在梁國則居於洛東不得東觀於洛也所言三亳阪尹謂其尹在阪諸所言三亳其地皆非有阪故立政注云三亳者湯舊都之民分爲三邑其長居險故云阪尹蓋東成皋南轘轅西降谷也是鄭以三亳分亳民於三處也按此正義中鄭駁諸其說備矣括地志猶沿世紀閻氏又襲括地志謬因仍可置不論也般庚上篇云天其永我命于茲新邑紹復先王之大業先王指湯是般庚所都與湯非二地般庚下篇云古我先王將多于前功適于山此亦指湯之遷亳適于山者即鄭三亳注東成皋南轘轅西降谷也依山地高則無河圮之患般庚鑒圮耿之事而復湯舊都故舉湯都依山以爲險也將多於前功謂適于山以前之功也蓋河圮之事湯之及身已遇之湯之始都或在梁國穀熟之亳以孟子湯居亳與葛爲鄰湯以七十里之文證之皇甫士安之說固非無理及湯十一征而無敵于天下幅員之廣千里乃遷於假師之亳假師之亳東成皋南轘轅西降谷湯之定都也即詩云景命有亳故中侯云天乙在亳東觀于洛也若士安以景亳爲蒙之北亳非是然蒙之北亳又未必非湯遇河圮遷都而分其民以居之也矣毓汾記

耿城故耿國在絳州龍門縣東南十二里祖乙時圮是自祖乙前已爲都矣邢國故城在邢州外城內西南角即祖乙所遷是

按書般庚篇不常厥邑于今五邦某氏傳云湯居亳仲丁遷囂河亶甲居相祖乙居耿我往居亳凡五徙國都正義引鄭王注云湯自商徙亳數商亳囂相耿爲五書序祖乙圮于耿正義引鄭注云祖乙又去相居耿而國爲水所毀於是修德以禦之不復徙也史記殷本紀作祖乙遷于邢索隱曰邢音耿近代本亦作耿今河東皮氏縣有耿鄉據此則邢耿聲之轉本一地儻別數遷邢亦與五邦不合元和郡縣圖志云絳州龍門縣古耿國殷王祖乙所都秦置爲皮氏縣又云故耿城在縣南十二里古耿國也寰宇記同閩作縣東南恐誤龍門爲今山西絳州河津縣太平寰宇記云邢州書祖乙遷于邢即此地漢地理志故邢侯國也按故邢國今州城內西南隅小城是也閻即本此然作外城內恐非按邢州爲今直隸順德府邢臺縣其言邢國是春秋邢侯國非殷都也

周舊邦　鄭箋周字屬太王不若詩集傳以周受封始自后稷爲眞確

按詩周雖舊邦其命維新此舊邦實指周京故箋云大王聿來胥宇而國於周王迹起矣而未有天命至文王而受命實本下緜序云文王之興本由大王也緜詩云民之初生自土沮漆古公亶父陶復陶穴未有家室則古公時后稷公劉之舊邦已不復存詩來朝走馬以下皆言古公遷岐建周邦始

有周號虞芮質厥成以下言文王受命此周雖舊邦指大王其命維新指文王之切證以經注經確不可移至昭九年左傳詹桓伯辭于晉曰吾自夏以后稷魏駘芮岐畢吾西土也此似從后稷封駘數起今攷魏在漢爲河東郡河北縣爲今山西解州芮城縣西北地虞城在今解州平陸縣爲漢河東大陽縣文王時虞芮質成即此虞虞魏相鄰故言魏以該虞芮漢志左馮翊臨晉縣有芮鄉故芮國在今陝西同州府朝邑縣地去芮城縣一百五十六里周本紀正義云括地志云故虞城在陝州河北縣東北虞山之上晉太康地記云虞西有芮城括地志云閒原在河北縣西乃虞芮相讓所爭地至今尚在注引地理志芮在臨晉縣者恐疎按隋書地理志芮



城後周置縣漢時爲河北縣地是河北本有芮城故後周因而置縣文王時芮本在此後芮又西遷臨晉故漢志云然也計虞芮西至岐五六百里文王時始來服從漢志右扶風美陽縣禹貢岐山在西北中水鄉周大王所邑在今陝西鳳翔府岐山縣地畢在漢京兆郡長安縣西北在今陝西西安府治文王所卒處惟駘爲后稷所封駘與郃同在漢右扶風斄縣斄郃古音同在今陝西乾州武功縣要之不啻公劉之世駘邑已非所有至大王遷岐始爲岐周之所治桓伯上推始封故言自后稷耳況下文云自武王克商云云則此不過言武王以前周初之幅員不得爲舊邦之證

首陽　史記正義首陽山凡五所王伯厚攷曾子書以爲在蒲反舜都者得之

按史記伯夷列傳注馬融曰首陽山在河東蒲坂華山之北河曲之中正義曰曹大家注幽通賦云夷齊餓於首陽山在隴西首陽又戴延之西征記云洛陽東北首陽山有夷齊祠今在偃師縣西北又孟子云夷齊避紂居北海之濱首陽山說文云首陽山在遼西史傳諸書夷齊餓於首陽凡五所各有案據先後不詳莊子云伯夷叔齊西至岐陽見周武王伐殷曰吾聞古之士遭治世不避其任遇亂世不爲苟存今天下闇周德衰其並乎周以塗吾身也不若避之以絜吾行二子北至於首陽之山遂飢餓而死（見莊子讓王篇）又下詩登彼西山是今渭源縣首陽山在岐陽西北明即夷齊餓死處也又按



漢書王吉傳注云馬融云首陽山在河東蒲坂華山之北河曲之中高誘則云在洛陽東北阮籍詠懷詩亦以爲然（文選阮嗣宗詠懷詩云步出上東門北望首陽岑下有采薇士上有嘉樹林注河南郡圖經曰東城門三門最北頭曰上東門河南郡境界簿曰城東北十里首陽山上有首陽祠一所）今此二山並有夷齊祠耳而曹大家注幽通賦隴西首陽縣是也今隴西亦有首陽山許愼又云首陽山在遼西諸說不同而伯夷歌云登彼西山則隴西者近是合攷張顏之說所謂首陽五所其實有三孟子北海之濱空語無實說文山部崵山在遼西廣韵引說文同無首陽在遼西之文（漢志遼西郡令支有孤竹城伯夷叔齊國益涉此而誤）所可據者爲蒲坂洛陽隴西三處今統核數說論語伯夷叔齊餓於首陽之下斷在洛陽東北（洛陽在今河南府城東北二十里有洛陽故城）按元和郡縣圖志

河南府偃師縣首陽山在縣西北二十五里盟津在縣西北三十里武王伐紂夷齊叩馬而諫正當在盟津後隱首陽亦當不甚遠又攷尸鄉爲湯都在今偃師縣西二十里首陽在縣西北二十五里亦當在尸鄉之西北蓋本尸鄉名西山也呂氏春秋誠廉篇云昔周之將興也有士二人處於孤竹曰伯夷叔齊二人相謂曰吾聞西方有偏伯焉似將有道者今吾奚爲處乎此哉二子西行如周至於岐陽則文王已殁矣武王卽位觀周德則王使叔旦就膠鬲於次四內（高注四內地名）而與之盟又使保召公就微子開於共頭之下而與之盟伯夷叔齊聞之相視而笑云云二子北行至首陽之下而餓焉文與莊子畧同而稍詳雖諸子文不盡與經應其頭在漢河內



郡州縣在今衛輝府輝縣界則事在伐紂將逾盟津時必不在文王初殁夷齊初至岐陽時也蓋初但觀兵故夷齊亦在隨行之列迨渡河將克殷都乃叩馬而諫不聽遂不渡盟津而至首陽莊子及呂氏春秋云北至首陽者蓋自岐陽至朝歌必由函谷關東北至洛陽北逾盟津又東北至朝歌也夷齊東北至洛陽不逾盟津遂隱首陽故云北至首陽遂餓死也大戴禮曾子制言中云昔者伯夷叔齊死於溝澮之閒其仁成名於天下夫二子者居河濟之閒水經濟水南當鞏縣北南入于河鞏與偃師相去數十里當濟水入河處故云河濟之閒水經注河水東逕洛陽縣北又東逕平縣故城北（今偃師縣）南對首陽山春秋所謂首戴也夷齊之歌所以曰登彼西

山矣上有夷齊之廟前有二碑並是後漢河南尹廣陵陳導雒陽令徐循與處士平原蘇騰南陽何進等立事見其碑後漢書黨錮傳范滂繫黃門北寺獄曰身死之日願埋滂於首陽山側上不負皇天下不負夷齊注云首陽山在洛陽東北據此則漢人多以偃師首陽爲夷齊所隱惟馬融注論語首陽謂在蒲坂漢志河東蒲反縣（反阪通）有堯山首山祠雷首在南則蒲坂之山乃是雷首非首陽也又在蒲坂南安得有西山之目顔師古謂在隴西者漢志隴西首陽縣禹貢鳥鼠同穴山在西南今甘肅蘭州府渭原縣東北有首陽故城東距河濟之閒幾二千里蓋縣名偶同不可牽合也王伯厚據曾子河濟之閒反以首陽在蒲坂爲得實按漢志河東郡垣縣



禹貢王屋山在東北沇水所出東南至武德入河此濟原也垣縣故城在今山西絳州垣曲縣西北二十里王屋山在今河南懷慶府濟原縣西八十里蒲坂故城在今山西蒲州府城東五里計王屋西至蒲坂四百餘里使以蒲坂首陽爲夷齊所隱則與河濟之閒渺不相涉安得如王氏所云溝澮之閒王氏引曾子作濟澮成六年左傳汾澮杜注澮水出平陽絳縣南西入汾按曾絳縣卽今平陽府曲沃縣西南至蒲坂二百餘里亦不可證爲夷齊之首陽也詩唐風采苓采苓首陽之巔此亦指偃師首陽蓋偃師東七十餘里至今開封府汜水縣卽春秋時鄭虎牢地（漢河南成皋縣也莊廿一年左傳鄭伯享王于闕西辟樂備王與之武公之畧自虎牢以東杜注鄭武公傳平王平王賜之虎牢以東後失其地故惠王令復與之虎牢河南成皋縣）

晉欲覇中國必先固結鄭心故以人之爲言苟亦無信言之設言發首陽以望鄭繼言首陽之下則自晉至鄭之所經也終言首陽之東正指鄭國在首陽之東矣晉文公悼公之世皆以服鄭爲事鄭爲晉通齊楚之要涂首陽又逼近鄭境故詩人反覆言之是篇錄於唐風之末則已爲文公已後之詩學者失其傳故篇義屬之獻公也

適楚　顧麟士曰接輿必是不知姓名因其迎車而歌而强名之以紀其人如荷蕢之類非眞其人字接輿邢疏云爾殊附會、

按莊子人閒世篇孔子適楚楚狂接輿游其門尸子亦云楚狂接輿耕於方城集解孔安國曰接輿楚人皆以接輿爲字師師相傳定非傅會況莊子明云游其門則不得有迎車而歌之事故下文孔子下鄭注云下堂出門也同莊子



磯　按說文云磯大石激水也廣韵云大石激水葢字从石非从水朱子倒易其文乃曲爲說曰水激石猶水激於石也

按磯字說文無見大徐新附閻氏葢未見原本說文也依字當从木作機說文主發謂之機从木幾聲趙注孟子云磯激也激卬激發之義

天覆地載　當訓東漸于海西被于流沙東西皆舉地名而朔南暨南北都闕欲以舜本紀北發息愼南撫交阯二地補注之

按五帝本紀南撫交阯北發西戎析支渠廋氐羌北山戎發息愼東長鳥夷四海之內咸戴帝舜之功於是禹乃興九招之樂大戴禮五帝德北發作大敎（說苑作大發）尚書大傳中祀大交霍山貢兩伯之樂鄭注云南交稱大交書曰宅南交也按大交即五帝德之大敎音字當通也五帝紀作北發者形近而誤文北山戎發息愼北乃南北之北發是國名按大戴禮少閒篇海外肅愼北發渠搜氐羌來服盧辯注北發北狄地名此北發乃發息愼之發以在北方故名北發五帝紀當亦涉此而誤周書王會有發人管子輕重甲八千里之發朝鮮即此北發也漢書武帝紀元光元年海外肅愼北發渠搜氐羌徠服注晉灼曰王恢傳北發月氏可得而臣似國名也此北發的是國名且渠搜是西戎國以北發爲南北之北則渠搜更在北方知其非是閻氏以南撫北發對文本漢書公孫宏傳北發渠搜南撫交阯注師古曰言威德之盛北則徵發於渠搜南則撫綏於交阯也此行文偶誤不足据信也（武帝紀注引臣瓚曰孔子三朝記云北發渠搜南撫交阯此舉北以南爲對也按三朝記即少閒篇文並不如此此瓚誤記）



費惠公　金仁山引何子謂有費君費子之稱余更博攷呂覽說苑史記始無復疑

按藝文類聚引尸子曰費子陽謂子思曰吾念周室將滅泣涕不可禁也子思曰然今以一人之身憂世之不治而泣涕不禁是憂河水濁而以泣清之也此費子當即費惠公又與子思問答校引諸書爲尤確

魯爲宗國　大小宗法大夫士有之諸侯則絶然亦閒有見於諸侯者如魯與邢凡蔣茅胙祭同出周公故六國爲同宗襄十二年凡諸侯之喪同宗臨于祖廟

按諸侯絶宗於大夫士耳不絶於諸侯也隱十一年左傳云周之宗盟異姓爲後正義曰賈逵以宗爲尊服虔以宗盟爲同姓之盟諸侯有宗盟是必立宗法矣禮記大傳云公子有宗道公子之公爲其士大夫之庶者宗其士大夫之適者公子之宗道也注云公子不得宗君君命適昆弟爲之宗使之宗之是公子之宗道也所宗者適則如大宗死爲之齊衰九月其母則小君也爲其妻則齊衰三月無適而宗庶則如小宗死爲之大功九月其母妻無服公子唯已而已則無所宗亦莫之宗正義曰君尊族人不敢以戚君故不得宗君也公子既不得宗君其公子宗親之事無人主領故君命適昆弟爲之宗使宗領之也据此知諸侯亦不得祖天子故武王爲天子羣弟不得以武王爲宗管蔡又得辠故成王命諸侯以周公爲大宗遂以魯爲宗國此與諸侯命適昆弟爲宗之法正同襄十二年左傳吳子壽夢卒臨于周廟禮也注周廟文王廟也周公出文王故魯立其廟就左氏家法推之諸侯爲宗國者得立所出廟如鄭祖厲王鄭於厲王後爲大宗故昭十八年左傳鄭徙主祏於周廟杜注周廟厲王廟也襄十二年傳又云凡諸侯之喪異姓臨于外同姓于宗廟同宗于祖廟同族于禰廟爲邢凡蔣茅胙祭臨于周公之廟蓋文王諸



子以周公爲大宗故立文王廟亦稱宗廟周公諸子爲侯者以魯公爲宗故邢凡蔣茅胙祭乃爲同宗也白虎通姓名篇文王十子詩傳曰伯邑考武王發周公旦管叔鮮蔡叔度曹叔振鐸成叔處霍叔武康叔封南季載按此蓋魯詩傳其次周公在管叔上者亦以周公爲大宗也趙氏不曉立宗之法乃云敬聖人故宗魯失其恉矣

集注以魯祖周公爲長兄弟宗之余笑其獨不記周公弟也之文邪又不記周公太姒之第七子武王母弟第五人邪

按周公於管叔爲弟於蔡叔爲兄管叔以辠誅諸兄弟不當宗之故立周公爲大宗史記管蔡世家云武王同母兄弟十人母曰太姒文王正妃也其長子曰伯邑考次曰武王發次曰管叔鮮次曰周公旦次曰蔡叔度次曰曹叔振鐸次曰成叔武次曰霍叔處次曰康叔封次曰冄季載是周公爲太姒第四子武王母弟第二人列子楊朱篇云居東三年誅兄放弟兄謂管叔弟謂蔡叔也賈逵杜預注左傳俱以蔡叔爲周公兄者以僖廿四年左傳言文之昭十六國管蔡郕霍俱在魯上遂謂長幼爲次不知富辰所言但隨口臚列未定拘次第即如凡蔣邢茅襄十二年傳云邢凡蔣茅知其不拘次第矣春秋正義據此遂斷史記爲辟謬大非左傳定四年盟皋鼬將長蔡於衛長宏曰蔡康叔之兄也先衛不亦可乎杜注蔡叔周公兄康叔周公弟如杜言則當時魯亦與盟亦將長

蔡於晉矣則蔡叔爲周公弟者確不可移（呂氏春秋察微篇高誘注管叔周公弟也蔡叔周公兄也又趙注孟子亦以管叔爲周公弟並是東漢人俗說）

置郵　集注置驛也驛上闕若今之三字不若字書馬遞曰置步遞曰郵又郵馹也尤非黄覇傳郵亭顔注云行書舍傳送文書所止處如今之驛館矣

按廣雅釋詁四云郵置驛也三字轉相注此集注所本葢疏其大界則郵置馹驛可爲一科細別之自異故說文云驛置騎也馹驛傳也是騎稱驛車稱馹文十六年左傳楚子乘馹杜注馹傳車也正義曰釋言馹傳也舍人曰馹尊者之傳也郭璞曰傳車驛馬之名也襄十七年傳子木使馹謁諸王杜注馹傳也（汲古閣春秋注疏本馹並作驛誤）漢書高祖紀下乘傳詣洛陽注如淳曰律四馬高足爲置傳四馬中足爲馳傳四馬下足爲乘傳一馬二馬爲軺傳急者乘一乘傳師古曰傳者若今之驛古者以車謂之傳車其後又單置馬謂之驛騎又文帝紀太僕見馬遺財足餘皆以給傳置注師古曰置者置傳驛之所因名置也据置傳傳置之語則置自指傳車言之訓馹爲驛是驛是驛騎與馹不同然終周一代少見騎名馹驛之分自爲漢法故釋孟子不嫌通用也又說文郵境上行書舍漢書京房傳因郵上封事顔注郵行書者也若今傳送文書矣按郵亦取傳送之義故借以名行書之舍若孟子言置郵京房傳言因郵其義並同置馹非言亭舍如馮奉世傳言焚燒置亭與平帝紀黄覇傳所言郵亭相類此古人郵置同義之證



若閻氏所引馬遞二語見梅鼎祚字彙不足据

曹交　趙岐以爲曹君之弟朱子從之非無謂也（此辨王伯厚曹之說已久矣）

按江慎修謂曹交爲鄒曹姓之後是也或難以古人不以姓繫名字然姓氏之嚴惟中夏諸國爲然鄒與楚同祖如鬻熊芊姓說文鬻米聲古音糜與芊音同則鬻即姓也公羊春秋宣八年經葬我小君頃熊何注云熊氏楚女按春秋文姜成風皆姓而楚芊姓鬻熊後乃以熊爲氏則知楚國男子或繫姓婦人或稱氏可無疑於曹交矣又按潛夫論氏姓篇以首祁奚爲黄帝子十二姓祁姓之後則男子稱姓已有祁奚在曹交之前（近有得古戈者文曰芊子之䥶戈按芊子即鬻子鬻芊音字可通用後楚武王授師子即鬻子所造）也

白圭　孟子與之晤對其爵之尊壽之高當如何隆禮而但曰子之吾子云乎哉我故斷其爲兩人

按白圭必無兩人古人稱子爲尊美之名不見爲非隆禮也

曲防　公羊作障谷穀梁作雍泉皆不若孟子二字爲致確

按管子霸形篇云楚人攻宋鄭要宋田夾塞兩川使水不得東流東山之西水深滅垝尹知章注楚人又遮取宋田夾兩川築隄而擁塞之又云桓公與楚王遇於召陵之上而令於遇上曰毋貯粟毋曲隄又云東發宋田夾兩川而楚不敢塞也按此乃壅塞水流使鄰無灌田之利當時楚人實有是事

左傳國語所不載而管子載之其事專以病鄰非以隄防治水之比故公羊僖三年陽穀之會首曰無障谷穀梁僖九年葵丘之會首曰無雍泉蓋塞水不東害同過羅曰障曰雍形容利害較曲防二字更切若治水禁用隄防則桓公即壅過入流者何善爲他人計而不善自爲計若此也

地辨上

四書釋地辨證卷下

長洲宋翔鳳記

有宋存　聖人之言述於賢人口中便不如聖人之確如論語杞宋並不足徵中庸易其文曰有宋存

按鄭康成論語序云仲弓子游子夏所撰定見經典序錄漢書藝文志云論語者孔子應答弟子時人及弟子相與言而接聞於夫子之語也當時弟子各有所記夫子既卒門人相與輯而論纂故謂之論語論語崇爵讖云子夏六十四人共撰仲尼微言以當素王見文選劉子駿移書注歷按諸文知論語爲弟子所述非孔子親撰與子思述孔子之意作中庸無異安得云賢人口中不如聖人之確乎

孔子世家末言子思嘗困於宋作中庸中庸既作於宋易其文殆爲宋諱乎

按中庸一篇明春秋之義也春秋繁露三代改制質文篇云春秋應天作新王之事時正黑統王魯尚黑絀夏親周故宋又云春秋曰杞伯來朝王者之後稱公杞何以稱伯春秋上絀夏下存周以春秋當新王春秋當新王者奈何曰王者之法必正號絀王謂之帝封其後以小國使奉祀之下存二王之後以大國使服其服行其禮樂稱客而朝故同時稱帝者五稱王者三所以昭五端通三統也莊十七年公羊春秋經杞伯來朝何休注云杞夏后不稱公者春秋黜杞新周而故宋以春秋當新王黜而不稱侯者方以子貶　又云春秋作新王之事變周之制當正黑統而殷周爲王者之後絀夏改號禹謂之帝錄其後以小國故曰絀夏存周以春秋當新王不以

地辨下

杞侯弗同王者之後也稱子又稱伯何見殊之小國也僖廿三年經冬十一月杞子卒何休注云卒者桓公存王者後功尤美故爲表異卒錄之始見稱伯卒獨稱子者微弱爲徐莒所脅不能死位春秋伯子男一也辭無所貶貶稱子者春秋黜杞不明故以其一等貶之明本非伯乃公也又因以見聖人子孫有誅無絕故貶不失爵也不名不出不書葬者從小國例也春秋具存二王通三統之法故孔子世家云因史記作春秋據魯親周故殷運之三代殷即宋也而不及杞故云杞不足徵益王者之後稱公春秋既絀夏杞不得爲二王後故貶稱子下存周宋爲二王後故曰有宋存吾從周也孔子作春秋多刺譏褒諱抑損之詞故當時弟子述論語子游作禮運皆云杞宋俱不足徵益深沒其詞子思作中庸又在後遂抉發春秋之指申明王魯之誼徵言始得而聞焉



淳于髡　太史公次淳于髡傳於孟子後荀卿前又次於滑稽傳之首余謂不若删見孟荀者而存冠諸滑稽者

按太史公撰著史記具論世之法如孟子荀卿列傳及鄒衍淳于髡諸人正見戰國諸家之雜惟孟荀誦法孔子故爲師儒故爲孟荀立傳以淳于髡入孟荀傳者非傳淳于正以尊孟荀也如老子韓非列傳序莊子見其恣放序申子見其施於名實而戰國秦人之慘刻少恩至韓子爲甚其原實出於老子故爲老韓傳非傳莊申也至循吏儒林酷吏游俠滑稽諸傳皆敘當時政教風化所尙使後世有所勸戒俱非爲其人作也故如三王世家可以見封建親戚之意三王事太史公不及見日者龜策傳專敘當時五行卜筮之事張晏諸人見諸篇不敘人名事蹟案謂褚少孫所補俱不能讀太史公書者也

君陳　孝乎惟孝友于兄弟施於有政孔子所引書之辭

按論語例作於字引經乃作于則可斷孝乎惟孝友于兄弟八字爲書辭施於有政以下爲孔子語以有于於字順爲區別閻氏極駁東晉古文書此文乃爲君陳篇所誤亦千慮之一失也

顏淵　王肅注鯉也死有棺而無槨爲設事之辭豈不可笑

按禮記曲禮正義曰許慎以爲論語稱鯉也死時實未死假言死耳鄭康成以論語曰有棺無槨是實死未葬以前也故鄭駁許慎云設言死凡人於恩猶不然況聖賢乎据此子雍實本自叔重康成先駁之矣



秦誓　余以左傳考之誓當作於僖卅三年夏秦伯素服郊次鄉師而哭之日不作於文三年夏封殽尸將霸西戎之時益霸西戎則其志業遂矣豈復作悔痛之辭哉

按秦本紀云繆公三十三年敗於殽三十六年自茅津渡河封殽尸乃誓于軍似與書序秦穆公伐鄭晉襄公帥師敗諸殽還歸作秦誓年數前後不合書正義遂据左傳秦伯素服郊次嚮師而哭以爲誓於斯時然當日匹馬倘輪無反者秦伯痛深創鉅故嚮師而哭頓於是時復從容爲誓有是理乎況事處決裂敗壞之際即常人猶知自反非難得於穆公者

也君子大穆公之悔過正以在勝晉之後即還師而誓之其誓詞云仡仡勇夫射御不違又云惟截截善諞言是恐孟明以一勝自多故以杞子逢孫比類爲戒蓋戰功已成志業已遂氣雖一倍因既殞創戰陳有勇而奚恃老成未往而足思毁痛之辭方深驕盈之心不作邦之榮懷繫心杌桯故能恢弦雄畧偉我覇業也書序言秦穆公伐鄭晉襄公帥師敗諸殽還歸作秦誓其實僖卅三年晉人及姜戎敗秦師于殽是敗三帥文二年晉侯及秦師戰于彭衙亦孟明帥師至文三年秦人伐晉則穆公自伐晉左氏甚明書序通論大義非屬辭比事者故舉敗殽一事以見悔過之本其實還歸作誓自在茅津渡河之年也況太史公親見安國問故所言定是眞古文說豈可誣乎

杠　杠方橋也又非木趙注其實止解橋也字有從石蓋聚石水中以渡若從木則衡木以渡矣

按孫奭音義引張鎰云杠方橋也此集注所本方橋當作石橋形近而訛爾雅釋宮石杠謂之徛郭注云聚石水中以爲步渡彴也孟子曰歲十一月徒杠成或曰今之石橋此杠爲石橋之證廣韵矼石矼石橋也字俗從石知杠字正從木從石爲俗字也

少梁　惠王九年己未秦魏戰于少梁六國表秦云虜其太子魏云虜我太子此太子即名申後死於齊者中相距廿二年必虜後復歸魏爲太子復令將龐涓兵



按趙世家成侯十三年魏惠九年秦獻公使庶長國伐魏少梁虜其太子座惟此與六國表作太子六國表不著名而秦本紀魏世家俱作公孫痤商君列傳鞅少好刑名之學事魏相公叔座此座一人而或以爲太子或以爲公孫或以爲公叔雖傳聞異詞要非虜于齊之太子申也商君傳又云公叔既死公孫鞅聞秦孝公下令國中求賢者遂西入秦事在秦孝公元年當魏惠王十年則座於上年死少梁之難矣後虜太子申而惠王稱長子死焉則不必拘生獲曰虜之說矣

與楚將昭陽戰　南辱於楚事本不可考祗宜闕疑柰何以楚世家懷王六年使柱國昭陽將兵攻魏破之於襄陵得八邑即魏世家襄王十二年楚敗我襄陵事以當之襄王事豈容出惠王口中

按魏世家惠王十九年諸侯圍我襄陵六國表同秦本紀他世家皆無是年圍襄陵事襄陵漢志屬河東郡爲今平陽府襄陵縣北爲趙西爲秦南爲楚次年衛鞅圍固陽故知有秦魏歸趙邯鄲故知有趙據孟子惠王言南辱於楚後楚破魏復在襄陵故知有楚此諸侯圍襄陵當是秦趙楚三國而楚爲謀主但圍城而未取邑故云南辱於楚不云喪地也與後破襄陵得八邑爲二事

西喪地於秦七百里　此即惠王卅一年割河西地獻於秦以和者非數獻也　又有上郡襄王七年始入秦

按釋地河西曰雝州郭注自西河至黑水則凡雝州地皆在

河西漢書地理志上郡秦置在今陝西延安榆林綏德等處葢秦盡得河西地以其半爲內史以半爲上郡上郡在秦國都之左故名在魏僅可總名河西耳魏世家惠王十九年築長城塞固陽固陽漢志屬五原郡作稒陽在今陝西榆林府府谷縣魏河西地爲極北秦本紀正義云魏西界與秦相接南自華州鄭縣西北過渭水濱洛水南岸向北有上郡鄜州之地皆築長城以界秦境在今華州北至榆林從長千餘里皆魏河西地則魏未盡有河之西岸據全晉之險足以西制秦所謂天下莫強者也六國表秦孝公八年魏惠十七與魏戰元里斬首七千取少梁秦本紀魏世家同此始喪地於秦也漢志左馮翊夏陽縣有故少梁今在陝西同州府韓城縣爲魏河



西地魏世家惠王卅一年秦孝廿二秦趙齊共伐我秦將商君詐我將軍公子卬而襲奪其軍破之秦用商君東地至河而齊趙數破我安邑近秦於是徙治大梁商君列傳云鞅說孝公曰秦之與魏譬若人有腹心疾非魏并秦秦即并魏何者魏居嶺阨之西都安邑與秦界河而獨擅山東之利利則西侵秦病則東收地魏往年大破於齊諸侯畔之可因此時伐魏魏不支秦必東徙東徙秦據河山之固東鄉以制諸侯此帝王之業也孝公以爲然使衛鞅將而伐魏虜魏公子卬因攻其軍盡破之以歸秦魏惠王兵數破於齊秦國內空日以削恐乃使使割河西之地獻於秦以和而魏遂去安邑徙都大梁按秦早取魏河西地少梁此又割河西地大約在少梁以

南河濱之地此再喪地也秦得分魏大河之險渡河而東遂偪國都秦於此時即稍稍蠶食河東之地魏人自危故又渡河而南徙都大梁漢志陳留浚儀縣有故大梁今在河南開封府祥符縣地委安邑而公之則安邑旁近之地當漸削以與秦此三喪地也考之後十年當魏襄王四年秦惠文七秦敗龍賈軍於雕陰圍焦曲沃魏世家在襄王五年蓋獻地在是年故連類記之茲據秦紀正雕陰漢志屬上郡在今陝西延安府甘泉縣南三十里之地在今韓城古少梁之西其時少梁以北秦上郡之地倘是魏境故猶能於此出兵以禦秦秦之志以少梁以北離魏都益遠得之不能扼其要領故雖敗其軍於雕陰不北收其地而仍東取焦曲沃以偪大梁此其至計也焦漢志宏農郡陝縣有焦城在今河南陝州東北西至



今華陰魏陰晉三百餘里魏襄王二年秦敗魏于雕陰襄王三年當秦惠文王六年魏以陰晉爲和命曰寧秦按陰晉在漢曰華陰屬京兆今爲陝西同州府華陰縣爲魏河西之極南境魏禦秦于雕陰亦以其近秦秦再敗魏而不取雕陰以非并魏之急務故南取華陰以近大梁而取之其後圍焦曲沃即此意北至今山西解州安邑魏故都二百里曲沃漢志河東郡聞喜縣故曲沃在今山西絳州聞喜縣南十里西南至安邑五十里若旁近安邑之地未入於秦亦不能自雕陰以東六七百里之地如入無人之境則可證魏徙大梁時安邑之地多爲秦所蠶食自安邑西至河三百餘里渡河而西又北至少梁亦三百餘里即孟子梁惠王云西喪地於秦七百里葢兼河東地言之此七百里者計其程涂非量其四至故不云方也葢惠王時所喪地始爲少梁秦又自河西至安邑其雕陰以北至固

陽同州以南至華陰何爲魏地至襄王二年以陰晉爲和是同州以南入秦也五年予秦河西之地是雕陰以北入秦也至七年盡入上郡地于秦是固陽以南凡魏河西之地尺寸皆爲秦有大河之勢全失其去滅亾也不遠矣魏世家襄王七年亦有上郡之名以其盡入于秦故本秦而言也鹽鐵論相刺篇云孟軻居梁兵折於齊上將軍死而太子虜西敗於秦地奪壤削亾河內河外是桓寬亦謂惠王時已失河內河外之地今衛輝懷慶諸府古爲河內今解州安邑古爲河外雖不必盡失爲秦稍稍割裂大約有七百里之遠矣

桐湯墓所在　**余以後漢志梁國虞縣有空桐地有桐地有桐亭太甲放處應在此今歸德虞城縣距湯都南亳僅**七十里方可伊尹既攝國政復特時往桐訓太甲三年不然如入言湯亳爲偃師偃師去虞城八百餘里尹豈能分身以應乎湯都仍屬穀熟鎮爲是

按此條閻氏襲前說遂強斷桐在虞城縣其實虞縣之桐地桐亭非必是放太甲之桐也史記殷本紀云帝太甲既立三年不明暴虐不遵湯法亂德于是伊尹放之于桐宮集解鄭元曰有王離宮焉正義晉太康地道紀云尸鄉南有亳坂東有城太甲所放處也此尸鄉正在偃師不必以空桐桐宮同字遂附會在虞城也

按閻氏尚書古文疏證曰孟子太甲顛覆湯之典刑伊尹放之於桐三年太甲悔過自怨自艾於桐處仁遷義三年以聽



伊尹之訓已也復歸于亳一段玩其文義自以伊尹放之於桐三年爲句於桐處仁遷義爲句三年以聽伊尹之訓已也爲句益太甲被放後三年始悔過又三年惟伊尹訓是聽蓋凡六年始復歸于亳踐天子位焉閻此說亦未是殷本紀伊尹放之于桐宮三年伊尹攝行政當國以朝諸侯帝太甲居桐宮三年悔過自責反善於是伊尹迺迎帝太甲而授之政帝太甲修德諸侯咸歸殷百姓以寧伊尹嘉之迺作太甲訓三篇惟太甲欲聽伊尹之訓已故復歸于亳非謂居桐宮時伊尹時時往訓也且太史公書及書序皆云三年亦不當有六年也

拜下　**拜而受之如今一揖折磬而已再拜而送之則兩**揖至拜下之拜乃再拜稽首也

按漢書高祖紀酈生不拜長揖顏注長揖者手自上而極下如此言則拜不僅一揖折磬說文跪者所以拜也（今本無所以二字段若膺云凡全書內所以二字往往爲淺人刪去）是古人必跪而後拜說文又云撎推也揖攘也又儀禮注云推手曰揖此揖與拜異也說詳段先生玉裁釋拜篇

王者之迹熄節　詩降自黍離

按說文迒古之遒人以木鐸記詩言从辵从丌丌亦聲讀與記同孟子王者之迹熄迹當作迒言王國無遒人之官而詩遂亾矣後人多聞迹寡聞迒故改迒爲迹王制天子五年一巡守命太師陳詩以觀民風鄭注陳詩謂采其詩而觀之何

休注公羊宣十五年云男女有所怨恨相從而歌饑者歌其食勞者歌其事男年六十女年五十無子者官衣食之使之民間求詩鄉移於邑邑移於國國以聞於天子故王者不出牖戶盡知天下所苦不下堂而知四方漢書食貨志云行人振木鐸徇于路以采詩獻之太師比其音律以聞於天子故曰王者不窺牖戶而知天下又藝文志云古者有采詩之官王者所以觀風俗知得失自考正也歷按諸文知王者有設官采詩之事息止也（熄與云熄與息同）言此官止而不行則下情不上通天下所苦天子不知政教流失風俗陵夷皆由於此謂之詩亡可耳儀封人曰天將以夫子爲木鐸謂王者不采詩將使夫子周流四方以行其教春秋之志其見於此與若風雅頌成周已具體各不同安得有黍離降風之事至以雅亡爲詩亡則雅之一義亦不足以該詩也文中子卷十薛收問曰今之民胡無詩子曰詩者民之情性也情性能亡乎非民無詩職詩者之罪也按此亦謂詩亡爲無采詩之官也



鼈　國語登川禽韋注鼈蜃之屬按鼈介蟲也是亦可謂之禽

按魯語里革曰取名魚登川禽韋注名魚大魚也川禽鼈蜃之屬禽蓋取禽獲之義大寒降講罛罶之際魚鼈蜃皆罛罶所獲其大魚之有名者別之其餘水族廢有不登故以川禽槩之此與禽獸之禽異訓依說文字當作捦經典叚借爲禽即如襄廿四年左傳收禽挾囚杜注禽獲也依陶氏之言則人亦稱禽與二足而羽同號乎

退朝　冉子退朝是退季氏所庇家政之內朝一名私朝在寢門外

按禮記檀弓下正義引論語其事也如有政鄭注云君之教令爲政臣之教令爲事也魏書高閭傳高祖問論語何者爲政何者爲事閭對曰臣聞政者君上之所施行合於法度經國治民之屬皆謂之政臣下奉教承旨作而行之謂之事此政事一體不得以爲家事矣其云私朝亦不在寢門外鄭注論語冉子退朝云朝於季氏之私朝見詩鄭風正義又引舜典云闢四門注云卿士之職使爲已出政教於天下言四門者亦因卿士之私朝在國門魯有東門襄仲宋有桐門右師是後之取法於前也蓋奉教承旨作而行之皆在國門私朝所謂出政教也冉子所退之朝正指此按魯語合官職於外朝合家事於內朝所謂外朝即在四門者其內朝則在寢門外韋昭注魯語云外朝君之朝也亦誤



入公門章　蓋之所書者人臣常朝之儀

按鄭康成注過位云謂入門右北面君揖之位（見曲禮正義）本此注意推之知入公門以下並承上君名使擯來聘禮公皮弁迎賓于大門內大夫納賓賓入門左鄭注云內賓位也衆介隨入北面西上少退擯者亦入門而右北面東上上擯進相君按此注知入門右正指擯者論語入公門即禮大門也聘禮又云公再拜賓辟不答拜公揖入每門每曲揖鄭注云凡

君與賓入門賓必後君介及擯者隨之並而鴈行既入則或左或右相去如初玉藻曰君入門介拂闑大夫中棖與闑之閒士介拂棖賓入不中門不履閾門中門之正也不敢與君並由之敬也介與擯者鴈行卑不踰尊者之迹亦敬也按論語立不中門指此公迎賓不出大門則入公門時無尊者之迹無庸立不中門也知此門在大門以內聘禮又云及廟門公揖入立于中庭賓接立西塾几筵既設擯者出請命賓襲執圭擯者入告出辭玉納賓賓入門左介皆入門左北面西上三揖鄭注云入門將曲揖既曲北面又揖當碑揖按此皆君揖之位也當公入立中庭賓立西塾君揖位尚虛而擯者出入其閒即論語過位之時又有請命辭玉之事擯者乃有



言故論語於此云其言似不足者聘禮又云至于階三讓公升二等賓升西楹西東面擯者退中庭鄭注云向公所立處退者以公宜親受賓命不用擯相也按此知聘禮擯者不升至堂上論語攝齊升堂謂堂階春秋時列國多事朝聘會盟不無意外之語孔子世家夾谷之會孔子趨而進歷階而登不盡一等則聘禮亦容或有此故記此一節文言攝齊正言堂階之事而不更言堂上之容知擯未升堂也下云出降一等逞顏色怡怡如也沒階當讀沒階絕句蓋擯者升堂則不盡一等茲則又降一等由是而降至階下也聘禮又云賓致命公左還北鄉擯者進鄭注云進阼階西釋辭於賓相公拜也按此即論語趨進一事以上皆相公隨公而入至此擯者單進故有趨陸德明論語音義本無進字云一本作沒階趨進誤也按聘禮記鄭注云孔子之升堂鞠躬如也屏氣似不息者出降一等逞顏色怡怡如也沒階趨進翼如也亦有進字康成所見本已如此知非衍誤陸氏疑沒階不當又趨進故以為誤其實非也與論語上文記趨進翼如也同事惟擯者有此一節也聘禮又云公當楣再拜賓三退負序公側襲受玉于中堂與東楹之閒擯者退負東塾而立鄭注云反其等位無事按此即論語復其位一節也則入公門以下至此並記擯者之事上文既述君召使擯一段此又述者弟子各述所聞遂類敘之以廣異說也惟聘禮于擯者不記升堂一事蓋儀禮言禮之常論語參言其變也後之說論語者謂記孔子常朝之事或又據聘禮記云賓入門皇升堂讓將授志趨授如爭承下如送君還而後退下階發氣怡焉再三舉足又



趨及門正焉以論語入公門之文亦是為賓出聘事按賓升堂時方執玉手不能下攝衣知攝齊升堂正是擯者又趨進一事亦賓所無以為記聘亦不得質鄭注聘禮記有孔子之升堂云云亦引為旁證非竟以論語為孔子為賓之事

樲棘　集注樲棘小棗非也

按爾雅釋木樲酸棗郭注云樹小實酢孟子曰養其樲棘是郭以樲棘為酸棗也與趙注孟子云樲棘小棗所謂酸棗同以其樹小故名小棗說文棘小棗叢生是也以其實酢故名酸棗爾雅說文云樲酸棗是也淮南兵略云伐棘棗而為矜高誘注棘棗酸棗也樲棘同物訓小棗不為非

昔者　昔者有昨日解無前日解解之自樂正子章始非

也趙注昔者往也數日之間也尤非益昔者仍昨日耳

按檀弓予疇昔之夜鄭注昔猶前也此集注所本老子昔之得一者河上公注昔往也楚詞昔三后之純粹兮王逸注昔往也並與趙注同毛詩誰昔然矣傳昔久也又自古在昔傳古曰在昔並同往義莊八年穀梁傳云日入至于星出謂之昔廣雅釋詁昔夜也莊子天運篇通昔不寐亦謂昔爲夜孟子昔者辞以疾趙注昔者昨日也亦以隔夜故云昨日說文昨壘日也日復日爲壘日要之昔者本具數義閻氏謂止有昨日一解者非是況孟子明云子來幾日矣必非僅隔一日之辭

集注援引多誤　子糾兄而非弟

按漢書淮南傳云齊桓殺其弟以反國韋昭曰子糾兄也言弟者諱也是漢人已有子糾爲弟之說集注亦有本

二十兩爲鎰用趙岐說柰與國語二十四兩爲鎰不合

按孟子雖萬鎰又七償兼金一百又七十鎰五十鎰趙注並云二十兩爲鎰說文無鎰字儀禮禮記國策漢志並作溢鄭注儀禮喪服傳既夕記朝一溢米云二十兩曰溢爲米一升二十四分升之一賈疏云依算法百二十斤曰石則是一斛知十二斤爲一斗一升爲十九兩四銖八絫又以一升爲二十四分分得十九銖二絫以合十九兩四銖八絫總爲二十兩也呂覽異寶金千鎰秦策黃金萬溢高誘注並云二十兩爲一溢漢書食貨志注孟康曰二十兩爲溢又張良傳注引服虔曰二十兩曰鎰皆與鄭同唯晉語黃金四十鎰韋昭注云金二十四兩曰鎰文





選詠懷詩注引賈逵注國語云一鎰二十四兩與諸家悉異不可從儀禮音義引鄭注云二十四兩曰溢四字誤衍

毛老也見周禮非髮色之謂

按中庸燕毛鄭注云燕以髮色爲坐此集注所本秋官司儀王燕則諸侯毛鄭注云謂以須髮坐也朝事尊尊尚爵燕則親親尚齒鄭司農云謂老者在上也老者二毛故曰毛亦非以毛爲老也齊語班序顛毛以爲民紀統韋昭注顛頂也毛髮也言次列頂髮之黑白使長幼有等以爲治民之經紀尤爲髮色之切證又按說文老考也七十曰老从人毛匕言須髮變白也是老字亦取髮色之意

胖大也見鄭注非安舒之闡

按說文胖半體肉也一曰廣肉也大學言心廣體胖斷非言其多肉則此胖字當讀爲盤桓之盤廣韻盤俗字作柈正由毁胖爲盤俗字遂誤爲木旁作柈也盤樂也樂即安舒有孟子仰不愧俯不怍之意文選注引聲類磐大石也磐字說文無通作盤是盤有大義故鄭云胖大也

孟子生卒年月考　孟子去齊則云由周而來七百有餘歲若果在赧王元年逆數至武王有天下歲當得八百有九年孟子方欲言其多豈背少言之也

按孟子去齊當在赧王三年齊湣王十一年燕人立平之後閻氏謂宣王時者非也然云七百有餘歲者宜三年左傳王孫滿稱成王定鼎于郟鄏卜世三十卜年七百孟子七百有

餘歲言七百歲而史有餘矣不過證卜年七百之說下云以
其數則過矣即太史公周過其歷之謂也
孟子曾辭十萬鍾蓋通計仕齊所辭之數
按齊宣八年魏惠王卒九年孟子至齊以宣王伐燕取十城在十年知之黃震日抄引蔣曉日史記齊伐燕有二事齊宣王伐燕燕文公卒易王初立齊宣王因燕喪伐之取十城是即梁惠王篇所載問答稱齊宣王者是也齊湣王伐燕燕王噲以燕與子之齊伐之是即公孫丑篇所載沈同問燕可伐者是也宣王在
位十九年自此至湣王十一年燕人立平之歲凡二十二年
以陳戴齊卿益祿萬鍾計之當得二十二萬而孟子云辭十
萬者蓋据湣王時所辭之祿也其事當考之公孫丑篇云孟
子去齊居休公孫丑問曰仕而不受祿古之道乎此問辭十
萬之事也曰非也于崇吾得見王退而有去志此指見湣王



非見宣王也若孟子始見宣王退有去志君臣之義未深可
浼淅而行惟見湣王不可與圖事而於宣王君臣之義深蓋
在宣王沒三年中孟子臣爲君喪不可變服而去之此不欲
變之說也孟子當湣王時罕得接見故云于崇吾得見王以
不常見故云得見即告子篇所云吾見亦罕矣王就見孟子
曰前日願見而不可得正以其罕見孟子故飾詞云爾也列
女傳稱孟子處齊而有憂色又云道不用於齊而母老按宣
王嘗言我雖不敏請嘗試之則宣王欲用孟子之言矣迨宣
没而湣不能繼父志故孟子處齊而憂即退有去志之時也
迨終宣王喪而又以母老未即去又喪母以喪歸魯約在湣
王五六年閒迨喪畢返齊適當湣王九年而有伐燕之事所
謂繼而有師命不可以請也蓋自宣十九年至湣十一年其
十二年中除去喪母歸魯二年餘前後當有十年卿祿萬鍾
十年所辭適有十萬矣王謂時子養弟子以萬鍾言致卿祿
一歲之粟若後世致仕食俸之法也下文因子叔之疑言及
又使其子弟爲卿即指養弟子以萬鍾之意
敘曰龔見錢塘馮山公駿閻百詩釋地十卷反覆不遺餘力
間二君之交最摯曾無黨同之非而有切磋之美彙以求學
尚友前哲竊慕此風編以奔走荊梁燕豫之間發篋得釋地
其精核自多而蠡粗間出恐彼震乎盛名不求夫實是遂爲
之辨證復裒編削以質通人夫曰好自立異攻措前賢以求
譏訾者則非彙之所敢受也

# 四書注説參證（孟子）二卷

清　胡清琡撰

清嘉慶間績溪胡氏受經堂刻本

# 尚書注說考證

績谿胡氏受經堂開雕

續溪胡思平先生積學敦行造次必於儒者所撰四書注說參證一書不務立異而背先儒亦不肎苟同而失經意期於推闡道原補苴罅漏洵可爲朱子功臣而其齗齗置辯者則尤在性情二字謂經無以性屬理以情屬欲之文因舉孟子所言爲證更足正漢儒以來詮解之誤愚因其說而由繹之竊謂性原於天本無不善情發於事則不能必其一歸於善中庸以未發爲中此確然無所偏倚者所謂性也至其發之於事則必皆中節而後謂之和以其猶有不中節者在也泉之始生瀿然

而清及其流溢四出則雜於物而爲滓穢者有之謂此
非卽始出之泉不可也謂此卽泉之本然亦不可也情
之於性亦猶是已然則謂情非性不得謂情卽性亦不
得二者各舉其一偏矣孟子以四端言性此以泉之始
出言之過此以往未之或知卽以此槪其發也可乎若
程子所言情其性性其情其說出於王弼固未能無失
矣是書辨論二百餘事其解中庸鬼神謂朱子解釋極
精但經言實未有此亦足以袪學者之惑先生之文孫
秉虔爲余同年生以將付梓人屬爲校勘因題此數語

歸之時嘉慶己巳五月歸安後學姚文田書

# 四書注說參證自序

三代以前夫子集羣聖之成三代以後朱子集諸儒之成朱子之書精嚴詳慎毫髮不肯苟簡與飾文好異二家不同然朱子之學開自周程諸經集注亦未嘗必據其說蓋學不厭分別特不宜妄爲分別耳後人之與朱子爲難者其偏僻固世所共見其知崇信者則惟朱子是從雖有不通處亦必強爲委曲解釋蓋欲借之以自重不欲以異於朱子者爲人所指摘也自古無此畫一學問即朱子而在其欲得其冒昧尊信者乎抑欲得其

開發啓助者乎故余極尊信朱子且其尊信較他人更精較他人更切然其意有所見或與朱子不同不欲錮沒故爲參證以質之程子嘗作中庸解未嘗示人或謂以其於意不滿而火之其易傳亦頻頻修改門人晚始得見故存此以示汝等爲參究之資其或不足以闡疑朱子者葢見朱子精確眞藴不是冒昧苟同之見其或果有別見可與互存亦見書理往復不盡但不可輕易示人致滋譏議至若由此書稿更加精詳修改冀可行遠是所期於汝等之自力而已乾隆辛巳十一月朔績

溪胡清照書時年七十有一

# 四書注說參證目



目　一

卷五

中庸

卷六

孟子

卷七

孟子

男洪猷

匡宋

匡憲

匡定同編

孫秉虔

秉爲

秉元同校字

四書注說參證一

總論

績溪　胡清熙　思平

聖人之言藴藉含蓄皆就切近處教人於其所以然之理多未深言諸名理皆自孟子發透研聖學者當自孟子之言推究而入方有著實把握憑據不是影響之見故當時有好辨之稱以理之所在不辨不明也

孔孟之學至宋儒而始明斥辭章聲華之僞抉權術功利之弊剖虚無寂滅之誣其辨析義理至精至明廓清摧陷之功深有補於聖門然至於義理訓詁之處亦多

有求之太深而過其本然者亦不容不辨

朱子學宗程子而集注訓詁亦有與程子不同者易傳亦爲朱子所稱美而本義所解合於程子者益少故知學術當已精益精務求至當不當苟爲雷同傅會

理本於天故曰天理堯則欽若昊天舜言勑天之命禹言以昭受上帝湯言予畏上帝文王則不識不知順帝之則武王言惟天陰隲下民周公言永言配命孔子言畏天命古聖相傳皆本理於天未嘗求及天外中庸言天命之謂性易言易與天地準易有太極只因陰陽原

卽一理推明出分合原頭周子宗之作太極圖說其言平易慤實有準有則可稽可求令人有所執持不落空幻何得原於天地未有之先推於天地既終之後元渺荒誕不可致究令人無所執守反謂宋儒將其精者讓於二氏而以其粗者自守眞惑世誣民有害斯道不少

孟子言性莫詳於公都子章乃若其情則可以爲善矣乃所謂善也若夫爲不善非才之罪也明卽以情才爲性但情才二字不是平看何得舍孟子顯著文義更別深求

牛山章此豈山之性也哉是豈人之情也哉性情二字隨口指清故知情即是性並無以性屬理以情屬欲之解

氣歸於理氣之至處是理性歸於善性之至處是善性善即氣理兩字若云性即理則性善二字反成贅語故氣質之性不須分别性言其全情是性中之一端性字覺得精情字覺得粗其實精粗總是一理性即情情即性心統性情性其情情其性等語將性情分作理欲二項亦是淤求太過儒者或排決陸王不遺餘力而於此

等處必以恪遵爲期亦恐太偏

張子由太虚有天之名等語文義亦覺勉强各字自有各字指實各字自有各字訓詁不必如此太費揣摩若云由太虚有天之名亦與古聖相傳畏天之旨不相切合

孟子上

# 四書注說參證六

績溪　胡清聡　思平

見梁惠王章

孟子言仁義而不言利固爲當時拔本塞源然須知孟子之意專責上之人而不求諸民也

晉國章

夫子言治就教化言爲多孟子多將教字帶在養字內說未嘗特地說教葢是時民罹戰國之酷需養甚切不養則爲無可教之理故學者用世之道不可不先識時

務

數赦非盛世之典捐租亦黄老之治數赦養奸必有重法捐租難繼必有横征省之薄之只是得其平耳

齊宣王章

我非愛其財而易之以羊也二句一口氣内不妨有自然幾折時解欲直捷順語氣然反於語氣失之遠矣

莊暴章

今樂古樂何可相同但不與民同樂當待之大弊去其大弊而後進以醇備可見孟子救時經濟所謂不屑屑

於既往之迹而終不詭於先王之意不是苟簡家數不復古禮不變今樂不可致治後人欲興禮樂亦當由粗而精先去其禮慝而樂淫者其俎豆管絃之閒小不備當以漸致卽古之禮樂亦非一時遽能完全自是巳精益精至後世而大備聚訟紛紜議論直欲超乎千古以上而行事則并於其粗者未有豈非大誤

文王之囿章

張敬夫曰意齊王欲廣其囿諛佞之徒必有假文王事以逢之者文王豈崇囿如此葢其蒐田所及民以爲王

之囿耳以芻雉得往知其然也

囿外百里爲郊亦要看國大小不得如此截然

交隣國章

天字理字要看得通達合一方是正義顯易無礙天原是言蒼昊之天而所以奉天者不離乎理故注以理訓天語意原是圓通而解者反謂不可誤作蒼昊之天是將天理二字看成兩橛殊覺支離衡行當即指紂說亦不必援梅賾書文

雪宫章

諸侯不必作附庸縣邑說惟君所行也句似依諸說單項先王節爲是亦與上先王觀相應

故國章

進賢節是踰尊踰戚指現前說時解作慮後言細玩注意不然

伐燕章

伐燕是顯明事迹尚且記載不同可見古書未易攷核

滕文公章

可遷則遷可守則守必有一番經濟實學在此正是齊

王反手絶大本領儒者讀是章必謂列國棋布遷必不能若孟子妄設一策非也

不動心章

膚撓目逃不必說到被刺

勿求於氣告子原不知氣之本原功用故無養氣本領工夫下文明有以爲無益而舍之者句確是告子弊病不得又謂其不能免於正助之病

尊賢章

萬授一　曰注引周禮證夫里之布其實周禮之書多不

足信蕃宅不種桑麻而使出一里二十五家之布民無常業而使出一夫百畆之稅一家力役之征以游手失業之貧民而重征并集於一身適以斃之矣豈先王之法苛刻至此乎若孟子所云大抵因戰國時旣取廛又取夫里之布橫征已甚故欲悉蠲而去之不必援周禮爲證也即援證周禮亦當據載師閭師並言閭師謂凡無職者出夫布載師謂宅不毛者有里布夫布即後世口率之稅里布即後世門攤之稅布即錢也如此則所取猶寓懲戒惰民意容或有之朱子引里布而以夫稅

對言亦一時未檢耳

楊用修云氓之爲字從亡從民流亡之民也去其本土

而占籍他國者也

人皆章

孔子罕言心性只相近一語而性善之旨包於其中孟

子詳言心性性善之語獨得其宗而亦不外相近意心

字性字情字亦各順本文言之不甚分别豈無仁義之

心哉卽以心言性此豈人之情也哉卽以情言性又口

之於味也仁之於父子也皆並言性言各有當要自通

達無礙分析性情處及心統性情等語亦似多生枝節火然泉達言其勢之順即所以能保四海之故是虛言其理保四海是實言其事兩充字非有兩層蓋天下多不能充之人非多知擴充而不能遂充之人也蔡介夫曰集注知皆即此此字指四端之發見說又云能由此而遂充之此字又指知皆即此推廣而充其本然之量則其日新又新將有不能自已者言二此字所指不同此保四海雖由勉而至然要與先王自然運掌之治同苟不充之不足事父母者無四端則不孝何以事父母

子路章

舍己從人二句一意注似太精細與人爲善即善與人同意不必將與字解作許字助字程子曰樂取於人爲善便是與人爲善與人爲善乃公也此語不可不細玩味

將朝王章

豈謂是與謂字從非此之謂謂字來與曾由與求之問語氣相似

之平陸章

此爲都蓋大概言則邑有先君之廟曰都不盡可據

謂蚳鼃章

蚳鼃之言當不專指刑罰

致爲章

孟子志在行道而齊王所以處孟子者如此孟子不可之意當是爲此程注可商

去齊章

子思之側其人亦非必繆公所使與君側之人一例皆是爲國愛賢之人周旋調護也孟子責客非以其不承

王命之故特以其敬賢之禮有所未盡耳本文特下坐
而言三字可見
爲世子章
天所賦人所稟之謂性性自指氣言惟以氣言所以性
善之旨獨得其宗理字自是善字甲中語性屬氣善屬
理氣中有理所以斷性爲善若竟解作理則性善二字
反爲贅語矣
滕定章
親喪固所自盡孟子告滕文之言不是言文公本來吾

有所受吾字當就子孫說不可他求言只有此禮不可別求引孔子語只一句有明據歠粥面深墨以下味其語氣當是孟子爲滕文言

問爲國章

三代授田多寡之數不同耕斂賦稅之法亦異但是取於民者其實同是什一實字對數與法言不與民字對要之三代法數之異本是理勢不得不變非謂更姓開國必改易名號以新耳目也

徹自是周制不得以兼用貢助爲徹法又惟助爲有公

田則周亦不純用徹法葢天下大勢必有不可以截然整齊者觀左傳疆以戎索疆以周索等語亦可參會

神農章

天下猶未平只是堯適承荒亂之後耳前此天下必有平時若云自洪荒至此未平恐未然且莫大於洪水前聖人何不以此爲急而更且營謀他事乎

放勳的是堯號不必著解

宋小章

鄰拜不祀自後人觀之若覺於己無干郤亦有不容恝

置者此等處可觀聖賢道法亦足以見世變之不同

好辨章

春秋只有褒貶未有賞罰然所詳皆朝廷大綱紀且褒貶即與賞罰相關故云天子之事胡傳精嚴不苟使人望而敬畏然亦不無揣摩之過

王者政教號令賞罰不行於天下而有弑逆之亂孔子作春秋其所取義皆王者政教號令刑賞之道使萬世皆知亂賊之不可爲故爲一治道理本自分明即胡文定謂代天子行王法有何不是安得謂之僭竊但胡傳

中所指褒貶義例當時孔子之取義未必盡然惜無從攷辨耳

學仁義而差其中必有等級自是又有此一種人蓋學則有求其是之心然未必遽得其是而至於差故可言學若楊墨則故趨於一偏以立異不可言學注載程子疑義疑仁之言而不載學義學仁之言疑是此意故無父無君是即指其本原不是言其流弊

四書注說參證七

續溪 胡清瑈 思平

孟子下

離婁章

非訓詆毁於語意反寬而不切蓋孟子之意言必稱堯舜者也不但責其詆毁者而已矣

天下章

絶物不必作與物睽絶解

自暴章

自暴是偏僻自是無虚心爲己之實故非字亦不必作

非毁解非毁禮義又自暴之尤者已爲小人之無忌憚矣觀夫子所云言不及義可見

舜生章

揆雖訓度然此揆字即作實字不是虚字是古人字法

君仁章

前以人政言此以倡率感化言亦自不同

大人章

大人赤子正於相去甚遠中指示其純一無僞之本然不論已發未發

深造章

自得不可勉强原涵自然意在其中

以善章

服人人字固指諸侯說注不明指諸侯活看尤見完全

但不可脱却諸侯

王者章

周家有採風之制而祭祀燕享等事率皆用詩詩自與王迹相關須兼風雅言之其義始爲完備黍離降於國風自是漢人之語秉虔謹案漢趙氏以頌聲不作爲詩亡亦非

言性章

玩天下之言性也句則所惡於智者之鑿當即爲其言性之鑿注意似不作如此解然此較直截妥貼

舜往章

胥字似不必解作相視

娶妻章

或問林氏萬章所言程子以爲此非孟子之言乃萬章傳聞之誤而孟子有不暇辨耳

堯以章

堯以天下與舜等章似是設爲問答之辭

伊尹章

伊尹耕莘而所樂者堯舜之道伐夏救民即爲親見堯舜之道聖賢心迹於是可觀

或謂章

孔子曰有命得之不得曰有命命字是禮義原頭聖人知至行盡工夫皆從此中得力或謂聖人言命特爲下等人說淺看命字甚淺命字徹上徹下固可爲下等人說淺要之聖人之道實不外此後世學術偏頗者緣看

命字不透不肯以命字道理自安更欲求道於命之上耳

百里奚章

百里奚食牛事史記所傳矛盾不一周秦閒好奇傳譌不必有因范注實之不必

北宮章

孟子未遭秦火之前其於本朝制度之大者已不盡聞其詳諸子紛紛紀述却於煩瑣委曲處皆歷歷分明豈不可疑更或牽引夏禮殷禮安得謂盡無支離妄誕

此處在官者卽周禮之府史胥徒安頓區處之方是今時之急務

士之章

氓字自與民字不同合數處參攷甚明秉虔謹案說文解字云氓民也从民亡聲讀若肓又云亡逃也氓从亡聲卽有亡義

一鄉章

一鄉之善士謂一鄉之中可稱爲善士猶所謂國士國工也不必云善葢一鄉亦不必云盡友一鄉之善士

頌詩讀書自平日言知人論世乃是尙友

公都章

人受於天有情與才兩項情以嗜好言才以識力言自有理存於其中性則兼而言之情有厚薄偏正才有昏明強弱此相近之旨理則確然不易此性善之旨文田案此講情才性三字最精情之善好是懿德也才之善人皆可以爲堯舜也凡有所指名皆謂物似不宜專訓事民之秉夷句連下好是懿德不連上有物有則上二句天命之性下二句率性之道義相連而辭各開

性亦是氣善乃爲理是原來所有不是後起安排天地

間只有氣理者其中之當然者而已矣不可以氣爲粗以理爲精程子天所賦爲命物所受爲性已盡性命之義此外不宜更著訓詁以理訓性以理訓天其義甚精然須善會不可拘泥

按經書中聖賢言性似俱只以人所稟賦言孟子所言性善極親切明顯不必如程子人生而靜以上不容說及極本窮源等語若異端荒誕之說高妙虛無不可窮詰更不足據

情與才即是性性不外情與才爲性字全情與才字偏

不可單以情言性不可單以才言性故下乃若若夫字

不是性别爲一物本體難說而特以情與才之外見者

徵驗其性之善也

仁之章

與於不仁之甚與字當作于與之與不必作助字解

五霸章

六師移之者移師以討之也

孟子舉齊桓五命未嘗不謂其與三王之道相通但爲

時勢所乘安於苟簡不能便盡其道耳夫子管仲之器

小哉亦是此意

不亮章

或問尹氏之說直以諒爲友諒之諒言君子舍是則無可據守也

盡心章

此章是以人合天之學由心而性而天道理工夫俱有確實次序程叔子謂盡心然後知性自是不易之解案諸解盡然即或問亦覺無異不知朱注何以獨先知性以理字作性天實際訓詁則可以理字直指性天則不

可心性存乎人天則存乎天直捷分明不必互換名稱恐滋後人之疑且不作此等話頭亦可作如此訓解看諸經並無此等語可見

窮理盡性至命自是三節鐵板注解

聖賢之學本天止奉天爲原頭至極故極高不過是先天而天弗違等語後人欲高一層要更求天之原頭故有將知天解作知州知縣之知至事天則爲次一等之說

附之章

附字不必作盍字解

霸者章

或問張子過化存神之説疑於老佛决非孟子之意但近年學者溺愛此説故不可不詳其失

仁言章

善政亦指王者之政言故次節卽承首節意説下直捷爲是

有事章

玩事君人句尙有具臣一等人不必説到倿臣

辟紂章

此文王之政也注語是推原文王原有是政其實是泛論其理

易其章

仁民之道即藏於富民之中孟子於當時言治皆是此意

孔子章

首節上二句言孔子下二句言學者故中間有故字一轉

楊子章

取爲我取字解作取舍之取似覺直捷明亮注以僅足解之頗覺迂曲

有爲章

棄井甚明不必云自棄其井

伊尹章

有伊尹之志則可非孟子不能爲此語

短喪章

其傅爲之請數月之喪雖加一日愈於已謂禮所得爲

而不得自盡耳若禮所本無不容又請又加

天下章

戰國時縱橫名法督責富强之術皆爲逢迎人君好貨

利淫欲武暴之心而造爲一種說數以爲道理當如此

或遠託黄老或近祖桓文皆所謂以道殉人者

盡信章

孟子於古書尚不欲盡信況戰國時處士横議又遭秦

火之變牽引附會者爲多安得盡信

古之章

萬充宗周官辨非曰孟子曰關譏而不征市廛而不征
法而不廛又曰古之爲關也將以禦暴今之爲關也將
以爲暴乃周禮天官大宰有關市之賦地官復有司門
司關司貨賄之出入凡貨不出於關者舉其貨罰其人
此何異禦人國門而奪之者乎使周公時如此則已爲
暴矣孟子何以有古今之歎哉舉末世之弊政誣聖人
之制作流毒當世貽禍無窮爲此言者古今之罪人也

仁也者章

章意義理精深或如外國本所有亦未可知蔡介夫曰

仁以所具而言道以所循而言仁不在人之外而道又不在仁與人之外

貉稽章

理字不必訓賴字憎字亦不必改增字言士之所憎者兹多口也憎字原係輕帶無妨

口之章

性是人情腌切處命是天數限制處開而言之各有攸當合而言之並行不悖

天所賦爲命人所稟爲性字義清楚則在在可通周以

前之疑性者疑其所具之不同耳漢以下辨性者竟不識性爲何物矣宋儒之於性於義得之然如張子由太虚有天之名等語雖是理極精微然終覺名稱混雜𪐞惑後學不少

堯舜章

性者本來不虧之謂反之加功復初之謂

陳章

屑字解作潔字則與不潔相複似不如作瑣屑解爲長

卷十

# 四書正疑（孟子）八卷

清　劉敠撰

清嘉慶二十一年叢桂堂刻本

嘉慶丙子秋鐫

彭澤劉東橋著

# 四書正疑

叢桂堂藏板

四書正疑序

道不可一日或離。則四子書不可一日不求其義類之所歸。學者學聖人之道。自身心之近。言動之[illegible]而至于天地萬物之大且紛。皆欲有所持循而因言以適于用。則四子書之爲益最切。漢世惟論語最早出。鄭康成因張包周三家之說爲之注。其功甚偉。而趙邠卿獨有功于孟子。宋邢氏孫氏之䟽多遵注說。亦時有所發明。惟學庸在北宋時猶襍戴記中。自仁宗以中庸賜王堯臣。以大學賜呂端范文正公。以中庸授橫渠先生。程朱起而表章之。取二篇與論孟並列。而其學始顯。夫以堯舜以來相傳之道。至孔子集其成。孔子之道。曾子子思親炙之而得其宗。孟子私淑之而見其大。今其著于書者。俱如布帛菽粟之宜於人也。歷代諸儒遞相訓釋。而朱子之說又爲諸儒所不逮。蓋其道至是而益明也。何疑之足云。後世儒者不知於四子之書求其道之所存。私相攻駁。紛如聚訟。其學雖博而不衷諸理。其說雖辨而不出乎中。論難愈繁而聖人之道愈晦。則可疑者日益多。



國朝經義昌明。超越前代。四子書則有汪氏大全。王氏滙參最爲善本。他如去疑釋疑諸說。亦皆於道有見而猶未能一歸于至是。南康學博劉子東橋力學而能文。持其所訂四書正疑四卷。請序於予。予惟剖別疑義自王輔嗣論語解疑始。而是書采摭詳明。權衡精當。實卓然自成一家。可以補前儒所未及。蓋其講明于道者詳也。知道之具于四子書而發之言。筆之書。公之以教四方之士。其有益于學者不淺。他日更取所正之疑而於諸生共踐之。則予猶有望。

嘉慶二十一年丙子秋

欽命吏部右侍郎督學江西部院加一級紀録九次王

鼎序

共五百五十三字

自叙

讀書之患莫大於不信尤莫大于不疑不疑者非不求甚解即或執偏解也四子之書經漢唐以來諸儒注之疏之微言奥旨昭如日星何疑之有顧注疏愈繁而疑義愈出遂致專門墨守聚訟多端若孟子七篇甚有疑之刪之刺之者至集註出而遥接心源會通衆說乃始集諸儒大成而折衷之朱子蓋深信不疑者也後之人尊朱即所以尊經亦可以深信而不疑矣顧集註一書亦常有闕疑未解之處是朱子亦



存疑以俟後人之善求而自得之朱子又嘗曰讀書有所見有所疑自不容不立論其不立論者止是不到疑處耳若將諸說比並便自有合辨處然則朱子所不疑原不禁人疑不禁人立論其所論之是與否在識者之自辨而棄取之固無碍乎其爲尊朱也余自束髮侍　先君子幾廿年讀書輙疑疑輙問凡所指示即心識之厥後頗自留心典籍又或教學相長與夫名師益友觸類而講求之每有所得亦記而存焉竊自輯成卷帙以爲稍可自信矣然置諸案頭摩娑反覆復有數易其稿者是稍可自信者在此而不能無疑者仍在此則亦何時而能自信乎記曰疑事毋質傳曰正直爲正正曲爲直其庶幾就當世有道君子而正之可乎題曰正疑蓋以此也然輯之數年初未敢以示人甲戌秋督學　王省厓先生按試南安始以詩古文贄及乙亥秋科試後乃蒙格外垂詢遂以此稿正之過蒙賞鑑介急付諸梓并賜之序而弁諸簡首而同學諸子又從而慫恿之因有是刻然終不敢以自信也終不能無疑也則還以正之當世



有道君子恕其繆妄以指所不逮則幸甚

昔

嘉慶二十一年歲在丙子冬十月彭澤劉　薇自識

南康縣學署之不願外軒

共五百六十六字

跋

珞不敏，讀書多疑，于四子書爲尤甚。數十年來，苦無以破，嘗就正于有道先生，而卒未得也。東橋夫子爲江右名元，其制藝之歷賞于宗工大匠者，珞久讀而慕之矣。辛未歲來鐸敝邑，而珞適館穀于李氏之躍龍軒者數年，得以不時親炙。業時出是書以示，凡天文之經緯，山川之源派，與夫古帝王之大經大法，瞭如指掌；其體認聖賢言語之精，尤有發前人所未發者。珞于是覺向之所疑而未破者，一旦無不豁然矣。省崖先生以爲辨論精確，考據詳慎，宜急刻之。吉哉！珞叨不棄，竊與居停主人祥議共效校讐于其間，因援數語于簡末。

嘉慶二十一年十一月南楚門生盧洪珞謹跋

共二百二十五字

跋

古人之書傳信而不傳疑，讀古人之書必能疑而後能信。顧疑有不同，或古人留不傳之秘，待後人玩索咀嚼以求之；或書義本明，而簡斷編殘，魯魚亥豕，不免譌憾；又或註疏之家穿鑿附會，致古人之明白如話者紛紛聚訟，而轉失其真：此疑之所以生也。疑而不求其信，則疑益深；然信而不于疑得之，則信不確。此書名曰正疑，殆亦不敢自信而思以正諸人乎？謂凡爲疑者皆當以此書正之，而于是古人之秘與夫魯魚亥豕、穿鑿附會，皆可以有所折衷焉。議偕弟識浸淫是書也數年矣，竊爲襄贊其事，書既成，因撃數語于後。

嘉慶二十一年季冬月之朔受業李祥議謹跋

共二百廿二字

傻吉（漢軍人）

紀樹蕃　莊

錢一元（字□）

鄭奎英

例言

一朱註一書。精于義理。而典故往往從畧。然朱子謂讀書玩理外考証。又是一種工夫不可謂無益。故是編考証處多。然聖賢言語義理無窮。尽愈玩之而愈出。編中漫擄鄙見不越此二端。

一四書及朱註可疑處尚多。茲特擄鄙見所及者編之。餘概置焉。

一是編于前人所言。有取録者。有駁正者。亦有前人所未言而率爲創說者。凡屬舊說必爲標明。

一是編概無客圈批評。其間有一二者。則所呈　省厓先生行卷古文中者。皆先生筆也。故仍之。

一是編共二十卷。說四子書者十七卷。其他經雜說。則另爲三卷附于後。

一是編纂葺多年。稿經數易。受業之士。叅校滕寫之力居多。如漢軍之王全述、會叔姪究平之李炳彥（甲子科。原名炳宸）、張以豫（字伯麟。原名以仁）、河間之紀樹喬（庚申拔貢）兄弟、通州之劉錫方、慈溪之鄭奎雄（丁卯科）兄弟（大興籍）、安慶之吳瑞徵、及本郡之德化王叶夏（淳鑄）、余沾元、熊士升、本邑之歐陽映斗、歐陽

劉錚（字振落）

錫方　經熊

吳佳材（安慶人）

主信

輝乙

盾清

乾夫

懷壑（淑。甲子科）、歐陽澍兄弟等、及濂溪春衣兩書院之士。繁不具載。惟此書成于南康縣學署。因即受業于南康者。姓名開列于左。

李日賓（廪貢。選教諭）　李鑫（廪生。原名登雲）　李祥議（廪生）

李日寬（廪生）　李祥識（附生）　劉錦（附生）

吳承蔚（增生）　黃纁（附生）　蔡炳文（附生）

林澐（附生）　吳燮（附生）　曾良英

王喆（泰和人）　江漢濯　劉名桐

謝振模　陳明芹　廖煥章

曹錦信（豐籍）

朱標（長學生。江字人）

胞弟綬　胞姪開誠

族姪運亨　男開元

受業　開一

種桃　開甲

仝叅訂　開先仝叅閱

外孫張凝庥　開化

開第

孫世祐仝校字

共四百九十二字

目錄

上論



下論



大學



中庸



孟子



共一百二十二字　序凡例跋錄目共弍千一百八十字　邊号在外



四書正疑卷十三

彭澤劉　黻耕斆氏著

孟子七篇

朱子集註序、引史記、以爲孟子一書。乃其自著。而道性善注則云門人不能盡記其詞。決汝漢注云、記者之誤。吳伯豐嘗以此問文公。公答曰前說是。後兩處失之。熟讀七篇筆勢如鎔鑄而成。非綴輯所就也。趙岐孟子題辭亦云孟子與高第弟子公孫丑萬章之徒難疑答問。又自譔其法度之言。是則孟子七篇其爲自著無疑。然考篇中載孟子所見諸侯。如梁惠王齊宣王梁襄王滕文公定公魯平公。皆稱其死後之謚。孟子著書時。如數君者即不必皆健在。亦未必皆先死。且孟子至梁在惠王之三十五年。已稱爲叟。則孟子必已老矣。至魯平之卒。又三十二年。孟子若見其卒而稱謚。是當百餘遂矣。故韓愈亦以此書爲弟子所會集。非子輿氏自作也。愚謂七篇中所述言詞。皆出自孟子。其行事亦皆孟子實迹。而載其詞記其事。則皆出自門人之手。其時諸君皆已死。自當書其死後所更之名。以著其實。即孔子曰三字亦門人所記如論語所云子曰孔子曰有子曰曾子曰之類豈聖人及諸賢自記耶大學中庸篇首稱子程子曰則朱子所集非程子自稱書經中所稱帝曰王曰之類亦皆史官之詞蓋著書之例無有自稱某子曰者惟司馬遷作史記稱太史公曰此又史官稱官之例與自稱姓氏者不同然則孟子一書斷出門人之手非孟子手著又或以孟子手著其後門人從而會輯之此亦騎墻之說如既手著成書則亦何俟門人之會輯乎門人又何敢取其師已成之書而更正之哉



孟子生卒

小司馬索隱謂卒于周赧王二十六年壬申享年八十四留青筆札聽雨紀談皆同至其所生之年此三書各異以年數推之皆不合惟周柄中以爲生於周烈王四年己酉恰合八十四歲之數

孟通六經

程子曰孟子言仕止久速爲聖之時知易者莫如孟子言春秋者褒貶則知春秋者莫如孟子史記云與萬章之徒序詩書趙岐亦云孟子長于詩書困學紀聞云甚

述孔子之言以爲知道者二鴟鴞蒸民是也于臺臺皇矣北山雲漢小弁諸篇深得詩人之旨以意逆志一言實盡說詩之要是學詩必自孟子始其于書也謂盡信書不如無書于武城取二三策則善言書者莫如孟子愚謂不但此也其言井田封建及喪禮冠禮得先王之大經大法論好樂而及同樂論大成而分條理則孟子又長于禮樂者也是固身通六藝與孔門高弟並列孔子沒而微言絕孟子之功豈不大哉

梁齊先後



史記以孟子道既通遊事齊宣王宣王不能用適梁梁王不果所言是以爲先至齊後至梁也趙岐註孟子宗之後儒皆從之然此自當以經文爲正經先梁後齊可以正史記之誤

孟子尊王

孔子作春秋尊王室討亂賊孟子于齊梁之君勸之以王天下將置周室于何地說者多以是譏孟子而不知孟子之心即孔子之心也孟子之時大異于孔子之時耳春秋之世周室雖衰王號未替天下猶知共主而凛

然于名義之不可干。故齊桓一出。第假借虛名。尚可以號召天下。而無敢違者。孟子之時。則不然。七國爭雄。居然竊據王號。豈復有周室在其意中哉。蓋皆眈眈然有虎視三川。欲以假王即真王之勢矣。然地醜德齊。無由相尚。于是遊說之士。誘之以富。誘之以強。先王仁義之道。殆掃地盡。而生民塗炭之苦。殆不可問矣。孟子憂之。以爲當今之急。莫先于尊周。然彼方欲王。而遽使之尊周。是枘鑿之道也。莫若使之爲仁義。然驟進之以爲仁義也。彼方迂闊而莫爲。則亦必不見聽也。不得已則惟



有即其所欲者。如其意以歆動之。故好貨、好色、好勇、好樂、姑弗與深論也。而皆以爲可王。王之心動。則庶幾惟吾言之是聽。而仁義可漸入矣。彼知仁義。則仁莫大于親親。義莫大于尊君。方且相率而誅天下之不尊其君者。彼其逞富強而窺周室之心。有不自覺其消沮閉藏也哉。然則誘之以王。若非真欲其王也。先與之以所甘。徐以去其疾焉耳。觀其言王政。多稱文王。文王者。三分有二。以服事殷者也。于湯武。則以臣弒其君。爲不可。況周非桀紂。齊梁諸君非湯武乎。言明堂則曰王者之堂。論春秋則曰天子之事。又儼然見王室雖微。而赫濯聲靈。臣民共凜。有不可以闇干者矣。故曰孟子之心。即孔子之心也。

靈臺

按詩序。靈臺。民始附也。文王受命。而民樂其有靈德以及鳥獸昆蟲焉。又按劉向說苑脩文篇。積恩爲愛。積愛爲仁。積仁爲靈。靈臺之所以爲靈也。積仁也。神靈者。天地之本。萬物之始。故文王接民以仁。而民莫不仁。文德之至也。據此則靈臺者。皆取其有仁德之意。下文與民



偕樂。正相融貫。又考孔安國書傳。于弔由靈。丕靈承帝事。靈承于旅。苗民弗用靈。皆訓善。詩靈雨。箋亦訓善。無以靈爲鬼神奇異之稱者。即如黃帝生而神靈。此亦與明同義。故詩序傳云。神之精明者稱靈。箋云。文王化行若神之精明。皆以文王之德言。初不係乎臺成之速。若有藉于冥冥之力者。至朱子解孟子不日成之。始改趙注不與日期。自來成之。與鄭箋不設日期。而成之之語。創爲不終日之說。及爲詩傳。又衍爲倏然而成四字。并用趙注若神靈之所爲一語足之。幾于託意鬼神者。此

與後世小說家。土神運土。山神運木之說何異。以此釋經。似爲荒誕。至若謚法所云。極知鬼怪。好祭鬼神曰靈。則尤不可與文王之靈相比附也。愚按孔叢子載陳惠公起凌陽之臺。役夫數十人。孔子適陳。與登臺而諷之。因云周作靈臺。六州之衆。皆以子道來。故未及期日而已成。據此解詩。較趙鄭二家更自然。

靈囿

傳所云七十里之囿。大約岐都四境之內。多林麓岡巒。禽獸草木蕃育陰翳。文王四時之田。皆在其內。故稱之



曰囿。七十里云者。亦約言其大耳。豈真規其地以爲遊觀之所哉。至詩言靈囿。有以爲即七十里者。而不知非也。按周禮囿人掌囿游之禁。鄭註。囿游離宮小苑觀處也。賈疏云。七十里之囿。是田獵之處。今此云禁。故知是小苑觀處也。王伯厚以爲即七十里者誤。

步

步有二。禮王制。古者以周尺八尺爲步。今以周尺六尺四寸爲步。又司馬法。六尺爲步。步百爲畝。皆開方量地之步也。又司馬法。一舉足爲跬。跬三尺也。再舉足爲步。步六尺也。白虎通。人踐三尺。故一舉足跬。法天地人也。再舉足步。備陰陽也。此人身自然之步也。量地之步。原本于人身之步。然量地之步有增減。而人身之步無增減也。孟子五十步百步。自當以人身言。文有用八尺六尺四寸等語者皆非。

五畝之宅

集註以二畝半在田。二畝半在邑。蓋本之趙註。廬井邑屋各二畝半以爲宅。冬入保城二畝半。故爲五畝云云。誠若是。則一歲之間。百姓必兩次遷徙。皆携挈老幼。移



置倉相并。雞犬米鹽。淩雜不勝紛擾矣。先王地邑民居。必參相得。何故必欲擾民如此。且城中之地無多。既有廛居之民。豈又有許多隙地。容此空屋。以頓鄉遂遠近無數之民哉。觀豳風自五月六月至十月以後。塞向墐戶。改歲入室。俱在野間。並無入城之事。其上入執宮功。則公室官府之役。朱註自當以或曰爲是。如所云春夏居田。秋冬居邑。是春方耕。秋方穫。民方有事。又紛紛有遷徙之煩。豈理也哉。愚謂五畝俱在井田之內。井田是活法。想五畝之數。亦是活法。隨民之便。或多或少。大約

不過五畝如數口八口約舉之耳。

易耨

易字與深字對。集註訓治也。似與深字不敵。并似與耨字複。古注芸苗令簡易也。鹿泉先生云。耨并止鋤非種。凡苗之叢生橫出皆去。落從疏去。斜留正。使地氣集。易疏達也。愚按易即變易更易之易。言耨之非一次也。詩載芟除草也。載柞除木也。亦非一次。今田家有耨之三四次者如此。似與深字俱為有力。惟易其田疇百畝之不易可以治解之。



釁

釁者郄也。以血塗其釁郄謂之釁。猶治亂而謂之亂也。然釁者厭祭之名。疏謂器成而釁以血。所以厭變怪禦妖釁。非僅塗其釁郄也。故用釁之禮甚多。文王世子始立學者興器注。興讀釁。月令大史釁龜筴。雜記下。成廟則釁之。其禮雍人舉羊升屋自中。中屋南面刲羊。血流于前。乃降門夾室皆用雞。其衈皆于屋下。割雞門當門夾室中室。又云路寢成則考之而不釁。釁者交神明之道也。凡宗廟之器其名者成則釁之以豭豚。大戴禮有釁廟篇。周禮則天官大祝隋釁。天府釁寶鎮寶器。春官則肆師以歲時序其祭祀及其祈珥。小祝掌釁祈祝號。龜人上春釁龜。雞人凡祭祀禳釁共其雞牲。夏官則大司馬帥執事涖釁主及軍器。小子掌珥於社稷。釁邦器及軍器。羊人凡祈珥釁積共其羊牲。圉師春除蓐釁廄。秋官則士師刉珥共犬牲。犬人凡幾珥用駹。康成注祈即刉字。珥即衈字。用毛牲曰刉。用羽牲曰衈。皆取血以釁之事。釁之者神之也。是凡器物皆用釁。非僅以塗其隙也。但各書所用之牲則羊豚犬雞。未有用牛者。蓋牛牲之



大者也。茲乃以一鐘而用一牛。又可易之以羊。殆亦古禮之失。與然孟子惟欲啟其不忍之心。故以足王之效。好貨好色且不暇論。況失禮之小者乎。

卒然

此章孰能與之。二句皆不用曰字。一似不待詞之畢而即問之者。孟子述來描寫卒然字口角如生。此與左傳成十六年鄢陵之戰楚子登巢車望晉軍一段楚子一連八問于伯州犁。亦皆不用曰字。同一神妙。

觳觫

丹鉛摠録。觳觫、盖牛將就屠而體縮恐懼也。觳當作㲉。從豕。尾懼之貌。觫從角。角懼之貌。

折枝

趙岐註。折枝。摩折手節。解罷枝也。摩。去聲。罷。疲也。文獻通考。周平園序陸筠翼孟。以折枝為磬折。腰肢。傳疑録。肢枝古通用。肢。四支也。腰亦曰肢。折枝猶折腰也。古詩云。折腰載拜跪。盖言為長者揖拜耳。數說皆以枝為肢體之肢。而揖拜之說。于長者尤関合。朱子乃以為折草木之枝。



為王言樂

此句樂字今讀為音樂之樂。盖承上許多樂字而言也。愚謂此章雖從好樂發端。然孰樂一節。孟子從樂字添出六個樂洛字意。盖欲從好樂一事。為齊王推廣樂洛。故下二節因王好獵。并以田獵並言。是統說樂洛。不单說樂也。然則此樂字當讀洛音。月下鼓樂田獵兩借以類推之。并好貨好色一切可樂之事。俱包在內。特姑即兩件例言之耳。下與民同樂。不與民同樂。今王與百姓同樂。三個樂字。正與此節樂字相應。始說不與民同樂。次言與民同樂。末勸王與民同樂。正所謂與王言樂洛也。若讀作音樂字。則下文只應单說鼓樂。不應復言田獵。節外生枝。集註于上節樂樂下字。孰樂字。俱音洛。其音樂字無音。此樂字亦無音。則亦讀音樂之樂矣。愚竊以為誤。

籥

籥有二。一曰吹籥。一曰舞籥。舞籥若邶風左手執籥。左傳季札來聘見舞象箾南籥是也。吹籥者爾雅大籥謂之產。中謂之仲。小謂之箹。郭璞註。如笛三孔而短小。又



周禮笙師掌教吹籥。鄭注。如篴三孔。毛傳云六孔。所見異也。此吹籥也。先儒多不分別。故此注引或曰籥若笛短而有三孔。詩曰左手執籥以節象也。誤并吹舞為一。孟子以音言。自是吹籥。若舞籥但執之以舞而不吹。

明堂

明堂之名。見于考工、月令、孟子諸書。說之者不一。康成注考工。以為或舉明堂。或舉宗廟。或舉王寢。互言之以明其同制。蔡邕又以太廟靈臺辟雍明堂為一區。此名實之互異也。至言其制。考工謂有五室。月令謂南有明

堂左右有个大戴記則曰上圜下方九室每室四戶八牖桓譚新論又從而廣之有四闥以象四時十二坐以法十二月晏子春秋以爲茅茨蒿柱公王帶上黃帝時圖則有複道尊樓樓曰昆侖此數說者皆言明堂之有屋也獨宋吳斗南仁傑著兩漢刊誤補遺據覲禮諸侯覲于天子爲宮三百步四門壇十二尋深四尺加方明于其上方明者木也設六色東青南赤西白北黑上元下黃設六玉上圭下璧南璋西琥北璜東珪前日一上介皆奉其君之旂置于宮及朔公侯伯子男皆就其旂而立



孫四傳擯見之畢天子乃乘龍載大旂春出拜日于東門之外反祀方明夏禮日于南門外冬禮月與四瀆于北門外秋禮山川邱陵于西門外云云以爲明堂者加方明于其上壇而不屋故曰明堂并引楊倞注荀子書明堂壇也謂巡守方嶽之下會諸侯爲壇加方明於其上云云此以明堂爲無屋者也然據覲禮曰宮曰四門其記曰倚于東箱諸侯之車不入王門若無屋何以云宮云門云東箱也周禮注疏載楊氏謂明堂者通明之堂也朝諸侯行王政在是享上帝配祖考亦在是五方

四隅隨王者所居之月掌次以帷幕幄帟爲之以詔王居如此說則是無屋而以帷幕等爲屋也然考家語孔子適周觀乎明堂覩四門墉有堯舜桀紂善惡之狀與廢之戒又有周公抱成王負斧扆南面朝諸侯之圖焉墉非徒帷幕幄帟也其有屋也明矣王晦叔亦據覲禮文以爲設六色六玉以祀帝祀四方於是拜日禮月祭天地山川此則明堂之壇而祀神以爲盟也既盟王設几即席諸侯之駕不入王門此則明堂之宮而明諸以爲朝會也是故周公祀文王于明堂以配上帝蓋即其



壇而祀之抱成王負扆以朝蓋即其宮而朝之據晦叔之言則是兼有壇有屋矣諸說紛紛當以此爲正雖然愚尚有疑焉明堂既有宮有壇究之宮在壇之何處壇在宮之何處晦叔說未分明不疑于宮在壇上乎若宮即在壇上爲之則覲禮當先言爲壇後言爲宮豈有先造屋後治基之理且經言爲宮方三百步以六尺爲步計之則一百八十丈矣壇十有二尋以八尺曰尋計之則九丈六尺耳是壇之每方各二丈四尺而宮之每方各四十五丈壇小宮大則宮不在壇上可知然則宮壇

兩地究係如何安頓豈如朝市之制分前後與或如祖社之制分左右與愚竊細繹經文先言宮次言壇而以一爲字貫兩事則是一時爲之而分先後也上介奉旗置諸宮以見天子是天子在宮內也見畢天子出四門之外以拜日禮月是自宮內出也其反也則自門外而反也乃不曰反于宮中而曰反祀方明是方明即在四門之內則四門旋繞四方明矣以此思之有四門即有四宮四門蓋四宮之門也四宮之四隅相爲連屬如回字形周乎其外方明之壇居內中央之地此則宮與壇



二者分明而不相混也其每宮一面方四十五丈又分之以爲三間中一間則月令所云四太廟其左右兩間即左右个也王者順月令奉天時如朱子所云隨其時之方位開門是也如此位置似與月令相合而明堂之有宮有壇曉然明白矣率據所見似于創說好古者裁之

# 四書正疑卷十四

彭澤劉　敳耕敫氏著

## 古公亶父

周自棄爲后稷蓋農官也堯八十一載封于邰至不窋竄于翟桀二十二年公劉自翟遷豳其子慶節亦國于豳既爲國矣即是諸侯然經傳古史俱未嘗稱侯愚按竹書紀年商祖乙十五年有命豳侯高圉之文稱侯實自此始其後盤庚十九年命豳侯亞圉祖甲十三年命豳侯組紺皆稱侯未嘗稱公也至武乙元年豳遷于岐



周改國號曰周三年命周公亶父賜以岐邑于是始稱周于是始稱公至二十二年薨亦稱周公亶父薨其後太丁四年命季歷爲牧師七年又賜之圭瓚秬鬯九命爲伯則又居乎公之上矣然則稱公者商之命也其稱古者殆以始命爲公稱之與抑亦猶古我先王古我先后云耳非號也父者男子之美稱也亶父者其字也子思作中庸稱仲尼以孫字其祖即詩言之商頌不諱相土周亦不諱公劉左傳衛太子曰其無忘高圉亞圉皆直稱祖宗之字而不諱古風質直稱字親之也稱古公

尊之也尊尊親親子斯有之

水滸

金仁山綱鑑前編豳在岐西北二百五十里自豳而南一百三十里有梁山渭水在其南循水西上可至岐下然則詩所謂水滸者蓋渭水也

世臣親臣

世臣有二有自其祖父歷仕于朝者自臣而言之曰世臣有一人而歷仕數朝者自君而言之曰世臣亦有二有誼在懿親者有素所親信者懿親可以兼親信親信



不必皆懿親二者兼之皆即世臣也此云始由于進纔可以亡則非懿親也且齊當時懿親之卓卓者孰如田文然自孟子視之皆雞鳴狗盗之雄耳即稷下之士七十六人亦皆不才者耳何足以當親臣之數竊謂王猶足用為善孟子在齊日久無日不望王之親而用之也故去齊之日猶一則曰固所願也再則曰王如用予孟子惓惓行道之心即孔子苟有用我之志王無親臣之語其即孟子之情見于詞乎但其詞尚隱非若毛遂之徒自薦以求售耳然于此可知聖賢行道之苦心為不得已矣

則何以異于教玉人

上言彫琢玉必使玉人而治國家則曰舍女所學是異于教玉人彫琢玉矣則何以故上節言王之輕夫人則何如三字詞緩此節言王之輕國家則何以三字詞緊須着眼看一以字若作何異于教玉人彫琢玉便失語氣

齊人伐燕

孟子以伐燕為宣王時而史記荀卿皆不合金仁山曰



齊宣王伐燕孟子所見也謂為湣王者荀卿所聞也史記又所傳聞者也安得以後世傳聞之詞而反疑孟子所見之詞乎朱文公尊孟子者而序說及集註反取荀子史記而疑孟子誤矣又按戰國策蘇秦在燕與其相子之婚而蘇代與子之交秦死齊宣王復用代代為齊使燕激燕王厚子之于是燕王以國讓子之三年大亂齊宣王因令章子伐燕士卒不戰城門不閉燕王噲死子之亡雖無戰國策亦當以孟子為是況又有國策之可據乎然則謂伐燕為齊湣者非也

薛

薛本有任之封奚仲之後春秋時尚在據竹書周顯王二十九年辛巳邳遷于薛四十六年戊戌齊封其弟嬰于薛十月齊城薛似遷邳者齊滅薛者亦齊邳亦任姓齊滅薛遷邳以奉奚仲之祀也至封嬰時則齊又滅邳矣十月城薛似即滕文所謂齊人將築薛者據此則孟子時之薛非有任之封奚仲之後矣然愚按陳臻以齊宋薛並言則孟子至薛魄金五十薛國尚在必非孟嘗之薛況考孟子至梁在惠王三十五年爲顯王三十二年居梁十八年惠王薨襄王立乃去而適齊在周愼靚王之三年在齊在薛俱愼靚三年以後事若顯王四十六年已封田嬰于薛安得有孟子在薛之事又考國策諸書孟嘗雖好客無招致孟子之事孟子斷無無因至薛之理然則以經文証之孟子所至之薛必非田氏之薛竹書之文未可據也



遷豳遷岐之年

公劉遷豳金仁山前編載在桀二十二年此與漢書婁敬傳曰自后稷積德累功十餘世公劉避桀居豳相合胡氏大紀以爲遷豳在夏少康時此不過泥公劉爲后稷曾孫耳當以桀二十二年爲正至若大王遷岐史鑑俱載殷小乙二十六年而竹書則載殷武乙元年豳遷岐周三年命周公亶父賜以岐邑按小乙武丁之父在位二十八年自武丁至紂傳九世會計遷岐之年至伐紂之歲二百二十四年而周止太王王季文王武王四世除文王在位五十年武王十三年太王王季兩世豈在位一百七十餘年耶殊不可信若武乙爲紂曾祖在位三十五年太丁作文丁在位十三年帝乙九年紂五十二年共一百零九年于年世爲近當以武乙時遷岐爲正



曾西

困學紀聞曾西趙注以爲曾子之孫集註因之經典序錄曾西字子申曾子之子子夏以詩傳曾申左邱作傳以授曾申楚鬬宜申公子申皆字子西則曾西之爲曾申無疑

賢聖六七作

朱註以太甲太戊祖乙盤庚言之太甲之事見于伊訓

太甲諸篇詳矣廟號太宗越沃丁大庚小甲雍巳四世
六十餘年商道寖衰諸侯不至大戊起而振之修先王
之政養老問疾早朝宴罷三日而祥桑死三年重譯而
至者七十六國又有伊陟巫咸臣扈等佐之在位七十
五年商道復興廟號中宗越仲丁外壬河亶甲三世三
十餘年廢嫡立弟爭立內亂又兼河患商道復衰至祖
乙以巫咸之子巫賢爲相四方賓服天下太和商道又
興竹書言廟號中宗又越祖辛沃甲祖丁南庚陽甲五
世一百五年沿仲丁以來廢嫡立弟之習子弟爭立比



九世亂于是諸侯莫朝至盤庚因河患遷亳告諭臣民
改商曰殷商道復興此四君者皆賢聖矣然其間猶不
止此太甲之子沃丁咸伊尹之功葬以天子之禮祀用
太牢親臨其喪後乃委用咎單一順伊尹之所行又盤
庚之子武丁之父曰小乙爲太子時備知民事艱難皆
爲賢君故曰六七作

紂去武丁

自武丁至紂中間祖庚祖甲廩辛庚丁武乙太丁帝乙
七世共一百一十二年故曰未久且祖甲爲武丁之子祖
庚之弟周公稱其不義惟王爰知小人之依能保惠
于庶民不敢侮鰥寡竹書亦稱王舊在野知小人之依
惠愛庶民不侮鰥寡與無逸合則亦賢君也高宗享國
五十九年祖庚七年而祖甲三十三年三君共九十九
年以後廩辛至帝乙五君僅七十一年耳以九十九年
中上承先王相爲繼述其積累必深此五君者即不賢
七十年間豈遽能使流風善政掃地盡哉故曰未久故
日猶有存者故家不但武丁時之甘盤傅說祖巳并商
初之伊陟巫咸咎單臣扈諸人其子孫亦必有食祿于



朝與同休戚世守祖父典型不墜家聲者

古垤字

中高四下曰凸中下四高曰凹凸音垤凹音坳又音窪
地理書凸音突凹音窊向在京即見某字書凸音谷凹
音滬大抵古字少借音轉注甚多耳詩鸛鳴于垤詁云
垤古凸字釋文引詩竟作鸛鳴于凸矣二字見于倉頡
篇亦見于周禮注珪琮之瑑凸曰珇蓋象形之真陰陽
之義其爲蝌斗古文無疑說文雖不載凸凹二字而有
四部凹即囟之母也以子爲母何嫌

夫里之布

周禮載師宅不毛者有里布閭師民無職者出夫布此爲不毛無職者言之先王所以警曠土遊民也不毛者八宅不種桑麻罰之使出一里二十五家之布無職之人無執業罰之使出一夫之布也若廛居之民地非曠土人非遊民先王但取其廛地之賦載師所謂國廛二十而一是也初未嘗更責以不毛無職之罰至戰國之時既取廛賦又斂不毛也而罰里之布以其無職也而罰夫之布故孟子合而言之曰夫里之布而欲世主之無之



也註當合載師閭師兩引之乃專引載師文而不引閭師殊未備又引民無職事者出夫家之征不知夫之征是百畝之稅家之征是士徒車輦非布也未免節外生枝又古者錢曰泉取其流通亦曰刀取其利用亦曰布取其散布非布縷之布也

塗炭

止是汚而不潔之意趙注云塗泥炭墨是也邱月林謂塗恐其汚炭恐其焚此如孔蔡二傳解書之若墜塗炭則可不可以解孟子

孟仲子

詩維天之命傳引孟仲子曰大哉天命之無極而美周之禮也詩譜云子思論詩於穆不似孟仲子曰於穆不似（註仲子子思之弟）閟宮傳引孟仲子曰是禖宮也序錄云子夏傳曾申申傳魏人李克克傳魯人孟仲子孟子註孟仲子孟子之從昆弟學于孟子者豈名氏之偶同與日知錄曰譜云孟仲子子思弟子蓋與孟軻共事子思後學于孟軻著書論詩毛氏取以爲說則又有孟仲子之之書矣



自齊葬於魯反於齊

列女傳孟子處齊有憂色擁楹而嘆孟母見之據此則孟母同在齊後于齊而歸葬于魯也曷爲而反於齊有謂王有贈襚之賜至三月歸葬後反齊而拜王賜也有謂三年終喪以後反齊而復爲卿者有謂孟子墳墓在魯不得不歸而合葬究之魯無家而齊有家反蓋反哭之反也然細玩下文前日雖不得泥以昨日然究非三年以前且敦匠事時爲嚴至數月後亦稍寬矣故曰今者正稍寬之時若三年以後自小祥以至大祥不嚴不

已久乎若云魯無家而齊有家則所云致爲臣而歸何以辭焉此尤毛大可之妄説愚按家語三年之喪周人既卒哭而致事大夫三月而葬五月而卒哭致事者還政于君也然則反齊者卒哭之後反而致其爲卿之事于齊也似于情事較合

五十七十百畝

三代授田其畝數不同何也陳祥道禮書云禹貢九州之地或言土或言作或言乂蓋禹平水土之後人功未足以盡地利有土焉而未作有作焉而未乂故家五十



畝而已沿及商周則田漸闢而法備矣故商七十周百畝劉氏皇氏謂夏之民多家五十畝而貢商之民稀故七十而助周之民尤稀故百畝而徹熊氏謂夏政寬簡一夫之地稅五十畝商政稍急一夫之地稅七十畝周政極煩一夫之地盡稅焉而所稅皆什一賈公彥謂夏五十而貢據一易之地家二百畝而稅百畝也商七十而助據六遂上地百畝萊五十畝而稅七十五畝也周百畝而徹據不易之地家百畝全稅之如四子之言則古之民常多而後世之民愈少古之稅常輕而後世之稅愈重古之地皆一易而後世之地皆不易豈理也哉知新録云古來田賦之制始于禹水土既平咸則三壤後之王者不過因其陳迹而已故詩曰信彼南山惟禹甸之畇畇原隰曾孫田之我疆我理南東其畝然則周之疆理循禹之遺法也老泉曰萬夫之地三十二里有半其間爲川爲路者一爲澮爲道者九爲洫爲涂者百爲溝爲畛者千爲遂爲徑者萬故夏五十殷七十周百畝則是一王之興必將改畛涂變溝洫移道路爲此紛更煩擾之事也又豈理也哉蓋三代取民之異在乎貢



助徹而不在乎五十七十百畝其五十七十百畝特丈尺之不同而田未嘗易故曰其寔皆什一也蘓子之言旨哉

鄉遂都鄙邦國註

按周禮天下九州州各千里而京師一千里則曰王畿王畿內中十二里爲王城其四面各五百里第一環王城四面各一百里爲郊亦曰邦郊置六鄉之地次一百里爲甸亦曰邦甸置六遂之地郊甸之內除置六鄉六遂其餘地置爲公邑天子使吏治之此所謂鄉遂也甸

外百里曰稍內置大夫采邑故亦曰家稍稍外百里爲縣縣置鄉及王疏子弟采邑縣外百里曰都都置公及王親子弟采邑百里者爲大都七十里五十里爲小都總言之則稍縣都所謂都鄙也此畿內千里之地也其畿外八州之地曰邦國此由鄉而遂而都鄙而邦國之次第也然各官于其地有專掌有兼掌其事亦有分掌有互掌注疏家總未分析明白故讀周禮者往往以彼此互岐致生疑竇余特爲條分之六鄉則小司徒專掌之其下有鄉師六遂則遂人專掌之其下有遂師都鄙



則大司徒制其地而封溝之以室數制之與以不易一易再易之地而分地職奠地守制地貢而頒職事小司徒則經土地而井牧其田野以九夫爲井推之以任地事而令貢賦至若邦國則大司徒以土圭土其地而制其域由方五十里至方一百里爲五等之地以食者半及三之一四之一爲五等之食小司徒則立其社稷而已此地之有分掌兼掌也但大司徒大約是掌土地之圖小司徒是掌人民之數故大司徒篇首云以天下土地之圖周知九州地域廣輪之數其下土會土宜土圭



皆言土地小司徒篇首云掌稽國中四郊都鄙夫家九比之數其下軍旅田役追胥貢賦皆言人民然大司徒專掌土地又兼掌人民故職文之首句云掌建邦土地之圖言專掌也次云與其人民之數言兼職也是其事之有專掌互掌也如此分析庶免胡混

稱貸而益

集註稱舉也究未明析愚按漢書食貨志亡者取倍稱之息如淳曰取一償二也此可作孟文註解盖言倍息借貸而益之也又字書正譌益器滿也故字從水從皿



此章益字亦當作如此解方與上盈字吃緊若泛作加益猶鬆

夏校殷序周庠

王制言虞曰庠夏曰序爲國學之名周禮州黨之學皆曰序而無庠校之名學記黨有庠虞氏以爲夏殷制而孟子獨以夏校殷序周庠言之皆爲鄉學說者多牽扯諸說然說經當就本經求之此乃要法况孟子大儒去三代未遠說古皆得大槩豈可以秦漢以後雜採之書亂之哉李文貞公曰漢代辟雍太學之制博士弟子員

之設僅于京師而已自後天下州邑亦止廟祀孔子而無學矣之中世始詔天下有州者皆得立學而縣之學士滿二百人始得爲之今荒州僻縣無不設學矣意三代相承亦如此夏之時鄉爲置校而已殷則州莫不有序焉周人修而兼用之而黨庠以遍此自古及今其制寖廣也黨近於民故主上齒尊長而以養爲義鄉近於國故總乎道藝德行而以教爲義州則自黨而升而將賓於鄉故脩乎禮樂容節而以射爲義此則自上而下其法寖備也愚按文貞此說其所謂自古及今其制寖備者由漢以後之典制想見三代之規模與孟子以校序庠專屬夏商周鄉學道理極合自然但先王教人不外乎教養此固無地不然孟子亦姑就其字義繹之非必謂庠之中無教校之中不言養庠校之中不脩禮樂容節也文貞黨近於民數語未免太泥



# 四書正疑卷十五

彭澤劉　敍耕敫氏著

## 野

按周禮註疏野之名亦無定據鄉大夫野自六尺及六十有五皆征之註云郊門以外謂之野六遂也此以國中六鄉對言之則甸之六遂爲野據遺人野鄙之委積以待羈旅以上下文推之則甸稍爲野據秋官縣士掌野各掌其縣之民數注郊外曰野自三百里至四百里大夫所食也則稍縣爲野據地官縣師以歲時徵野之賦貢注野謂縣稍都鄙則稍縣都皆曰野諸侯之國原不能備王畿郊甸稍縣都之制而滕五十里其地尤小大抵除國中之地此外都爲野耳不必拘拘以周禮論也

## 八家同井

周禮考工記云九夫爲井孟子云八家同井萬充宗以八家爲殷制九夫爲周制近周柄中以爲然然八家果殷制則殷人七十而助止田七九六百三十畝孟子何以又云井九百畝乎周又云殷八家同井公田在私田

外周九夫爲井公田在私田中是周之一夫止授田九十畝零則班爵祿章明云周室何又云一夫百畝乎愚按八家以家言九夫以田言其實一也孟子所言八家即爲周制明矣至任釣臺謂商六百年生齒必繁至周無田可給不得竊公田授之民如此則周禮當云九家爲井矣此說未必然

雖夏亦助

孟子曰雨我公田遂及我私惟助爲有公田以此爲周助之證予謂非惟周助即夏亦助也夏小正不云乎初



服于公田戴氏傳言先服公田而後私田是其證也蓋三皇五帝之興皆在中原井牧之制其來已久楊子謂始乎伏羲而成乎堯劉熙云井牧始于黃帝井即助法牧即貢法即左傳所謂井衍沃牧皐隰也自洪水方割舊迹幾于蕩然至禹貢之咸則三壤成賦中邦雖粗定規模尚屬草創及有天下之後更詳其制于衍沃則井之于皐隰則牧之書曰濬畎澮距川于曰盡力溝洫畎溝洫澮川皆井田之事有井田即有公田有公田即是助法但其所以取民者校數歲之中以爲常與商周不同未免爲民病耳然亦其後世奉行不善所致夏先王立法時未嘗不善也大抵三代取民之制雖五十七十百畝之田不同貢助徹之名各異其實皆八家同井皆有公田孟子曰惟助爲有公田以助之公田顯而易見耳惟其取民之制雖皆什一而所以取之者各不同耳夏后之貢校數歲以爲常是所取有一定者也故公田之名不著殷人之助私田之外顯有公田借民助耕而多寡隨年之上下是有定而無定者也故公田之名特顯周之徹法雖有公田之名實無公私之別通力合作



計畝均分君民所得皆隨年之豐凶而無有多少之異是無定者也故詩云雨我公田孟子曰雖周亦助云余故曰雖夏亦助云

農家者流

許行朱註云史遷所謂農家者流按班固藝文志分九流始有農家者流大史公六家同異無之朱註蓋誤

伯益

益廟碑云字隤凱帝高陽第三子即八凱之一亦見水經注路史後紀卷八伯益字隤凱爲唐澤虞是爲百蟲

將軍（注嵩山中百蟲將軍廟自漢有之水經晉元康五年七月吳義毀去）佐禹治水封之梁年過二百又史記秦本紀大費佐舜調馴鳥獸是爲伯翳索隱云尚書謂之伯益竹書載夏啟二年費侯伯益出就國六年薨是益又封于費矣而以其年壽計之信過二百矣一字虞余禹治水白惟騈集群靈輻輳命虞余按其品類作岳瀆經一字庚辰岳瀆經載淮渦水惟無支祁禹命庚辰制之鎖于龜山之足一作化益即始作井者然一人而六名恐必有誤

濟

濟有二一曰北濟禹貢導沇水東流爲濟入於河是也一曰南濟溢爲滎東出於陶邱北是也北濟王莽時大旱枯絕其後復通南濟自東漢滎澤既堙陶邱之流遂絕水經叙濟水自滎陽以下乃河流之入於濟道者非濟之本流也以後遂不復通北濟始于河內武德入河後從從温縣入河水經注云枯後復通津渠勢改蓋言北濟非南濟也



汝漢淮泗注江解

禹貢惟漢水入江而汝泗則入淮淮則獨自入海皆不入江孟子總言注之江何也如李習之南來錄胡應麟僕撦鳳陽志任鈞臺妄援山海經率意牽合無當于當日情勢固已而爲孟子回護者皆以誤之一字了之金履祥曰當是排淮江而注之海決汝泗而注之淮決漢而注之江朱子語類云大綱是如此說法又云但以其字數足以對偶而云止是行文之失無害義理不必曲爲之說輯語云孟子行文取大段不屑屑作酈道元條辨云水道偶誤亦無碍以上下文義理不重在此是數說者雖未明言孟子之非要皆以孟子爲誤愚竊謂非誤也孟子鄒人也去汝淮泗甚近又往來列國車馬屢經此禹功所在必無足跡未經之理且生秦火以前尚書猶在又必無未經考究之理考之於書徵之於目以爲不知而誤固非以爲知而猶誤更非然則孟子何以皆云注江也纂語云春秋哀公九年秋吳城刊(邗)溝通江淮則汝泗淮皆入江孟生哀公後想記者就當時水道誌之故與禹貢不合此說似爲有見但據史記云孟子

退而與萬章之徒作孟子七篇則孟子一書乃其手定即令萬章之徒共爲纂脩亦必受自孟子口講書既成孟子斷無不寓目之理萬章之徒代其師記載禹功必無但據當時幾經開鑿之水道爲言致與禹貢乖舛錯亂之理然則孟子何以云注之江也夫讀古人書當思其作之在何時言之爲何事禹貢一篇敘成功之書也孟子所言乃禹用功之時也當是時山陵且懷襄矣東南平衍之地浩瀚無涯復何界限惟江爲最大其地較低而自淮至江數百里一望平洋無山巒邱阜以隔之



水自西北流而東南其勢本順禹當用功時但見水歸于較低之處遂順其勢而排之決之使入之耳此時漢入江汝淮泗亦入江然未嘗有汝漢淮泗之名也至功既成矣高下攸分禹乃主名山川何者曰江何者曰汝曰淮曰泗且何者入江何者不入江乃始脉絡分明耳若使淮泗汝漢當時已顯分入江不入江之界是水由其道矣又何事禹之排決爲哉孟子又不云乎禹掘地而注諸海水由地中行江淮河漢是也江淮河漢乃自水由地中後指點言之至未掘以前水行地上雖有江淮河漢之地究不分江淮河漢之界孟子所稱蓋以此也是故禹貢一書其篇終有之曰禹錫元圭告厥成功此作于成功以後之証也孟子此篇稱八年於外三過不入此言用功之証也聖賢言語千古混茫諸儒集訟迄無成見特據蠡管與識者共參焉

王省厓先生評　注江說向來聽闇潜邱近則錢竹汀宮詹解最爲精鑿此辨能獨闢已見傳於古人寔事求是之義固知涵泳白文之爲得也

以孟子與禹貢分別言之的當不刊可以解前人之結矣　上高李禎閬註

漯

史記河渠書曰禹導河至大伾乃厮爲二渠以引其河二渠者一北流爲大河自大伾山西折而北循大陸東畔入海一東流則漯川也自周定王五年河南徙而漯之故道盡爲河占矣

大江

江出岷山其源實自西戎葛山中來至嘉州而洙水自嶲州合大渡河穿夷界下山以會之至叙州而馬湖江會之又十五里而南廣江會之至瀘州而内江又自資



簡會之至重慶而嘉陵江自利閬果合等州會之至涪州而黔江合南夷諸水會之至萬縣而開江水自開達等州會之夫然後挹而入峽是江自峽而西受大水五八及出峽而下岳陽則會之者洞庭湖所受湖南北諸水也又自是而下鄂渚則受之者漢口所會興元諸水也又自是而下黄州東四十餘里則會之者巴河也又自是而下九江則會之者彭蠡所受江東西諸郡水也又自是而下則會之者皖水所受淮西諸水也夫然後挹而入海是自峽而東又受大水凡七畧計天下之水會于江者居其半其名稱之大而可考者凡十有三故曰江源之出如甕而能滔滔萬里者所受者衆也此升庵先生丹鉛錄所説如此愚謂自浣江而下至京口所受浙河吳越之水不下數十郡縣是固東南之水之最大者未可與蕪湖烏江等小水畧而不書

三江

三江之名一見于禹貢一見于周禮職方蔡沉書傳以婁江東江松江爲三江而注周禮者與書傳全又或以浙江錢塘江剡江爲職方三江皆混禹貢職方爲一不



知禹貢三江專就岷江言職方三江專就揚州言松江婁江東江僅吳之一隅浙江錢塘剡江僅越之一隅不但不可當禹貢之三江并不可以當職方之三江然則二者將何別徐鍇注説文云江出岷山至楚都爲南江至潯陽爲九道名中江至南徐州名北江入海此禹貢三江也纂要云揚州之地北踰大江南踰會稽則岷江在北浙江在南松江居中此職方之三江也此二説者亦有所見然竊謂不然力説在彭蠡辨

漢水有二

祝穆曰天下之大川以漢名者二班固謂之東漢西漢而黎州之漢水源于飛越嶺者不與焉固之所謂東漢則禹貢之導漾自嶓冢山經梁洋金房均襄郢復至漢陽入江者也西漢則蕃代所謂漢中之甲輕舟出于巴乘夏水下漢四日而至五渚者其源出于西和州徼外經階沔與嘉陵水合俗謂之西漢又經大安利劍果合與涪水合入于江

江不通淮

哀公九年吳夫差伐齊于廣陵城東南築邗城城下掘溝從此出湖北通齊魯謂之邗江今瓜州至郤伯是也東北通射陽湖北至末口入淮此江淮相通之始晋永和中江都水斷乃于歐陽埭引江至廣陵城合中瀆入淮謂之山陽瀆隋又開之以通戰艦明初循故道開新運河以通漕即今運道也古未嘗通也故孟子謂排淮入江特就泛溢時言之耳震澤之于江亦然春秋時吳伍員伐楚穿渠以運因名胥溪江水漫溢則倒灌胥溪而趨陽羨以入震澤而三代以前亦未通也班固謂蕪湖水東至陽羨此漢時則然蓋高淳縣東五十里其地



中高本不與江相通也至桑欽謂大江水自貴口分流過安吉而入震澤其說亦非蓋貴池以東宣歙之間亦中高不相接也至明築廣通壩而蕪湖以西之水仍入大江矣

泗沂

泗水出兗州府泗水縣桃墟西北之陪尾山其源有四皆導之故曰泗西南流經今江南徐州然後東南折會尼邱山之沂即浴沂之沂也又東南而會艾山所出之東西二沂以入淮而入海此泗之大概也其兩沂又各不同其一爲禹貢淮沂既道導淮之東會于泗沂是也出徐州境內方輿紀要云出沂山地理志云出艾山東南歷沂州城東又南至淮安府邳州城北分東西二流西南入泗以入淮淮安境內別有汶水入焉非閔子汶上也此汶水有邳宮湖在邳州南數里爲進京孔道必渡之所其一出兗州府泗水縣尼邱山東南六十里西流過兗州城南入泗大勢與泗水相並西流至泗水東南流乃會此沂而東南又會沂山所出東西分之沂以入淮此浴沂之沂不可與禹貢之沂混

八年於外

經稱鯀堙洪水傳稱鯀障洪水國語稱其墮山堙卑若禹則經曰決九川孟子曰疏淪排決可知鯀治水障之也禹治水導之也其成敗之由以此然則禹之聖何以八年也金仁山曰八年之中非但導水而已中間畫井田爲溝洫立經制酌土宜定賦法通朝貢八年之中定千百萬世之計禹貢一書至詳且悉此禹功所以不可反也羅疇老曰禹之功至水平而後大故于告厥成功之後始稱大禹湯之功至克夏而後成故于湯歸自夏之後始稱成湯

后稷樹藝法

呂氏春秋后稷樹藝之法曰五時見生而樹生見死而穫死言農候也如望杏敢耕瞻蒲勸穡所謂見生樹生也靡草死而麥秋草木黃落禾乃登所謂見死穫死也又曰五穀生于五木汜勝之曰黍生于榆大豆生于槐小豆生于李麻生于楊大麥生于杏小麥生于桃稻生于柳五木自天生五谷待人生故五谷候于五木亦見生樹生也



噉

曲禮毋噉炙陳澔註一舉併食之併食曰噉蓋猶云盡食之也孟文集註云攢共食之蓋蠅蚋嘴利故云攢非一類故云共然仍是食之意竊謂兼盡字一層更寀蓋狐狸既食之而蠅蚋又盡食之也

亳

彭澤劉　敉耕敫氏著

商有三亳蒙爲北亳在河南歸德府商邱縣北穀熟爲南亳在商邱東南四十里偃師爲西亳屬河南府書序自契至湯八遷始居亳康成云亳偃師城也皇甫謐非之曰湯使亳衆往爲葛耕葛在寧陵葛鄉去偃師八百里焉得往耕盖湯本自商邱遷穀熟而偃師則盤庚始遷耳愚按漢志山陽郡薄縣注云湯所都即穀熟此南亳也河南郡偃師縣注云尸鄉湯所都此西亳也兩亳皆湯所都史記正義亦謂湯自南亳遷西亳今觀盤庚篇曰先王將多于前功適于山又曰肆上帝將復我高祖之德則西亳爲湯所居而非盤庚始遷明矣但與葛爲鄰則居南亳時事若是偃師誠不能八百里而爲之耕也



十一征

湯十一征諸家亦未鑿指爲何國今雜考諸書于詩則韋也顧也昆吾也于書序則伐三朡也于國策則征密須也于竹書則征有洛征荆滅温也于路史則征有卞也并葛與桀適符十一之數亦未知是否也

莊嶽

集註齊街里名似莊嶽是一地名按襄公二十八年傳得慶氏之木百車于莊孔疏引爾雅六達謂之莊又昭十年傳陳鮑與欒高戰敗諸莊齊之東南門曰鹿門莊蓋在鹿門之內襄二十八年慶封伐西門弗克還伐北門克之入伐內宮弗克反陳于嶽杜註嶽里名是在北門之內宮門之外莊嶽是兩地俱在城內相近故曰間



齊語

齊楚土語不一今摘數條于此易註齊人謂萌爲蒙詩箋齊以鮮爲斯爾雅注疏齊以火爲燬息爲四齊爲脉禮記註齊以是爲所以猷爲莸快爲㾐穗爲相殷爲衣公羊傳注齊以焚爲樵以得爲登疾爲僨

楚語

左傳楚人謂乳穀謂虎於菟淮南子注楚人以牢爲霤以佔爲倦以躓爲蹟史記楚謂多爲夥水經注楚以冢爲琴爾雅注以逮爲遝離騷注以轉爲邅以湍爲遄

段干木

段干李姓邑也初封段後邑于因邑而氏魏世家有段干子田世家有段干明而風俗通乃以爲姓段名干木蓋因呂氏春秋干木光乎德與魏都賦干木之德而誤也路史卷七少昊紀儋(即老聃)生宗邑段干遂有段干氏是段干老子之後三輔決錄段干出老子段干木之子隱如入關去干字

楊墨

楊墨皆異端也而墨之教盛于楊佛老皆異端也而佛之教盛于老蓋戰國時以兼併殘殺爲事視人命如草芥天下人苦之久矣墨氏傷之而示之以兼愛此良醫治疾對症之藥聞風者自如熱之趨涼如水之就下故人之樂從墨者甚于楊如西方之民以殺掠爲耕作莫之警也佛氏以果報慈悲之說化之故其人之樂從佛也甚于老然墨子以兼愛教戰國第可稱賢于戰國佛氏以慈悲化西方第可稱聖于西方稱賢于戰國者救一時之弊非千古之道也稱聖于西方者救一方之弊非治天下之道也此如治病者之治其末而不揣其本



耳而況乎其無父無君本寔先撥哉此孟子所以獨闢墨而不闢楊昌黎之徒所以獨闢佛而不闢老也世儒乃以仲尼墨翟之賢並稱其儗不于倫哉

墨翟

諸子註云名翟周平王時人以兼愛名家著書多奇字敢于非聖以偏曲之見易天下者考通鑑平王四十八年魯惠公使宰讓請郊廟之禮王使史角往惠公止之其後在魯于是有墨翟之學惠公之卒在平四十八年似墨翟即是史角又考路史國名紀卷二郢字注引楚惠王之末墨翟重繭趨郢按此語未知所出而春秋終于哀公二十七年正楚惠王之二十一年與平王春秋之始相去二百餘年是墨翟又非史角或角之後裔居于魯者與又劉向云墨子戰國一賢士大夫也其書大抵皆治平之道不甚悖于理如擇務尙賢節用非樂尊天兼愛蓋其言之以救世主藥石耳非執以爲世主之準也云戰國則又在春秋之後矣又文獻通考載晁氏曰墨子宋墨翟撰戰國時爲宋大夫著書也予觀其書有曰吳起之裂其功也西施之沉其美也則墨翟在吳

起西施之後其爲戰國時人無疑又韓詩外傳云當世之鯑邪說文姦言以亂天下者范雎魏牟田文莊周愼到田駢墨翟宋鈃鄧析惠施之徒也又可爲戰國之証困學紀聞胡致堂曰楊朱與老聃同時墨翟又在前宗師大禹而晏嬰學之以爲楊墨出于師商考之不詳甚矣又遍考載高氏子畧曰韓非子謂墨子死有相里氏之墨有相芬氏之墨鄧陵氏之墨孔墨沒後儒分爲八墨離爲三其爲說異矣然則墨者夷之未知爲何氏之墨



負夏

遷于負夏朱註無明文孫奭疏以爲遷居非也遷當作懋遷之遷按史記五帝本紀舜耕歷山漁雷澤陶河濱作什器于壽邱就時于負夏集解云負夏衛地蓋本檀弓注索隱就時猶言逐時猶言乘時射利也尚書大傳曰販于頓邱就時負夏孟子曰遷于負夏是也此註最爲明析朱子于耕稼陶漁皆據史記則此自當以史記補朱註所未及

畢郢

文王卒于畢郢郢即程古字通與畢相接故曰畢郢竹書商武乙四年周公季歷伐程戰于畢克之太丁五年季歷作程邑故路史以爲王季之居又逸周書王季宅程世紀云王季徙于程又紂二十三年囚文王于羑里二十九年釋西伯諸侯逆之歸于程三十二年西伯遷于程三十五年周大饑西伯自程遷于豐字皆作程與楚郢之郢別又史記正義引周書大匡解周王宅程作宅郢長安志引孟子此文作畢程呂覽武王嘗窮于畢程竹書周師伐程戰于畢通雅言梧州地有下郢土人



讀之如程可知古郢字有程音則畢郢即畢程無疑逸周書史記解昔有畢程氏損祿增爵群臣貌匱比而戾民畢程氏以亡其即國于此者與然畢有二名在渭南者名畢原文王葬處括地志文王墓在雍州萬年縣西南二十八里畢原上是也在渭北者名畢陌史記秦本紀集解引皇覽曰秦武王冢在扶風安陵縣西北畢陌中大冢是也人以爲周文王冢非也周文王冢在杜中地道記畢在渭南與畢陌別漢書劉向傳文武周公葬于畢師古注以畢北當之非

二女

史稱堯黃帝之元孫又稱舜黃帝八世孫是二女爲舜從曾祖姑瀆姓亂宗莫甚焉魯昭公取吳女晉獻公取狐姬君子譏之堯舜而顧出此乎歐陽氏謂司馬序漢高于父曰太公而不知其名于母曰劉媼而不知其姓耳目所及尚如此乃上紀五帝二千餘年而母妻嫡庶子孫姓名一無所遺尚足信乎然則堯舜世系失考明矣而謂同祖黃帝非也然則舜果何出乎考之于書曰虞舜曰嬪于虞是虞者有國之稱也參之國語史伯之



言曰成天地之大功者其子孫未嘗不章虞夏商周是也虞幕能聽協風以成樂物生者也夏禹能平水土商契能和五教周棄播植五穀其後皆爲王公侯伯夫以虞幕並稷契而言則虞爲有國之號而幕爲有功始封之君而舜所自出者也又左氏載史趙之言曰自幕至于瞽瞍無違命舜重之以明德夫曰自幕至瞽瞍非自黃帝以至瞽瞍也且書稱親睦九族如史記所載世系果真則舜正在九族之內堯又以君父之勢臨之乃聽頑嚚之父母屢殺其子于死而不能爲之調停于其閒其謂之能親睦乎而且以二女取之是堯自裂其聖而并納舜于非聖也夫婦者三綱之本萬化之原何觀聖之有然則堯舜之不同祖黃帝可於妻二女斷之史記世本謬妄相承今數千年來誣兩大聖于瀆倫之行是不可以不辯故參金仁山說而更暢之

詩亡

李文貞公曰詩亡之說不一趙註云太平道衰王迹止熄頌聲不作此以無頌爲詩亡楊時云雅亡則無政胡康侯云自黍離降爲國風天下無復有雅而王者之詩



亡矣此以雅亡爲詩亡歐公曰霸者興變風息呂東萊王伯厚云雅亡而風未亡清議蓋凜凜焉變風終于陳靈而詩亡此以風雅俱亡爲詩亡顧寧人云西周之天子詩陳於列國察其風俗知其政教而賞罰行焉此義行則春秋可不作也其篇什既亡軼而無存則賞罰之義不明春秋所以作此又以西周之風亡爲詩亡今按雅亡之說爲朱子所取然小雅之詩曰周宗既滅曰赫赫宗周褒姒滅之明是東遷以後之詩蓋賢人君子閔時愈亂雖既東之後豈盡無雅況風詩是王者命大師

採陳而行賞罰之典於春秋所取之義尤切又不當專以無雅爲詩亡也按王通中說曰變風變雅作而王澤竭矣然則詩亡者正風正雅亡也按此說較諸說爲長故錄之

四凶

宣公十八年左傳季孫行父使史克對宣公曰昔帝鴻氏有不才子掩義隱賊好行凶德醜類惡物頑嚚不友是與比周天下之民謂之渾敦驩兜少皥氏金天氏玄囂有不才子毀信廢忠崇飾惡言靖譖庸回服讒蒐慝以誣盛



德天下之人謂之窮奇共工顓頊氏有不才子不可教訓不知話言告之則頑舍之則嚚傲很明德以亂天常天下之民謂之檮杌鯀縉雲氏黃帝時官名有不才子冒于飲食貪于貨賄侵欲崇侈不可盈厭聚歛積集不知紀極不分孤寡不恤窮匱天下之民以比三凶謂之饕餮三苗舜臣堯流四凶族投諸四裔杜預注渾敦不開通之貌窮奇其形窮其好奇檮杌頑凶無儔匹之貌貪財爲饕貪食爲餮字義固爲明析然于四者名號比擬究未指出根源愚按山海經西山經天山有神焉狀如黃囊赤如丹火六足四翼渾敦無面目是識歌舞實惟帝江郭璞注云莊生所云中央之帝混沌爲儵忽鑿七竅而死者盖假此以寓言也又神異經言崑崙西有獸兩目不見兩耳不聞有腹而無五臟名曰渾沌又邽山上有獸狀如牛而蝟毛曰窮奇音如獋狗是食人諸器云窮奇見人鬬乃助不直者文王出獵所獲神異經云窮奇狀如牛長尾曳地狗頭人形逢忠信之人則嚙而食之逢奸邪則捕禽獸而飼之委宛餘編云窮其逐妖一名神狗又周語惠王十五年內史過曰商之興也檮杌次



于丕山其亡也夷羊在牧韋註以爲惡獸名又北山經鉤吾之山有獸焉羊身人面目在腋下虎齒人爪名曰狍鴞是食人郭注云爲物貪惏食人未盡還害其身左傳所云饕餮是也黃思伯東觀餘論云饕餮即山經所云狍鴞多以飾器之腹腹象其本形示爲食戒然則渾敦窮奇檮杌饕餮皆惡獸名故天下以比四凶

# 四書正疑卷十七

彭澤劉　薇耕敭氏著

## 殛

趙岐註孟子不言殛字爲何解。鄭元注周禮則云廢以馭其罪。廢猶放也。舜殛鯀于羽山是也。陸德明釋云殛誅也。曲禮齒路馬有誅。以言語責之。非有刑罰也。今以尚書竄鯀于羽山証之。則鄭陸之說良是。但鯀死于竄所。故洪範云鯀則殛死。春秋傳云堯殛鯀于羽山。其神化爲黃熊也。以殛爲殺。向屬沿誤。黃陶菴先生此題文即據此。故其自記云云。



## 鯀世系

按山海經黃帝生駱明。駱明生白馬。白馬是爲鯀。世本曰黃帝生昌意。昌意生顓頊。顓頊生鯀。史紀高陽子熙帝生駱明。駱明生白馬。白馬生鯀。氏族源流顓頊妃鄒屠氏生駱明。駱明生鯀。史記亦謂高陽生鯀。海內朝鮮記及路史謂高陽瑯顓生駱明。駱明生白馬。是爲伯鯀。傳記又云鯀爲高陽元孫。漢律志及帝糸三統歷皆謂高陽五世孫。諸說不一。必有錯誤。而以顓頊生鯀。鯀生禹者。誤尤顯然。

## 外丙仲壬

湯崩立外丙。外丙崩立仲壬。史記已載之矣。竹書亦云外丙名勝。元年乙亥即位。二年崩。仲壬名庸。元年丁丑即位。四年崩。則二人已立在位的無可疑。自孔氏以湯崩踰月太甲即位。程子以歲爲年。於是邵子皇極經世胡五峯皇王大紀皆不列外丙仲壬。而以史記爲非。以爲三王家天下。定於立嫡。無嫡子立嫡孫。無含嫡孫立諸子之事。若立外丙仲壬。則仲丁以下廢適而立諸弟子。



弟子爭相代立。比九世亂。不幾于湯與伊尹亂倫壞制首開其端乎。不知商家立弟。自太甲之子沃丁立弟太庚。已然。非自仲丁始。是則立弟者商制也。但沃丁之立弟以無嫡子。而仲丁以下之立弟并立姪廢嫡子也。廢嫡立弟姪。此所以比九世亂也。史記所以特著廢嫡二字。然則太丁未立而死。是無嫡子也。安在外丙仲壬相繼而立之即爲亂制耶。自當以史記之言爲是。故蔡傳不從孔氏而引呉氏之說。謂太甲之爲嗣王。嗣仲壬而王也。自不可易。然愚竊有疑焉。伊訓一篇。太甲三篇

及咸有一德皆伊尹告太甲之辭凡天命人心烈祖之
德及夏先王後王之美惡皆歷歷言之外丙仲壬若皆
在位六年之中用人行政亦必有美惡焉可爲嗣王法
戒者且湯崩之後天下初定冢嗣既死又連遭二喪此
天降喪亂之大者正宜因此以爲嗣王儆戒今觀諸書
止言湯德亜無一語及于二君雖蔡氏謂此書本爲伊
尹稱湯以訓太甲故不及外丙仲壬之事然亦不應如
是之畧則孔氏諸說以太甲嗣湯而王亦不可廢

桐



湯之陵墓說者不一崔駰謂在濟陽薄縣北皇覽謂薄
城北郭東三里平地有湯冢杜預謂梁國蒙縣北有薄
伐城城中有湯冢水經注云此諸說迄無折衷朱子集
註則以桐爲湯墓地此本孔氏書傳然鄭康成書序註
云桐地名有王離宮在焉初未指爲湯墓所則朱子之
說亦未必實劉向嘗云殷湯無葬處是漢時已不得其
詳況後世乎予在紀曉嵐先生家見其門生孫星衍覆
先生書云大昊冢在山東魚臺縣湯陵在山東曹縣的
屬確實孫山東人時官山西臬司亦未知其實否也且
即就桐地言之亦無定所閻潛邱云後漢志梁國虞縣
有桐亭太甲放處應即在此去湯都南亳僅七十里伊
尹得以不時往訓此以湯都在穀熟之亳者謂桐在今
歸德虞城此一說也又有謂湯都在偃師者史記正義
引晉大康地記云尸鄉南有亳坂東有城太甲所放處
也尸鄉在洛州偃師縣東南五里據此則太甲放處密
邇湯都湯都在偃師桐地在尸鄉此又一說也桐地且
無確據湯墓豈有定耶又路史言商八遷上甲微居鄴
注鄴即桐亦未知是否



癰疽

按國策衛靈公近癰疽註癰疽瘍醫之卒者此與孟
子正相合彼韓非子作雍鉏史記作雍渠劉向說苑作
雍睢而東坡亦云不若以國策爲的

賴

陸宰稗雅曰獺祭魚豺祭獸獺字從賴與豺從才同意
援神契曰謂多賴故不使他揚賴才也此皆稗雅文愚
按賴字說文贏也類篇恃也史記高祖紀晉灼注利也
朱子註孟子藉也藉與贏恃利意畧同要之于下文暴

字廬實不相敵固不若從才也爲的賴是才暴是不才下文才殊字恰好承接

曹交

左傳哀公八年宋滅曹至孟子時曹亡久矣曹交蓋以國爲氏者集註以爲曹君之弟蓋誤

五霸

五霸之稱有二有三代之五霸有春秋之五霸左傳成公二年齊國佐曰五霸之霸也杜注夏霸昆吾商霸大彭豕韋周霸齊桓晉文服虔及詩正義風俗通皆主此



說趙臺卿注孟子云齊桓晉文秦穆宋襄楚莊顏師古注漢書異姓諸侯王表宗杜注同姓諸侯王表則宗趙說而以吳夫差易楚莊白虎通亦並存二說而後一說以吳闔閭易宋襄竊考國語祝融能昭顯天地之光明其後八姓昆吾爲夏霸大彭豕韋爲商霸莊子彭祖得之上及有虞下及五霸李軌註彭祖名鏗堯臣封于彭城歷虞夏至商年七百歲是所謂五霸者亦商時也是知國佐以前有五霸之名久矣若孟子所稱五霸則就東周以後言之如嚴安所云周衰三百餘歲而五霸迭起者也宋襄求霸不成傷于泓以死不得稱霸楚莊之卒先國佐對晉人時止二年不當遂列爲霸而定於五也按史記言越王句踐遂報强吳觀兵中國號稱五霸子長在趙氏以前說非無據然則言三代之五霸當從杜氏言春秋之五霸當列句踐而去宋襄而荀子又以桓文楚莊闔廬句踐爲五霸

滑釐

按史記孟荀傳慎子名到趙人又儒林傳云田子方段干木吳起禽滑釐之屬皆受業于子夏之倫四書聚考



云慎子與彭蒙田駢爲友學墨子弟子禽滑釐之術滑釐等三百人善守禦爲節用自言能不戰而屈人之兵慎子嘗遊學于魯平公因齊湣王之亂欲使復齊取南陽孟子自齊歸于魯語之曰不可慎子曰此滑釐所不識蓋禽滑釐其所尊尚故云集註以滑釐爲慎子名疑誤

魯方百里者五

魯以百里而至五百里其爲并吞小國可知今就春秋傳考之有滅小國而得者若項若鄟若邿若鄫若須句

根牟是也有取邑而得者伐宋取郜與防伐齊取穀伐莒取向取鄟取郠伐邾取訾婁取繹取漷東田及沂西田是也有分地而得者僖公分曹地自洮以南東傅於濟襄公分邾地自漷水歸於我是也有納叛所得者邾庶其之漆閭丘黑肱之濫莒牟夷之牟婁防茲小邾射之句繹是也其在春秋以後者史記越世家載哀公時越滅吳與魯泗東地方百里以此計之所得爲不少矣餘俟再考

饔飧

今皆以朝饔夕飧爲通訓其義究未明按周禮注小禮曰飧大禮曰饔又曰飧客始至之禮饔將幣之禮蓋飧如今驛舍下馬飯饔如今下馬宴客至必夕夕食未盛故曰夕飧宴享必盛而以早爲敬故曰朝饔飧字從夕食今從歹誤

驩虞

驩虞之虞與娛同易憂虞之象虞與憂對皆言樂也魏相傳君安虞而民和睦匡衡傳未有游虞弋射之宴皆如此俗或作憂患用殊非字又作豫易曰豫樂也孟子



一遊一豫揚雄傳反五帝之虞注虞與豫同或借作譽左傳季氏有嘉樹韓宣子譽之服虔注譽豫同遊豈下也

富

五福不言貴而言富蓋三代之法貴者始富周禮所謂祿以馭其富也至若庶民之家一夫百畝昔屬公家之田初無貿賣之例非若後世富家田連阡陌貧則無立錐之地故其時厚貲之家不過各有餘粟機有餘布雞豚鴨鵝蠶繭絲囿圃田野之間牛馬繁滋而已無所謂富也然其時民物豐亨風俗淳美衆有衣織有食仰足事俯足畜宗族親戚以酒食相往來歲時伏臘集鄉鄰爲燕樂則謂之富也可夫子曰富之即求所云足民孟子曰民可使富亦不過菽粟如水火而已可見

數月之喪

朱子集註引陳氏曰王子所生之母死厭于嫡母而不敢終喪此蓋本于趙註不知庶子于生母之服止厭于父無厭于嫡母之說禮庶子生母之服不一士以下妾子爲其母如母大夫則父在爲其母大功父卒亦三年

諸侯以上則父在爲其母無服父卒爲之大功儀禮喪服記云公子爲其母練冠麻（注脫一麻字謂緦麻之經帶）麻衣縓緣既葬除之傳曰何以不在五服之中也君之所不服子亦不敢服也鄭註諸侯之妾子厭于父而不得伸權爲制此服不奪其恩也又喪服大功章公之庶昆弟爲其母大功傳曰先君餘尊之所厭不得過大功也緦麻章云庶子爲父後者爲其母緦傳曰與尊者爲一體不敢服其私親也有死于宮中者則爲之三月不舉祭因是以服緦也然則諸侯之妾子父在爲母練冠麻麻衣縓



緣既葬除之父卒爲其母大功而或爲父後者則惟服緦凡此禮所謂厭者俱厭于父非厭于嫡母也陳氏以趙注而誤朱子則又因陳氏之誤也由此觀之是大夫則父在爲其母大功父死亦三年若士以下妾子爲其母如母雖父在亦三年也世俗有父與嫡母俱在而母死者不曰厭于父而曰厭于嫡母并有父卒嫡母在而母死者亦曰厭于嫡母而竟不以服三年之喪者殊失天理之正矣

## 墨

小爾雅廣度云五尺謂之墨倍墨謂之丈國語不過墨丈尋常之間註五尺爲墨倍墨爲丈則孟子所云繩墨即今木工所用之五尺與繩爲二物朱註缺辨而俗遂以木工之繩用墨水漬之者當之竟以繩墨爲一物殊未分別又管子地員篇其施五尺註施大尺之名音遺亦即墨之別名也

## 追蠡

筆乘徧考字書並無以追爲鐘紐者豐氏特據考工記鐘縣謂之旋旋蟲謂之幹又因蠡蟲遂附會以爲鐘紐



即周禮之旋蟲何其穿鑿之甚細詳其義當爲槌擊之追又按蠡有四義一音黎即瓢勺東方朔以蠡測海是也一音螺即海中大螺公輸般見螺出頭潛以足畫之蠡終日閉戶不出是也一音裸疥病也左傳爲其不疥蠡是也一音禮木中蟲也追蠡當從禮音盖禹之樂用之者多故凡槌擊之處卒皆摧殘如蠡嚙也盖追者槌也蠡其形似也

## 高子

詩緜衣傳高子曰靈星之尸也疏曰高子子夏門人後

文學于孟子嘗著詩傳其年長于孟子故孟子稱之爲叟徐整云子夏授高行子即詩序及孟子所云高子也以緇衣繹賓尸爲靈星之尸以小弁爲小人之詩則已失其義矣趙岐云齊人

其志嘐嘐然

說文嘐嘐誇語也韻會引孟文因朱子志大言大之語亦訓爲誇然細味本文嘐嘐然緊連其志則嘐嘐字應屬志說其所以嘐嘐者則于所言古之人見之故志亦云嘐嘐若以專屬言誇則其志二字無着且細味朱註志大屬嘐嘐言大屬兩古之人自不相悖不得以字從口泛屬言誇也

閹然

按肘仙肘後經騸馬宦牛羯羊閹豬鐓雞善狗淨貓皆言去其勢也故內侍曰宦官曰閹人焦氏解閹然句云閹然者疑于無陽也鄉原無丈夫之氣而有婦寺之心二語最妙

散宜生

史載文王囚于玉門散宜生以騶虞美女之屬請于紂



而釋文王說者謂紂方溺于色美女之進不助其淫而損文之德乎然愚竊意所進美女必賢女也擇之于江漢莒芣之中與瓊宮瑤室之長夜飲者必迥異以之在御外則進之色以悅其心而實則進之賢以移其志而使之不覺久之因色以賢賢或可賢賢以易色使殷祚可以不移六州可以復附此宜生之心也如徒以求脫文王之罪而以色進無論見而知道必不爲此周公召公亦必阻之而不肯爲也且觀其進騶虞而知之矣當日珍禽異獸何難羅致而乃進一仁德之獸蓋謂可以啟人主慈愛之心一獸且不苟況肯以不賢之美色進之哉或謂女之賢無所聞何以知之竊謂正惟無所聞即可以見其賢矣當日妲己之醜聞于天下載之史官而此女獨無所聞則其幽閑貞靜可知后妃得文王而賢愈章此女遇紂而賢以沒此女之不幸也然則何以不能祛紂之昏惑耶曰微箕諸人之賢聖不能勝廉來崇侯此女豈遽能勝妲己而祛紂之惑乎且當時後宮之艷幾以千數費侯之女且以貞誅正不勝邪少不敵象其勢然也特宜生之用心爲甚苦耳匡君德以此

脫主難亦以此此古魯詩稱文王舉之于宜免之中而書稱其迪彝教也與趙岐注云呂尙有勇謀而爲將宜生有文德而爲相吉哉又孔氏書傳及鄭樵通志皆以散爲姓宜生名然漢古今人表女皇堯妃散宜氏之女又大戴禮帝繫篇堯娶于散宜氏之女曰女皇則散宜爲姓審矣





彭澤劉　瀫耕敫氏著

## 禹貢彭蠡非鄱湖辨

禹貢言彭蠡者二導漾曰東滙澤爲彭蠡東爲北江入於海導江曰東迤北會於滙東爲中江入於海說者多以鄱陽湖當之朱子辨之甚詳而卒取鄭樵之說謂東滙澤以下十三字爲衍文夫解經不得而刪經可乎蔡氏傳亦辨其非欲以巢湖當之而又謂其不應記小而遺大卒謂禹未親至而苗頑不工臣工未敢深入仍宗朱鄭之說此亦窮無復之而遷就臆度之辭耳究之彭蠡鄱湖終難强合如先儒之所辨論若既明且悉茲不具述愚竊以管見窺之夫洪水滔天天下汎濫言南係即當就南係大勢擬之拘拘焉就一隅之地一栭之水以求所謂澤泥矣且當就當日之南係大勢擬之拘拘焉就今日之水而求所謂澤更無憾其牽扯傅會而不可通也且今日之大勢亦可驗矣嘗考漢水入江以後入揚州界至蕪湖等處千餘里兩岸山阜相去數十里至數百里不等其間無數洲渚一望平洋杳然無際每

春夏水漲波浪稽天桑麻廬舍俱在水鄉舟子鼓棹揚帆多在木末想當時懷山襄陵其氾濫之勢又豈止如今日之水哉且洲渚之地一經濁漲輒淤積尺餘不等今不知幾千百次矣想在當時未經淤積之先地勢之窪下積水成澤又不知當何如矣以此爲彭蠡則漾水入江恰東下而滙爲澤也岷江之水恰東迤而北會于滙北驗之經文直截明白吻合自然此真南條之水一大都會可以滙江漢之衝而無疑者矣如以鄱湖當之則導漾當云南滙不應言東滙導江亦當言東迤南滙



不當言北會況鄱湖收數州之水源遠流長今湖口之地兩水並流清濁攸分無論其不藉江漢之水以成滙且江水亦豈能排闥而逆入也哉至北江中江之說以經文與今日形勢揆之尚有可指今洲渚極北與興國黃梅潛山大湖望江高阜相接之處有水一道自武歇分流而下至望江吉水溝南入江流五六百里濶處亦四五里不等但其武歇分流之處不知何時築埧堵塞以防逗漏關稅故水緩易淤比今大江較爲淺狹嘗在望江一帶問之土人相傳古固一大江也今水漲浮埧

猶多船牌由此逗漏者以無郡縣要處故名不著耳此或北江之故道也其中江則禹時必有當中直下在此水之南今大江之北而另爲一道以居中而流者而今之大江湖口合流之處則爲南江此則三江相去各二三十里非若九江播爲十七道潯陽之地不能容也其後北江淤積中江亦南徙而合流於湖口之南江於是中江之故道亦失此與黃河南徙合流于清江之淮水而黃河之故道俱失正同由是以觀則自入揚州界以下即是東滙之彭蠡即是東迤之滙而中江北江即在



彭蠡與滙之內東流入海是則以窪下廣濶言之則曰澤以水之總會言之則曰滙以泗時水由地中分流者言之則曰中江北江以彭蠡證中江北江即可以中江北江證彭蠡而言彭蠡者乃沾沾今日之大江求之求之東北不得即以西當之求之順流者不得即以逆流者當之此何異刻舟求劒坐井觀天至於糾謬轇轕歷千百年聚訟而不得定哉愚嘗考之他書其證有二蓋鄱陽湖有東西二源其一自西南來合南贛吉袁臨筠洪數州之水自吳城以下至大石山八十里爲大澤曰

湖漢漢書地理志豫章郡縣十八而註載水入湖漢者八餘汗餘水自鄡陽入艾之修水東北入新淦淦水西入南城盱水至南昌入宜春南水至新淦入南埜彭水亦入鄱陽鄱水雖屬東源注亦云西入湖漢其餘注所未載之南昌歷陵今德海昏今昌雩都鄡陽等縣或爲諸水所經或其源流至今可觀大抵俱滙於湖漢此一源也其一出三天子都是曰廬江山海經水經皆言之又注循率山記漸江江湖漸出三天子都在率東廬江出三天子都入彭蠡今維率山之水山陰山陽一東一西而流入於江者與古聰合嘗遊率山見巨石上鐫三天子都字筆畫倘摩索可認云云按率即歙今率山在歙州南後漢郡國志會稽郡浙江註云江出歙縣玉山前漢地理志丹陽郡黟縣註亦云浙水出南蠻夷中黟即黟黟歙蓋接壤也知山陰東流者爲浙江則知山陽西流者爲廬江矣自是合徽饒數州之水經都昌會今之東鄱湖西出大石山與湖漢合漢書地理志鄱陽注云鄱水西入湖漢是也此又一源也二源既合於是大石山靖江王廟前爲左蠡過大石山東北流爲揚瀾至南



康府南爲宮亭過大孤山而入江矣此湖口以內鄱陽湖之大槩也二水各有主名其不得以之當彭蠡也其證一鄱湖口以內世統以鄱湖名之亦未考鄱陽之義耳按地理今釋鄱陽湖者以中有鄱陽山而名夏允彝亦云云夫水以北爲陽山以南爲陽山既在湖中則湖以鄱陽名者定在山之南矣或曰山名鄱湖在其陽故名鄱陽此湖以山名也抑鄱水之名見于漢書路史國名紀番鄱也今饒之番陽漢之番有番江則山在其陽因名鄱陽山後并名其湖曰鄱陽湖亦未可知此山以湖名也要之不離今東鄱湖者近是至山陰自吳城以下至渚溪一帶之水名爲湖漢原本不得概名鄱陽湖但二水相連勢復相通遂俱以鄱湖名之而俗又以山陽鄱水本處曰東鄱湖山陰湖漢之水曰西鄱湖以別之顧名思義知鄱湖之爲鄱湖其不得爲東滙之彭蠡也其證二鄱湖既不得爲彭蠡而彭蠡之在一帶湖渚其證又有六倘書彭蠡既豬陙彭蠡是江漢合處據此（著載李厚岡先生封義孝同此說）則自漢水入江以下俱爲彭蠡正與南東爲東滙之文相合若湖口在漢陽以下七百里何得云江漢合處

一也韓詩外傳云有苗不服者衡山在南岐山在北左
洞庭之波右彭蠡之水由此險也吳起亦云三苗左洞
庭而右彭蠡蔡傳云三苗在江南荆揚之間地理今釋
三苗今湖廣武昌岳州江西九江府地蔡傳今岳州楚
之巴陵漢之下雋洞庭正在其西北按三苗在江以南
北向自當以西北爲左東南爲右荆揚相接正在東南
故曰右彭蠡也與鄱湖何涉或曰今九江府既三苗地
鄱湖正相近然此特三苗之下流邊境耳其巢穴以洞
庭爲左實在今岳州背負江西上游並不籍鄱湖爲險



據此則岳州下入揚州界之蘄水廣濟黃梅等縣一帶
洲渚皆古彭蠡二也水經注劉歆云湖漢等九水入彭
蠡故曰九江夫湖漢即與廬江相合者其與以湖漢九
水爲九江雖與潯陽九江洞庭九江各存一說要其所
云入者正在今湖口則湖口以下一帶洲渚皆古彭蠡
三也史記武帝本紀元封五年上巡南郡至江陵而東
登禮灊之天柱山浮江自潯陽出樅陽過彭蠡北至瑯
琊拔江陵漢屬南郡即今湖廣荆州府灊屬廬江郡即
今灊山縣潯陽以蘄之潯水得名亦屬廬江郡注云九

江在南者今九江府江在其北乃其後由蘄移治於此
而并襲潯陽之名非漢之潯陽也樅陽即今桐城縣瑯
琊郡有瑯琊縣即今滁州武帝由江陵而灊而潯陽而
樅陽此隨流而下其道自順若既至樅陽何由逆行二
百餘里過鄱湖之彭蠡而始至瑯琊耶可知此所謂彭
蠡者應在樅陽以下而北至瑯琊必由之道也據此則
今安慶以下皆古彭蠡四也地理志丹陽郡宛陵縣注
云彭澤聚在西南清水西北至蕪湖入江是蕪湖以內
尚有彭澤之名安知洪水時蕪湖以上一帶平陽之地



不與上江一帶洲渚水勢相連皆古彭蠡耶其証五廬
藩廬江四辨云地理志浙江出黟縣南今率山在歙州
南連延而西曰浙嶺浙水出其陰又西走彭澤凡三百
里并水出山陽者皆西流而滙于彭澤夫出山陽者廬
江也其西流滙於鄱湖之彭蠡固也若浙江入江在鎮
江口而亦云西走彭澤豈逆行千餘里而與鄱湖相滙
耶觀其云西走三百里與水出山陽者滙于彭澤是鎮
江儀徵一帶皆古彭蠡六也夫一澤耳而蔓行至千六
七百里不疑于勢之勢而說之誕乎然觀導漾入江下

即繼之曰東滙江至東陵下亦繼之以東迆可知彭蠡之首去荆州界不遠東滙下云東爲北江入于海東迆下云東爲中江入於海北江中江前既論之矣安知洪水時不皆爲彭蠡巨浸幾經疏決成此二江功成作書乃始分別記之耶若是則彭蠡之委其去海必不遠以此證前六說若似不爲誕而夯矣且蔡氏欲以巢湖當之亦與蕪湖相近但以記小遺大疑之非疑其勢之夸而不相屬也然則以徑一千餘里周不下三千餘里之地視鄱湖僻處一郡之中局蹐四山之內又倚斜分合



濶狹不一周圍不過三四百里者直一杯水耳其大小又何如也又豈應舍大而記小也哉或曰此千餘里水道支派無數其洲渚高下攸分豈得皆名爲彭蠡耶不知澤也者水漲則爲魚鼈之鄉水涸則平夷之地如董澤之蒲雲夢之萑蒲財用於是乎出此伯益掌火得而焚之則澤不必常有水也如必常有水則鄱湖冬春亦止水道一綫豈獨可以當彭蠡耶蓋東滙東迆追叙氾濫之時至揔叙成功則曰彭蠡既豬職方揚州但言其川三江其浸五湖而數澤曰具區不言彭蠡以其在既

豬以後也豈得以今日之高下攸分而疑之耶邇自甲申以來南方多大水此千餘里俱爲澤國其與洪水氾濫時何以異哉或又曰此不但洲渚與水道高下攸分也其間山阜亦多有之豈得盡名爲彭蠡澤耶不知山水所値差參不齊山之所盤水或抱之水之所衝山或遶之豈必一往直瀉千餘里曠蕩無涯而後可名爲澤哉且即以鄱湖論之中既有鄱陽山矣而左蠡石擠之山不知凡幾獨可以當彭蠡耶又嘗以方向證之江水大率東流故俗稱對岸皆曰江北其實湖口上下水皆



北流小折處或東北流至安徽池州東流縣江始東折東流名縣蓋以此也水北流則對岸爲西水東北流則對岸爲西北水東流則對岸爲北嘗考漢書豫章郡彭澤縣註云禹貢彭蠡澤在西後漢書郡國志彭澤縣下亦云彭蠡在西又水經廬江出三天子都北過彭澤縣西皆其証也蓋漢以來彭澤縣治在今彭澤湖口之閒五柳鄉自湖口至東流縣二百餘里皆其地也合之湖口以下一帶洲渚正在其西且使鄱湖爲彭蠡水經當云過彭蠡不然過禹貢有名之處略而不書而記一區區

文彭澤縣西乎是知其記彭澤縣者正所以記彭蠡澤也至東流縣以下江折而東一路洲渚或在西北或在正北而東流縣古亦彭澤縣地故蘇軾云彭蠡澤在彭澤縣西北又水經彭蠡在彭澤縣北若鄱湖在彭澤之南即可混爲西隣不可混爲西北至易而北則倒置矣蘇子水經豈妄言哉此又可証他善乎蘇子言彭蠡在彭澤西北而即云南之北即北之南其得古今南北之大勢乎世之說者考禹貢之大山川而不觀南北之大形勢泥今日之大形勢而不想當日之眞情形而又不



能考之諸書驗之目見細意委曲以求其脗合自然之勢遂至穿鑿附會而不可通甚者删改經文以合已意豈不謬哉予家小孤江次往來潯陽鄱湖近因北上又常往反于安慶蕪湖之間留心于此者數十年矣因據所目見證之經文遍採衆說據鄙意以編輯之說似於創且意極反覆辭多雜冗識者共其正之

契結能見大意中間辨鄱湖非彭蠡鑿鑿可証與吾載李厚岡先生彭蠡考畧同但李考祇以蘄黄以下至潯陽爲彭蠡而此則統揚州之地並爲彭蠡爲稍異耳此皆心得之説足定前人惟三江據禹貢中江北江左澤滙三下分爲兩層此則以左澤滙之中似稚貼合且此所云三江俱在潯陽則與禹貢先中江北江相淺言東迤北滙未附載于此以備高明　李殖閲

# 四書正疑卷十九

彭澤劉　㪚耕敫氏著

## 九州有三

冀兖青徐雍豫梁荆揚此禹貢九州蓋夏制也兩河間曰冀河南曰豫河西曰雍漢南曰荆江南曰揚濟河間曰兖濟東曰徐燕曰幽齊曰營此爾雅所載蓋殷制也正東曰青正南曰荆正西曰雍正北曰并東南曰揚東北曰幽河南曰豫河東曰兖河内曰冀此周禮職方氏蓋周制也蓋自禹平水土畫爲九州其後舜以青州越



海分齊地爲營州以冀州南北太遠分衛爲并州燕以北爲幽州于是分天下爲十二州至禹受禪仍以天下爲九州而歷殷及周遂分合不一名號亦殊然則九州異同實自舜始抑又嘗即三書而合考之禹貢紀山川貢賦物産而不紀人民周禮紀山川物産人民而不紀貢賦爾雅則僅言其界舜典止揔紀其數此其故何耶當禹之時水土平而壤咸則則貢賦不可不詳生息少而戸口稀故人民不得不畧周之興也九賦九貢事有專司則職方之貢賦可畧老幼男女版有定數故職方

之人民從詳若爾雅一書各分門類山川詳于釋山釋水及釋地之十藪八陵諸篇物産財賦則見于九府人民則亦畧見于五方四極此條第于釋地内專言九州耳故但粗具疆界他皆可以不贅而舜典一書則作于舜在位之時雖十二州之分析差殊于前而九州之紀載尙仍其舊則以夏書當虞書以禹貢當舜典可也更何俟于封山濬川之日另成一書而山川物産財賦人民之贅贅也哉因各圖于後便觀覽焉

禹都

史載堯八十一載封伯禹于有夏路史云禹始封之高密處于櫟注櫟今之許昌陽翟唐隸河南有禹山及鄭之櫟邑昔武王至周曰吾其爲有夏之居乎遂營洛邑謂櫟也然則封禹于有夏即高密櫟邑洛邑也在大河之南及受舜禪遂都平陽因堯故都也在河北冀州再傳至太康書載其畋于有洛之表蓋即禹之初封地也有窮后羿距之于河太康不能反國遂都陽夏亦即有夏洛櫟禹始封之地厥弟五人御母以從蓋即從太康于此在河之南此時河北故都已爲羿據故歌曰維彼



陶唐有此冀方今失厥道乃底滅亡蓋嘆冀都之失也及過澆滅相后緡方娠逃出自竇歸于有仍而河南之統亦失矣自是而夏統中絶者四十餘年至后緡生少康澆求之逃于虞虞思妻之以二姚生季杼及其臣女艾諜澆誘豷遂滅過戈復禹之績祀夏配天不失舊物事詳左傳說者謂其後歸河北故都然路史又謂少康復禹之績紹都于櫟然則左氏所云不失舊物者指禹初封之地而言而河北故都終未復也

夏屋

詩夏屋渠渠說詩者皆以爲所居之屋然其義與每食無餘每食不飽殊不相類竊嘗疑之案古注夏屋渠渠屋具也字書夏屋大俎也周禮大房俎魯頌籩豆大房注大房玉飾俎也其制足間有横下有柎似乎堂後有房然故曰房俎豈可以夏屋大房爲所居之房屋乎推而論之黄屋非堯心豈得謂天子車上有屋乎禮童子幘無屋豈得謂非童子即頭上戴屋乎此蓋以形似言之說者不察據檀弓及士冠禮注周制卿大夫以下其室爲夏屋之說

笙詩解

笙詩之有其辭而亡之其說古矣朱子泥于毛公有其義而亡其詞爲有無之無遂謂曰笙曰樂曰奏而不言歌以爲本無其詞之証諸儒率不以爲然郝氏敬因引儀禮之奏騶虞貍首國語之奏肆夏樊遏周禮之奏九夏以明有辭者亦云奏而并推其義于吹豳管象旁引曲喻幾無遺義然愚竊謂諸經聚訟與其取彼說而破之不如據經義而伸之與其取他經而旁証之不如據本事而直剖之六月之序二十二篇各就詩文揭其大



旨詞意燦然此經之大義也如謂笙詩本無其詞是徒以有聲空調如後世工尺上四之類雜其間也則序所謂廉恥陰陽萬物之理語從何出義于何屬序者果徒就南陔白華華黍等字義穿鑿作解耶即南陔白華等六題又從何出夫皇華常棣一間草木耳於君臣兄弟何渉倘拆其數章之詞能鑿空而知其言君臣乎能鑿空而知其言兄弟乎伐木之言朋友杕杜之言師衆魚麗之言法度莫不皆然然則觀諸詩之序而知序笙詩者非鑿空爲之也明矣非鑿空爲之則南陔白華華黍崇邱由庚由儀皆如他詩摘詞中二字爲題而非本無其詞也愈明矣郝其明白顯然可爲鉄案者猶不在此據儀禮南陔白華華黍笙入之三也由庚崇邱由儀閒歌之三也至合樂三終堂上歌者周南關雎葛覃卷耳堂下笙者則召南之鵲巢采蘩采蘋也今鵲巢三詩其詞具在以此而例之白華六詩果本有詞乎本無詞乎豈均爲笙詩合樂三終有詞而笙人間歌六詩獨無詞耶則即笙詩以証笙詩即起紫陽于今日將何以解之而諸家辨論皆不及此何也且此歌笙合作亦云樂則



謂曰樂曰奏曰笙無詞其說亦非矣然則孔穎達蕭子瞻云孔子反魯雅頌得所時其詞俱在歷戰國及秦而亡之此爲定論愚故謂書有逸書古序尚存其目詩有逸詩諸書雜見其文南陔白華六篇謂之逸詩也可而鵲巢采蘩采蘋三詩雖有詞即謂之笙詩亦可

據經文按本事明白直截可以間執異議之口矣　李祖洵

易卦象象爻取義

說文曰蜥易蝘蜓守宮也俗名蛇醫象形博物志云以朱飼之其體盡赤擣之萬杵以點女人終身不滅如赤痣偶則落故曰守宮周易之義疑出于此取其陰陽搆合而

易也又曰蜥易一日十二變色故曰易龍善變蜥易善易故乾以龍況爻其書謂之易是故易之義出于易象之義出于象彖之義出于彖皆取諸物也此陸佃埤雅梓蟲之說近閱楊慎丹鉛錄所載實本于此楊慎曰易者蠨蠷之名守宮是矣身色無恒日十二變是則易者取其變也象者茅犀之名豨神是矣犀形獨角知幾知祥是象者取其幾也象大荒之獸人希見生象也按其圖以想其形名之曰象其爲字從人于象也孔穎達曰卦者卦也卦之于壁也蓋懸物之杙木經云爻者交蹟



之窗也其字象窗形今之象眼窗一窗之孔六十四六窗之孔三百八十四至所取于爻者義取于旁通所取于掛者懸有小大也此雖本於陸氏而以象易彖又推明卦爻二字之義其說更暢但于象義尚未了了按埤雅釋獸說象云獸之象以鼻爲用而不以口天之象以氣致用而不以言予謂易之象以象爲用近取身而遠取物亦不必宣之於口而其象自見埤雅又謂其刃斧金瘡見星月即合有垂象其應之理予謂易之書與天相合亦有垂象其應之理是則象者取其隨事象形無所不合也且人不見象可按圖以象其形人不見吉凶可玩易而得其象此易之象所以取夫獸之象也與

天地水火字象

古者結繩而治未有文字至伏羲作卦一畫初開即文字之祖也故卦畫取象於陰陽而文字取形于卦畫如坤卦爲☷而古坤字作巛即坤卦之六斷也坎卦作☵而古水字作巛即坎卦之中滿也離卦爲☲而古火字作灬即離之中虛也蓋皆取形卦畫而縱之也又天字古篆作((取重重覆被之象即乾卦之三連也然則風



雷山澤四字何以與巽震艮兌卦畫不似蓋混沌之初一物未生而天開于子地闢于丑天地實居萬物之先既有天地而天一生水地二生火水火又爲天地生物之初故天地之體至大也水火之用至廣也乾坤二卦陽不雜陰陰不雜陽陰陽相配也坎離二卦陰中有陽陽中有陰陰陽互根也其餘四卦及五十六卦皆孕于此先天之位乾坤離坎所以爲東南西北四正卦也而畫卦者取象制字者象形皆在于此非他卦所同也然則巛何以不爲地字而爲坤字然乾鑿度云古地字亦

作巛

蜡祭八神

郊特牲蜡祭八神蔡傳謂先嗇一司嗇二農三郵表畷四貓虎五坊六水墉七昆蟲八愚按經言祭百種以報嗇則百種當括其一貓虎經明分兩件當作兩神祭坊與水墉經連言之當是一神昆蟲害苗之物與鼠豕一類惟當祭貓虎之食鼠豕者以報之鼠豕何祭之有則昆蟲之不當祭亦明矣昆蟲當祭則草木亦當祭而土反其宅水歸其壑更當祭矣據經文定之當進百種而退昆蟲分貓虎而合坊墉一日先嗇二司嗇三百種四農五郵表畷六貓七虎八坊墉爲是



商頌宋詩

路史後紀卷十註云商頌宋頌也頌襄公之詩耳敘詩者以爲正考父所得商詩中言湯孫而毛鄭遂以爲太甲中宗之詩妄也夫奮伐荆楚襄公事也萬舞有奕非商樂也蓋宋有商王之廟而詩爲宋祀之詩此常理耳故韓嬰馬遷亦以爲美襄公然遷以爲考父作則繆矣考父佐戴武宣在襄公前蓋因而誤之此宋也而謂之

商不忘本也衛詩而係邶鄘晉詩而係以唐魏亦是此意

掘閱

詩蜉蝣掘閱朱傳以爲閱義未詳愚按宋玉風賦注引莊子空閱來風李善注閱古通穴則掘閱即掘穴管子掘閱得玉亦如此解稗雅言掘土使解閱非

# 四書正疑卷二十

彭澤劉　馥耕敫氏著

## 職歲

周禮職內掌財用之入職歲掌財用之出注疏家皆以歲爲出之訛是已然出訛爲歲究未能明其故愚按秦以十月建亥爲歲首以戌月爲歲終故歲字從步戌參也古歲字作岀與出字相似想傳寫時讀者識岀訛爲職岀耳其後又復訛岀爲歲故今本皆作職歲讀周禮者知之



## 正直

左傳解詩好是正直云正直爲正正曲爲直正直二器名正射鵠也射禮用之所以正矢之直也直即今曲尺也梓人用之正字文從工直字文從乚二字之形即象二器

## 孔子不知父墓

孔子二十四歲母顏氏卒檀弓孔子少孤不知其墓殯于五父之衢人之見之者皆以爲葬也其慎也蓋殯也問于郰曼父之母然後得合葬于防按此章爲後人之疑本非記者之失由讀者不得其句讀文法而誤耳近世高郵孫遽人濩孫著檀弓論文謂不知其墓殯于五父之衢十字當連讀爲句蓋殯也問于郰曼父之母兩句爲倒裝句法甚有理蓋古人埋棺于坎爲殯殯淺而葬深孔子父墓寔淺葬于五父之衢因少孤不得其詳不惟孔子之家以爲已葬即道旁見之者亦皆以爲已葬至是母卒欲從周人合葬之禮卜兆于防惟以父墓淺深爲疑如其殯而淺也則可啓而遷之如其葬而深也則體魄已安不可輕動其慎也蓋謂夫子再三審慎



不敢輕啟父母也後乃知其果爲殯而非葬由問于郰曼父之母而知之蓋曼父之母能道其殯之詳是以信其言啟殯而合于防蓋殯也三字當在問于郰曼父之母句下因屬文欲作倒句取曲折故置在上如此讀之可爲聖人釋疑有稗于禮經不淺鄉黨圖考云

## 老子論性

人生而靜天之性也感于物而動性之欲也此文子引老子語也其論性最精遠出荀楊韓之上漢儒取之以入禮記遂列于經旨哉孰謂老子爲異端乎宜吾夫子

之學禮焉而欲竊比之也

息壤

按山海經鯀竊帝之息壤以堙洪水帝怒命祝融殺之羽淵郭云土自長息無限可塞鴻水開筮書名曰洪水無止極鯀以息石息壤塡之說文云壤柔土也蓋指桑上稻田可生息者鯀不順水性決桑之田以塞洪水也然考路史云江漢之間鎭彌水旱蘸賦息壤荊序曰息壤旁有石不可犯畚挿所及輒復如故高子勉息石序息石在江陵莊嚴寺又濵洪錄云唐元和初裴宇鎭



荊州掘深六尺得一石規模悉本江陵城制命徙置藩籬間毀之是春淫雨四月不止裴復舊石乃止後高從誨鎭荊州經其處問書記孫光憲對曰禹治水自岷至荊定源泉之穴慮萬世下洪濫爰以石屋鎭之耳王堂閒話江陵南門外雍門內禹鐫造龍宮鎭于穴中以塞水脉江陵圖經亦云子城南門地隆起如伏牛馬狀去之一夕如故是息壤息石實在江陵之地非泛言生息之壤也但鯀用之而殛死禹用之而成功耳

宋儒論天外

聖人所不知者莫如天之外丹鉛錄載邵康節曰天何依依乎地地何附附乎天天地何所依附曰自相依附自斯言一出宋儒標榜而互替之隨聲而妄衍之朱子遂云天外更須有軀殼甚厚所以固此氣也天豈有軀殼乎誰曾見之既自撰爲此說他日遂從而實之曰此海只挨著天殼邊過似曾親見天殼矣自古言天文者宣夜周髀渾天之書甘石洛下閎之流皆未嘗言非不言也實不知也若邵于朱子之言人所不言亦不必言也莊子曰六合之外聖人存而不論此乃切要之言孰



謂莊子爲虛無異端乎又邱長春世之所謂神仙也其言曰世間之事尚不能究況天外之事乎由是言之莊子邱處機乃異端之正論而邵朱之言則吾儒之異端矣劉伯溫亦古甘石洛下之流也其言曰天有氣乎氣之外何物也天無氣乎凡有形必有氣理也勢也是聖人所不能知耳非不言也故天之行聖人以歷紀之天之象聖人以器驗之天之數聖人以算窮之天之理聖人以易窮之天之所閟人無術以知之者惟此耳今不曰不知而曰不言是何好勝之甚也嗚呼伯溫此言其

確論乎其日好勝蓋指朱儒之言天者東坡詩云不識廬山眞面目只緣身在此山中人惟處物之外方見物之眞人處天地之中何由見天地之眞面目與且聖賢之學切問近思亦何必求于天之外乎

長城

秦始皇三十四年築長城人皆知之不知昭王已築于隴西矣不自始皇始也趙自代王亦築于陰山下則趙有長城矣又史記張儀之說燕王曰大王不事秦則長城易水非大王有也正義曰並在易州界則燕有長城



矣又燕昭王問蘇代曰吾聞齊有清濟濁河可以爲固長城鉅防可以爲塞正義曰長城西頭在齊州平陰縣界竹書紀年云梁惠王二十年齊閔王築防以爲長城太山記云泰山西有長城緣河經太山一千餘里至瑯琊臺入海是齊亦嘗築長城矣此皆在始皇前不自始皇始也

兩碣石

禹貢夾右碣石入于河右碣石即河赴海處在北平郡南二十里左碣石在高麗唐書云碣山在漢樂浪郡遂城縣長城起于此山丹鉛錄云

伊尹太公壽年

竹書紀年伊尹卒于沃丁八年蓋百有五歲太公卒于康王之六年蓋百有十歲然武王二十年成王三十七年又康王六年以八十二歲遇文王計之則百四十五歲矣

顏氏八人

仲尼之門顏氏之達者八人注路回僕會何祖克辛也或云仲尼母族故多賢蓋私言